酷 的 起 源

[上]

[加]乔尔·迪纳斯坦 著

王 聪 译

THE ORIGINS OF
COOL
IN POSTWAR AMERICA

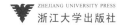
ZHEJIANG UNIVERSITY PRESS
浙江大学出版社

图书在版编目（CIP）数据

酷的起源 /（加）乔尔·迪纳斯坦著；王聪译. --
杭州：浙江大学出版社，2022.3
书名原文：The Origins of Cool in Postwar America
ISBN 978-7-308-21836-8

Ⅰ.①酷… Ⅱ.①乔…②王… Ⅲ.①现代文化—文
化研究 Ⅳ.①G04

中国版本图书馆CIP数据核字（2021）第207403号

THE ORIGINS OF COOL IN POSTWAR AMERICA
By Joel Dinerstein

Licensed by The University of Chicago Press, Chicago,
Illinois, U.S.A.

©2017 by The University of Chicago. All rights reserved
浙江省版权局著作权合同登记图字：11-2021-219 号

酷的起源

（加）乔尔·迪纳斯坦　著　王　聪　译

责任编辑	谢　焕
责任校对	陈　欣
封面设计	云水文化
出版发行	浙江大学出版社
	（杭州天目山路148号　邮政编码：310007）
	（网址：http://www.zjupress.com）
排　　版	浙江时代出版服务有限公司
印　　刷	浙江新华数码印务有限公司
开　　本	880mm×1230mm　1/32
印　　张	20.375
字　　数	563千
版 印 次	2022年3月第1版　2022年3月第1次印刷
书　　号	ISBN 978-7-308-21836-8
定　　价	128.00元（上、下册）

浙江大学出版社市场运营中心联系方式：（0571）88925591；http://zjdxcbs.tmall.com

谨以此书献给陪伴我成长的两位酷男：大卫与肯尼

目录

图1 1949年，迈尔斯·戴维斯和朱丽特·格蕾科在巴黎相恋的场景，后者有"存在主义者的缪斯女神"之称［图片版权所有：让－菲利普·沙博尼耶（Jean-Phillipe Charbonnier），华盖创意（Getty Images）］

序曲：巴黎，1949年

圣日耳曼俱乐部（Club Saint-Germain）内的一张桌子前，让－保罗·萨特（Jean-Paul Sartre）正一如既往地同圈内好友坐在一起，他们分别是：西蒙娜·德·波伏娃（Simone de Beauvoir）——萨特的配偶，同为哲学家；鲍里斯·维昂（Boris Vian）——文化评论家、左翼分子、爵士乐小号手，《左岸导览》（*Guide Book to the Left Bank*）的作者；朱丽特·格蕾科（Juliette Gréco）——法国青年女演员，此时已深受存在主义者的追捧，她沉默深邃，不像维昂那样健谈，而是令人捉摸不透。此刻正值普来雅音乐厅（Le Salle Pleyel）巴黎国际爵士音乐节（Paris International Festival of Jazz）的第二晚。[1]

三年来，鲍里斯·维昂一直试图让萨特和波伏娃接触一种新的爵士乐风格——比波普音乐（bebop）。一年前，《迪兹·吉莱斯皮和他的管弦乐队》（*Dizzy Gillespie and his Orchestra tracks*）这张专辑以精准的节拍、诙谐的曲风和激昂的热情令圈内所有人激动不已，专辑内的歌曲均登上了各大音乐榜单。就在前一晚，圈内好友们还前往音乐节，聆听维昂最爱的乐手查理·帕克（Charlie Parker，绰号"大鸟"）的演奏。维昂在《爵士热》（*Jazz Hot*）一书中这样评价帕克："如同一位天神降临人间！"他很快又补充道："不，何止一位，简直是好几位天神同时降临人间！"查理·帕克的单曲《酷派蓝调》（Cool Blues）曾荣获1948年法国格兰披治最佳唱片奖（Grand Prix du Disque）。[2]

当晚早些时候，这一行人曾观看了迈尔斯·戴维斯（Miles Davis）指挥的五重奏，这场演出的主奏是比波普鼓乐的先驱肯尼·克拉克（Kenny Clarke）。演奏期间，戴维斯注意到观众席上的朱丽特·格蕾科，她身着普通的黑色衣服，却自带夺目的光环。演奏间隙，戴维斯在舞台上用食指向她示意。他们一见钟情，虽语言不通，却以吹号为乐，心照不宣地传情达意。

接下来的时间里，两人相处了一周。格蕾科认为戴维斯如贾科梅蒂（Giacometti）手中的雕塑一般，有着强烈的表现力和"俊美的面庞"。[3] 戴维斯则被格蕾科的气质和自律倾倒，痴迷于她的人格魅力、风情万种的容貌和曼妙的身姿。就在这一年晚些时候，戴维斯·戴维斯录制了专辑《酷派爵士的诞生》（*Birth of the Cool*），格蕾科的歌唱事业也如日中天，甚至超过了她在电影方面的造诣。

"你们为什么不结婚呢？"这周稍晚的时候，萨特向戴维斯提出疑问，并提议他可以留在法国，就像作家赖特（Wright）及其妻子埃伦（Ellen）一样，二人都是存在主义圈子第一情侣的密友。赖特于1947年加入法国国籍；此外，詹姆斯·鲍德温（James Baldwin）也曾前往法国，加入了战后巴黎的非裔美国流亡艺术家团体。

戴维斯心中默默回答"我不能对她这么做"，大声说出来的却是"我爱她至深，不忍给她带来任何伤害"。他不必进一步阐明其中原因，因为萨特和波伏娃都曾在书中详尽地论述过美国的种族歧视政策。"如果是白人妇女嫁给黑人，那么情况就更为糟糕"，戴维斯补充道。格蕾科回想起来，戴维斯曾告诉她："在美国，你会被视作'黑鬼的婊子'，这将会葬送你的职业生涯。"可是，话说回来，作为在圣路易斯安那长大的中产家庭黑人子女，戴维斯为何不选择在法国生活，迎娶这名女子，拥抱自由与平等，享受从未有过的归属感呢？这着实很诱人。"我的生活中从未有过那样的感受，那种在法国的自由感，那种真正被视作人的感受，真正受到重视，像一名艺术家一样"，戴维斯如此说道，但是直觉告诉他，如果留在法国，他将脱离自己所热衷的艺术潮流，与同好、自己的国家乃至整个爵士乐圈失去联系，进而丧失自己的种族自豪感。事后证明，他的这一直觉是正确的。

最终，戴维斯带着伤感，如期离开法国。后来，戴维斯环游世界，曾有几次在欧洲甚至巴黎与格蕾科相遇。五年后，格蕾科周游美国，邀请戴维斯到纽约的华尔道夫酒店（Waldorf Astoria）共进晚餐。然而，这座酒店并不欢迎非裔美国人。格蕾科回忆道："经过两个小时的漫长等待，换来的却是粗暴的对待，食物近乎是要扔到我们的脸上。这顿饭漫长而痛苦，在这之后，他便离开了。"当晚，戴维斯眼中噙满泪水，他告诉格蕾科，以后永远别在美国的土地上同他相见！这次经历恰好印证了戴维斯先前的预言。

在1957年的欧洲旅行中，迈尔斯·戴维斯在圣日耳曼俱乐部进行了演奏，并加入了巴黎的非裔美国人旅法社团。此时的肯尼·克拉克已升任该俱乐部的音乐总监。一天晚上，戴维斯遇见了导演路易·马勒（Louis Malle），后者当场邀请其为自己的处女作电影《通往绞刑架的电梯》（*Ascenseur pour l'échafaud*，1958年，是一部黑色电影）配乐。尽管只能在巴黎停留短短几天，戴维斯还是毫不犹豫地答应下来。[4]

戴维斯想到了一种简单而巧妙的方法为该电影配乐：音乐家们看完样片后，根据人物动作即兴创作音乐。他在适当的地方喊停，只为最适合谱曲的画面编排乐曲，剩余的画面均没有配乐。今日重看这部电影时，电影的音轨会使人自然地回忆起战后巴黎的漫漫黑夜：男人们在犯罪过程中因紧张而战栗，女人们则焦急地穿过熙熙攘攘的大街。最后，音乐家们连夜完成了这部电影音轨的录制工作。[5]

这段音轨是为了展现人物内心活动而创作的背景音乐，却揭露了艺术史上的一段悲剧：在吉姆·克劳法（Jim Crow Laws）实施期间的美国，黑人爵士音乐家被排斥在好莱坞之外，不得参与作曲或者演奏，甚至不准加入室内管弦乐队，而这些爵士音乐家们本应是为黑色电影谱曲的最佳人选。令人感到些许安慰的是，为电影谱曲的经历帮助戴维斯开启了下一个创作阶段——调式爵士（Modal Jezz）阶段，他于1959年出版了专辑《泛蓝调调》（*Kind of Blue*）。这是迄今为止销量最高的爵士乐专辑，唱片里每一段戴维斯的独奏都会让听众脑海中浮现出黑色电影中的画面。截至1959年，戴维斯已蜕变为酷派爵士的明星，其当年与约翰·克特兰（John Coltrane）上演五重奏的地方因而成为艺术家和名流聚集的场所：马龙·白兰度（Marlon Brando）和艾娃·加德纳（Ava Gardner）经常相约在此地共同演出，引得如下名人前来捧场——托尼·本尼特（Tony Bennett）、伊丽莎白·泰勒（Elizabeth Taylor）、詹姆斯·迪恩（James Dean）、利纳·霍恩（Lena Horne）、法兰克·辛纳屈（Frank Sinatra）以及拳击手舒格·雷·罗宾逊（Sugar Ray Robinson）。

与其他艺术家一样，迈尔斯·戴维斯从其他艺术形式中汲取灵感，创作自己的音乐。整个20世纪50年代，戴维斯在演奏弱音小号时，对乐句的划分简洁、精准且富有节奏感，从而引领了这一时期的曲风。据他自己所述，这种风格受到两方面影响，一方面是法兰克·辛纳屈，其曲风抑扬顿挫，富有节奏；另一方面则是奥逊·威尔斯（Orson Welles）在其广播剧中的声音。1949年，戴维斯游历了巴黎，也正是在这一年，旅居欧洲的威尔斯同样陷入了一场跨越种族的爱情。在论及其与歌手兼演员艾萨·凯特（Eartha Kitt）的感情时，威尔斯这样评价道："她是这个世界上最撩人的女人。"[6]不仅如此，他甚至还在《浮士德》（*Doctor Faustus*）一剧中，让其饰演特洛伊的海伦。相比之下，迈尔斯·戴维斯若说出同样的话，恐怕会招致美国白种男人的愤怒和报复，后者会为保护"他们白人的"女人大打出手。

2006年，格蕾科回首二人漫长的情感纠葛时，这样说道："迈尔斯与我是彼此的挚爱，这种感情令所有人艳羡。我们的心灵毕生相随。在欧洲，他每到一处我曾去过的地方，都会为我留下字迹，他常说'我来了，你却不在'。"戴维斯也在自己的自传中坦言，自己从未如此深爱一个女人。他在1989年这样说道："有生以来第一次，我把一个女人置于同自己平等的地位，我们同为人类，为我她倾尽所爱，她便是朱丽特。"[7]

戴维斯至今仍是酷派文化在爵士乐领域的化身，他既能寻找到个人与音乐之间的平衡点，又杂糅了神秘、惊恐、坚韧甚至暴力元素。细细品味这些形容词，我们就不难理解为何战后的酷派美学带有阳刚之气。与此同时，格蕾科则对女性酷派美学产生了影响：她为奥黛丽·赫本（Audrey Hepburn）提供了参照，后者是一位作风酷派的女性，她体态娇美，优雅热情而又风情万种，狡黠却不失矜持，令所有人倾倒。萨特曾为其创作歌曲，奥逊·威尔斯也与其同台出演过两部电影。[8]爵士乐学者埃里克·纳森森（Eric Nisenson）曾说过："对音乐家而言，穷尽毕生，方能洞察音乐（对他）的意义。"正因如此，戴维斯常被视作"存在主义艺术家"。[9]

六年后，格蕾科回忆她与戴维斯相见的第一周时，这样写道："在这个男人身上，人、乐器与音乐达到空前的和谐，着实令人震惊。"在战后的那段岁月，一个人只有做到歌声、风格、肉体的内在统一，才能被称为"酷"。例如，一名记者在1946年这样描述安妮塔·奥黛（Anita O'day）："安妮塔是一个极其率真的人，说她所想，穿她所愿，敢想敢干。"奥黛将自己定位为"嬉皮潮女"（hip chick），也就是女版的"爵士酷仔"（cool cat）。[10]

后来，"酷"一词与"本真""独立""铁面无私""特立独行"等词语画上了等号。作风酷派意味着你的行事风格打上了坚忍的烙印，然后所有人便明白了：你不吃老一套，你自成一派。

在战后年代，扮酷意味着选择了一种与现世抗争的方式。总而言之，"酷"与艺术类似，它的兴起，是化悲痛为力量的产物。

引子："酷"的兴起

有机的整体：存在主义者

美国"酷"文化曾兴盛一时，囊括了战后年代的爵士乐、电影、文学与流行音乐。本文旨在探讨该文化概念的源起与影响。

1943年至1963年间，"扮酷"（*being cool*）这一新理念应运而生，它植根于非裔美国人①爵士文化，既折射出这一时代的特征，又饱含浪漫色彩，用以泛指美国反叛者特立独行的态度。对此后的两代人而言，在当时物欲横流且日益走向郊区化的社会，"扮酷"成功地将"放纵"与"理性"合二为一，为他们提供了另一种反抗社会准则的方式。自20世纪40年代诞生之日起，短短十年间，各类群体（艺术家、作家、知识分子、波希米亚主义者以及青年文化圈）逐步接纳并不断审视这一晦涩的概念。例如：作家诺曼·梅勒（Norman Mailer）与杰克·凯鲁亚克（Jack Kerouac）曾致力于围绕"扮酷"及其子概念"嬉皮"（*hip*），构建相关哲学体系；社会学家欧文·高夫曼（Erving Goffman）也曾发现，因犯们在面对当局的专政时，会用"酷一些"这类话语来维系仅剩的尊严。1957年，电影《西区故事》（*West Side Story*）风靡百老汇，催生了歌曲《酷》（Cool）——该歌曲由一名叫作艾斯（Ice）的歌手演唱，他鼓励同伴们，在情绪爆发时，要抑制情绪，从而平息愤怒。[1]

"酷"文化将非裔美国人的文化与白人文化各自崇尚的男子气概合二

① 又称美国黑人，为了表述严谨，下文统一译作"非裔美国人"——译者注

为一。首先，它从英国那里学来了"处变不惊"——这是自维多利亚时代流传下来的上流社会品质，是一种典型的绅士风范，英国人自嘲为"被上帝冻住的面无表情之人"。艾灵顿公爵一家四代人皆为环球旅行家，他认为伦敦人是这个世界上"最文明"的人，十分敬仰他们"擅于维系内心平衡"的民族品格，并将该品格的表述方式稍作修改，写入自传中。他这样写道："自律，实乃一种美德，亦是后天养成的资本，对每个人而言，均是无价的。"然而，一战后，各类艺术和文化变革迭兴，其中包括了艺术领域的现代主义、政治领域的共产主义、工人阶级主导的社会主义与反殖民主义、艺术平民化［爵士乐、交际舞，以及卓别林（Chaplin）、基顿（Keation）和劳埃德（Lloyd）等人的喜剧电影］等，在这些因素的冲击下，上述类似斯多亚派的上流社会理念逐渐丧失了对美国人的吸引力。[2]

"大萧条时代"（the Great Depression）带来了冲击与幻灭，使美国白人实证主义中的阴暗面浮现出来，催生了各类非主流形象，如：各种族黑帮、爵士乐手、玩世不恭的歌舞艺人、铁面无私的侦探以及后来的间谍等。这种标志性的转变始于20世纪20年代的爵士乐与低俗小说，它背弃了英国古典理念，转向一种特立独行的思潮，在流行音乐与文学作品领域均有体现。以犯罪小说为例，到20世纪30年代初，夏洛克·福尔摩斯（Sherlock Holmes）与华生（Watson）的室内侦破活动已被山姆·史培德（Sam Spade）和菲利普·马洛（Philip Marlowe）的街头探案所取代。作为后起之秀，后者更注重混迹街头的技巧，而非缜密的逻辑分析，他们的足迹遍布美国城市街头，比常人更易诉诸暴力。此外，音乐领域则被美国酷派思潮渗透，具体表现为抛弃欧洲古典音乐，拥抱非裔美国人音乐（20世纪20年代至70年代期间，黑人音乐遍及全球，成为这五十年间最具影响力的艺术形式）。在人们的举手投足之间，爵士、蓝调、福音音乐（gospel）、摇摆爵士（swing）、灵乐（soul）、节奏蓝调（rhythm and blues）和摇滚（rock and roll）席卷美国大街小巷与世界各地的舞池，深刻地影响着全世界的音乐演奏方式与欣赏品位，推动了各领域的变革。[3]

1955年，诺曼·梅勒注意到，"酷"从英国绅士扩散至美国工薪阶层，其内涵发生了显著变化。英国人将"酷"视作维系社会地位的手段："英国人必须得酷，这是社会要求使然。"相反，美国人将"酷"视作个人内化于心的特质。梅勒认为，"酷"在某种程度上等同于"面对压力时的优雅"，这也是海明威（Hemingway）对"勇气"一词的定义。出于对海明威的仰慕，梅勒将美国人的"酷"理解为特定情境下的产物："美国人更为本真；对我们来说，举手投足间的'酷'是一种基本的品质。""酷"的内涵已然从某种社会阶层符号变为一种令人艳羡的自律品质。在某种程度上，美国式的"酷"成为当代斯多亚主义的代名词：即在自我调节情绪的同时，融入鲜明的个人风格。[4]

从克林特·伊斯特伍德（Clint Eastwood）的成长历程中，我们可以看到非裔美国人"爵士酷"与美国白人"叛逆酷"的有机结合。作为一名出生于1930年的战后青年，克林特·伊斯特崇拜爵士乐手，他所崇尚的"酷"是盛行于20世纪40年代的爵士独奏。在爵士乐从摇摆爵士向比波普爵士过渡的时期，他同杰克·凯鲁亚克一样，混迹于战后奥克兰各爵士酒吧。爵士乐手在独唱时，会即兴地进行歌曲创作。这种艺术形式给伊斯特伍德留下了难以磨灭的印象。影评人大卫·邓比（David Denby）曾给出这样的评价："伊斯特伍德式的'酷'源自那些（爵士）乐手，具体表现为舍弃所有，只关心局部，并略带玩世不恭。"仅凭直觉，我们很难将伊斯特伍德与迈尔斯·戴维斯联系在一起。但事实上，他们都出生于美国中产家庭，且相差只有四岁。[5]

1946年，伊斯特伍德专程聆听了一场名为"爵士走进爱乐厅"的演奏会，目睹偶像李斯特·杨（Lester Young）的风采。事后，他谦逊地回忆道："我觉得他如猫的尾巴一般灵活。"[6]作为酷文化的鼻祖，杨普及了"cool"一词在当代的含义，阐释了"酷"的内涵，将"酷"打造成一门具体可见的哲学，其独奏开创了"酷派爵士"这一流派。不仅如此，伊斯特伍德还深受当晚另一名乐手查理·帕克的影响，他行云流水般的和声与高音奠定了"蓝调爵士"的根基。尽管后来"大鸟"硬朗的曲风不再符合伊斯特伍德的口味，后者仍然购买了查理·帕克的部分唱片。三年后，伊斯特伍德在旧金山欣赏到迪兹·吉莱斯皮的"大乐队爵士乐"，便笃定自己"已深陷爵士这种即兴创作的风格而不能自拔"。到了20世纪50年代，受史坦·盖兹（Stan Getz）、查特·贝克（Chet Baker）、盖瑞·穆里根（Gerry Mulligan）等人的影响，伊斯特伍德对蓝调爵士痴迷不已。直至30年后，伊斯特伍德执导查理·帕克的传记电影《大鸟》（*Bird*，1988年），实现了他毕生的梦想。[7]

表演同爵士乐类似，尽管有剧本作为参照，但仍然是一种即兴的艺术形式。伊斯特伍德吸取即兴爵士乐手的表演精髓并加以改进，形成了自己冷峻的表演风格。让我们想象酷派爵士传播到美国西部边境的场景：伊斯特伍德效仿战后爵士乐师不苟言笑的冷酷面孔，融入个人风格，打造出神秘、令人生畏而又充满活力的西部英雄形象。邓比称之为"伊斯特伍德式的表演手法"，这种手法借助严肃、冷酷与庄重的形象，将个人的价值剥离出来，不再屈从于社会体制与法律的束缚。在《荒野大镖客》（*Fistful of Dollars*）三部曲与《荒野浪子》（*High Plains Drifter*）中，他饰演的美式浪子"微微昂首，眯缝双眼，眉头皱起，噘起上唇，呈现出刻薄、油滑、亦正亦邪的形象"。好莱坞电影中的这类表演手法最早出自黑色电影，始自亨弗莱·鲍嘉（Humphrey Bogart）、罗伯特·米彻姆（Robert Mitchum）和斯特林·海登（Sterling Hayden）等人的表演，是为了向西部的约翰·韦恩（John Wayne）和东方的保罗·穆尼（Paul Muni）致敬。邓比将上述手法视为"一名自负的年轻人对表演的理解"。这一评价明显与时代不符，因为直至20世纪50年代，真正自负且蔑视一切的年轻人才登上银幕，成为一代传奇，他们便是：出演飞车党电影的马龙·白兰度（Marlon Brando）与詹姆斯·迪恩（James Dean），以及摇滚传奇猫王埃尔维斯（Elvis）。"伊斯特伍德式的表演手法"通过展现冷漠、深邃和不苟言笑的人物面容，塑造了铁骨铮铮的硬汉形象，将盛行一时且振聋发聩的战后酷风潮延续至20世纪60年代与70年代。[8]

伊斯特伍德因出演《皮鞭》（*Rawhide*，1958—1965年）和意大利式西部片（spaghetti Westerns）而家喻户晓。但在自己执导的处女作《迷雾追魂》（*Play Misty for Me*，1971年）中，他选择饰演一名"爵士酷仔"——爵士乐DJ。该片的亮点是钢琴家艾罗尔·加纳（Erroll Garner）为其作曲，并出现了蒙特瑞爵士音乐节（Monterey Jazz Festival）的部分场景，其中包括萨克斯管手"加农炮"艾德利（Cannonball Adderley）演奏的两首乐曲。伊斯特伍德执导的第二部电影是《荒野浪子》（*High Plains Drifter*，1973年），他在该片中饰演的主角没有名字，人们只知道他是"陌生来客"〔"The Stranger"，可能是为了向加缪（Camus）的《局外人》（*L'Étranger*）致敬〕。这位"陌生来客"曾试图将当地小镇的矿产公司绳之以法，因而遭到驱逐。他回到此地的目的就是复仇。在片中的闪回部分，他回忆起曾经那个夜晚，他像奴隶一样被这个公司雇用的打手抽打。在这段回想的前后，影片将镜头聚焦在他布满皱纹面如死灰的脸部，表达他双眉紧锁、面无表情凝视前方的目的，是抑制那顿近乎致命的鞭打带来的痛苦。

鉴于伊斯特伍德对爵士及其历史的倾心投入，上述"陌生来客"遭遇鞭笞的桥段，既是在声援"'酷如黑人'运动"（该运动的内涵是流行一时的斯多亚主义），也在暗指某场白人抗议活动。1957年，猫王埃尔维斯出演电影《监狱摇滚》（*Jailhouse Rock*），饰演的角色因参与领导越狱而被鞭笞。电影的镜头持续锁定在他身上，展现了他双手被缚在铁栏杆上的姿态：这一姿态形似耶稣受难，同时又隐喻了黑人奴隶制，二者均来自埃尔维斯所亲历的压迫与音乐发展历程。上述案例从种族界限的角度阐释了"酷"的内涵，进而展现了非裔美国人文化中的"爱与窃"（love and theft）思想。

对于伊斯特伍德乃至迈尔斯·戴维斯而言，想要进行抗争，就要展现"酷的一面"，即通过不露声色的表情和相应的肢体动作表现冷峻与克制。1949年的迈尔斯·戴维斯还不是人们印象中的凶狠面孔。当时的照片展现出来的，是一个阳光、热情、充满魅力且令人信任的年轻人形象（见图1），这也是朱丽特·格雷科爱上他的原因。但在接下来的五年里（1949—1954年），海洛因迅速改变了他。这段时间，他饱受毒贩的羞辱、俱乐部主人与纽约警局的虐待，查理·帕克的自负也令他不堪。但我们需要注意的是，迈尔斯·戴维斯与伊斯特所展示的"酷的一面"虽然都极富挑衅意味，但前者的声音更富有浪漫气息与韵律。

戴维斯浪漫的战后小号曲吹出了"僧侣般的声音"，鲍里斯·维昂评价这种声音像"某种人，他置身这个年代，却又能冷静地审视它"。这便是爵士艺术的奥秘：曲风舒缓，却使听众或观众内心激荡。无论在生活还是艺术中，人们都要做到从动中取静，即头脑冷静而放松，身体却充满活力。迈尔斯·戴维斯的小号和着节奏组的节拍，吹出的声音清新脱俗，令人扪心自问，何时能如同这乐曲一般，思绪飞扬却又时刻保持理智。维昂这样评价迈尔斯·戴维斯的独奏："（它）寻找到了精妙的平衡点，在搭建复杂上层建筑的同时，还能紧接地气。"9套用当时的爵士行话说，戴维斯是一个地道的"爵士酷仔"。

克林特·伊斯特伍德头发斑白的硬朗面孔产生了类似的效果：西部的枪手同样"变成了僧侣"——冷峻的僧侣，日本武士式的僧侣。同样令人扪心自问：我何时能具备这般气质，少言寡语却行侠仗义。20世纪60年代初，伊斯特伍德超越了素有"公爵"之称的约翰·韦恩，因为后者塑造的反叛者形象总有他本人的影子：从《搜索者》（The Searchers，1954年）到更早的《关山飞渡》（Stagecoach，1939年）均是如此。如今，"公爵"已成为"山姆大叔"一样的文化符号：他的面孔如同拉什莫尔山（Mount Rushmore）雕塑般隽永，他塑造的角色亦深入人心。相比之下，克林特塑造的"牛仔"将存在主义酷注入西部人物体内，表达了这样一个夙愿：无论何时，总会有一位崇尚独立自由的美国人伫立在边境，我们称之为"打抱不平、敢于抗争的独行者"。

在战后的各个城市，爵士乐手成为存在主义酷的象征。他们开诚布公，随心所欲地探讨昔日被否定的个性，开创了非洲—美国西部音乐文化，成为全球非白人抗争思潮的先驱。在遭遇各种非人对待的过程中，非裔美国人通过各种约定俗成的方式寻求自我认同，从而践行了"酷的理念"，阿尔伯特·默里（Albert Murray）称之为"求生技巧"（survival technology）。这种方式吸纳了唾手可及的文化要素，如音乐、潮流、俚语（如暗语）、诙谐段子和肢体动作等，为所有试图改变自我和改造社会的人提供了宝贵的经验，无论他们是被压迫、被排挤，还是失去了文化认同感。爵士乐手们每晚都在用歌声宣扬"自我反抗"，他们展现出来的，正是法国存在主义者阿尔贝·加缪（Albert Camus）、让—保罗·萨特和西蒙娜·德·波伏娃推崇的存在主义自由。[10]

***

本文将涉及三个相辅相成的问题：我们用"酷"形容一个人的时候，想表达怎样的内涵？"酷"一词及其内涵如何渗透战后美国生活？这背后的原因是什么？

"酷"一词及其内涵最早出现于战后非裔美国人的爵士乐，并与其俚语相融，成为一个标志性词语，意思等同于"外松内紧"（elaxed intensity）。借用某位影评人评价艾比·林肯（Abbey Lincoln）的话说："酷"者，兼具"内敛"与"高调"，展现出来的是一种泰然自若的人格魅力。[11]

从艺术层面上说，"酷"指的是某人具有极其鲜明的艺术风格，自成一派：戴维斯、鲍嘉、白兰度、伊斯特伍德、格蕾科、埃尔维斯、戴女士〔Lady Day，原名为比莉·荷莉戴（Billie Holiday）〕、辛纳屈等人皆如此。借用肯尼斯·勃克（Kenneth Burke）的话说，这类人凭空而作，为人们提供了应付生活的"艺术手段"和"哲学手段"。需要指出的是，上述鲜明的艺术风格只属于个人，是个人复杂人生经历的凝华，与个人合为一体，只有加以稀释和商业运作，才能被抽取出来。就这点而言，若套用另一句非裔美国人俚语定义"酷"，它便是"用五十美分创造出一美元"。李斯特·杨曾听到一间酒吧里传出次中音萨克斯管（tenor saxophone）的独奏声，高兴地说："这是我的风格！"但仔细聆听后，他神情低落，意识到这只是他众多模仿者之一，于是沮丧地叹息："不，这不是我。"由此可见，简单地剽窃他人的乐曲与风格，往往只是东施效颦，并不能被称为"酷"。[12]

打造个人特质的新方法是融合形体与举止、风格与态度，将新潮、现代的自我外显出来。无论是头戴费多拉帽（fedoras，一种男式软呢帽），身穿皮夹克，还是背刺文身，我们的形体都是个人特质的载体。试比较鲍嘉与白兰度、迪兹·吉莱斯皮与桑尼·罗林斯（Sonny Rollins）、劳伦·白考尔（Lauren Bacall）与奥黛丽·赫本这三组人物，每组人物在个人风格和公众形象上都截然不同。由此可见，"酷"最初与"与众不同""特立独行""有意为之"等词语联系密切，也就是说：每一个体都是在鲜明的个人风格基础上打造自己的"酷"。

第三个问题涉及战后酷文化的历史渊源。鲍嘉、白考尔、辛纳屈、米彻姆等人的酷与凯鲁亚克、白兰度、迪恩以及埃尔维斯等人的"酷"截然不同，我们为何能把二者放在一起讨论？欲解答这个问题，就必须把1945年以来的战后文化史划分为两大阶段，其中第一阶段称为"战后一期"（1945—1952年），第二阶段称为"战后二期"（1953—1963年），二者以朝鲜战争（1950—1953年）结束之年为界。

在"战后一期"（1945—1952年），"酷"尚且是一种气度，它保持克制，冷静地同社会权威抗争，不求改变社会。到了20世纪50年代末，即"战后二期"，"酷"转向"狂野放纵"，成为一种情绪的宣泄，折射出人们渴求改变陈腐社会风气的强烈愿望。"战后一期"是一段过渡时期，美国社会正从战乱、动荡与创伤中恢复；相反，在"战后二期"，随着中产阶层的全面兴盛，美国必胜主义滥觞，掩盖了冷战时期的紧张局势。简而言之，第一阶段是以美国士兵为代表的焦虑期，充满了对动荡局势和战后重建的担忧。在随后到来的50年代中期，美国社会浮华初现却逐渐消解，在新兴青年消费群体身上留下了时代的烙印。笔者将每一时期视作不同的文化阶段，在本书前五章着重探究"战后一期"的积极心态，兼以阐释"酷"的转变，从而为后六章分析50年代末期（即"战后二期"）的酷派偶像埋下伏笔。

总而言之，战后"婴儿潮一代"不同于"大萧条－二战"那一代人，他们先是迸发出截然不同的文化需求，后在40年代末沉寂，此间的转变可从流行文化中窥见。相比之下，我们更为熟悉战后二期的酷派偶像（白兰度、凯鲁亚克、迈尔斯·戴维斯），因为他们与"酷"相伴而生。请牢记，我们不能脱离历史去谈论"酷"：它既不能被简单地视为对经典风格的重现，亦不是当今被炒作起来的"叛逆"概念。

综合以上两个阶段，我们在这里给出一个初步的定义："酷"是一种诉诸公开手段的隐秘反抗行为。

黑色"酷"

亨弗莱·鲍嘉的形象是"酷"内涵的具体体现——头发花白、寡言少语、眉头微皱、愤世嫉俗。这些也是人们被生活"击垮"时的表情。"击垮"一词是杰克·凯鲁亚克在20世纪40年代造访爵士乐俱乐部时，从非裔美国人俚语中借用过来的。他在1949年曾向好友约翰·克莱隆·霍姆斯（John Clellon Holmes）抱怨，他们这一代是"垮掉的一代"。他当时所说的"垮"（beat）指的是疲惫不堪、精疲力竭、近乎丧失所有希望。直到50年代末期，他修正了过去的说法，将"垮"的含义由"精疲力竭"改为"幸福"（beatic，亦作angelic，意为天使般的）。凯鲁亚克对"垮"一词含义的修改，实际上体现了在"战后一期"向"战后二期"过渡期间，"酷"内涵的变化。[13]

鲍嘉在"战后一期"展现出的形象，充分表现了"被打击但绝不被击败"（beat-but-not-beaten）这一态度与立场。他的面孔是所有幸存者们的面孔——他们有人在"大萧条"与"国家资本主义"专政中幸存下来，有人在法西斯主义的盛行中幸存，有人在《苏德互不侵犯条约》破裂后得以幸存，有人从席卷了全体美国人生命的世界大战中幸存，还有人在战后军备竞赛中幸存下来。1957年，法国电影评论家安德烈·巴赞（André Bazin）在论及鲍嘉对欧洲观众的影响力时这样评价道："从某种意义上说，他存在的意义就是为了'幸存'，鲍嘉消极厌世，睿智多疑，是一名斯多亚主义者（Stoic）。""成为斯多亚主义者"正是古希腊哲学中与"扮酷"近似的词语。[14]

"黑色酷"的代表性银幕形象是里克·布莱恩（Rick Blaine，鲍嘉饰演），此人是电影《卡萨布兰卡》（Casablanca，1942年）中"里克美式咖啡吧"的老板，在二战期间流亡摩洛哥，有过不详的犯罪记录，曾为左翼工作。他没有宗教信仰，还宣称自己不讲什么侠肝义胆，一切都是利字当头。事实上，我们后来知道，这都是假象，是他为自己设的掩护，这样才不会有人他当作一个"暮气沉沉之人"（sap，大萧条时期盛行的词语）。《卡萨布兰卡》成功地捕获到欧洲人面对纳粹时的些许恐惧心理，这种心理与被殖民者面对殖民者的心态不同，对存在主义产生了重要影响。

"酷"是早期尚未成型的社会与精神力量的具体体现。换言之，一种无意识的、不可名状的情感诉求正通过崭新的酷的形象表达出来，却尚未被年轻人觉察。变革已然发生，尽管力量尚不确定，但势必会给人们带来影响。从产生社会需求，到生产标准化产品，再按艺术风格定制加工，三者构成了稳固的三角关系，成为流行文化持续影响美国社会的重要基石。根据对应的偶像，"酷"可以分为如下阶段：30年代阿斯泰尔（Astaire）和罗杰斯（Rogers）代表的酷、50年代白兰度和猫王埃尔维斯代表的酷、

60年代迪伦（Dylan）和亨德里克斯（Hendrix）代表的酷，以及80年代麦当娜与普林斯（Prince）代表的酷。每一阶段的流行文化实际上反映了当时社会或那一代人的精神诉求。

为什么鲍嘉能成为具有传奇色彩的美式酷派代表人物？取得这一成就的为何不是詹姆斯·卡格尼（James Cagney）或保罗·穆尼？在美国电影学会（American Film Institute）评选的好莱坞最受尊敬男星榜中，鲍嘉至今仍居榜首。里克·布莱恩这一反英雄形象诞生于1941年，后成为银幕长青角色，这背后的社会、文化、经济和政治动因分别是什么？为什么"酷"出现在1940—1941年的好莱坞？为什么《卡萨布兰卡》中成为酷派偶像的不是身材高大、满头金发、温文尔雅、勇气过人的纳粹猎手维克多·拉斯罗（Victor Lazlo）？"他的形象太正了"，我的一名学生曾开玩笑地给出了略带不同立场的回答，这一回答恰好触及酷的精髓。

"成为酷人"不等同于"成为好人"、"成为善人"或"成为英雄"。"酷"脱离了"非善即恶""非好即坏""非圣即魔"这类形而上的价值判断标准，"酷人"虽表现出阴暗的一面，但最终通过自己的方式行侠仗义。维克多·拉斯罗在影片《卡萨布兰卡》中是一名圣人的形象：诚实坦率、高大伟岸、理想远大，几乎是救世主的化身。然而我们每个人都并非圣人，我们都在尽力地抑制自己的欲望与本性。这便是为什么在大萧条后百废待兴的工业社会，里克·布莱恩能够成为经典的美国反英雄形象。鲍嘉塑造的形象为我们揭示了抑制欲望付出的代价，也为我们展现了他克制各种情绪（嫉妒、愤怒、憧憬）时做出的努力。观众们都知道，为了进一步达成目标或解救友人，布莱恩会背叛或杀害他人。为了求生，他不惜一切手段。

"酷"是一个后基督教概念，反对将善人（或者说好人）视作神化。相反，"酷"认为每个人都有阴暗的一面，如果一个人从不正视"性格阴暗面"的诱惑，或者说从不满足自己的欲望，那么他一定是"暮气沉沉之人"。以里克·布莱恩为例，他努力正视并克制性格的阴暗面：在昏暗的屋内独自喝酒，遇到极端情况下才显露自己的欲望。从布莱恩身上，我们既可以看到弗洛伊德心理学对好莱坞产生的影响，也能读懂大萧条给经济学和地缘政治学带来的启示：大萧条过后，资本主义和民主制度等理念幻灭，反战主义和美德均无法抗衡法西斯主义、共产主义和德意志第三帝国，美国人急需崭新的、冷峻的公众形象告慰心灵，正如美国士兵从大乐队摇摆爵士那里获得金属音乐的慰藉。《卡萨布兰卡》得到了华纳兄弟公司、法国政府和电影界的联合推广，成为横跨大西洋合作的典范，推动两岸在文学、电影、音乐等领域进行了充分的文化交流。通俗地说，人们的潜意识中都有阴暗的一面。观众们也明白，人们需要黑色"酷"来维系精神上的平衡。事实上，这种"精妙的平衡"（transcendent balance）承袭了西非传统，正是"酷"的精髓所在（见第一章）。

黑色电影中的男影星们我行我素，毫不在乎他人的评价，似乎每人都是"酷"的化身。以罗伯特·米彻姆为例，他主演了电影《漩涡之外》（*Out of the Past*，1947年），该影片是仅次于《双重赔偿》（*Double Indemnity*，1944年）的一部经典黑色电影。米彻姆出身穷苦工人家庭，大萧条期间常常逃学扒火车游荡，与流浪汉混迹在一起，13岁以前便开始独立谋生。他身材高大，肩膀宽阔，神情异常冷漠，凭借敬业的态度、仗义的为人、广博的知识，给每一位导演留下了深刻的印象。米彻姆同时具备放荡不羁的灵魂和极度敬业的精神：将事业视为生命的同时也嗜烟嗜酒如命。他曾在1948年因吸食大麻入狱，轰动一时，随后便戒除了毒品。尽管电影公司一再要求他戒酒，他还是会在回家途中停下，然后去小酌一杯。米彻姆像一名经验老到的拳击手，每次被击中后，都会从中汲取经验，正如前文所说：他遭到打击但绝不被击败。银幕上的米彻姆举手投足间镇定冷酷，如同冷血的蜥蜴。他笃信，充足的镇静方能孕育激情，并在此信念影响下，他形成了属于自己的酷派风格。[15]

演员小哈里·凯瑞（Harry Carey Jr.）是在摄影棚里长大的孩子，曾在米彻姆的指导下参演电影《追踪》（*Pursued*，1947年）。他在半个世纪后回想起这段经历，仍心怀敬仰。提及米彻姆，凯瑞脑中浮现出的只有一个词"酷"——这是美国文化对一个人最高的评价。此外，他还清楚地记得，"酷"一词在当时尚未流行。

> 50年来，我人生中再也没有遇到那样的人。他具备令人倾倒的人格魅力：身材魁梧，相貌阳刚。相比约翰·韦恩，米彻姆更为强势，这一点毋庸置疑。虽然我不确定当时有没有"酷"这个词，但我认为米彻姆真的很"酷"。如果当时真没有这个词，那么这个词一定是始于米彻姆，因为他真的是有史以来最"酷"的人。他对生活有着自己的主见，不容许任何人干涉。我和他完全不同。[16]

米彻姆与年轻的哈里性格"截然相反"，却教导这位年轻的演员如何在片场赢得尊重：首先，举止镇定自若，拿得起放得下；其次，掩饰欲望，否则会被他人利用；再次，如果导演对你颐指气使，请无视他，然后静等他的反应；最后，尊重所有同事，无论他们地位和收入如何。令凯瑞惊讶的是，米彻姆每晚都会搭便车回到位于山上的家，他从不在意与谁同乘，也不在意坐什么样的车。在好莱坞，米彻姆是一位激进的平等主义者，致力于消除社会等级差别。作为好莱坞最早一代牛仔老哈里·凯瑞（Harry Carey Sr.）之子，小凯瑞在露天片场长大，一直以来对父辈的同事心怀敬仰。因此，他的上述证言十分具有分量。

黑色电影本质上属于西部片的变种，展现的是城市而非乡村中新兴的阳刚之酷。在20世纪40年代的好莱坞类型片中，鲍嘉与米彻姆饰演的是两种酷气十足的角色，完全不同于约翰·韦恩的传奇英雄主义，也与吉米·史都华（Jimmy Stewart）扮演的正义凛然的形象大相径庭。同一时期还有存在主义西部片和黑色西部片。与米彻姆相比，约翰·韦恩就像是回归西部边境的基督圣徒。可以想象，在他强健身躯的庇护下，即便末世审判来临，那里的美国人也会认为自己无罪。

事实上，"酷"是在脱离基督教框架与西方哲学体系的基础上，对传统道德的重新审视。现代性虽然取得了胜利，但却无法弥补它的损失。这就是为什么带有鲜明个人风格的酷派形象至今仍充满魅力。里克·布莱恩的"酷"代表了大众对新式道德的渴望，即便后者最终没有成型，也势必会给传统的宗教带来改变。毕竟，大部分人无法脱离宗教生活，美国人亦是如此。

酷象征着变革：它表明普罗大众急需寻找一种新的尺度来评价社会。"酷"是鲍嘉或米彻姆这些受到大萧条和二战创伤的人掩饰自己的面具。对观众而言，这种"酷"面具是通过对忤逆、暴力、冲动和犯罪等行为的反思，将绝望的情绪抑制在理性的范畴中。"酷"是战后幸存者共有的面具：它意味着告别圣洁、乐观与伪善。在第二章里，我将把黑色电影划为一种类型片，它是一种迟到的药剂，旨在修复大萧条带来的社会创伤。直至现在，电影学者和历史学家几乎都忽略了黑色电影与大萧条时代的城市生活及其社会结构在美学上的一致性。

鉴于资本主义社会衡量个人社会地位的标准是拥有财富的多少，"酷"的内涵可以简化为：你无法拥有（掌控）我，你永远都无法拥有（掌控）我。

"酷"代表一种隐秘的渴求，即在后基督教时代不完善的情况下，渴求寻找到引领个人发展的美德。

"酷"悄然记录了战后的那段岁月。

"太初有言"①

《嚎叫》即是《李斯特跃进》—— 艾伦·金斯堡（Allen Ginsberg）17

---

① 出自《圣经·约翰福音》首句，原句为："In the beginning was the Word, and the Word was with God, and the Word was God." 即"太初有言，言与神同在，言即是神。"——译者注

传奇萨克斯管手"总统"李斯特·杨（Lester "Pres" Young）首次使用通俗语言"我很酷"形容这样一种状态：整个人很放松，一切尽在掌握，全凭我的风格来。杨的这一言辞既是心理状态的映射，也是结合具体情境有感而发：表明说话者处在安全的环境中。在吉姆·克劳法大肆推行种族主义的年代，杨的言下之意是在说"调动各种精神力量，对抗社会的压迫"。"酷起来"便是维系日常生活各种要素的平衡。

爵士乐是一种战后亚文化，盛行于美国，特别是纽约，其创新性的表现形式、圈内俚语、艺术风格传播迅速，使得"酷"一词很快被作家与艺术家接纳。凯鲁亚克、诺曼·梅勒和伦纳德·伯恩斯坦（Leonard Bernstein）等人开始接触爵士乐与街舞：杨是当年地下爵士乐圈的"文化英雄"，彼时的爵士乐即兴作曲风格也对凯鲁亚克产生了影响，后者借鉴于此，开创了"垮掉派"作家"自发式创作"的写作风格。金斯堡曾拟声吟唱李斯特的作品《李斯特跃进》（*Lester Leaps In*），为自己的诗歌《嚎叫》寻找准确的音韵节奏。到了1954年，甚至连《纽约客》（*New Yorker*）杂志都借用比莉·荷莉戴给杨起的绰号"统领所有萨克斯管手的总统"，在新港爵士音乐节（Newport Jazz Festival）上称其为"酷界总统"。[18]

"酷"并不是一个单一的词语，而是一系列符号的集合，它创造出了一个复杂、晦涩、内涵丰富、变化无常的语境。20世纪30年代，"酷"首次出现于非裔美国人的俚语中，后被杨引用，借以形容内心达到平衡的理想心境：情绪平静，大脑放松。[19]正如大比尔·布鲁兹尼（Big Bill Broonzy）在献给某位女性的歌曲《让我懂你》（Let Me Dig It, 1938年）中所唱"宝贝，在雪人到来前，请让我帮你保持平静"。到了20世纪40年代，"酷起来"具备了新的意思，等同于"保持克制"（being chill）一词的今义。20世纪80年代初，在"酷"一词被美国白人主流社会借用后，黑人青年们又重新定义了"酷"，赋予其"冷静"和"克制"之意。鉴于杨在传播"酷"概念中的重要作用，凯鲁亚克将其誉为"那一代人的文化大师，永垂近代爵士乐史"，称其是解读爵士乐"神秘内涵"，领会爵士乐精髓的关键人物，更是引领爵了士乐"风格"，表达爵士乐"忧郁情感"的文化领袖。[20]

另外，"酷"还指代杨开创的新派音乐美学风格，一种悠扬、律动、感性的曲风，这是他深受白人萨克斯管手弗兰基·坦博埃（Frankie Trumbauer）与吉米·道尔西（Jimmy Dorsey）影响，在二人风格基础上加以改进而成。想要达到爵士独奏的"酷范儿"，必须具备如下美学要素：旋律流畅淡雅、乐句划分简约自然、曲调深邃、善用乐曲叙事。杨的影响力跨越各个音乐流派，渗入各种艺术形式。例如比比金（B. B. King）在打磨自己的吉他独奏乐句时，就参照了杨的曲风，并这样评价道："人们称他为'总统'……他用一种慵懒的姿态演奏中音萨克斯管，引发了音乐的革命。'总统'发明了"酷"，他的伟业不在于创作乐曲，而是为后人提供了谱曲的参照……'总统'是一名抽象派爵士音乐家，他使我领会到现代艺术之美。"在比比金看来，只有将迈尔斯·戴维斯将杨深邃的"酷派革命"发扬光大。"他将'静谧'的手法运用得炉火纯青，无人能及……我称他为'酷王'。"因此，比比金在自传中谈及艺术与美术领域的酷派美学时，将其兴盛只归功于杨和戴维斯二人。[21]

现在我们以大乔·特纳（Big Joe Turner）的《樱桃红》（Cherry Red，1952年）为例，看一看战后的乐手们如何表现酷。这是一首吟唱性快感的歌曲，一开始，特纳用沙哑声音演唱头两句歌词（"我想让你合着我的伍基乐跳起布吉舞/直至你的双颊/如樱桃般潮红"），然后长号手罗伦斯布朗（Lawrence Brown）开始悠长深沉的独奏——这便是爵士乐手们所说的"用手中的乐器说话"。在一段深情的乐句结束后，录音棚里的特纳向布朗大喊"你是个酷男！你是个酷男！"[22]此句一语双关，既指布朗的独奏很酷（就音乐表现力而言），也是在称赞他令人惊叹的情绪控制能力（就演奏技巧而言）。当"酷风"脱离20世纪40年代的爵士亚文化圈后，它成了"做作的风格""止于表面的抗争""盛极一时的消费至上主义"等词语的反义词，至今仍被广泛使用。

李斯特·杨和比莉·荷莉戴共同将"酷"打造为一种音乐美学。他们制造细微的旋律差别，娴熟地运用音乐的留白，从而突出个别歌词或音符，营造出午夜一般的低调氛围。在此过程中，二人将蓝调升华为一种温文尔雅的美式浪漫情调。杨负责定制曲风和划分乐句，荷莉戴则用摇摆唱法（swing）展现酷派音乐深邃的力量。荷莉戴的早期作品向众人展现了一位才华横溢的年轻蓝调歌手。20世纪30年代，她随贝西伯爵乐团（Count Basie Orchestra）四处巡演。根据贝西伯爵乐团歌手吉米·鲁辛（Jimmy Rushing）的回忆，荷莉戴"一遍遍地练习杨的作品，以把握其中的乐句划分"。事实上，荷莉戴将自己视作一名即兴号手，而非歌手，她随乐队而唱，而非置于乐队之上。1935年至1943年间，凭借从西伯爵与艾灵顿乐团汲取的精髓，比莉·荷莉戴录制了近50首经典室内爵士乐，堪称"西方音乐史的里程碑，上承巴赫与莫扎特，下启奥奈特·科尔曼（Ornette Coleman）"，爵士评论家威尔·弗雷德沃德曾给予这样高度的评价。荷莉戴与杨共同录制的20多首作品［包括经典之作《我的一切》（All of Me）和《他那样真可笑》（He's Funny That Way）］曲风极为舒缓，她的歌声与他的萨克斯管声交织在一起，将空气化为音乐，袅袅升起，掺杂着午夜的迷情，缭绕衣间，带来转瞬即逝的浪漫情愫，甘甜却略带苦涩。[23]

20世纪50年代，法兰克·辛纳屈重塑了始于30年代末的酷派美学，将摇摆爵士乐打造为激荡全球的曲风。辛纳屈与比莉·荷莉戴出生于同一年（1915年），他曾于30年代末在芝加哥俱乐部观看了后者的演唱，深受启发，意识到自己的艺术天赋在于将叙事性的歌曲演绎得如同短篇故事，遂开创了自己的叙事曲风。此外，辛纳屈和杨还是彼此的音乐偶像。"我对杨了如指掌，"辛纳屈回忆道，"我们亲密无间，彼此欣赏，相互取长补短。"杨欣赏辛纳屈的叙事技巧与演唱手法，他曾在1956年告诉纳特·亨托夫（Nat Hentoff）："如果我能组建一支我理想中的乐队，那么法兰克·辛纳屈便是这支乐队的歌手。说实话，对我影响最大的人就是法兰克·辛纳屈。"[24]

德国历史学家雷茵霍尔德·瓦格莱纳（Reinhold Wagnleitner）指出，"爵士乐把冷战变成了一场'酷'战"。爵士乐深受民众欢迎，所以遭到了纳粹和苏联的禁止，因为二者的意识形态中都没有能抗衡爵士乐韵律及其个性的音乐武器。瓦格莱纳将爵士乐视作"全球化时代的古典音乐"。[25]换句话说，德意志帝国和苏联的流行音乐是倒退的，无法体现现代性。爵士乐的音乐形式决定了它崇尚艺术的自由，所以爵士乐（无论是整个圈子还是每个乐手）站在了（现在仍是如此）所有集体主义意识形态的对立面。这对价值观单一的社会来说，是无法忍受的。

纵观整个爵士文化，"酷"造就了战后的时代特征：慵懒的态度取代了卑躬屈膝，粗言秽语取代了造作的文雅，诡秘的标志性手势（表达的是未阐明的信仰）取代了盲目的爱国主义，冷漠取代了虚假的殷勤。事实上，"酷"在战争期间便已萌芽，肇始于当时的小众偶像群体，如爵士乐手、私人侦探、存在主义作家、倡导波希米亚主义的嬉皮士、摇摆歌手和卷入政治活动的工人。

到了20世纪50年代中期，"酷"取代政治力量，成为反抗权威的文化力量。达摩流浪者诗人、垮掉派作家加里·斯奈德（Gary Snyder）是一名虔诚的禅宗信徒，他将盛行于旧金山波希米亚主义者当中的"酷"定义如下："它披着无政府主义/漠视法律的外衣，实则是在表达我们内心的冷漠、讽刺和对费拉音乐（Fellaheen hip）的追求。"1964年，小说家肯·凯西（Ken Kesey）把"快活的恶作剧者"（Merry Pranksters）横跨美国的旅行称为"找寻酷地之旅"。[26]"酷"作为一种隐晦的文化符号，将上述小众音乐、地下文学中的另类价值观和一系列电影带入20世纪60年代。

"酷"将美国白人与黑人文化传统中的各类阳刚元素融合起来，成了一个具有象征意义的词语，使自身易于接受，从而广受欢迎。例如，

50年代的流行词"酷一些"（playing it cool）便结合了白人俗语"保持清醒的头脑"（playing it cool，即"保持理智"）与黑人俚语"保持镇定"（keep a cool head，既暗含"刻意保持沉默"之意，也公开表达了冷漠的态度）。对非裔美国人而言，"酷一些"是生存哲学的具体体现，兰斯顿·休斯（Langston Hughes）曾采用类似俳句的风格，在《座右铭》（*Motto*，1951年）一诗中这样描绘道：

> 我保持镇静（I play it cool）
>
> 戳穿所有谎言（And dig all jive）
>
> 这就是为何（That's the reason）
>
> 我得以苟活至今（I stay alive）

作者写道，自己混迹街头，凭借时刻的警觉，才得以存活下来。"dig"的意思是"洞悉深层的含义"，"jive"既是当时的爵士俚语"空话，假话"，也指吉姆·克劳法实行时期白人主流社会的虚伪。"playing it cool"指凭借自己的风格苟活下来，但这与理想相去甚远，只是一个暂时的状态，休斯憧憬的是一个彼此尊重、平等互助的社会。

> 我的座右铭（My motto），
>
> 源自我在生活中的积累（As I live and learn），
>
> 它便是（Is）：
>
> 要么戳穿他人，要么被他人戳穿（Dig and Be Dug）
>
> 如此循环往复（In Return）。

在"布朗诉教育局案"（Brown v. Board of Education）发生的前三年，兰斯顿·休斯认为非裔美国人应当静（be cool）观其变。在此基础上，拉尔夫·埃里森归纳出黑人求生与抗争活动的特点：努力争取自由，坚持"不可衅自我开"，做到"在压力下保持镇静"。[27]

到了20世纪50年代初，"酷一些"一语融入美国俚语，成为一种心境，一种掩饰情绪的方法。"酷一些"将"表现出满不在乎的一面"与"压抑容易动摇的情绪"合二为一。《丝绸娃娃》（Satin Doll，1953年）是艾灵顿乐团的一首热曲，后因辛纳屈的演绎更为火爆。在这首歌中，歌手阐明了施展魅力的方法："她不是个傻瓜/所以我要尽可能地表现我的酷。"几年后，埃尔维斯在《坠入爱情的傻瓜》（Fools Fall in Love，1957年）中重现了这段歌词："他们爱情的火把已被点燃/此刻他们应当保持镇定。"后来，他的前女友美国山区乡村摇滚王后汪达·杰克逊（Wanda Jackson）在《冷酷的爱》（Cool Love，1957年）中回应了他："你一直在装酷/我一直很痴傻/你何不给我那冷酷的爱。"另外，1952年，拉尔夫·埃里森在写给友人的信中谈及自己的小说《隐身人》（*Invisible Man*）销量时，这样写道："一切安好，出版商期望很高，但是我很淡定。（I'm playing it cool.）"[28]

"酷一些"是一个始于爵士术语的美国俚语，逐渐用来表达一种心境和个人风格：对冷静的推崇。这些流行歌曲便阐明了"内心受到触动"与"表现出冷漠"的共振张力。选择"做一个傻瓜"（to be a fool），意味着敢爱敢恨但容易受到伤害，选择"酷一些"（playing it cool）则需要小心谨慎地控制自己的情感。"酷一些"的反面是"做一个傻瓜"：敞开心扉，对他人掏心掏肺，费尽心力讨好他人。

这些歌曲沿袭了酷的原始内涵，该含义同时见于非裔美国人和白人的文化传统，即：罪犯、受压迫者、禅宗武僧和演技派演员为达到某种目的，刻意保持镇静。二战后的"酷"是在含蓄地表达对遥遥无期的社会改革的期盼。在战后年代，"酷一些"是激烈思想斗争的外在表现。二战虽然结束，带来却是文化领域的冷战：拥有庞大消费群体的资本主义对峙共产主义。在冷战的两极格局下，人们期待的社会变革已成泡影。此时，成为完整、独立、具有批判精神的个体显得难能可贵。既然改革的梦想已经幻灭，那么一切积极和热情都是徒劳的。战后的"酷"综合了以往的各种思想要素：斯多亚主义、清静无为（寂静主义）、革命意识和舍弃道德。

综上所述，"酷的人"是在"酷"的外表下寻求片刻的宁静。

"酷起来"（to be cool）是在进行冷静的抗争；

"酷起来"是在反对盛行于美国的狭隘爱国主义，打造抵制政治宣传的个人形象，是公开与各政治派系为敌；

"酷起来"是在身体力行地控诉整个社会。

酷是一种美式迷思

倘若"酷"只保留最初的含义，那么它便会像其他爵士术语〔"强节奏的"（heavy）、"最上乘的节奏"（groovy）、"使声音减弱"（drag）、"使声音柔和"（mellow）、上弦（uptight）和注意观察（outsight）〕一样，消失在历史的长河中。"一流的"（swell）、"不错"（solid）、"露面"（making the scene）、"四处找打"（cruisin' for a bruisin）等词语也都曾风靡一时，那么为什么"酷"却没有重蹈它们的覆辙，被丢弃在故纸堆中呢？

对此，我的理解如下："酷"是一种迷思，更准确地说，是解答美式迷思的关键所在。它同所有迷思一样，蕴含着我们业已知晓但却不知道自己知晓的事实：无意识的信念、理想化的憧憬、潜意识的恐惧以及对历史的逃避。"酷"囊括了20世纪的时代特质，至今未被解读，却又被赋予了各种含义。对战后一代而言，"酷"象征着一种早期的抗争行为，它试图摆脱宗教桎梏，反对政治腐败，反抗社会准则的压迫，对抗业已消亡的科技崇拜。

"酷"有一个重要的潜台词，即：在强大的力量面前保持个性。本书涉及的各类战后艺术形式有一个共同点：它们都在重建个体能动性，简单说来，也就是在经济、社会和科技全球化的浪潮面前保持个人言行的影响力。回想起来，这一问题正是萨特和加缪争论的焦点，后者的《反叛者》（The Rebel）一书致力于研究个人的抗争，从而引发了双方的争执，二人最终在20世纪50年代分道扬镳（见第三章）。

借用尼采的话说，“酷起来”意味着行走在“正与邪之间”。“酷起来”是让善恶在体内共存，是善纳自己的阴暗面。“酷”有悖于中产阶层推崇的传统“善恶二元论”。“酷”旨在诉诸世俗手段寻求精神的平衡与真实的自我，与其今义“时髦”和“出名”毫无关联。

时至今日，“酷”虽然历经商业炒作和引申，成了美国俚语，但“他/她很酷”这样的称赞依旧承载着某种社会情感，是对个人魅力、行事作风、诚实正直以及特立独行的肯定。它仍被用作敬语，是一种带有平民色彩的赞美。

20世纪90年代，互联网公司兴盛。艾伦·刘（Alan Liu）在撰写著作《酷之法则》（*The Laws of Cool*）时发现，对当时的硅谷而言，“酷”依旧是“探寻未知”的代名词。在科技领域，唯有“酷”能代表我们文化中“未经解码与解构”的内容。而这些无意识的、原始的憧憬逐渐与脱胎于“酷”的想象力交融。正因为“酷”意义深远，成为时代的象征，我们才能沿着酷的“足迹”，回溯那个年代的迷思与挣扎。[29]

酷是一种有待解释的原始特质。

酷是一种迷思，致力于重建个体的能动性。

酷与西方文明的终结：1947年

正如托尼·朱特（Tony Judt）在其研究欧洲大陆的权威著作《战后时期》（*Postwar*）所说，欧洲各国在1945年经历了一场巨大的精神危机。这场危机着实无法避免，因为西方文明在当时已然没落：德国人沦为蛮夷，屠杀他们眼中低等肮脏的种族；法国人因国土沦丧而蒙受国耻；英国失去了往昔的帝国地位。大多数欧洲人在维系温饱的同时，还要与苏联的政治形态抗争，这种内忧外患的局面一直持续到20世纪50年代。若没有马歇尔计划，战后欧洲的复兴可能要往后推迟一代人的时间。到了1945年，在历经两次世界大战与震荡世界的大萧条后，"屡次的冲击形成了一股合力，即将摧毁整个西方文明"，朱特这样写道。然而，自1989年以来，历史进程发生了改变，西方人再次感到"庆幸，甚至满心欢喜"，他们开始淡忘过去，重拾对欧洲和西方文明的信心。[30]

在《零年：1945》（*Year Zero: A History of 1945*，2013年）一书中，伊恩·布鲁玛（Ian Buruma）这样描述欧洲人当年达成的共识："旧世界已然崩塌，物质、文化与精神荡然无存，令人蒙羞。"在盟军所到之处，无论是他们解放的国家（法国与荷兰），还是他们击溃的国家（德国、奥地利和意大利），这种情况尤为突出，后来美军所到之处亦是如此。1945年至1957年间，外国军队占领欧洲，欧洲人接触到富有异域风情的美国文化（以摇摆乐和美军的亲民作风为代表），将美国大兵拥戴为解放者。欧洲理论家认为，在那个年代，欧洲人作为消耗者而非生产者，获得了重新寻找自我认同的契机，"欧洲人获得了新的自由，以定义自我和重塑欧洲认同感"。相比纳粹占领或者集权专政，这种状况虽然要好很多，但仍然没有催生出新的国家或整个欧洲的认同感。这种信念的崩塌成为托马斯·品钦（Thomas Pynchon）史诗巨作《万有引力之虹》（*Gravity's Rainbow*，1972年）的主题。该作以1944年的欧洲为背景，描绘了流民遍野的战乱图景，作品中的欧洲丧失了社会认同感，盲目追求科技进步，推崇逃避主义。布鲁玛采用修辞的手法问道："倘若社会与文明（该词语在当年十分流行）再度结合，情况将会怎样？"[31]

欧洲时代终结的原因有两点。首先，纳粹德国将非雅利安裔白人视为"他者"①。西蒙娜·韦伊（Simone Weil）在《草根的需求》（*Need for Roots*，1943年）一书中首次揭示了德国纳粹对待欧洲人的方式：如同欧洲人对待殖民地中的非白种人一样，杀戮成性，肆意侵占土地。二战揭穿了掩盖野蛮筋骨的那层文明表皮。正如弗洛伊德在《文明与缺憾》（*Civilization and Its Discontents*，1931年）中所说的，这种情况通常发生

---

① 殖民地中的被殖民者。——译者注

在欧洲的海外殖民地。其次，由于被视为“他者”，欧洲知识分子们逐渐意识到了自己在欧洲殖民地推行的是殖民压迫和帝国主义。然而更重要的是，德国纳粹的这种做法助长了欧洲殖民地的革命情绪。潘卡基·米什拉（Pankaj Mishra）近来反思道：直至20世纪60年代，美国和欧洲人才意识到，他们的殖民地人民一直将自由民主制视作残酷的帝国主义统治。令历史学家马克·马佐尔（MarkMazower）感到震惊的是，在1945年以前，没有任何欧洲左派分子站出来声援或同情欧洲殖民地的人民："仔细翻阅二战的抗争史料，没有任何记载表明欧洲人同情殖民地人民的悲惨遭遇。"韦伊还发现，自古至今，从罗马帝国到欧洲殖民扩张再到纳粹德国，这种西式白人殖民主义思维一脉相承，深入欧洲知识分子的骨髓。让·格埃诺（Jean Guchenno）的《黑暗年代日记》（*Diary of the Dark Years*）每一页都翔实地记载了如下史实：在纳粹占领下的巴黎，法国生灵涂炭，孤立无援，其处境与欧洲殖民地人们的遭遇极为相似。（见第五章）[32]

面对上述情况，欧洲学者们采取了更为主动的行动。1955年，著名英国史学家杰弗里·巴勒克拉夫（Geoffrey Barraclough）宣告"欧洲历史业已终结"。巴勒克拉夫花费30余年的时间，从默认的"通过启蒙范式将欧洲中心视角和'人'普世化"的研究模式中走了出来。巴勒克拉夫每到一处，都会听到学术圈内外共同的呼声——寻求研究欧洲历史的新视角。1947年，他发表公开演说时这样讲道："我们坐在原子弹的阴霾下，酒足饭饱，笑靥如花，实则内心惶恐不安，如同临刑前的罪犯——我们要把握这一良机，利用人类历史的积淀，洞悉事物本质。"[33]这句话最早可能出自加缪的一篇日记。他继续补充道："欧洲时代已然终结，它始于1498年，终于1947年。未来的问题可能会在'人类整体'的视角下得到解决。"早在巴勒克拉夫发表演说的前三年，亚瑟·库斯勒（Arthur Koestler）就曾预言，两种研究范式支撑学界长达半个世纪，它们内容趋同，行将终结：其一是启蒙范式；其二是以苏联为代表的范式，该范式认为只有无产阶级革命才能推动社会进步。在《幻象的终结》（*The End of an Illusion*）一书中，库斯勒将共产主义比作狂热的宗教。20世纪40年代末，苏联的集权专政行径被揭露，"史书中关于苏联的篇章"至此宣告终结，始于法国大革命的社会主义思潮最终仅剩下断壁残垣。[34]

当抗争者们意识到西方文明（至少是欧洲部分）行将终结之时，便将"酷"作为表现镇静的权宜之计。早在十年前，也就是大萧条期间，美国评论家约瑟夫·伍德·克罗奇（Joseph Wood Krutch）就曾在《欧洲是否成功》（*Was Europe a Success*，1934年）一书中思索书名中提出的问题，并以奥斯瓦尔德·斯宾格勒（Oswald Spengler）的著作《西方的没落》（*Decline of the West*）为基础，提出了"欧洲大陆内部崩解"的观点。哲学家伊曼努尔·列维纳斯（Emmanuel Levinas）在1946年至1947年间发表了一系列论文，形成了"后理性伦理"（post-racial ethic）学说，其中的"理性伦理"也就是"西方伦理"。

出于国家和个人的需要，欧洲各国纷纷改写战时的历史：这一热潮始于20世纪40年代，之后再次出现于80年代。法国人把一言难尽的战争历程（放弃抵抗、与敌人勾结、保持缄默）改写为英勇无畏的抵抗；德国人将昔日的帝国梦化为驱动经济增长的强大动力，以此赎清战争的罪责；英国放弃了帝国之位，投入民主社会主义的怀抱；意大利消除了民众有关墨索里尼与法西斯的记忆，转而宣扬游击队在北方的斗争活动。当欧洲仍在自我怀疑，羁绊于"西方社会内部的巨大分歧"，纠结于选择何种政治体制时，更大的阴云将至：在亚洲与非洲，数世纪以来殖民压迫的恶果开始反噬。如果说，在20世纪80年代，里根、撒切尔的所作所为以及冷战的终结尚且维系了西方文明最后的荣光，那么这一恶果将重新激化战后的矛盾，再次引发人们的疑虑。[35]

"酷"是学者们在应对核焦虑、进行大灾难后反思，以及各殖民地反抗运动不断高涨时表现镇静的面具。"在原子弹面前，人人都感到无力。"诗人刘易斯·麦克亚当斯（Lewis MacAdams）在《酷的兴起》（*Birth of the Cool*，该书是其口述历史之作，旨在研究战后文化艺术）一书中反思道：“1945年以前，人们认为历史是平稳的进程，最终将达到完美，1945年之后，这种想法被证明是稚嫩的。”在同各种思潮〔主张极权政权的科技至上主义（已经式微）、殖民地人民对西方帝国主义的重新反思、基督教的天启论等〕对抗的过程中，艺术家们转向新的范式——“酷，作为一种手段，一种立场，一门学问，应运而生。”[36]

1947年堪称学术思想的元年。这一年，西蒙娜·德·波伏娃在理查德·赖特（Richard Wright）的带领下周游美国，接触到爵士乐与吉姆·克劳法、“他者”的生存体验，以及作为社会构成成分的种族思想，随后便创作了著名的旅行回忆录《美国纪行》（*America Day by Day*，1948年）献给赖特及其家庭。该书绝大部分篇幅是在探讨美国的种族关系。一年后，《第二性》（*The Second Sex*，1949年）一书出版，该书通过“他者”的概念，将研究种族问题的方法迁移到性别压迫中来，引发了第二波女权主义运动。为阐明女性的社会的地位，波伏娃融合了赖特的“压迫现象学”与贡纳尔·默达尔（Gunnar Myrdal）的种族社会学（出自《美国的困境》，*An American Dilemma*，1944年）。在撰写《第二性》一书时，波伏娃曾在写给情人纳尔逊·艾格林（Nelson Algren）的信中表明了自己的志向：“我想要写一部作品，它能够比肩研究黑人问题的巨著；默达尔已经指出了黑人与女性地位的相似之处；所以，我感觉我准备好了。”[37]

1947年，法国学术期刊《现时代》（*Le Temps Moderne*，由波伏娃和萨特所在的学术圈子主编）接连登载三篇文章：赖特的《黑孩子》（*Black Boy*，1944年）、波伏娃的《模糊的伦理学》（*The Ethics of Ambiguity*，1947年）、萨特的《何谓文学》（*What Is Literature?*，1948年）。三位作者都是在巴黎的好友，他们围绕生存体验的主体特征构建理论，对彼此在殖民主义、主观性、存在主义等问题上的研究产生了影响，共同开辟了冷战时期的第三条政治路径。这是学术史上的重要时刻，为了阐明这一时刻的意义，保罗·吉洛伊（Paul Gilroy）曾在30多年前提出一个重要的问题：“我们把赖特、吉内特、波伏娃和萨特的作品放在一起品读，这样做的意义是什么？"[38]这样做的意义在于，我们能够书写1945年来的后西方时代历史，书写战后文化史。事实上，历史表明，至少在所谓的北欧模式（社会民主主义）出现前，并没有第三条政治路径。[39]

相反，基于存在主义的个体抗争行为提供了另一条文化路径：在一种"酷"的距离中，保持自我意识的觉醒。阿尔贝·加缪为总结个体的抗争，举了这样一个例子：若一名奴隶毫不迟疑地说出"不"，那么这声"不"便是一道分界线，是最早期的抗争行为。换言之，个体的反抗要早于社会与政治层面的抗争。贝蒂·弗里丹（Betty Friedan）在《女性的奥妙》（*The Feminine Mystique*）中指出了城郊中产家庭妇女面临的"无名难题"（"the problem with no name"），其所持观点与加缪类似。对于出生于第一代婴儿潮（20世纪40年代）的人来说，加缪、弗里丹和怀特等作家与理论家为他们在60年代的抗争奠定了基础。非裔美国文化评论家玛戈·杰佛逊（Margo Jefferson）曾回忆，他自我意识的觉醒源自对四五十年代嬉皮士信条和品位的钦佩和模仿。杰佛逊一生追随各类社会抗争运动，如民权与青年运动、反主流文化思潮、新左翼运动、女权主义运动和同性恋争取维权运动。这些运动共同打着"酷"的旗帜，相互交织，不断地改造和丰富着"抗争"一词的内涵。最典型的例子便是这一领域的三位偶像：马龙·白兰度、法兰克·辛纳屈和奥逊·威尔斯，他们均是五六十年代的民权运动支持者。[40]

在美国知识分子中，只有洛林·汉斯伯里（Lorraine Hansberry）等少数人将非白人种的崛起视为战后精神困境的主要成因。在"她"（汉斯伯里）与"他"（某位犹太学者）之间的一场虚拟对话中，汉斯伯里痛斥存在主义的精神困境："除了被殖民者的崛起外，还有什么能使欧洲及其知识分子陷入如此困境？……除了帝国的崩溃外，还有什么能使人忧心忡忡？……在当今世界，西方错误地认为全世界都像它一样自命不凡。"面对"他"的困惑，"她"解释道："我谈论的是殖民主义的终结。"汉斯伯里认为，存在主义困境是精神懦弱的一种表现形式，是西方面对被镇压民众崛起时的无能。当西方作家与学者惶惶不可终日之时，反殖民主义革命的力量在与日俱增。"想要获得自由平等并不是想要成为白人"，她始终坚持这一观点，并将全世界白人划为误入歧途的少数群体，希望这一群体"尽早失势"。她坚信，"西方文化思想的消沉与绝望便是白人在精神层面对亚非有色人种革命以及民权运动的回应"。在汉斯伯里看来，加缪的悲观视角与存在主义文学均属于这类困境，即所谓的"西方之死"。[41]

1963年，汉斯伯里的挚友詹姆斯·鲍德温（James Baldwin）喊出了更为响亮的声音："所有西方国家都已陷入谎言之中，被虚假的人文精神欺骗；由此看来，西方的历史并没有道义可言，西方的人性更是无稽之谈。"他在《土生子札记》（*Notes of a Native Son*，1955年）一书的末尾将这句话凝练为更富政治色彩的口号："这个世界不再是白色，也永远不会褪回白色！"[42]

二战结束之时的"酷"

"酷"兴起于西方文明的废墟：它由西方文明内部的反抗者提出，象征着西方的终结。"酷"是一种尝试——尝试在集体意识形态崩塌后重拾个体的价值。"酷"主要体现在三个不同的方面。在下文中，笔者首先将追溯二战时期"酷"在爵士乐、黑色电影和存在主义文学这三个领域的兴起历程，然后再探讨这三个领域的内在联系。

大萧条带来了创伤，反映出资本主义虚伪的一面。"欧洲—美国式酷"便是男性工人阶级对大萧条影响的回应，此类"酷"主要通过"黑色电影"这种艺术形式表现出来（见第二章、第五章和第七章）。

爵士乐手的艺术作品、个人风格和俚语造就了"非裔美国人的酷"，这种酷是从心理与形式两方面否定了汤姆叔叔对种族制度的卑躬屈膝。爵士乐手既是后西方时代非裔欧洲音乐文化的缔造者，也是这类文化的象征，是"酷"在存在主义中的具体体现。当非裔美国人的革命由对外转为对内时，他们亟须一种新的语言：于是，爵士乐手们在李斯特·杨的领导下，将"酷"这一术语发扬光大（如"酷一些""冷静下来""太酷了！"）。实际上，二战期间的摇摆爵士文化在彼时已有足够的影响力，"处在最佳状态"（in the groove）和"抛开一切"（lay it down）等爵士术语常被法国抵抗组织的战士们用来传达隐秘的信息。[43]（见第一章、第四章、第五章和第九章）

"存在主义式酷"始于法国，是对纳粹占领和马克思主义（推崇者为共产党）幻灭的回应。二战结束后，西方文明的中心从巴黎转移至纽约，从满目疮痍的欧洲转移至未被战火殃及的美国。"存在主义酷"选用第一人称冷静陈述的形式，通过最通俗易懂的方式将其哲学内涵表达出来，这便是冷峻派美国文学，其中的代表人物有海明威（Hemingway）、詹姆斯·马尔兰·凯恩（James M. Cain）、达希尔·哈梅特（Dashiell Hammett）和雷蒙德·钱德勒（Raymond Chandler）等人。（见第三章、第五章和第十章）

爵士乐、黑色电影和存在主义文学三者至今没有被合为一个整体得到深入研究。三者同为美式存在主义在流行艺术领域的表现形式。所谓美式存在主义是一种哲学思想，建立在如下设想之上：除去后天努力、个体命运和天赋道德，每个个体都是一张白板。人若像白板失去四周边框那样将会怎样？在上述三种艺术形式中，幸存下来的主人公用行动证实，不存在没有尊严的生命。他们接下来要么继续拼命尝试（像黑色电影或存在主义小说中那样），要么就将内在的自我表现出来（像爵士独奏和方法派表演方式那样）。萨特将存在主义凝练为三个词的短语——"存在先于本质"。在你没有本质的时候，你将如何存在？

爵士乐手用歌声揭露了战后桎梏个人和社会的牢笼；黑色电影的明星用自己的步调表达了类似的诉求；存在主义作家寻找的新的方式发出自己的声音，表达同样的诉求。作为一种步调、一种陈述语调和一种乐器声音，这三种艺术形式都是对个人生活经历的真实表达，因而极具说服力。

查理·帕克这样调侃道：“你若没有生活，你的小号便吹不出生活的气息。”这种酷并不是你通过刻意的举止表现出来的姿态：它是你每日踩着紧绷的钢丝走向另一端时自然而然赢得的喝彩。[44]

对爵士乐手来说，“酷”是一种舞台形象，是一门保持镇静的学问，是一种求生技巧。他们无视白人充满敌意的凝视，通过深度挖掘生活经历，创造出一门即兴的艺术，以表达自己的情感。在黑色电影中，“酷”表现为消极厌世的斯多亚派理念，在私人侦探身上得到了体现——他们的冷静客观同时令警察和雇主感到不安。在存在主义小说领域，“酷”表现为作者不动声色的陈述，他们强压住内心的狂乱与躁动，呈现出的是情绪平和的一面。

黑色电影有时被视作存在主义的精髓所在，但很少得到深刻的分析。与此同时，部分学者仅在表面上将爵士乐手视作存在主义的代表，但也没有深刻分析他们推崇的乐手或文学作品。就爵士乐而言，“酷”一方面要求音乐具有美感或抗争精神——“燃”或者摇滚，另一方面要求乐手必须保持内心的平静，保持面无表情，控制住自己的身体。就存在主义小说而言，这类作品具有“不掺杂任何情绪”这一鲜明的文学特征，它们试图通过客观冷静的叙事手法与设置男性主角的方式，抚平人们内心的创伤。[45]

安东尼奥·葛兰西（Antonio Gramsci）曾这样定义“常识”：“常识”是人们达成共识的一整套价值观，它针对不同的社会阶层与种族，会选取不同的表现形式。基于这一理论，“存在主义”理论针对大学生与非裔美国人，选取了爵士乐这一表现形式；针对知识分子和自我觉醒的反抗者，选取的是法国文学和哲学。“酷”以千变万化的形式，散布大街小巷，跃然于屏幕，跳动在舌尖，弥漫在空气中，充斥在音乐里。

在研究“酷的源起”这一理论时，围绕着（在面对现代精神、战后创伤、大众社会、科技侵蚀和地缘政治危机时）对一种关于主体性和身份认同的充满男性气概的新范式的追寻，笔者整合了三种并存的文化形式。在“战后一期”，“酷”面具针对的只是信仰（宗教、文化、意识形态、目的论等）崩塌的受众，为他们整合了各类求生手段。

"酷"还是应对战后创伤时的宣言。

1954年，加缪发表了他的哲学宣言："我要成为从零开始的第一人。"1945年发生的历史事件摧毁了整个西方世界：理性者（不包括女性）的社会理想、错误的笛卡儿主义（身心对立论）和白人的种族优越感都荡然无存。早在1939年，波伏娃就曾建议萨特放弃笛卡儿主义和通过变革拯救社会的想法："现在唯一能做的就是一切从头开始。"[46]加缪曾向美国作家们提出了一个富有挑战性的问题，沃克·珀西（Walker Percy）将其概括如下："我们如何在一个荒谬的世界里成为完美的有道德之人？"后来，加缪在其日记中给出了零星的答案："对第一人而言……他不求拥有什么，也不妄图占有什么，只求坚持己见。"[47]

面对一切从零开始的局面，当你已下定决心时，将展现出怎样的精神面貌？你可能会像鲍嘉那样颓然，像大鸟（查理·帕克）那样冷漠无情，像芭芭拉·斯坦威克（Barbara Stanwyck）那样冷艳。总之，你会设法表现出酷的一面。

"酷"是在信念崩塌时的沉着冷静。

"酷"是主流信仰（基督教、民族主义、种族优越感和男权主义）崩塌，反主流信仰（马克思主义、孤立主义和原始主义）消亡后，人们诉诸社会的手段，它是仅剩的权宜之计，供人们调节自我。正因如此，塞缪尔·贝克特（Samuel Beckett）的作品《等待戈多》（*Waiting for Godot*，1952年，第一部真正意义上的后现代主义作品）才是抽象的，充满了后启示录风格。该作将背景设定为后西方时代的一处无名荒地，两名流浪汉站在道路中间的空地上，没完没了地说话打发时间，等待来自上帝的旨意……但最终未能如愿。可能连欧洲人自己都没有意识到，他们无意间从古代哲学和当代非裔美国人文化中汲取了灵感，创造了一种新式的斯多亚主义——"酷"，以此从容不迫地应对战后的精神危机。

"酷"是一种新兴的情感体系，诞生于战后的美国。

图2　李斯特·杨将酷的概念引入美国文化（美国罗格斯大学，爵士乐研究协会）

第一章　李斯特·杨与"酷"的诞生

　　李斯特·杨率先借用"酷"一词形容某种思想状态。从20世纪30年代末开始，这个源自爵士文化的词语内涵不断丰富，逐渐具备了当今的含义。[1]当杨说"我很酷""那样很酷"时，他的言下之意是"我很冷静""我应付得来"或"我正设法保持冷静"。本·西德兰（Ben Sidran）指出，这种保持冷静的作风反映了一种"内化的举止"，在应对重大的创伤和挫折时，十分奏效。[2]迈尔斯·戴维斯在1957年发行的专辑《酷的兴起》如同点燃星星之火的火把，引发了爵士文化圈对"酷"的讨论。保持冷静之风肇始于二战期间，人们对社会平等的期望幻灭后，雨后春笋般出现的爵士唱片便成为人们对抗社会的武器。这一现象表明，"保持冷静"在当时社会背景下的具有重要意义。[3]厄斯金·霍金斯（Erskine Hawkins）的金曲《傻瓜，冷静点》（Keep Cool，Fool，1941年）、贝西伯爵的《保持冷静》（Stay Cool，1946年）、查理·帕克的《酷派蓝调》（1946年）均传递出这样的信息：人们开始重视"全体保持镇静"的意义，力图打破一直以来绑定在黑人身上的刻板印象——从"汤姆叔叔"到无忧无虑的"南方黑子"，均是这类情感外露的黑人形象。

　　在路易斯·阿姆斯特朗（Louis Armstrong）时代已去，查理·帕克时代尚未到来之际，李斯特·杨与其他几名爵士乐手并称为那一时期最具影响力的爵士艺术家。他首创的"酷派萨克斯管风格"奠定了酷派旋律的基础，迈尔斯·戴维斯与吉尔·伊文斯（Gil Evans）承其衣钵，成为"酷乐学派"的开山鼻祖。但是爵士圈外鲜有人知道杨的名字，因为其早年的唱片大多是与贝西伯爵乐团或者比莉·荷莉戴共同创作完成的：在贝西伯爵乐团火热的20世纪30年代，他是乐团中的"天才独奏手"；在比莉·荷莉戴1945年以前发挥最好的几场声乐演出中，他负责萨克斯管伴奏。[4]杨是荷莉戴最喜爱的乐手，二人互赠绰号：荷称杨为"总统"，意为"统领所有萨克斯管手的总统"，杨则称呼荷为"戴女士"，这两个绰号从此伴随他们一生。

1936年，杨凭借萨克斯管曲《擦鞋男孩》（Shoe Shine Boy）和《哦！女士好》（Oh! Lady Be Good）惊艳于世，被载入史册。他一反当时以科里曼·霍金斯（Coleman Hawkins）为代表的主流萨克斯管乐风（狂热、铿锵有力、充满阳刚之气），将个人风格融入乐曲，打造出颠覆传统的平缓曲风（轻快、流畅、空灵、清澈）[5]，令众多乐手神魂颠倒。[6]杨因其作品曲调轻快、曲风忧郁、节奏平缓、衔接精准、创意无限，被誉为爵士乐界的"迈克尔·乔丹"。杨不仅谱写出悠长流畅的乐章，还能娴熟地把控韵律节奏，巧妙地运用静默与留白，迪兹·吉莱斯皮将其创作风格概括为"行云流水的酷派曲风"。杨的乐曲及风格是爵士乐早期历史的缩影：儿时在新奥尔良的大街小巷卖艺谋生，青年时期受到吉米·道尔西和毕克斯·比德贝克（Bix Beiderbecke）等芝加哥白人的影响，加入黑人歌舞巡演团；巅峰时期的杨精通蓝调，技艺高超，后于20世纪30年代加入堪萨斯城的"大型音乐工作室"。1937至1944年间，受杨影响的乐手数目成百上千；二战时期，杨在乔治亚军事基地服役期间接连遭受重大打击（见下文）后仍然坚持演奏，但已蜕变为一名嗜酒如命、缄默不语的反主流人士。[7]

二战结束后，杨使用种种手段将自己孤立起来，他佩戴墨镜、出口成"脏"、我行我素，这些行为同他的音乐一样，在青年爵士乐手当中极具影响力。杨氏经典"嬉皮俚语"影响着爵士文化、黑人文化、垮掉派作家，这些文化群体进而影响到20世纪60年代的反主流文化。在爵士乐的黄金年代，杨始终是众人效仿的偶像，其言行举止（如吸食大麻，嗜酒如命，幽默风趣，沉默而富有表现力的悲伤情绪，头戴标志性的猪肉馅饼帽）发展成为爵士文化圈的特质。杨的形象如同电影《午夜旋律》（*Round Midnight*，1986年）中的戴尔·特纳（Dale Turner），以及约翰·克列农·霍姆斯在小说《号角》（*The Horn*，1958年）中创作的人物埃德加·普尔（Edgar Pool）。这一时期的杨年收入超过5万美元，但他不以物喜，不以己悲，最终选择在第52大街的阿尔文旅店（Alvin Hotel）的一个狭小房间内，通过饮酒过量的方式结束了自己的生命。[8]杨既渴望通过艺术手段充分表现内心的痛苦，又想要以不露声色的状态对抗白人的敌视眼神，所以他身上的酷派作风呈现出看似矛盾的两面性特征，即强烈的艺术表现力和强大的情绪控制力。

早在"酷"诞生之际，非裔美国人就已形成了对"酷"的四点基本认识，它们至今影响着"酷"在今日的使用情境。第一，"酷"是在面对他人的敌意和外界的挑衅时，控制住情绪，并且做出冷静（酷）的表情；第二，"酷"是在任何场合都要保持轻松的心态；第三，"酷"要求人们形成独特的个人风格，以彰显个人的人格魅力与内在的精神世界；第四，"酷"只允许人们在技艺的范畴内表达情绪，如通过爵士乐、表演和篮球技艺。就这点而言，"酷"一词也可以用来表达个人对这类艺术行为的审美评价（如"真酷！"）。[9]

"酷"是内心达到平衡的理想状态，介于"狂热"（如兴奋、好斗、紧张和敌视）与"冷漠"（如无情、心无旁骛、行为呆板）两种极端的情绪之间，冷静却又不失积极的心态。"酷"亦可以被阐释为"心态放松下的全神贯注"，是爵士乐手们在演出过程中都需要达到的境界。纳尔逊·乔治（Nelson George）指出，对生活在20世纪40年代的青年都市黑人而言，"酷逐渐指代衣着得体、温文尔雅和镇定自若的状态。达到这种状态的人，不仅能掌控自己的情绪，还能把握所在的环境"。爵士音乐制作人罗斯·拉塞尔（Ross Russell）将李斯特·杨誉为"爵士乐圈内最伟大的波希米亚主义者和嬉皮士"，言下之意即早在"反权威、热爱和平、语出

惊人、特立独行"等个性特质被（各种族的）普通美国人接受之前，杨就
已具备了这些特质。[10]

在大迁徙年代（the Great Migration）最为动荡的岁月里，美国各种
族之间的关系急转直下，音乐天才李斯特·杨用他富有传奇色彩的幽默感
影响着数以千计的乐手。杨一生致力于追求特立独行的浪漫风格，将其融
入音乐、作品风格（客观冷静）以及言行举止（特立独行）中，仿佛生
命本身的动力便是如此。因此，人们常用"酷"来形容他，称赞其冷静、
沉着、泰然自若，能够在个人性格与演奏风格之间找到平衡点。[11]杨虽于
1959年逝世，但与他相隔两代的乐队领队强尼·奥蒂斯（Johnny Otis）仍
将其尊为"非裔美国人艺术的精神领袖，超然于整个音乐界"。笔者将从
西非黑人、非裔美国人、美国白人以及流行文化的角度探寻"酷"概念的
起源，进而阐释杨如何通过整合这些元素，创造出了美式酷文化。[12]

从黑脸滑稽戏到爵士乐艺术家

即便在爵士乐手当中，李斯特·杨也被视作异类。杨生性腼腆，温文
尔雅，不善言辞，虽然在音乐创作方面敢为人先，但遇到人际矛盾时却主
动让步。别人冒犯他时，他会拿出一把小掸帚，拂去肩上的灰尘；当对方
咄咄逼人之时，他会轻声自语"我感觉自己不太受欢迎"；当乐队成员在
舞台上出错时，他会按铃提醒对方。杨的乐队成员、吉他手弗雷迪·格林
（Freddie Green）回忆道："他提出的点子大多数都是你闻所未闻的……
他是一个非常追求原创的人。"杨的第一个标志性特征是头戴黑色平顶猪
肉馅饼帽，这是他参照一本维多利亚时代的女性杂志找人定制而成的；
他的另一个标志性特征是迈着缓慢、慵懒的步伐，任何情况下都不紧不
慢。此外，爵士音乐的基本原则可能也源自杨，即在自己的独奏中"讲述
故事"远比使用绚丽的技巧重要；他的箴言是："年轻人，你必须追求
原创。"[13]

1940年以后，杨使用的嬉皮俚语近乎晦涩难懂，不止一位音乐同仁表示需要花费数周的时间才能理解他要表达的意思。[14]例如，他会用"瞪大眼睛"（big eyes）表示渴望得到某样东西；相反，如果不喜欢某样东西，他会说"闭上眼睛"（no eyes），这种表达方式一直被爵士乐手们沿用至今。杨称警察为"废柴堆与蘑菇头"（bing and bob），称前女友为"回头草"（wayback），称白人爵士乐手为"灰种男孩"（gray boys）。此外，他还在其他乐手的姓氏前冠以"女士"（lady）一词（例如贝西女士、泰特女士和戴女士），并且给他们当中的大部分人起一个沿用终生的绰号。[15]杨的语气起伏变化，极富表现力，被一名纽约牧师称为"自带诗韵"。这位牧师断言"恐怕只有'总统'才能将'去你妈的'说得像唱歌一样，这句话被他加上音调之后便成了一首蓝调"。"他对俚语的运用符合杂志和广播媒体对爵士术语的认知，这在爵士乐手中比较少见"，雷欧纳·费勒（Leonard Feather）回忆道，"'戳穿''酷''嬉皮'这些俚语成了他的个人标签"。[16]

20世纪30年代，非裔美国人历史上的两股时代潮流汇合在一起，为"酷"的兴起创造了条件：首先，黑人中间兴起了一股躁动的情绪，他们需要掩饰自己的情绪，微笑面对白人；其次，黑人们在奋勇斗争，争取身份认同，渴望通过艺术手段表现自我。当黑人迁徙至北方和西方，逐渐成为美国社会结构的组成部分时，伴随着经济发展和迁徙自由，崭新的文化形态便可能应运而生。这种文化形态主要通过两种重要的形式表现出来，即黑人英语与爵士乐，评论家康奈尔·维斯特（Cornel West）称二者为"一门充满活力的语言和一种动感的音乐"，将它们誉为"新大陆上出现的非洲现代性文化形态"。蓝调、福音音乐、大乐队摇摆爵士和后来被称为"秽语"的都市俚语成为一种铿锵有力的表达方式，被美国社会的"边缘群体"用来随时随地表达情绪。[17]黑人爵士乐手助长了黑人的文化自信，成为黑人种族的文化英雄。伴随着南方黑人地域文化的不断巩固，黑人社群中的反抗活动在20世纪30至70年代期间暗流涌动，黑人爵士乐手在其中起到了推波助澜的作用。纵观20世纪30年代中期，上述所有变化尚处在萌芽阶段。[18]

具有讽刺意味的是，掩饰情绪的行为与非裔美国人的艺术表现手法的初次交融竟发生在19世纪70年代黑人开始取代白人扮演黑人的黑脸滑稽戏（Blackface Minstrels）的演出中。鉴于演滑稽戏是黑人为数不多的出路之一，所以非裔美国人创造了一个由歌手、舞者、乐手以及滑稽戏演员等职业组成的阶层。蓝调作曲家兼乐队领队威廉·克里斯多夫·汉迪（W. C. Handy）曾这样写道，"出演滑稽戏给具有天赋的乐手和艺术家提供了一条绝佳的出路"。[19]这些艺人运用的表演手法，如塑造个性角色、使用切分音乐曲、穿插韵律舞蹈［阔舞步（cakewalk）①、踢踏舞（tap）、闪电舞（flash）］对美式喜剧产生了深远的影响，成为后者的组成要素。[20]堪萨斯城乐队领队兼编曲耶西·斯通（Jesse Stone）从小在自家的滑稽戏乐队中长大，因而感受到韵律节奏、蓝调以及滑稽戏音乐内在的一致性，于是发出了这样的感慨："（滑稽戏音乐）是我儿时听到的天籁之音。"[21]但是非裔美国人也为滑稽戏付出了巨大的社会代价：美国白人将真实的黑人生活同滑稽戏演出中的刻板黑人形象画上了等号，如咧嘴笑的"萨姆博"（Sambo）②、反应迟钝且步履蹒跚的南方黑人（如吉姆·克劳，Jim Crow）③、北方城市中打扮浮夸的黑人（泽普·库恩，Zip Coon）④、黑羚

---

① 流行于19世纪末，由以蛋糕为奖品的美国黑人优雅走步比赛发展而来。——译者注

② "萨姆博"是一个在美国家喻户晓的童话《小黑人萨姆博的故事》中主人公的名字，但这部童话具有明显的种族歧视色彩，"萨姆博"一词是由西班牙语转化而来，其意专指混血奴隶，指美国印第安人与美国黑人的祖先，暗指猴子等动物。——译者注

③ 该词来自美国1828年一部歌舞讽刺喜剧Jump Jim Crow，随着该喜剧的流行，其主角黑人吉姆·克劳就成了黑人的代名词，并在后来黑人斗争的历史中被反复提及，并引申出词义种族歧视、种族隔离。——译者注

④ 一部游唱喜剧的主人公，试图将自己打扮成高贵的形象，以融入白人社会，但粗鄙的言行举止暴露了自己的真实身份，该词后被用来蔑称生活在城市中的黑人，具有种族歧视色彩。——译者注

羊（black buck）①、黑人保姆（mammy）②、汤姆叔叔、老叔叔和老阿姨
等。22借用肯尼斯·勃克（Kenneth Burke）提出的术语来说，上述刻板形
象是在"在接纳黑人时形成的认知体系"，他们通过这一体系审视黑人。
黑人通过表演技巧、韵律天赋和掩饰情绪的微笑同该体系抗争，由此激发
的社会矛盾影响至今，使当代的种族关系仍趋向紧张。滑稽戏最为深远的
影响是将"咧嘴微笑的黑色面孔"这一形象深深嵌入美国人的脑海中。同
样具有讽刺意味的是，竟然是这个戏剧传统中最伟大的明星之一激发了
白人观察家、诗人威廉·卡洛斯·威廉姆斯（William Carlos Williams）对
"黑色酷"下了定义。23

　　威廉姆斯与非裔美国人组成的劳工阶层为邻，他在一篇题为《奴隶
来了》（Advent of the Slaves，1925年）的论文中论及从该阶层身上感受
到品质时，这样说道："他们生活在一个没有权威的世界里，组成了一个
团结而精简到极致的种群，因而人人都求得内心平衡。"（这句中涉及
"酷"的定义部分，笔者已加粗突出）这是历史上第一次对"酷"做出定
义，我们很难找到比这更好的定义。如果说该诗人的黑人邻居们用朴素的
存在主义哲学阐释了"内心平静"的含义，那么喜剧演员伯特·威廉姆斯
（Bert Williams）则通过演绎个人招牌歌曲《没有任何人》（Nobody），
将"内心平静"的内涵公之于众。此人是20世纪初最著名的黑人演员，凭
借精湛的演技首次吸引了大批白人观众，与沃克（Walker）组建了著名的
轻歌舞剧（vaudeville）③二人组。根据梅尔·瓦特金斯（Mel Watkins）的
记述，威廉姆斯将原本粗犷、浮夸而又滑稽的表演动作加以改进，形成一
种更为平和（cooler）的表演风格，以更加写实地反映黑人真实的行为举
止。《没有任何人》这首歌曲塑造了一名饱受压迫、衣衫褴褛的歌手形
象，他在歌词中控诉"没有任何人为我做任何事情"。威廉姆斯借这首歌

---

　　①　背黑腹白的印度羚羊，被白人用来蔑称黑人。——译者注
　　②　旧时美国南方各州对看白人孩子的黑人女子的贬称。——译者注
　　③　盛行于19世纪80年代至20世纪50年代的美国剧院娱乐节目，由演唱、舞蹈、笑话
等内容组成。——译者注

引发了人们对基本人权（如获得食物与住处、得到陪伴与关爱）的思考，充分地"表达出'渴望被当作人对待'这种存在主义诉求"。该歌曲在19世纪末20世纪初引发了极大的反响。威廉·卡洛斯·威廉姆斯惊叹于表演者的功力，不仅称赞其能将自身尊严融入表演之中，做到"不拘泥于固定的台词，不限于固定的舞姿，以展现《没有任何人》这首歌的精髓"，还夸赞他用各种舞姿诠释歌曲内涵，即"摇摆、挥手、踱步和晃动身体"。由此看来，这位诗人洞悉到黑人歌舞仪式蕴藏的本质——赋予个体"存在感"。[24]

拉尔夫·艾里森（Ralph Ellison）认为，假扮黑人的黑脸滑稽戏是一种佩戴面具的歌舞仪式，它流行一时，为白人提供了"出演任何角色的可能"。这种身份错位的演出允许白人演员行为疯癫，语无伦次，尽情通过肢体动作表达内心的欢乐，无须顾忌自己的公共形象与社会责任。他们可以暂时摆脱职业道德的束缚，可以无视基督教的繁文缛节，甚至可以忘却美国倡导的文明礼教。在舞台上，白人滑稽戏演员对台下观众（由劳工阶层及黑人移民组成）表现出比平时更多的宽容。可以说，滑稽戏演出为当时的社会提供了一剂舒缓情绪的良药，而不是像后世那种高大全式的艺术形式，用理性、公德等束缚人们，要求人们压抑自己的情绪，把人性桎梏在"情绪的牢笼"中。[25]这类滑稽戏表演将非裔美国人描绘成随遇而安、只适合从事苦力劳动、终身效忠种植园的形象。但是从某种角度上说，模仿对方其实是发自内心地恭维对方，所以白人演员在一定程度上表达出了对所模仿的黑人文化元素的赞美之情，钦佩黑人的音乐、舞蹈和身体协调能力，但这种钦佩之情却与歧视黑人的思想交织在一起。埃里克·洛特（Eric Lott）将这种自相矛盾的情感称为美国黑人文化中的"爱与窃"思想。从更宽泛的角度来说，艾里森曾扼要地指出，"在美国，人性总是戴着黑色的面具"。[26]

为什么我们将上述历史现象与"酷"联系在一起？其中有两点原因：首先，20世纪的前30年正值滑稽戏表演消亡、爵士音乐肇兴之际，这两种艺术形式交叠在了一起；其次，白人观众将此前从滑稽戏表演中获得的认知框架加以延伸，套用到了刚刚接触的城市音乐及其乐手身上。路易斯·阿姆斯特朗虽然不必"把自己涂黑"（black up，黑脸滑稽戏表演中的术语），但他一生都在台上装出天真傻乐的黑人微笑面孔[①]。此人的成就主要源自维系白人听众之于黑人的种族优越感，这些观众只是把他的音乐当成取悦自己的工具，而非艺术作品。杰拉尔德·厄尔利（Gerald Early）道破了这层种族关系的本质——"白人喜欢阿姆斯特朗，是出于他公认的音乐功力？还是因为仅他一人复兴了滑稽戏表演并将其改进为不必把脸涂黑的形式？他一直沉浸在表现难耐的乡愁和南方白人对黑人的藐视之中，这种做法是否辜负了自己的天赋？"[27]

在爵士乐手的助推下，人们对黑人的种植园印象逐渐瓦解。这是一个缓慢的过程，因为长久以来南方娱乐产业主导着美国大众娱乐产业。我们可以从20世纪20年代爵士乐队和演出场地的独特名字中，窥见人们对种植园的刻板记忆在各地流布的痕迹：每一座城市都曾有一个"棉花俱乐部"（Cotton Club）或"种植园俱乐部"（Plantation Club）、"肯塔基俱乐部"（Kentucky Club）或"阿拉巴马俱乐部"（Club Alabam）；黑人乐队则以昔日滑稽戏演出中的角色原型命名，如"麦肯尼的摘棉者"（McKinney's Cotton Pickers）、"迪克西切分音乐手"（Dixie Syncopators）[②]和"巧克力花花公子"（Chocolate Dandies）。哈莱姆区（Harlem）[③]的"棉花俱乐部"举世闻名，其大多数娱乐节目都是以种植园为主题。"俱乐部的环境布置仿佛让人重回奴隶制时代，来到了夜幕笼罩下的美国最南部地区"，凯伯·凯洛威（Cab Calloway）回忆道，"这种装饰是为了让来到这里的白人享受到被黑人奴隶逢迎和取悦的感觉"。[28]凯伯·凯洛威（Cab Calloway）与艾灵顿公爵各自领导了一支乐

---

① 为了与后面章节中的"酷面具"对应，下文中有时将面孔译作面具。——译者注
② 迪克西为美国东南部各州的非正式统称。——译者注
③ 纽约市曼哈顿的一个社区，20世纪20至30年代，这里成为美国黑人的文化与商业中心，以夜总会和爵士乐队闻名于世界。——译者注

队，为爵士乐和摇摆舞制订了全国统一标准，二者均是新一轮非裔美国人经济发展浪潮中获得收入最多的管弦乐队，他们选用的舞台造型也自然取材于种植园。北方滑稽戏演员和南方奴隶主只是为了突出黑人卑贱的身份地位，才共同创造出典型的黑人形象，但是大多数美国人都相信这些形象真实存在，并长期受到所谓种族等级理论的伪科学和好莱坞银幕形象的蛊惑。[29]

二战期间，对所有男性黑人而言，将真实情感隐藏在"咧嘴微笑的黑人面孔/面具"下是一项极其重要的生存技能。在任何情况下，黑人都可能会因妄图与白人平等相处而被处以私刑。凯伯·凯洛威的鼓手巴拿马·弗朗西斯（Panama Francis）回想起来，以前在家乡佛罗里达，有一个人每周都会来观看乐队演出，并且会把他的低音鼓戳破。这个人总是扔给他五美元让他去修鼓。弗朗西斯憎恶这种日常性的侮辱行为，"那段时间，我内心常常感到抓狂，但不得不回以微笑。黑人必须微笑，所以我这么做了，尽管我内心十分不情愿"。1941年，黑人社会学家查尔斯·S. 约翰逊（Charles S. Johnson）将"使用表情掩饰情绪"以及更为正式的术语"调节情绪"（accommodation）判定为迎合白人社会秩序的行为。用通俗的话说，这种做法就是"像汤姆叔叔那样谄媚逢迎白人"。[30]

即便是最成功的美国黑人乐队领队，也需要在公众面前塑造刻板且具有辨识度的种族形象。例如，凯伯·凯洛威展现出的是一种乐而忘忧、精力充沛、狂放不羁的疯癫形象，他自称"活力四射、我行我素"；[31]艾灵顿公爵在舞台上展示给观众的，则是温文尔雅、彬彬有礼的时髦绅士形象。《强拍》（Downbeat）杂志曾在艾灵顿公爵的人物简介中称赞其领导才能，这篇简介的编辑用犀利的文笔写道："他深知白人地位强势且擅于寻衅滋事，所以当经纪人不在身边的时候，他绝不会和白人妇女说一句话。"[32]此外，受过古典音乐训练的小提琴手兼乐队领队乔治·莫里森（George Morrison）若感受到白人观众的一丝敌意，便会当众表演"擦鞋男孩"的"黑仔式怆哭"（darky lament），并将此举视为"黑人的处事技巧"。[33]吉米・路瑟福特（Jimmie Lunceford）领导着一支由已毕业的大学生组成的一流乐队。在演出的过程中，这支乐队的成员会一边将乐器抛向空中，一边跳起踢踏舞。[34]上述乐队领队们都以各自所谓的"独门绝技"为豪（他们在舞台上也的确乐此不疲），但是这些与音乐无关的表演部分着实让白人们对爵士乐蕴含的智慧与技巧嗤之以鼻，将爵士乐排斥在艺术之外。艾灵顿公爵、凯洛、路瑟福特和贝西伯爵等摇摆乐队领队虽然是艺术家，但同时兼有老板的身份，"是企业的领头人，是公众人物，举手投足都影响着乐队及其音乐作品的艺术风格、情感表达和公共形象"。在20世纪40年代，这类人物一周的收入已经达到1万美元左右，但他们仍须投白人所好，用演出重现昔日等级森严的种族关系。[35]

"谄媚逢迎的汤姆叔叔"形象反映出那个时代的种族关系。20世纪40年代初的非裔美国人乐队领队如果不在演出过程中使用任何"独门绝技"，便不可能赢得主流白人群体的认可。泰迪・威尔森（Teddy Wilson）和本尼・卡特（Benny Carter）就是如此，二人扬弃了滑稽戏表演遗留的糟粕，不再为取悦白人观众而表现出后者渴望看到的癫狂状态，或是让后者暂时脱离职业道德和罪恶感的束缚。"本尼・卡特的乐队一直不温不火，"萨克斯管手霍华德・约翰逊回忆道，"那时候观众都想要黑人乐手们'躁起来'，所以几乎所有的乐队都有一两样作为噱头的'独门绝技'。与其说他们是乐手，不如说他们是取悦白人的戏子，我们与他们不是一类人。"泰迪・威尔森的低音吉他手艾尔・霍尔（Al Hall）也曾有类似的言论："所有人一直觉得我们的音乐听起来太平淡了。"此外，专业爵士杂志《节拍器》（Metronome）的（白人）编辑的乔治・西蒙（George Simon）写道："在那个年代，'文雅的'黑人乐队很难有市场。"虽然许多白人乐队领队也有独门绝技或者招牌歌曲，但是白人观众们并不会要求他们降低身段讨好自己。[36]

《李斯特跃进》

打破"汤姆叔叔"刻板形象的使命最终落到了一支摇摆爵士乐队的独奏明星身上，此人便是李斯特·杨。杨在乐队中担任的这一角色不需要与观众进行互动，所以能够诉诸平和、非暴力的抗争方式。他出生于密西西比州，成长于新奥尔良市。在那个年代，敢于发声反对种族歧视的后果非常严重，将会招致经济与生命的双重威胁。杨本人在十四岁时就曾受命将一把枪偷运给一名遭遇私刑暴徒追击的乐队成员。十至十九岁期间，杨加入父亲组建的家庭乐队，比利·杨乐队（Billy Young Band），这是黑人轻歌舞巡演组织"剧场所有者签约协会"（Theatre Owners Booking Association，简称为TOBA）的招牌团体。杨在嘉年华"巡游"和滑稽戏表演中长大，以此经历为荣，但是他憎恶南方，当提及成年后得以脱离南方时，杨曾面带自豪地说："（成年后）我唯一一次路过南方还是跟随贝西伯爵乐团的时候。"[37]

杨于五十岁时，在法国发表了平生唯一一次有关种族歧视的公开演说，此时距离他去世仅有两个月。此次演说直击黑人的刻板面孔，他将其斥为桎梏黑人男性的象征。"他们想让所有黑人都成为'汤姆叔叔'、'雷默斯大叔'（Uncle Remus）[①]或者'山姆大叔'，我做不到。"白人常常套用刻板面孔看待杨，所以他在演说中依据其在白人中眼中的形象，给这类面孔（面具）做出了明确的划分，即：咧嘴微笑、对白人逆来顺受的南方黑奴形象（如汤姆叔叔），散播民间智慧的老叟形象（如雷默斯大叔），普通的爱国人士或者与本种族文化传统撇清关系的士兵形象（山姆大叔）。[38]

李斯特的父亲威利斯·杨（Willis Young）是一名校长兼小号手，组建了一支嘉年华乐队。1919年夏天，美国爆发种族骚乱，首次出现了动用

---

① 乔尔·钱德勒·哈里斯所著小说《雷默斯大叔》中的主人公，被塑造成逆来顺受的黑人形象。——译者注

私刑虐杀黑人的现象（此现象在此后一段时间内有增无减），新奥尔良也因此陷入动荡之中，威利斯便离开了这一地区。老杨[①]认为，此时正是黑人从事音乐事业的绝佳机会。李·杨（Lee Young，李斯特·杨之弟）后来回想起父亲对他们说过的话："儿子，永远别当门童；女儿，永远别当女仆。你们要学习演奏音乐。"比利·杨家庭乐队的足迹遍及美国的中西部、南方以及西南地区，在各类场合（如嘉年华、州博览会、滑稽戏舞台和剧场等）演出。这支乐队素质过硬，备受欢迎，所以在较短时间内就培养出三名未来的爵士乐巨星——本·韦伯斯特（Ben Webster）、库蒂·威廉斯（Cootie Williams）和约翰·刘易斯（John Lewis），这足以证明威利斯·杨是一名出色的老师和乐手。[39]

　　杨出道前，他的父亲负责在台前组织乐队，这使杨得以专注音乐，逐渐成长为乐队中的明星。杨的兄弟姐妹会在演出的同时咧嘴微笑、跳舞和抛掷乐器，杨却对这类"延续汤姆叔叔形象"的行为嗤之以鼻，因为他所理解的"摇摆表演"应该是颠覆性的萨克斯管演奏。杨学习音乐时勤奋刻苦，每天都会练习音阶，并对照古典萨克斯管大师鲁迪·维都切（Rudy Wiedoeft）的录音练习7个小时。此外，杨还融会贯通各个音乐家的风格——路易斯·阿姆斯特朗拥有强大的舞台表现力，吉米·道尔西（Jimmy Dorsey）和法兰基·川鲍（Frankie Trumbauer，杨的偶像）则擅长更为清新的白色爵士风格，杨将三人的风格融合在了一起。老杨认识到李斯特·杨在音乐方面的天赋，所以对他的要求极其严格，会动手逼他学读乐谱。面对父亲的打骂，杨常常离家出走一小段时间（因为他历来无法忍受情感方面的不和），但总是会回到父亲身边，从不会怨恨父亲。[40]

　　李斯特·杨向父亲宣布独立与他拒绝定居南方这两件事情相互印证，构成了一个鲜活的例子，足以印证发生在这一代非裔美国人群体中的变革。1928年1月，杨的家庭乐队准备奔赴得克萨斯州完成一系列约定好日期的演出。杨拒绝一同前往，他说："我告诉他（指老杨）那里的形势将

---

　　① 指威利斯·杨。——译者注

会有多差，我们其实可以调头回去，沿途在内布拉斯加州、堪萨斯州和艾奥瓦州寻找演出机会，但是他并没有听进去我的意见。"[41]杨随后说道："从那时起，我准备自力更生。"于是，他与乐队其他两名成员留在堪萨斯州的萨莱纳（Salina），加入一支具有中西部地域风情的"波斯尼亚人乐队"（Art Bronson's Bostonians）[①]长达一年之久。在接下来的四年里，他奔赴各地巡演，先是与具有传奇色彩的"国王"奥利弗（King Oliver）巡游演出了一个季度，后常驻明尼阿波里斯市并在当地小有名气。1930年，杨经低音吉他手兼乐队领队华特·佩吉（Walter Page）引荐，加入具有传奇色彩的俄克拉荷马城市蓝魔乐队（Oklahoma City Blue Devils，该乐队的核心成员后来于1935年在堪萨斯城组建了贝西伯爵乐团的雏形）。[42]杨于1934年加入贝西伯爵乐团，在此之前，他自由徘徊于蓝魔乐队、波斯尼亚人乐队以及其他堪萨斯城市乐队之间，在黑人乐手当中颇有名气，他甚至前往纽约，一度取代了科里曼·霍金斯在弗莱彻·亨德森（Fletcher Henderson）乐队中的地位，被两大重要的非裔美国人报纸誉为"音乐界最知名的次中音萨克斯管手之一"。[43]

　　杨拒绝迎合白人的行为代表了新生代爵士乐手的想法，正如他冷酷的曲风和镇定自若的举止是对20世纪20年代"火爆爵士乐"的回应。在比波普爵士乐出现之前，爵士乐因采用较快的切分音节奏，含有即兴创作的成分，能够激发身体和情绪的反应，被普遍视为一种"火爆音乐"。在20世纪20年代的"爵士乐年代"，乐队中举足轻重的独奏手通常被称为"狂热仔"（hot man）。那时的乐队中并没有很多擅长即兴创作的乐手，全靠"狂热仔"的激情和创意将爵士乐队的兴奋情绪推向高潮，让乐手们尽情释放自我。单簧管手梅兹·麦茨罗（Mezz Mezzrow）宣称，爵士乐手最初引入"摇摆"（swing）一词作为术语，是因为"不谙嬉皮的大众"已经占用了"火爆"（hot）这个词语，他们会站在舞台前，对乐手们大声叫嚷："哥们，快点！躁起来！来点火爆的！"[44]后来，在杨的推动下，

----

　　① 由绰号为"艺人布朗森"的钢琴手组建，是一支六人乐队。——译者注

"狂热仔"逐渐变成了"冷酷男"（cool man）。[45]

在摇摆爵士盛行的年代，"汤姆叔叔"的刻板形象开始发生转变。这一时期内，越来越多的黑人文化偶像出现在人们的视野中，大乐队摇摆爵士大获成功，北方和西部城市有着相对自由的氛围，黑人们在离开南方后获得了经商与从政的能力——种种因素使人们"内心激荡，满怀憧憬"，认为社会平等即将到来。历史学家刘易斯·埃伦伯格（Lewis Erenberg）将大乐队摇摆爵士称为"黑人迁徙运动的主题曲"，因为这类爵士乐手是行走的活广告，宣传着城市对移民的许诺（或是城市化的光明前景）。[46]凯洛威手下的低音吉他手米尔特·辛顿（Milt Hinton）曾说，乐队领队常常提醒乐队成员，让他们牢记身上的职责——鼓舞南方民众和提振"黑人受众"的精神。[47]乐手们也会通过各种方式彰显非裔美国人的种族文化，如借助俚语表达自己的态度，或者用它们为偶像、舞蹈、乐章、食物、歌曲或舞台风格命名：艾灵顿公爵的《哈莱姆通风井》（Harlem Air Shaft）、凯洛威的《采摘卷心菜》（Pickin' the Cabbage）和《热辣康茄舞》（Chili Con Conga）①、贝西伯爵的《在萨伏依舞厅跺脚》（Stompin' at the Savoy）、路瑟福特（Lunceford）的《晨光荣耀》（What's Your Story, Morning Glory?）②均是如此。身处20世纪70年代的凯伯·凯洛威和厄尔·海恩斯（Earl Hines）回首此前的岁月时，都认为各自的大乐队是首批"自由乘车运动的参与者"（Freedom Rider）③。这些乐队深入敌后，打破了人们的种族成见，树立起饱满且已城市化的新型美国黑人形象。[48]

论及大乐队摇摆爵士乐手在那个时代的领导地位，我们或许可以从《马尔科姆·艾克斯自传》（The Autobiography of Malcolm X）中找到最具说服力的间接证据。该书使用近四分之一的篇幅讲述马尔科姆·利特

---

①　康茄舞是一种起源于非洲的拉美舞蹈。——译者注

②　此歌曲名有时译作《牵牛花，你有什么故事》。——译者注

③　"自由乘车运动"由美国民权活动家发起，他们从1961年开始乘坐跨州巴士前往种族隔离现象严重的美国南部，以检验美国最高法院对"波因顿诉弗吉尼亚案"和"艾琳·摩尔根诉弗吉尼亚州案"所判决决在当地的落实情况。——译者注

尔（Malcolm Little）如何在1937至1943年间从一名来自小镇的乡巴佬蜕变为城里的嬉皮老滑头（hip city slicker）。发生这种蜕变的场所便是各大舞厅，爵士文化英雄和活力四射的舞者们在那里摆弄艳丽的服饰与发型，交流嬉皮俚语，搭乘着轰鸣、急促而又目标明确的大乐队夜班列车，驶向更美好的未来。贝西伯爵乐团凭借独特风情，在20世纪30年代的俄克拉何马州有着非凡的影响力。拉尔夫·艾里森（Ralph Ellison）回想起这支乐团当年的影响力时，这样说道："试问在白人社区，有谁能这般接地气？有谁能这般优雅？有谁能如此有创意地嬉笑怒骂？有谁能在被迫从事某一职业时达到炉火纯青的境界？又有谁能在面对外界社会的束缚时，能以万分不屑的态度回击？"美籍犹太裔爵士乐评论家纳特·亨托夫（Nat Hentoff）曾于20世纪30年代在波士顿得到黑人爵士乐手［如乔·琼斯（Jo Jones）］的指导，他在谈论这些乐手时，也曾发表过相似的言论。可以说，美国黑人爵士乐手是20世纪30年代美国尘世市井的缩影。[49]

杨对"摇摆乐之梦"的贡献在于帮助每个乐手找到了表现自我的新方法，使他们不必借助"取悦白人的黑仔"留下的糟粕，或是湮没在乐队的整体光环之中。在那个时候，摇摆乐队的乐手在台上表演时穿着的是礼服或者乐队统一的服装，只有在台下的时候才会依据自己的风格着装。但是杨想在舞台上就展现出特立独行的风格，所以独创了一种最具个人风格的萨克斯管演奏方式——将乐管上扬至45度角的位置，并且偏向一侧。[50]独奏开始时，他向四周摆动，仿佛要划动一条独木舟；渐入佳境后，他将乐管抬到了"几乎水平"的位置。杨如吹奏笛子一般，将萨克斯管高高举起，"把轻快动人的音符吹向空中"。萦绕在空气中的音符交会成一幅动人的音乐画卷，令听众们如痴如醉，他们的思绪也伴随着轻快动感的旋律飞扬，在空中跌宕起伏。[51]

1929年，身在家乡俄克拉何马州的杨跟随蓝魔乐队演出，当时尚没有什么名气，只是一名20岁的小伙，但他已能够将萨克斯管手的炫目外形与声音特质融于一身：

　　他饱含激情，身穿白色厚毛衣，头戴蓝色长绒帽，手握银色萨克斯管，在演奏过程中将乐管上扬，偏向一侧，用力前推，吹奏出独一无二的旋律。旋律寄托着内心的思绪，飞扬在空中，扣人心弦。无论是管乐手，还是其他青年乐手，在听到这样的旋律后，无不心潮澎湃……李斯特·杨……连同他那顿挫的萨克斯管声，令整个黑人区为之癫狂……（我们）曾尝试吸纳和改造这种杨氏风格。[52]

　　杨在20岁的时候，凭借毛衣与长绒帽的穿搭脱颖而出（这身造型的灵感可能来自20世纪20年代流行的学院派装扮，大乐队的乐手们常常将自己打扮成大学生模样）。十四年后，杨已是举世闻名的时髦人士，一名白人士兵曾在得克萨斯州的某处空军基地观看杨的演出，经历了激动人心的一幕。他在回忆时说道："与杨同台演出的都是杰出的黑人乐手，但是当杨头戴猪肉馅饼帽与墨镜走到台前时［美国劳军联合组织（United Service Organizations）那帮货色在他面前全部黯然失色］，无论是穷酸白人、乡下土鳖，还是我们这些平常故作矜持的东海岸人士，全都为之沸腾，所有人都从座椅上蹦了起来。"[53]

　　杨将手中的萨克斯管变为一种新式武器，从中获取速度，御风飞行。他明明伫立在原地，吹奏出的声音却让人感觉他已经飞了起来。20世纪30年代是美国人痴迷航空飞行的年代。早在这十年开始前，查尔斯·林德伯格（Charles Lindbergh）就已独自飞越大西洋；而在这十年行将结束之时，超人（Superman）首次出现在大都会（Metropolis）[①]的上空。杨同属飞人们的行列：他飞越了中间地带，置于整个大乐队之上，驾驭着乐队。在那个年代，任何提及黑人男子性征的言论都会招致杀身之祸，但是杨的长管却具有性的意味，象征着男人的阳具。举起长管（最早被称作"萨克斯管"）这一动作融合了对黑人男性个体创造力的各种赞美：精力充沛、富有创造力、性感、阳刚、睿智。[54]20世纪40年代，杨为了突出长管所蕴

---

　　① 美国DC漫画中的一个虚构城市。——译者注

含的性色彩，将其口部朝下放在裆前。一直都在寻找男性气概象征的杰克·凯鲁亚克通过举萨克斯管的位置来判断杨的情绪状态——他在人生巅峰的时候"高高扬起长管"，后来"将长管的高度降到了一半"，直至最后"我们这一世代所有的长管都垂了下来"。[55]

杨的萨克斯管风格使人灵魂飞升，这种风格之所以被称为"酷"，是因为他在让别人兴奋的同时自己却镇定自若。他使用节奏制造惊喜，用旋律表达想法，令观众神迷目眩，而非诉诸表演技巧或快闪手段。与杨同为贝西伯爵乐团成员的哈瑞·艾迪森（Harry Edison）这样描述杨的独奏："他在一首独奏中不滥用音符，只选择正确的时机、正确的设置、正确的音符……他对时机的把握恰到好处。"[56]酷的气息来自杨对节拍的把控——他在稳健的独奏过程中，能娴熟地吹奏手中的黄铜乐管，在嘹亮与清脆的音色之间自如穿梭，即使面对三名长号手和一名鼓手，他也能保持自己的节奏。杨用轻快、流畅和悠扬曲调演绎"酷"的内涵，与科尔曼·霍金斯的狂想式风格形成截然不同的对比。[57]就连乐队成员厄尔·沃伦（Earle Warren）都曾在1980年发表感慨，"有一件事，我始终百思不得其解……那就是杨为何能受到众多黑人乃至白人乐手的追捧"。综上所述，杨氏曲风融合了非裔美国人音乐与白人音乐各自之所长（黑人音乐轻快、节奏感强、注重情绪表达，白人音乐音色纯净、节拍精准、乐句划分清晰）。[58]

杨的第二个贡献是巧妙地运用墨镜在舞台上展现自我。他是第一位在舞台上佩戴墨镜的爵士乐手，室内还是室外演出均是如此。早在查理·帕克和迈尔斯·戴维斯因背对观众演奏而出名之前，杨就已将墨镜用来掩饰情绪。这种做法既可以在避免冲突的情况下无视他人的凝视，也可以塑造出神秘莫测的个人形象。1938年7月，纽约兰德尔岛举办了一场共有26支乐队参与的摇摆盛典（Swing Jamboree），吸引了两万五千名年轻观众。[59]演唱会舞台上的杨佩戴老式贴面墨镜，在喧闹、欢乐的露天人潮前保持冷酷的表情，仿佛置身事外。演唱会期间，贝西伯爵乐团的节奏旋律燃爆全场，杨却始终维持着超脱淡然的风格。在战后的年代里，墨镜作为一大重要元素，与其他元素共同铸造了黑人爵士乐手的叛逆风格，夜晚时分佩戴墨镜已然成为扮酷的主要标志。[60]

杨的第三个贡献在于将审美理念引入爵士独奏。为了实现这一目标，杨将静默、留白、分句和重音整合成起伏的旋律，融入独奏。以贝西伯爵的作品《四处跟踪》（*Doggin' Around*，1939年）为例：杨在独奏的开始，先将一个音符拖长至一整个音节，然后吹出一段由六个连贯的音节组成的长旋律，最后吹出四个独立的节拍。[61]贝西伯爵的律动部分被公认为"爵士音乐史上最伟大的打击乐组合"，其幅度之大，使得独奏乐手们不必再刻意突出节拍，也让杨的演奏技能得到了飞速提升。摇摆爵士大乐队常常是奔放、豪迈、狂放和喧嚣的，但是贝西伯爵乐团开创了一种平和、放松的摇摆爵士节奏——"酷派律动"（cool groove），从而颠覆了以往的大乐队摇摆爵士乐。[62]杨有时会凌驾于乐队的整体旋律之上，但更多时候是用自己的乐句划分编织出动人的复节奏（cross rhythm）①，表现出音乐的张力；根据音乐理论家威尔弗里德·梅勒斯（Wilfrid Mellers）的说法，贝西伯爵乐团为摇摆爵士乐引入了矛盾冲突，进而推动了这一领域的创作。例如，鼓手乔·琼斯（Jo Jones）曾坚称，仅仅控制乐队的节奏就已耗费了他全部的体力："我不必担心能否与鼓手吉恩·克鲁帕（Gene Krupa）和巴迪·里奇（Buddy Rich）匹敌，我彻夜不眠，忍辱负重，为的就是能在贝西伯爵乐团中有一席之地。"[63]但是加入贝西伯爵乐团面临着潜在的挑战，即如何在乐队整体强烈的律动中保持个体的风格。这便是大乐队摇摆爵士乐为"美式酷"所作的另一重大贡献：它开创了一种艺术形式，公开呈现出置身整体中的个体为展现自我而进行的抗争。[64]

杨在贝西伯爵乐团中度过了他一生中最幸福和创作力最为鼎盛的时光（1934—1940年），他跟随乐队，先后在堪萨斯城和纽约从事演出。在移居堪萨斯城之前，杨尚未出口成"脏"，既不酗酒，也不抽大麻，更没有

---

① 另一种译法为"交错节奏"。——译者注

说那类"滑稽的语言"。[65]作为一位内向且专注的梦想家、一名浪漫的音乐艺术家，那时的杨彻底实现了昔日的愿望——拒绝使用露齿谄笑的黑人面具。但是大萧条时期的堪萨斯城号称美国中西部地区的拉斯维加斯，是一个高度开放的城镇，各夜总会夜夜笙歌，禁酒令在此地也如同废纸。与此同时，汤姆·彭德格斯特市长（Mayor Tom Pendergast）治下的政治体制腐败不堪，只为当地的大农场主、大牧场主和石油商服务。一名奥马哈市的记者在当时写道："如果你想见识什么是犯罪，请忘记巴黎，前往堪萨斯。"[66]这是一座活力十足的城市，能够提供稳定的工作，非裔美国人聚居于此，众多音乐从各夜总会中喷涌而出，正如乔·琼斯和纳特·亨托夫（Nat Hentoff）所说："人们游走于各个夜总会之间，漫步在属于'爵士时代'（Jazz time）①的岁月中。"在这种情况下，贝西伯爵乐团每周演出7个晚上，每晚从9点一直表演至凌晨5点。杨珍惜演出的每一分钟，他曾说"我将彻夜不眠，时刻准备投入工作"[67]。他在当地举办巡回即兴演奏会，一直演奏至午夜甚至凌晨1点。乐队指挥约翰·哈蒙德（John Hammond）曾在1936年评价杨时写道："他是那种纯粹地热爱创作音乐的人，所以总会在出人意料的场合即兴演奏。"传奇小号手罗伊·埃尔德里奇（Roy Eldridge）也曾回忆说，杨"始终是一个热衷演奏的家伙"。[68]

堪萨斯城的即兴演奏会饱含西部边境的美学元素与非裔美国人的幽默。边境乐队的乐手们借用大卫·斯托（David Stowe）提出的"我行我素的个体主义"一词来描述自己的艺术风格，将他们之间的即兴音乐对决（cutting contest）②比作"短兵相接、枪林弹雨的对决表演"。[69]小号手巴克·克雷顿（Buck Clayton）刚从加利福尼亚来到堪萨斯城时，人们听闻他将莅临"日落俱乐部"，于是为他举办了一场音乐招待会。回想起这场招待会，克雷顿说道："当又有两名小号手走进来开始即兴演奏时，我当时认为我们将要在这里举行一场舞会……可是后来，夜幕降临的时候，越

---

① 一般指一战以后，经济大萧条以前的约十年的时间。——译者注
② 又译作即兴割喉战。——译者注

来越多的小号手走进来吹奏乐曲。在我看来，他们仿佛来自不同的地方，互不相识一般。"[70]1934年，当时的次中音萨克斯管王者科里曼·霍金斯随弗莱彻·亨德森乐队（Fletcher Henderson band）途经堪萨斯，与本·韦伯斯特、李斯特·杨和贺雪·伊文斯在樱花俱乐部（Cherry Blossom）一决高下，鏖战通宵，这便是爵士音乐史上最著名的一场即兴演奏会。演奏会进行到凌晨4点的时候，本·韦伯斯特不得不恳求钢琴手玛丽·露·威廉姆斯（Mary Lou Williams）起床，他对威廉姆斯说道："起来吧，小猫咪，我们正在搞即兴演奏，所有钢琴手都已经筋疲力尽了，可霍金斯还在那光着膀子吹呢。"演奏会结束后，霍金斯风驰电掣地驶往下一个演出地点（位于圣路易斯），以致毁了汽车的发动机。[71]

　　爵士鼓手李·杨将上述争强好胜的心态视为其兄李斯特·杨参与巡回即兴演奏的动机："你们知道，无论谁拿起萨克斯管，杨都想与他一决高下……他总是想看看谁更优秀，这种心态如同求取奖赏的斗士或摔跤手。"[72]作为即兴演奏会中的传奇人物，杨因激昂的斗志和丰富的想象力为世人所熟知。比莉·荷莉戴曾盛赞杨能随心所欲地吹奏出十五段连续的主题乐段，并且"一段比一段精彩"。"仅仅在开头部分，他就用了多个主题乐段，"即使立场相对中立的玛丽·露·威廉斯也曾说道，"所以，哥们儿，你听，这是多么美妙的管乐！"杨之所以在爵士巡回即兴演奏会方面投入了大量的精力，是因为这类演奏会是美国社会生活中唯一能让白人与黑人在轻松的氛围中交流想法的公共场合。[73]在即兴演奏会上，黑人能够卸下伪装自己的面具，真实地展示出自己精彩的一面，在角逐激烈的非裔美国人音乐盛典上接受来自同伴的尊敬。1936年，约翰·哈蒙德携贝西伯爵乐团来到纽约时，亦将好胜的精神带到了哈莱姆区，对这座城市的爵士文化产生了不可磨灭的影响。[74]

　　从随同贝西伯爵乐团来到纽约那一刻起，直至1944年应征入伍，杨在这一段时间内享受着来自爵士乐手们的敬仰。20世纪40年代末，他离开了贝西伯爵乐团，工作不太稳定，但依旧名声斐然：当时的唱片批评家们常用"杨氏萨克斯管风"形容其他萨克斯管手的作品；杨的主要竞争对手科里曼·霍金斯盛赞杨的原创才能和源源不断的音乐灵感，将杨誉为头号萨克斯管手；贝尼·古德曼（Benny Goodman）甚至邀请杨与自己的乐队同台录制演奏会，以此赤裸裸地羞辱自己手下的萨克斯管手。[75]相较于霍金斯的作品，彼时初露头角的萨克斯管手德克斯特·戈登（Dexter Gordon）和约翰·克特兰（John Coltrane）更青睐杨的乐曲。[76]小号手乔·纽曼（Joe Newman）曾在亚拉巴马州立大学（Alabama State College）目睹杨的风采，被他的风格所征服，他说"那是一种绚丽的风格……连贯平和、酣畅淋漓，令人动容"。[77]

1944年，杨主演了电影《加民蓝调》（*Jammin The Blues*）。这部短片时长10分钟，由《生活》杂志的摄影师琼恩·米利（Gjon Mili）执导，获得了当年的奥斯卡提名，是那个年代最好的一部爵士乐电影，成功地将杨的猪肉馅饼帽、浪漫曲调和漠然且带有痛苦的表情打造为爵士乐的图腾。作为哈莱姆黑人爵士即兴演奏会的狂热爱好者，杰克·凯鲁亚克曾写道："杨为这一代人做出了集大成式的贡献，正如路易斯·阿姆斯特朗为他那代人所作的贡献一样。"[78]

白人（源自英国）之酷与黑人（源自西非）之酷

在美国白人文化中，"酷"一词指的是某人能够克制自己的情绪，以保持清晰的思维，进而理性地分析周围事物。美国流行文化中的始作"酷"者，如黑色电影中的私家侦探、西部枪手和信奉存在主义的流浪机车手，均是我行我素、桀骜不驯的男性，他们游走在社会的边缘地带，唯吾独尊，特立独行，行事激进，常常诉诸暴力，逐渐养成了一种冷酷的作风，以此藐视社会准则。19世纪俚语称这类人为"冷酷之人"（cool character），意为不墨守成规、神秘莫测和擅用暴力者。"酷"的思潮在英国一脉相承，未曾间断：从启蒙运动开始，英国便已存在"中庸"的哲学思想，即停留在天堂与地狱之间的"中间地带"（the middle state）；后来，此思潮造就了英国绅士们经典的"处变不惊"性格；直至当代，这一思潮又催生了富有浪漫传奇色彩的虚构人物形象——从夏洛克·福尔摩斯到詹姆斯·邦德，均是此类形象。由此，英美白人文化中的"冷酷之人"都珍视"抑制情绪"和"抵制诱惑（女人和金钱）"两样能力，欲以此修得"不容置疑"的声名，并在探寻真理（无论是自我认定的真理，还是特定情境下形成的真理）的过程中求得自我满足。[79]

对众多西非民族而言，特别对约鲁巴人（Yoruba）来说，"冷酷"一词与"顺滑""平衡""有序"等词语有着内在的联系。[80]在向世界各地（西非、加勒比地区和美国）迁徙的过程中，黑人常常借用音乐与舞蹈等形式表现冷酷。罗伯特·费里斯·汤普森（Robert Farris Thompson）首次注意到这类表现形式的巨大价值。在约鲁巴语中，"伊图图"（*itutu*）的意思是"神秘莫测的冷酷"（一种哲学概念，与非西方世界的"酷"有一定关联，后者具体表现为"果断""治愈""重生""新颖"和"纯洁"），汤普森发现，另外35种西非语言中也有类似此含义的词语。西非式的冷酷面孔备受推崇，不仅被用来调节兴奋与紧张的情绪，同时也暗含"治愈伤痛"之意。譬如，在西非各地，上述"冷酷"行为能够"使内心平静"（cool the heart）或"使国泰民安"（make a country safe）。此外，"冷酷"一词还有"保持安静"之意，例如："三缄其口"（cool one's mouth/keep a cool tongue）是为了有意保持安静；非裔美国人的广告语中也有类似的表达，如"闭嘴！"（Cool it!）。除上述含义外，"酷"最常见的含义是"重建秩序"。就这一层面而言，西非语境中的"酷"与英语语境中的"酷"有诸多共性——都有"控制情绪""面无表情"之意，都可以用来形容行为举止，特别是用来形容个人表现出的"沉着""镇静""从容不迫""淡然冷漠""泰然自若""超然于世"，特别是在其受到威胁时。值得注意的是，欧洲语境中常用"冷酷决绝"（icy determination）或"雷厉风行"（cold efficiency）等词语表达"无情"

（coldness）之意，但是这层含义在西非语言中并不存在。[81]

在西非各类音乐与舞蹈的公共仪式中，"酷"代表着一种向心凝聚力，即重建社会秩序的力量。推崇"酷"风格的西非裔演员能够激发其他参与者的情绪，进而形成一个共同体。例如，技艺精湛的鼓手会引领乐队节奏，为舞者敲打出连贯且具有感染力的节拍。他创作的动感节奏与稳健平静的演出动作形成了鲜明对比，从而将"酷"展现得淋漓尽致。舞者表现"酷"的方式则与此相反，他会用轻快的舞步反衬舒缓、稳健的鼓声。二者均是在用优雅与镇静的态度应对充满动感的力量。综上所述，在西非，"扮酷"即是在积极投身某项活动的同时却保持着冷静超然的态度，而放松、冷静和微笑的表情正是这种"酷"的标志。

美国人类学家约翰·米勒·切尔诺夫（John Miller Chernoff）曾在达贡巴裔鼓乐大师阿卜杜拉伊·易卜拉欣（Ibrahim Abdulai）门下学艺多年。易卜拉欣将"酷"描述为"在演出过程中将内心的镇静呈现出来"，并进一步解释道，"偶像（达贡巴语为'baalim'）展现出来的酷，并非酷寒天气的'酷'，而是一种'舒缓'或者'温文尔雅'的风格"。这里的达贡巴语"baalim"（意为偶像）指的是部分经验老到的鼓手，他们能够让部分观众从躁动的情绪中平静下来，放松身心，从而使观众的情绪随着音乐节奏跌宕起伏。易卜拉欣认为，"这一词语（baalim）指的是那些技艺精湛之人，他们将个人的见解（原文为sense/cents）融入音乐当中，使自己的内心平静下来"。在这句话中，易卜拉欣使用了一个双关词"scent/cent"，用经济学术语"cent"谐音"scent"，该用法源自俚语"add your two cents"，直译为"添两分钱的私货"，这里的引申意为"加入个人见解"。在达贡巴人的音乐仪式中，参与者会将自己对音乐的感悟融入众人的表演中。易卜拉欣曾将老鼓手稳健的鼓声与年轻鼓手"粗鄙"、"拙劣"和"聒噪"的鼓点放在一起比较，然后得出结论：只有经验老到的鼓手才能敲打出"酷"的节奏，因为他们已经知道如何在动感的节奏中保持优雅，而年轻的鼓手只会砸出强劲的节拍，并且摇头摆尾地跳舞,换句难听点的话说,就像热锅上的蚂蚁一样。倘若一名鼓手无法在敲打节拍的同时保持沉着冷静,那么他便无法胜任这项工作,正如易卜拉欣所说:"我们镇定自若地演出,最终让所有人都冷静下来,但总会遇到那些盲目追求强劲节拍的人。对于这类人,我们只须抓住他们的手,没收他们的鼓槌,这样他们就再也无法演出了。"[82]

除上述含义外,"酷"还有保持平衡之意,即将个人风格置于集体演出之中,调和两种对立的表演风格,从而将最终的艺术效果呈现给公众。就此而言,"酷"是一种追求艺术之美的态度,持此态度的乐手投身演出之中,发挥所长,将具有个人风格的旋律融入集体的演出之中。例如,在一场西非音乐演出中,每个人都渴望参与其中,渴望贡献自己的力量(或者说是展示出自己的风格),使其成为乐队整体节奏的一部分。西非式的酷并非努力要处于两种对立风格的中间地带,而是要在兼具两种极端(如"甜"与"苦")的同时而不至于失控。因此,"酷"能够让"狂热"与"冷静"并存,使整场表演行云流水又不失律动,既能调动全场气氛,又能自如应对各类情况。在绘画中,色环上相对的互补色(如"蓝色"与"橙色")放在一起时能够突显画面的活力。"酷"亦如此——"欲使某人头脑冷静下来"(cool one's head)往往会先让其亢奋,从而排解掉心中的压力,这和夏天吃辛辣食物祛暑是同一个道理。

对西非裔舞者而言,温和的鼓点是一种保持"面部镇静"的能力,这就展示了酷。舞者常常需要合着三种以上的旋律舞动身姿,需要针对每一种旋律的节奏特点,调动不同的身体部位。舞者呈现出高难度的舞姿,却面带微笑,以显示这些优雅的舞蹈动作对他们来说就是小菜一碟,自己不费吹灰之力就可以跟上鼓点,进而游刃有余地把控整场演出的节奏,使之与个人的动感舞姿完美融合在一起。舞者诉诸平静冷酷的面部表情,将内心的平静与身体的灵动同时呈现出来——这样一来,冷静的表演者便能够向其所在的集体分享如下信息:个体可以感知到的生活乐趣、个人通过演出奉献优美舞姿后的满足感,以及舞者能紧扣其他旋律创造出属于自己的独特旋律的技巧。[83]舞者们的最终目标是将高难度的肢体动作变为连贯流畅的动觉艺术，给人以不费吹灰之力就能掌控一切的感觉，这便是黑人舞蹈的鲜明特征。托妮·莫里森（Toni Morrison）认为，一切特征鲜明的黑人艺术"必定有两个特征——表演过程看似毫不费力，表演者神情镇静，看似轻松自若。若一名舞者让你感受到了演出的不易，便意味着他没能胜任这项工作。因为真正酷的舞者只会让观众看到镇定与轻松的一面，不会显露出其中的艰辛"[84]。

西非人和欧洲人对"酷"的理解在两个方面存在明显差异：一是如何在紧张的情境（或是在激情四射的演出活动）中打造镇静自若的个人风格，二是如何处理个人风格与集体氛围之间的关系。欧美的酷派英雄人物会保护集体免遭外部力量（如犯罪活动和政治腐败）的侵扰，但自己并不会融入集体中。西非的酷派演员们则会将众人带入表演当中，激励每个人为演出作出力所能及的贡献，从而共同打造出一个具有凝聚力的集体。无论鼓手还是舞者，他们的最终目标都是通过调和多种旋律的方式，提升演出（多重旋律或节拍汇合成一场完整的演出）的艺术高度，丰富其内涵。实现这个目标后，他们才会展现个人娴熟的技艺（即"镇静耍酷"的能力），从而激发场上所有参与者的灵感，让他们各显神通，为表演增光添彩。

爵士乐即兴演奏会便可以被归入上述公共演出仪式。在演奏会进行期间，"西非式的酷"得到了人们的推崇，被展现得淋漓尽致。参与演出的人们没有任何报酬，但每个人都渴望为演出贡献自己的力量，甚至常常演出至筋疲力尽。换言之，这类非裔美国人音乐演出为参与者提供了在同伴面前尽情展示自我的机会。正如玛丽·露·威廉姆斯为"爵士乐即兴演奏会"作出的定义："我所需要做的，便是刺激独奏者尽己所能为其他演出者吹奏出最好的旋律。因为只有他发挥到位了，我才能从中为自己的表演获取灵感。"总而言之，这是一种在演出中争艳斗芳，竞相为演出贡献才艺的现象。此现象同样普遍存在于非裔美国人的踢踏舞表演中，并逐渐发展成为一项传统，广泛渗入各类文化表演中，极具影响力。[85]

西非式的酷久经演变，最终发展成非裔美国人式的酷，其载体也从公共仪式逐渐过渡到美国流行文化，从而为非欧洲裔人士提供了三种展现"酷"的方法。第一，"耍酷"（cool）或者"躁起来"（hot）这两个词语便是源自西非的传统观念和俚语，后被运用到音乐旋律或演出风格中。正如汤普森在分析两种对立的演出风格时所说："'耍酷'是指用歌声和动作抚慰伤痛；'躁起来'是则专注于表现伤痛。"第二，在舞者紧扣鼓手的鼓点舞动身姿时，演员与观众之间的界限便消除了；第三，如何做到"镇静自若，优雅轻松"成为评判音乐和舞蹈演出的一项重要标准。

密西西比三角洲和新奥尔良地区一直保留着常人难以发现的非洲音乐文化传统，但是爵士乐手们并没有直接借用非洲音乐表演对"狂热"与"冷静"等表演模式的专业称呼（例如，没有证据表明杨认为自己风格是一种"酷派"的非洲表演模式）。尽管如此，非洲音乐的特质如今仍然存在于爵士乐的传统中。爵士乐钢琴家约翰尼·金（Jonny King）在他的著作《何为爵士乐》（*What Jazz Is*）中强调了努力追求"内心紧张，外表放松"的重要性，他解释说，当他在演出中浑水摸鱼时，他的老师会督促他更加努力，但当他因为太燥热而手忙脚乱时，则会被告知"太紧张了"。[86]此外，西非音乐的两个基本特征是"节奏推进"和"节奏冲突"，这更为音乐实践和审美目标的连续性提供了更多的证据。[87]

在摇摆爵士乐时代，杨的酷派音乐给乐坛带来了革命性的变革。这种音乐的本质是让动感的旋律与冷静的表演之间形成鲜明的反差。黑人钢琴家奥斯卡·彼德森（Oscar Peterson）认为杨能够将任何歌曲或旋律变为酷派音乐，"李斯特……天赋异禀，能够将内在的优雅与外在的动感旋律结合在一起……他演奏时从容优雅，即使遇上快速的节拍，也能使整段旋律听上去优雅轻松"。[88]贝西伯爵乐团在演奏时会稍稍"慢于节拍"，这种演奏方式既不同于摇摆爵士乐（后者被称为"催命拍"），也区别于"超越节拍"式的演奏（一位舞者称之为"踢屁股"式节拍），从而提供了一种更为轻松的演奏方式，使李斯特·杨能够成为最具创造力的酷派音乐独奏手。[89]杨用突然升调的音符与短促的鸣响打断原本连贯流畅的乐句，仿佛是在驻足等待乐队的前进方向，然后通过轻描淡写的演奏和音符的设置来触发乐队的整体推进感。但是，在为大乐队的集体力量增添自己的感觉时，杨始终牢记着浪漫的自我表达艺术观念："音乐家想要说出真正重要的话，就必须学会在尽量免受外部影响的情况下表达自己的感受。"[90]爵士小号手约翰尼·卡里西（Johnny Carisi）描绘了一种典型的杨氏独奏如何激发其他音乐家参与艺术创作的积极性："我跟你说，伙计，就在你认为他已经完成表演的时候，他会稍稍回退到之前的乐句，然后开玩笑式地突然冲着你变本加厉地奏出节奏，令在场所有人疯狂。"[91]

在即兴演奏会上，杨可能扮演着类似西方神枪手的角色，但作为一个摇摆乐手，他将自己定位成主鼓手类型的角色。杨总是声称他"怀念与舞者同台的时光"，特别是舞者和乐手之间的互动对话。他在1956年回忆道："我希望爵士乐能更多地为舞蹈伴奏。我在为舞者演奏音乐时非常开心，因为我也喜欢跳舞。当你演奏的时候，舞者自己的节奏会反馈到你这里。你演奏的节奏与舞者跳动的节奏加在一起，便构成了整场演出的正确节奏。在尝试奏出三到四个节奏之后，你会找到舞者们喜欢的节奏。需要注意的是，他们每一次演出时喜欢的节奏都不一样，总是在变化。"[92]大乐队通过研判每个晚上的节奏和每个观众，寻找到他们的音乐创作灵感。当时，许多白人音乐家和批评家将舞蹈视作实现音乐商业化的途径，所以试图把爵士乐演出打造成现场音乐会。杨对乐手的社会功能感到自豪，认为自己的演奏能够提升舞蹈者的参与程度。

在两次世界大战的间隙，西非流行美学大规模地迁入美国流行文化，杨便是这一时期的核心人物。[93]首先，爵士乐和非裔美国人的民间舞蹈之间有着密切的互动。在20世纪20年代，黑人爵士音乐家和合唱队的舞者在演出时互相抓住了对方的节奏，催生出更复杂、更有弹性的节奏。早在1925年，"爵士鼓手从踢踏舞者那里得到灵感"，许多摇摆乐时代的鼓手最初都是踢踏舞者。[94]萨沃伊舞厅（Savoy Ballroom）的林迪舞者（lindy hopper）会站在乐队前面，敲打出他们想从乐队那里得到的节奏——这种行为在美国南部和西非很常见，但在美国北方社会却鲜为人知。[95]众多黑人爵士音乐家都是优秀的舞者，并以此为豪。钢琴家兼作曲家詹姆士·P.约翰逊（James P. Johnson）曾在回忆时说道："我们过去常常都以自己的舞蹈为豪——阿姆斯特朗被认为是乐手中最优秀的舞者。当你走进一个新的地方时，舞蹈有助于增强你的气场，使你在女孩面前更加抢手。"[96]

在摇摆时代，西非酷美学传入美国社会的第三个因素是节拍鼓手的出现。像吉恩·克鲁帕（Gene Krupa）、奇克·韦伯（Chick Webb）、乔·琼斯（Jo Jones）和巴迪·里奇（Buddy Rich）这样的黑人白人鼓手兼乐队领导人，比起古典打击乐手或传统其他民族音乐角色，他们担负的职责更像是西非音乐中的鼓手大师。在20世纪20年代的舞蹈乐队中，鼓手大多被认为是舞台上的"计时员"；而在古典音乐中，只有指挥才能控制演出。[97]在一支大型乐队中，爵士乐手需要一套更为可靠的基础韵律（即更为清晰的演出主线），以支撑更为复杂的声音和爵士乐手的独奏。从某种意义上说，舞者在非裔美国人公共演出中的角色被基础韵律和乐器旋律之间的互动所取代。正如民俗学先驱威利斯·詹姆斯（Willis James）在1945年所写的那样，"乐手的节奏感，本来可以在舞蹈中得到体现，现在借助的却是（鼓）乐器"。[98]

爵士乐的节奏具有不同于西方音乐的功能，古典作曲家伊戈尔·斯特拉文斯基（Igor Stravinsky）在阐释这一点时，同样使用酷作为比喻："打击乐和低音是烘托演出气氛的核心。鼓手们必须使演出氛围保持'冷静'，（或者）躁动。"由于鼓手掌控着最强大的声波力量，所以掌控乐队的整体节奏就成了他的工作。艾灵顿公爵的鼓手桑尼·格里尔（Sonny Greer）解释了鼓手在现场表演中的作用："一个人在很自然的状态下独奏时，常常会变得过于强劲，他会放松自己的神态。所以你必须掌控他的节奏。在他飘飘欲仙之时，及时地控制住他。"鼓手齐克·韦伯称摇摆节奏为"推动节拍",因为他根据每个独奏者的需要来推动他们:按住他(让他镇静下来)或者让他进入状态(让他躁动起来)。贝西伯爵直截了当地说:"鼓手是乐队的灵魂,而不是乐队领队。如果鼓手出错了,那么其他一切都是徒劳。"[99]

现代摇摆乐鼓手是打击乐部分的灵魂人物,此角色将昔日四个非洲鼓手的功能整合到一人身上。事实上,现代标准节拍鼓点乐器直至20世纪30年代后期才出现:低音鼓踏板、脚踏钹和鼓刷发明于20世纪20年代。后来,为了区分乐器的细微差别,突出乐器音质,强化重音,以及达到乐器共鸣的效果,演奏过程中才增添了中国钹和源自非洲的手鼓。爵士鼓乐起源于军事鼓乐、铜管乐队、滑稽戏乐队、马戏团乐队,以及无声电影中的坑式鼓乐。但是爵士乐鼓手这一角色在摇摆年代里的成熟主要应归功于非洲打击乐技术的影响。[100]

"酷"这个词出现在这个时期似乎是一个令人惊异的历史事件,堪称语义学的未解之谜,或者可能传达出这样的信息:非裔美国人口传历史保留下来的内容比我们想象的要多。杨将西非人的镇静自若改编成美国的音乐和声音,赋予其社会功能,是这一时期美国文化风格发生转变的一个重要表现。此外,他对英裔美国人抑制情感的传统加以改造吸收,使其亦成为战后黑人"酷"的一个重要特征。

美国冷战期间"酷"的变迁

表现"酷"(即对待白人的态度)反映了二战期间非裔美国人对社会平等进程的失望。"酷"是"一种真实存在的态度",阿米里·巴拉卡(Amiri Baraka)回忆起"酷"在哈莱姆的起源时曾给出这样的定义:"对于世界每天可能发生的恐怖事件,酷就是……保持冷静,甚至漠不关心",最重要的日常抗争行为是反对"美国白人那令人绝望和窒息的思维"。[101]20世纪40年代早期,这类例子比比皆是。1941年,美国总统富兰克林·罗斯福（Franklin Roosevelt）通过行政命令向非裔美国人开放了联邦国防工作岗位。但是在1943年夏天，几个大城市爆发了种族骚乱，起因是白人拒绝非裔美国人出现在他们的社区和工作场所。此外，拘留日裔美国人的行为在种族歧视和剥夺黑人人权方面开创了一个可怕的先例。哈莱姆的萨伏依舞厅曾是美国社会平等的象征，但在1943年夏天也被暂时关闭，原因是黑人女招待被诬告向白人军人出售性服务。此外，在不同部队服役的黑人士兵也在忍受着自己的（美国白人）军官恶毒的种族歧视，他们常会被派去担任食堂的服务员。[102]

非裔美国人意识到了一个可笑之处：当他们在国内面对种族压迫与歧视时，却仍在推行吉姆·克劳法的军队中服役，与信奉白人至上主义的敌人（纳粹德国）作战。正如一位年轻的黑人大学毕业生在切斯特·海姆斯的第一部小说中所说："只要军队推行的是吉姆·克劳法，那么在军队中作战的黑人就是在同自己做斗争。"颇具影响力的非裔美国人周刊《匹兹堡邮报》的编辑们呼吁发起一场名为"双重胜利"（Double-V）的双线爱国主义运动：在国外战胜法西斯主义，在国内战胜种族主义。[103]他们认为有必要把自己的感情隐藏在"一种被称为'酷'的防弹衣"下面。拉尔夫·艾里森（Ralph Ellison）反思道，与其说海明威彰显出的是一种"在压力下的英雄气概……不如说是他在阐述一种广为人知的常识"。[104]

李斯特·杨的个人经历便是美国国内种族冲突的缩影。1944年9月，他被一名穿着佐特套装、一直跟随贝西伯爵乐团的卧底特工征召入伍，但是出身中产阶层的黑人乐队领队却以杨缺乏正规的音乐教育为由，拒绝向其分配军事基地的音乐演出任务。[105]杨不服从纪律，因此引起了白人指挥官的注意和敌意，后者在他的后备厢里搜出了大麻和巴比妥酸盐。杨在一次卡夫卡式的军事法庭审判中平静地承认了自己长期吸毒的事实，并且自豪地声称自己从未伤害过任何人；他被判在佐治亚州的戈登堡基地单独关押近一年，并且经常在那里遭到殴打。杨所在的军事基地内有一支全部由白人组成的大乐队，乐队成员们想让杨和他们一起练习，杨因此得到了唯一一个挣脱孤独的机会。每天，一个白人小号手会将他从实行种族分离营地的黑人区接出，两人的角色如同美国南方种族制度下的主仆。小号手会说："过来吧，黑鬼。"杨则回答："是，老板。"杨很少谈论他在军队的经历，但他为此创作了一首歌曲——《D.B. 蓝调》（D.B. Blues）或《拘留营蓝调》（Detention Barracks Blues）——在1948年的一次采访中，他用简单的话语回忆道："这是一场噩梦，真的，一场疯狂的噩梦。他们把我送到南乔治亚州，这足以让我发狂。我的人生因此被拖累了。"[106]

1945年，当李斯特·杨重新回归演奏，当时许多作家和音乐家都对他一本正经的面孔、疲惫的步伐和缺少趣味的演奏评头论足。总的说来，白人评论家把杨描述成一个"用大量的酒精和大麻麻木自己的感情，并用伪装掩饰自己的人——他长长的……脸，面无表情，就像木乃伊一样"。一位评论家评价他的面孔时说，"即使面对自己信任的少数人，他也很少摘下面具"[107]。当时的许多白人作家认为，杨的创作生涯将随着他的军队而结束，他们将杨的战后经历渲染成艺术家江郎才尽的悲剧传奇。[108]虽然1946至1947年间的大量记录表明，白人作家们夸大了杨的颓废，但二战后的杨确实不再是一名执着的乐手，他在演奏过程中丢失了早期作品中蕴含的生活乐趣。[109]

尽管如此，年轻的爵士音乐家——无论是黑人还是白人——始终称赞杨是"一个美丽的人"，并肯定了他的幽默、温和的人性和"平和的心态"。[110]杨的寡言少语帮助他保持了理智；几个年轻的乐手宣称杨是他们所见过的最理智、最有人性的人。许多白人作家注意到，杨避免与白人为伍，并大声质疑他为什么不像以前那样弹奏了。[111]面对这些质疑，杨总是告诉他们，实际上，"那些都已是过去，现在是现在"。简而言之，他的工作不是做回1939年的自己，而是（他觉得）"今天打算演奏什么？"杨热情地对待白人爵士乐手，但同大多数其他白人保持着一定距离，用伪装出来的面孔对待他们。杨面无表情，拒绝在公共场合迎合白人的期望。他孤身反抗，象征着一场非裔美国音乐家与作家挺身而出，反对汤姆叔叔式的种族歧视形象的运动。

1938到1952年间，四位主要的非裔美国男性作家通过他们的艺术作品，旗帜鲜明地否定了汤姆叔叔的形象，以此来反抗所谓的"种族融合"。[112]在理查德·赖特的第一部短篇小说集《汤姆叔叔的孩子们》（1938年）中，每一个男主角（实际上是汤姆叔叔的每一个儿子）要么射杀白人，要么拒绝服从白人的命令。1941年，艾灵顿公爵和一个好莱坞编剧团队制作了一部戏剧讽刺剧《为欢乐而跳》（*Jump for Joy*），欲借此剧"让汤姆叔叔离开剧院，消除好莱坞和百老汇惯常的刻板印象"。[113]在切斯特·海姆斯的短篇小说《天堂已今非昔比》（*Heaven Has Changed*，1943年）中，一名二战期间在海外作战的士兵梦见自己重回南方的一片棉花地，其间偶然遇到为一位老农送葬的队伍，他们只是轻描淡写地告诉他："老汤姆叔叔死了。"拉尔夫·埃里森在其作品《隐形人》（*Invisible Man*，1952年）的第一句对话台词中，加入了主人公祖父在临终前的忏悔，他解释说，汤姆叔叔实际上是一种复杂的反抗形式："我们（黑人）的生活就是一场战争"，他高呼道。然后他恳求他的孙子继续咧嘴微笑，拖着脚走路："用'是'战胜他们，用笑容破坏他们，用'死亡和毁灭'来迎合他们，让他们更加膨胀，直至呕血而亡或者彻底胀裂。"埃里森日后有意识地将上述情景概括为"拒绝遵守当前的法律……通过拒绝的方式超然于世"。[114]

连姓名都没有的"隐形人"象征着当时更大规模的黑人迁徙浪潮——南方向北方迁徙的浪潮——埃里森在满怀追求平等的摇摆乐希望和戴着面具求生之间求得了危如累卵的短暂平衡。隐形人怀揣社会平等近在咫尺的希望移居北方，因此放弃了对非裔美国人渺茫未来的憧憬。令他惊愕的是，他发现所有黑人男性在地位显赫的白人面前都会戴上面具；他震惊和厌恶地看着自己遇到的现象——就连他所在黑人学院的校长在会见学院的一名白人董事之前，也"把自己的脸换上乏味的面孔"。

像李斯特·杨一样，"隐形人"象征着拒绝随波逐流的一代人。最终，小说以主人公逃往地下生活告终；在摆脱了旧有种植园模式后，二战后的"隐形人"再也没有可以掩饰自己的面孔（面具），但找到了一种用于自我保护的新面孔（面具）：在隐形人前往地下之前，他观察到街上年轻黑人当中形成了一种安静而激烈的新风格，这正是杨严肃、内省的冷酷面孔（面具）：

> 我仿佛从来没有见过他们这样的人：慢慢地走着，肩膀摇摆着，通过摇晃臀部拖动双腿摆动，裤脚因为紧贴脚踝卷积在一起；他们的外套又长又紧身……这些家伙的身体看起来——就像我的一位老师曾告诉我的那样——"就像一座非洲雕塑。"……
>
> 他们似乎像某种葬礼仪式上的舞者一样移动，摇摆着，向前走，摆出神秘莫测的黑色面孔……沉重的电镀鞋跟在他们移动时有节奏地敲击地面……
>
> 他们置身历史之外……*面无表情，处在社会的转型时期*。（斜体强调为本书作者所加）[115]

他们当中既有新来到哈莱姆区的酷仔——身穿佐特套服，披着长外套，安静，面无表情，迈着有节奏的大步，说着一口黑人俚语，也有"在转型时期说着充满乡村魅力的俚语"的男人们。尼尔森·乔治（Nelson George）将这种新风格追溯至黑人移民所处的新环境，"许多南方男孩现在明智地来到了混凝土搭成的丛林中，开始以一种宠辱不惊的态度前行，人人都将这种方式称之为'酷'。……'酷'显然是非洲城市的特色"[116]。面对白人充满优越感的凝视，这些人报以新的反应，即摘下咧嘴微笑的黑色面具，扮出冷酷的表情——此举意味着他们在适应时代。在一部以摒弃旧面具为主题的小说中，酷面具便成为黑人仅有的新自卫策略。

正如黑人男性作家扼杀了汤姆叔叔的形象，爵士音乐家们（如迪兹·吉莱斯皮）的目标是消灭路易斯·阿姆斯特朗表现出的"种植园黑奴形象"。吉莱斯皮尊重阿姆斯特朗的小号演奏，但从未尊重他的舞台形象："他把手帕蒙在头上，在白人面前咧嘴傻笑。毫不掩饰地说，我不喜欢这样。"但是吉莱斯皮也承认，当时的环境需要汤姆叔叔这种形象。在吉莱斯皮的影响下，黑人中间出现了一种新的扮酷造型。他嬉皮、讽刺的风格成了"垮掉的一代"追求时尚时效仿的原型：贝雷帽，黑框眼镜，山羊胡子，嬉皮俚语。[117]相比之下，迈尔斯·戴维斯和查理·帕克则采取了另一种策略，在演出时彻底背对观众，因此成为一代传奇。与他们同时期的其他比波普乐手在舞台上则保持着冷静与沉默，仿佛是"老练的古典音乐家"，即使正在演奏的是"有意为之的粗犷曲风，拒绝被同化的比波普音乐"。[118]通过拒绝取悦观众，比波普乐手们既展现了与美国主流印象相去甚远的冷酷，也反抗了虚伪的行为模式以及社会对爵士乐本身的不尊重。据高产的爵士乐制作人欧林·基普纽斯（Orrin Keepnews）所说，比波普音乐的反抗行为"表达了对黑人地位的不满和对黑人表演者地位的抗议"[119]。

杨是在哈莱姆区著名的明顿和门罗住宅区举办的即兴演奏会中的德高望重者，那里是比波普的诞生地，汇集了比波普音乐的先驱（迪兹·吉莱斯皮、查理·帕克、肯尼·克拉克、塞隆尼斯·蒙克）。迪兹·吉莱斯皮曾在歌曲《生存还是……投入比波普的怀抱》（To Be，or Not... To Bop）中赞美诸多先于他去世的乐手时，他提到的唯一一位非比波普乐手便是李斯特·杨。[120]

杨调和了路易斯·阿姆斯特朗与查理·帕克的音乐与演奏风格——阿姆斯特朗的表演充满黑人的谄媚，查理·帕克在吹奏时则不把观众放在眼里。帕克的音乐导师是中音萨克斯管演奏家巴斯特·史密斯，但他从小就在堪萨斯城里诺俱乐部观看杨的演出，并对他崇拜得五体投地，常常自称"就读于李斯特·杨大学"。在密苏里州奥扎克山区为期六个月的演出中，帕克带着杨的唱片，一个音符一个音符地背下了每张单曲。杨曾告诉帕克，创作音乐面临的全部挑战就是"对着空气创作旋律"，即用整个身躯打造属于个人的声音。"我为李斯特疯狂，"帕克说，"他的演奏干净利落又不失优雅……但我们的想法不同。"[121]

帕克曾效仿杨，在舞台上摆出挑衅性的姿态，这在1943年厄尔·海恩斯大乐队提供的照片中得到了证实：他坐在前排最靠边的位置，戴着墨镜，双腿张开，神情超然，身体倾斜，远离萨克斯管。[122]帕克比其他任何一位比波普音乐家都更喜欢使用杨的嬉皮俚语，以此避开与将他视为偶像的白人乐迷以及其他作家的直接交谈，他常常把"酷"、"了不起"（heavy）、"喜欢"（dig）、"靠谱"（solid）和"疯狂"（crazy）等核心嬉皮词语浓缩成仅有一个单词的表意词语。[123]阿米里·巴拉卡（Amiri Baraka）将李斯特·杨的文字游戏称为"总统讲话"（Pres Spoke in a Language）：

> 他住在我们这个拥挤的世界里
> 用他身旁的小号吹出响声
> 把弗兰基·坦博埃的声音改造成
> "大鸟"帕克自己的羽毛
> 特灵凭借矫健的身手
> 追随骗子穿过人群
> 靠着超凡的智慧生存下来
> 这便是我们赖以生存的
> 丛林，丛林，丛林

虽说"酷"这个词及其内涵是经比波普乐手发扬光大的，但这些乐手们却是通过李斯特·杨了解到该词语。[124]

在音乐和风格方面，杨最有影响力的继承者是迈尔斯·戴维斯。迈尔斯·戴维斯在他的自传中写道："能和'总统'同台演奏真了不起。""我从他演奏萨克斯管的方式中学到了很多……我试着把他的一些萨克斯管音乐迁移到我的小号演奏上。"戴维斯深受杨"真实、快速、忧郁、顺滑的俄克拉何马风格"影响，从他那里学会了将灵活的旋律与"冷酷的奏乐声"糅合在一起。戴维斯喜欢杨"连贯的曲调",欣赏他认真衔接每个音符,而不是在不同的音阶之间上下跳跃。钢琴家萨迪克·哈基姆(Sadik Hakim)在20世纪40年代初经常随杨一起巡回演出。他在回忆时说道,当乐队经过他的家乡圣路易斯时,戴维斯总是来看望他。"他(指戴维斯)当时很喜欢'总统',如果你仔细听他说的话,他的很多风格都来自'总统'。他把'总统'做的许多事情转化成他的风格,这就是我们所知的酷派风格。"[125]1947年5月,戴维斯首次担任查理·帕克五重奏的领队,他以轻松的独奏旋律挑战比波普的精湛技艺。与比波普相比,戴维斯的独奏崇尚极简主义。在戴维斯演奏的过程中,"李斯特·杨的灵魂仿佛伴随音乐萦绕在空中"。[126]

　　戴维斯的自我介绍极其保守,"关于我,你并不想知道什么,也不会问我什么"。他的音乐和杨的一样,受到白人歌迷、音乐家和作家的喜爱和追捧;但是,戴维斯代表的是20世纪50年代后期冷漠、经常充满敌意的黑人爵士乐音乐家。他背着观众,经常在乐队继续演奏时离开舞台去抽烟。戴维斯身着意大利西装,漠视艺术和社会习俗,将个人神秘感和艺术掌控力结合起来,保持着强硬、"莫惹老子"的姿态,同白人爵士乐迷保持着安全的距离,但内心却波涛汹涌。夜总会老板马克斯·戈登曾经提出疑问,为什么戴维斯不发行自己的歌曲,也不和观众交谈。"我是个乐手,不是喜剧演员,"迈尔斯回答道,"白人总是要你微笑,总是要黑人鞠躬。我不笑也不鞠躬。难道不可以吗?我是来演奏音乐的。我是个乐手。"杨的战略性隐退为迈尔斯·戴维斯和查尔斯·明格斯等乐手提供了宣泄内心愤怒的机会。只有少数有洞察力的白人作家看到了乐手们昂首阔步姿态下的伤痛。但更重要的是,汤姆叔叔不再受到爵士乐界的欢迎。[127]

　　从某种意义上说,酷就是在抑制使用暴力的冲动。"保持冷静"最实用的意思就是不要"大发雷霆",但也暗示了实施暴力的可能性。倘若杨像迈尔斯·戴维斯(圣路易斯一位中产阶层牙医之子)那样直言不讳地反对种族主义,那么在20世纪20年代的南方腹地,这种行为无异于自杀。

事实上，爵士乐使用的语言也充斥着暴力，只不过将暴力升华为使用音乐进行决斗：乐手们以号角为斧（远在吉他出现之前），在"割喉对决"和"切割即兴演奏会"上"宰割"和"肢解"彼此；他们还将白人称为"ofays"（猪拉丁语①中"敌人"的意思）。杨将自己的敌意转化为连贯流畅、跌宕起伏的独奏，"每天晚上改变他的生活，使之成为它应该成为的样子"。杨通过声音构想出更加美好的世界。为了实现自己的浪漫梦想，他用强劲的节奏搭配舒缓的蓝调，神情镇静地娓娓自述，表现出"独特的张力"。128

像许多爵士音乐家一样，杨认为，向世界展现他的身份和个性的，是他在演奏时发出的声音，而非音符或歌曲本身。乐手的声音代表了他自己，与他平常说话的嗓音一样。保持这种声音需要在艺术与情感方面付出巨大的努力。听闻许多乐手改编他的旋律和浪漫音调时，杨对自己的身份产生了质疑。例如，20世纪40年代末，伍迪·赫尔曼（Woody Herman）乐队演奏的"四兄弟"（Four Brothers），整个萨克斯管部分都是从杨的创新中得到的启示。杨经常大声问道："我该演奏什么？我应该模仿他们吗？"中音萨克斯管演奏家葛斯坦（Stan Getz）是50年代最成功的爵士乐手之一，他经常到杨的酒店房间，请教如何在他的旧唱片上创造某些声音。杨很享受这种被关注的感觉，但也因此感到悲伤和精疲力竭，他在1948年说道："现在大多数乐手的问题在于他们都是模仿者。"129

杨酗酒糟践身体的一个原因是"爱与窃"的思想；其他原因包含了缺乏认同感和居无定所的流浪卖艺生活。他的朋友们指出，从20世纪40年代末到1959年去世，杨每天要喝两夸脱杜（约1.89升）松子酒，而且经常忘记吃东西。在白人作家眼中，杨"行动迟缓，令人捉摸不透，常常脱离现实，封闭在自己的世界里"，并且自诩种族主义的受害者。虽然他于1946年第二次结婚，并在20世纪50年代早期与妻子玛丽享受了短暂且稳定的家

---

① 猪拉丁语指的是故意颠倒英语字母顺序拼凑而成的行话，据说是由在德国的英国战俘发明来瞒混德军守卫的。——译者注

庭生活，但他并不是一个成功且细心的居家男人。在人生道路上彷徨一段时间后，杨住进了曼哈顿中城的小旅馆，朋友们经常发现他在出神地看着窗外，听着他最喜欢的"美妙音乐"，如法兰克·辛纳屈、桃乐丝·黛（Doris Day）和祖·斯塔福（Jo Stafford）等人的作品。纳特·亨托夫曾说，他"从未见过比杨更孤独的人"。[130]

但是在20世纪50年代，与杨一起演奏的年轻乐手（黑人和白人）看到的是一个不同的"总统"。他在非洲/美国文化方面颇有建树，被年轻乐手尊为导师、诗人、精神领袖和哲学家。"他教给我宗教与哲学道理，是兼具哲学家与科学家身份的音乐家。是他让我们知道，我们（非裔美国人）为这个国家做出了重大贡献，理应被承认为美国人，"鼓手威利·琼斯三世（Willie Jones III）在论及与杨的师徒关系时说道，"'总统'打开了我的眼界。"这样的说法与当时白人作家的观点形成了鲜明对比，这暗示了杨退伍后尝试与白人隔绝的努力获得了成功。1973年，贝西伯爵乐团的鼓手乔·琼斯（Jo Jones）与历任黑人民权领袖交往密切，他曾公开指出："从马库斯·加维（Marcus Garvey）时代算起，直至今日，还没有人能像李斯特·杨那样爱护黑人，从来没有！"[131]

如果说李斯特·杨不是《隐形人》一书结局中的主人公，那么他无疑就是埃里森笔下主人公的真实原型。杨是一个有独创性的美国反叛者，尽管性格温和，但仍然是一位不受约束的自由激进分子，身体力行地控诉着他所在的社会——这个社会拒绝承认他的成就。1947年，一项深入分析美国人对爵士乐的敌意的著名研究得出这样的结论：人们对一种新文化形式的反应程度取决于"文化主体自身的声望"，反对爵士乐情绪的出现正是因为非裔美国人的地位较低。"爵士乐音乐家是一个'隐形人'，"社会学家查尔斯·南里（Charles Nanry）写道，"他为美国文化生活做出了巨大贡献，得到的回报却微不足道。"[132]杨的成就仅仅得到了爵士乐界的认可。据威利·琼斯三世说，杨在去世的前一年搬到了52街的阿文丁旅店（Alvin Hotel），在那里"俯瞰百老汇，远眺伯德兰（爵士乐俱乐部）"。杨长期酗酒导致营养不良，后来得到了迈尔斯·戴维斯、马克斯·罗奇（Max Roach）、桑尼·罗林斯（Sonny Rollins）和乔·琼斯等人的帮助。身为二战期间美国"自由"文化形态下的重要音乐革新者，生命末期的杨行动缓慢，吸食大麻，衣衫褴褛，举止温和，又嗜酒如命，他面无表情，不求引起别人注意。李斯特·杨只会在每天晚上演奏他的悲伤，就像比莉·荷莉戴用她破碎的嗓音唱到生命的最后一刻。但又有谁知道，他偶尔也诉说已经幻灭的摇摆乐以及对社会平等的渴望？

"黑人酷"的精神遗产

酷的面具是一面空白的墙，暗示着黑人对白人社会规范的抵制，也掩饰了黑人艺人鲜被美国人关注的复杂内心世界。"酷"可以被视作一场跨越种族界限、反抗社会准则的文化内战，因而具有三方面的内涵：第一，一个人身穿酷外衣或头戴酷面具，作为隐形的盔甲，以抵御社会的偏见、非理性和敌意——"没有它就不能出门。"一位电视作家在1996年回忆道；第二，"酷"是一个含义宽泛的术语，指一套非欧洲美学价值观，为黑人美学的卓越表现提供了基础，其历史可以上溯至西非音乐和舞蹈的社会文化功能；第三，"酷"表明了打造个人声音和风格的必要性，在一个很少将非裔美国人视为独立个体的社会中，这一点尤为重要。[133]

"西非酷"的哲学目标是将个人的表达风格与直面公众时的沉着结合起来。爵士乐"酷"介于西非"酷"和英裔白人"酷"之间：一个人在特定时刻，用睿智的方式表达身而为人的感受。小号手兼作曲家萨德·琼斯（Thad Jones）曾在1957年巡回演出期间与杨合住。他回忆说："你可以感受到这个人内心的痛苦，至少我能感受到，但他仍然是最幽默的人之一……他深陷痛苦之中，却能够嘲笑痛苦。"约翰尼·奥蒂斯（Johnny Otis）总能从杨的音乐中听出悲伤和坚定，"那是一种忧郁的力量和悲叹……但也是对生命、人性和性快感的颂扬"。所谓冷酷，是在面对外部敌对势力时，仍能保持独特的个人声音和风格。1964年，马歇尔·麦克鲁汉（Marshall McLuhan）认为戴太阳镜可以使任何人成为一种"酷的媒介"，因为它在观察者当中创造出一种视觉神秘感。"墨镜……塑造了令人捉摸不透的深邃形象，引来众人竞相尝试。"杨隐退至暗处，不再露面，迫使美国白人不得不更深入地观察一个曾备受压迫的群体（该群体遭受的压迫长期以来被认为是理所当然的）。具有讽刺意味的是，这一地下群体如今能进入公众的视野，正是得益于曾经用来伪装自己的面具。[134]

爵士乐被艾灵顿公爵称为"表现自由的音乐"，其图腾可能是一个正在吹奏次中音萨克斯管的黑人。约翰·斯韦德（John Szwed）将这一图腾物称为"20世纪首个自然生动的图腾"。它亦代表了肯尼斯·伯克所说的"擅于传达情感之物"，是首个得到全世界承认的图腾：象征着一个人如何在不失去自我控制力的情况下表达自己的情感体验。此图腾的产生不仅归功于李斯特·杨的生活与艺术贡献，也得益于所有乐手的创造。[135]

酷——或者说酷的诞生——是西非美学实践与英美白人自我掌控理念结合的产物，它深深地植根于非裔美国人争取社会平等的斗争中。李斯特·杨重视音乐的交流功能更甚于音乐技巧，能够在展现个人"风格"的同时又不失直面公众的镇静。在这个过程中，杨确立了自己的立场和姿态（即冷静的面孔），为他的爵士乐继承者赢得了尊严，使后者能够以此为手段，表现自我掌控能力，以抗衡美国人妄自尊大的姿态。总之，这张酷面具凝聚了黑人的群体面孔，取代了汤姆叔叔的谄媚微笑，帮助黑人在一个没有权威的世界里呈现出泰然自若的姿态。

图3 鲍嘉是战后"黑色酷"形象的代表(照片来源:菲利普·哈尔斯曼©哈尔斯曼档案馆)。

第二章　亨弗莱·鲍嘉与诞生于大萧条时期的"黑色酷"

1942年，派拉蒙电影公司试图为冉冉升起的新星艾伦·拉德开创一个新的英雄类别："浪漫而又阴沉的（heavy）人"。[1]根据电影工作室的说法，"阴沉"展现的是恶棍的形象而以往的浪漫典范总是位英雄，所以"浪漫而又阴沉"是一种矛盾的银幕形象，反映了当时的电影市场亟须一种新型的男主角形象。"浪漫而又阴沉"的字面意思是具有英雄气概的坏蛋（或草莽英雄），但可能并不准确。当时的电影公司显然被鲍嘉和拉德等演员所代表的一系列新电影和观众欲望搞迷糊了。首先，在20世纪30年代的好莱坞电影中，"好人"与坏人泾渭分明，二者不可能同流合污：只有治安官或警察等执法人员才能使用正当的暴力；使用不正当的暴力行为往往是黑帮或歹徒，并且这些人最终会在银幕上受到惩罚。根据《海斯法典》（Hays Code Administration，简称PCA）的规定，电影中任何非法或不道德的行为都必须致使施动者被捕或死亡。但在美国通俗文学中，具有英雄气概的坏蛋无处不在，这一现象可以追溯至詹姆斯·菲尼莫尔·库珀（James Fenimore Cooper）的《娜蒂·邦波》（*Natty Bumppo*）、西部小说或地摊小说。但在大萧条时期的大众脑海中，由于阶级、社会地位和生活经验的差异，不同阶级的美国人对男子气概的想象也存在差异。在传统好莱坞电影中，出现的往往是传统的银幕形象，如约翰·巴里摩尔（John Barrymore）或威廉·鲍威尔（William Powell）等出身上层阶级的浪漫主义典型。但在通俗文学中，出现了新兴工人阶级幻想的人物形象——侦探小说和低俗杂志中的冷酷硬汉。在大萧条时期，阶层固化，社会流动性降低，下层民众的希望越来越渺茫，所以硬汉小说（笔者称其为"黑色文学"）中出现一种新型的男子气概。[2]

从《马耳他之鹰》（*The Maltese Falcon*）上映，直至到战后一期结束，亨弗莱·鲍嘉向观众展现的便是上述新兴美国人形象——道德叛逆的孤独者。但是，华纳兄弟公司的高管们惊讶地发现，在鲍嘉收到的粉丝来信中，有75%来自《夜困摩天岭》（*High Sierra*）和《马耳他之鹰》这两部电影的女性观众（二者都是1941年上映的电影），大多数粉丝都希望看到他扮演更浪漫的角色。只有结合大萧条的背景，我们才能解释身材矮小、年纪较大、头发斑白的鲍嘉（身高五英尺七英寸，四十二岁）为何能够一夜走红，并且充满男性魅力。一位女性电影评论家曾经对鲍嘉提出怀疑，指出"客观地说，他真的很性感吗？"我们真的能够撇开所有主观情感，从客观上认定一个偶像真的很性感吗？当然不能：历史上任何一个时代的偶像总是与他（她）所在的时代紧密相连。在20世纪90年代，梅·韦斯特（Mae West）不可能成为一个性感的象征，同样，丹泽尔·华盛顿（Denzel Washington）在20世纪30年代也不可能。但是，我们可以记录在特定历史时刻发挥作用的文化力量，并分析其变化。1940年，鲍嘉加入华纳兄弟公司，被塑造成银幕上的黑帮老大。这个坚韧、瘦弱的中年硬汉因此在一夜之间成了电影公司的头号男主角，与克拉克·盖博等人不分伯仲。[3]

观众渴望改变传统的文化想象，为了实现这一目标，他们有时候会选择资深演员而非新的面孔。"一个演员可能工作多年都默默无闻，"大卫·登比（David Denby）反思道，"然后就在一夜之间，外貌、性格和角色等要素凑在了一起，让这位演员一夜爆红——就像饰演《马耳他之鹰》的鲍嘉一样。"突然之间，观众"看到了自己想要的东西"。以鲍嘉为例，这种情况发生在两部开创了一个类型电影的开山之作中，第一部是《夜困摩天岭》，第二部是《马耳他之鹰》。在这样一个时刻，这个标志性人物的救赎或复活代表了"某种真实存在的东西，因为一部分人需要这样真实的存在"，登比暗示说，这样的演员"不仅将成为一颗明星，而且会成为一个神话"。在这样一个时刻，《马耳他之鹰》这部B级电影出人意料地获得三倍于预期的票房收入，开创了一种崭新的电影风格。不到一年后，鲍嘉达到了事业的巅峰，他饰演的角色从山姆·史培德侦探（PI Sam Spade）[①]变为《卡萨布兰卡》中的里克·布莱恩。作为一部具有爱国主义内核的黑色电影，《卡萨布兰卡》常年居于美国电影学院100部经典电影榜单之首。[4]

凭借《卡萨布兰卡》，鲍嘉在全球范围内成为冷酷的代名词，无论战争期间还是战后，各种种族、国家和阶层的作家和艺术家们对他都赞赏有加。鲍嘉是唯一一个被20岁的马尔科姆·艾克斯（Malcolm X）[②]指名道姓评论的演员，因为马尔科姆正在寻找风格模式："我喜欢硬汉的形象，痴迷于《卡萨布兰卡》中的动作设计，欣赏亨弗莱·鲍嘉在剧中的表演。"奈保尔的小说《米格尔街》（*Miguel Street*，1959年）以特立尼达拉岛港为背景，在小说的开篇，我们认识了令人钦佩的主人公鲍嘉。来自特立尼达拉岛的鲍嘉获得了"《卡萨布兰卡》缔造者"的绰号，奈保尔回忆道："当鲍嘉的名声像火焰一样在西班牙港口传播时，成百上千的年轻人开始效仿他冷酷无情的神态。"奈保尔回想起，一名特立尼达拉岛的观众在看到鲍嘉对劳伦·巴考尔做出的回应时（该片段出自电影《江湖侠侣》，*To Have and Have Not*），报以欢呼和掌声，并喊道"这才是爷们！"[5]在让吕克·戈达尔（Jean-Luc Godard）的《筋疲力尽》（*Breathless*，1960年）中，让-保罗·贝尔蒙多坐在当地的一家剧院里，对着一张8×10英寸的鲍嘉电影海报深思：他可能在心中默默地向鲍嘉请教如何在这个时代中变酷——换句话说，如何找到自己风格，从而在时尚的潮流中得以幸存。

---

① 《马耳他之鹰》中的侦探。——译者注
② 美国黑人运动领袖。——译者注

［伍迪·艾伦（Woody Allen）在《呆头鹅》（*Play It Again, Sam*，1972年）中以喜剧的方式提出了同样的问题。］

"黑色酷"表现的是工人阶级每日同社会和经济力量的斗争，展现了他们谋求生计和尊严的过程。但是这些力量超出了他们的控制和理解。"他是一个普通人，"加勒比海地区的理论家C.L.R.詹姆斯（C.L.R. James）在1950年评价鲍嘉时这样写道，"这正是他的魅力所在。"詹姆斯将鲍嘉定义为一个改良后的西部枪手形象——内心坚韧，"他代表了那类心灰意懒的群体"⁶。"黑色酷"与李斯特·杨的爵士乐类似，也是通过无声的抗议和平静的反抗来表现人与人之间的疏离。正如心怀抱负的白人演员、音乐家或作家（如凯鲁亚克、伊斯特伍德、斯坦·盖茨或鲍里斯·维安）将黑人爵士乐手推崇为酷派艺术家的榜样，这些B级电影中的离经叛道的白人独行者也被马尔科姆·艾克斯或V.S.奈保尔（V. S. Naipaul）奉为挑战权威的先驱。

根据众所周知的历史常识判断，第一部被奉为经典的黑色电影是约翰·休斯顿（John Huston）导演的《马耳他之鹰》（1941年，鲍嘉在剧中饰演侦探史培德）。同年，《公民凯恩》奠定了这一类型电影的标志性视觉风格。战后的法国电影评论家安德鲁·巴赞（André Bazin）认为，这两部电影在二战来临前夕——大萧条（Great Depression）末期"心照不宣"地同时上映，成为黑色电影的开山之作。在巴赞看来，《公民凯恩》和《马耳他之鹰》为好莱坞电影带来了两项重大的电影创新：第一，将文学叙事视觉化（即巴赞所说的"电影摄影风格"）；第二，两部电影都转向表现人物复杂的心理活动，特别是"通过鲍嘉"塑造了依靠"内心世界和深邃莫测的个性取得胜利"的先驱者形象。篇幅完整的黑色惊悚小说最早可以追溯至1944年的《双重赔偿》（*Double Indemnity*），但直至第二次世界大战期间，黑色小说才逐渐出现。几乎所有的电影学者都认为黑色电影是对二战后社会焦虑的回应：罗伯特·波菲里奥（Robert Porfirio）将1941—1944年称为黑色电影最初的"实验"阶段，而弗兰克·克鲁特尼克

（Frank Krutnik）则认为《马耳他之鹰》是一个"不成功的开端"。但如果将此类电影在艺术上的突破视作不成功的开端，那为何此类艺术的第一个导演已经形成了该类型电影的视觉、主题和叙事风格？[7]评论家们之所以会产生这些误读，是因为他们忽略了黑色电影的时代背景——大萧条年代，以及该流派电影使用的街头俚语，无视了它们呈现出的视觉品位与城市景观。黑色电影反映了大萧条（而非第二次世界大战）带来的暂时性创伤，而且恰好出现在观众要求为战争过渡期重新注入男子气概的时刻。[8]

面对严峻的时代考验，这些白人角色给情绪戴上了面具——确切地说，是酷面具。"酷起来"（be cool）的意思是做到超然的自我控制，即通过面部表情和肢体语言表现充满傲慢的蔑视态度。这种情绪面具有助于鲍嘉、米彻姆和拉德将内心的坚韧表现出来，并呈现为具体的形式。这种酷既不是贵族式的漠不关心的冷酷，也不同于残忍无情的冷漠，而是一种充满活力的超然态度，表达了饱受压抑的紧张情绪，表明了个体的意识（以及潜意识）正在遭受痛苦。这些人物目光坚毅，态度沉默，在演员和观众之间产生了共鸣，既表明了个体的痛苦，也阐明了生存的代价。电影哲学家斯坦利·卡维尔（stanleycavell）称之为通过肢体语言和肢体动作来"阻拦破坏性感觉"。卡维尔认为，在"社会需要更大的一致性"的历史时刻，这种限制身体的行为变得更有吸引力，从而迎合了观众的需求——寻找"个性和独特性的（新）策略"[9]。

与爵士乐酷一样，黑色酷也在掩饰另外一种行为——沉着冷静地使用暴力。私人侦探或富有同情心的罪犯的酷面具象征着社会正在探寻和复兴阳刚之气。人们摆出疲倦的面孔，借助面具缓缓酝酿出苦楚的情绪，以表达观众在大萧条时期的生活感受。卡维尔将这种冷酷的男子气概称为"浪漫的力量"，认为其中蕴含着"沉默的力量"和"积蓄已久的火焰"——苍白、阴郁的面部表情配合放松的身体语言，释放出"（内心）积蓄的火焰"。卡维尔的分析发表在回忆录《世界观察》（*The World Viewed*，1971年）上。在这篇文章中，他反思了制片厂时代好莱坞电影对美国观众产生的社会学影响。相比之下，克里斯托弗·布鲁（Christopher Breu）关注的是黑色酷的暴力以及黑色酷对女性的厌恶，即"坚硬外壳下的铁石心肠"和"冷血而又充满暴力的大男子主义"。总之，这种由鲍嘉、米彻姆和拉德所展现的人物形象被评论家和观众视作新的美国男子气概。在"战后一期"，派拉蒙电影公司的《盗贼画廊》（*The Rogue's Gallery*）中的那些黑帮分子，慢慢地在"美国梦工厂"（American dream factory）中演化为新兴的男性形象：酷男。[10]

为什么不久前在人们眼中还是粗俗不堪的工人阶级形象，在美国走出大萧条之后，突然变得对中上层阶级（男性和女性）具有吸引力了？这种坚韧的实用主义与那个时代艰难的经济选择产生了共鸣，正如通俗杂志中的硬汉吸引了工人阶级读者那样。酷面具象征着经济困难时期的底层民众对权威人物的敌意和实现自我控制的压抑情绪。在这类黑帮电影中，硬汉一开始通常是粗鲁的黑帮成员，最后通过金钱和个人风格洗白了。除了鲍嘉之外，最好的例子就是詹姆斯·卡格尼（James cagney）饰演的魅力超凡的爱尔兰黑帮分子——特别是在其电影《肮脏面孔的大使》（*Angels with Dirty Faces*，1938年）中饰演的洛基·沙利文（Rocky Sullivan）。在二战爆发前的这段短暂时期，卡格尼代表了好莱坞电影中的移民文化势力，他虽然已被同化为爱尔兰裔美国人，但仍保留着自己的口音。

黑色电影反映了迟到的大萧条创伤，当时的人们渴望的英雄形象从胸怀大志的上层社会英雄转变为关注现实的工人阶级反英雄形象。上述改过自新的黑帮成员最早出现于1938到1941年之间，此时正值战前经济复苏时期，在经历了十年的逃避现实的喜剧、音乐剧、时事讽刺剧、黑帮电影和巴士比·柏克莱（Busby Berkeley）的音乐剧之后，人们在潜意识里渴望反思近些年来的经历。奥逊·威尔斯在水星剧院的合作伙伴约翰·豪斯曼（John Houseman）认为，这四年是"从大萧条结束到二战工业繁荣时代开始之前的过渡时期"。随着国防工业工厂改造的开展和失业率的急剧下降，人们对经济复苏又重新燃起了希望。在珍珠港事件发生前的几个月里，国防开支每月的增速迅猛，月增幅超过20亿美元。[11]

鲍嘉身上反映出美国文化工作者的心理状态：他展现的冷酷反映了所谓"最伟大一代"躁动的内心。观众选择鲍嘉的黑色幽默作为一种过渡性的生存方式，一种掩盖近期创伤的面具。美国人在面对战争带来的伤亡，以及战后的繁荣时，需要用黑色来传递一种具有艺术色彩的冷静，以抵御另一场经济危机带来的恐惧；这种坚韧的模式也有助于疏导人们对战时大规模屠杀行为与集中营恶行的认识。观众需要使用黑色电影应对一个新的不稳定的未来。在这个未来里，世界末日突然在技术上成为可能。鲍嘉扮演的角色塑造了"一个几乎没有幻想，但有自己准则的人"，正如约翰·T. 欧文（John T. Irwin）所描述的那样，这个人"虽然知道自己终究无法在人生这场游戏中取得胜利，但仍必须积极参与其中"。鲍嘉所饰演的黑色角色既不高尚，也不浪漫，更不富有，但他对深沉忧郁情绪的表现很大程度上成就了他在20世纪中叶的成功，"这是黑色英雄为自己所选择的独行道路付出的代价"。[12]

早期的黑色经典作品基本上诞生于战前。所以，这类电影的出现，最初并不是为了回应战时的焦虑[13]、战后的偏执和男性的危机感[14]。奠定这种风格的是两名年轻的美国导演——约翰·休斯顿和奥逊·威尔斯，以及两名演员——鲍嘉和米彻姆。黑色风格最初是一种美国风格，后由德国移民、犹太人和中欧人加入他们的观点，几经修改之后，变得更为复杂。奥地利移民导演比利·怀尔德（Billy Wilder）回忆说，他是从美国的时代背景中提取出这种宿命论的观点。事实上，黑色酷融合了1941年三种美国流行文化的原型：黑帮、牛仔和亡命之徒[15]。

这种新兴的电影流派最早出现在7部影片中，它们被我称为黑色电影七部曲，均上映于1940年到1942年之间。本章将进行三项案例研究，分别从影片主题、主观感受和远离世俗三个方面研究大萧条遗留给后世的影响。首先，《夜困摩天岭》的原著（作者为休斯顿）和《合约杀手》（*This Gun for Hire*，1942年）分别塑造了艾伦·拉德（Alan Ladd）和维罗妮卡·莱克（Veronica Lake）这两个形象，两部电影的主题都反映了黑色题材与大萧条之间的内在联系。电影公司和影评人均对这些电影感到困惑，以至于制作方（制片方）和观众（评论方）在评论这部电影时，都发现以前的电影分类并不适用于这种新类型（黑色）和新观感（酷）。其他五部黑色电影为这一类型的主题、视觉风格或叙事创新搭建了框架，营造了历史背景：《公民凯恩》、《马耳他之鹰》、《卡萨布兰卡》、《玻璃钥匙》（The Glass Key）和《愤怒的葡萄》（The Grapes of Wrath）①。第三项案例研究是关于五年后上映的电影《漩涡之外》（Out of the Past，1947年）的，该电影的导演推崇存在主义，所以借助罗伯特·米切姆（Robert Mitchum）的演技表现了当时新兴的黑色主题。[16]

长达十年的经济萧条使得政客和商人们感到十分担忧，担心国防工业一旦退回战前状态就会导致经济衰退。联邦政府在1944年通过了《退伍军人权利法案》（GI Bill），理由是不让可能失业的退伍军人走上街头——该法案因此被正式命名为《军人调整法案》（Serviceman's Adjustment Act）。直到20世纪50年代早期，得益于朝鲜战争时期国防工业的发展，经济才真正繁荣起来。早在1942年，"黑色"在视觉上和主题上几乎是一致的，展现了主角的远离世俗的态度，但是这种态度既不同于人们对二战或共产主义的偏执，也异于人们对核战争或男性身份的焦虑。在接下来的黑色电影第二阶段，所有这些主题都得到了充分的表现（见第七章）。

黑色电影是失意者的自述

黑色之酷反映了对重塑个性的追求，这种追求将暴力作为表现反抗的电影语言。通常来说，一部黑色小说的主人公往往缺乏家庭关爱，没有光辉的历史，缺少立足社会的根基，更不用说所谓的人脉了。但是每个人都

---

① 这部作品描写了美国20世纪30年代经济恐慌期间大批农民破产、逃荒的故事，反映了惊心动魄的社会斗争的图景。小说饱含美国农民的血泪、愤慨和斗争。——译者注

相信自己的个人能动性和意志潜力。黑色主人公的冲动的个人选择区别于纯粹的法国诗意现实主义的宿命论和高压之下的社会现实主义。马克·博尔德（Mark Bould）把黑色电影中的这种核心张力称为"缺少可预测性的决定论"。例如，导演弗里茨·朗（Fritz Lang）就将自己电影的立意定义为黑色，"是与命运抗争，与天意抗争"，在他的电影中，"重要的是抗争本身……而不是抗争的结果"。为了进一步理解1941年初与黑色电影的诞生究竟有何种被巴赞称为"秘而不宣"的关联，我们需要深入理解社会转型时期出现的诉求——将"失意者的叙事"重新包装，使其变得高尚起来。[17]

奥逊·威尔斯拍摄《公民凯恩》的目的是创作一个"失败的故事"，一种与"成功故事模式"相对立的叙事模式。所谓"成功故事模式"是指霍雷肖·阿尔杰（Horatio Alger）的美式白手起家神话。事实上，每一部新出现的黑色电影都成功地将失意者的故事转变为焦躁不安的主人公完善自我的神话故事。就连《卡萨布兰卡》也是这样一个失败的故事，它被胶片镀金成有史以来最聪明的好莱坞式结局。黑色电影的主角们几乎总是无法掌控自己的生活，也无法想象非传统的生活；他们常常在尝试中死去。在这些失败的故事中，人们试图通过理查德·斯洛特金（Richard Slotkin）所谓的"暴力重生"来重构自己的意义和意图。最终，主角们的斗争行为——反对默默无闻、不体面的工作，以及现代化科技带来的文化冲击——与寻求新个性风格的观众产生了共鸣。[18]

通过《公民凯恩》，威尔斯和他的电影团队开创了黑色电影的所有视觉元素：明暗对比的摄影手法、倒叙、旁白和纪录片风格。电影学者大卫·汤普森指出了威尔斯和他的团队开创的新电影元素：（1）"高对比度/高度聚焦的摄影手法"，该元素营造出新式黑色视觉观感；（2）将过去带入现在的"调查式倒叙结构"；（3）突显"空间窒息感与忧郁感"的特写镜头。以上三种拍摄手法相辅相成，使观众陷入与黑色电影情感密切相关的圈套之中。总之，威尔斯的艺术创新为《双重赔偿》和《谋杀》

（均上映于1944年）的出现铺平了道路，二者通常被认为是黑色电影的开山之作。[19]在《公民凯恩》出现之前，《愤怒的葡萄》就已具备黑色电影的雏形，表达了人们对不确定的未来的经济焦虑：该电影讲述了犯罪主角（一位失去了基督教信仰的牧师）对自己的谋杀行为没有丝毫悔意，从而引发了观众的共鸣，成为那个时代的象征。电影摄影师格雷格·托兰德（Gregg Toland）在拍摄过程中创新地运用了明暗对照（比《公民凯恩》还要早一年）的摄影手法。亨利·方达（Henry Fonda）饰演的汤姆·乔德（Tom Joad）面无表情，坚韧不拔，为日后"酷面具"的形成迈出了第一步。这部影片展现了十年大萧条时期的艰辛、贫困和动荡，奠定了黑色电影风格的雏形。

雷蒙德·钱德勒曾解释说，他笔下代表性的冷面私家侦探菲利普·马洛"是个失败者……对此，我也有自知之明"。观众有必要认识到，马洛是"一个危险的人物，但同时又是一个富有同情心的人物"。在《沉睡》（*The Big Sleep*）、《再见，我的爱人》（*Farewell, My Lovely*）和《湖上艳尸》（*Lady in the Lake*）等电影中，马洛成为战后黑色电影的标志性人物，是一个富有或者成功的男人，但他不是一个令人信服的角色。实际上，马洛在融入社会时遭遇的失败与这个硬派人物在文学和电影上的成功形成了鲜明对比。正如钱德勒在给朋友的信中所写的那样，马洛可能由于"社会适应能力不足"而"极度不成熟"，但至少他提供了一种满足于自己局限性的幻想："马洛显然是个失败者，他自己也知道。他……身无分文。一个没有身体残疾的人，如果不能过上像样的生活，那他就是一个失败者，通常也是一个道德失败者。但是很多非常优秀的人都失败了，因为他们的特殊才能不适合他们所在的时代。"马洛有着"特殊才能"，他体能充沛，充满街头智慧，享受孤独，能够从看似天衣无缝的谎言中找到破绽，执着于还原真相。在钱德勒看来，只有鲍嘉能做到"不带枪也能坚强不屈"，他焦躁暴力的行为象征着侦探小说范式的转变：从客厅版的夏洛克·福尔摩斯变为混迹街头的美国人。[20]

马洛一方面恃才傲物，另一方面却在"破旧的办公室"里做一名薪水极低的侦探，深夜只能回到"一所孤零零的房子"。这两方面形成了鲜明的对比，将马洛的"酷"展现得淋漓尽致。马洛不仅是一个不寻常的普通人，就像钱德勒曾经描述的那个黑色反英雄形象，而且还是一个把自己的工作当成信仰的人。如果这是真的，那么只有马洛自己才能理解他生命的价值（以及他一生的工作）：这是宗教天职的世俗版本。钱德勒曾写道，马洛的工作"可能不是世界上最好的选择"，但它保留了他的尊严，因为"这份工作只属于他"。[21]尽管马洛的社会地位低下，暴力行为也为人诟病，但他却成为了世俗化正义的文化象征。值得注意的是，就在钱德勒出版他的第一部以马洛为主角的畅销小说之时，有七部黑色电影也在同一时间上映——其中包括《沉睡》（1939年）和《再见，我的爱人》（1940年）。

钱德勒本意是把马洛塑造成大萧条时期的人物形象，但马洛却成了战后的反英雄形象——因此，马洛是从战时过渡到战后酷时代的代表性人物。钱德勒十分清楚马洛的精神诉求。"从长远来看，我想我们都是失败者，"他在1951年写道，"否则我们就不会有现在这样的世界。"由此可见，正是这种生活在一个失败文明中的自我意识创造了酷的对立面。人们对"成功"的定义是世俗的，即成家立业，但马洛追求的生活注定是修道院式的。因此，尽管钱德勒自己也深爱着他的妻子（一个比他大15岁的女人），但是他心中的另一个自己——马洛"即使同一个非常好的女孩结婚也是很不正常的"，他在给朋友的信中写道。"我总是在孤独的街道上、在孤独的房间里看到另一个我，那个我常常感到困惑，但从未彻底服输。"马洛必须始终表现得像个"被击败但不会被击垮"的人，这便是"酷"在"战后一期"的具体体现。[22]

在大萧条时期的背景下，"黑色酷"的出现实际上是在深入解析霍雷肖·阿尔杰（Horatio Alger）的"美式神话"。从1868年到1929年，美国工业资本主义带来了鲤鱼跳龙门式的暴富神话，这与整整三代青年在霍雷肖·阿尔杰的小说中读到的情节如出一辙：主人公白手起家，靠运气发了大财。正如作家纳撒尼尔·韦斯特（Nathanael West）在1940年所言："只有傻瓜才会嘲笑霍雷肖·阿尔杰和他那些成就伟业的穷小子。聪明的人知道……阿尔杰之于美国，犹如荷马之于希腊。"在1945年的一篇书评中，理查德·赖特（Richard Wright）承认，他"感到羞耻"，因为自己"太过天真，以至于陶醉在了阿尔杰的神话之中"。赖特称阿尔杰为"彻头彻尾的美国艺术家"，他的成功归功于"宣扬了梦想的力量"。阿尔杰创造的概念要早于"美国梦"这一名词的出现，他将"马克斯·韦伯（Max Weber）的资本主义和新教伦理的理论"简化为一个叙事公式，强调"用最简单朴实的手段实现个人抱负"。[23]

虽然阿尔杰的叙事公式在大萧条时期听起来很空洞，美国观众却乐此不疲。从赤贫到暴富的故事演变成黑帮电影，迅速成为经典之作，如《小恺撒》（Little Caesar，1931年）和《疤面人》（Scarface，1932年）。实际上,黑帮电影将复仇叙事融入阿尔杰的叙事公式之中：这类电影用流氓罪犯作为主角，取代了高大全式的商人形象，在没有抹杀阶层上升神话的前提下，为那些感到自己身无分文、感到未来渺茫的人提供了发泄的渠道。在黑帮电影中，少数族裔移民通过暴力手段提升了自己的社会地位，通过黑帮给予的上升通道，最终过上了高雅的城市生活。黑色酷调和了歹徒冷酷的物质主义与暂时失去的对资本主义神话的信心。在C. L. R.詹姆斯（C. L. R. James）看来，黑帮分子成了大萧条时期毫无意义的"民族历史"的象征。被绑在装配线上的工厂工人将他们的钦佩之情转移到"黑帮分子"身上，因为他们展现了所有古老的英雄品质，并且充满活力，身体力行地讽刺"和嘲笑了理想与现实之间的反差"。[24]

法国知识分子在纳粹占领期间没有看过任何美国电影。所以，当他们在五年后（即1946年）看到好莱坞出现了如此黑暗的电影时，感到无比震惊，因此将此类命名为"黑色电影"（film noir），这个术语直到20世纪70年代中期才被美国人使用。1955年，两位法国影评人发表了第一篇关于黑色电影的研究报告，将这种新类型的电影定义为"三种类型片的综合体"：警匪片、侦探片和恐怖片的结合体。这是好莱坞电影第一次通过表达现代的、异化的意识，将"模糊与矛盾心理渗透至内心戏中"。因此，这些电影很快被认为是存在主义哲学在战争期间的具象化产物。[25]

在被誉为"奇迹之年"（Annis Mirabilis）的1939年，好莱坞制作了一系列关于国家认同的宏大神话，如：《乱世佳人》（*Gone with the Wind*）（讲述了美国南方神话）、《驿站马车》（*Stagecoach*）（讲述了美国边境神话）、《史密斯先生到华盛顿》（*Mr. Smith Goes to Washington*，记述的是中西部腹地的神话）、《绿野仙踪》（*the Wizard of Oz*）（探讨了科技与纯真之间的关系），而黑色电影则是在艺术上对其的叛逆性反应。与这些充满怀旧情怀的探讨不同，黑色电影反映的是大萧条时期美国民众的现实经历。20世纪30年代，作家舍伍德·安德森（Sherwood Anderson）在他的越野旅行中注意到，他在搭便车时结识的失业男性中普遍存在一种失败感。历史学家沃伦·苏斯曼（Warren Susman）将国民情绪概括为一种内在化的失败。那是一段"美国中产阶层感到害怕和羞耻，感到缺乏秩序"的时期，他们"常常……将他们恐惧的原因内化"。另一种选择是重新审视资本主义和民主，或者是"对他们并不理解的技术和经济秩序表现出敌意"。[26]这种意识形态的碎片化为电影创造了艺术条件，因为电影中缺乏对社会现实的直接批判，所以愤世嫉俗、被困、被孤立的主角恰恰弥补了这一点不足。

黑色电影的主要创新手段均是在为表现主角的心理活动服务的：运用旁白、倒叙、主角视角和纪录片风格。这便是"黑色酷"在观众中广受欢迎的根本原因：第一人称的叙事方式使观众有了参与感，能直接触碰到主人公的内心感受——他们被打败，但没有被击垮。与此同时，画外音和倒叙的创新手法创造了电影叙事的新模式，"我们的旧模式……似乎不再合适"。在危机四伏的黑色电影中，观众从存在主义的角度出发，深刻反思现代性，从而打破了原先的神话模式。在此之前，好莱坞一直试图创造

"以社会和谐为准则的神话"，正如一位黑色电影学者所观察到的那样，黑色电影的"失意者叙事手法"成功地"颠覆了我们银幕上的形象"。[27]

＊＊＊

设想，如果在某个特定的时刻，某些叙事惯例已经用尽，而一个国家又缺乏凝聚力强的神话，人们将何去何从？如果一个由电影公司和制片人主导的电影行业"不愿意改变或挑战既有的盈利模式"，情况又会怎样？在哪里可以找到新的叙事框架？这时，年轻的艺术家们就挺身而出了，因为他们早已无法忍受陈旧的商业惯例和迂腐的艺术模式。[28]

艺术的变革需要具备两个条件：一是年轻一代厌倦了某种成为定式的艺术形式，二是新的叙事方式（硬汉小说）已经出现，并且正在寻找与之相适应的电影类型。《公民凯恩》对应的是第一个条件：一个年轻的戏剧和广播天才被赋予了前所未有的创作权限，他的第一部电影为好莱坞带来了一批崭新的面孔，激励着大师工匠们去挑战自我极限。布景设计师佩里·弗格森（Perry Ferguson）、剪辑师罗伯特·怀斯（Robert Wise）、音效师詹姆斯·斯图尔特（James G. Stewart）、化妆师莫里斯·塞德曼（Maurice Siederman）、摄影师格雷格·托兰（Gregg Toland），以及演员威尔斯和约瑟夫·科顿（Joseph Cotten）等人共同组成了一个"志同道合的乐队。乐队里的所有人都得到了一个独一无二的机会，共同参与了一个打破旧制片传统的时刻，把握住了一个……向世人展示一部电影可以精彩到何种程度的契机"。怀斯后来成为一流的黑色电影导演，他回忆起拍摄《公民凯恩》的"激动人心的时刻"时说道："格雷格·托兰拍摄的每一个场景似乎都是全新的镜头。这不仅仅是摄影工作，更是艺术、表演，还有……剪辑等多方合力的结果。"[29]鲍嘉和休斯顿对应的是第二个条件：写作、塑造和表现新故事的能力，这种能力使观众能够在（通常）无意识的自我反省中为自己的生存欢呼喝彩，继而间接地打破了旧有的传统。

至此，我将转向前两个案例的研究。第一，在《夜困摩天岭》和《合约杀手》中，主人公均是富有同情心的暴力罪犯。第二，在这两部电影中，反英雄角色都具有职业道德和个人准则。第三，在这两部电影中，每个角色都坚持冒着巨大的个人风险完成一项工作。第四，在这两部电影中，从旁观者的角度看，他们在平静地死去之前都赢得了女主角的倾慕。第五，同样在这两部电影中，男女主人公之间最初的纽带建立在共同经历的艰难时刻之上，当女主角能够克服由过去创伤导致的暴力心理时，男主建立起来的信任就会得到回报。与其他现代主义艺术家一样，黑色电影导演深谙弗洛伊德的心理学：两部电影中的主角都有反复出现的噩梦，这正是他们的暴力行为和所谓强迫性重复（repetition compulsion）的根源。

在这两部电影中，女性伴侣扮演救赎者和治疗师的角色，引导受到创伤的男主角从实施暴力转向解决心理上的沉疴旧疾。叙述旧日的创伤需要一个目击者：为了达到治愈记忆的目的，主角需要一个"帮助主角追根溯源的他者"，此人必须富有同情心，不会对主角之前的暴力行为进行道德审判，并且能够推动情感的冲突，促使碎片化的记忆不断闪现。[30]首先，每个男主角都会遇到一个女人，这个女人觉得他的坚强只是伪装出来的面具。她见证了男主角内心的创伤，愿意指导他整合记忆碎片，治愈心灵创伤；她是电影中"帮助主角找寻内心创伤根源"的旁观者。其次，这两位黑色电影导演找到了愿意用这些电影来反思自己最近经历的美国观众群体。

简而言之，在危机四伏的黑色电影中，主演扮演的英雄角色牺牲了自我，成为时代的象征：对于黑色电影的观众来说，"亲眼见证"这类电影成为一种自我反省的行为。这些危机重重的黑色电影为观众们提供了一个亲身参与电影情节的机会，以修复他们在大萧条时期经历的痛苦。伴随着国防工业发展带来的经济复苏，战前时期（1938—1942年）为电影制作提供了一个契机，使这类电影能够用阴暗的手法揭示美国国家神话和国家象征的崩溃，表现人们对商人和职业道德失去的信心，以及阐释第一轮技术悲观主义与阶级斗争。在首批危情黑色电影中，主人公通常会通过犯罪的方式，应对某种强迫性重复行为，即诉诸暴力来应对过去的创伤。治愈创伤的方法只有"亲历"创伤：首先尽力回忆创伤形成的历史，然后将内心的创伤明确地表达出来，告诉治疗师，最后尽情释放自己压抑已久的情绪。

再者，如果我们将黑色电影的历史上溯至20世纪30年代，将会发现这类电影出现在1941年有着重要的意义。首先，两位美国导演——休斯顿和威尔斯——在他们的处女作中就已展现出娴熟的艺术技巧。其次，该类型电影的标志性技术创新有别于《公民凯恩》和《马耳他之鹰》，是电影摄影技术的重大突破，格雷·格托兰的创新摄影手法迅速成为一种新模式。作为一张老面孔和一位新演员，鲍嘉和拉德风靡20世纪40年代，成为白人男性形象的新标志。此外，在《夜困摩天岭》和《合约杀手》中，艾达·卢皮诺（Ida Lupino）和维罗妮卡·莱克（Veronica Lake）各自饰演了一名拥有自主权的半独立女性，但两人都不是蛇蝎心肠的人。事实上，将蛇蝎美人视作20世纪40年代黑色电影公式化元素的观点可能有些夸张。安吉拉·马丁（Angela Martin）认为，在八十部以女性为主角的电影中，只有八部影片的女主角是真正的蛇蝎美人。此外，她还指出，女性可能更喜欢看到"电影里的女人至少跟自己一样好（如果不是更好的话）"[31]。

为了纪念大萧条给国家信仰和价值观带来的变化，美国观众需要新的标志性人物、创新的叙事技巧、更复杂的心理类型，以及面对艰苦生活时坚忍不拔的态度。观众在回首大萧条时期的悲惨经历时，从这些佩戴"酷面具"的电影主角身上找到了自己昔日的身影——主角们冷峻的面庞、凝视的目光、饱经沧桑的躯体、刚毅的态度、"出口成脏"的俚语以及幻灭的梦想都是自己悲惨经历的再现。

这些力量首先体现在鲍嘉饰演的角色身上，成为一种新的综合体，被詹姆斯称为"黑帮－私家侦探"。不同类型的元素汇合成一个新的整体，打造出"酷"的模样。在这个新整体中，每个元素都"缺一不可"。作为一名演员，鲍嘉在《夜困摩天岭》中找到了建立自信的新立足点。在这部电影中，他把海明威式的硬汉英雄搬上了银幕。正如詹姆斯当时所写的那样，这个人"走自己的路"，不迎合资产阶级的态度，是一个有尊严但对变革心灰意冷的人，一个"厌倦了世界的伪装……但却积极入世"的人。或者，又如他的传记作者做出的简单评价，"鲍嘉代表了酷的本质"，他具有"战后一期"的人物特质——"正直、坚忍、魅力十足，同时对女性保持冷漠的态度"[32]。

《夜困摩天岭》（1941年）

观众熟悉的B级演员（比如鲍嘉）的经历折射出观众自身的经历——他们在银幕中的形象虽然与观众有代沟，但银幕外的生活经历却与观众相似。卡维尔认为，摄影棚时代的电影为身处两个不同年代的美国人提供了共同的文化背景：好莱坞是一家庞大的上市公司，美国唯一成功的公司，堪称"国家剧院"。在整套拍摄体系中，演员们不断活跃在国民想象出来的世界里，国民"反复将对自我的认同投射到明星身上，从而形成了明星的公众形象"。摄影棚演员借助国民的文化共鸣创造出了集体的梦想，"国民的历史成为他们所参演的电影的一部分"。对鲍嘉来说，拯救他职业生涯的关键影片是《夜困摩天岭》，就连电影公司也称该影片"本身就是一组矛盾"，是"一个完全不是黑帮故事的黑帮故事"，不属于任何一种电影类型。[33]

起初，保罗·穆尼（《疤面人》的主演）打算饰演罗伊·厄尔（Roy Earle）这一角色，但后来选择了退出。鲍嘉得知此事后，立刻给制片人哈尔·沃利斯（Hal Wallis）发去一封邮件："亲爱的哈尔，你曾经告诉过我，当我找到我想要的角色时一定要告诉你。几个星期前，我给你留了一张关于《夜困摩天岭》的便条……我再次提起这件事，是因为我对穆尼饰演该角色有些质疑。——此致敬礼，亨弗莱·鲍嘉。"当时的（1940年5月）鲍嘉是一名B级演员，自1937年在《石化森林》（*Petrified Forest*）中扮演蒙提公爵（Duke Mantee）以来，他经常被宣传为华纳兄弟（Warner Brothers）旗下的"头号银幕匪徒"。[34]在罗伊·厄尔身上，鲍嘉看到了自己打破好莱坞已有类型的机会：厄尔身为黑帮分子，却是一个深思熟虑、富有同情心、讲道德的人。《夜困摩天岭》这部电影与他之前主演的《卡车斗士》（*They Drive by Night*，1940年）有一定的逻辑关联。首先，鲍嘉在前一部电影中扮演的是一名努力工作、顽强战斗的独立卡车司机，他失去了一只手臂，丧失了工作能力，面临着男性身份的危机。其次，这部片子还重现了导演拉乌尔·沃尔什（Raoul Walsh）和联合主演艾达·卢平诺这对组合的在上一部电影中的成功。

"疯狗"罗伊·厄尔（鲍嘉饰）是迪林格帮最后一名在世的成员，他的出狱成了头版新闻。厄尔从他的老上司那里得到指示，需要驾车穿越整个国度到内华达山脉的一个营地里，并操纵一个团伙抢劫洛杉矶的一个度假胜地。厄尔发现他的小弟（贝比和瑞德）并不是合格的暴徒，于是将贝比的女朋友玛丽（伊达·卢平诺饰）和营地内的一名小喽啰（帕德）拉入自己一伙。这帮人成功实施了抢劫，但由于内奸的出卖，在逃跑过程中被警察穷追不舍。贝比和瑞德在追逐中死去，厄尔带着玛丽、小喽啰和珠宝继续逃亡，后经过一场激烈的汽车追逐，被警察包围。在无路可逃的情况下，厄尔爬上山峰，与包围他的警察对峙了一夜。这场包围与对峙全程被国家电台报道现场直播，成为轰动一时的新闻事件。厄尔在黎明时分被击毙，既没有遗憾，也没有经历道德的审判。这部电影的剧情梗概既说明了部分影评家将其划为黑帮片的原因，也解释了为什么它能打破传统的电影类型。

鲍嘉饰演的罗伊·厄尔反映出这样一种转变：在以往的电影中，犯罪行为必须受到惩罚；但到了黑色电影中，孤独的道德叛逆者以一己之力进行抗争。20世纪30年代的黑帮电影通常包含以下特色元素：城市背景、情绪不稳定的少数种族黑帮头目（例如，爱尔兰人、意大利人）、法律禁令、工人社区，以及通过暴力获得社会地位。但是罗伊·厄尔既不是少数种族，也不是城市人；他来自印第安纳州，甚至在驾车穿越全国到内华达山脉的过程中还顺道参观了老家的农场。他穿西装打领带，斜靠在农场的篱笆上，与当时遇到的佃农——一个留着胡子的农民——交谈。突然，农夫紧张地问道："你不是银行派来要债的吧？"厄尔听后，哈哈一笑，然后告诉农夫的儿子们在哪里可以找到当地最好的钓鱼洞。当农夫意识到这就是"疯狗"（mad dog）厄尔时，瞪大了双眼，厄尔挥挥手便走了。无论是银行工作人员，还是银行抢劫犯，都令农民感到害怕，这让观众联想起大萧条时期的经历。[35]就黑帮电影中常见的元素来看，《夜困摩天岭》并不属于此类电影。

在下一个场景中，厄尔突然转向以阻止另一辆车离开道路。当他们靠边停车时，他发现车里坐着的正是玛（Ma）和帕·古德休（Pa Goodhue）夫妇以及他们的孙女威尔玛（Velma）。还生活在前工业化时期的威尔玛一家失去了他们的农场，现在正前往加利福尼亚。他们世代生活在干旱多尘土地区，现在却要前往西部。看到厄尔的西装和领带，帕·古德休认为他是一个圆滑的城市居民。但当他发现厄尔只是一个中西部的农场男孩时，表现得异常激动，一边高兴地鼓掌，一边说道："我知道你是我们中的一员。"这两个场景放在一起，表明古德休夫妇目前的经历正是厄尔一家早年背井离乡的再现。那段背井离乡的经历让他来到了城市，并在经济困难时期走上了犯罪的道路。厄尔随后以握手的方式将钱借给了帕·古德休。两家从此结下了不解之缘，厄尔也爱上了漂亮但脚有残疾的维尔玛。这个场景表现出影片对小城镇社区的卡普拉式（Capraesque）怀旧。在厄尔的资助下，维尔玛通过手术治愈了自己的跛足，但仍然拒绝了厄尔的求爱。

在危机四伏的黑色电影中，还有另外两类出现于大萧条时期的主题：一是尊重艰辛的劳动，二是歌颂工人阶级富有浪漫色彩的男子气概。在危机四伏的黑色小说中，富有同情心的主人公总是一名说着美国城市方言的工人，他憎恨官员的腐败，但是被剥夺了有尊严的工作（这种工作被视为男子气概的一部分）。这位黑色小说的主人公生活在卑微的环境中，有着平等的世界观和个人的道德准则，对财富和制度公正怀有阶级敌意。[36]在主人公眼中，权威人士总是在撒谎。于是，黑色小说中便出现了这样的双关句——"他的立场是什么？"（What's his angle？）玛丽问厄尔有关古德休一家的情况时，也用到了类似的黑色比喻——"他们在搞什么名堂？"（What's their racket？）这类比喻同样适用于黑色小说中其他需要辛苦积累经验的职业，例如：山姆·史培德（警探）、里克·布莱恩（夜总会老板）、汤姆·乔德（农夫），查尔斯·福斯特·凯恩（报纸出版商），以及埃德·博蒙特（政客）、罗伊·厄尔（黑帮成员）和菲利普·雷文（赏金猎人）这类人物。

在危机四伏的黑色小说中，酷面具下的主角必须忠诚而勤奋，似乎在暗示失业与懒惰或左翼激进主义无关。即使作为一个银行抢劫犯，厄尔也在坚守着自己的"职业道德"：他为人忠厚，执行力强，乐于保护他人。例如，抢劫之后，一个名叫克兰默的前警察和中间人提出瓜分赃物，而不是按照麦克原来的指示销赃珠宝。厄尔拒绝了这一主张，说道："你我都是在为麦克做事。"克兰默拿出一把枪，笑着说："把盒子交出来，厄尔。要是敢给我惹任何麻烦，我会把你肚子里灌满铅。要知道，抓住你'疯狗'厄尔，我就能官复原职，甚至还可能会升官。"厄尔面带厌恶地回应道："条子永远都是条子。"对厄尔来说，他要在属于自己的黑色世界里维护忠诚和公平，所以无法容忍克兰默这样一个没有道德的人。在电影的引导下，观众对厄尔的行为报以同情和理解的态度：他用智慧战胜了克兰默，并杀死了他。

在当时的历史背景下，厄尔的伦理平等主义也延伸到了女性身上。一开始，他发现玛丽和贝比以及瑞德在一起时，他刻薄地嘟囔道："那两个人不久就会把血洒在你身上。"但厄尔很快意识到玛丽比两个男人都聪明，于是威胁要把她送走。贝比打伤她之后（见图4），厄尔陪她走到贝比的小屋，并指示玛丽用他的枪袭击贝比。在玛丽犹豫不定之时，厄尔代替玛丽出手，反手用枪敲击贝比。那天晚上，玛丽想要与厄尔同床共枕。厄尔独自上床睡觉时，几乎没有注意到她的失望。后来，当他们逃亡时，玛丽不满厄尔的自负，对其大喊大叫。一个小时后，她为自己的过分行为道歉，但是遭到了厄尔的反讽："你在开玩笑吗？ 我不会给一个没有脾气的女人半分钱。就连我的家人也像猫和狗一样连年打架。"

在这部电影中，厄尔的救赎常常被比喻为"挣脱/越狱"（crash out）。它在电影中第一次出现时表达的就是其字面意思：厄尔告诉玛丽他正在计划一次越狱。当晚的晚些时候，厄尔在睡梦中辗转反侧，玛丽望着他。"把大门打开，"他呻吟着，"我要越狱了……我要回农场……不要阻止我……你干预不了我的计划。"当厄尔与他的恶魔搏斗时，玛丽富有同情心的目光流露出了她浪漫的情感和试图拯救他的欲望。第二天早上，玛丽在早餐时的谈话中使用了这个短语。"从我有记忆以来，我就一直想要挣脱（crash out）。我老爸以前每周都会打我们几次，"她平静地告诉厄尔，"我就像你一样挣脱了……我想我从来没有和完美无瑕的人在一起过，直到遇见你。"厄尔心怀怜悯地倾听着，随后他与玛丽以及帕德组成了一个不同寻常的逃犯家庭，三人同心协力，极具戏剧色彩。

在《夜困摩天岭》这部电影中，"crash out"被直白地阐释为"挣脱"。成功的"挣脱"意味着获得"自由"——摆脱经济的萧条、心灵的创伤、阶级的差异和社会的歧视。对厄尔来说，这意味着挣脱"疯狗"的标签；对玛丽来说，这意味着摆脱沦为职业舞女与娼妓的耻辱。这个短语被收入电影制作方的宣传语中："'疯狗'厄尔……战胜了无法征服的力量……他最终'挣脱了'，为了自由！"一位当代评论家发现了"挣脱"这个短语与存在主义之间的联系——即使厄尔的计划最终成为"徒劳无功的杰作"，也仍然"拥有自己的女人和狗"。在这位评论家来看，厄尔即使在死后也保持着他的尊严："在剧情以悲情收场时，厄尔意识到在人

图4　身穿深黑色西装的罗伊·厄尔（鲍嘉饰）检查玛丽的伤痕（艾达·卢皮诺饰），该场景运用了黑色电影经典的主光源。

类漫长而悲伤的朝圣之旅中所有值得奋斗的东西……《夜困摩天岭》将会给你留下难以磨灭的印象，即使在它从银幕上消失很久之后，也仍然会被你提及。"[37]

　　"挣脱"一词将《夜困摩天岭》变成一部成熟的黑色电影，使其充满了存在主义主题和现代主义的自我概念，使这部电影更侧重关注主观的心理活动而不是社会学，从而将黑色电影流派的各种桥段（阴谋、犯罪和凶杀）运用得淋漓尽致。在影片的最后，厄尔陷入一场汽车追逐战，他既没有惊慌，也没有做出忏悔。《海斯法典》在这部电影中失去了效力，因为这部电影中的犯罪最终没有得到所谓的报应。厄尔停下车，带着枪和补给跑上惠特尼山。当警长叫他下来的时候，他喊出了一句经典的好莱坞台词："来抓我啊，警察。"尽管厄尔蓄意挑衅警察，但是接下来的场景并没有为观众展现一场疯狂的枪战：厄尔选择了死亡，并且对自己的选择感到满意。在一位媒体记者喋喋不休的评论的反衬下，厄尔彻夜坚守摩天岭看起来更是充满了意义的行为。厄尔既没有选择在媒体前露面，也没有面对人群，他只是蹲下来以求苟活更长的时间。

在拍摄厄尔第二天早上醒来的场景时，导演拉乌尔·沃尔将厄尔与身后的朝霞放在一个镜头内，似乎在用黎明的晨光洗礼这位新生的"鲍嘉"角色。厄尔的黑色领结和黑色步枪放在一旁，寓意着此人若非被神圣恩典祝福，便是在用一生同社会抗争。他大喊三声玛丽的名字后，便被潜伏的狙击手开枪击毙。厄尔去世后，玛丽问记者"挣脱"是什么意思。"这意味着你自由了。"记者耸耸肩说道。电影的最后一幕是一个温情的特写镜头，玛丽轻声说了一句"自由"，成为整部电影对罗伊·厄尔的颂词。

在华纳兄弟公司为这部电影而发行的宣传资料中，形容罗伊·厄尔的高频词语是"奇怪的"（strange），这是一个多义词，包含"与众不同"、"令人不安"和"引人注目"等多重含义。"厄尔"是鲍嘉饰演过的"最奇怪的角色……是史上最奇怪的杀手"，一张海报上这样写道。而在另一张海报上，罗伊·厄尔被称为"最怪诞故事中最奇怪的人"尽管《夜困摩天岭》中使用的暴力与其他著名电影制片公司出产的黑帮电影产生了共鸣，但市场对该电影的态度却非常暧昧。"他杀了人……杀人应当偿命！"一张遵循《海斯法典》的海报上这样写道。更有甚者将玛丽描绘成"职业舞女、持枪的婊子、欲壑难填的荡妇"，但这个角色其实是"一个比十个男人加在一起还要勇敢的女人"。卢皮诺和鲍嘉共同为该角色书写了一句宣传语："一个心地柔软的坚强女人……遇到一名持枪的梦想家。"[38]（见图4）

实际上，"奇怪的人"和"但是他没有被击垮（被打败但没有被击垮）"两句台词在电影中扮演了"酷"一词的角色，只是这个时候"酷"

还没有被正式使用。这部电影的制片公司没有明确指出"酷"的双重内涵，但在海报中使用了众多看似自相矛盾的修饰词（如"浪漫而又沉重""面恶心善的男人""詹姆斯式的'黑帮侦探'"），将《夜困摩天岭》与其他电影区分开来，使其成为一部独特的黑帮电影。其中一张海报这样写道："鲍嘉带着一把枪，一张严肃的面孔，还有一份犯罪记录……但他不承认自己是罪犯。"许多海报都援引了下面两句经典评论，以突出厄尔本不应有的悲剧命运。

1. 他生来就不是一个被追捕的罪犯。他的双手是用来握犁耕地的，而不是端着冲锋枪四处杀人……真是一个奇怪的人和一个怪诞的故事。

2. 一个孤独的男人攀附在高耸的山峰上，走投无路，是的……但是他没有被打败！因为，你看，这不是他生来的目的！他应该拥有一个温馨的农场，与心爱的女人围坐在火炉边，坠入爱人温暖的怀抱。现实却如此相反，他诡谲的命运……永远地被钉刻在……摩天岭上！[39]

在1941年，《夜困摩天岭》无法被简单地划归到任何电影类型中。

电影评论家的表现也只是稍好一点。《纽约时报》的博斯利·克劳瑟承认《夜困摩天岭》是一部黑帮电影，但他指出厄尔是一个"对自由和生活的乐趣有所追求的枪手"。另一位评论家指出，鲍嘉具有"冷酷与不怒自威的气质"和"完美的硬汉气概"。对于将鲍嘉视作不讲道德的英雄这类观点，《美国纽约日报》（*New York Journal-American*）的评论家感到不满："一个善待狗的人……喜欢户外活动……与陌生人成为朋友，与他的同事公平相处，从任何标准看，都是一个好的、有价值的公民……与此同时……（他又是）一个臭名昭著的罪犯，他会毫不犹豫地射杀任何挡他道的人。*对此，你得有自己的观点。*"（斜体强调为原文所加）。该电影在观众当中大受欢迎：鲍嘉一举成名，成为票房明星，其饰演的孤独的道德叛逆者形象成为新式"酷"的原型。[40]

20世纪30年代的黑帮电影充斥着暴力、情感和野心。但是在这部电影中，持枪的暴徒成了一个有着复杂内心世界的人。罗伊·厄尔象征着大萧条年代黑帮时代的终结，因为他超越了电影类型的限制，为酷的诞生和战后反英雄主义的出现铺平了道路。此外，正如电影研究学者弗兰克·克鲁特尼克所认为的那样，这部电影倒置了"好女孩（维尔玛）和坏女孩（玛丽）"的形象，因为"前者背叛了主人公，后者依然忠诚"。实际上，玛丽在电影中朝着酷的女性美学迈出了一大步——她坚韧、道德、灵活，是追随尊严和存在主义自由的模范。[41]

为什么观众会支持罗伊·厄尔？用当代影评人的话来说，他冷酷的面具是一张"严肃的面孔"，传达了"冷酷的权威"和"顽强的生命力"：它反映出个人在饱经磨难时不断地抑制内心的痛苦。在山林营地的场景中，厄尔独自一人在穿衣服，传达出黑色创伤下的潜台词：鲍嘉穿着时髦的深黑色西装和软呢帽，在明亮的日光下漫步，用自己的行动将每一处美丽的风景都变成了对美国梦的控诉。（见图4）罗伊·厄尔则通过将自己的关注焦点转移到现实和天意（代表这两个意象的角色分别是玛丽和一只倒霉的狗）上来，同时抛弃了对过去的怀念和天真（代表此意象的角色是维尔玛），罗伊·厄尔的角色成了一种嬗变的象征，从而转化了观众对角色的期望。

作为一个用本能的冲动救赎自己的男人，鲍嘉成功地吸引了老一辈影迷的关注。在影迷们认识鲍嘉长达七年的时间里，他一共拍摄了四十部电影：鲍嘉与其说是一张新面孔，倒不如说是一张因自身经历而留下疤痕的面孔。罗伊·厄尔超越了痛苦的过去，替天行道，展现出内心的脆弱，公平地对待女性，但却自信满满地做出了犯罪行为。电影发行方语言匮乏，找不到合适的词语描述这种内心复杂的人物，只能简单地将善与恶、浪漫与沉重、高尚与邪恶对立统一起来，模棱两可地表达出观众想要的意思："亨弗莱重新拿起他的六发左轮，继续行恶……但是在《夜困摩天岭》

中……鲍嘉展现出的是一个心地柔软的阴沉人物。"[42]

罗伊·厄尔的复杂个性为鲍嘉和约翰·休斯顿提供了合作的契机，二人因此共同创作出一部经典之作，并建立起一生的友谊。作为华纳兄弟的编剧兼剧本医生，约翰·休斯顿说服工作室买下了这部小说的版权，并且在三周内完成了剧本的初稿。这部电影改编自W.R.伯内特（W. R. Burnett）的同名小说《夜困摩天岭》（High Sierra），但在原著小说中，"疯狗"厄尔是一个生性残忍的男人——高大、黝黑、臂膀宽阔，"像猿一样健硕的农民"，无法控制自己的怒火。休斯顿和鲍嘉共同努力，将厄尔塑造成了一个脱离主流的现代个体。[43]

六个月后，休斯顿导演了另一部黑色电影《马耳他之鹰》。在这部电影中，鲍嘉饰演的角色从讲道德的罪犯转变为不讲道德的侦探。得益于此，该电影成为黑色电影的经典开山之作。[44]在这五年的时间里，演员亨弗莱·鲍嘉逐渐转型，使"鲍嘉"这个名字成为闻名全球的招牌：先从冷血的暴徒（《石化森林》中的角色）转为富有同情心的工人阶级罪犯（《夜困摩天岭》中的角色），再变成阴沉的侦探（《马耳他之鹰》中的山姆·史培德），最后，成为美国标志性的反英雄形象，如里克美式咖啡吧的老板里克·布莱恩。后来，鲍嘉先是把他的黑色电影风格带进《江湖侠侣》和《长眠》（继续饰演菲利普·马洛）两部电影，后又带入《逃狱雪冤》（Dark Passage）和《兰闺艳血》（In a Lonely Place）。此外，两人还合作拍摄了另一部黑色电影《盖世枭雄》（Key Largo，1946年）。随后休斯顿执导了"战后一期"的最后一部经典黑色电影《夜阑人未静》（The Asphalt Jungle，1950年），推出了最后一个"黑色酷"的银幕形象——斯特林·海登（Sterling Hayden）。（见第七章）

鲍嘉把他的黑帽子换成了白帽子，从罗伊·厄尔那个穿着深黑色西装、守口如瓶的罪犯变成了身着白色晚礼服的赌场老板里克·布莱恩。斯坦利·卡维尔在其论述电影史的鸿篇巨制中指出，这五年反映出观众自我意识的觉醒，以及他们在大萧条的重创之后对个性的重新追求。用巴赞的话来说，鲍嘉扮演着战后法国存在主义自由的标志性角色，"该角色具备硬汉和正直之人所共有的人性"。[45]通过慎重地选择饰演的角色，亨弗莱·鲍嘉用五年的时间完成了自己的电影救赎，从典型的杀手和暴徒形象转变为美国精神的原型。

插曲：好莱坞的类型片与黑色文学

电影在市场中的接受程度影响着电影的拍摄。就这点而言，黑色电影是一个独一无二的文化现象。好莱坞的演员们已经习惯了电影公司给他们塑造的程式化形象，墨守着行业内的陈规旧俗，不再愿意拿职业去冒险。保罗·穆尼和乔治·拉夫特都不想拿自己的票房吸引力去冒险，只有鲍嘉看中了罗伊·厄尔这个奇怪角色的潜力，打算用它来展现一名罪犯的形象。在与此类似的《双重赔偿》（Double Indemnity）这个案例中，导演比利·怀尔德（Billy Wilder）在寻找演员饰演沃尔特·内夫（Walter Neff）的过程中，遭到好莱坞所有黑帮片和爱情片主角的拒绝。"我很难找到一个男主角，"怀尔德回忆说，"所有人拒绝了我……包括乔治·拉夫特。弗雷德·麦克默里（Fred MacMurray）一开始也没有把这一角色当回事。他既不想被谋杀，也不想成为一个杀人犯。他说：'你看，我只是萨克斯管乐手（一种固定类型的角色），一直和克劳德特·科尔伯特（Claudette Colbert）拍拍喜剧而已。'没有人会预料到《双重赔偿》的成功，也没有人预料到它的影响如此之大。在艺术方面，只有"芭芭拉·斯坦威克（Barbara Stanwyck）知道她拥有什么，"怀尔德回忆说。导演爱德华·德米特里克（Edward Dmytryk）在电影《爱人谋杀》（Murder, My Sweet，1944年）选角时也有类似的经历。在被所有的一线演员拒绝后，德米特里克选择了对此抱有热情的迪克·鲍威尔（Dick Powell），此人是一名歌舞剧演员，之前因在巴斯比·伯克利音乐剧中扮演角色而出名。回想起来，当时没有一个名角愿意扮演标志性的侦探菲利普·马洛，这件事非同寻常。[46]

有证据反驳了这样一种理论：德国或犹太移民导演（如怀尔德、德米特里克和弗里茨·朗）通过异化的方式，用黑色电影表现欧洲的存在主义或"左翼文化"。当被问及《双重赔偿》是否反映了"一战后弥漫在中欧的焦虑"时，怀尔德回答说，"我认为这种黑暗的前景是美国式的"；德米特里克称《双重赔偿》塑造的形象是"非常典型的美国人"，一个明显"先于《马耳他之鹰》的角色"，符合"非常美国的传统"；当被问及其"宿命论观点"的起源时，弗里茨·朗声称，只有在从艺术的角度诠释"人类的现状"时，它从某种积极意义上才算是"存在主义的"；当被问及"东欧人……是否将他们自己的嘲讽情绪带到了电影中"时，德米特里克承认对《爱人谋杀》产生影响的电影只有一部：它便是威尔斯的《公民凯恩》。这类证据可能不具有代表性，但是怀尔德、朗和德米特里克是三位广受好评的黑色电影导演，并且都是来自中欧的导演。但是，他们三人都承认战前时期是黑色小说的奠基时期，而且都认为这种小说的主导情绪是美国式的。黑色文学与奥逊·威尔斯的电影创新相结合，在第二次世界大战期间开创了一种影响全球的电影风格。[47]

对于该类型电影的观众来说，黑色电影引发的共鸣和观众对黑色题材的接受程度取决于电影使用的视觉风格和城市布景——二者搭建了一个虚拟的空间，使美国人能够在其中展现和释放长期以来因为经济问题形成的焦虑心理。评论家尼古拉斯·克里斯托弗（Nicholas Christopher）指出，黑色小说中的街头斗殴、小型公寓以及街坊之间的互动为我们提供了一个舞台，让我们能够反思工业时代的大规模变革，让"工业革命破晓之前就潜伏着的恶魔"得以释放，直至"我们所在的大城市以极快的速度完成城市化的进程"。黑色小说是一种美国文学流派，它是从通俗文学中衍生出来的一个异化流派。[48]

对黑色电影起源的误读源于将电影与原著分割看待——大萧条时期的硬汉小说和侦探小说便是黑色电影的起源。在20世纪30年代的法国，这种黑色文学体裁就被称为"硬汉小说"或"美国小说"。这类小说经改编之后便成为黑色电影。

这种流行的小说类型始于20世纪20年代的通俗期刊《黑面具》（*Black Mask*）中的故事，该故事的主人公是工人出身的白人反英雄形象，常常使用暴力。达希尔·哈米特（Dashiell Hammett）凭借笔下的侦探形象，如大陆侦探社的无名探员和山姆·史培德（《血腥收获》与《马耳他之鹰》）率先得到了读者的认可。第二个得到认可的作家是雷蒙德·钱德勒笔下的菲利普·马洛。与此同时，詹姆斯·M. 凯恩的畅销作品风靡了整个读者群。每一位作家都用各种形式的阶级斗争来对抗资本主义的疯狂和贪婪、资产阶级的自满和有组织的犯罪活动。作家的笔下通常有多个反派角色：狼狈为奸的腐败商人与歹徒、骗子和他们的女性同伙、受贿的警察。正是因为人们缺少有尊严的工作，才会受到各种诱惑，最终走上违法犯罪乃至亡命天涯的道路。黑色文学为新的文学流派提供了一个现成的关于原子化的个人幻灭生活的框架。正如评论家迈克尔·沃克（Michael Walker）所说："1940年，黑色之风并不是凭空冒出来的，更准确地说，它在20世纪30年代（在好莱坞）被压制了。"[49]

若不是因为1934年的《海斯法典》，黑色酷可能早在10年前就出现了。神职人员出身的约瑟夫·布林（Joseph Breen）推崇清教徒式的戒律，在他的领导下，所有模棱两可的色情和暴力行为都必须在银幕上受到惩罚——每一名罪犯最终都要被杀死或被关进监狱，每一次婚外性行为都必须受到惩罚或为赎罪付出代价。例如，20世纪30年代出品的两个版本的山姆·史培德都是一名傲慢而练达的富有绅士：在1931年的《马耳他之鹰》中史培德被描绘成一个目空一切的钻石王老五，而在1936年的《撒旦上身》（*Satan Takes a Lady*）中，他则是一个花花公子。这两部电影都更加契合20世纪20年代的富裕景象，而不是大萧条时代的满目萧条，表现的是黑色电影出现之前占据主流地位的上层社会形象。此外，在类似《公民凯恩》的影片中（例如，《双重赔偿》《邮差总按两遍铃》），妻子对婚姻不忠，电影主角的暴力行为没有受到惩罚，片中的角色大都缺乏道德，所以《海斯法典》明确禁止电影公司拍摄这类电影。综上所述，黑色电影不可能出现在20世纪30年代，因为创造栩栩如生的冷酷形象违反了《海斯法典》订立的"维多利亚原则"。[50]

直到第二次世界大战爆发前，《海斯法典》一直将文学黑色小说与电影隔离开来，尽管此时的美国观众的审美观念发生了转变。战时新闻中的暴力和血腥镜头提升了美国人的视觉接受度，预示着整个国家对性、暴力和道德的衡量标准发生了转变。除此之外，当时还有一个幸运的巧合因素。1941年末，约瑟夫·布林因故请了六个月的假，使充斥性、暴力和赤裸现实主义等情节的《马耳他之鹰》与《合约杀手》逃过一劫。[51]到了1944年，《海斯法典》放宽了审查限制，使得忠实地改编文学原著成为可能。关于《双重赔偿》的受欢迎程度，凯恩声称这与公众口味的转变无关，"与战争无关，与战争如何影响公众无关，也与那些废话无关"。他忽略了1941年至1942年的早期黑色电影，直接得出结论说：在1945年，电影制片人"已经意识到每天都有大量真实的犯罪发生"。1945年，《纽约时报》将这种新类型电影定义为"如雨后春笋般出现的杀人电影"。凯恩表示，正是好莱坞试图维系已经沦丧的公众道德，才使得黑色电影未能在大萧条之初上映。"如果比利·怀尔德在1935年拍摄了《双重赔偿》，"凯恩自信地说，"这部电影也会拍得一样好。"（该电影剧本由雷蒙德·钱德勒、比利·怀尔德和凯恩本人共同编写。）[52]

此外，这部电影的票房取得了惊人的成功，标志着这类冷门电影获得了成功。在格雷厄姆·格林（Graham Greene）的原创小说和剧本中，菲利普·雷文（Philip Raven）是一个可怕的、沉默寡言的刺客。艾伦·拉德（Alan Ladd）的帅气外表和阴郁、受伤的特质比电影观众的影评更能引起同情和共鸣。他作为一个"天使杀手"开始了自己的职业生涯，从善良的未婚夫那里偷走了维罗妮卡·莱克（Veronica Lake）的芳心。就像休斯顿和鲍嘉把罗伊·厄尔塑造成一个试图冲向自由的孤独叛逆者一样，导演弗兰克·塔特尔和演员艾伦·拉德也达成了合作，创造出类似菲利普·雷文这样自我矛盾的角色。[53]

《合约杀手》（1942年）

艾伦·拉德是詹姆斯·迪恩（James dean）为数不多的前辈之一——一位忧郁的年轻金发硬汉。在他早期的电影中，他向即将参加二战的年轻人展示了酷所付出的代价。影评人博斯利·克劳瑟（Bosley Crowther）在1942年就已捕捉到了拉德的魅力，在他对《合约杀手》的评论中提出了与"酷"近似的概念，十分具有先见之明，令人印象深刻。克劳瑟通过观察发现，年轻一代欣赏拉德"缄默不语的暴力行为"、冷静的自我控制力，"如暴徒般的坚韧加上一丝悲怆"。那么，这个"引起共鸣的叛逆者"究竟有何吸引力呢？请看下文：

> 年轻人是否在他身上看到了一些模糊的自我暗示？也就是说，除了这个英俊的硬汉显露在外的浪漫外，他们是否看到他身上映射出的他们自己的不安全感，饱受困惑的当代年轻人们是否在他身上看到了一种引起共鸣的反叛心理？他们是否在他诉诸暴力的过程中找到了间接的乐趣？[54]

拉德身上汇聚了电影中所有的酷元素："叛逆却富有同情心"，充满性魅力，性格既坚韧又脆弱；煽动他人诉诸暴力（以此暗示煽动反抗的行为）；青少年的自我关注和他们对电影偶像的崇拜。"青少年文化"一词最初形成于1935年，指的是摇摆文化，以及美国首个跨越阶层的青年文化，其中包括音乐、舞蹈、爵士俚语和时尚风格等内容。得益于当时的电影院在这一时期内能同时上演或上映大型乐队或电影公司的作品，电影评论家们能够清楚地把握摇摆一代的爵士乐术语、行为习惯和品位。拉德是就是这样一个全新的面孔，是即将参战的年轻一代内心世界的写照。[55]

此外，艾伦·拉德和维罗妮卡·莱克是当时的一对明星组合。在"黑色酷"兴起之初，二人成为崇尚摇摆文化的年轻观众寄托情感的对象。1942年至1948年间，这对组合共拍摄了七部电影，受欢迎的程度堪比之前的米奇·鲁尼（Mickey Rooney）和朱迪·嘉兰（Judy Garland），他们合作之初的化学反应尤为值得深入研究。拉德创造了20世纪40年代的票房奇迹：他每周收到2万封影迷来信，所拍的电影常居票房排行榜前十名。而论及维罗妮卡·莱克（见图5）的影响力，人们常会回忆起一件轶事：许多国防工厂的女工都留着她标志性的金色"独眼龙"发型（peek-aboo）①，以至于美国陆军生产委员会（the War Production Board）通过了一项法令，要求工人们在战争期间把头发剪短，不得遮住眼睛。"我必须承认，"莱克后来回想道，"我受宠若惊地认为，我已经成为这场战争中的领军人物。"[56]

拉德因《合约杀手》一夜成名，星路从此发生了转折，但他在拍摄该片时的经历与《夜困摩天岭》中的鲍嘉完全相反。维罗妮卡·莱克凭借在普雷斯顿·斯特奇斯（Preston Sturges）的热门喜剧《苏利文的旅行》（Sullivan's Travels，1941年）中突破自我的表演获得了最高票房收入，但是拉德只是获得了一些小角色，直到后来，才因饰演合约杀手菲利普·雷文一夜成名。雷文这一主要角色最初计划由罗伯特·普雷斯顿（Robert Preston）饰演，但导演想要物色一张新的面孔，拉德因具有坚韧而又敏感的人格魅力，内心脆弱，外表却表露出带有怨恨的阴郁气质，因此很快就进入导演的视野。具有讽刺意味的是，塔特尔先是把普雷斯顿降格为正面的好人警察角色，然后"重写剧本以迎合拉德"[57]。

若想知道黑色电影为何能在1941—1942年（时值战争时期）达到鼎盛，我们只需找到《卡萨布兰卡》和《合约杀手》两部影片的相似之处。这两部电影把握了白人盎格鲁－撒克逊新教徒与冷酷男性之间的区别：前者出身上层社会，身材高挑，是相貌英俊的白人，后者佩戴酷面具，充满

① 即头发遮盖一只眼睛的发型。——译者注

图5 作为性感的黑色符号，图中的维罗妮卡·莱克似乎将黑夜化作斗篷披在了身上。

阳刚之气，时刻都在抑制自己替天行道的暴力冲动。正如英格丽·褒曼在《卡萨布兰卡》中徘徊在善良的英雄和冷酷的男人之间那样，在《合约杀手》中，维罗妮卡·莱克同时爱上了正直的警察（普雷斯顿饰）和同命运抗争的杀手（拉德饰）。与维克多·拉兹洛一样，普雷斯顿饰演的克兰中尉也过于优秀，因而不适合扮酷，既无法激发未婚妻的幻想或憧憬，也无力引起她的同情心或欲望。在这两部电影中，善良的男人都失去了富有浪漫色彩的主角地位，这是因为若想在大萧条中生存，更需要的是坚强的意志和生存的技能。在这两部电影中，浪漫的主角最终仍能留住伴侣，只是因为愤世嫉俗、暴力、孤独的道德叛逆者选择退居一旁。[58]

图6　菲利普·雷文（艾伦·拉德饰）与娱乐明星艾伦·格雷厄姆（维罗妮卡·莱克饰）邂逅，二人由此展开了一段治愈心灵的爱情故事。

在塔特尔的设计下，拉德和莱克的组合比莱克和普雷斯顿的搭配更像情侣：他们有令人会心一笑的邂逅、干柴遇烈火的冲动、充满戏剧色彩的求爱过程以及悲剧性的浪漫结局。与罗伊·厄尔一样，评论家们认为雷文这个角色很奇怪，并且发现莱克低调的女性气质既令人吃惊又令人不快。《纽约客》的评论家在分析这种冷静的情感时有些词穷：《合约杀手》展现了新的面孔（"年轻、年轻……不是令人压抑的熟悉面孔"）、越轨的角色（"奇怪的角色"，引领人物进入"怪异的环境"），以及一种新鲜的情绪（"完全是一个惊喜"）。这个角色如果由普雷斯顿饰演，那么一定会是一个肤浅的英雄角色。即使该角色最终与莱克结婚，那么拉德仍然会阻止他俩的结合，并接受莱克充满救赎（与爱）的目光。[59]

《合约杀手》这部电影的第一幕镜头是雷文居住的空荡荡房间，拍摄于旧金山的一家公寓。雷文在下午三点左右醒来，给一只流浪猫喂食，还粗暴地对待打扰他的女佣。他穿上黑色的风衣和软呢帽制服出门，快速地干掉了一名化学家及其秘书。（众所周知，黑色电影是一种无可救药的厌恶女性的电影类型）。随后，雷文与体格魁梧、生性残暴的洛杉矶夜总会老板威拉德·盖茨（莱尔德·克雷格饰）会面，此人用带有标记的钞票（通过抢劫得来的钞票）支付买凶杀人的报酬，并让雷文闭嘴。盖茨是一个老气横秋的富商，据说是个同性恋，也是常见的黑色反派形象，为一家向日本出售毒气的邪恶公司老板做掩护。雷文躲开了警察，坐上了一辆开往洛杉矶的火车，发誓要报复盖茨，但他身上没有不带标记的现金。幸运的是，他最后坐在艾伦·格雷厄姆（即莱克）旁边，后者是一名歌手兼魔术师，也是最近被FBI雇来挫败盖茨间谍团伙的新手，正在前往盖茨的俱乐部的路上。（见图6）

这部电影首先通过大萧条时代的时代特征激起了观众对拉德和莱克的同情。当格雷厄姆去洗手间时，雷文从他的钱包里偷出一张五美元的钞票，并在格雷厄姆回来时假装睡着。格雷厄姆是20世纪30年代的一名狠角色，她很快发现了这起盗窃案，于是直截了当地问雷文："你是破产了吗?"雷文羞愧地把钱退了回去,格雷厄姆给了他一美元,并且没有提出任何要求。雷文收下钱,有点尴尬,二人在入睡前进行了短暂的友好交谈。第二天早上他们醒来的时候,雷文的头靠在格雷厄姆的肩膀上,这个亲密的姿势暗示着格雷厄姆将会成为"帮助找雷文寻内心创伤根源"的他者。在洛杉矶,警察正在等待雷文——雷文因童年受伤而手腕畸形,留给了警察搜捕的依据。见此情况,雷文用枪口指着格雷厄姆,强迫格雷厄姆帮助他逃跑,但是他没能在巷子里杀死格雷厄姆,格雷厄姆趁机逃脱了。

正直的英雄与冷面黑色英雄的第一次交锋发生在当天晚上,地点位于恶棍盖茨所在的房间。盖茨邀请俱乐部的新花魁格雷厄姆来到他的豪宅,表面上共进晚餐,实际上却打算勾引她上床并杀死她。克莱恩少尉乘出租车来到这里,因为他的一个朋友告诉他,他的未婚妻有危险。但他相信了盖茨的说法,后者告诉他格雷厄姆已经离开了。相比之下,雷文从电话簿上撕下一页纸,并从埋身于沃克·埃文斯拍摄的照片堆中的一个衣衫褴褛老人手里得知了格雷厄姆的去向。老人说:"那座房子在山上。如果你破产了,你可以搭个顺风车。"于是雷文乘坐洗衣车来到那里,趁盖茨离开之时躲藏起来。他击倒了男仆,发现格雷厄姆被绑在后面房间的衣橱里。

雷文把格雷厄姆抱了出来,轻轻地放在躺椅上。她醒来时,发现自己被雷文紧紧地抱在怀里。从影片主题上看,从创伤和贫穷中获得的生存技能已经战胜了体制权威和财富。就视觉效果而言,此时此刻,格雷厄姆就是雷文的女人。拉德和莱克依偎在彼此的臂弯里,进行着简短的交流,这种交流将升华黑色电影的特色——她用冷酷的女低音抚慰着他的单调的男性嗓音。

拉德/雷文:盖茨与你有什么过节?

莱克/格雷厄姆:在火车上看到我们。以为我是你的女人。

拉德/雷文:听着,我不会伤害你的,你对我很好。但是你必须照我说的做……你是警察的女人?

> 莱克/格雷厄姆：谁告诉你的？
>
> 拉德/雷文：他来这里找过你。

在这短短的几句台词中，雷文/拉德的职业道德、坚强的意志、充满美德的阴郁力量和盖茨的贪婪叛逆形成了鲜明的对比。具有传统道德的英雄主角（克莱恩少尉）来寻找他的甜心；但是最终找到这名甜心的却是冷酷的雷文。上面这段对话发生在卧室里，充满了柔和的语调，象征着个人隐藏了自己的痛苦，预示着雷文将在格雷厄姆手中得到救赎。

与此同时，剧中年迈的布鲁斯特和盖茨是大萧条时期的邪恶企业势力，他们身体羸弱，却极具经济实力，代表了大萧条时期业已衰老的商界大亨（如亨利·福特、小约翰·D.洛克菲勒）。布鲁斯特和盖茨这样的大亨象征着公司权力和个人财富，在大萧条时代，有谁会信任这种权力与财富呢？所以，雷文的非法暴力行为具有内在的逻辑自洽性和吸引力。雷文的行为与詹姆斯·纳瑞摩尔（James Naremore）塑造黑人小说主人公的手法有共通之处：他以"大萧条时代社会不公的受害者"的身份赢得了观众的同情，而且，一旦他拯救了莱克，他自己便获得了救赎，成为"民主的捍卫者"。[60]

在《合约杀手》这部电影中，黑色主题和视觉风格主要通过一段加长的夜间场景展现出来。该场景长达20分钟，发生在布鲁斯特煤气厂下方被浓雾笼罩的铁路站场内。1942年初，黑色电影已形成一套表现黑色主题的完整手法：在视觉方面，朦胧的迷雾和配套的主灯光把身体变成了剪影，通过人物面部表情的变化表现内心情感的流露；在象征手法方面，黑色电影用火车表现人物的流动，用黑暗代表无意识；在表现性别特征和性色彩方面，黑色电影往往会设置一个神秘且迷人的女性角色；在表现"冷酷的叛逆"时，电影中往往会有一队很容易上当的警察，穿着软呢帽和风衣的罪犯总会轻松骗过这些警察，从而蒙混过关。当雷文和格雷厄姆在屋内探讨黑色独行侠的良知时，克莱恩少尉和警察却傻傻地站在外面，双目闭塞，无能为力地等待迷雾消散，企盼雷文不要谋杀克莱恩少尉的未婚妻。不仅如此，克莱恩少尉也从未试图独自去拯救他的未婚妻。

格雷厄姆和雷文在这段治愈性关系中日益亲密起来的过程，是推动电影剧情发展的主线：这段治愈性关系追溯了雷文内心创伤的起源，使后者不再通过"表演"（即杀戮）的方式掩盖创伤。格雷厄姆要求雷文不要出于报复而杀死盖茨和布鲁斯特，而是要他们签署一份认罪书，承认他们向敌人出售毒气，为美国人制作"日本早餐"。雷文一开始拒绝了，同时还不停地摩擦他畸形手腕上刚刚被铁丝网割破的伤。格雷厄姆一边包扎他的手臂，一边赞赏他："你是个有趣的家伙。内心喜欢某件事情，嘴上却不说出来。"雷文反驳道："你在胡说八道。你想让我的内心变得柔软。"这位黑色的反英雄人物推开格雷厄姆："但我不会为了任何人而变得柔软。"

这组台词呼应了里克·布莱恩在《卡萨布兰卡》中的标志性台词"我不为任何人冒险"，并且使用了同样的前光灯源，以及同样的姿势、同样的冷酷面孔。正如伊尔莎·朗以爱国之心打动里克·布莱恩一样，艾伦·格雷厄姆也向雷文发出了类似的请求，请他协助完成战争行动。

莱克/格雷厄姆：你为什么不放弃自私的想法呢？

拉德/雷文：我不为自己着想，还有谁会为我着想呢？

雷文依然麻木不仁，但镜头将他们的对话定格为两个地位平等的人之间的对话，而不是恋人或受害者之间的对话，也不是贞女与坏男孩之间的对话，更不是治疗师与病人之间的对话。莱克保持平静而低沉的声音，没有像传统女性那样释放自己的情绪、哭泣或是撒娇要横。雷文的反应既没有一丝怜悯或悔恨，也没有英雄或悲壮的气概。

这是一种很酷的方式，对于电影观众来说，这是一种全新的情感模式。《纽约客》高度赞扬了莱克简练而缓慢的发挥："无论她漫不经心的发型，还是她眨眼的动作与僵硬身体融合带来的精致效果，这个可怜孩子的举止激发了人们的怜悯之心。"这位评论家将她的性魅力——那些慵懒的、有意识的动作——比作死亡之舞（danse macabre）般的美学，将其定义为"借助情欲表现死亡"。《生活》杂志将《合约杀手》评委周度最佳电影，十分欣赏莱克缓和任何人欲望的能力，认为这种能力"既可以给病人发烧的额头降温……也能给健康的人带来热度。"至于拉德，《洛杉矶时报》的评论家颇具先见之明："普雷斯顿被银幕上新来的年轻人盖过了风头。"观众们对雷文的救赎表现出强烈的支持——就像他们对罗伊·厄尔的救赎表现出的支持一样。"尽管拉德塑造的是一个顽强的罪犯形象，但是这一角色赢得了观众的同情，"一位评论家写道，"也许这违反了道德准则，但事实就是如此。"比起普雷斯顿的"企业老总"形象，粉丝们更喜欢拉德的冷酷面孔。1946年，拉德回忆说，《合约杀手》这部电影"使我第一次受到了影迷们的来信，也使派拉蒙相信我能胜任一些角色，它真正开启了我的演艺生涯"。[61]

作为一个术语，"酷"当时只在非裔美国人中流行，但现在每个人都用这个词来形容这些黑色英雄。纳雷摩尔（Naremore）称拉德是一个"冷酷致命的花花公子"，而拉德的传记作者在第一页便指出他的冷酷："他冷漠，自力更生，时而孤独，时而做出违法之事。他展现出这样的气场：孔武有力，外表阳刚，内心充斥着暴力，阴沉而又性感……这正是艾伦·拉德在20世纪40年代影迷眼中的形象。"与鲍嘉一样，拉德也不是一个典型的男主角；雷蒙德·钱德勒曾称他为"一个小男孩眼中的硬汉"。按照好莱坞的标准，拉德是一名身材矮小（5英尺5英寸）、金发碧眼、对事物充满渴望的阳光男孩，更有可能扮演救生员或海滩兄弟会的男孩角色，而不是冷酷无情的主角。拉德的传记作者恰如其分地指出，"这名矮小、害羞、谦逊、喜怒无常的年轻人"是矛盾的集合体——他年轻，却善于运用沉默，因此在银幕上成为"冷酷、愤世嫉俗、性感、自律坚毅的硬汉"。这一说法再次表明，在20世纪40年代初，观众更需要刚强的男子气概。简而言之，观众追捧的是拉德本人，而不是他所在的制片公司。[62]

《合约杀手》的制作成本为50万美元，却获得了1200万美元的总票房，令拉德一夜成名。《好莱坞记者报》（*the Hollywood Reporter*）写道："没必要把拉德当作一个新人而欢呼。……他轻而易举地就达成了这样的成就。"观众从拉德时尚而又冷漠的风格中看到了一个可以得到救赎的白人罪犯，一位评论家说道："这是一种不同的沉默，他的圆滑甚至给人以彬彬有礼的感觉。"在1942年以前，很少有人把一头金发、看似受过教育的年轻白人新教徒或英裔美国人描绘成一个暴力罪犯。还有一位评论家指出，"剧中的凶手沉默寡言，但语出惊人"；《综艺》（*Variety*）杂志则呼吁人们关注拉德的"平静外表下的凶猛"和冷血无情。总的来说，评论家认为拉德是一名可以得到救赎的白人。"他看起来是个相当讨人喜欢的杀手，他轻佻地拉下毡帽的帽檐，嘴角浮现出一丝阴沉。"《纽约客》评论家如此描述道。《生活》（*Life*）杂志的评论员则对这一角色感到惊讶，因为"憎恨一切的杀手所带来的痛苦"可能来自一个"绿眼睛、黄头发的年轻美国人"——换句话说，来自一名白人男子，而不是白人以外其他的种族。在《纽约时报》刊登的文章中，博斯利·克劳瑟赞赏拉德的"缄默不语的暴力"，并且从他身上找到了鲍嘉电影中的影子。"拉德先生是一个新式的硬汉形象——一个讲道德仁义的流氓，但他心中充满了绝望。"[63]

与《卡萨布兰卡》一样，为了满足女主人公自我矛盾的心理，这部电影最终让冷酷的阴郁男子赢得了这场男子气概的较量，而让道德的英雄抱得美人归。在电影的最后一幕，这种矛盾出现在一间奇怪的、没有任何标记的病房里，在某种梦幻状态（以黑墙为背景）和通往天堂之路之间不断闪回。拉德身中数弹，神志不清地躺在沙发上，等待着莱克赦免他过去的罪行。他用孩子一般的眼神恳求地望着她，说道："我为你做的是否足够？"莱克含着笑点了点头。看到这个回应，拉德释然了，内心感到无比的幸福，最终平静地死去。就在这时，莱克突然转过身去，恳求克莱恩少尉："抱紧我，抱紧我。"

　　拉德的下一部电影是《玻璃钥匙》，改编自达希尔·哈米特的同名原著中，拉德在其中饰演道义大盗奈德·博蒙特（Ned Beaumont）。派拉蒙公司尝试在这部电影使用新的短语"浪漫而又阴沉"——该公司在电影海报的后面写下了这样的宣传文字：艾伦·拉德，"如海报照片所示……"他被誉为"浪漫而阴沉"的男人，是乔治·拉夫特（George Raft）和罗伯特·泰勒（Robert Taylor）的结合体，同时受到女人和硬汉的崇拜。他将歹徒的暴力与传统的人格魅力结合在一起，用浪漫而阴沉的性格同时令男人与女人神魂颠倒。尽管拉德仍有着年轻人的稚气，但电影公司很快将拉德加入"好莱坞反英雄榜"，使之与鲍嘉和爱德华·G.罗宾逊齐名。正如电影公司所说："艾伦将浪漫的特质与他饰演邪恶角色的能力融为一体。"最先评论这一电影流派的两位法国评论家指出，拉德将"天使杀手"这一新角色类型引入电影，因而成为"黑色神话的一部分"。他们对这个有着超凡魅力的年轻白人叛逆者赞不绝口，称其"身材苗条……有着温顺的娃娃脸……清澈的眼睛……同时保留着温柔、低调的特征"。[64]

　　回头来看，就维罗妮卡·莱克和艾达·卢平诺而言，对冷静（cool）的女性角色关注的缺乏，无疑是一个遗憾。两位演员的平淡感情——她们的冷静——与她们的性魅力紧密相关。美国女性渴望像莱克那样自如地控制自己的情绪，男性则因她性感而兴奋不已。1942年，《纽约客》的评论员捕捉到了这种品质："当她嫣然一笑的时候，就像她在这部电影中可能做过两次的那样，人们可以听到心碎的声音……充斥着整个观影包厢……就连楼上那些口味挑剔的观众也忘形地喊出声来。"在她的回忆录中，莱克谦逊地称自己只是一个好莱坞式的人物："维罗妮卡·莱克是每个人的情妇。"她的这一说法贬低了自己，莱克塑造了自力更生的女性角色，这一角色极具个人风格，她经济独立，头脑冷静，富有同情心，是战前怪诞喜剧中不可缺少的衬托硬汉形象的配角，但是在战后的黑色电影中十分少见。[65]

黑色酷，1942年

酷角色想要引起观众的共鸣，他们对情感的掩饰必须能够彰显自己内心的强大（包括愤怒和自负的情绪），并为此付出代价。对观众来说，如果没有这种沉默的绝望，酷面具便失去了独特的风格，也未能表现出个人内心的苦楚。相反，如果角色只有平静的情绪，只会面无表情地实施暴力行为，那么这样的角色便只剩下残忍和愚蠢，这类角色内心一定冷漠而空虚，并且缺少自我意识。失去了酷的韵味，空洞的平静情绪表现出来的只会是一种扭曲的、孤僻的心理：如同僵尸那样无意识，如同机器人那样乏味，如同发条玩具士兵那样机械。"疯狗"罗伊·厄尔和菲利普·雷文之死不仅是因为他们违法了（《海斯法典》规定了他们的死亡归宿）所以要受到道德惩罚，也是因为他们在战前的美国文化想象中没有一席之地。

作为酷的化身，鲍嘉和拉德将酷展现得淋漓尽致，这种酷正是美国战后所需要的那类阳刚之气。凭借冷酷无情的阳刚之气，凭借对个人自主性的坚持，在他们与女性同伴一起克服对美国神话信仰的衰落的过程中，罗伊·厄尔和菲利普·雷文在战时的一种新的集体性梦想中找到了一席之地。显而易见的是，美国人对那些失败的、走投无路的、暴虐成性的有着黑色气息的男性报以同情之心，认为他们的暴力行为具有符合道德规范的一面。这一现象表明，美国的美学、文化甚至道德标准都发生了转变。电影观众通过电影回忆自己的创伤经历时，需要新的面孔和新的情感承载这类创伤。二战期间涌现出的英雄式阳刚之气包含两个层面：一方面是人性黑暗冷酷的一面，另一方面则是传统英雄善良的一面。

前文论述的两部电影——《夜困摩天岭》和《合约杀手》——为了展现后经济大萧条时代跨阶层的冷酷男子气概，采用了三种手法。首先，这两部电影对以前有种族特色的硬汉形象做出了让步，把个性与理性智慧加入影片中；其次，正直的英雄和浪漫而阴沉的反英雄之间发生了为美女而战的战争；再次，这两部电影将富商盖茨和布鲁斯特妖魔化，把他们描绘成为脆弱、衰弱和腐败的形象；最后，警察和所谓正义的制度在影片中要么形同虚设，要么腐败不堪（如克兰默和普雷斯顿，《愤怒的葡萄》表现的也是这一情况）。崇尚暴力、行侠仗义的独行者发现，当自由市场的力量无法提供有尊严的工作时，他们不得不去犯罪。随着经济焦虑带来的压抑情绪逐渐被释放出来，独行者的形象得到了观众的响应。在新兴的黑色电影中，美国尚未参战，妇女们也有了反抗的权利。

五年后，也就是从黑色电影的扛鼎之作《漩涡之外》（*Out of the Past*，1947年）开始，这类电影的头把交椅便经鲍嘉传给了罗伯特·米彻姆。"米彻姆就是黑色电影的化身。"马丁·斯科塞斯（Martin Scorsese）曾经这样评价道。在银幕上，他化身为道德叛逆的独行者，神秘莫测，"他是个危险人物，身强力壮但小心谨慎"，总是"不相信周围人的行为"。在银幕之外，米彻姆也几乎无视所有的规则、行为准则和社会规范；他是一个可怕的、充满魅力的硬汉，在1948年因持有大麻被捕。从那之后，他的名声更为响亮。在同样特立独行的导演吉姆·贾木许（Jim Jarmusch）看来，罗伯特·米彻姆展现出"一种奇怪的感觉，他内心阴郁，外表却酷毙了"。[66]

罗伯特·米彻姆在《漩涡之外》（1941年）中表现出的存在主义式酷

编剧兼小说家丹尼尔·梅因沃林（Daniel Mainwaring）在根据他的小说《高举斧钺》（*Build My Gallows High*）改编《漩涡之外》的电影剧本时，脑子里一直回放着《马耳他之鹰》这部电影。梅因沃林改变了原先黑色的公式，让剧中的侦探扮演闷蛋、傻瓜和替罪羊，即一个为了女人"抛弃道德"的男人，最后"出卖雇主，帮助女人杀死他自己的搭档"。这种转变将鲍嘉饰演的角色和米彻姆所饰角色区分开来，也将新兴酷和战后酷区分开来。[67]

在最初的电影处理手法中，梅因沃林用了三句话来概括电影的黑色情节："有一个叫马克汉姆（Markham）的家伙……他是一名有荣誉感的私家侦探，崇尚的信条是：'你不可能在触碰沥青的同时还能保持清洁。'即使是没有荣誉的人也值得信任。""沥青"一词在这里指的是蛇蝎美人的黑暗内心，而马克汉姆"与他的梦中情人"坠入爱河。换句话说，梅因沃林参考但又脱离了《马耳他之鹰》的剧本：在《夜困摩天岭》中，山姆·斯佩德将他爱的女人送进监狱，因为她杀害了他的伴侣，这既是为了遵守他的道德准则，也是为了控制内心的欲望。但是在《漩涡之外》中，皮·杰夫·马克汉姆目睹情人枪杀了他的搭档，却仍然觉得自己永远都是这位情人的痴汉。[68]

鲍嘉起初想要饰演马克汉姆这个角色，但导演雅克·多尔纳坚持选用年轻、高大、身材更加魁梧的米彻姆。"米彻姆比鲍嘉更年轻，更加面无表情，也比鲍嘉更无可救药"，大卫·汤姆森曾在私下表示，米彻姆这位演员缺乏道德信念。皮·杰夫·马克汉姆这个角色敏锐、愤世嫉俗、充满魅力，是一名发迹于街头的工人，拥有除了上进心以外的所有生存技能。他以诚实著称，但却为了钱而接受了一个施虐成性的暴徒工作。马克汉姆拥有大萧条时期侦探的道德准则，但却没有这类侦探的正义感：他的欲望掩盖了事情的真相，他既无法坐怀不乱，对贪婪也毫无抵抗之力。正如《生活》杂志上的说法："马克汉姆是个私家侦探，内心有阴暗面——他在任何地方都能赚钱。"与鲍嘉相比，米彻姆是一个更好的选择，他饰演的侦探在被蛇蝎美女智胜后，与美女双双选择了自杀。[69]

影片开始于田园诗般的布里奇波特小山镇，我们很快从当地小餐馆的闲聊中了解到，加油站老板杰夫·贝利有一段神秘的过去。我们发现他和他的年轻女友安·米勒一起钓鱼，一边筹划未来，但总是回避关于他过去的问题。当回到他的车库时，一个来自他以前生活的恶棍出现了，并把贝利喊到他以前的恶棍老板在塔霍湖的家中。那天晚上，贝利接上了他的女朋友，邀请她去兜风，应邀上车的女友穿着一件风衣和一顶软呢帽（黑色侦探的制服）。在开篇几个短短的场景中，影片便突出了美国文化想象中的几组对立内容：复古的小城镇社区与缥缈的现代性、田园的纯真与城市的模糊性、过去与未来。"你想听听我的过去，"贝利一边为她扶着门，一边对着预示着不祥的黑暗天空说道，"好吧，就是今晚了。"（见图7）

在车内，天鹅绒般柔软的明暗灯光对照把两位演员拉进各自的象征性角色：一边是被黑暗的过去掩盖的男人，另一边是眼睛里闪烁着救赎之光的健康邻家女孩。这对明暗组合为后续完美的画外音和闪回搭建起框架。当汽车行驶在黑暗、偏僻的道路上时，杰夫·贝利讲述了一个关于过去的自己——马克汉姆的故事。他以第三人称谈论自己，"我们的朋友马克汉姆现在住在纽约。"贝利说道。紧接着，场景渐渐淡出，随后切换到辛迪加老板惠特·斯特林（柯克·道格拉斯饰）的办公室。米彻姆讲述了一个不带任何价值判断和悔意的冒险故事：他告诉他无辜的女朋友这些年的逃亡经历，讲述了欺骗自己搭档的经过。他告诉她，在情人谋杀他的搭档后，他与情人分别，并于三年前搬到了内华达州。

惠特·斯特林雇佣马克汉姆去找他的情人：尽管她从斯特林这里偷走了四十美元，并向他连开四枪，但斯特林仍想让她回心转意。米彻姆追随凯茜·莫菲特（简·格里尔饰）的足迹来到阿卡普尔科（Acapulco）①，并在那里疯狂地爱上了她。他们在短短几个星期内经历了一场轰轰烈烈的爱情，仿佛斯特林的达摩克利斯之剑没有悬在他们头上一样。"我不知道我们在等什么，"米彻姆一边开车一边向他现在的女朋友坦白道，"也许我们以为世界末日就要来了。也许我们以为这是南柯一梦，会在尼亚加拉大瀑布迷醉一宿后醒来。"我们现在的确身处战后的世界，在逃避现实的幻想和末日审判的更宏大的迷梦之间摇摆不定。可能在我们心中，世界注定会毁灭。

作为一名私家侦探，冷酷的米彻姆似乎对人类感到厌倦：即使是明显的谎言也不会干扰他那冷血动物般的泰然自若。一个电影公司海报照片

---

① 位于墨西哥南部的一座港口城市。——译者注

图7 "米彻姆很酷……他有着自己的人生观，不让任何人干涉。"〔演员小哈里·凯里在回忆与米彻姆合作的电影《追逐》（上映于1949年）时这样评价道〕。

将米彻姆称为"酷客"（Cool Customer），因为当他聆听柯克·道格拉斯下达可能毁了他未来生活的任务时，仍旧镇定自若。[70]（见图7）"当我说话的时候，你只是坐在那里静静听着，"斯特林很欣赏米彻姆吊儿郎当的淡定神态，对米彻姆说道，"我喜欢你这个样子。"米彻姆随口回答说："听我自己说话，我学不到任何东西。"就连蛇蝎美人也对米彻姆超凡脱俗的冷漠表示怀疑："你是个不寻常的人。你从不问我任何问题。"在电影的高潮部分，莫菲特恳求道："你不相信我吗？"米彻姆用他最具代表性的一句话回应道："宝贝，我不在乎。"马克汉姆的人格表现出一种冷静、坚韧的内心世界：他已经做出了自己的选择，并愿意承担后果，不会为自己的选择开脱。

与《合约杀手》和《夜困摩天岭》一样，这部电影仍是一个讲述心理创伤的故事，更确切地说，是一个经历创伤之后的故事：现在的杰夫·贝利就是曾经的杰夫·马克汉姆，他无法摆脱过去的自己；实际上，过去和现在的他分别代表着人格中光明和黑暗的一面，但都没有融入当前的生活。在这种情况下，女性角色依旧是黑色酷电影中帮助主角寻求创伤根源的他者，象征着理想的美德——在一个没有上帝的世界里，剧中的女性是唯一可能实施救赎的主体。贝利把一切都告诉了女友，希望为自己的罪过承担一个小小的惩罚，然后回到布里奇波特娶她为妻，洗清自己过去的罪恶。对杰夫·马克汉姆/贝利来说，过去的罪行象征大萧条时代的城市，充斥着黑帮、枪支、阴谋和诡计、色情和诱惑。但他仍想象着未来美好的图景：能在小镇过上幸福的生活，经营自己的生意，拥有幸福美满的小家庭。

马克汉姆的叙述表明他甚至无法理解自己的行为；实际上，他必须不断复述这个故事，才能有所感悟。黑色电影是一种存在主义类型的电影，其中的角色试图在不借助传统道德、家庭义务或社会声望的前提下了解自己。黑色电影也经常思考人类理解力和自由意志的极限。为什么马克汉姆会接受一份他明知道有问题的工作？他不知道。这对夫妇在阿卡普尔科等待什么?他也不知道。莫菲特显然在撒谎,他为什么还要相信她? 甚至连观众都知道:他的梦想已经成真,他希望用爱、欲望和意义来填补存在的空虚。在这20分钟的画外音和闪回之后,接下来的剧情又回到了现在。

画外音是黑色小说的核心,被用作世俗性质的忏悔。画外音不像宗教忏悔那样可以祈求牧师的宽恕,它是存在主义的,它提出的问题都是在扪心自问:你能原谅自己的行为吗?画外音代表了具有象征意义的转变:挣脱传统的宗教道德,转而投入荒谬的生活(这里的荒谬指的是生活没有规划或者不受道德的束缚),然后向情人或律师做出简短的忏悔。这种世俗性质的忏悔也是一种将内心对话外化的方式,是一种自我治疗的手段,忏悔者会通过这种方式试图理解他或她过去的行为。这种忏悔是为了构建电影逻辑而发起的一种内在的沉思,是构建新身份的第一步。这样看来,詹姆斯·M. 凯恩(James M. Cain)能够率先为《漩涡之外》重写剧本也就不足为奇了,因为他是黑色文学第一人称忏悔小说的大师。

《漩涡之外》中的画外音既是忏悔又是承诺:一个男人把他的过往经历告诉了他的女朋友,然后让她回家等他,并为他们的未来献上一个吻。因为这是一部黑色电影,所以他的计划自然很快就失败了。到达斯特林富丽堂皇的家中时,他发现凯茜·莫菲特(简·格里尔饰)又回到了那个暴徒的怀抱。她签署了一份声明,声称是马克汉姆(而不是她)谋杀了自己的搭档,所以作为对他过去风流韵事的惩罚,斯特林现在命令他去旧金山窃取一个公文包。马克汉姆知道自己是被陷害的,心中因此也准备了对策;但是他的命运再次被扔回到了一个总是设法智胜他的蛇蝎美人身边。

如果你深陷“太多的过往”时,你将如何在过去令人费解的选择上编织出美好的未来? 当一个男人“太过老迈,就是放不下过往,因往事身心俱疲”时,他怎么配得上一个好女孩呢? 这种充满怀旧色彩的小镇迷梦,怎么能与“身材曼妙的蛇蝎美人”相提并论呢? 《漩涡之外》延续并超越了新兴的黑色小说“创伤与救赎”的叙事框架。这部电影对未来唯一的幻想就是回到过去——回到内华达州布里奇波特,过上田园诗般的生活,身边有一位纯洁、健康的女孩，她是前来救赎的天使。相比之下，简·格里尔饰演的凯茜·莫菲特则是一个有着不堪未来的魔鬼，是为了自己的生活和欲望不惜犯下任何罪行的女人。此人先是多次出卖米彻姆/贝利，然后谋杀了斯特林的得力助手，最后面无表情地杀死了斯特林本人。[71]

　　许多影评人发现自己很难跟上这部电影的剧情，因为该电影插入了太多的倒叙和情节转折；具有讽刺意味的是，"太多的过往"反而成了这部电影的宣传语。对于那些更容易接受好人和坏女孩的观众来说，错综复杂的故事情节还是新鲜事物。《纽约时报》的博斯利·克劳瑟摊开双手说道："这类棘手的侦探电影中往往会用到两到三次的反转……但是，《漩涡之外》中出卖与反转的次数必须用对数表才能计算出来。"与格里尔这一角色的设定一样，马克汉姆的酷面具也让人捉摸不透，但克劳瑟喜欢的"圆滑世故"，喜欢米彻姆的"冷漠"，认为他"厚颜无耻又极度自负，像极了内心纠结的'私家侦探'"。"米彻姆饰演的是一名面无表情的侦探……深陷惊天的阴谋之中。"另一位评论家称赞道，他还十分赞赏简·格里尔，认为"她扮演了一个双面美人的角色，她欺骗男人的能力异常惊人"。在当代哲学家罗伯特·B.皮平（Robert B. Pippin）看来，整部电影关注的只是"一个人是否能'走出过去'，进入（新的）未来"，这对战后的美国观众来说是个重要的问题。在这个问题，美国观众选择米彻姆作为他们的"黑色原型"，即"一个用新名字生活的人，不仅试图隐藏过去，而且……渴望成为一个全新的人"。[72]

　　1947年，郊区版的美国梦还没有实现，但房贷已经翻倍，高速公路已通达各州。1947年，第二次世界大战的退伍军人刚刚开始享受《退伍军人权利法案》（GI bill）赋予的权利，他们开始接受大学教育，或者签订新的工会合同。但在《我们人生中最美好的几年》（the Best Years of Our Lives）等影片中，深陷困顿的退伍军人形象仍然在国民的想象中挥之不去。在这十年间，一个关于未来的新文化梦想出现了，并在郊区的新宅基地周围稳定下来。这里有修剪整洁的草坪和"流行"的电器，既有遥远的国家梦想——太空旅行和赢得冷战，也有触手可及的家庭梦想——在拉斯维加斯悠闲度假和家庭露营。同样在1947年，杰克·凯鲁亚克开始着手研究他将在1949年正式提出的问题："美国，你在夜晚开着闪亮的汽车，你将何去何从？"是回到过去还是前往未来？

＊＊＊

随着《漩涡之外》的上映，黑色电影逐渐发展成为一种更具自我意识、形式更为复杂的存在主义范式。电影中的角色是欲望和恶习的奴隶，对自己的行为毫无意识，做出非理性的、冲动的选择……他们便是我们自己。

一旦这种老练、特立独行的侦探像其他愚钝之人一样成为无意识欲望和社会力量的牺牲品，我们便会深陷一种存在主义的境地，甚至不再幻想像硬汉主角那样挣脱道德的束缚。马克汉姆和莫菲特在影片结尾的一段对话着重表达了这类影片蕴含的宿命论观点。"关于我自己，我从来没有骗过你。"莫菲特告诉他（这是一个厚颜无耻的谎言），但是"你自己总在那凭空想象"（这句才是真话）。接着，莫菲特告诉马克汉姆她的新计划：回到墨西哥，重新开始，享受他们曾经计划过的生活。"事已至此，我无法再说什么了，对吗？"马克汉姆问道。莫菲特回视了他一眼，这位杀手对这名前侦探说："难道你不明白？现在你已经别无选择，只能和我做交易了。"她手握底牌，对如何走出过去有着自己的构想：继续享受她生命中最美好的时光，在墨西哥重新展开他们的恋情。

这是一个发人深省的场景，在黑色电影中提出了一个罕见的两性关系问题：如果冷硬派遇到一个与他棋逢对手的女人会怎样？这个女人很聪明，她的思维就像一个棋手：她可以毫不犹豫地射杀站在她面前的任何男人；她对技巧、超然、冷静、贪婪、权力和暴力有着与男人相同的理解。简·格里尔扮演了"一个看似无辜的姑娘，冷静地杀死了多个男

图8 深陷黑色诱惑的前侦探与蛇蝎美人，两人正在驾车，即将迎来双双殒命的结局。

人"，而在暴力方面，这个角色与米彻姆也不相上下，这因而成了电影公司的卖点。在影片最后一幕，格里尔甚至不再以撩人的形象出现，而是穿着奇怪的时尚修女的帽子和朴素的衣服。"除了我，你对谁都没好处。"莫菲特在倒数第二个场景中解释道。"你不是好人，我也不是。这就是为什么我们值得拥有彼此。"马克汉姆同意了，他喝了一口波旁威士忌，把玻璃杯扔进火堆，趁莫菲特收拾行李之际，偷偷地报了警。[73]

当两人驱车驶入黑夜，前往墨西哥找回旧情时，米彻姆满脸委屈地坐在驾驶座上，一言不发，与他之前做出浪漫告白的样子形成了对照。在如沥青般漆黑的夜幕中，汽车行驶在一条通往无人区的狭窄道路上。此时的马克汉姆同这个蛇蝎美人坐在一起，陷入了道德的僵局。（见图8）。他的过去只与黑帮和债务有关，而他未来的憧憬则被抛在了身后的布里奇波特。在阴郁的存在主义当下，他只能冷静地驾驶汽车行驶在道路上，但心中已经做出了一个抉择，只是尚未透露给观众。在哲学家斯拉沃热·齐泽克（Slavoj Žižek）看来，就在莫菲特酝酿好了自己计划的那一刻，马克汉姆正面临着存在本身的空虚——荒谬。米彻姆意识到，自己只不过是欲望的奴隶，自由意志的幻想终究会消失。事到如今，马克汉姆只有一个想法——不想被这个美丽的新黑帮老大控制。[74]

在这一荒谬的情境下，前侦探杰夫·马克汉姆面临着加缪最初提出的存在主义问题：何不选择自杀？于是，这个被抛弃、被出卖的侦探选择了做出一个保留一些个人尊严的决定——自杀。他在报警电话中，向警察承认自己和莫菲特都是杀人犯。当莫菲特看到警察在前方设置的路障时，她径直朝马克汉姆欲望的中心——腹股沟射去。汽车撞向一棵大树，两人当场死去——这既是一场谋杀，也是一场自杀。作为电影中的角色，马克汉姆和莫菲特代表了黑色电影巅峰时期的一组矛盾——死亡的冲动与存在的荒谬。

＊＊＊

蛇蝎美人的形象已经在全球流行文化中引起了足够的共鸣，以至于西蒙娜·德·波伏娃在1949年出版的《第二性》中对"坏女人"做出了诠释。在波伏娃看来，黑色小说的主人公有着一种非理性的、不可能实现的欲望，他们想要占有坏女人的野性，同时不想被它迷住："他把坏女人们想象成女仆和女巫。"[75]如狼似虎的性欲会很快引发犯罪和施暴的冲动，因为它激发了一种原始的欲望，这种欲望想要控制人类生活中一切狂野与混乱的东西。这种狂热的狄奥尼索斯式①的欲望如果被任意支配或不受惩罚，就有可能颠覆资本主义社会及其社会规范。如果每个人都按照这样的欲望行事，那么工作、核心家庭、社区、国家以及朝九晚五的工作制度就会土崩瓦解。因此，蛇蝎美人必须表现出诱惑的一面（野性、自由和性欲的力量），然后被击败。《漩涡之外》向众人展示了幻想的图景，引诱每个人参与其中，最后再给予所有人应有的惩罚。

《漩涡之外》是当代哲学家分析最多的黑色电影，因为在这部电影中，马克汉姆的存在主义式冷酷与该流派电影中最复杂的蛇蝎美人形象结合在了一起。对于齐泽克和弗雷德里克·詹姆逊（Fredric Jameson）而言，这部电影象征着在1945年的核阴影之下，每个人都感到的更大的无力感。在这组对立关系中，蛇蝎美人是代表着抗争的力量，就连冷酷的侦探都无法驾驭她；这一角色反映的是自我存在的本能与自我毁灭的冲动的碰撞。对于皮平来说，这部电影预示着后现代时代的到来，象征着对现代主义观念（如真实的自我和理性本身）的颠覆。例如，莫菲特经常恳求马克汉姆，试图让后者意识到她的行为是出于自我保护的本能。她眼中闪烁着晶莹的珍珠，恳求道："我非做不可"或者"是他们逼我做的"。当他们第一次见面并成为情侣时，她低声下气地问道："你不会相信我吗？"后来又变为："你不相信我吗？"最后变为："你必须相信我。"每一个接连出现的短语都随着人物当时内心需求（和欲望）的变化而不断改变，反映出人物自我意识的改变。[76]

在影片的结尾，我们在意识形态的天真和现代主义式的真实的"漩涡之外"了，甚至连剧中的硬汉和坏女人都被揭开了面纱。我们关注的焦点现在完全集中在1947年战后的矛盾心理上。对观众而言，大萧条时代的过往、小城镇的乡愁，以及田园诗般回归传统道德的幻想，全都化为泡影。至此，我们又回到了核心的存在主义问题上来：我们现在应该如何行动？

关于现代性的新伦理将从何而来？或者，当美国人感到被目的或意

---

① 即希腊神话中的酒神。——译者注

义所困扰的时候，只是坐进自己的汽车逃之夭夭？在20世纪50年代中期的繁荣带来对未来的憧憬之前，"酷"面具一直扮演着浪漫主义理想的角色：它使人们在面对不确定的未来和荒谬的现实时，能保持充满个人风格的坚韧，并以务实的态度投入现实之中。20世纪80年代，在一个为黑色文学和黑帮电影而举办的法国电影节上，罗伯特·米彻姆被誉为"存在主义者"。[77]回想起来，20世纪40年代末是存在主义论文产出最丰盛的五年，这一时期的论文奠定了个人反叛行为的理论基础。每一个反抗传统的作家都致力于寻找一个哲学基础，将基于存在主义酷的伦理观赋予个体。

图9 每个人都说他有鲍嘉的神韵：阿尔贝·加缪是存在主义式酷的具体
体现（©亨利·卡蒂尔—布雷松/马格兰摄影通讯社）。

第三章 阿尔贝·加缪以及从反抗运动（和蓝调）中诞生的存在主义酷

> 毫无疑问，每一代人都感到有必要改变世界。我这代人知道他们无法改变世界，但他们的理想或许更为远大。他们执着于阻止世界走向毁灭。他们背负着人类堕落的历史——其中夹杂着堕落的革命、疯狂的技术、死去的上帝和过时的意识形态……这一代人……不得不重建……生与死的那一丝尊严。[1]
>
> ——阿尔贝·加缪，诺贝尔文学奖获奖感言，1957年

1946年，阿尔贝·加缪（Albert Camus）在《时尚》（*Vogue*）杂志的办公室接受采访时，被几位女性称作"年轻版的鲍嘉"——他经常听到这个比喻，并且总是引以为豪。在20世纪50年代后期，加缪经常在时髦的黑帮西装外套上一件风衣，驾着一辆黑色雪铁龙车行驶在左岸地区。当一个仰慕者叫他的名字时，他只是挥挥手，然后继续开车。一名法国知识分子在回忆时评论道，"他在一部永远没有结局的电影中扮演着属于自己的角色"。因为神似鲍嘉，加缪在法国名声大噪。当加缪穿着租来的晚礼服在斯德哥尔摩接受诺贝尔奖时，"每个人都说……他看起来像鲍嘉"。经历了这晚与鲍嘉相提并论的殊荣后（观众们这么做可能是因为鲍嘉刚刚去世不久），加缪便定制了一件与鲍嘉相似的无尾晚礼服，并总是身穿这件衣服参加自己剧作的开演典礼，直至三年后英年早逝。法裔阿尔及利亚记者让·丹尼尔（Jean Daniel）认为加缪就是"亨弗莱·鲍嘉"，只是"带着

更多的日式面具和更为高涨的生活热情"。他这番即兴的评论强调了一种融会贯通的思想，即融合各文化中酷因素的面具。[2]

　　甚至当加缪还是学生的时候，他的"*pudeur*"就已给朋友和同学留下了深刻的印象。"*pudeur*"一词源自法国和阿尔及利亚口语，意为保守和克制——换句话说，就是"很酷"（cool）。加缪的编辑把他描述为激情和放松的矛盾混合体，这正是爵士乐和黑色电影主角的"冷酷特质"。"*pudeur*"指的是一种安静、强烈的自负，翻译过来就是"不愿表达内心的秘密"。加缪将这种"沉默和保守"的品质追溯到他的家庭及其"卡斯蒂利亚人的骄傲"。加缪的第一位编辑任职于伽利玛出版社（Gallimard），他发现加缪既"直接、敏锐、十分关心他人"，同时又"幽默、恶毒，充满了接近邪恶的讽刺"。甚至从他的面部表情也可以看出这种放松外表下的紧张——"微笑中透着悲伤，双目低垂，眼神带有讽刺"，但是"他表情的坚定"，同时又总是"令人心碎和心动"——《战斗》（*Combat*）的编辑同事如此回忆道。加缪的举止带有某种厌倦的自信，这种自信是存在主义酷的核心，类似于具有讽刺意味的斯多亚主义，同时在存在主义的基础上继承了鲍嘉的人格魅力。20世纪40年代，加缪甚至穿了一件皱巴巴的雨衣，这正是黑色电影中私家侦探的服装，也是20世纪中期美国文化的象征。[3]

　　加缪将鲍嘉式的黑色酷形象带入现实生活中：他是一个魅力十足但低调的知识分子，精通修辞，为自由而战，却又常常沉迷于女色。加缪出生于法国阿尔及利亚殖民地的一个偏远村落，家境贫寒，由单身母亲抚养长大，一直与她相依为命。他参加过法国的抵抗运动，担任法国地下报纸《战斗》的记者兼编辑，发出正义之声，他甚至在这一时期撰写出《局外人》（*the Stranger*，1942年）一书。在战争中，加缪匿名发表了振奋人心的社论，鼓舞巴黎（当时已被敌人占领）士兵的士气。[4]巴黎解放后，萨特将加缪作为抗战英雄（名副其实的英雄）介绍给世人。因为加缪是崇尚存在主义酷的独来独往的道德反叛者。

在存在主义的发展过程中，萨特身上也带有美式酷的印记：此印记来自加里·库珀（Gary Cooper）。萨特痴迷于好莱坞电影在全球的影响力，于1931年首次发表了一系列演说，其中一篇的题目为"电影即艺术"（"Cinema as Art"）。1939年至1940年间，他在美国向日本宣战前服了6个月的兵役，这是他一生中思想最为活跃的时期。萨特曾在《战争日记》（*The war Diaries*，1939—1940年）中两次提及库珀。正是在日记中，他首次提出许多日后出现在其突破性哲学著作《存在与虚无》（*Being and Nothingness*，1943年）中的观点。加里·库珀是好莱坞类型电影中酷的原型：是一种高大、纯朴、道德高尚的边缘人物形象。在法国人的想象中，美国人常常被描绘成"未开化之人"，比欧洲人更原始、更缺少意识，库柏也因此成为与萨特相反的类型——高大、英俊、凭本能行事的美国人。萨特梦想成为像库珀这样的人，"英俊、犹豫、默默无闻、行动缓慢、思想正直"，一个不会发怒但一身正气的人。

> 我心中有着强烈的、难以言喻的怒火，我多么想躁动起来……我的美国工人（例如加里·库珀）能够感同身受并付诸实践。我想象着他坐在铁路路堤上，疲惫不堪，身上满是灰尘；他正在等着运牛的卡车，然后趁人不注意时跳进去——我真想成为他这样的人。

在萨特看来，库珀的形象在某种程度上是为道德行为设定的，他是一个缺乏"后天的优雅"，但又拥有"沉默的、发自内心的善良性格"的愚钝人物。萨特和波伏娃甚至在他们的家庭生活中创造了一个虚构的人物，叫作"昂头小仔"（Little Head-high），这是个甚少思考、沉默寡言但总是做正确的事的西部边缘人物。在这里，萨特将印第安人和万宝路男人（Marlboro Man）融合起来，并加以浪漫化，引发人们对好莱坞西部片刻画的固定形象的关注。"我本该成为他这样的人"，萨特在谈到他理想中的无产阶级酷哥加里·库珀时这样写道。[5]

在萨特看来，加里·库珀是压抑痛苦行为的具象化形象：即扮出一副很酷的面孔。早在1939年，萨特就已经确信，保持冷酷的面孔很有必要。在《战争日记》中，他描绘了自己的斯多亚主义理想：我每时每刻都能看到自己……就好像我通过了一场考试，承受着最可怕的痛苦，一言不发地走在回家的路上。在这里，萨特听起来像海明威笔下的硬汉形象，他受到了后者的稀疏文风和笔下孤独主人公的影响。要保持存在主义式的冷酷，就要能够抑制日常痛苦，能够接受一个人的过去而不去评判这个人本身。"对自己的生活负责到底"意味着承认命运的无情，承认生活不亏欠任何人。世界存在于个体之外，因此，人们必须创造出一种个人的道德，以求生活在这个世界的主观既定（subjective givens）之中，这便是存在主义的做法。[6]

并非只有萨特一人对加里·库珀的冷酷表示钦佩。卡尔维诺（Calvino）同样崇拜库珀，因为后者身上有一种自我克制力。C. L. R. 詹姆斯（C. L. R. James）建议一位朋友密切关注这位演员对动觉的把控："看看库珀是怎么走路的，以及他控制自己身体的方式——看他，仔细看他。"在大萧条时期的美国，许多知识分子都推崇新兴的男性之酷的审美观。[7]

存在主义酷取决于自我控制力和有意识地拒绝过时的道德框架及叙事手法。存在主义的观点始于对决定论（无论是宗教的、民族主义的、宿命论的、种族的，还是性别的）的排斥。正是因为个人的行为既不会得到奖赏，也不会遭到惩罚，所以个人必须接受理性行为的局限性和生命的局限性。存在主义酷则认为自我意识和自我创造很有必要，也就是说，个人要对自己的身份和选择负责。从定义上说，存在主义酷始于个体的反叛——或者借用加缪的怜悯之言，"伴随着反叛，意识诞生了"。此外，加缪、萨特、波伏娃和莫里斯·梅洛－庞蒂等存在主义者均驳斥了笛卡儿的身心二元论，他们用存在主义的自我肯定来对抗存在的荒谬性。这些人指出，如果说经验是主观的，那么客观性和理想化的理性思维便不复存在；大脑是具体的，意识也是如此。正如萨特在《存在与虚无》中所写，"我如何生活"等同于"我如何用我的身体生活"。加缪在日记中写道："感谢（健美的）身体的存在，个体才能够容忍自己的存在。在此基础上，身体慢慢老化。"也正如加缪在后来的笔记中所写的那样，"身体，实乃通向文化唯一路径，它揭示出我们的极限在哪里"，存在主义哲学将人们对存在的关注具体化，从而激发了个体的自我意识。[8]

存在主义酷是一种极端理性的姿态，是黑色反英雄的酷面具在哲学上的一种类比，"在面对世界时，孤芳自赏"，不露声色。加缪和萨特的日记都记录了他们追寻男性阳刚之气的努力。"我们可以自由地受苦，也可以自由地不受苦，"萨特在一次冥想的过程中写道，"我们要对痛苦的形式和痛苦的强度负责。人很容易心烦意乱。"用萨特的话说，"酷"意味着真诚和超然，他简单地称之为"谨慎的态度"。谨慎为超脱铺平了道路，"在此基础上，保持本真需要个体接受痛苦，这是出于对自己以及……整个世界的忠诚"。这便是他的短篇小说《墙》（*The Wall*，1939年）的结局。在这部关于战俘的小说中，只有萨特的另一个自我（巴勃罗）在面对死亡时依然坚忍；相反，他的一个同伴变得歇斯底里，另一个人选择了自杀。萨特承认，他对那些表现出痛苦的人感到厌恶。"我必须承认，我对那些在受苦时抱怨的人有一种自发的非理性的反感。我不会……为世界上任何事情做出这样的反应。"他在一篇文章里反复三次表现出对这种流露感情的行为的蔑视，并宣称自己总是"站在那些不呻吟的人一边"。[9]

实际上，存在主义酷只适用于男性，而且经常以牺牲女性为代价。加缪和萨特都认为，一个人如果缺少男子气概，就会像女性那样缺乏控制情绪的能力。根据萨特的回忆，在他二十多岁和三十岁出头的时候，他觉得有必要"坚持自我……争取自由的命运"，最重要的是，"将这种自由同女性划清界限"。加缪曾把他所追求的丰富的"内心生活"与空虚的"家庭生活"划清界限；他永远不会屈服于"家庭生活"，因为"'资产阶级'的幸福让我感到无聊和恐惧"。"倘若女性被束缚在家庭和家庭生活中，而不是像男性那样追求自我认同与自主，那么从这种定义上看，女性就不可能很酷。"[10]

具有讽刺意味的是，女作家西蒙娜·德·波伏娃（Simone de Beauvoir）恰恰做到了酷：她才华横溢，魅力非凡，自信而沉着，性感而有主见。作为萨特的伴侣，波伏娃是一名具有独立思维、见解和行为方式的女性，她的艺术才华长期以来受到了各界的仰慕（从作家纳尔逊·阿尔格伦到纪录片导演克劳德·郎兹曼）。波伏娃曾与持有性别歧视本体论的一流文学家［萨特、加缪、亚瑟·凯斯特勒（Arthur Koestler）］交往密切，遂根据这些经历，在《第二性》（The Second Sex，1949年）中指出，"女人是男性的他者"。《第二性》是唯一一部具有开创性的战后女性主义作品，从贝蒂·弗里丹（Betty Friedan）到艾德丽安·里奇（Adrienne Rich），再到洛林·汉斯伯里（Lorraine Hansberry），它对美国女权主义者的影响无论得到怎样评价都不为过。（参见第十一章）苏珊·弗莱曼（Susan Fraiman）直截了当地批判了男性的阳刚之酷，并用《酷男与第二性》（Cool Men and the Second Sex）这一标题为自己的著作命名，以此向波伏娃致敬。波伏娃的小说和回忆录斩获了法国所有的文学大奖。

波伏娃是一个很酷的女人，她热爱爵士乐和黑色音乐：她在《美国纪行》中对美国的种族和爵士乐有着独到的见解；她最喜欢的黑色电影是《第三人》（The Third Man）。她承认，在那部电影中扮演哈利·莱姆的奥逊·威尔斯令她着迷（见第五章）。她还写信给阿尔格伦，希望能在旅行中见到他。她将罗伯特·米彻姆（Robert Mitchum）简称为"米彻姆"（Mitchum），仿佛他已是黑色电影的代名词。她读懂了《愤怒的葡萄》（Grapes of Wrath）中新兴的黑色元素：我从来没有见过如此'tough'（坚韧）的画面，这里的'tough'取这个词的褒义。她最喜欢的黑色电影之一是鲍嘉和白考尔主演的《逃狱雪冤》（1946年），曾与鲍里斯·维恩一共同观看了这部影片。她还兴奋地给出演《大时钟》（The Big Clock，1949年）的阿尔格林写信，因为这部一流黑色电影的剧本出自他的朋友肯尼思·费宁（Kenneth Fearing）之手。相比萨特和加缪，波伏娃对跨越媒体的反叛艺术形式（无论是文学、电影还是音乐）表现出更多的关注。[11]

在"酷"这个术语和概念被命名之前，作为一种时尚的斯多亚主义的情感模式，"酷"已经通过好莱坞的醒目形象成为现代全球意识的一部分。1939年，在返回奥兰的途中，加缪注意到阿尔及利亚年轻人的转变。年轻人以电影明星坚韧的形象（这种形象很快便与酷联系起来）为参照，改变了个人的风格与举止，展现出时髦的一面。十几岁的男孩们抽着烟，扯下他们的毡帽，"咔嗒咔嗒"地踩着钢尖头的鞋跟，"表现出难以撼动的自信"。这些特定的动作与20世纪30年代好莱坞黑帮的动作如出一辙，加缪意识到这些年轻人选择将"克拉克·盖博先生的风格、鲁莽举止和优越感"作为模仿对象。女人们则化着精致的妆容，穿着优雅的裙子，将夜总会的魅力带到了大街上。他了解到，在整条林荫大道上，年轻男子被称为"盖博仔"（对盖博的称呼），而女子则被冠以迪特里希（Dietrich）的名字，被称为"迪特里希妞"。1956年，加缪在巴黎看到了"打扮成詹姆斯·迪恩的小朋克仔……他们的无名指放在了紧紧被裹在牛仔裤中的生殖器上"。[12]

加缪出版《反抗者：对反抗活动参与者的研究》（*The Rebel：The Study of Man in Revolt*）一书时，正值这样一个历史时刻：作为词语、概念和文化的融合物的酷，成了这个世纪美国向全球输出的关键出口物。这是一种跨越了文化界限的融合。当年轻一代需要新的文化表达方式和观念时，它们便应运而生。第一个关于个人反叛的理论源于酷的概念，它跨越了种族和国界。在战后的岁月里，加缪的小说对战后法美文化交流〔如萨特和波伏娃的交流、理查德·赖特和拉尔夫·埃里森的往来、大比尔·布朗兹（Big Bill Broonzy）和蓝调音乐的关系〕产生了更为广泛的影响。

存在主义酷

从大萧条的艰辛岁月到纳粹占领法国这段时间，法国存在主义者从好莱坞电影、蓝调和爵士乐，以及所谓的美国小说（黑色文学）中汲取了美国文化的艺术创新理念。当理查德·赖特于1945年搬到巴黎时，他的思想和存在便成为萨特和波伏娃种族意识（种族发展、性别和反殖民主义新理论）的源泉与象征。萨特把赖特塑造成作家为"内心分裂的公众"写作的典范——作为置身事外的局内人，赖特能够为黑人写作，也挑战了大多数白人读者"波澜不惊的笃定"，这些白人读者曾相信"世界是白色的，并且归白人所有"。波伏娃写于1947年的游记［《美国纪行》（1952年）］中提出了诸多理论概念的雏形，这些概念日后将在《第二性》一书中反复出现，"种族"一词是其中最具代表性的概念，如同她用"他者"这一概念指称父权制压迫下的女性一样。萨拉·雷利亚评论道，波伏娃的理论框架"不仅是建立在与美国黑人的类比之上的"，也是建立在"同知识分子的类比上的……这些知识分子找不到合适的手段向冷战体制发出挑战"。对赖特来说，存在主义哲学和小说进而取代了共产主义，成为他的艺术和哲学指南。此外，作为两种同时并存的存在主义反应形式，非裔美国文学和音乐推动了欧洲时代的结束和美国必胜主义的瓦解。[13]

存在主义作家率先挺身而出，将个体视作积极的抗争力量，并为此构建理论。笔者将这种力量称为"后基督教时代的不完美"。存在主义作家承认，西方"过时的意识形态"是基督教和启蒙运动的产物。他们直面西方文明理想（道德、完美性、进步、理性、平等）的虚伪，认识到这些都是白人编织的神话，无论是集中营、古拉格和原子弹带来的生灵涂炭，还是种族主义和殖民主义的残忍，都充分地揭露了这种虚伪。正如保罗·吉洛伊所说，理查德·赖特的作品肃清了"社会不断完善和进步"过程中的余毒，他向世人揭示了现代性表象下掩盖的"黑人从属他人的历史"，并且指出"非裔美国人的生活代表了所有被剥削和受压迫者的斗争"。[14]存在主义作家强调，个体要在摆脱种族、国家或宗教认同的情况下创造自我。切斯特·海姆斯（Chester Himes）、詹姆斯·鲍德温（James Baldwin）和拉尔夫·埃里森（Ralph Ellison）等人均属于这类作家群体。总之，个体是第二次世界大战后留下的唯一的反抗方向。

个体将个人在公共生活中的经历加以提炼，形成了个体的风格。所以，对个人而言，将个人风格、情感表达与个人身心结合起来是生活中一个潜在的挑战。1934年，约翰·杜威根据亨利·柏格森和尼采的观点，在对个体的忍耐极限、感官享受、理性主义和个人风格重新评估的基础上，提出了一系列的新观点，这些观点被统称为"身心合一"。尼采在《欢愉的知识》（The Gay Science）一书中写道，为了进行自己的"哲学辩护"，"需要做到一件事情——赋予自己的个性独特的风格，这是一门伟大而罕见的艺术！"这类道德反叛者具有鲜明的自我意识，他们的乌托邦理想虽然在日后暴露出理性认知上的弱点，但表达出存在主义酷的核心诉求。[15]

存在主义革命可以被浓缩为一个精炼的词语："设身处地"。①该术语由波伏娃提出，虽然短小，但是精悍。人类需要"放弃非人的客观性的梦想，"波伏娃坚持说道，"因为这不是在上帝眼中是否正确的问题，而是在他自己眼中是否正确的问题。"[16]作为一个人，就是要做到感同身受，要设身处地将个体独特的性别、阶级、种族和文化水平结合起来，这样才能理解一个人的经历。人与人之间既无法做到完全的客观中立，也不存在抽象和普遍存在的真理，更没有所谓的独立灵魂。人类是战后世界的末日困境的罪魁祸首，他们现在需要做的是对当前的状态负责，试图解决问题，而不是将希望寄托在天堂或遥远的未来。

个体的存在是否依然具有意义？战后"酷"的作用在于，在失败的集体意识形态、"堕落的革命，（以及）疯狂的技术"面前，重建个人的价值。"在千疮百孔的欧洲社会里，个体的目标能否得到重建？在那里，大

---

　　① 原文为：situatedeness，在后文中亦译作情境性。——译者注

多数人靠最低工资生活过活。"20世纪40年代末，萨特和波伏娃都发表了关于个体反抗的哲学论文，以应对冷战时期的两极对立。加缪的存在主义酷成为美国反叛者的典范，这得益于他的个人经历和他所作的道德文学的声音。他那简洁、抒情、冷静的散文以其特有的"简明扼要"（沃克·珀西所言）引导读者通过世俗的、理性的、积极的人文主义来实现个人的道德复兴。这种独特的结合对当代作家，尤其是非裔美国人仍有影响。[17]

存在主义者把他们全新的、完全自主的自我"写入"存在之中；工人阶级的情况又如何呢？这些作者高估了每天工作的人们在自省方面投入的时间和精力。几乎所有存在主义的代表人物都是作家和艺术家，而不是科学家或钢铁工人。但是加缪的著作点燃了20世纪60年代美国一群反叛者的改革热情，从鲍勃·摩西（Bob Moses）到贝蒂·弗里丹（Betty Friedan）再到汤姆·海登（Tom Hayden）。存在主义作品想要达到自己的目的，培养个体在心中形成关注社会和文化变化的反叛意识，就必须得到各界的认可，成为跨越种族、阶级、性别、民族的成功作品。

《反抗者》的哲学内涵

存在主义酷在《反抗者》（*The Rebel*，1951年）一书中找到了它的哲学基础，这是第一部完整的、关于个体反抗者历史的学术研究作品。加缪是为社会反抗者的盲流身份构建理论的最佳人选：他脱离了家庭、家庭和国家。作为法国的"内部流亡者"，加缪害怕失去与祖国的联系，并坚持自己的工人阶级身份——这与萨特截然不同，萨特从出生就被视为法国的知识分子，是来自巴黎高等师范学院的一名才华横溢的学生。托尼·朱特（Tony Judt）称加缪是来自西方殖民主义前沿（阿尔及利亚）的"盲流知识分子"，因此，为道义行为构建框架的任务就落到了加缪身上：他是一名政治上的亡命之徒，从帝国的边缘来到了帝国的中心。流亡者不能依赖传统的身份形式，如家庭、国家或宗教，因此，他们生来就需要进行自我创造。[18]

　　在《反抗者》中，加缪将个体的反抗者行为理论化，将其作为个体存在的起点，作为身份本身的重要行为。这是西方哲学首次宣称，反抗是人类行为的基本要素，是一种道德律令。当然，加缪的本意是针对欧洲白人，但他的主要主张仍然是激进的。加缪首先通过将个人的不满与公共行为区分开来，从而将怨恨与反抗区分开来。从怨恨的感觉出发是自私的——毫无理由的、情绪化的、哀怨的，而他将个人的反抗理论化为一种具有生成潜力的公共行为。"什么是反抗？一个人说不，但他的拒绝并不意味着放弃，这就是反抗。"加缪将反抗理论化为一种积极的抵抗——萨特称之为"积极的否定"——这有助于我们理解存在主义的矛盾之处。对加缪来说，反抗者"总是为他的某方面存在的完整性而战"，反抗者抗争的对象是他无法掌控的社会力量。[19]

　　更重要的是，加缪宣布了一个关于主观反抗的互动观点："我反抗——因此我们存在。"换句话说，我的反抗为你们创造了条件：这就是酷的政治文化内涵。加缪认为，任何真正的个人反抗都包含伦理和道德内容，即使它（最初）是无意识的或尚未成熟的。在艺术方面，亨弗莱·鲍嘉和李斯特·杨便是最好的例证。此外，从政治角度来说，革命潜力迸发于反抗权威的个体意识到自己所愿承受的压迫是有限度的。这样的行动往往蕴含着或明或暗的暴力征兆：一种明确的越界行为。[20]

　　加缪塑造的抽象反抗形象是"奴隶"，此形象拒绝命令，无视主人不容置疑的权威，勇敢地直面暴力。"反抗的奴隶非常肯定……他不能容忍主人对他的态度。"在这句话中，加缪引用了从黑格尔那里学到的抽象的奴隶哲学形象，但他没有试图将其与史实联系起来，如非洲殖民地国家中新生的政治解放运动，或者美国旧有的奴隶制度在全球化到来前产生的影响。但值得一提的是，加缪的主体间行为对话型模式，与战后在全球占主导地位的全球音乐形式——非裔美国人蓝调、爵士乐和摇摆乐的呼应模式之间存在着一种对应关系。这两种模式都将笛卡儿主义的核心概念"存在和思想"替换为"存在和行动"。每一种活动模式都有一类反抗主体和对此做出响应的受众，主体和受众之间形成了即时的应答模式。（"我反抗——所以我们存在。"）蓝调本身就是一种流派，它假定某首歌的"我"创造了一个现场观众的"我们"，从而创造出一个临时的社群，为自我意识的形成提供了文化素材。[21]

存在主义酷是一种形而上学的反叛，其核心是通过个人道德规范来重塑个体。在这方面，它是一个哲学上的类比，就像黑色电影主人公的独特硬汉风格或爵士音乐家创造的个人声音。加缪写道，"形而上的反抗者抗议他作为一个'人'的状态"，他笔下的反抗者形象指代的是灵魂，只不过是以世俗的形象出现。在上面这句话中，加缪用替代"灵魂"的词语传达出这样的含义："灵魂它发现自己处在这样的环境中，所以要同环境抗争。"这是一个被世俗世界挫败的灵魂，但它却没有可以求助的上帝："形而上的反抗者宣称，他被宇宙挫败了。"反叛者要么必须走上一条通过社会正义和理性行动实现自我意识的道路，要么就必须屈从于虚无主义。"体验自由首要从反抗做起。"加缪在1939年（甚至要早于纳粹占领巴黎）的书评中写道。[22]

这里还有一个重要的个人因素。加缪认为他的文学作品是一种反抗行为，旨在赋予抚养他长大的那些贫穷、没有发言权的人们力量——他的母亲和大家庭、法国黑人社区和阿尔及利亚的阿拉伯人。加缪既不对自己的出身感到难以启齿，也不为自己未受教育的经历感到羞愧。他写道，贫穷并不是"不幸"，因为在北非，"阳光和大海不花钱"。他受到了安德烈·德·里查德的一部现在已经佚失的小说的影响，这部小说是《拉道尔》（La douleur，1930年）。他意识到他自己的保留——他的克制——是一种防御机制，用来掩饰说不清道不明的愤怒。这种被压抑的愤怒可以转化为艺术创作的灵感。"我顽固的沉默，"他回忆道，"这种模糊但无处不在的痛苦……我的家庭和他们的贫穷，我的秘密，所有这一切，我意识到，都可以表达出来！"加缪觉得自己被文学解放了，他认为自己的文字是"为每个人而反抗，这样每个人的生命都可以得到解放"。然而，加缪一直承认，他作品的核心是"一位母亲令人钦佩的沉默，以及一个男人为重新发现与之相匹配的正义或爱而付出的努力"。这种自传性的语境对于理解加缪的作品至关重要。[23]

在《反抗者》一书中，加缪试图从启蒙运动和法国大革命开始写起，书写出一部关于个人的政治抗争历史，以此补救"欧洲压迫史"的不足。加缪没有将叙事的主线建立在帝国扩张和征服之上，而是创造了一种反叙事的手法，"以欧洲引以为傲的抗争作为叙事主线"。《反抗者》追溯了根深蒂固的意识形态爆发的过程，这是一部漠视权势精英主张的历史——否认君主的君权神授，否定了贵族构建的特权体系和意识形态框架，揭露了残暴政治力量面具下虚伪的美德。该书内容丰富，从丹顿和萨德一直讲到马克思和列宁，既记载了组织严密的宗教改革和科学革命，也叙述了反对君主制的政治意识的兴起过程；同时还试图探寻道德究竟能沦丧到何种程度。《反抗者》的叙事弧线跳过早期社会主义者的遗产（圣西门，傅里叶），直接记录了黑格尔的历史乌托邦主义和马克思的"科学救世主义"的出现。在记述马克思主义（1848—1917年）理论和实践的间隙，加缪为读者提供了主要的无政府主义者和虚无主义者的档案，追溯了工会社会主义的起源，然后叙述了布尔什维克革命的发展历程。此外，该书的最后一章论述了文学和艺术在构建革命意识过程中所起的作用（例如超现实主义者和现代主义作家起到的作用）。[24]

在加缪看来，陀思妥耶夫斯基是这种转变的预言者，也是践行上述哲学探索的典范作家。伊万·卡拉马佐夫的性格折射出从19世纪浪漫主义反叛到社会公正目标的转变。"伊万的语气变了，"加缪思索道，"上帝也在接受审判。"19世纪早期的浪漫主义反抗者是民族主义者、自然崇拜者、共产主义者和先验论者。他们寻求与宇宙力量的融合，无论这种力量来自自然、上帝，还是人类——例如，赫尔德的民族或爱默生推崇的"超灵"。在《卡拉马佐夫兄弟》（*The Brothers Karamazov*）中，伊凡拒绝教会的拯救，选择了虚无主义的享乐主义，与道德和政治权威划清了界限。在加缪看来，伊万早期的反抗是"把握了抗争的本质……是在用正义的统治取代恩典的统治"。[25]

加缪的形而上式反抗来自伊万·卡拉马佐夫，他现在必须专注于在没有上帝的情况下实现社会正义的可能性。与陀思妥耶夫斯基不同，加缪不允许自己放缓精神以求得片刻的喘息。相反，他为自己树立了一种近乎神圣的社会正义理想。"当上帝的宝座被推翻时，反抗者意识到他自己有责任缔造正义、秩序和统一……"这正是加缪存在主义思想的精华。正如雷·戴维森（Ray Davison）总结加缪的文学作品时所说："他的主要目标是创造一个新的人类种族和（一种）新的基督形象。"[26]加缪总是试图反对伊万的虚无主义，比如伊万有句名言："一切都是允许的。"（经常被引用为"如果上帝死了，那么一切都是允许的"）加缪的戏剧（《卡里古拉》与《附魔者》）和他的虚幻小说（《局外人》与《堕落》）不可避免地出现了向虚无主义倾斜的趋势，这些作品如同世俗世界的圣徒，站在了写实小说（《瘟疫》《第一人》）的对立面。

萨特和波伏娃也认为有必要将20世纪40年代末个人反叛的相关性和潜力理论化。萨特抽象出的反抗形象是一名出身工人阶级的白人男性，他意识到自己必须"争取让自己所在的阶级得到彻底的解放"。萨特笔下愤怒的年轻人只能在知识分子的指引下获得政治意识；如果未能塑造这样的形象，他往往会选择一个种族主义替罪羊来保留他的白人特权和优越性。这个人物所需要的是"一种暴力理论，以此作为对压迫的还击"，这是萨特在他最早的反种族主义论著《反闪米特和犹太人》（Anti-Semite and Jew）中首次提出的思路。反犹太主义不过是"穷人欺下媚上的行为"，萨特在一篇精辟的分析文章中写道，种族主义是法西斯主义和民粹主义存在的基础。要在这样一个年轻人身上唤起革命意识，"必须向他解释他所受的压迫"，因为知识分子需要提供一个缓冲，以对抗工人阶级的阳刚暴力和一党专制的严酷。[27]

在萨特关于这一主题的长篇随笔《革命哲学》（*The Philosophy of Revolution*，1948年）中，他将"革命者"的形象与肤浅的反抗者进行了对比。反抗者因其对"无政府主义的、个人主义的自由"的错误认知而孑然独立，而革命者则投身于一场历史运动之中，为"被压迫阶级的解放"而努力。对于萨特来说，真正的反抗情绪必须通过马克思主义革命付诸政治行动。萨特把自由与社会主义革命等同起来，认为个人的反抗只能作为催生共产主义的"革命行为"。对萨特来说，革命必须取代利己主义；对加缪来说，方兴未艾的政治抗争必须取代怨恨。[28]

波伏娃通过撰写论著《模棱两可的伦理学》（*The Ethics of Ambiguity*，1947年），在加缪的反抗者和萨特的革命者之间开辟了一片中间地带。就像加缪笔下的反抗者一样，个人首先要为自己赢得存在的自由，而不是超越政治目的和意识形态。波伏娃写道："要使自己自由，就要在我们存在的原初喷涌（original upsurge）中建立一种真正的自由，从而实现从自然到道德的过渡。"这一关键短语——"我们存在的原初喷涌"——既重复了萨特的"先于本质的存在"，又确立了一种与弗洛伊德和马克思同样重要的存在自由的基调。第一，必须破除社会文化的束缚，找到主观存在（"原初"喷涌）；第二，一个人必须通过不断的内省来认可自己的存在。波伏娃宣称："任何行为一开始都是不被允许的，因此存在主义伦理学是对可能来自文明、时代和文化的所有以前的理由的拒绝；它是对每一个权威原则的拒绝。"根据当时的定义，个人的反抗需要反对权威。但然后呢？与谁一同抗争？抗争的目的是什么？波伏娃并没有回答这个问题，而萨特只是指出了苏联领导的席卷全球的马克思主义革命的潜力。[29]

为什么哲学界如此关注战后时代的个人反抗，并将其视作新意识的活跃本质？在法国，古拉格集中营和《苏德互不侵犯条约》曝光打破了人们对苏联梦想的憧憬，而美国的物质主义、种族主义和自以为是的帝国主义几乎未能提供社会民主的愿景。在加缪看来，战后价值观中的马克思主义和基督教堪比希腊神话中斯库拉和卡律布狄斯这两个诱人海妖。他设想的只是部分的胜利，"接受一个相对的乌托邦，留下一些人类行动的机会"，因为这是"唯一真正的可能性"。萨特更加教条，并且推崇二元论：他呼吁年轻人"在唯物主义和唯心主义之间做出选择……没有第三条道路"。唯物主义意味着承认美国的主导地位，而唯心主义则与苏联紧密相连。实际上，这意味着将自己的视野与苏联联系在一起，并希望在苏联的过分行为中求得一席之地。波伏娃在《名士风流》（*The Mandarins*，1954年）中，以小说家的身份经历了这些争论。在这部小说中，萨特、加缪、阿瑟·凯斯特勒和她自己（以及其他人）在得知古拉格集中营的存在后，面临着一场意识形态危机。[30]

所有这些对个别反抗者的关注均证实，知识分子在面对冷战对峙和核武器威胁等事实时，感受到当下的政治体制带给他们的无力感。亨利·佩伦在《名士风流》中如是说："书中从未预见到……新时代的到来。""在面对残酷的核危机时，坚实的政治背景有什么用呢？"[31]存在主义作家们都为彼此之间的松散联系而倍感苦恼。尤其是在20世纪40年代末，他们试图与赖特、科斯特勒和梅洛—庞蒂等盟友组建一个不结盟的社会主义民主党——民主革命联盟（RDR），但以失败告终。波伏娃在写给纳尔逊·奥尔格伦的信中指出，在这场左翼作家运动（RDR）试图"以一种革命性的思想，真正的左翼来反对共产主义，但现在它成功的希望不大……。事实上，我们在政治上看不到任何作为。每个人都能感觉到。这就是为什么每个人都这么悲伤……现在法国的年轻人……嗜酒如命，行为愚蠢，无所事事"[32]摆在桌面上的存在主义问题讨论的便是这种无力感：什么将取代上帝、法律或民族主义，成为一种主导伦理、道德或社会正义的秩序？

以《失败的上帝》（*The God That Failed*，1949年）这本最畅销的冷战文集为例。在这本文集中，赖特、凯斯特勒和安德烈·纪德是巴黎知识分子圈子中不可或缺的人物；在很多方面，他们的公开认罪标志着左翼意识形态的失败，基督教义的剥离，以及启蒙运动的停滞不前。实际上，《失败的上帝》一书的七个章节指出，作家个体是政治变革仅存的代理人。"（我）永远不应该再表达如此强烈的希望"，赖特在谈到政治和革命时总结道。[33]

萨特和加缪的决裂实际上始于他们关于反抗者的哲学争论——准确地说，是关于《反抗者》这本书的争论。1951年，萨特在他的杂志《摩登时代》（*Les Temps Modernes*）上发表了一篇关于《反抗者》的评论。该评论对加缪的知识分子、哲学家和政治代理人身份进行了全方位的攻击。此举既是一种政治行为，也是一种恶意攻击，但不全是出于个人的复仇心理：萨特确实认为《反抗者》是一部幼稚的哲学作品。然而，加缪的作品更像是哲学、社会学和政治史的混合体，他曾将其描述为自己的智慧自传。加缪晚年曾对一位朋友说，《反抗者》是"他最珍视的一本书"，是"对我们这些同虚无主义做斗争的人"最有积极意义的反抗作品。[34]

萨特把对苏联的忠诚作为救赎社会主义未来的方式，这种做法玷污了他的革命哲学，并且削弱了他在战后美国读者中的影响力。萨特目前关于存在主义反抗的思想遗产更多地来自他最初的种族主义和后殖民主义理论，以及他与非裔诗人和法国前殖民地的马克思主义革命者弗朗茨·法农的关系。[35]他对建立反抗理论的突出贡献在于鼓励个体反抗者书写"反叙述"和"反历史"。胜利者可能书写历史，但革命者创造的实践"摧毁了（传统）权利的概念，并将其视作习俗和强权带来的糟粕"。直到20世纪70年代末，萨特依旧在为苏联辩护。30年前，加缪已经把国家共产主义扔进了历史长河里挤满压迫者的垃圾堆之中，要求所有反抗者推翻这一主义。

加缪从未忘记陀思妥耶夫斯基的批判——社会不可能通过工人阶级团结或公平分配财富的乌托邦理想维持运转。陀思妥耶夫斯基有着令人印象深刻的先见之明，他在撰写《附魔者》一书时，通过塑造斯塔夫罗金这一角色（斯塔夫罗金是不仅是一名花花公子，也是一名无政府主义革命者，有些许原始朋克无政府主义者的特质）。加缪痴迷于斯塔夫罗金这个角色：他早在《西西弗斯的神话》一书中就引用了他的言论，并在整个20世纪50年代致力于将《附魔者》搬上舞台。在加缪看来，斯塔夫罗金是一个形而上的反抗者，他被自己的虚无主义所挫败，却又找不到任何合理的信仰体系。他的剧本围绕着他个人探索的核心哲学问题展开，这一问题最早在《鼠疫》中被提出，《鼠疫》本身就是对纳粹占领的讽喻："如果不信仰上帝，有可能成为圣人吗？这是目前唯一值得思考的具体问题。"[36]加缪笔下的斯塔夫罗金是一个虚无主义式的冷漠形象，而不是存在主义式的冷酷：他咄咄逼人的冷漠背后隐藏着对上帝和世俗革命之神失败的反感。斯塔夫罗金是加缪在文学作品中塑造的最后一个人物形象，他坚持个人伦理道德，反对自满的资产阶级社会和腐败的国家。《附魔者》一书于1959年在巴黎公开出版，成为加缪死于车祸之前的最后一部杰作。

正如加缪所提炼的那样，反抗是"不屈服的世俗意志"——不会屈服于充满压迫的社会、有辱人格的存在或者社会的认可。如果我们在这里插入"个人"这个词，我们就得到一个浓缩了加缪存在哲学思想的短语：世俗的个人意志。后西方伦理学的问题是不言而喻的：如果没有宗教或上帝引导的公认的道德，没有对国家或法律的忠诚，那么人们将凭借什么维持和证实个人的生存意志或意义？回顾过去，用瓦茨拉夫·哈维尔（Vaclav Havel）引起共鸣的话来说，加缪关于个体反抗是社会变革催化剂的理论，已经成为"无权势者获取力量"的很好例证。加缪的小说文学，是经哲学冥想后产出的励志著作，始终保持着极大的影响力。值得注意的是，他的作品和理论已经被世人，特别是被非裔美国人所接受。[37]

插曲：种族与反抗

加缪曾经说过，种族主义是荒谬的。种族主义给人类带来了荒谬。种族主义不仅将种族主义者的荒谬表现出来，也使受害者产生了荒谬。而受害者的荒谬反过来又加剧了种族主义者的荒谬，如此循环往复，无穷无尽。如果一个人生活在各个领域都充斥着种族主义的国家，最终，不管他是种族主义者还是受害者，他都会感到生活的荒谬。

——切斯特·海姆斯《我的荒谬生活》[38]

　　加缪的作品在过去的一代人中间再次广为流传，因为他一生都在致力于见证历史，并且通过反抗这一途径追求个人道德的完整性。从社会历史学家托尼·朱特到创伤理论学家多利·劳布（Dori Laub）再到社会学家奥兰多·帕特森（Orlando Patterson），他的研究成果在多个领域都得到了认可。在通史著作《战后年代》（Postwar，2005年）的作者朱特看来，加缪"勉强能被称作伦理道德作家"，是唯一一个在"毒气室和集中营时代"有勇气提出新人文主义基本观点的知识分子。他的反抗理论已被证明适用于他在当时的论著中未提及的群体。伊丽莎白·安·巴特利特（Elizabeth Ann Bartlett）将加缪的理论应用到她的"女权反抗主义"概念中，这是一种实用的女性政治哲学，是一种"可行的伦理"，也是一种"指导、一种行动方式……一种体面地生活在这个世界上的方式"。战后流亡巴黎期间，切斯特·海姆斯（Chester Himes）指出，黑人荒谬的存在早已孕育了种族和种族主义，而查尔斯·米尔斯（Charles Mills）等哲学家只是在近来才将其理论化。小说家查尔斯·约翰逊指出加缪的作品是哲学小说的典范。在丹兹·塞纳的小说《高加索》（Causasia）中，一名黑人学者将他的存在主义焦虑追溯到种族的社会构成，这是一个西方白人文化的谎言，以"他妈的西西弗斯的神话"为线索，将"存在主义焦虑"植入每一个黑人生活中。正如达里尔·平克尼（Darryl Pinckney）最近所说，"种族是一种不受欢迎的存在主义"。[39]

　　作为过去两代人中最有影响力的种族学者，奥兰多·帕特森称《反抗者》既是"一部非常有道德意义的著作"，又是"一部伟大的哲学著作"。帕特森将加缪的经典格言翻译成非裔美国人的术语：他用"我在道德上反抗，因此我们的人性存在"代替了"我做好自己，因此我们存在"。帕特森所说的"我们的人性"是指非裔美国人实现平等的方式：首先是通过道德反抗，其次是通过承认"我们所有的人性"。他的意思很简单：西方文化一直为欧洲白人保留平等的概念，任何新的全球人性（"我们的人性"）都必须基于个人对社会平等的追求这一根本出发点。加缪对牙买加裔美国人帕特森产生了深刻的影响。这种影响可以追溯到他的第一部小说《西西弗斯的孩子们》（*The Children of Sisyphus*，1964年）。在这部小说中，三个工人推着垃圾车在贫民窟周围游走，讨论由于白人强加在他们身上的种族定义，他们被迫接受的生活是多么荒谬。在这些研究中，帕特森阐明了自由与奴隶制的共生关系，他的这种洞察力（部分）依赖于加缪的存在自由理论。[40]

帕特森勾勒出了《反抗者》一书中的两个相互交织的"存在主义反叛"元素，并将其应用到了非裔美国人身上。一个人"拒绝与现状和平共处"的态度中有消极的一面，即肯定的否定。然而，这种否定必须避免滑向虚无主义，并通过道德自主促成积极的社会变革。帕特森称这是个体层面上的"创造性挑战"——改变"物质世界和人类内心世界"的内在动力。"一旦萌生了反抗的心理，一个人就不适合维持现状"，为了实现应该实现的目标而无法与现状和平共处。随着自我意识的觉醒，所有人都实现了社会正义，一个人为了实现这种转变，"准备好挑战人类、自然、历史——是的，甚至是上帝——的力量，以寻求……愿望和理想的实现"。帕特森认为，非裔美国人作为一个群体，在存在主义反抗的第一阶段取得了成功——拒绝向虚伪的种族主义社会的荒谬妥协，但还没有达到道德自主的程度。[41]

接着，帕特森批评了加缪，指出了他之前塑造的一个典型的抽象奴隶形象：弗雷德里克·道格拉斯。就在奴隶贩子柯维（Covey）使道格拉斯精神崩溃之前，道格拉斯转身反抗压迫者，并与之打成平手。体格上的平等给道格拉斯带来了曙光，促使他直接说出了那句关于存在主义男子气概的名言："你已经看到了一个人是如何沦为奴隶的；（现在）你将看到奴隶如何变成人。"帕特森将道格拉斯与《反抗者》中的台词联系起来，而刘易斯・戈登在他的研究《非洲存在主义》（*Existentia Africana*）中将道格拉斯奉为第一位黑人存在主义者。正如帕特森所观察到的那样，"加缪把反抗的奴隶作为存在主义反抗的范例……一个一生都遵守规则的奴隶突然说'不'"。对于帕特森来说，这个奴隶之所以选择拒绝，"没有别的原因，只是……迟早有一种与生俱来的尊严感要求被释放"，并且，作为例子，他指出，"弗雷德里克・道格拉斯的陈述为现实生活提供了经典范例"[42]。

帕特森曾暗示，个别非裔美国人的反抗行为已经为日后的变革创造了条件，已在西方白人的哲学框架之外构想"我们的（普遍）人性"。我们可以从这些行为中明显看到道德和美学先驱的留下的影响力——既有穆罕默德・阿里（Muhammad Ali）、小马丁・路德・金（Martin Luther King Jr.）、安吉拉・戴维斯（Angela Davis）的影响，也有理查德・赖特对波伏娃的《第二性》的影响。民权运动对整个20世纪60年代的所有社会运动都产生了影响：贝蒂・弗里丹（Betty Friedan）在民权运动的刺激下写出了《女性的奥秘》（*The Feminine Mystique*）一书，而墨西哥裔美国人民权运动（La Raza）和美国印第安人运动（AIM）则通过抗议和法律斗争的方式，密切关注非裔美国人对平等的追求。此外，爵士乐、灵魂乐、放克音乐（乡土爵士乐）和嘻哈音乐凭借它们在全球的艺术影响力，搭建了一个文化平台，使世界各地受压迫的人们通过这一平台发出自己的声音，如雷鬼乐［reggae，创始人为鲍勃・马利（Bob Marley），其灵感来自新奥尔良节奏蓝调］和非洲打击乐［Afrobeat，费拉・库蒂（Fela Kuti），其灵感来自詹姆斯・布朗］。

在加缪来看，叛逆从定义上来说是一种欧洲式的行为——因为西方强调个体的重要性。但是，在1853年写给弗雷德里克・道格拉斯的一封信中，加缪给出了一段关于存在自由的教科书式的宣言：

> 我没有需要实现的目标，没有需要维系的信仰，亦没有需要捍卫
> 的政府；至于国家，我不属于任何国家。我在国内没有安身之所，在
> 国外也没有栖身之处……我是我童年时代（奴隶时代）社会的弃儿，
> 是我出生地的亡命之徒。[43]

具有讽刺意味的是，同加缪一样，道格拉斯也是一名记者、出版商、编辑和自由战士。《反抗者》对道格拉斯着墨不多，折射出非裔美国人（以及分布广泛的种族）在战后存在主义话语中的微不足道，他的同事理查德·赖特的缺席也说明了这一点。弗雷德里克·道格拉斯的存在主义与赖特的战后宣言遥相呼应："我不信仰任何正式意义上的宗教；除了强加给我的种族外，我不属于任何种族；除了必须归属的国家以外，我不属于任何国家；我没有传统，我自由了，我只有未来。"[44]

理查德·赖特在巴黎谱写的存在主义蓝调，1945—1950年

1945年，理查德·赖特分析了非裔美国人的反抗行为，以这种奇特的方式回应了法国的存在主义理论。在走出美国南部的黑人大迁徙过程中，部分芝加哥黑人获得了解放，因此赖特在一篇未发表的期刊文章中谈到了黑人们的态度："我们就像白人一样，我们的忍耐是有限度的；我们已经忍无可忍了；在这种情况下，生命毫无价值。"他希望为受压迫者设计一种意识理论，以对抗贡纳尔·默达尔（Gunnar Myrdal）的《美国的两难困境》（*An American Dilemma*）中的自由家长式作风。因此，他为非裔美国作家的文选题写了一纸箴言，以阐明"黑人的内在个性和主观形象"。[45]

赖特曾当过七年的共产党员，是严谨的理性、马克思主义意识形态和革命阶级意识的坚定信徒。马克思主义曾将赖特从种族身份中解放出来，使他不再受压迫和迫害；但是，在脱离了意识形态框架后，赖特的小说便

失去了哲学意义。拉尔夫·埃里森回忆起赖特当时对他说过的话:"拉尔夫,真的,在我(1942年)脱离共产党之后,我已经无处可去。"赖特也无法将共产主义、自然主义和社会学融合在一起。他转而把个人对社会变化的作用理论化,以此探明"如果揭示出黑人所经历的苦难与其他人的苦难之间的密切联系,将会遇到怎样的危险"他一直认为,心理上的超然是个人进步的一种形式;他现在专注于通过种族意识而不是通过阶级团结来建立通往存在自由之路的理论。在这个过渡时期,赖特通过记录非裔美国人早期使用"酷"(cool)一词的方式来唤起人们的兴趣。当一名党内工作人员因赖特退党而称他为"傻瓜"时,赖特感到心中充满了愤怒,但仍对自己说:"保持冷静(keep cool)……别让情绪失控。"[46]

赖特将自己的这段过渡时期写进了中篇小说《生活在地下的人》(*The Man Who Lived Underground*,1944年)。在这部表现存在主义的黑色文学作品中,一位非裔美国人受到诬陷,被指控犯有罪行,但无法证明自己的清白。于是,他逃进下水道,偶尔从那里出来观察外界,但无法使自己解脱。对赖特来说,这部中篇小说最多只能算是初步尝试"发明一种新的语言组织方式,是在创立一种新的概念"。这项工作让他处于极度痛苦的状态,因为他正努力在被抛弃的哲学框架外构建一种尚未成熟的个人哲学体系。

在一篇重要的日志中,赖特用一段话表达了他的沮丧:"我的当务之急是为我看待生活的方式找到一种新的语言,一种每个人都能立即理解的语言,但它能表达我的感想以及我独处时的感受。天啊,这是多么艰巨的任务。"[47]作者怎样才能创造一种主观的反抗情感,使之放之四海而皆准?什么样的"语言组织方式"能完成这样的任务?加缪发表过诸多类似的言论,甚至用宗教般的口吻感叹道:"上帝,多么艰巨的任务啊!"

赖特顿悟的结果反映出他和友人切斯特·希姆斯坚持的信念:鉴于种族这个荒谬的框架,一个黑人实际上过着存在主义的生活。C. L. R. 詹姆斯曾去过赖特在法国的家,被整整一书架的克尔凯郭尔(Kierkegaard)

作品所震撼。赖特指着它们说："你看到那些书了吗？……他在那些书里写的所有东西我都知道。"[48]然而，赖特直到搬到巴黎后，才把他的经验存在主义与其哲学框架联系起来。在第二次世界大战的最后几个月，赖特阅读了萨特和波伏娃的作品，倍感振奋，他意识到"存在主义正是他自己要表达的思想"。他激动地写信给格特鲁德·斯坦，"这样的东西（他们的作品）在当今地球上任何地方都不存在……但此时的纽约处处充满着存在主义"。赖特往返巴黎长达两年的时间，直至1946年才开始选择与妻女永久定居巴黎。在那里，他进一步拓展了自己对反抗的研究，在一份期刊上提出这样疑问："枪炮、毒气和核弹随时准备摧毁整个世界及世上所有人，所以战后年代必将发生更大规模的抗争，这将是怎样的抗争？"[49]

萨特和西蒙·波伏娃是历史上第一对信仰存在主义的夫妇。搬到巴黎后，赖特和他的妻子艾伦成了这对夫妇的好朋友。在拜访过这对夫妇数次后，赖特在1947年的一篇日记中写道，他们思想的共同点是："在今天的交谈中，萨特非常赞同我关于行动可能性的观点……我认为个体应尽其所能来坚持人类存在的意义。当今世界面临的最大危险是……人类的感觉和概念很可能会丧失。萨特同意我的观点。我觉得自己非常接近萨特和西蒙·波伏娃的思想。"在一个仲夏的早晨，赖特阅读了《摩登时代》中的一组论述自由的文章，作者分别是萨特、波伏娃和加缪。"那些法国男孩和女孩多么善于思考和写作，"他在日记中写道，"他们敏锐地感受到了人类的困境。"[50]为了表达感谢，萨特在1947年的《黑孩子》（*Black Boy*）杂志上刊登了一段摘要。波伏娃告诉他，这段摘要"大受欢迎"，"报纸上的评论非常好"。在同一封信中，波伏娃感谢赖特担任她旅美期间的向导："多亏有你，我才能在纽约感到自由自在。"[51]

那年，赖特拜读了加缪的《局外人》，这使他的小说重新焕发了活力。他读得很慢，"斟酌每一句话"，他欣赏加缪的散文风格、叙事风格和塑造人物的手法，认同加缪将"哲学观点"注入小说的方式。一年后，赖特出版了他唯一一部公开表现存在主义的小说《陌生来客》（*The*

Stranger，1948年），这是一部双刃剑式的致敬之作：既在向加缪的《局外人》致敬，也是在影射主人公克罗斯·达蒙（Cross Damon）是一个种族的局外人。在小说的前半部分，克罗斯·达蒙希望打破自己现在的生活，找到一个由反叛同伴组成的社区，就像赖特在巴黎所做的那样："难道世界上没有这样一个地方，在那里，他和其他反抗者相依为命，找到了家的感觉？这些反抗者之所以成为局外人，不是因为他们生来就是黑人和穷人，而是因为他们解开了虚伪的面纱。但是他们在哪里呢？怎样才能找到他们呢？"赖特在巴黎和这些反抗者生活在一起，再也没有回到美国生活。然而，这群知识分子的话语并没有改变他对人性或全球政治的评价。[52]"我没有灵丹妙药。"1953年，他在为一位出版商撰写的作者传记中写道。他继续说道："我拒绝共产主义，我既不拥护法西斯主义，也不支持社会主义，既不信仰天主教，也不笃信虚无主义，更没有拥护上帝，更没有拥护西方世界的所谓事业（不管是什么事业）！全球范围内一场迅速吞噬人类残余人性的冷战带来了令人困惑不解的景象，我对此充满了敬畏和怜悯。"[53]赖特在记录加纳（当时被称为"黄金海岸"）日益高涨的独立运动时，很快发现了意识形态的新动向。这是最后一次给他带来希望的政治运动，他从中捕捉到了白人中日益高涨的种族主义和反殖民主义意识，并将此发现写入《白人，听着！》（*White Man*, *Listen!*，1957年）一书。

赖特在一个偶然的时刻邂逅了存在主义，当时他也正试图通过文学创造伦理个体的模型。然而，所有关于个性的理论都是由西方的白人哲学家和知识分子为他们自己撰写的，他们把黑人视为异类。因此，赖特将自我视作一种超然的存在模式，其中包含了后天形成的认知和主观性障碍，二者缺一不可。到了1953年，在巴黎生活了六年之后，他认为自己是西方文化中的一个黑人，他的目标是把自己的经历融入西方的意识之中。"脱离美国是……我之前作为一个黑人和一个共产主义者的态度，"他回忆自己搬到巴黎的经历，"我［现在］正在努力解决一个大问题——西方文明作为一个整体的问题和意义，以及黑人和其他少数群体与西方文明的关系。"[54]赖特的存在主义阐明了形成于战后年代的文化母体，它由种族、女权主义、存在主义和巴黎文化政治组成，为20世纪60年代的民权运动、妇女运动和学生运动奠定了思想基础。

＊＊＊

赖特的朋友拉尔夫·埃里森认为，他的这位导师在定居法国期间，把非裔美国人与生俱来的文化权利置换成令人费解的理性概念。埃里森批评赖特的存在主义小说（如《陌生来客》）既丧失了与工人阶级蓝调存在主义的关联，也丢失了非裔美国文化这一根基。尽管如此，这两位作家早年在思想与内容上的关联一定程度上触及了非裔美国作家对"酷"的需求。

1941年，当时尚无作品出版的埃里森撰写了一封发自肺腑、坦露心迹的书信给赖特，在信中谈到了他的酷面具，以此表达对这位资深作家作品的敬意。埃里森把自己的痛苦情感隐藏在"地下"和写作之外，否则他对白人压迫的愤怒可能会使他崩溃。这些情感"被严格的纪律束缚着"，使他能够清晰地思考和写作。

> 我学会了把痛苦压下去，这样我的视野才会清晰……我知道那些撕裂内心的情感是自由的，而那些记忆必须隐藏起来，用严格的纪律关在笼子里，以免它们破坏我的思考与创作……我们黑人通常不愿谈这些事。

埃里森"保持冷静"的方法是抑制不稳定的记忆和情绪。对埃里森来说，赖特最早的作品标志着"美国黑人作为西方个体的出现"，《汤姆叔叔的孩子们》（*Uncle Tom's Children*，1938年）和《一千二百万个黑人语声》（*12 Million Black Voices*，1941年）的内容均是如此。这两部作品为致力于维护种族团结但未能成功的人们提供了改良后的个体意识。他在给赖特的信中写道："你写到了我们在斗争过程中（常常）表现出的麻木。"他承认自己只能通过缓慢"融化"自己情绪的方式来表达自己的想法。[55]

同爵士音乐家一样，这种冷酷的情感影响力被认为与分布更广的种族群体有着艺术上的联系。埃里森只允许自己的感情"一点一滴地从我用文字搭建的天窗中逃出来"，否则他可能会"失去控制"。在一个崇尚自我控制和理性分析的文化中，他会成为又一个被定型为愤怒或情绪化的非裔美国人，他在28岁时的一场雄辩中这样说道："我不得不严格控制自己的融化，让那流动的情感一滴一滴地从我用文字构建的天窗逃出去，以免我失去控制；以免我无法温暖我们被冰冻的兄弟们。"[56]

但是，十年后，埃里森发现，赖特将自己的命运押注在外来的存在主义哲学，从而迷失了自我，失去了自己的艺术与文化。埃里森与他的知识分子朋友阿尔伯特·穆雷（Albert Murray）曾有过信件往来，两人都坚称，赖特没有理解非裔美国音乐及其仪式——特别是蓝调——的存在主义式的讽刺意味。埃里森在1953年写道："赖特（舍近求远）去法国追求存在主义，其实任何一个莫斯（Mose）或者蓝调乐手都可以告诉萨特一些令他目瞪口呆的事情。"这里的"莫斯"是当时的俚语，指的是普通的黑人。埃里森认为，种族排斥产生了一种有机的存在主义回应。穆雷同样沮丧地回应埃里森："所以他（指赖特）现在对加缪的《局外人》了如指掌了吧？这是我最想对自己说的话。"随后，穆雷用各种充满反讽语气的词语抨击赖特流亡期间的作品，指责其滥用华而不实的法国写作技巧：

> 看，伙计，你和那些该死的法国佬混在一起，到处闲逛。如果你不知道自己正在做什么，你可能弄丢自己的帽子、贞操和防毒面具，……但是我不得不说，在我看来，那个奥斯卡（指赖特）每天看起来越来越像一个文人寄生虫，是寄生在白人中的新黑鬼。

在埃里森看来，《陌生来客》和詹姆斯·鲍德温（James Baldwin）

的《高山上的呼喊》（*Go Tell It on The Mountain*）都是"有趣的例子，说明当你去别处寻找你在家已经拥有的东西时，会发生什么"。与加缪和萨特相比，埃里森更喜欢活跃的人文主义者安德鲁·马尔罗或者"不受宗教框架束缚的乌纳穆诺"。穆雷后来将赖特的小说斥为"社会科学幻想小说"，因为这些作品建立在社会学的框架上，常常具有极大的争议性。埃里森和穆雷均是现代主义小说家，他们的作品关注个体的经验，使用了创新的叙事技巧。[57]

在穆雷和埃里森看来，赖特低估了爵士、蓝调、舞蹈和宗教仪式的哲学影响力。在关于何种"语言秩序"将会催生新的个体理论，并将美国黑人纳入新的理论中这个问题上，赖特受挫了。有鉴于此，埃里森和穆雷指出，爵士乐和蓝调音乐早已孕育新的语言。这两种音乐形式都提供了来自非裔美国人的文化素材，埃里森和穆雷将这类素材同从詹姆斯·乔伊斯、托马斯·曼和海明威那里收集来的现代主义方法融合在一起，为美国文学创造出一种"蓝调美学"。[58]

1947年，在贝尔格莱德（Belgrade）长大的塞尔维亚裔美国诗人查尔斯·西米奇迷上了蓝调音乐。但是当时，苏联禁止民众聆听蓝调和爵士乐，"听美国音乐可能会坐牢"。10岁的西米奇迷上了这一流派的各个艺术家，从贝西·史密斯（Bessie Smith）和路易斯·阿姆斯特朗，到艾达·考克斯（Ida Cox）和维多利亚·斯皮维（Victoria Spivey）等不太知名的人物，他都了如指掌。他的许多唱片都因播放次数太多而磨损，这使得他发现蓝调音乐是一种超越了文化背景和美学界限的存在主义形式。就像所有真正的艺术一样，蓝调产生于特定的时间、地点和人物，但它超越了时间、地点和个体。在西米奇看来，蓝调是20世纪最伟大的抒情诗，因为它的表演者在演奏的那一刻肯定了日常的存在。人们创作抒情诗歌和蓝调歌曲的原因是：我们的生命转瞬即逝，但充满了甜美的时刻。蓝调见证了每个人不同的命运。蓝调歌曲通常以"静默或者踏步"开篇，然后展开抒情和律动的旋律，当演奏者想要"组织语言表达无法用任何语言描述的内容时"，便会以"一声叹息或嗡嗡声"暂停表演，从这一点看，音乐与诗歌有异曲同工之处。[59]（参见第五章和下文题为"用存在主义蓝调直面荒谬"的章节。）

埃里森认为，法国存在主义是文学存在主义在哲学领域的产物，这种文学存在主义为海明威式的硬汉形象和蓝调演奏者所固有，最早产生于第一次世界大战后反对清教徒价值观的斗争过程中。在海明威的作品中，埃里森发现了个人在反对腐败的社会和伪善的道德时的勇气。在20世纪40年代中期未发表的课堂笔记中，埃里森分析了海明威最具存在主义色彩的短篇小说《一个干净明亮的地方》（*A Clean Well-Lighted Place*，1926年）。在这个故事中，类似西西弗斯的侍者做着自己的日常工作，试图在毫无意义的工作中生活。"早在法国存在主义者提出关于荒谬的简洁论调之前，海明威笔下的虚无主义就已自成一体……在这里，美国人在试图定义自己的处境时，并没有追随欧洲的脚步，而是跌跌撞撞地走出了自己的道路，欧洲人很快就发现自己受到了美国人的推动。"在这个故事中，埃里森找到了影响后来哲学转向的主题和文学框架："这是一个没有宗教价值观的世界。传统价值观被滥用，以至于海明威不再相信它们。"对埃里森来说，海明威的成就在于通过技巧和声音完成他所主张的文学革命。海明威的风格为"描述某种哲学态度"提供了具体的形式，就像他在"针对已经幻灭的特定风格所做的声明"中表达的那样。[60]

在这样一个世界里，唯一真实的生活来自内心，来自个体的道德。因此，个体需要一个用来恪守的准则，如同《圣经》那样的准则，这便是海明威笔下的硬汉传达给读者的精神内涵：用私人道德准则引导和控制自我。这种"私人道德"必须定期接受检验，类似于萨特每天的自省，以证明他能够压抑痛苦。在埃里森看来，海明威的准则塑造了一种生存方式——"死亡是必然的，并且通常非常惨烈，在它到来之前，我们凭自己的勇气生存在这个世界"[61]。

埃里森对这一点的理解抓住了海明威这部美国小说对加缪和萨特的

吸引力："这种法则带有宗教色彩，因为它是在一个没有宗教约束的世界里寻找价值。"这就是黑色文学中冷酷无情的主人公们所获得的精神财富——褴褛外表下的平静内心。埃里森称之为"超越财富的绝望"——这是一个富有感召力的短语，巧妙地将克尔凯郭尔和海明威的思想提炼出来，融入黑色酷的无意识艺术力量中，以对抗美国的物质主义。早在这个思想转折之前，埃里森就认识到了海明威对法国存在主义作家的影响，这是了解黑色文学对存在主义叙事影响的一个有用的切入点。[62]

存在主义与黑色文学

（在20世纪30年代），美国小说与爵士乐和电影一同成为美国最好的舶来品。对我们来说，美国成了福克纳和多斯·帕索斯的故乡，同时也是路易斯·阿姆斯特朗……以及蓝调音乐的家乡。

——萨特《法国人眼中的美国小说家》，1946年[63]

存在主义酷源于黑色文学：它们来自海明威笔下的硬汉形象、汉密特和钱德勒的侦探小说，以及詹姆斯·M. 凯恩和霍勒斯·麦考伊所作冷酷小说中的绝情特工。1946年，法国出版商伽利玛推出了"黑色系列"（serie noire）图书——这是一套致力于将黑色文学作品翻译成法文的图书，翻译引进了美国小说家哈梅特（Hammett）、钱德勒和凯恩等人的作品。这些作品的主要译者是爵士乐经理人鲍里斯·维昂（Boris Vian），他自己写了一本关于种族经历的畅销书《我唾弃你的坟墓》（I Spit on Your Graves，1946年）。海明威、汉密特和凯恩各自为政，开发出属于黑色文学的语言：那是一种有着"嗒嗒"节奏的散文，是一个积极的、有推动力的叙述声音，是对暴力和腐败的揭露，是用第一人称叙述作者的反抗意识。从这些作家身上，法国作家学会了在没有反思和心理准备的情况下呈现一系列动作。1945年，波伏娃在西尔维娅·比奇的公寓里对《生活》

杂志的记者说："我们在小说中遵守的许多规则都是受到了海明威的启发。"安德烈·纪德和加缪喜欢汉密特的小说以及福克纳唯一一部黑色小说《圣殿》（Sanctuary）；波伏娃甚至读过米基·斯皮兰的作品。更具代表性的例子是，法国读者被霍勒斯·麦考伊（Horace McCoy）和雷蒙德·钱德勒所吸引。[64]

这些暴力的、极端男性化的硬汉小说使用了一种直白、脱俗的现代美国城市方言。这类作者从事过记者、广告文案撰稿人、士兵、公司经理和私家侦探等职业。他们的这些人生经历共同造就了这类小说的文学语言。海明威是一名记者（和凯恩一样），他的电报式散文很大程度上归功于他在《堪城星报》（Kansas City Star）的学徒生涯。汉密特曾为加利福尼亚的报纸撰写广告文案，然后又在平克顿安全部队服役十年。20世纪20年代石油繁荣时期，雷蒙德·钱德勒曾在洛杉矶一位大亨手下担任办公室经理。这些工作让作者们接触到了一套新兴的、不断演变的美国术语：它们出自新闻报道和街头巷尾，出自广告文案和企业文化。美国小说是首个吸收权力、公共关系和流行文化等术语的文学体裁。从本质上讲，这类小说创造出一种生动的现代散文体裁，将深奥的哲理融入世俗的生活。在创作实践的过程中，这类小说在效仿俗语的基础上创造出新的文学语言，并用这种语言来描绘工人阶级生活的悲惨与辛酸。[65]

人们很容易忽略加缪的《局外人》在冷战时期的首个英国译本那种冷酷无情的风格，但在第一个美国译本中，这种影响变得清晰起来。在这部小说的开篇，主人公莫尔索这样说道："今天，也可能是昨天，妈妈去世了。我对此一无所知，只是收到了一封来自家里的电报，内容如下'家母去世，葬礼定于明日，节哀。'[66]这时候收到电报已毫无意义，因为母亲可能在昨天就已经去世了。"翻译家马修·沃德（Matthew Ward）回忆说，钱德勒的《再见，我的爱人》（Farewell, My Lovely）或哈梅特的《血腥收获》（Red Harvest）可能都采用了类似的开篇，使用了这类简单、直白的语句和硬汉式的语气，以展现角色"表面上的冷漠无情"。这类开篇也突出了存在主义者对女性身上所体现的多愁善感和社会关系的排斥，这是一种黑色酷派的基调。还有什么能比母亲的去世更能展现角色的冷血与超然呢？[67]

加缪自己也承认，凯恩的《邮差总按两次铃》（*The Postman Always Rings Twice*，1934年）对《局外人》的创作产生了重大影响。大卫·马登（David Madden）展示了黑色文学常用的"美式手法"，给予加缪启发，推动后者在他的第一部小说中采用创新的散文结构。借助冷峻的硬汉语言，黑色文学作家们无须咬文嚼字，不再字斟句酌。加缪使用充满暴力美学的语法，将小说主人公默尔索打造成黑色反英雄的代表。这类小说的主人公往往居无定所，有着原始的男子气概，追求感官的愉悦和性快感。另外，黑色小说大多采用第一人称的叙述手法，以表现人物内心的真实想法。[68]

加缪借鉴了凯恩的许多手法，其中最重要的一种手法便是忏悔式叙事结构：这种文学手法象征着从传统道德到荒谬生活的标志性转变。在《邮差总按两次铃》中，弗兰克·钱伯斯向上帝忏悔，并把他的女友科拉塑造成一个天使般的形象，希望她在来世救赎他。相反，《局外人》可以被解读为莫尔索对读者的自白，而观众则是他唯一的审判者。在这两种情况下，第一人称叙述的带入感和忏悔的内容都让读者能够身临其境地从道德层面审判主人公：这个男人是否有罪将由读者来决定。这种忏悔式的手法能够使读者对黑色文学主人公的反抗行为和被疏离（被异化）处境产生共鸣。事实上，从加缪1937年的日记中，我们便可以找到《局外人》的雏形："叙述者——不愿解释自己的人。他内心渴望安慰与救赎，却装出强硬冷酷的外表，最终在孤独中死去。"[69]

事实上，加缪的所有小说都采用了忏悔录式的手法——《局外人》《鼠疫》《堕落》都可以说是对凯恩模式的延续（如《邮差总按两次铃》《双重赔偿》《小夜曲》）。在加缪的小说中，主人公坦白的对象从来不是权威人物。例如，在《鼠疫》一书中，里厄博士（Dr. Rieux）的忏悔可被视作亲历者的证词：他称自己为历史学家，用冷静的语气叙述了被隔离的奥兰市的日常生活。在《堕落》一书中，让－巴蒂斯特·克拉伦斯（Jean-Baptiste Clamence）是一名"裁决者兼忏悔者"，他向一位不知名的同伴坦白，后者代表的是整个西方文化。莫尔索只有一次打破了自己的准则，一改"看淡生死"的极度冷漠态度，对试图接受他忏悔的神父大喊大叫。加缪笔下的主人公既不感到内疚，也不屈从于教会、习俗、法律或资本主义。实际上，正如沃克·珀西（Walker Percy）所说："（相反）有罪的是裁决者①，是所有裁决者！"[70]

黑色文学为存在主义叙事提供了一个新的模板。这类小说的重要意义在于，主人公致力于寻找自己的主观真理，常常处于孤独且无意识的状态，同时表现出充满暴力的男性特质——具有快速决断力，以及付诸激情的行动。加缪和萨特认为美国小说中的人物都是具有可塑性的生物——活跃、原始、本能——更容易接受哲学思想的灌输。这类黑色反英雄主人公展现出加缪存在主义反抗的消极方面，即对现状的否定——杰克·巴恩斯、山姆·史培德、菲利普·马洛和弗兰克·钱伯斯均是如此。在加缪看来，"在三四十年代的'硬汉'小说中"，美国作家"把人物降格为具有可塑性的生物，或者降格为他们外在的举手投足"。[71]这些作者在妖魔化女性的过程中塑造了一些角色，这类角色有一部分是僧侣式的形象，一部分摒弃了传统的道德，还有一部分发自内心地厌恶女性。

在黑色文学中，主人公的冷静是一种个人反抗的艺术表现，与传统的社会地位、经济成功或资产阶级道德观念背道而驰。正如波伏娃在1947年告诉一群惊讶的美国评论家那样，法国作家认为，通过这些黑色反英雄形象来质疑人类的命运，要比"通过普鲁斯特的那些劣等弟子的喋喋不休"要好很多。即使是以第一人称叙述，冷酷的美国小说也保留了"主人公的主体性"。波伏娃认为，主人公的价值观是"通过沉默来暗示的"，而美国小说就是用这种方式来"表达……最真实、最深刻的内心世界"。波伏

---

① 指社会中掌握话语权的势力。——译者注

娃震惊地发现，许多美国知识分子和记者都不喜欢冷酷无情的小说。"在我们喜欢的美国小说中，"她在1947年写道，"作者通过强烈的信念（如爱、恨和反抗）映射现实。通过主人公的意识……揭示生活。"这类作品中既没有作者的命令，也没有说教，更没有公开的社会批判。一切都留给读者自己去想象。[72]

凯恩和加缪的第一人称存在主义自白在新的叙事框架中赋予斯多亚主义新的内涵，从而打造出融合哲学与心理学的动作小说。美国黑色文学和存在主义之间的一个重要联系是，二者都专注于死亡，将其用作唯一的叙事结构，以此作为衡量世俗成功的标准。约翰·T. 欧文（John T. Irwin）在研究黑色小说的过程中，将存在主义的特质直接写入书名中：《除非死亡的威胁已经过去》（*Unless the Threat of Death Is behind Them*，2006年）。如果生命失去了外在意义而存在，那么一个人的行为只能"通过极端的方式……换得世人的评价"，欧文这样说道。他将山姆·史培德视作这种黑色哲学的代表，并在著作中引用了这一角色的台词："我不是英雄。我认为没有什么比死亡更糟糕的了。"乔伊斯·卡罗尔·奥茨（Joyce Carol Oates）早已注意到，"通过被判处死刑之人表达寓意"是一种早已有之的固定手法。[73]

然而，黑色的冷静和每天面对死亡的孤独总会付出情感上的代价：酗酒、难以忍受的孤独、对女性的物化。但是黑色文学作品固有的男子气概使其能够跨越大西洋两岸，融合多个哲学流派。这类文学的主人公生活在自己的男性准则中，获得了一种内在的满足感，也换来了社会的回报：读者对充满纯粹存在主义自由的浪漫文学抱以仰慕之情。

加缪和萨特都试图用理性个体对自我的掌控（硬汉式的情感）来替代早期作品中女性化的脆弱情感。在加缪的《卡利古拉》（*Caligula*，1938年）和《幸福的死亡》（*A Happy Death*，1936至1938年）中，主人公缺乏情感，孤僻到了病态的地步，每个人都试图剥离对人性的眷恋（特别是对女性的依恋），以此表现自己的真性情；在萨特的《墙》（*The Wall*，

1938年）中，巴勃罗在面对酷刑和即将执行的死刑时表现出一种冷静的蔑视，而他的狱友们则因为焦虑或恐慌而崩溃；[74]在《情绪理论纲要》（*Outline of a Theory of the Emotions*，1939年）中，萨特将情绪置于现象学分析之下，仿佛是为了控制一种对理想化的理性的威胁。两位作者都试图超越情感的影响，同时又居住在理性控制的斯多亚主义理想中。安妮—玛丽·索拉尔（Anne-Marie Solal）在加缪和萨特各自的处女作中（分别是《局外人》和《恶心》），发现了相似之处：这两部作品都刻画了反英雄人物，他们的胜利与其说是建立在行动上，不如说是建立在面对"荒谬"时的"冷漠、疏离和超然"态度之上。两位作者都致力于表现她所说的"野蛮的个人主义"。[75]

　　在《鼠疫》中，加缪赋予了黑色文学新的定位，将其置于复杂的框架内，并赋予其更加复杂的风格，以此手段表现每个人物的理性选择和叙述者潜在的谦逊。在这部作品中，主人公里厄是加缪理想中的反抗者，他选择留在这个饱受疾病困扰的城市行医，帮助很多人幸存下来，他的平等主义领导风格为基于个人道德选择的未来社区创造了希望。里厄的叙述意识模仿了某种理性的、存在主义的酷，在第一人称复数（"我们的行动是徒劳的""我们不能这样继续下去"）和第三人称客观视角（"里厄前往塔鲁那里，询问塔鲁"）之间切换。但是，同《反抗者》的哲学理念一样，《鼠疫》有着同样的缺陷：里厄是一个世俗的圣人，扮演着医生、目击者、历史学家和记者的角色，尽管他有欲望和疑虑，但他仍然是一个未抛弃传统道德的反叛者，是高大全式的人物，没有阴暗的一面。里厄不需要报酬，不需要自我安慰，不需要社会认可；他的行为既不是为了换得尘世间的赏赐，也不是要求得上天的恩赐；他没有主角光环，默不作声，不求升官发财。加缪将里厄打造为知识分子的榜样，激发了他们对存在、责任和团结的意识，启发他们反对冷漠、物质主义和强权。无论文中的角色对社会做出了怎样的贡献（或缺乏贡献），里厄对他们的选择都不做任何评价，因为没有传统的善恶道德框架，就没有评判的基础。从另一方面看，里厄也折射出存在主义范畴内的理想主义的核心问题：有多少人能够在工作、婚姻和孩子的压力下成为世俗的圣人？[76]

在那个时代，还有另一个很有影响力的存在主义酷人物，他讲述了对绝望、暴力和被疏离（被异化）的深刻理解，以及他每天与黑暗面的斗争。这是加缪从未想象过的人物，也是西方意识中的新面孔。他是非裔美国人，通常是男性形象（但也不总是），是一个有血有肉人，以前是一个奴隶，他开创了一个彰显个性的全新音乐空间，曾在沙漠中画出一道"歌之径"（songline）。蓝调乐手主张恢复平静的社会秩序，渴望挣脱绝望，掌握各种生存技巧，通过这些技巧搭建出独立的艺术框架，并借助这一框架肯定自己的生活。观众们（尤其是欧洲观众）从蓝调乐手身上看到了一个容易接近的他者形象。蓝调乐手并不是圣人，他的力量在于颂扬短暂的欢乐和挫折。简而言之，蓝调乐手的有机存在主义和艺术忏悔反映了他在反抗欧洲和美国白人压迫中求生存的亲身经历，这是从倾听者向他者转变的必经阶段。

用存在主义蓝调直面荒谬

在本节伊始，笔者先提出这样一个观点：与萨特的《存在与虚无》相比，我们可以把蓝调定义为就是来自虚无的。在W. C. 汉迪看来，直至19世纪末，蓝调这一音乐形式才呱呱坠地，"诞生于虚无之中，诞生于匮乏之时，诞生于欲望之下"。它推动了存在主义定义的发展，反对白人主导的社会，在这个社会中，"一部分人被强行剥夺了社会性"——被剥夺了同为美国公民的参政权、身份认同和平等地位。作为一种充满悲情和讽刺色彩的音乐流派，蓝调音乐标志着音乐流派的转型：从原先彰显宗教自由意志的集体音乐形式，转变为表现个人反对现代性、压迫和无常命运的个体音乐类型。在《蓝调生灵》（Blues People）一书中，阿米里·巴拉卡（Amiri Baraka）将蓝调的出现视为现代文化挑战白人统治地位的起点：

作为一种出现于19世纪90年代的音乐形式，"蓝调开启了非裔美国人的新篇章"，他写道，因为蓝调率先阐明了"黑人所说的英语与他在这个国家的经历之间的关系"。蓝调音乐由第一人称、主观色彩浓厚、充满节奏感的冥想片段构成，创造了属于黑人的种族方言诗学，塑造了"黑人在美国舞台上的自觉形象"。[77]值得注意的是，将蓝调视作存在主义黑色音乐的论调最早出现于战后时期，而不是哈莱姆文艺复兴时期。

相比黑色电影，蓝调更是一种流行的存在主义形式：一种平易近人、民主的艺术形式，关注性与暴力、欲望与想象中的自由。正如汉迪所写，"蓝调来自最远的人……当一个人哼唱蓝调的时候，他的一小部分需求在音乐中得到了满足。蓝调可以追溯到奴隶制，追溯到奴隶的渴望"。芝加哥的高产蓝调作曲家威利·迪克森（Willie Dixon）最初认为蓝调是派对音乐，直到他遇到一些"吟唱着这些实实在在的蓝调"的人，然后他"开始扪心自问'蓝调……对黑人来说，究竟意味着什么'"。当迪克森沉浸在芝加哥南区的俱乐部时，他意识到蓝调给了黑人一种大声思考的方式，让他们在一个彼此扶持的集体环境中反思自己的经历。蓝调"给予他们一种安慰，让他们能够重新考虑这些事情"：反复演唱某一行特定的歌词，反复使用属于蓝调的比喻手法，如"这种情况有多久了？""你让我失望了"，"总有一天，太阳会从我的后门照进来"——这是"对自己唱歌"的一种方式。"当你大声唱歌的时候，这个动作会让其他人知道他们心里想的是什么，以及他们对生活中各种事情的不满。"在此，迪克森呼应了赖特对芝加哥黑人尊严的思考。[78]

在公共表演中，蓝调音乐借助个体对艺术的反思，成为一种集体性的治愈手段。正如查尔斯·凯尔（Charles Keil）在《都市蓝调》（*Urban Blues*，1966年）中所表现的那样，这位蓝调歌手扮演着与教士或牧师相当的世俗领袖角色，为置身集体中的听众提供一种宣泄情感的渠道。歌手用歌声和雄辩来表达压抑的情感，像演员一样控制它们，让听众感到不那么孤独。埃里森称这种表达方式为"蓝调笑声"，并将其定义为"一种冲动，让痛苦的细节和残酷经历的情节在一个人痛苦的意识中鲜活起来，使听众可以用手指触摸其锯齿状的纹理，并超越它"[79]。这是帮助听众克服创伤的艺术，包含如下环节：回忆、重温、反思、参与、克服创伤；托妮·莫里森称之为"回忆"。对战后的非裔美国人来说，蓝调音乐尽管有着快速的节奏，但也并不是逃避现实的派对音乐：相反，它是一种公共仪式，使在场观众通过接受音乐治愈和发表评论这两种形式参与其中。

非裔美国人从自身经历中汲取灵感，创造出了蓝调。作为20世纪的新兴艺术形式，蓝调诞生于巨大的苦难、社会排斥和蓝调美学之中。埃里森在战后的几篇散文中，将蓝调音乐定义为"古典乡土音乐"（classical vernacular music）。这一定义看似矛盾，实际上是对蓝调这种音乐形式的阐释。[80]埃里森认为，蓝调是非裔美国人存在主义音乐、舞蹈、幽默、讽刺和笑声的有机组成部分，体现了一种独特的非裔美国人的哲学式"生活态度——蓝调冷静而现实地审视人类的困境，表现出个人面对自身局限时坚持不懈的精神"。[81]蓝调与乌托邦式的美国梦形成了鲜明的对比：美国梦强调生活没有局限，个人不受社会义务或集体责任感的束缚。这种极度个性化的自由意识包含个体和集体两方面内容，而在民权运动开始之前，这两方面都令美国黑人难以接受。相反，对埃里森来说，蓝调作为一种音乐类型，"战胜了自我和环境，其本身就是一种胜利"[82]。

至此，笔者将要把蓝调和存在主义作为两种同时存在，但截然不同的存在主义酷哲学实践结合起来。对加缪来说，"荒谬"是面对无意义和无上帝存在的出发点，是面对没有宗教或意识形态慰藉的生活的出发点。在他的奠基之作《西西弗斯神话》中，加缪将"荒谬"定义为一个充满积极含义的消极术语，暗示了一种勇敢的、理性的个人哲学；换言之，加缪并不认为创造意义的努力是无意义的。个体生活在荒谬之中，或者与荒谬共存，就是承认所有权势都具有独断专横的一面，于是个体渴望通过与他人建立关系，从而获得意义或者创造共同体。由于生活缺少宏伟的目标，"世界上也缺少秩序、范式或动机……"为日常生活中的所有个体提供自

由，使每个人都得到肯定，所以个人需要在"奇迹或荒谬"、宗教或自我
创造之间做出选择。加缪当然希望相信人类可以通过理性的手段和集体的
价值观来制定更大的社会目标。正如他曾经沮丧地在回复记者提问的书信
中潦草地写道："我不相信上帝，但我也不是无神论者。"[83]

众所周知，加缪将西西弗斯神话重新诠释为一名工人积极向上的日常
奋斗历程。如果你每天都做同样的工作，便可以把一块大石头推上山顶；
如果你每天都选择再做一次，那么你必须试着在工作中找到乐趣或意义，
在为什么要做这件事中寻找乐趣或意义。加缪以一种违背直觉的宣言结束
了这篇文章："我们必须认为西西弗斯是幸福的。"西西弗斯推动巨石上
山的行为类似工人每周连轴工作没有一天休假。[84]这正是蓝调歌手和乐手
为他们的听众提供的一种悲剧性的肯定：在一个充满压迫和荒谬的社会中
始终坚持自我。

丁骨华克（T-Bone Walker）的《狂暴周一》（*Stormy Monday*，1947
年）与西西弗斯神话类似，是一首典型的存在主义蓝调。这首传唱于战后
年代的老掉牙歌曲讲述了工人阶级如何捱过每个工作周（在这首歌中，
"老鹰"是一句俚语，指的是纸币和发薪日）。

> 他们将"周一"称之为狂暴周一，
> 但周二也同样糟糕。（重复两遍）
> 我说他们将"周一"称之为狂暴周一，
> 但是周二……也同样糟糕。
> 周三更糟，周四是如此悲伤。
> 雄鹰在周五飞翔，
> 周六我出去玩。
> 我说鹰在周五飞翔，
> 周六我出去玩。
> 周日我去教堂，然后我跪下来祈祷，

> 耶和华有怜悯，
>
> 主啊，可怜可怜我吧。
>
> 上帝啊，我的心在痛苦中。
>
> 为我的宝贝疯狂，是的，让她回到我身边。

很明显，在听任何一位蓝调歌手演唱这首歌时，我们都无法从最后一节中听出宗教信仰，也没有对所谓超越一切的爱情的追求。比比金（B. B. King）将这首歌直白地定义为"描述工人的真实生活"。倘若生活中真有什么意义，那也是转瞬即逝的，或是存在于片刻的享受中。想要求得这种意义，便须诉诸讽刺手法和暂时的满足感。蓝调笑声在蓝调这种音乐形式中居于核心地位，是一种具有讽刺意味的美学，鼓励听众与生活中随机的残酷经历对抗，然后通过音乐、舞蹈和现场表演构建的临时社区与他们的蓝调产生共鸣。这便是阿尔伯特·穆雷在其论述蓝调仪式的著作《震撼蓝调》（*Stomping the Blues*，一部关注摇摆乐和战后时期的作品）中提出的理论。抒情的忧郁、强劲的节奏，以及乐器间相互作用的召唤与回应，这些结合在一起，创造了一种暂时的宽恕，使蓝调不再是一个包含存在主义反常和荒谬的短语。[85]

丁骨华克（T-Bone Walker）在同年的另一首歌曲《丁骨曳步舞》（T-Bone Shuffle，1947年）中捕捉到"将忧郁踩走"（此说法源自该歌曲的表演形式）的存在主义治愈意义。该歌曲第一节的主题是放松、愉悦和喜悦，"散开你的头发，宝贝/让我们有一个自然的舞会"等歌词揭示了音乐、舞蹈和饮酒行为所具有的逃避现实的属性；第二节从一个存在主义的假定开始——"你不能带走它/这是一件肯定的事"——然后华克猛地抖落包袱，写出了充满蓝调笑点的点睛之笔："伙计们，没有任何毛病/是丁骨华克曳步舞不能治愈的。"对于黑人听众来说，此句充满讽刺和幽默。在种族隔离的美国，黑人听众的生存问题无疑要比大多数欧洲和美国白人听众的问题更严重。在战后的黑人观众中，丁骨华克堪称蓝调的化身，与"闪电霍普金斯"（Lightnin' Hopkins）、穆迪·沃特斯（Muddy Waters）和"嚎叫野狼"（Howlin' Wolf）这三位蓝调大师齐名。比比金认为这位吉他手兼词曲作者"酷到无法用言语形容"。正是丁骨华克的着装风格和狡猾、精湛的吉他演奏让他第一次"有了扮酷的冲动"。[86]

1959年，理查德·赖特为蓝调音乐家大比尔·布鲁兹尼（Big Bill Broonzy）创作了一首赞歌。布鲁兹尼是大迁徙时期从密西西比来到芝加哥的艺术家，和布鲁兹有着一种特殊的亲缘关系。布鲁兹尼是移居国外的蓝调音乐家中的一员，他们与桑尼·鲍·威廉姆森（Sonny Boy Williamson）、"冠军拳手杰克·杜普利"（Champion Jack Dupree）、"搓衣板"山姆（Washboard Sam）和钢琴家孟菲斯·斯利姆（Memphis slim）一样，拥有数目庞大的欧洲乐迷群，在英国、法国和德国留下了重要的音乐遗产。然而，布鲁兹尼与第一代三角洲蓝调音乐家一起成长，并且于20世纪30年代通过世界主义爵士乐的影响力在芝加哥重塑了自己。从这个意义上说，他象征着为适应现代社会而做出改变的大迁徙移民。在战后年代，他再次将自己改造为一名民谣蓝调乐手，享誉全世界。"如东京、罗马、加尔各答、开罗、巴黎、伦敦、汉堡、哥本哈根，"赖特写道，"在这些充斥着焦虑与紧张情绪的城市中，随处可以听见来自美国黑人男女的蓝调。"对于赖特来说，没受过教育、没受过训练的布鲁兹尼演绎出一种复杂的民间哲学模式，使用的却是最简单的材料：一把原声吉他、他的声音、他的经历，以及讲故事的天赋。

布鲁兹尼与李斯特·杨同处一个时代，在密西西比长大，生活在私刑和劳改的恐怖阴影中。与杨一样，由于社会环境的束缚，布鲁兹尼很少直接谈及种族主义。但是布鲁兹尼创作了几首表现社会抗议的蓝调歌曲。1945年，他创作出歌曲《黑、棕、白》（Black, Brown and White），副歌部分取自黑人关于就业的俗语："如果你是白人/那么你没问题/如果你是棕色人/那你就待在原地等会儿/但如果你是黑人？/啊，赶快回来，赶快回来，赶快回来。"在尚未有唱片公司录制公开表达反种族歧视歌曲的时代，这首歌同时涉及种族主义和就业歧视，所以遭到了所有唱片发行公司的拒绝。"你为什么要录制这样一首歌？"制片人曾问他，"没人会买这张唱片。"布鲁兹尼回忆说。

再举一个例子，布鲁兹尼于1928年创作了歌曲《何时我才能被称为男人？》（When Will I Get to Be Called a Man?），但直到1955年搬到欧洲时才录制完成这首歌，他在歌中这样唱道："我从来没有被称为男人，现在我53岁了/我想知道什么时候我会被称为男人/或者我必须等到93岁吗？"这首歌与鲍勃·迪伦的《在风中飘荡》（Blowin' in the Wind，1963年）遥相呼应——"一个人要走多少路/才能被称之为人"。迪伦作为一位著名蓝调歌手，他很可能对布鲁兹尼的这首歌有所耳闻。迪伦注意到，布鲁兹尼第一次在公众面前表演这首歌时，在谈论密西西比的成长经历时曾数度哽咽。[87]

> 我会说是的（我是在那里长大），但我很生气，不喜欢谈论那段经历，因为我出身贫寒，不得不工作，做白人让我做的事，我的很多同胞被包围，被私刑处死，被殴打……如果白人想要（黑人的）妻子或他最好的马，黑人就得放弃……白人给了我他想给的，我只能选择接受。[88]

在这段回忆中，布鲁兹尼援引了自己的处境，用作对普遍人权或抽象个体性的间接批判。存在主义的主旨对非裔美国人和世界各地受压迫的人民产生了不同的影响。

赖特推测，正是布鲁兹尼的"没有归属感"让欧洲人参与到了这种陌生的音乐仪式中来：赖特把布鲁兹尼描绘成一名奇怪的旅客和一位愚圣。在这里，布鲁兹尼是"贫穷的，黝黑的，充满了流浪的欲望，不享有别人必须尊重的权利"，所以观众可以不把他当回事。这让布鲁兹尼"可以自由地讲述生活对他的意义，以及活着的感觉"。在意义层面上，他可以更为大胆地表现出真实的自我，可以将意义推而广之。赖特还把布鲁兹尼比作诗人康提·库伦（Countee Cullen），认为他摧毁了高雅文化和低俗文化："大比尔是个多么伟大的诗人啊！"他录制了大约350首关于爱情、棉花田、铁路、河岸以及黑人工作、恋爱、饮酒、战斗、歌唱和拥挤贫民窟的歌曲。当他还是个年轻人的时候，布鲁兹尼自觉地在宗教（布道）和音乐（蓝调）之间做出选择，用当时的术语来说，作为一个"种族人"（race man），这两条都是通向文化领导地位的道路。正如他在1955年的自传中所写的那样："我试图引导人们，告诉他们正确的方法，但我自己却不知道怎样做才正确。"[89]

　　蓝调是存在主义付诸实践的一种形式，流动性则是存在主义自由的一种比喻。正如赖特所写，蓝调音乐的社会功能是"将绝望转化为肉欲，把悲伤变得有节奏，以胜利时跳跃的节奏来衡量失败"。[90]如果说布鲁兹尼走上了一条"寂寞的道路"，伴随他的"只有蓝调，一种挥之不去的疏远感，一种面对生活时的不自在，一瓶陪伴他的威士忌"，正如赖特赞美他的那样，那是因为战后年代的精神特质便是疏远和不安，需要通过酒精才能缓解。赖特想知道："这个没有受过教育的人如何向我们所有人表达那种悲伤的情绪？是因为他被排斥，生活在正常的社会边界之外吗？如果是这样的话，他又是从哪里得到了唱歌的信心呢？"

　　布鲁兹尼也代表了一种具有全球影响力的存在主义酷。这位歌手兼吉他手从两个方面推动三角洲蓝调向摇滚乐转变。首先，他是穆迪·沃特斯在芝加哥的导师，沃特斯用"酷"这个词来表达对布鲁兹尼的尊敬："大比尔是我的贵人……我遇到了一些很酷的人……但大比尔，现在，他虽然是个大人物，但仍然很酷。"在沃特斯看来，布鲁兹尼举止从容自信，一点也不装腔作势，完全不像"矫首昂视（head-tall）的傲慢之人"。"矫首昂视"是三角洲语中一个表示傲慢的词语。（沃特斯和斯图兹·特克尔是布鲁兹尼葬礼上的抬棺人。）[91]其次，布鲁兹尼在战后英国的现场表演将蓝调带入英国，催生了一批英国摇滚乐手，如埃里克·克莱普顿（Eric Clapton）、皮特·汤森（Pete Townsend）和基思·理查兹（Keith

Richards）。布鲁兹尼是第一位三角洲蓝调音乐家，这个群体中的很多人曾在电视上看到他的表演或听到他的录音，每个人都试图模仿他的吉他演奏和声乐风格。[92]

与埃里森和穆雷对蓝调音乐的分析不同，赖特认为布鲁兹尼·莫尔是一位民间艺术家，而蓝调音乐是一种简单、不费脑筋的音乐形式。赖特为布鲁兹尼撰写的悼词很有说服力："再见，大比尔。当我们用你歌曲的蓝色火焰温暖我们的心房时，你就该感到满足了。大比尔·布鲁兹尼从他贫穷、艰苦的生活中给予我们多少财富啊！……例如这句'主啊，我没有钱/但我是镇上最幸福的人！'"在欧洲人的知识和艺术框架之外，布鲁兹尼的民间智慧变成了赖特所说的"奇异而令人生疑的财富"，任由他散布至世界各地。赖特本身就是一名非裔美国作家，但是他自己却（在小说中）构想不出像他自己那样复杂的黑人角色，这充满了种族讽刺意味，也令埃里森感到诧异，后者在文章《理查德·赖特的蓝调》（Richard Wright's Blues）表达了这种感慨。[93]在战后年代，同样具有讽刺意味的还有：加缪无法想象，像赖特这样的人，一个非裔美国人，能够从欧洲存在主义中为自己的反抗找到了更多的智慧源泉，而不是从爵士乐或蓝调中寻找灵感。

本章结语：加缪的存在主义反抗

实际上，一种温和的存在主义成了战后美国地下嬉皮组织的哲学指导思想，加缪是这一哲学思想的文学化身，黑人乐手则是它的象征。[94]加缪将荒谬、自杀和反叛理论化，同时对资本主义、殖民主义和共产主义提出了通俗易懂的批评。加缪的文学风格流畅简洁，同时保持中立和冷静的基调，以一种令人信服的正式技巧表现出作者含蓄内敛的超然。在20世纪50年代末出版的散文集中，加缪营造了一种抒情的氛围：慎重有度却有感染力，在感性的细节和理性的疏远感之间取得了平衡，既有对友谊和咖啡馆生活的沉思，也有对太阳和大海的描述，同时还能唤起人们的乡愁，引发世界主义的思潮。在他的作品中，总有一种具有指导意义的伦理叙事声音，总是存在这样一个人物——他以简单的感官体验和存在体验为乐。这种脆弱和克制的平衡调和了他的政治散文和他对意义的追寻。正是出于这些原因，在读者中广为流传的是加缪的文学作品，而非萨特的著作。加缪的散文本身折射出一种酷美学。[95]

加缪身上总有一种发自内心的快乐，即使一个人注定要在荒谬的存在中获得自由，他也始终保持着这种快乐。这种快乐在他死后出版的一部重要作品《第一个人》（ *The First Man* ， 1992年）中表现得尤为明显。在这部作品中，加缪用抒情的笔触描绘了他在阿尔及利亚的童年，作品内容涉及他家庭的贫困、阳光和大海带来的感官享受，以及法国人、阿拉伯人和黑人之间破碎的关系。在过去的三十年间，加缪致力于将自己推崇的哲学思想具象化，成为一名道德叛逆的孤独者，而不是重复强调西方知识分子的谎言，即恪守所谓的"精神生活"。

我们如何评判存在主义酷给战后美国民众带来的影响？

存在主义酷从法国回归至美国，引起了知识分子、艺术家、流氓左翼分子、大学生、戏迷和自我意识反叛者的共鸣。这些群体都是威廉·巴雷特（William Barrett）的经典旧作《存在主义是什么？》（ *What Is Existentialism* ？， 1947年）、加缪的小说和散文、萨特的哲学和戏剧，以及后来保罗·古德曼的《荒谬地成长》（ *Growing Up Absurd* ，1960年）的读者。20世纪40年代后期，萨特的四部戏剧被搬上了百老汇的舞台——约翰·休斯顿和保罗·鲍尔斯的《禁闭》（ *No Exit* ，1946年）、《苍蝇》（ *The Flies* ，1947年）、《受尊敬的妓女》（ *The Respectful Prostitute* ）和《红手套》（ *Red Gloves* ，1948年）。此外，加缪的《卡里古拉》（1960年）由西德尼·卢梅特执导，垮掉派爵士乐手大卫·阿姆拉姆为该剧作曲。存在主义塑造的公共形象催生了美国民众对加缪、萨特和波伏娃夫妇的个人崇拜。非裔美国作家（赖特、埃里森、希姆斯和巴尔德温）创作出首批美国存在主义小说，白人存在主义作家如约翰·巴斯、沃克·珀西和威廉·巴罗斯等人的作品也在战后二期开始出版。美国存在主义是一个不可分割的有机整体，除已有的爵士乐和黑色音乐，蓝调音乐也通过广播和唱片进一步融入美国文化中：蓝调、灵魂乐、爵士乐和摇滚乐共同构成了战后美国文化。

但是，尽管沃克·珀西在一篇未发表的文章《存在主义何去何从？》（Which Way Existentialism？）中呼吁人们关注存在主义。在盎格鲁白人新教徒上层阶级和美国中产阶层看来，存在主义依旧是一种非美国的哲学。在自称"科学的守护者和……宗教的守护者"的权贵精英眼中，存在主义是一种"好斗的反科学"和"好斗的无神论"；对美国的技术和管理精英而言，存在主义则是自我实现和虚无主义杂交而成的令人费解之物。纵使这些社会精英仍然沉迷于技术进步和军事力量的迷梦，世界大战的精神危机及其引发的大规模屠杀还是催生了一批饱览群书的基督教存在主义哲学家，他们著书立说，百家争鸣，其中著名的人物有：罗洛·梅、保罗·蒂利希和托马斯·默顿。[96]

加缪在他的诺贝尔奖演讲中宣称，他这一代人在反抗和自我肯定方面取得了消极的胜利，"拒绝……虚无主义"，他认为，他这一代人"为自己锻造了一门生活在灾难时期的艺术，以便能够重生"，这就足够了。这种新的"生活艺术"需要重生为一个后西方世界：重塑和确立适用于人类所有成员（包括新近叛乱的殖民地人民、妇女和其他受压迫群体）个人尊严的新品质。20世纪60年代，世界各地的文化领袖——在美国，这些人被乔治·科特金（George Cotkin）称为"拥护加缪的反叛者"——接受了加缪提出的这一挑战。赖特对波伏娃、萨特、法农以及埃里森、海姆斯和鲍德温的影响也是如此。

关于加缪及赖特这两位文学反抗者的地位，人们给出了这样的评价：他反抗在先，他们才得以存在于今世。

图10　无人知晓的坏蛋：比莉·荷莉戴被指控持有毒品时的反应，此时的她头戴墨镜，身穿貂皮大衣。

第四章　比莉·荷莉戴与西蒙娜·德·波伏娃：战后年代的女性酷

她，在她那个年代，为女性发声。

——拉尔夫·格里森，"对比莉的评价"[1]

在当时的女权环境下，女性如何成就自我？

女性如何在依赖中寻求独立？

——比莉·荷莉戴，《第二性》（1949年）[2]

艾灵顿公爵（Duke Ellington）曾给予比莉·荷莉戴至高无上的赞美："比莉·荷莉戴既是一个普通人，也是一位音乐家，她代表了酷的本质。"既然荷莉戴不善于掌控个人生活，而且曾遭遇到更为强势力量的侵害，那么是什么将她变得如此之酷呢？艾灵顿所指的"酷"，在非裔美国人的观念中具有如下内涵：首先，"酷"体现了个人在艺术方面的自我控制力和自我表达能力；其次，"酷"体现在个人原创的标志性表演风格中。荷莉戴非常冷静，能够在身体放松的状态下保持复杂的情绪状态。或许对战后的观众来说，荷莉戴最酷的一点在于她总是能保持镇静沉着的状态：她仿佛受过专业训练的舞者或贵族，以庄严优雅的姿态走上各个俱乐部和音乐厅的舞台。"她是最早那批不露声色，不屑于蹦蹦跳跳，而是冷静歌唱，用（她的）右手打响指的歌手之一……"爵士鼓手"眼镜仔"鲍威尔（Specs Powell）在回忆时说道："她的整个态度非常冷静（和保守）。"爵士乐手卡桑德拉·威尔逊（Cassandra Wilson）与荷莉戴同处一个时代，是荷莉戴最重要的继承者，她为荷莉戴感到惋惜，因为的荷莉戴极简主义艺术创新使其"很少被承认为音乐天才"："（荷莉戴）虽然声音柔和，但拥有强大的影响力。"对威尔逊来说，这才是"推动'酷'真正诞生的关键因素"。[3]

荷莉戴伫立在舞台中央，将肤浅的锡盘巷小调（Tin Pan Alley ditties）演绎成短篇故事，似乎在借此讲述她的亲身经历。古典作曲家内德·罗雷姆（Ned Rorem）认为，荷莉戴的艺术才华史无前例，她把歌曲变成了"纯粹的戏剧"，把生活体验升华为情感的自我表达："这种表演高于真实的生活，"他写道，"它凝聚了生活的精华。荷莉戴凭借自己的艺术创造力从条件有限的舞台表演中获得了美学力量：她唱歌时身体微微摇晃，近乎纹丝不动，令非裔美国人摇头晃脑的表演相形见绌。"她出现在聚光灯下的时候，就像女王一样高贵，"制片人米特·加布勒（Milt Gabler）回忆道，"无论是她抬起头的样子，还是她说出每个词的方式，抑或是她用歌声触及故事核心部分的手法，都是如此高贵。"1940年，在荷莉戴的帮助下，格林尼治村（Greenwich Village）的咖啡公社（Cafe Society）成为第一个成功的跨种族"自由思考者"俱乐部，得到了"新政拥护者"（New Dealers）的资助，是美国第一个被称作"自由俱乐部"的社交场所。咖啡馆老板巴尼·约瑟夫森（Barney Josephson）回忆说："比莉总是知道她想用一首歌表达什么。"[4]

到1946年，荷莉戴已经在诺曼·格兰兹（Norman Granz）的爱乐乐团流行爵士乐巡回演唱会（the popular jazz at the Philharmonic concert tours）中被宣传为"最伟大的爵士歌手"。她将蓝调转变为某种爵士歌曲，使观众能够从中体验到某种情感的宣泄。"比莉是贞女，身上有五千万道伤疤，"同为歌手的玛丽·布莱恩特这样评价她的朋友，"她逐渐热爱上痛苦……情感就是这个女人的全部。"正如历史学家埃里克·霍布斯鲍姆（Eric Hobsbawm）总结荷莉戴对观众的影响时所说："受苦是她的职业；但是她没有向痛苦低头。[5]尽管经历了情感上的阵痛，荷莉戴作为一名爵士乐手，凭借舞台上和艺术作品中的表现，得到了几乎所有爵士乐手的肯定，得到了"酷"这一评价。

1947年，比莉·荷莉戴作为全球偶像的地位已经确立，西蒙娜·波伏娃在那一年的美国之旅中执意要去位于五十二街的一家名为"比莉·荷莉戴之家"（Billie Holiday's Place）的俱乐部。当时这家俱乐部并没有以荷莉戴的名字命名，所以它可能叫"三对二俱乐部"（Three Deuces）。波伏娃用荷莉戴的名字为其命名，为俱乐部增添了光彩，也充分体现出荷莉戴对该俱乐部的影响。波伏娃在她短暂的访问中留下了这段令人回味的片段："稀稀疏疏的观众在听一支乐队不瘟不火的演奏，等待着比莉上台唱歌。她站在那里，面带微笑。她身穿一件长长的白色连衣裙，精心烫染的头发在明净的棕色脸庞映衬下，显得又直又亮。她的刘海如同精心雕饰的黑色金属。她微微一笑，看起来很漂亮，但是并没有唱歌。他们都说她因为吸毒，所以现在很少唱歌。"[6]蓝调和存在主义通过艺术手段融合了顺从与肯定、现实与抒情。就在波伏娃动笔撰写《第二性》之前，荷莉戴就已通过自己的声音为女性开辟了讲述自身经历的艺术空间。通过艺术上的共鸣和理智的分析，荷莉戴和波伏娃为"女性作为男性的他者"这一体验在公开层面的和内省层面上创造了对话条件。

荷莉戴是一名出身工人阶级的女性，她自学唱片中的艺术形式，然后在大乐队的"摇滚学院"（rolling academy）接受爵士乐大师，特别是贝西伯爵乐队和李斯特·杨的指导。荷莉戴更清楚自己是一名即兴爵士乐艺术家，而不是歌手，同时也知晓音乐行业对歌手的看法。"我想我不是在唱歌，而是在吹号"，她经常这么说。"我试图像李斯特·杨和路易斯·阿姆斯特朗那样即兴发挥，"她在1939年的一次早期采访中说道，"我想把内心所想直接表达出来，但讨厌直接唱歌，所以我必须改变表演的方式。"[7]这是一种个性十足的反抗模式，通过融合渴望、忏悔、顺从、肯定和生存来展现个性。战后女权主义者缺少共同的语言，荷莉戴为她的女性听众提供了一个能够产生共鸣的情感空间。荷莉戴的声音远胜于罗塞塔·塔佩修女（Sister Rosetta Tharpe）、贝西·史密斯（Bessie Smith）的强劲蓝调，以及摇摆时代任何一名女歌手得意洋洋的福音呐喊。与这些歌手相比，如爵士乐评论家威尔·弗里德瓦尔德所言："荷莉戴的一句歌词抵得上一千幅画。"[8]

20世纪40年代末，荷莉戴主要为白人听众演唱。她的种种经历（先是经历了一段饱受虐待的恋情，后因吸食海洛因成瘾被捕入狱）为大众所知晓，因此被顺理成章地塑造为悲剧形象。艾伯特·默里哀叹道，对于这些观众来说，"她的歌声……代表了一个魅力十足的可怜女子在自怜哭泣时发出的哀怨声音"。即便是现在，荷莉戴的代表作《奇异的果实》（Strange Fruit）和《我的男人》（My Man）中的白描手法仍然有力地展现了荷莉戴的悲剧性角色。她的自传《女士唱起蓝调》（*Lady Sings the Blues* 1956）进一步放大了这一角色的悲剧经历。这部自传强调并虚构了她遭受种族主义和性别歧视等被压迫经历，却没有阐明她的音乐艺术。爵士乐评论家惠特尼·巴利特（Whitney Balliett）注意到，这本回忆录一方面突出"她可怜的生活"，另一方面主张摒弃"独特、优美、坚不可摧的爵士乐演唱方式"，两者之间显然存在着不和谐。[9]

短短六年（1937—1943年）的时间里，荷莉戴的艺术风格（活力十足，主张有节制地表达情感）催生了以小型乐队为主的室内爵士乐流派。这类小乐队得到了李斯特·杨、泰迪·威尔逊（Teddy Wilson）、贝西伯爵、劳伦斯·布朗（Lawrence Brown）和本尼·古德曼（Benny Goodman）等人的支持。此流派的唱片得到了所有爵士乐学者和乐迷的称赞，但与荷莉戴后来那些伤感的唱片相比，它们早已从今日公众的记忆中消失了。荷莉戴作为悲情受害者的形象依然存在，这种人设掩盖了她的艺术成就，代表了某种美学上的性别歧视和种族主义。但是，不同于男性爵士音乐家吸食海洛因的经历可以给"逍遥法外之酷"增色（例如，查理·帕克、切特·贝克和阿特·佩珀），荷莉戴的毒瘾仅仅引起了人们的同情，却招来了联邦麻醉品管理局的持续迫害［该局借首任局长哈里·安斯林格（Harry Anslinger）之手，对荷莉戴实施迫害］。[10]

荷莉戴凭借个人经历和冷静低调的表演方式，创造出独特的艺术声音，对美国歌曲创作（无论是爵士还是灵魂乐）的影响持续至今，从辛纳屈和埃塔·詹姆斯（Etta James），到戴安娜·罗斯（Diana Ross）和尼娜·西蒙妮（Nina Simone），再到戴安娜·克劳尔（Diana Krall）和卡桑德拉·威尔逊（Cassandra Wilson），均从荷莉戴那里得到启发。在聆听荷莉戴演唱的过程中，犹太少女海蒂·琼斯（Hettie Jones）明确了自己在战后年代对声音的需求："我想要的是那样的曲调，那种类似荷莉戴的曲调，那种笃定的节奏。我还想用自己的方式，在属于自己的最佳状态里……演唱。"琼斯想要学习荷莉戴的"天才技法"，把它作为自己的参照，诸多垮掉派波希米亚主义者也是如此。琼斯回忆起一位乡村诗人，他在七艺画廊看完书后，走向荷莉戴的座驾，对她说："谢谢你，女士。我就是想说这一句……谢谢。"战后爵士乐编年史家伊拉吉特勒（Ira Gitler）若有所思地说："对我们来说，她是一个半神。我（至今）还没有发现有谁能比肩她的独特个性和演唱风格。"荷莉戴甚至有资格——应该说完全有资格——进入摇滚名人堂。[11]

酷：那个时代的阳刚象征

青少年时期的比莉·荷莉戴混迹于巴尔的摩街头，那时的她便已具有硬派气质。早在1929年来到纽约之前，荷莉戴就以热爱唱歌而闻名。在她的职业生涯中，荷莉戴对自己的歌曲、伴奏和录音有着很强的掌控力，即使在吸食海洛因很久之后也是如此。她总是说，她把贝西·史密斯的唱功和自我表达与路易斯·阿姆斯特朗的摇摆，以及节奏上的细微差别结合在一起，精心打造出爵士乐与蓝调的音乐混合体。她既像贝西·史密斯一样努力抗争和拼命酗酒，同时也拥有阿姆斯特朗那种美妙的想象力。据她

的朋友卡门·麦克雷（Carmen McRae）说，当遭到男友毒打时，荷莉戴
通常会立刻反击。据目击者称，她不止一次在52街的玛瑙俱乐部（Onyx
Club）门外痛打种族主义水手，因为后者骂她"黑鬼婊子"。她对其他音
乐家固执己见，对模仿者不屑一顾，就像李斯特·杨一样。她曾在《强
拍》中这样评价露丝·布朗（Ruth Brown）以及1950年贝西伯爵的乐队，
"说实话，我为他们的衰落感到羞耻"，为他们"辉煌不再"而感到遗
憾。荷莉戴曾身着晚礼服，现身咖啡公社，用屁股对着一名听众，原因不
详，可能是出于心情沮丧这类普通的原因。但据俱乐部老板说，她只是换
用这种方式表达"亲吻我的黑屁股"这个意思。[12]

　　西蒙娜·德·波伏娃写道，女性处于一种蜕变和涌现的状态。如果女
人是男人的"他者"，那么承认女性身上所具备的矛盾（女性低下的社会
地位和无限的潜力），不仅是一个必要的开端，而且是一个哲学宣言。毕
竟，法国妇女直到1944年才获得选举权。波伏娃《第二性》改变了所有关
于性别的观念，是一部史无前例的权威著作。波伏娃可能是一位比萨特更
具影响力的青年哲学家——他们的老师们这么认为——她的研究成果可能
具有更持久的社会意义。波伏娃的小说和回忆录在战后的法国非常畅销，
创造了"自我"和"他者"这组对立关系，但是这种对立至今仍被认为是
萨特的功劳。[13]

　　波伏娃和荷莉戴都是叛逆的年轻艺术家和20岁出头的双性恋女性。
20世纪30年代末，荷莉戴和贝西伯爵大乐团一样，在公交车上掷骰子，
喝酒，狂欢作乐。波伏娃是一位思想自由的小说家兼哲学家，在和萨特同
居的同时，还与各色情人交往。在纳粹占领巴黎期间，波伏娃开始构思一
种新的道德规范：与萨特的作品相比，她更应该感谢海德格尔的"他者"
概念和她朋友梅洛－庞蒂的"具身"概念。同样，"比莉（总是）走自己
的路，"巴尼·约瑟夫森回忆说，"她……是一个自由的灵魂，做自己喜
欢做的事。"荷莉戴离开俱乐部时和一个男人在一起的次数与和一个女
人在一起一样多；她开车穿梭于曼哈顿城各处，常常在主驾位置上吸食

大麻。[14]

那么，为什么公众记忆和艺术史仍然认为这两个女人，一个是悲剧和脆弱的（指荷莉戴）形象，另一个是具有文学气质和甘居男性之下的（指波伏娃）人物呢？所有黑人爵士音乐家和作家，包括迈尔斯·戴维斯在内，都喜欢荷莉戴。从詹姆斯·鲍德温（James Baldwin）到马尔科姆·艾克斯再到安吉拉·戴维斯（Angela Davis），所有人都将荷莉戴奉为战后非洲/美国抗争史与苦难史的代言人。[15]她演出风格的基调是保持放松态度的冷静美学，并且经常戴着酷面具。简而言之，荷莉戴是美国最伟大的艺术家之一。

那么，当我们论及"酷"时，为什么很少提及荷莉戴和波伏娃？

"酷"是一种战后的男性审美，它的典范人物是道德上叛逆的孤独者。"酷"建立在构建自我权威的基础之上，其特征是独立、叛逆和暴力。由于缺乏自主性和能动性，在家庭中扮演相夫教子角色的女性很难在战后的文化想象中引发类似的共鸣。此外，主导美国和全球意识的主流艺术领域——爵士乐和黑色电影、哲学和文学——都是由男性作家和评论家主导的。荷莉戴虽然戴着酷面具，但这种行为只有非裔美国人才能理解。"她很精明……如同一个精明世故的顽童走在大街上，被迫寻找食物果腹，"玛丽·布莱恩特回忆道，"但她内心很脆弱。这便是她扮演的角色。"主流社会既不认可她的坚韧，也未能接纳她将痛苦转化为冷酷的声音美学。[16]

20世纪80年代，当业余社会学家着手制定战后"酷"的标准时，几乎完全以男性为参照。在吉恩·斯卡迪（Gene Sculatti）的《酷之纲目》（*The Catalog of Cool*，1982年）、罗伊·卡尔（Roy Carr）的《嬉皮：嬉皮士、爵士和垮掉的一代》（*The Hip：Hipsters, Jazz, and The Beat Generation*，1986年）以及刘易斯·麦克亚当斯（Lewis Mac Adams）的《酷的诞生：垮掉派、比波普和美国先锋派》（*The Birth of The Cool：Beat, Bebop, and The American avan–grade*，2001年）中，"酷"是

带有艺术气息的硬汉气概。格温多林·布鲁克斯的《我们真的很酷》（*We Real Cool*，1959年）是当时唯一一部回击非裔美国人大男子主义（hypermasculinity）的女权作品。她的七行诗简洁明了，成功地预见了21世纪初女权主义对酷的批判。涉及这场批判的作品还有：苏珊·弗雷曼（Susan Fraiman）的《酷男子与第二性》（*Cool Men and the Second Sex*，2003年）、贝尔·胡克斯的《我们真的很酷》（*We Real Cool*，2003年）、玛琳·康纳（Marlene Connor）的《酷为何物？》（*What Is Cool?*,1995年），以及理查德·梅杰斯（Richard Majors）和珍妮特·比尔森（Janet Billson）的社会学研究著作《酷姿态》（*Cool Pose*，1993年）。相比之下，白人对"酷"的论述大多依赖于借鉴自黑人文化的内容：安德鲁·罗斯（Andrew Ross）的长文《嬉皮与有色人种的漫长战线》（Hip and the long Front of Color）、英格里德·蒙森（Ingrid Monson）的《白人嬉皮士的问题》（*The Problem with white Hipness*）、贝尔·胡克斯的《吃掉他者》（*Eating the Other*）。

荷莉戴和波伏娃在各自的回忆录和文字作品（无论是文学作品还是音乐作品）中，都以至关重要的方式宣扬了自己关于被动和顺从男性的迷思。波伏娃总是折服于萨特的卓越才智，拒绝在萨特辞世前自诩哲学家。因此，这位法国哲学家选择了支持她的丈夫，没有将自己承袭的学术流派视作自由硬派的代表。比莉·荷莉戴在满是皮条客和妓女的环境中长大，她将男性的暴力和女性的依赖心理带入自己的爱情生活中，崇拜"夜生活中的铁腕人物……渴望从他那里得到保护"。荷莉戴向自己的音乐中注入了自主权和权威，但在个人的生活方面，她内心有一种依赖男性和被男性支配的渴望。波伏娃和荷莉戴有着截然不同的生活经历，但二人都把自己的生活渲染成男性主导的神话，认为她们的生活需要受到强势人物的支配，无论此人是知识分子还是街头皮条客。[17]

一直以来，我们总是将《女士唱起蓝调》中对毒品和受害者的强调归咎于该书合著者威廉·杜夫迪（William Dufty）的种族主义。但我们现在知道，荷莉戴其实是自愿与威廉合作的，并且把一个需要得到有权势的男性（常常是暴力的男性）拯救的悲剧少女形象投射到自己的小说中。在《向月亮许愿》（*Wishing on the Moon*）一书中，传记作家唐纳德·克拉克向读者透露了荷莉戴早年（12岁和13岁时）立志当爵士歌手的想法，以及她年轻时在巴尔的摩街头巡回演出的经历。巴尔的摩观众在接受采访时透露，荷莉戴在1933年演绎了一个拯救落魄少女的童话故事。该故事意境完美，制片人、音乐制作人兼音乐星探约翰·哈蒙德（John Hammond）在其中饰演白衣骑士。在《戴女士》（*Lady Day*）一书中，罗伯特·奥米莉（Robert O'Meally）指出，在爵士乐导师克拉伦斯·荷莉戴（Clarence Holiday）自由精神的影响下，少女时期的她周旋在各个"花花公子"之间，总是怀揣跻身上层社会的梦想寻觅男性，而不是像她母亲那样为白人服务。[18]

《女士唱起蓝调》更容易被理解为一首叙事诗，讲述了歌手在吸毒十年和母亲去世后的内心感受。截至1943年，荷莉戴已经录制完成部分20世纪的经典音乐。1945年以后，她在贝西伯爵乐团的好朋友们——号手哈里·爱迪生和巴克·克莱顿，特别是李斯特·杨（杨和荷莉戴已有十四年没说话）经常与她保持距离，以避免受到她吸毒行为的牵连。《女士唱起蓝调》出版之时，巴利特在《纽约客》（*New Yorker*）上写道："结合她可怜的人生，我们便可理解她为何能缔造出这般艺术伟业。"[19]

根据阿尔伯特·穆雷的观察，即便在吸毒期间，荷莉戴也从不用歌曲宣泄情绪，而是动用自己的音乐技能，"从容优雅地发挥创造力"，借助"面不改色的冷静陈述"，娓娓道出复杂微妙的痛苦情感。钢琴家泰迪·威尔森（Teddy Wilson）曾指挥过荷莉戴早年最为精彩的几场室内爵士乐即兴演奏会。他认为，荷莉戴的艺术是对其主观情绪进行的有机投射："她唱歌的方式自成一体，体现了她整个人的哲学观与人生经历。"荷莉戴借助艺术手段进行自我反思，展现了通过沉思了解自我的过程。荷莉戴正是从蓝调中得到了这样的训练，此过程类似一位社会艺术家推崇的群体治疗。[20]

荷莉戴在美国白人眼中的公众形象与她在非裔美国人眼中的街头艺术形象截然不同，这种反差在荷莉戴的两张照片得到了具体展现。她曾出演好莱坞电影《新奥尔良》（*New Orleans*，1947年），在其中扮演一名爵士歌女。银幕上的女仆形象令荷莉戴蒙羞，她讨厌这身装扮，在影片中明确地表现出对这种装扮的抗拒：除唱歌之外，她对新奥尔良的一切都毫无兴趣，总是显得闷闷不乐。尽管如此，荷莉戴开创的新造型仍然极具影响力——身穿皮草、发型蓬乱、合身的闪光连衣裙搭配栀子花头饰——整套装扮个人魅力十足。就是这样一个女人，在1949年因私藏海洛因被捕后，身穿貂皮大衣、戴着墨镜来到警察局，为战后一期的女性留下了一张标志性的坏女人照片（见图10）。

爵士鼓手"眼镜仔"鲍威尔在18岁时，第一次在52街的俱乐部里接触到战后新兴的"高冷的酷态度"。回想当初，鲍威尔将艺术性与矫揉造作区分开来。"任何持这种态度的人都很世俗，在一个18岁的男孩看来，这是一种沉着镇静的处事态度。"一部分人刻意模仿这种厌世态度，其他人则对自己的艺术才能信心满满："但是比莉从不模仿任何事物。"她非常真实。在跳踢踏舞和擅长讲故事的霍妮·科尔斯（Honi Coles）看来，荷莉戴虽然很年轻，但"非常酷，非常温柔"。"她的那种自信"，就是他人所说的"桀骜不驯的个人风格"，就连男人也常常认为这种品质很酷。[21]

男性气质、反叛精神和"酷"融合为一个密不可分的整体。时至今日，我们才得以着手窥探战后女性酷的本质。

波伏娃

在大屠杀之后，艺术家、政治家和哲学家开始解构固定的种族身份和基因至上的陈旧观念。他们研究的案例最初是"犹太人"，正如波伏娃在1946年首次认可萨特的《反闪米特与犹太人》（*Anti-Semite and Jew*，1946

年）那样。后来，研究的案例很快扩展到"黑人"、"印第安人"和"女人"。波伏娃（图11）在理查德·赖特的影响下研究这个问题——赖特对美国黑人中的"他者"（种族主义中的"他者"）的理解，为女性（作为他者的女性）的写作提供了新的视角。女性在成长过程中依赖于男性，男性却不承认男女之间的人性平等。所有女性都在不断地"退化为她自己"（退化为仅仅是一个女人），或者更确切地说，不断地被男人定义的女性特征的特定子集所框定。[22]《第二性》一书甚至走得更远：波伏娃宣称个体是一种"历史观念"，认为每个人都不断地被其他人重新定义。通过这种做法，她不动声色地向所有种族或性别的等级制度宣战，并为她挑战现代主义理念，提出"关系型自我"（relational self）这一概念铺平了道路。[23]

波伏娃在《第二性》中写道："女人不是一个固定不变的现实，而是处在变化之中，也就是说，她的可能性必须被定义。"波伏娃和荷莉戴在自己的作品中都没有把自己描绘成英勇的反叛者。实际上，她们的生活和作品同时见证了存在主义的反叛和对女性的压迫。他们穷尽一生，定义了她们所处时代的各种可能性。但是，作为具有声望的艺术家，她们不是在文学和音乐领域提供自信和力量的女性，而是仅仅反映了现实主义框架下女性的主观生活。[24]她们的行为缺少个人的反抗，也没有以反抗者的身份制定规则……所以不能称之为"酷"。

社会条件不允许妇女个人的反叛。波伏娃写道："对男孩来说，抗争精神尤为重要，女孩对此却一无所知。"在传统的女性主义框架内，女孩被禁止参加体育运动或智力竞赛，并习惯于压抑个性和愤怒。举一个有趣的例子，作家安妮·迪拉德（Annie Dillard）在匹兹堡长大，是个假小子，喜欢和男孩一起玩橄榄球：在20世纪50年代早期，没有什么比这项运动对意志、技巧、即兴发挥和体力的要求更高的了。1952年的一天，在一场暴风雪中，她和她的一个橄榄球伙伴用雪球击打一辆经过的汽车。一个二十多岁的男人在街上停下车，追着这两个孩子跑了十个街区，穿过附近

图11　伫立在巴黎街头的西蒙娜·德·波伏娃，1945年（©亨利·卡蒂埃－布列松/玛格南图片社）

的街道、小巷和后院。当她被抓住时，她一点也不害怕：事实上，她觉得自己好像赢得了奥运会冠军。男人能对她做什么？无非是一些无关痛痒的惩罚。追逐本身就是一种挑战和荣誉，所以被抓住时没有必要抗争。回首四十岁时的生活，她用不带半点讽刺的文字写道："在此之前或之后，我从未被要求过这么多。"[25]

　　波伏娃指出，在青春期，男孩们崇尚体育和暴力，而女孩则只是想着嫁人。女孩们习惯于通过男人实现自我满足，而不是通过自身的行为。这一现象通过流行文化得到了验证。在音乐中，蓝调女歌手或者爵士女歌手常被视作（男人眼中）风骚色情的形象，而不是倡导道德反省或者社会抗争的艺术家。在黑色电影中，叛逆聪慧的独立女性通常是（男人眼中的）蛇蝎美人，而不是一个追求自由的反抗形象。波伏娃提炼出了这种区别：

　　在大约13岁的时候，男孩们在暴力中度过了一段真正的学徒时期，提升了他们的攻击性，增强了他们对权力的渴望，以及他们的好胜心……（然而）这时小女孩放弃了粗野的游戏……在许多国家，大多数女孩没有接受过体育训练……她们被禁止去探索、去冒险、去挑战可能的极限。[26]

　　值得重复的是：如果不去反抗陈规旧俗的限制，便不能被称为"酷"。

　　波伏娃比鲍里斯·维昂以外任何存在主义者都更注重分析种族、酷和爵士乐的交集。20世纪40年代末，波伏娃参加了由路易斯·阿姆斯特朗、梅兹·麦茨罗和西德尼·贝歇特主演的音乐会，他们都拥有狂热的年轻乐迷。波伏娃说，阿姆斯特朗的演唱会"可能是多年来我看到的最为精彩的演出"，"整场演出期间，……热情的年轻人疯狂尖叫"；此外，她特别提到参加这场演出的"杰出钢琴家"、演奏家和乐队指挥厄尔·海恩斯（Earl Hines）。在波伏娃的《名士风流》（*The Mandarins*，1954年）中，新奥尔良爵士乐是巴黎从纳粹占领中被解放出来的历史时刻的背景音乐。此外，波伏娃在她的小说中，以荷莉戴为原型，塑造了一位爵士女歌手角色，这是一位富有表现力的歌手，与一个不忠的男人纠缠不清。1947年，波伏娃独自前往美国旅行了四个月的时间，在此期间创作出《美国纪行》。[27]

　　在纽约，理查德·赖特把波伏娃介绍给了一个由爵士乐和种族学者组成的社区，他们在单簧管演奏家梅兹·梅泽罗位于哈莱姆区的公寓里照顾她。梅泽罗刚刚出版了地下经典回忆录《真正的蓝调》（*Really the Blues*，1946年）——芝加哥地区最早尊重和深刻分析黑人音乐和文化的著作之一；波伏娃曾在巴黎听过梅泽罗的音乐会，梅泽罗的合作者是伯纳德·沃尔夫（Bernard Wolfe），此人是一名知识分子，曾任里昂·托洛茨基的秘书，在《现代杂志》（*Les Temps Modernes*）上发表过自己的文化批评文章。沃尔夫把波伏娃介绍给欧内斯特·博尔内曼（Ernest

Borneman），后者是一位机敏的德国人类学家和爵士乐评论家，被波伏娃称为"我在纽约最好的朋友"。[28]瑞典社会学家冈纳·缪尔达尔（Gunnar Myrdal）经常随身携带他有关种族的权威著作《美国的两难困境：黑人问题与现代民主》（*An American Dilemma*，1941年），这本书对波伏娃《第二性》产生的影响不亚于赖特的作品和友谊。梅泽罗、沃尔夫和博尔内曼"热爱爵士乐……憎恨美国资本主义、种族主义和清教徒式的道德主义"，所以，这些知识分子共同教会了波伏娃观看（和聆听）爵士乐的方式。[29]

20世纪40年代末，很难想象还有比上述学者和乐手更好的老师。波伏娃也是个聪敏的学生，她坐在52街的"爵士街"俱乐部里（常常只坐满一半观众），聆听来自新奥尔良单簧管乐手西德尼·贝歇特的演奏。在一段很长的文字里，对爵士乐在非裔美国人这一小众群体内部发挥的社会功能，波伏娃表达了自己的理解。她的顿悟不是来自对音乐分析，而是通过观察贝歇特的独奏对一位黑人女厨师产生的影响：

> 贝歇特做梦也想不到，除了那个穿着白围裙、脸色黝黑、时常出现在讲台后方小门外的女人，再没有其他人能代表他向公众展现自己的天赋。这个40多岁的胖女人是位厨师，她面容憔悴，长着一双贪婪的大眼睛。她将双手平放在肚子上，带着宗教般的热情聆听音乐。渐渐地，她那憔悴的脸变了模样，身体随着舞蹈的节奏摆动；她站在原地跳起舞来，宁静和喜悦降临在她身上。她曾有心事，她曾有烦恼，但在这一刻，她将一切抛之脑后……忘记了她的抹布、她的孩子、她的疾病，抛开了过去和未来，完全沉浸在快乐中：音乐使她暂时忘记了艰难的生活和不公平的世界。她舞动身躯……苍白的脸上露出不易察觉的微笑，唯有上扬的嘴角让人们感受到她内心的快乐。

波伏娃描绘了这位女人的工薪阶层生活状态，十分欣赏她聆听音乐时暂时忘却艰辛生活的态度。这种描述不是站在种族的立场之上，而是针对个体本身："一个健壮的女人……憔悴的面容……一双贪婪的大眼睛"——这些语句赋予这位厨房工人能动性和主观性。这也是对那个时代种族姿态的真实描述，因为从马克斯兄弟的经典作品《赌马风波》（*A Day at the Races*，1937年）中也可以看到，爵士歌手伊维·安德森（Ivie Anderson）扮演女佣的表演也与这种描述相吻合。在这部电影中，安德森同样把手放在肚子上，沉浸在音乐中，直至"站在原地跳舞"，然后被音乐所改变。

波伏娃在描述这个女人的反应时，只是把她描述为"完全沉浸在快乐中"，对其种族天性，她没有使用本质主义或原始主义的概念。相反，她凭直觉认为爵士乐是一种情景艺术形式，是一种临时创造出来的对话型仪式。波伏娃对这位不知姓名的女士用尽赞美之词："看到她的反应，比聆听贝歇特本人的演奏更能领会到爵士乐的伟大。"她的描述呼应了詹姆斯·鲍德温对非裔美国人音乐功能的分析。"音乐是我们的见证，我们的盟友，"鲍德温写道，"节拍便是我们的告白，它识别、改变和征服了这个时代。"[30]贝歇特对这个女人的影响体现了20世纪中期爵士乐的主要目标：音乐家努力唤起他人的情感反应，自己却没有因此变得兴奋或"热情洋溢"。通过这种方式，爵士音乐家为他者的个人变革和社会变革创造了空间。

比莉的存在主义蓝调

20世纪20年代，蓝调女歌手开创了美国女性主义文学的先河，但她们却很少得到应有的赞誉。原因有两点：第一，在固有的等级体系中，文学的地位要高于音乐，艺术乃至学术领域内的种族主义也在此体系中蔓延；第二，当时的社会拒绝承认非裔美国妇女是艺术领域的先锋。在20世纪20年代，一群蓝调女歌手走上街头，歌颂性别特征突出的独立女性，她们身上汇聚了女性的各种经历（对性的渴望，遭遇种族歧视，追求自由，情绪化和喜怒无常，维持女同性恋关系，与情敌较量，遭遇家庭暴力，以及报复丈夫的压迫），令人印象深刻。在《蓝调遗产与黑人女权主义》（*Blues Legacies and Black Feminism*）一书中，安吉拉·戴维斯（Angela Davis）借助蓝调女歌手的歌曲，开创了属于自己的政治流派，打造出从马兰尼到贝西·史密斯，再到比莉·荷莉戴这样一脉相承的体系。[31]

蓝调是产生于大迁徙期间的一种诗意语言，折射出那一时期自由活跃的思想，特别适用于描写非裔美国妇女的生活。蓝调女性也是实现爵士乐城市化的重要途径——她们将爵士乐融进蓝调，通过这种创新的手法表现出现代与传统的对立关系。如今很少有人知道贝西·史密斯，她是20世纪20年代收入最高、知名度最高、种族意识最为鲜明的非裔美国歌手。她的歌曲开创了阐述女性赋权、种族自豪感和黑人意识等问题的新方式。史密斯一生大部分时间只为非裔美国人表演（仅为南方白人观众表演过两次）——正如她所说，只为"自己的人民"演出。作为一代先驱歌手，贝西·史密斯这样的前辈为荷莉戴的艺术手法奠定了基础。1949年，摄影师卡尔·凡·韦奇滕（Carl Van Vechten）向荷莉戴展示了他为贝西·史密斯拍摄的肖像，以此证明自己的诚意，这时的荷莉戴才同意坐下来让韦奇滕拍照。[32]

在20世纪二三十年代的蓝调音乐中，几乎没有丈夫、家务和孩子的身影。[33]贝西·史密斯塑造的形象是一位独立自主、随时准备浪迹天涯的性感女子。她的歌曲表现了同情、报复、依赖和反抗社会等情感状态。在史密斯的《年轻女子的蓝调》（*Young Woman's Blues*）中，她躺在床上，发现她的男人给她留下了一张分手纸条，上面写着："我没有时间结婚，更没有时间安定下来。"在20世纪，几乎所有的白人歌手面对这种情况，都会哀叹自己的命运或因此哀号，但这位歌手的第一反应是感到自己得到了解放，而不是失去了自我："我是个年轻的女人/我的路还很长。"她的第二反应是借自己的深色皮肤宣扬社会平等和种族自豪感："我不比你们镇上任何一个女人差/我虽然没有好嗓门（浅肤色）/但我是一个深邃的棕色杀手。"说完此话，她便开始了自己的旅程。与沃尔特·惠特曼（Walt Whitman）类似，史密斯巧妙地借用反映传统男性自由意识的语句表达自己的想法：

> 我不会结婚，更不会安定下来
>
> 我要喝好酒
>
> 把这些棕色［指黑人］擦干净
>
> 看那寂寞的漫漫长路
>
> 天啊，你知道该结束了
>
> 我是个好女人
>
> 我可以找到很多男人

在蓝调这一音乐流派中，流动性寓示着自由，对女性来说尤其如此。从贝西·史密斯身上，我们可以窥见大迁徙时期的思想潮流，以及这种潮流的发展趋势。更宽泛地说，蓝调女歌手是第一批表现这种现代主义解放意识的女性群体。从贝西·史密斯的声音中，青少年时期的伊丽娜·费根（即比莉·荷莉戴）听到了什么？她听到一个低沉的女低音，一个清晰的发音，还有不时被咆哮、呻吟和喊叫打断的声线。她听到了一个女人的声音，她不是一成不变的个体，而是处在变化之中。

当荷莉戴才十几岁的时候，贝西·史密斯就已经被认为是美国最伟大的蓝调歌手。史密斯唱歌时，她的音乐仿佛能给人以仪式般的慰藉，能暂时战胜生活中的荒谬。她庄严地站在舞台上，高唱歌曲，时而坚强，时而又表现出辛酸：她可以命令观众保持安静，并唤起人们对福音音乐的热情回应（例如，"你说的对，老妹儿""没错"）。史密斯没有在音乐厅里使用扩音器（在微型麦克风出现之前，大多数歌手都使用扩音器），而是依靠"她的自然音量"。蓝调专家保罗·奥利弗（Paul Oliver）认为，这个选择既证明了"她的那些对手能力不足，无出其右"，也证明了她将主观经验转化为自我表达的能力。奥利弗这样形容史密斯，"用她的整个身体——热情、有力、微妙地摇摆着"唱歌，是一位"向别人施加几乎无法控制的巨大力量"的艺术家。[34]

酷美学恰恰体现了这种张力：在情绪控制力和艺术创作意志的支配下，个体获得了强大的力量。整整有两代音乐作家和学者都认为蓝调歌手仅仅是在歌曲中将自己的情感宣泄出来（认为这是蓝调歌手刻意为之的行为），直到查理·凯尔和艾伯特·穆雷通过分析蓝调的表演仪式，才打破了这种误解。例如，贝西·史密斯在她的录音中不时出现自发的感叹声，她深知如何发挥自己的社会艺术家角色，如何用"自己即兴创作的作品"影响他人。奥利弗曾给出这样的评价，"（史密斯）既不需要排练，也不需要练习"。观众选择一些歌手和乐手作为沟通情感的渠道，是因为这些艺术家已经证明了自己作为舞台艺术大师和自我意识大师的价值。在奥利弗看来，蓝调是"隐藏艺术的艺术"。[35]

1948年，詹姆斯·鲍德温移居法国时，他只带了一台打字机和两张贝西·史密斯的唱片。从史密斯描写1927年密西西比河洪水的《悲伤逆流而上》（Backwater Blues）的歌曲中，鲍德温听出了一种存在主义的蓝调美学："令我震惊的是，她歌唱的是一场几乎要了她的命的灾难，但是她依然接受了它，并正在超越它。这里面有一种奇妙的轻描淡写……这正是我想要的写作方式。"随后，鲍德温把这首歌里的一句台词单独挑出来，将其奉为酷派极简抽象艺术的经典语录。"当她说出'我的房子塌了，我再也不能住在那里了'这句话时，她创作出一个伟大的句子，取得了一个伟大的成就。"[36]贝西·史密斯对音乐的影响贯穿了过去一个世纪，从比莉·荷莉戴到黛娜·华盛顿，从梅兹·梅泽罗到鲍勃·威尔斯（两人都看过她的现场演出），从詹姆斯·鲍德温到贾尼斯·乔普林（崇拜她的人），从伊尔玛·托马斯到露辛达·威廉姆斯，无不受到史密斯的影响。

"酷"既表现出个人的镇静自若，同又暴露出个人的弱点，从而恰到好处地展现出"扮酷"所需付出的情感代价。"酷"需要情感上的自我控制，是一种超然的美学表达方式。蓝调女歌手或男歌手在舞台上展现了个体的自由：此时此刻，他或她是一个彻底的自由个体。莱昂内尔·汉普顿回忆起贝西·史密斯时说道："她的歌声如此轻松，她歌唱的故事如此真实——这就是现实。"[37]

爵士歌手贝蒂·卡特也对比莉·荷莉戴作出过类似的评价——"她只有在唱歌的时候才感到自由。"紧接着，卡特详细阐述了自由的含义——"（对她来说）其他一切都没有太多的意义，除了那一刻，她走上舞台，成为我们所有人都想成为的样子，但只有她能给我们这种感觉。大家都知道，那一刻，她自由了。"[38]荷莉戴在一种社会艺术性的民族仪式中演唱，在舞台上代表她的人民，使她自己"成为我们所有人想成为的样子"。她的歌唱技巧包含痛苦和折磨、肯定和生存：她赋予观众尊严、接纳和自由。不管白人观众对荷莉戴的印象如何，她在非裔美国人和黑人社区中一直保持着这些品质，直至1959年英年早逝。她继承了贝西·史密斯的音乐遗产，并在此基础上继往开来。

在舞台下，贝西·史密斯和比莉·荷莉戴都不会掩饰自己的情感。相比卡耐基音乐厅的舞台，在街头巷尾同无家可归的流浪汉共饮私酿威士忌更令史密斯感到自在。荷莉戴生活开放，对所有人都一视同仁：她经常光着身子在公寓里走来走去，无论谁来访，她都不会感到害羞，也不觉得有任何不妥。长期担任荷莉戴钢琴伴奏的鲍比·塔克（Bobby Tucker）曾回忆道："女更衣室的服务员都可能成为她最好的朋友，就是那种真正的朋友，即使第一夫人或者英国女王也换不走的朋友。"[39]

正如马尔科姆·艾克斯歌颂她时所说的那样："戴女士用黑人的灵魂歌唱，他们经历了几个世纪的悲伤和压迫。"20世纪40年代初，当他还是皮条客和小偷的时候，年轻的马尔科姆和荷莉戴私交甚好，经常去缟玛瑙俱乐部（Onyx Club）看望她：

> 我们乘出租车到了五十二街……外墙上方的灯光照射着"比莉·荷莉戴"等歌手的海报照片。在俱乐部内部，桌子被推挤在墙

边……她头上扎着标志性的马尾辫，脸上透着印第安人的铜红色，身上的白色礼服在聚光灯下闪闪发光……她说了一句我一直很喜欢的话："你不懂情为何物。"

那天晚上，荷莉戴和当时陷入困境的皮条客及其女友简坐在一起，感觉到马尔科姆有些不对劲。马尔科姆当时装作若无其事，日后却后悔不已。"比莉感觉到我有些不对劲。她知道我总是很兴奋……她用她惯用的脏话问我怎么了……我假装不在乎，她便撒手不管了。那是我最后一次见到她。"两人的这次相遇可能发生在荷莉戴吸食海洛因成瘾之前。二十年后，马尔科姆·艾克斯仍然为荷莉戴感到悲伤，这个女人兼艺术家有着"像谷仓一样大的内心，她那种声音和风格……没有人能复制"。马尔科姆·艾克斯揭示了荷莉戴音乐中隐藏的潜台词——突出种族的自豪感和黑人的自我意识："那个自豪、优秀的黑人女性从未生活在真正体现黑人种族伟大之处的地方（或时代），这是多么可耻的事情啊！"[40]美国文化会为荷莉戴的艺术成就以及她从最初的蓝调女歌手典范那里发展而来的冷酷美学而自豪。

迈向酷感女性审美

波伏娃分析了女性对社会的调节作用，蓝调女歌手通过荷莉戴表达出她们所坚持的原型女权主义*（proto-feminism）——二者共同为人们重新思考战后的酷指明了方向，帮助酷摆脱了与生俱来的大男子主义烙印。比莉·荷莉戴是一位原创艺术家，与李斯特·杨共同创造了爵士乐中的冷酷美学。至于波伏娃，过去一代的女权主义学者已将她纳入知识分子的范畴：她是唯一一位创造了一种完整的伦理学理论的存在主义人物，她的作品对萨特产生了深刻影响。这两位女性都是20世纪最伟大的艺术家。正如弗兰克·辛纳屈在1958年接受《乌木》（Ebony）杂志采访时所言："过去20年里，戴女士无疑是流行唱坛最具影响力的人物。"[41]

　　冷酷的女性审美始于20世纪20年代的贝西·史密斯，一直延续至梅·韦斯特（Mae West），后者在塑造个人形象时在一定程度上借鉴了蓝调女歌手的个性特质。其中更包括了多萝西·帕克（Dorothy Parker）、乔治亚·欧姬芙（Georgia O'keeffe）、露易丝·布鲁克斯（Louise Brooks）等特立独行的艺术家。[42]在20世纪30年代的电影中，冷酷审美潮流重新抬头，在诸如《一曲十分》（*Ten Cents a Dance*）、《风流韵事》（*Illicit*）和《娃娃脸》（*Baby Face*，1931—1933年）这样的早期硬汉电影中，芭芭拉·斯坦威克（Barbara Stanwyck）开创了一个新的美国角色类型，使这种角色独立于性别之外。在此之后，她塑造的角色比《双重赔偿》中的沃尔特·内夫［弗莱德·麦克莫瑞（Fred MacMurray）饰演］这类冷酷角色更有谋略，心思更为缜密。斯坦威克在几乎所有的电影中都淡化了她的智慧和独立性，但她同波伏娃和荷莉戴一样，总是聪明与性感并存，经常铁石心肠和诡计多端，是银幕上活到最后的幸存者，展现出了女性生活的多样性。[43]（见图12）

　　战后的"酷女性"的两位代表人物是劳伦·白考尔和安妮塔·奥黛（Anita O'day），二人分别是"黑色酷"（noir cool）和"爵士酷"（jazz cool）的化身。白考尔是银幕上少有的冷静和坚强的女性；奥黛自诩为"嬉皮潮女"，是那个时代最受欢迎的爵士乐歌手之一。詹姆斯·阿吉（James Agee）从白考尔的角色中发现了新的酷元素，称赞她是"好莱坞长久以来渴望遇到的最为坚韧硬派的女性形象"。阿吉将她在电影中的表现称为"舞蹈演员的灵活柔韧，女性的机警聪敏，甜中带涩的独特性格"的结合。[44]白考尔冷峻的女低音类似李斯特·杨低频的萨克斯管音域。1945年，白考尔与鲍嘉结婚，二人共同主演了四部经典的黑色电影，她用坚韧的性格和优雅的身姿中和了鲍嘉头发斑白的玩世不恭形象（《江湖侠侣》、《沉睡》、《逃狱雪冤》和《盖世枭雄》）。

　　作为一名爵士歌手，安妮塔·奥黛凭借自己的街头风格，将"女歌

图12 在这张拍摄于《双重赔偿》上映前两年的宣传照片中，经典的黑色电影布景彰显出芭芭拉·斯坦威克冷峻的气质。

手"或"金丝雀"的形象转变成为"嬉皮潮女"。奥黛成长于大萧条时期，在贫困的环境下变得更加坚强，曾以步行马拉松和舞蹈比赛冠军的身份进军演艺界。作为吉恩·克鲁帕乐队的明星歌手，她是芭芭拉·斯坦威克在《火球》（*Ball of Fire*，1941年）中饰演的街头爵士歌手的原型，这是首个电影刻画的来自爵士世界的嬉皮女性。奥黛的艺术和风格在很大程度上是在反抗种族和性别歧视：（1）她为女性塑造了一种职业形象——黑色运动夹克和短裙；（2）她打破了美国舞台上的肤色界限，曾与小号手罗伊·埃尔德里奇（Roy Eldridge）同台表演二重唱；（3）她吸食海洛因成瘾，曾有过两段身陷囹圄的经历，因此吸引了大批对违法女性形象感兴趣的观众群体。但是奥黛对她的毒瘾既不以为耻，也不以为傲。[45]

奥黛自信的艺术才能源自她冷酷的面孔，就像她的爵士乐同伴一样。奥黛在她关于爵士乐和毒瘾的回忆录《高光时刻与艰辛岁月》（*High Times, Hard Times*）中，反思了她父母糟糕的婚姻，并将此总结为她坚韧性格的成因。"就像乌龟一样，我长出了坚硬的外壳来保护自己，"她写道，"我可能很脆弱，但我学会了如何用一句轻率的话或一种冷漠的态度来掩饰我的痛苦。"她无不自豪地回忆道。"我很少哭泣，"她接着说，"因为哭的唯一结果就是让自己难受。"奥黛的情感挣扎并不是来自种族主义，也不是来自她坚硬的外壳，但她仍然选择将自己的压抑注入爵士乐和海洛因，直到"成为一个嬉皮、摇摆的女性……并为此付出了巨大而无法承受的代价"。[46]

战后女性酷的谱系有待进一步的梳理分析和更为全面的研究。可以被归入女性酷的人物还包括贝蒂·佩吉（Bettie Page）、黑色小说家帕特里夏·海史密斯（Patricia Highsmith）、爵士歌手莉娜·霍恩（Lena Horne）、黛娜·华盛顿（Dinah Washington）和艾比·林肯（Abbey Lincoln），以及黑人女演员格洛丽亚·格雷厄姆（Gloria Grahame）、维罗尼卡·莱克（Veronica Lake）和艾达·卢皮诺（Ida Lupino）。

图13 在电影《第三人》中，哈里·利姆（奥逊·威尔斯饰）与自己的
童年好友霍利·马丁斯（约瑟夫·科顿饰）当面对峙。

第五章　1950年：三种酷的交融——
爵士、黑色电影和存在主义

塞隆尼斯·蒙克（Thelonious Monk）的单曲《午夜旋律》（Round Midnight）为何没有被归入黑色类型的作品？该曲创作于1945年，一经推出便成为经典，如同一部四分钟的短片，散发出奇异的魅力，勾起人们浪漫、忧郁和哀伤的思绪。它会让听众想象出这样的场景：一个人漫步于空旷、整洁的午夜街头，路面已被雨水淋湿。他蹒跚在灯火阑珊处，对自己的欲望，既清晰，又模糊。他时而清醒，时而迷惘，在彷徨中寻找一个满是夜不归宿之人的酒吧，以此抚慰自己离群索居（异化）的悲伤。[1]

那么，比莉·荷莉戴的声音又具有怎样的特质呢？她将渴望与肯定、内心的伤痛和过往的经历融入自己的歌声，用独有的风格娓娓道来，吟唱出符合夜店氛围的旋律。让我们想象这样的场景：在《漩涡之外》《双重赔偿》或《杀手》的片头字幕出现时，比莉·荷莉戴镇静地唱出《在光影中旅行》（Trav 'lin Light）或《汝伤吾心》（You Let Me Down），为整部影片奠定了冷酷的基调。

再如爵士乐制作人兼评论家罗斯·拉塞尔（Ross Russell），他曾提出设想：爵士乐手是否是美国仅有的有机存在主义者？

本章即将论述三种战后酷形态的交融：黑色电影与存在主义的交融、爵士乐与存在主义的交融、黑色电影与爵士乐的交融。在本章最后一节，笔者将正式提出有关战后一期的酷理论。

《第三人》：冷战时期的黑色电影

这部电影完成之时，便是历史虚伪表皮被剥去之日。[2]

——安德烈·巴赞（André Bazin），1946年

《第三人》（1950年）拍摄于苏、美、英、法分区占领时期的维也纳，是一部各国共同拍摄制作的影片，它的完成标志着战后黑色酷意识的兴起。该片以一名英国探长的口吻叙述了角色所在的年代，此人愤世嫉俗，既有过渡时代的特征，又具有个人的局限性，有时甚至表现出具有哲学意味的自我意识。整部影片没有闪回，表现的正是支离破碎的战后世界。该影片是20世纪50年代最能表现存在主义的电影——它是意大利新现实主义和冷战现实政治、法国诗意现实主义与好莱坞电影制作结合的产物。如果说"冷静的感性"在20世纪40年代还处于意识形态的萌芽阶段，那么《第三人》则揭示了这一流派的自我意识。这部电影也是少有的获得商业成功和评论界好评的黑色电影：影片斩获了戛纳国际电影节大奖，导演卡罗尔·里德（Carol Reed）荣获纽约影评人协会（New York Critics Circle）最佳导演奖，摄影罗伯特·克拉斯克获得奥斯卡最佳摄影奖。克拉斯格尔能够获奖，凭借的是他在他《第三人》中创造的黑色摄影风格——用倾斜的镜头角度拍摄该电影的大部分场景，以表现这个世界本身就是倾斜的，暗示电影叙述的情节缺少稳固的道德支撑。

《第三人》讲述了一个名叫哈里·莱姆（Harry Lime）的黑市商人在一座被分区占领的城市里游走的故事。这座城市被描绘成迷宫和露天监狱，以表现战后奥地利以及欧洲大部分地区的贫困状态。经历了二战的奥地利仿佛殖民地一般，一直被分区占领至1955年。1938年，奥地利被纳粹德国吞并后，成千上万的犹太人逃离奥地利，犹太人人口从2.2万人锐减至200人。当苏联军队在1945年把德国人赶出去奥地利时，发起了所谓的解放运动。这场运动臭名昭著，苏军所到之处奸淫掳掠。即使奥地利被分

区占领时，这种为非作歹的情况依旧存在。[3]

　　从弗洛伊德到维特根斯坦，作为帝国首都的奥地利孕育了许多现代主义艺术和思想，象征着基督教欧洲及其帝国时代的结束。这部影片的故事背景让观众回想起第一次世界大战期间各个帝国的第一次内部分裂（奥匈帝国和奥斯曼帝国）：维也纳的版图大致与被占领的柏林平行，位于后者以北300英里的位置。在黑色电影发展最为迅猛的五年时间里，大英帝国开始瓦解（印度，1947年）；法国（印度支那和阿尔及利亚）也是如此；革命的种子在整个非洲和亚洲（特别是在中国）生根发芽；而欧洲的历史上的异类——犹太人现已被驱逐、灭绝或被重新安置到以色列（1948年建立）。作为一部由英奥两国联合创作、由好莱坞赞助的影片，《第三人》似乎对这些融合颇为敏感，于是选择为欧洲自身的主流叙事画上了句号。

　　该电影同时也终结了《卡萨布兰卡》和《公民凯恩》这两部影片所在的时代（1940—1942年），它从这两部电影中受益颇深。《第三人》尖锐地嘲笑了非黑即白的美国道德——好人与坏人，英雄和坏人，同时通过电影这种形式否定了八年前《卡萨布兰卡》中爱国主义同盟的众志成城。弗雷德里克·贝克（Frederick Baker）在他的纪录片《第三人的阴影》（Shadowing the Third Man）中说道："《第三人》之于战后的焦虑，就像《卡萨布兰卡》之于战时的乐观主义一样。"[4]这三部电影超越了同时代的电影，成为时代的象征：正如《公民凯恩》和《卡萨布兰卡》分别在美国电影学院的百强榜单中排行第一和第三，《第三人》在英国电影学院（British Film Institute）的百强榜单中位居第一。此外，由英国广播公司制作的《哈里·莱姆历险记》（Adventures of Harry Lime）广受欢迎（后被改编为电视连续剧），于1951年至1952年被引进美国。从很多方面可以看出，詹姆斯·邦德是里克·布莱恩和哈里·莱姆融合产生的英美混合形象。

　　作为一部以夜晚场景为主的电影，《第三人》堪称完美的黑色电影：华而不实的街道、纪实的风格、主光源、丰富的明暗对比、机敏的对答、角色分身、文字和修辞隐射等要素一应俱全。克拉斯克的镜头采用纪实主义风格，用废墟、破烂不堪的公寓、烧成半焦的汽车和被炸毁的遗址（包括盖世太保的旧总部）映衬出每一个奥地利人疲惫、憔悴的面庞。卡罗尔·里德（Carol Reed）将维也纳本地的临时演员与具有伟大奥地利性格的演员完美地融合在一起，创造出这样一座城市：它是昔日帝国的废墟，迷惘、幽灵般的人物在城市的街头四处游荡。

这部电影的原著是格雷厄姆·格林（Graham Greene）所作的《第三人》（*The Third Man*）。这部中篇小说在被改编为电影的过程中，采用了孤独、冷酷的探长卡洛维（Calloway）的视角进行拍摄，叙事口吻辛辣幽默。在影片的开头，卡洛维的画外音配合黑市街交易的蒙太奇画面，描绘了奥地利四个被占领区的景象。维也纳"简直就是一座毫无尊严的废墟之城，"卡洛维说道，"多瑙河（只不过）是一条灰色、平坦、泥泞的河流。"这些非法的街头交易场景就像卡萨布兰卡阿拉伯集市的蒙太奇画面，仿佛维也纳不过是一个殖民城市，这里的一切都可以谈判和出售，包括人类。无论是现代主义时期还是施特劳斯的浪漫主义圆舞曲时代，昔日迷人的维也纳已无迹可寻。卡洛维代表了英国占领区的管理者，他的日常生活是冷战的缩影，他在天真且烂醉的美国大兵和粗野凶狠的苏联大兵之间开辟出一条中间道路。作为目击者和叙述者，卡洛维的文学使命是讲述真相，代表着一种引人注目的美学理想，他笔下的人物象征着黑色小说中道德叛逆的孤独者。在格林的中篇小说中，卡洛维向读者宣称："这是我所能做到的最准确的方式——试着不去编造一句对白。"在小说的每一处转折点，卡洛维都会衡量每个角色的动机："（如果说）我的写作风格中有太多的'如果'……（那么）我的职业便是平衡各种可能，即各种人性的可能。"[5]

在卡洛维来看来，文明已然幻灭，进步的希望已成泡影，历史业已终结：《第三人》通过电影视觉渲染了帝国的终结。在这部中篇小说中，卡洛维讲述了一个关于夜间出租车的故事，将叙事的镜头从"被毁坏一半的戴安娜浴场"和圣斯蒂芬大教堂"巨大的尖塔废墟"一扫而过——这些建筑象征着城市和废墟中残存的信仰。此刻，他的信仰已经崩塌，支撑他行动的只有两点动机：一是维持治安——"坦克的铁皮无人清理，已经生锈"，二是见证历史。街道的尽头赫然伫立着普拉特游乐园的巨大摩天轮，"摩天轮像废弃的磨盘一样在旋转木马地基上空缓缓转动"。[6]电影的关键场景发生在苏占区的摩天轮内：这处摩天轮既象征着命运的转盘，也象征着格林深受斯宾格勒《西方的衰落》影响而形成的历史周期观。作为黑色作品的道德叛逆孤独者，卡洛维身上显示出的哲学精神与斯多亚主义不谋而合，这一点不足为奇：维也纳在达到巅峰之后，仅仅过了半个世纪，便沦为一座废墟。

但是，这部作品中的黑色形象并不是卡洛维，而是哈里·莱姆（奥逊·威尔斯饰），一个富有人格魅力的敲诈者。令人惊讶的是，直至电影开始一个小时后，威尔斯才出现在一个标志性的黑色镜头中，刚一现身便抢走了整部电影的风头。他躲在门口，头顶上方公寓里突然投射来一束光，打在他的面部。在接下来的五秒钟里，哈里是明暗分明的：他的脸如月亮一般悬挂在夜深人静的地方，宽阔的身躯则隐没在门口。克拉斯克以夸张的30度角拍摄门口，仿佛只有哈里能代表战后欧洲道德失衡的局面。观众们一直以为哈里早已死亡，他在这一刻以明暗分明的形象出现，令老友霍利·马丁斯（Holly Martins）和影迷们感到震惊。所有人才意识到他之前的死亡是伪造的。随后，灯光熄灭，哈里消失在黑暗中，仿佛烟雾消散一般。

霍利·马丁斯是这部电影的主角，是哈里儿时的朋友，也是一名失业的低俗西部片编剧。他应哈里之邀来到维也纳，加入他的商业冒险，却发现他的朋友已经死亡。他参加了哈里（假的）葬礼，试图找出导致他死亡的（假）车祸的真相。哈里代表了马丁斯年轻时叛逆冷酷的形象；当卡洛维探长告诉他，哈里在黑市上贩卖受污染的盘尼西林时，马丁斯一拳打在了他的下巴上，然后开始了自己的调查，在车祸中寻找"第三个人"，但他很不适合侦探的角色：他酒量不大，也管不住嘴巴。就像西部片里那些品德高尚的英雄一样，马丁斯从不质疑自己的动机和价值观。正如一位电影学者所说："他觉得上帝与美德（总是）站在他这一边……"[7]然而，卡洛维慢慢地说服了马丁斯，让他相信了哈里的盘尼西林骗局，我们看到这个虚荣而善良的人物先是在忠诚和道德问题上挣扎，然后又在友谊和背叛之间徘徊。

从某种意义上说，哈里·莱姆是黑色电影中新出现的形象——一位不讲道德的叛逆孤独者，一名真正的存在主义罪犯。想想这个街头骗子的阴暗面孔吧：他从事着倒卖盘尼西林的肮脏勾当，眼睛里闪着光芒，面带复杂的微笑。在研究这部电影的过程中，罗伯·怀特（Rob White）对哈里洋洋得意、若有所思的形象感到困惑："那是什么表情？是假笑？是睥睨？是充满渴望的笑容，还是带有苦涩的微笑？这是一幅自信沉着的画面，但其中是否也含有焦虑和痛苦？在那副表情的背后……在穷尽一生幡然醒悟之后，一切皆是虚无。""那种表情"是与现实政治完美契合的酷面具。哈里的表情表现出"自信的自我抑制"。这部电影欲扬先抑，先是让观众"用焦虑的情绪折磨自己"，然后达到紧张的高潮部分，最后向放松下来的观众抛出这样一个问题：哈里究竟是堕落的英雄还是反英雄，是一个游手好闲的骗子还是一个有人格魅力的杀人犯？[8]

哈里·莱姆的酷面具将他在道德层面做出的牺牲遮盖了起来，他本可以以此作为自己进行黑市交易的合理理由。"他可能看到了什么？"怀特先是提出了这样的问题，然后接着问道，"哈里·莱姆经历了什么？"黑色电影的艺术目标仍然是让观众在银幕中找到自我的映射："我"经历了什么？""我"对自己刚刚经历的事情怎么看？哈里陷入虚无主义的原因是什么？是欧洲文明战胜了两代人因战争产生的心理阴影，还是所谓理性的人性观或启蒙价值观的虚伪性被揭穿了？他是否因为"战争期间的经历"而幻灭，从而堕落到为谋生而自私自利的地步？怀特这样反思道："他是魔鬼还是天使？"[9]

怀特对《第三人》的研究借用了加缪《西西弗斯神话》中的铭文："没有阴影就没有太阳，了解黑夜是必要的。"黑色的形象代表了一代人的经历，能够让观众反思自己过往的创伤。"尽管他热情洋溢，光芒四射，"怀特总结道，"绝望的黑暗仍然笼罩着他。"此外，伤害哈里的还有殖民主义的阴影，以及构建帝国伟业时产生的副作用。在这里，这个灭德立违的孤独反叛者为了生存而不失个人风格，已经投身黑暗的道德，却因此而受到爱戴：尽管影片揭露了哈里的罪行，但"观众喜欢哈里·莱姆的机智、他的傲慢，以及他对生活的不懈渴望和足智多谋"。[10]奥逊·威尔斯用足以吸引波伏娃的华丽辞藻，将黑色酷的道德模糊性演绎得淋漓尽致。那么观众应该如何看待哈里？即使是现在，这个问题仍然没有答案：黑色电影导演并没有遵循传统的道德准则。

现在，我们将目光转向恪守道德的美国人霍利·马丁斯，以探究导演植入影片中的战后年代焦虑。当老朋友们再次见面时，哈里吹着他擅长的小调从普拉特摩天轮下面的拐角处走来。在一个完全按照剧本拍摄的场景中，马丁斯兴奋地等待着他的童年英雄，脑海中萦绕着儿时的记忆，他希望听到哈里亲口解释自己的犯罪活动只是个谣言。为什么马丁斯的内心此刻充满了"恐惧和兴奋？""因为每次哈里来的时候，生活的节奏就像变快了一样，就像他现在朝我走来时的态度一样——仿佛一切都没有发生……他嘻嘻哈哈，一副不以为意的样子，无所谓对方是否接受自己的态度——当然，人们总会选择接受他。"[11]这就是黑色电影中酷人物形象的两面性：他将戏剧成分带入自己平静的生活，一旁的搭档对此却无可奈何。

接下来，哈里和马丁斯展开了二人在这部电影中唯一的一段对话。这段著名的对白发生在他们乘坐的摩天轮内。霍利想听哈里声明自己是无辜的，但哈里却回避事实，为自己辩护。当他们乘坐的摩天轮转动到顶端时，哈里指了指下面的"小点"——缩成蚂蚁大小的人影，说道："如果其中一个小点永远停止移动，你真的会感到难过吗？如果你每让一个点停下来，我就给你2万英镑，老伙计，你还会让我把钱留着自己用吗？"
这句台词的含义不言自明，也证明了哈里是一个巴纳姆（P.T. Barnum）式
的老派骗子："政府称他们为'人民'或'无产阶级'，我称他们为'傻
瓜'和'笨蛋'……其实是一回事儿。"然而，尽管哈里有着愤世嫉俗的
世界观，但他说话机智、冷静——极富个人魅力，令人神魂颠倒——观众
们仍然因他的存在而着迷甚至无法自拔。二人走下摩天轮后，哈里给了霍
利一个跟随他倒卖盘尼西林的机会——如果霍利有兴趣的话，[12]他可以通
过同伙给马丁斯捎话，这一情节就像在黑色电影的关键时刻，梅菲斯托菲
在诱惑浮士德。

就在哈里离开之前，饰演该角色的奥逊·威尔斯即兴发表了最后一段
精彩台词。这段台词表现出他对"文明"这一概念的深刻洞察，类似于爵
士乐独奏结尾精湛的华彩乐段。

> 在波吉亚家族统治意大利的这三十年间，人们经历了战争、恐
> 怖、谋杀、血腥，但他们创造了米开朗琪罗……达·芬奇和文艺复
> 兴。在瑞士，人们享有兄弟般的爱……（以及）长达500年的民主与
> 和平，但是他们创造了什么？恐怕只有布谷鸟钟。话不多说，再见
> 了，霍利。

在这段台词中，哈里为资本主义辩护，发出了有力的声音：贪婪具
有积极的意义。自由市场赖以繁荣的颠覆性创造精神孕育了戏剧、进步、
艺术、历史和文明本身。哈里回顾了文艺复兴时期，以证明现代性的剧变
和他自己的选择是合理的。此处再次暗示了尼采式的观点：霍利·马丁斯
的群体性道德是懦夫的准则，只适用于约束傻瓜、笨蛋、自高自大者和乡
巴佬，它或许可以被凝练成一句黑色箴言：霍利，别傻了。（Don't be a
chump, Holly.）

最后，夹在哈里和马丁斯之间的是个"女孩"，安娜·施密特（Anna
schmidt）——这位匈牙利女演员身陷冷战的"铁幕"之下，持有一本非

法护照，以防自己被苏联召回。探长卡洛维利用安娜诱惑马丁斯，将这个愤世嫉俗的存在主义女人变成了饱受苦难的年轻女性，以满足自己的调查需要。不仅如此，安娜还象征着20世纪中欧国家的命运——从捷克斯洛伐克和波兰，到巴尔干半岛和波罗的海诸国，这些国家被蒂莫西·斯奈德（Timothy Snyder）称为"血染之地"，他们的人民饱受流亡、强制迁移、极权政府统治和种族清洗之苦。有一次，当马丁斯担心安娜会被驱逐出境时，她表现得不知所措："哦，也许会先发生什么事……也许会有另一场战争，或者我会死去，或者俄国人会带走我。"最近的经历让安娜麻木，她拒绝简单地将善恶区分开来。正因如此，当霍利向她寻求安慰，试图说服她相信哈里的堕落时，她这样说道："看在上帝的分上，别再把他变成你的模样了，"她喊道，"哈里非常真实。他不只是你的朋友和我的情人，他是哈里。"[13]

　　黑色电影经常使用分身手法来整合荣格（Jungian）关于无意识、自我和影子自我的思想。影片中两个朋友的名字——哈里和霍利——很相似，是为了凸显了二人性格上的对立，安娜甚至有几次把霍利误称为"哈里"。根据安娜的评价，霍利是一位阳光的西部片作家——"诚实、理智、清醒的霍利·马丁斯"；相反，哈里则是一个自我意识很强的人物，一名住在地下室的骗子。霍利努力做到善良和理性，但他自以为是，天真幼稚；哈里虽然充满魅力，态度暧昧，让人捉摸不透，但他是举止时髦，愤世嫉俗，玩世不恭。在影片巧妙的转折中，在观众看来，这位主角的阳光形象被他的阴暗面压垮：借助此转折，里德和格林阐明了黑色酷如何深入揭露善良之人（或有道德之人）内心的阴暗面。

　　接下来的一幕彻底击碎了马丁斯对儿时英雄的崇拜：卡洛维带霍利来到一间儿童病房，里面全部是哈里倒卖受污盘尼西林的受害者。面对此景，马丁斯的世界观崩塌了，内心产生了消极的顿悟。在原著小说中，卡洛维这样描绘马丁斯无声的哀伤：

如果一个人亲眼看着一个世界走向尽头，目睹一架飞机从航线上极速坠落时，我想他不再会喋喋不休……马丁斯的世界肯定已经走到了尽头，往昔的友谊、对童年英雄的崇拜、自信的世界……每一段记忆……（现在）同时都受到了污染，就像遭遇核爆炸辐射的城市土壤。

格林借助科技带来的末世意象（飞机失事的场景，"经历核爆的城市"饱受辐射的土壤），描绘了马丁斯对自己所在国家与文明失去信仰时内心崩塌的感受。无论个人信仰，还是整个地缘政治，在这一刻都烟消云散。在黑色电影中，主人公此时只有一个办法能让自己冷静下来。"我……倒满两大杯双人份的烈酒"，卡洛维告诉读者。"去吧……干了它。"卡洛维借手中的笔对马丁斯说道，然后再次告诉读者，"他按照我说的去做了，仿佛我是他的私人医生。"[14]

这一段对话包含了格林和里德对冷战地缘政治的批判。作者和导演都认为，美国凭借自以为是的力量，在全球构建了一个危险的帝国框架。这种盲目爱国主义所使用的文化手段仍未脱离西方文化的范畴：实际上，《第三人》通过塑造马丁斯这样的意象，将西方的道德叙事同现实政治进行了比较，论证了黑色的旋律。倘若借用电影的视觉表现方式，将西方人的政治活动比作在开阔的沙漠地带驾驶车辆，那么位于车底的阴影便是被占领的城市，城内黑暗的街道，以及被压抑的人性阴暗面。在影片的开头，马丁斯站起来反驳卡洛维对哈里的控诉："你把那句话收回去！"他醉醺醺地大叫着，同时在酒吧里挑起了一场争吵。卡洛维反驳道："这不是圣达菲，我不是警长，你也不是牛仔。"里德和格林身上当然也有约翰·韦恩和约翰·福特的影子：1950年，《第三人》与约翰·福特的"骑兵三部曲"〔分别是《要塞风云》（*Fort Apache*）、《黄巾骑兵队》（*She Wore a Yellow Ribbon*）和《边疆铁骑军》（*Rio Grande*），这三部影片于1948—1950年期间上映〕同时上映。[15]通过这三部影片，约翰·韦恩将美国的必胜主义具象地展现出来。在《第三人》出版的5年后，格林出版了《沉默的美国人》（*The Quiet American*，1955年），并且在这作品中指责美国在越南取代法国的做法是自以为是地站在道德的制高点上。从这一点看，《第三人》很有先见之明。[16]

这部影片最后以一个长镜头收尾，表现了电影对美式纯真的判断。哈里在他的藏身之处——下水道中被枪杀后，他又迎来了第二次（真正的）葬礼。马丁斯试图与安娜说话遭拒后，仍坚持开车送她回家，并且在车旁等待安娜。此时的机位已切换至霍利身后，开始仰拍他脚下的道路。摄像机静止不动地拍摄安娜从远处走来的过程：她故意走向霍利，然后目不斜视地与他擦身而过。影片中的画面逐渐定格成一张静止的照片，只留下被遗弃的马丁斯——众叛亲离，神情麻木。霍利出于正当的理由背叛了哈里，但他付出的代价却无法估量。地面上的摄像机继续拍摄了如下镜头：马丁斯逐渐淡出屏幕，与背景融为一体，此时的他与其说是一个影子，不如说是一个幽灵——徒有一身空皮囊，一副随风而去的外壳。安娜离开后，霍利标榜的骑士精神也与角色一起淡出片尾字幕，消失在漆黑的片尾画面中，就像旧式道德消散在崭新的后西方世界一样。

与全球性帝国相对的，是一个地下世界，一个被传统禁锢的自由思想空间。格林和里德都受到一种观点的驱使，此观点来自一名身居地下世界但富有同情心的罪犯。[17]这个黑色的反英雄是一个叛逆的道德孤独者，用自己的阴暗面同社会抗争。他并没有因为太过优秀而无法在这个世界上生存，而是因为拓展了自由的概念，受到了在电影中令人印象深刻地死去的象征性惩罚。哈里·莱姆的最后一个镜头聚焦在他的手指：他用手指抓住下水道格栅的底部，鲜血随之顺着手指流淌下来。如同罗伊·厄尔在摩天岭一样，哈里·莱姆摇晃着牢笼的栏杆，而这"成为广义的存在主义悲剧的象征"。[18]

战后的影片常将"地下世界"用作喻体，上文提到的内容便是如此。战后的酷是被压抑的自我。电影通过艺术表现手法，清晰地展现了存在于逃亡者身上的酷：这类人要么苟活在下水道或地下室，企图通过忏悔罪行来让自己继续活下去，要么在烟雾缭绕的地下夜总会洞室内表演苦乐参半的个人独唱。战后酷也有一部分来自奥匈帝国的移民导演［比利·怀尔德（Billy Wilder）、奥托·普雷明格（Otto Preminger）］。他们运用德国表现主义中的明暗对照法，在南加利福尼亚投射出漆黑的阴影，以此展现了他们失去的世界。在这个世界里，没有英雄和恶棍，只有当权者暴政下的幸存者，他们生活在所谓的自由市场与黑市之间，或者就像哈里嘲笑马丁斯有可能背叛他时说的话："你我都不是英雄，霍利。当今的时势已造就不了英雄了。"

新的人类行为模式（表现黑色酷）肇始于战后年代，将太阳与阴影、善与恶、理想与虚伪融为一体。它不是对人类可完善性或未来启蒙的幻想，而是阴阳相济的新哲学思想，是对受压抑者重新回归的渴望。这种后西方思维模式始终在等待处在阴暗中的自我——被排除在欧洲璀璨时代之外的他者，重新融入西方文明。该模式始于战后一期，在经历了几个世纪对文明、殖民主义和种族优越性的自负阐述之后，通过存在主义的视角，向他者敞开怀抱。

1950年，美国和英国都不愿意对这种地缘政治做出反思。正是因为这个原因，哈里·莱姆得以在电影中幸存，成为一个超越时间的人物，一个英美混合的反英雄形象。在《第三人》中，哈里虽然是美国人，却被英国人视为同胞：在广受欢迎的广播剧《哈里·莱姆历险记》（*The Adventures of Harry Lime*，又名《哈里·莱姆在美国的生活》，1950—1952年）中，他很快成为英国版的菲利普·马洛。在广播节目中，编剧们沿着黑色路线创造了一个生活在战前时代的哈里·莱姆，但又加入了花花公子的成分：他现在是一个道德叛逆的孤独者，常常诉诸肢体暴力；他是一个富有魅力的无赖，即使是最贤惠的女人也会被他迷住；广播节目轻描淡写地渲染了他的不道德行为，他的环球旅行象征着战后英国帝国破灭的幻想。与新兴的黑色电影一样，哈里·莱姆的过去贯穿了欧洲的历史，纵跨大萧条时期、二战和战后满目疮痍的欧洲。哈里这个角色，谨遵黑色小说的传统，致敬了新兴黑色小说中的侦探，传承了詹姆斯·卡格尼和法国演员让·加宾塑造的富有魅力的黑帮角色，为詹姆斯·邦德的出现奠定了基础。

通过安东·卡拉斯（Anton Karas）的齐特琴独奏，《第三人》的背景音乐将黑色氛围延伸至声音领域。"第三个人主题"（"The Third Man Theme"）是电影史上最令人难忘的主题之一：它如挽歌一般引人注目，象征着衰亡的帝国和逝去的现代资本主义。这部电影的配乐曾连续十周蝉联美国告示牌音乐排行榜（Billboard's charts）冠军，其主题曲也在当年的榜单中排名第三，仅次于纳金高（Nat King Cole）的《蒙娜丽莎》（Mona Lisa）。如果说塞隆尼斯·蒙克只是在记录和即兴表现酷，如果说年轻的迈尔斯·戴维斯是在用柔和的小号演奏酷，那么《第三人》可能就是这三种战后文化形式完美融合在一起后掀起的风暴，有力地印证了冷战时期酷的存在。

爵士乐与黑色电影

现在回想起来，爵士乐因为在黑色电影中的缺席而引人注目。在经典的黑色时代，爵士乐更多地被用作多种族夜总会背景音乐中的摇摆乐节奏（如《江湖侠侣》和《杀手》），或用作高档夜总会的大乐队舞曲［如《吉尔达》］［（Gilda）］，抑或是火炬歌手演唱的民谣［如《移魂都市》（Dark City）、《路边客栈》（Road house）和《喧嚣》（The Racket）］。爵士乐有时仅仅是性的象征，比如当一个深情的萨克斯管独奏者脱离管弦乐背景音乐单独演奏时，这一举动就象征着性行为或一个"坏"女人的举止。火炬歌手通常是一只"金丝雀"——在爵士俚语中，指的是拥有美丽外表而唱功一般的歌手——而不是像安妮塔·奥黛或李·威利那样的即兴爵士歌手。当然，这类歌手几乎都是白人。唯一的非裔美国"金丝雀"是《死吻》（Kiss Me Deadly，1955年）中的玛蒂·康弗（Mattie Comfort），此人是艾灵顿公爵的女朋友，后者曾为其创作《丝绸娃娃》（*Satin Doll*，1956年）。[19]

大卫·巴特勒以谦卑的态度开始他的黑色爵士乐研究。他原以为黑色流派的音轨和配乐中会充斥着爵士乐，但令他惊讶的是，爵士乐却寥寥无几。在其所描绘的城市画卷中，除如下场合外，几乎没有比波普或硬波普爵士乐，也鲜有爵士乐独奏，非裔美国人更是难寻踪迹[20]：一是在夜总会上，非裔美国音乐家独唱《死或生》（*DOA*，1950年）的场景；二是《漩涡之外》中黑人俱乐部的欢快摇摆场面；三是《我们赢了今夜》（*The Set-up*）中从俱乐部里传出的雷鸣般的声音，这是一名拳手没有打假拳而击败了对手。我们现在常会将萨克斯管即兴演奏同深夜寂寥的情绪联系在一起，但是这些演奏几乎都出自白人爵士乐手。这是因为受美国音乐家联盟（American Federation of musicians，一个具有种族歧视性质的乐手联盟）的影响，当时出现了许多受爵士乐影响的白人编曲者和作曲家，如亨利·曼奇尼和埃尔默·伯恩斯坦［代表作有：《大爵士乐队》（*the Big Combo*）、《狂野边缘》（*Walk on the Wild Side*）、《幻影女郎》（*Phantom Lady*）、《金臂人》（*Man with the Golden Arm*）、《成功的滋味》（*the Sweet Smell of Success*）和《历劫佳人》（*Touch of Evil*）］。20世纪50年代末，一些特立独行的电影制作人委托爵士乐手创作电影原声音乐，如迈尔斯·戴维斯（为《通往绞刑架的电梯》作曲，该电影由路易斯·马勒执导）、查尔斯·马哥斯（为《阴影》作曲，该影片是约翰·卡萨维蒂的第一部电影）、艾灵顿公爵（为《桃色血案》作曲，该电影由奥托·普雷明格执导）和约翰·刘易斯（为《罪魁伏法记》作曲，该影片由罗伯特·怀斯执导）。但是，这些电影都出现在经典黑色时期的末期，均未对黑色视觉和听觉的审美产生影响。

此外，历史学家和学者在评价战后美国文化时很少将爵士乐与黑色电影相提并论——就仿佛非裔美国人和欧洲裔美国人在不同的大洲长大，几乎没有交集一样。鲍嘉和奥逊·威尔斯都是资深爵士乐迷，都见过艾灵顿表演《欢欣雀跃》（*Jump for Joy*），这一演出意在将"汤姆叔叔"的形象带出美国剧院。米彻姆曾经说他是一个迷惘的"骨瘦如柴的孩子"，直到有人给了他一个萨克斯管，他才找回了自我的价值（图14）。1941年，威尔斯向艾灵顿提出了"将爵士乐的历史谱写成一幅画卷"的想法，二人一拍即合，在此想法基础上共同创作了歌曲《丝毫不假》（It's All True）。随后，威尔斯花费两年时间来尝试制作这首歌曲的同名电影，但最终未能如愿。与此同时，李斯特·杨痴迷于西部片，认同死于其模仿者枪口之下的杰西·詹姆斯。迈尔斯·戴维斯的一部分乐句来自西纳特拉和奥逊·威尔斯的广播之声。正如理查德·赖特1940年在论述"非裔美国文化在美国主导世界时期产生的影响"时所说："我们的音乐、笑话和舞蹈走向了我们无法到达的地方。"美国流行文化（音乐、电影、广播、戏剧）中最具影响力的领域常常发生交叠，这主要是因为艺术家们往往容易忽略艺术流派之间的界限。[21]

那么，为什么我们将黑色电影同爵士乐联系在一起？

第一，爵士乐和黑色电影为"酷"的诞生提供了艺术的温床，二者的特质正如"酷"的本意描绘的那样：位于地下、神秘、朦胧、晦涩、秘而不宣。这两种流派提供了一种用于抗争的流行文化框架，一种存在于世界上的另类模式，既拒绝墨守集体的成规，也拒绝卷入带有盲目爱国色彩的冷战消费主义。很少有作家能够察觉到爵士乐与黑色的内在联系，爵士乐学者罗斯·拉塞尔却是一个例外，他在20世纪30年代就曾写过黑色小说。此人直接把雷蒙德·钱德勒比作查理·帕克："我对钱德勒的感觉和对'大鸟'的感觉一样。两人都在一种'流行'的媒介中工作，并且都创造了一种艺术。在我看来，这是一种主要的艺术形式。"另一个例外是德国的爵士乐评论家兼人类学家欧内斯特·伯恩曼，他在1952年将黑色小说作家比作爵士乐手，认为这两个群体"像先知一样，他们的作品总是在私下得到传诵，但很少得到公开的表扬"。作为波伏娃在美国旅行期间的挚友，伯恩曼指出，爵士乐和黑色葡萄酒在法国和英国比在美国更受人尊

图14　在拍摄电影《喧嚣》的间隙，后台人员举行聚会。米彻姆拿起萨克斯管即兴演奏乐曲，此时的他如同一名"骨瘦如柴的孩子"。

敬。"作为美国为数不多的真正的艺术先驱，爵士乐手和'硬汉'作家想在国内获得承认恐怕是一种奢望，欲达到此目的，只能先前往国外。"[22]

第二，黑色电影充斥着艺术家们对个人尊严的呐喊，他们既不迎合爱国主义，也不迎合集体的路线。爵士乐和黑色电影一方面是早期社会抗争诉诸的手段，另一方面是对虚无主义的批判。爵士音乐家们使用掺杂哭泣、呻吟和尖叫的独奏，通过非语言的方式抗议；导演们用叙事的视觉手法来表现个人的反抗（这种反抗缺乏明显的左翼批判）。许多经典的黑色电影都是由中欧导演执导的，他们让坚毅的美国演员扮演被驱逐者的角色，这些人试图找到一条道德上的中间道路。当麦卡锡主义在20世纪50年代初慢慢侵蚀一个理应自由的社会时，爵士乐和黑色音乐为地下文化反抗活动提供了的现成形式。

第三，黑色电影的主角几乎都是酒鬼，他们会去当地的酒吧调节自我，寻找线索，解决问题，并用音乐来缓解存在主义式的痛苦。作为一种精神上的逃避，酗酒之于黑色小说主人公，就像海洛因之于爵士音乐家。这些酒吧常常将某种爵士乐作为背景音乐播放（虽然播放的是乏味的摇摆乐或背景音乐歌手的作品），用快节奏的旋律抚平内心的创伤。混迹这类酒吧的通常是形形色色的美国下层民众，他们都有着阴暗的一面，如见钱眼开的生意人、不入流的黑帮、放荡的女人、离异的普通百姓、四处奔波的推销员、贪腐的警察、骗子、线人。（可见于《杀手》《大内幕》和《喧嚣》）。

第四，黑色小说似乎会让侦探或主人公至少遭遇一次殴打，施暴者可能是警察或者罪犯。这样的殴打能够使观众产生一种共鸣：小说的主人公是一个普通的人，一个平常的人，一个没有势力的人，一个受苦之人，一个被打倒但却徒手（而不是借助外力）将自己拉起来的人。爵士音乐家每天晚上在俱乐部演绎他所坚持的"主观真理"。私家侦探每天晚上回到他破旧的公寓，反思他修道院式的道德准则。"被打垮"是在用电影手法诠释"被打败"（beat）一词，后者是一个重要的战后专有名词，意为"精疲力竭，意志垮塌"。侦探的被殴象征着黑人爵士音乐家的真实生活，他们几乎每个人都曾被警察毫无理由地殴打，通常仅仅是因为与白人妇女同在一辆车内。（见第九章）。

　　两个黑色电影片段描绘了非裔美国底层民众在街区内夜总会的生活，印证了上述规律，爵士乐作为背景音乐出现在这两个片段中。在《漩涡之外》（见图15）和《死吻》中，走在边缘的侦探在这些俱乐部里展现了他们的街头声望，从黑人线人那里搜寻信息，而这些线人在这些电影中得到

　　图15　在当地的一家爵士俱乐部，私人侦探杰夫·马卡姆（罗伯特·米彻姆饰）正在试图从凯西·莫法特的女仆尤妮丝那里获取信息（特蕾莎·哈里斯饰）。

了战后时代罕见的尊严。

在电影《死吻》中，私人侦探迈克·哈默一瘸一拐地走进一家黑人爵士乐俱乐部。酒吧的常客和那个说话很快的年轻黑人酒保打趣道："嘿，伙计，你看起来很疲惫。你看起来很瘦，很憔悴。你怎么了，伙计？你好像遇到什么事情了。"哈默一言不发，只是点了一瓶波旁威士忌，同周围人一起分享。（见图16）。

哈默随后转向玛蒂·康弗（Mattie Comfort），听她演唱《我更渴望

图16　在《死吻》（1955年）中，私人侦探迈克·哈默（拉尔夫·米克饰）在当地的爵士俱乐部从调酒师（阿特·洛金斯饰）和火炬歌手（玛蒂·康弗饰）那里得到一些令人痛苦的信息。

蓝调》（I'd Rather Have the Blues）（见图17），这是那个时代纳金高的
热门歌曲。这首歌中有一句关键的歌词恰如其分地描绘了哈默当时的处
境："我宁愿拥有蓝调，也不愿拥有我所拥有的处境。"[23]他尽情欣赏完
这首歌曲，然后听着这个见多识广的黑人女子唱着这首关于比蓝调糟糕的
事物的歌。"我觉得自己很卑鄙，也很焦虑，"哈默听到他的思绪在脑海
中回响，"我陷入了圈套。"镜头在拍摄康弗一段时间后，转向了镜子，
将爵士歌手和侦探定格在平衡的构图中，仿佛两人位于天平的两端。[24]

　　1954年，人们纷纷传唱珺·克莉丝蒂（June Christy）的同名热门歌
曲，酷风潮首次出现在战后美国文化中。这一现象至今仍受到众多作家、

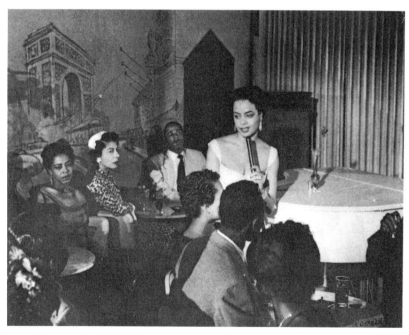

　　图17　在电影《死吻》（1955年）中，演员玛蒂·康弗演在一间黑人夜
总会内演唱《我更渴望蓝调》，为日后《丝绸娃娃》的诞生提供了灵感。

导演和音乐家的关注。小说家罗伯特·库弗（Robert Coover）在其最新出版的中篇小说中提炼出侦探小说的文学风格，这部小说的名字就叫《黑色》（*Noir*，2010年）。侦探菲利普·马洛（又名黑色先生）常常光顾当地一家名为"小柴屋"［the Woodshed，又名"木棚（the Shed）"］的爵士乐俱乐部。"小柴屋"是一间位于社区内的地下酒吧（dive bar）兼"茶座"，也是爵士钢琴演奏家"妙手"（Fingers）举办即兴演奏会的场所。对于菲利普·马洛来说，这间小屋是他心灵的避风港。"无家可归的人，在这里能够找到家的感觉。"他反思道。是什么让小屋成为了弃儿的家？"是节奏，旋律，忧郁，音乐。"关于音乐存在的意义，托马斯·斯特尔那斯·艾略特（T. S. Eliot）在其作品《四重奏》（*The Four Quartets*, 1941年）中的名言一语中的。这句话被马洛刻写在自己的桌面上："谨以此刻字的桌面提醒自己：'音乐尚未停止之时，你便是音乐本身'。"这句名言非常适合用来形容爵士乐手与听众之间的短暂交流，也适用于鼓励处在彷徨之中的艺术家继续从事自己的音乐事业，并将其视为生命的一部分。对菲利普·马洛而言，他将对自己的厌恶投射到了音乐和"小柴屋"身上："这个地方肮脏、烟雾缭绕、气氛阴郁、充满恶臭，就像你自己一样。"[25]

第五，到了20世纪50年代中期，爵士乐音乐家开始宣称他们的音乐是美国本土艺术——也就是说，是美国艺术家在美国创作的艺术——就像雷蒙德·钱德勒在1944年的《大西洋月刊》上宣称侦探小说是真正的文学作品一样。对钱德勒来说，这位黑色侦探必须是"一个完整的人，一个普通人，但又是一个不寻常的人……他是世界上最好的男人，世界上任何事物都配不上他"。他必须是既正直又富有个性的人，既擅长混迹街头，又对社会阶层的差距了如指掌。艾灵顿公爵将爵士乐定义为一种"本质上是黑人音乐"的音乐形式，为"自我表达的阐述"提供了广阔的空间。这种开放的态度使爵士乐成为美国音乐的精髓，同时也带有非裔美国人的特质。无论哪一种音乐形式，只要勤学苦练，每个人都能够驾驭。正如鼓手马克斯·罗奇（Max Roach）谈到爵士乐音乐家的艺术使命时所说："我们有着各自独特的声音，同时也在聆听其他个体的声音，最终在所有个体声音的基础上创造出一个整体。"[26]可见，爵士乐既是一种个体的音乐形式，又是一种社会的音乐形式。

在20世纪50年代，鼓手亚特·布雷基（Art Blakey）每晚都会在波希米亚咖啡馆（Cafe Bohemia）或"先锋村"俱乐部（Village Vanguard）发表关于爵士乐是美国本土艺术的演讲。他的演说充满了自信和敌对情绪，与20世纪60年代末的黑人艺术运动有几分相似，采用了类似的修辞手法，但是语气更为温和：

> 爵士乐是一种美国本土音乐艺术形式，因此闻名于世……没有美国，就没有爵士乐……我们是一个多种族的社会……我们是多种族社会的产物。这又产生了什么区别？我们的父母都是奴隶，所以任何人的祖母正在弯腰摘棉花时，都可能会被从身后走来的奴隶主凌辱！我们对此无能为力，只是因为我们是彩虹中与众不同的颜色。

> 我们来到这里，我们是最先进的黑人，我们创造了爵士乐。当我们听到白种人演奏乐器时，我们带着乐器去了别的地方……这是我们对世界的贡献，尽管他们（白人）想要忽略它……只有我们能做出这样的贡献。"[27]

爵士乐最初在吸收西方乐器表演形式的基础上发展起来，但在音乐形式和社会功能方面走向了"殊途"。这些乐器只是硬件：非裔美国人编写了全新的软件。实际上，他们重塑了音乐的文化可能性，创造出一种兼具艺术性、情感性、个人风格和灵性的音乐，以此解构高雅与低俗的文化。

爵士乐和黑色音乐作为当代美国艺术形式，是主张文化反抗的两大艺术流派，构成了不可分割的有机整体。值得注意的是，在几乎所有可以追溯到战后时代的怀旧黑色小说中，爵士乐跨越了民族和种族的界限，成为洛杉矶这座城市的背景配乐，它出现在沃尔特·莫斯利（Walter Mosley）

关于战后洛杉矶黑色小说《蓝衣魔鬼》（*Devil in a Blue Dress*）中，以及詹姆斯·埃尔罗伊（James Ellroy）的"洛杉矶四部曲"（LA Quartet）〔其中一部是《洛城机密》（*LA Confidential*）〕当中。从这些热衷于以战后洛杉矶为题材的文学作品身上，我们可以看出，在那个年代，我们仍需要得到启发，美国梦仍然有着不可示人的裂缝。此外，在无数致敬和模仿黑色电影的片段中，常常借助一段深情的萨克斯管曲，帮助侦探打造出一种存在主义式的都市气质。笔者在此仅举其中三个例子：盖瑞森·凯勒在电影《牧场之家好做伴》（*The Prairie Home Companion*）中塑造的角色黑人小伙（Guy Noir），史蒂夫·马丁在《大侦探对大明星》（*Dead Men Don't Wear Plaid*）中饰演的菲利普·马洛，以及皮卡德舰长在《星际迷航：下一代》的全息甲板上幻想出的迪克森·希尔侦探。有时候，影片会为侦探的出场配上一段带有爵士背景音乐的介绍；有时候则是在蛇蝎美人进入房间时，侦探的脑海里会响起萨克斯管的即兴奏乐，好像萨克斯管的声音本身就代表了性。[28]

1945年的爵士乐圈风云激荡，正因如此，爵士乐音乐家理应成为黑色电影的作曲家，为"讲述个人与势不可当的社会力量抗争的黑暗电影"谱曲。许多令人回味的音乐，如比波普爵士乐、硬式咆哮爵士乐（hard bop）和冷爵士乐，都是四分钟的迷你协奏曲，它们的主题旋律令人听众欢呼雀跃，终生难忘：如约翰·刘易斯（John Lewis）的《姜戈》（Django）、迈尔斯·戴维斯的《昨夜梦境》（Something I Dreamed Last Night）、"加农炮"艾德利的《在黑暗中跳舞》。如果不是电影产业的种族歧视法和音乐家协会的垄断，好莱坞电影中受压迫群体的音乐可能会趁爵士乐兴盛之际回归，这类音乐是由前奴隶的后代创造的新声音，渴望借助艺术手段反思百废待兴的后西方时代。

在殖民统治之下酷起来：通过声音形式表现存在主义的爵士乐

诺曼·梅勒（Norman Mailer）的《白色黑人》（*The White Negro*）一书的初稿被命名为《美国存在主义的辩证法》（*Dialectic of a American Existentialist*）。该著作提出了一个跨越种族界限的鲜明观点：每个黑人都被困在"自己存在的牢笼中"，他们都知道，生活就是战争。脱离战争的生活将一无是处。这也是切斯特·海姆斯（Chester Himes）的《他若抱怨，便由他去》（*If He Hollers Let Him Go*, 1945年）和埃里森（Ellison）的《隐身人》（*Invisible Man*, 1952年）的主题，这两部小说都讲述了聪明的年轻黑人在公共场合（即不允许黑人出现的场合）被警察、警卫、同事、雇主，甚至侍者欺负的故事。梅勒写道："没有哪个黑人能够安心地走完一条街，因为他们担心暴力会在走路时找上门来。"[29] "黑人有一种最简单的选择：过一种饱受屈辱或永远充满威胁性的生活。"梅勒的朋友詹姆斯·鲍德温（James Baldwin）写道："哈莱姆是这样一个地方：在这里，从最谨慎的教堂成员到最懒惰的青少年，几乎每个哈莱姆市民的生活经历都可以写成一篇长长的故事……，讲述他们不止一次目睹的警察的无能、不公与残暴。"旅居巴黎期间的理查德·赖特在《我选择流亡》（*I Choose Exile*）一书中写道："我出生在美国，但只要盎格鲁－撒克逊白人的种族嫉妒情绪盛行，我就不能奢望用自己的黑皮肤满足占主流的美国种族主义关于一等公民的要求。"[30]

白色仍然是掌握权力和处在统治地位的肤色，是把持公民权和站在道德制高点上的肤色：在美国，法律、社会实践和国家想象的主体都是白人。海姆斯的小说讲述了战时洛杉矶黑人造船厂工人的故事，作者在开篇就指出，任何一个黑人在上下班路上都会遭到的侮辱，以至于故事的讲述者［鲍勃·琼斯（Bob Jones）饰］在最后总结道："那天早上，白人必定带着他们的白色优越感上班了。"正如赖特、鲍德温和埃里森向他展示的那样，梅勒认为非裔美国人"两个世纪以来一直生活在极权主义和民主之间的边缘地带"。[31]上文中梅勒的比喻（将黑人的生活比作战争）同样适用于纳粹占领巴黎期间的法国知识分子。

存在主义通过纳粹占领巴黎的经历得以具体化：西方白人知识分子第一次被当作非白人民族对待，正如他们之前对待非白人民族那样。法国人被随意围捕，被禁止发声，然后被送去做苦役，未经审判就被枪毙，被迫收听广播里优等种族当权者对他们的指控。萨特在著名的《沉默共和国》（The Republic of Silence，1944年）一文中反思道："我们每天都被当面侮辱，却不得不默默承受。"这些侮辱每天都出现在报纸上，让巴黎人眼看着自己的同胞受辱。"无论在什么地方——在墙上，在屏幕上，在报纸上——我们都遭遇了压迫者想要呈现给我们的那种卑鄙、乏味的自我形象。"在这种情况下，每个巴黎人每天都要做出"本真的选择"（authentic choice），"流放、被囚禁，尤其是死亡……"成了我们经常关心的内容。突然之间，个人生活成了巴黎的一场战争，在"我们亲手建造的监狱"［出自让·盖埃诺（Jean Guehenno）的《黑暗岁月的日记》（Diary of the Dark Days），作者将该书称作"监狱故事"］幸存下来变得至关重要。"我们的失败可能是注定的，我想知道我们在这个监狱里的生活会是什么样子。应该是终身监禁吧，至少对我这个年纪的人来说是这样。面对如此势不可当的社会和政治力量，人们的反应是神化个人。正如历史学家马克·马佐尔（Mark Mazower）在《黑暗大陆》一书中所承认的那样，"被占领的经历对存在主义思想的发展产生了巨大的影响"。[32]

对于非裔美国人来说，他们每天生活在侮辱和威胁中，上述"本真的选择"已成为他们天性的一部分（即第二天性）。在吉姆·克劳时代，"露天监狱"这个词用于形容南方腹地再合适不过。你是选择面带微笑地顺从（汤姆叔叔）、闷闷不乐地退缩、通过音乐进行有组织的抗议，还是选择彻底地反抗（暴力）？你是选择迁往他处还是就地反抗？你会选择压抑愤怒而忍辱负重吗？你是选择在地下淫窝工作，还是在远离白人的赌场工作？你是选择自由还是死亡？这仅仅是吉姆·克劳时代，美国南方黑人在种族隔离政策压迫下的日常生活。监狱和南方腹地许多工作的主要不同之处在于后者相对自由而已。正如蓝调歌手大比尔·布鲁兹尼所说："筑堤营地（工作）和监狱农场之间唯一不同的是……你可以从一处筑堤营地挪到另一处营地。"[33]

在这里，美国黑人的艺术表达形式（音乐）和法国存在主义者的艺术表达形式（文学）来到了一处十字路口，面临着"酷"的抉择。如何在压迫、恐怖主义和每天的侮辱中维系个人的尊严？"整个法国，整个欧洲都被困在监狱里，"盖埃诺在谈到纳粹占领时写道，"到处都是……迷惘之人，他们张开双腿站岗放哨，茫然地瞪着眼睛。"盖埃诺总共在125处地方使用了"监狱"和"囚犯"这两个词，用以描述战时巴黎被占领时的状况。他的日记既是一种艺术实践，也是在时刻提醒自己："因为我们是在监狱里，我们不得不像囚犯一样生活，但我们至少要维持作为罪犯的尊严——我们只有全面深刻地分析当前被奴役的境况，才能在此基础上寻找到内心的自由。"[34]

盖埃诺使用了一个完美的欧式比喻，与埃里森对蓝调的定义类似，但蓝调指的是乐手以一种批判性的参与方式在公众面前演奏。埃里森将蓝调定义为"一部以抒情方式表达个人灾难的自传体编年史"。在许多方面，爵士乐吸收了蓝调音乐，成为一种努力争取走出美国南方露天监狱（相对真正的监狱而言）、获得新自由的宣言。正如西德尼·贝歇特谈论爵士乐在新奥尔良的兴起时所说的那样，爵士乐就是"一个人在你身边演奏时，他呈现出天马行空的自由感、五味杂陈的情绪，以及满心的期待……期待你亲自参与其中，期待你能够释放自我"。[35]

对非裔美国人来说，在反抗日常的种族压迫时，他们总是诉诸音乐而不是文学、政治或哲学。正如艾灵顿公爵曾经说过的那样："音乐可以说出我们无法大声说出的东西。"蓝调是一种歌唱的形式，被非裔美国人用来同社会抗争，以及表达内心的不满。正如大比尔·布鲁尼兹和孟菲斯·斯利姆在1949年一次罕见的录音谈话中所讨论的那样。"我认识一些人，他们想要咒骂老板，"布鲁尼兹说道，"我听到他们确实唱出这样的歌曲——你知道，就是那种唱出来的词儿——他们背对着老板……从马车后面走来，一边给马套上笼头，一边哼唱。"孟菲斯·斯利姆回答说："是的，蓝调是一种报复手段。"[36]蓝调是硬派监狱故事的翻版，通过第一人称呈现出来，将苦难与生存结合在一起。

在爵士乐和蓝调音乐中，存在着一些经过加工的说话和交谈方式——如何开口说话，如何当众大声说出自己的观点，这些方式被用来反对寄生在阶层歧视上的激进种族主义思想。所有非裔美国人的音乐都有这种功能，但爵士乐手是第一批在各个阶层的少数种族社区中扮演公共知识分子角色的人物。爵士乐是一种非语言的交谈和社会抗争方式。从比波普开始，非裔美国音乐家将这场日常的战争转化为艺术方面的自我表达。（见第九章）一位文化历史学家在回忆冷战的时候这么说道："爵士乐是一种即兴表达，针对的是特定且无法控制的情况，因此具有自发性，富有想象力。"[37]

战后爵士乐是诉诸声音形式的存在主义。当社会和种族进步停滞不前，欧洲支离破碎，核子末日随时可能成为现实，特别是在苏联1949年进行第一次原子弹试验之后，爵士乐便成了个人生存的声音。尽管爵士乐在战后巴黎和非裔美国侨民社区都随处可见，当时的法国知识分子也未能将爵士乐升华成具体的哲学行为。

今天，像詹姆斯·坎贝尔这样的文化历史学家很容易把爵士乐和战后巴黎的存在主义联系起来：爵士乐是一种"自由音乐"，它在表达"蔑视和抗议"的同时，又表现出"粗鲁和色情"的个性。"如果人就是自由的个人，"坎贝尔向《左岸》杂志记者回忆时说道，"那么，黑人爵士音乐家就是出类拔萃的自由个体，每晚都在即兴发挥他的自由。"尽管萨特和加缪热爱爵士乐，但他们在造访纽约爵士俱乐部时却没有表现出同爵士乐的这种关联。1946年，萨特没有说出他所见过的任何一位比波普音乐家的名字，但他认为这种后摇摆爵士乐是"对着你最好的一面，最坚韧、最自由的一面，对着'既不需要旋律也不需要副歌的一面'说话"。晚上的演奏结束时，音乐令萨特"有点疲惫，有点醉意，但带着一种沮丧的平静"。加缪欣赏某位摇摆钢琴家的"节奏、力量和精准的音乐把控力"，并且在他的笔记本上写道："（这场演奏）给人的印象是，只有黑人能够用自己独有的方式，给这个他们用自己的方式开辟为殖民地的国家，带来了生机、激情和怀旧之情。"虽然两位作者都提到了音乐的存在性生命力，并且也指出了音乐在美国艺术、身份和地下政治中的核心地位。但是，他们都没有提到任何音乐家的名字，也没有提到个人艺术成就——就像维昂对待帕克、迈尔斯和吉莱斯皮那样——他们对待其他艺术形式也是如此。[38]

　　爵士乐与其他艺术形式未能被载入正史，究其原因，是因为理性主义、苦难与个性之间存在根深蒂固的西方式（白人式）联系。这种联系与非裔美国人的物质性、情感放纵和自然本能的模式相对立。梅勒在《白色黑人》中荒谬地宣称"爵士乐就是性高潮"，为这篇文章留下了一个永久的污点。但瑕不掩瑜的是，《白色黑人》仍不失为一篇深入洞察战后混乱状态和黑人文化对国家日常生活影响（通过爵士乐、俚语、风格和具体的肢体动作）的文章。但遗憾的是，美国黑人作家很难理解梅勒这篇著名文章中的浪漫种族主义。拉尔夫·埃里森反对梅勒"将嬉皮士和'白色黑人'推崇为新的文化英雄"，因为这种崇拜实际上是建立在"同样原始蒙昧的脏话"之上。阿尔伯特·穆雷被这样的论调惊呆了，不得不向一位白人诗人解释说："爵士乐和所有形式的美国黑人舞蹈一样，象征着自我控制，而不是放纵自我。"[39]

　　穆雷还把爵士乐和蓝调称为"求生技艺"的形式，它们的音乐目标是同时肯定个人、种族和群体的身份。黑人本土文化坚持通过欢乐、幽默、庆祝和性来对身心进行整体的调整：这些艺术目标与存在主义肯定联系在一起，并且被融入对话式的公共仪式。对于大乐队来说，他们在面对大萧条时期的意识形态危机时，会公开地在舞台上展现这种具有张力的艺术：一群乐手欢快地加快节奏，接连多个晚上用欢快的歌曲鼓舞种族士气。让男人和女人们热爱自己的工作，通过公共场合表演给观众带来身体上的愉悦——这是大乐队摇摆乐得以流行的根本原因。大乐队的宗旨不仅是为美国人服务，也是为全球文化贡献力量。从布拉格到巴黎，甚至对苏联和纳粹德国的年轻人［就像电影《摇摆狂潮》（Swing Kids）展现的那样］来说，摇摆时代的爵士乐包含了新大陆非洲现代性当中可移植的文化元素。这些由非裔美国人开发的文化元素对所有参与者来说都是一种求生技艺的民主性实践。[40]

詹姆斯·鲍德温认为，爵士乐之所以在战后时代保持了抽象隐晦的特征，是因为非裔美国人在心理上仍然很难直接面对奴隶制，不愿重提充满伤痛的过去；所以他们选择了爵士乐，用它承载历史与创伤，但不直接再现悲痛的记忆。西方白人同样难以直视二战遗留下来的问题——集中营、核屠杀和古拉格集中营。德国的科技可能位居世界第二，但这个国家利用其工业力量，通过福特发明的工业流水线方式，有条不紊地杀害了数百万人。此外，德国的行径（以及美国向日本投下原子弹）宣告着启蒙运动的破产，也证明了技术进步与社会进步之间没有任何关联。

《白色黑人》的开篇经常被人们遗忘，但是梅勒在这一段中对存在主义的核心问题做出了最佳的诠释：

> 也许，我们永远无法逃脱集中营的精神浩劫。近年来，几乎所有人都在无意识中饱受原子弹的威胁。我们被迫生活在被压抑的知识中……我们可能……注定会在某些宏观的数据统计中被当作一个数字抹去……注定会成为末日救星"收拾残局"的牺牲品，死在毒气室内或受到核辐射的城市里。[41]

随着古典西方价值观的崩塌，曾支撑了政治反叛者整整一个世纪的空想社会主义和共产主义理想也随之破灭。梅勒在其文章的早期草稿中列举了与此相关的事例："革命意识形态"、"无能的官僚主义"、"平庸的工会"和"妥协的右翼社会主义"。取而代之的是必胜主义者的消费主义——用梅勒的话来说，就是"50年代的冷战繁荣"，即道德和政治权威的真空，他称之为"错误的解决方案"。[42]

如果我们能清醒和勇敢地正视近代历史，就会明白，先进的工业社会已被证明和任何非西方或前工业时代的帝国一样凶残和野蛮。欧洲人和美国白人不得不开始考虑这样一个事实：那些曾经被称为野蛮人或异教徒的非白人同样是人类，"白种人"同样是原始的。对奥斯威辛和广岛的大规模野蛮屠杀正是由那些对自己的成就感到自豪的人策划与实施的，不管他们屠杀的目的是净化雅利安人种，统治世界千秋万代，还是展现科技优势。梅勒继续写道："第二次世界大战是一面折射人类状况的明镜，任何试图窥探这面镜子的人都会因此失明……社会不公正激发的矛盾永远无法调和，因此推动了极权主义国家的兴起，这类国家为解决矛盾，采取了一劳永逸的手段——残忍地杀害成千上万被关押在集中营的人们。"换句话说，上帝已死，宗教已丧失权威。

西方文化把自己的价值观押注在一种无意识的设想之上，即认为科技进步具有与生俱来的优点。西方白人世界将科学进步等同于让世界屈从于机器制造的意志，他们盲目地憧憬一种乌托邦式的未来文明，即"一种建立在'就连时间也可以……服从于我们的意志'的信心上的经济文明"，[43]在梅勒看来，现在所有个体都不得不面对这样的事实：任何个体同样有可能做出谋杀行为，同样可能会以施暴为乐（如美莱村屠杀案和阿布格莱布监狱事件）。倘若真是这样，那么"文明"就是白人编织的一个充满谎言的神话。地球的命运现在掌握在人类自己手中，我们不能将其押注在不切实际的未来上，幻想出现一个各国和平共存、人人道德高尚、各方面不断进步的社会。

加缪在《堕落》一书中也谈到了这个问题。"啊，这个可爱的古老星球！"主人公让·巴蒂斯特·克莱门斯（Jean-Baptiste Clamence）大声呻吟道，"现在一切都已明了。我们有自知之明；我们现在知道我们能做什么。"克莱门斯自称为"审判者兼忏悔者"：他在小说中的角色既是对西方文明的审判，也是对其殖民主义、社会不公、不平等、种族主义和种族灭绝罪行的忏悔。让·巴蒂斯特·克莱门斯扮演的其实是"施洗者约翰"（John the Baptist）的角色，反映了当时人们构建新世俗化道德秩序的诉求，他渴望重启社会，认为这是"西方文明的最后机会"。[44]

简而言之，即便处在核阴影之中或冷战时期的法国体验到与非裔美国人类似的被排斥感（异化感）和道德沦丧感，他们也无法以任何普遍认同的形式来认识这类感受，或是将这些感受理论化。他们可能已经轻而易举地从非裔美国爵士音乐家、蓝调歌手和灵魂歌者的情感交流（"呐喊"）中发现了这种感受，却对其蕴含的"生存"和"肯定"两大内涵敬而远之，因为它们从属于"他者"的音乐。鲍德温认为，欧美人不愿意流露情感，所以不愿放下白人的身段，不愿通过"他者"感受情感的宣泄。如此一来，黑人表达情感的方式仍然被排斥在西方人所定义的"理性白人的自我控制力"之外。因此，爵士音乐家充满感情的呐喊"往往被（乐队）之外的人视为奇怪甚至淫荡的行为"——萨克斯管手阿尔奇·谢普（Archie Shepp）的这一说法呼应了鲍德温的观点。[45]

以上便是爵士乐手、法国存在主义者、战后青年、自由主义知识分子和作家之间在历史上存在的关联。存在主义是一种"个体对世界的伪善与不可预测性、欧洲优越感的幻灭、资本主义发展产生的副作用"做出反应的理论。爵士乐代表了一种反对压迫的艺术和非语言形式的斗争：它代表受压迫群体发出自由的声音，反对白人主导之下的社会，反对白人主导下的美国时常扮演世界警察角色。这种非语言的艺术形式，就像现场表演一样，把观众变成了共振板，促使他们产生共鸣。梅勒用扼要的语言阐释了爵士独奏促成的这种情感交流："我有这种感觉，此时的你也是如此。"这是一种对话式的仪式，"一种以艺术为媒介的交流方式"。[46]在"感到羞耻"和直面"他者"的选择中，爵士乐打破了二者之间的差异，迫使主流社会的成员重新审视酷面具之下的人们。

　　萨特可能无法从爵士乐中听出存在主义的种族抗议，但当他第一次读到法裔加勒比诗人的作品时，他一定从黑人文学中看出了这种抗议。这些黑人在描写白人殖民者时，注入了所有受压迫者共有的情感——憎恨、愤怒和复仇。因此，萨特感到自己暴露在黑人众目睽睽的怒视之下。这种震惊之情犹见于他在1947年介绍利奥波德·森格尔（Leopold Senghor）首部诗歌选集《黑人的俄耳甫斯》（*Black Orpheus*）的文章。文章的开篇便是一段振聋发聩的文字：

> 当你松开手，不再堵住这些黑嘴时，你期望的是什么？期望他们会歌颂你吗？黑人们站在这里，他们看着我们，我想让你们和我一样，感受到被人看见的震惊。因为三千年来，白人一直享有看不见的特权。他是纯粹的凝视者……白人……像白昼一样白，像真理一样白，像美德一样白，像火炬一样照亮万物……这些黑人今天看着我们，将我们凝视他们的目光怼回我们自己的眼中。[47]

　　在这里，萨特用一句话勾勒出白人与黑人构建的完整象征体系。如果白人认为自己白如白昼、白如真理、白如美德，那么相反的一面则令人联想到黑暗：白色等同于白昼的光明，与黑夜的黑暗和人性的黑暗相对立；白人等同于真理，黑人生活在错觉或虚假的意识中；白等同于美德，与罪恶和罪恶的黑暗相对。这些来自法国殖民地的诗句是来自受压迫者的一记回击。这是一场关乎种族界限的文化之战，萨特已鼓足勇气去倾听和理解黑人们发出的战争宣言。[48]

　　对萨特而言，《黑人选集》是对现有制度的一次冲击，是对殖民主义中西方文化阴暗面的深刻揭露。法国人在经历纳粹占领和冷战对峙后，身份认同感再次（第三次）遭到冲击，这些诗歌描写的正是这一内容。萨特写道，法国人"已经感到我们的尊严在美国人和苏联人的注视下摇摇欲坠"，但至少他们仍然觉得自己是"上天选定的欧洲人"。然而，黑人作家们却用"让我们感到羞耻的诗"和"不是为我们写的诗"撼动西方的大门。在萨特看来，这些诗歌代表着黑人"意识的觉醒"，代表着受压迫者的艺术反抗。在萨特来看来，这些诗歌的目的显而易见："迫使那些几个世纪以来一直把他贬低到动物状态的人做出让步，承认他是一个人。"[49]

爵士乐手也是如此：实际上，是爵士乐率先在全球范围内使用音乐这种非语言形势反击白人主导下的社会。与文学相比，爵士乐有着极其显著的区别：在爵士乐中，艺术家本身就是变革的推动者，是变革的真正载体。现场交流将艺术与艺术家融为一体，二者密不可分，是彼此不可或缺的一部分，它们同时也与乐队和观众实时互动。艺术和艺术家不分彼此，就像画家和画布，作者和书籍一样：你的声音便是你本身。[50]

正如鲍德温在书中描写的战后艺术时刻一样，爵士乐是一种存在主义流派，它能够使乐手将蓝调、灵魂乐和声音融合在一起，以此"见证"奴隶制，并且维持非裔美国人的集体种族身份。"这是一种音乐，它回答了一个具有普遍性的问题：我是谁？我在这里做什么？"在其他音乐家的配合下，独奏家会在当晚的演出中给出自己的答案。正如蓝调歌曲很少明说种族主义一样，爵士乐也需要诉诸抽象隐晦的方式，使其内容"无法被他人解读"。这种隐晦的反抗行为一旦被人识破，便无法履行其作为一种非语言反抗形式的社会功能——"描述黑人所在的环境"。爵士乐最初是一种团体内的艺术形式，具有治疗意义，并以帮助"战胜"历史为目标。爵士音乐家的呐喊源于福音歌手和蓝调歌手，浓缩了非裔美国人这一群体的历史。对于萨克斯管演奏家阿奇·谢普来说，任何一次独奏都会触及"一种无法言语的痛苦，一种无需向始作俑者解释的痛苦"。[51]

那么，为什么爵士乐在战后白人知识分子中如此受欢迎呢？面对这一问题，拉尔夫·埃里森在两个答案之间徘徊。他首先想到的是爵士独奏乐手在西方文化中代表了一个新的艺术形象。对埃里森来说，"（爵士乐）在诞生之初便是（一位）摩西，然后启发了众多摩西"，这意味着爵士乐作为一种非裔美国人的艺术形式，只在非裔美国人内部具有意义。后来，爵士乐的美学力量改变了人们对非裔美国人的看法。"就像任何真正的艺术作品一样,"他在给艾伯特·穆雷的信中写道,"爵士乐使众多白人也想要成为摩西。"如果一部分进步人士打破了艺术性和生物学的界限,渴望成为黑人,那是因为"爵士乐是艺术,而艺术是人类的本质"。[52]埃里森还认为爵士乐中存在着一种负罪感。他指出,随着欧洲裔美国人逐渐意识到这个国家日常存在的种族主义及其可耻的过去,随着他们了解到种族主义玷污了西方所宣扬的自由和民主理想,他们当中的大学生和自由派人士便对爵士乐萌生出新的学术兴趣。在任何一场爵士乐演出中,观众都能看到非裔美国人将个人的抗议和挣扎转化为音乐的呐喊、呻吟和想象力的迸发。独奏乐手致力于营造一种复杂的、情绪跌宕起伏的演出氛围,同时使身体和心灵处于冷静和放松的状态。

在面对精神危机时,欧洲裔美国人只凭借白人身份已无法生存下去,他们迫切需要爵士乐的对话性仪式。在回溯战后时代的文章《票价》(The Price of the Ticket)中,鲍德温指出,当白人们无法用白人身份解决他们的存在主义两难困境(这就需要能保障一等公民地位和经济成功的票)时,他们发现自己迫切需要类似非裔美国音乐仪式的文化食粮。鲍德温进一步指出,"白人们其实并不是因为白而感到优越",他们只是在自欺欺人",是被"一种美式迷信"所蒙蔽,从而盲目地相信"他们的祖先是旧大陆,或者说是上古欧洲唯一的人类",鲍德温指出,倘若没有种族主义和白人特权的庇护,白人也同样会面临黑人音乐一直以来遭遇的挑战:如何重塑个体与集体。[53]

让我们设想,如果战后的知识分子在那时才刚刚开始理解他们自己的被放逐感,才刚刚认识到重建自我认同的重要性,然后被某种音乐形式吸引(这种音乐形式以存在主义为基础,旨在催生他们的身份认同感,同时缓解他们的失序感),那么情况将会怎样?爵士乐手当众即兴表演,展示出极富感染力的个人主义,提供了一种艺术途径。如果该途径被用来填补"白人文化的需要(或空白)"——借用音乐学家克里斯托弗·斯莫尔

（Christopher Small）的说法，那么情况将会怎样？[54]

爵士乐若真是一种存在主义声音，情况又将会怎样？

近日，来自根枝乐队（the Roots）的鼓手兼乐队领班"寻爱者"埃米尔·汤普森（Ahmir "Questlove" Thompson）回顾了战后爵士乐对全球文化的影响："爵士乐……迫使主流音乐人将黑人音乐家视为拥有复杂想法和强大（并且能够被接受的）情感的演奏家。所有人已从内心深处将他们视为人，你怎么仍然狗眼看人低呢？"[55]

最后，让我们借用埃里森在《隐形人》中的最后一句话结束本节：有谁知道，他们是在为你说话吗？即便如此，他们为你说话的次数是否屈指可数？

李斯特·杨的诘问：爵士乐中的西西弗斯

20世纪50年代中期，爵士乐评论家罗斯·拉塞尔（Ross Russell）在其未公开出版的笔记中将李斯特·杨的夜间演出称为"事实存在的西西弗斯"（Sisyphean In nature）。如果"生活是荒谬的……那么人类必须寻求解决方案"，他想知道，面对这个问题，人们是否寻找到了这样一个通用的解决方案：爵士乐手每晚都要为同样的歌曲创作一首新的独奏曲。"爵士乐手就像西西弗斯一样，"他推测道，"需要在每一场演出中进行即兴表演，就是围绕主题给出新的解决方法，就像西西弗斯把石头推向山顶一样。"这块巨石象征着这位爵士音乐家面临的诸多挑战，其中最重要的是"即兴创作的负担"，因为每个人都必须当众将它推上山顶（即在公共场合现场演奏）。然而，对拉塞尔来说，巨石也象征着黑人爵士乐手从事这一职业时遭受的种种侵害：漫漫长夜中的旅行、二等公民身份、警察的骚扰，以及需要用毒品来刺激神经和逃避生活。"对他们而言，（特别是）那些有想法、有创造力的杰出人士而言，生活就是在一场又一场独奏之间，一个又一个夜总会之间，一次又一次一夜情之间徘徊。"[56]

　　罗素想知道："爵士乐手全部（或大部分）是专业的存在主义者吗？"这是一个社会学问题，杨是唯一的答案。"他出生在一个陌生的（白人）文化中，早年跟随父亲学习表演，以此为生，所以注定会创造出属于自己的独奏。他的胜利在于，他凭一己之力创造出属于自己的独奏，这种独奏是他在维护尊严和个人人性的日常挑战中留下的艺术印记。即使身陷自己的工作和种族的荒谬之中，爵士乐手也注定要在音乐台上获得自由："在爵士乐严格的纪律所给予的自由之内……他注定要永远不停地为每一场独奏创作新的旋律……无论主题多么熟悉。"

　　这便是爵士乐手的满足感：通过幽默、怯懦、失望和快乐等情绪的交替，展现个人独特的经历，换句话说，就是借助自己定义的声音和起伏变化的声调讲述自己的故事。虽然拉塞尔对杨在20世纪50年代前后矛盾的表演感到悲伤和困惑，但他仍然理解杨推动音乐巨石上山的动机："尽管他的能力在减弱，尽管他缺少支持，但是支撑他继续前行的是他对自己所做事情的信仰。"实际上，杨得到的支持比拉塞尔知道的要多，因为后者对他的个人生活和家庭幸福时期知之甚少。[57]

　　罗素是战后唯一一位明确指出爵士乐手是美国的有机存在主义者的知识分子。存在主义的主要挑战是承认并面对这样一个学术事实：没有上帝或宗教，存在的目的往好了说是未知的，往坏了说是无意义的，是荒谬的。从存在主义的角度来说，每个人都必须弄清楚如何将尊严带入日常生活的方方面面，带入自己每日平凡的工作。这种局面让每个人都可以创造自己的自由，这个概念看似自由，但实际上很可怕。如果每个人都需要一套私人的道德准则，那么我们将从何处着手？

　　在《震撼蓝调》（*Stomping the Blues*）一书中，阿尔伯特·穆雷提出了这样一个理论：所有非裔美国人的音乐都是一种公共仪式，涉及在逆境中塑造存在主义式的肯定。对于每一名乐手来说，挑战是"所有存在的必要条件中最基本的……即在逆境中不断肯定和坚持自我"。这是推动乐手构建属于自己的艺术对话，即构建表演者与观众之间联系的动力。穆雷认为，任何艺术形式的存在性成功都在于它复兴、驱动和振兴个体的能力。"无论如何要避免丧失勇气。"最根本的问题是忧郁，"当你醒来的时候又会有忧郁……在你的床周围，也在你的脑袋里面，这种情绪仿佛试图让你希望自己死去或者从来没有出生过"。在这个问题上，艺术形式必须开辟反抗的空间，而不是孕育怨恨的情绪，"因为关键是不要屈服，别被他们弄得情绪沮丧"。[58]

穆雷还将爵士乐的"间奏"①提升到理论高度。所谓间奏是一段四小节的短独奏，其他乐器都在这段独奏中消失了。在这个过程中，即兴创作的音乐家面临着沉默和空虚的深渊，他或她现在必须使之变得有意义和充满个性：这是一种通过自我表达来确认存在的行为。对于爵士音乐家来说，间奏是"至关重要的时刻"，是"展现个人最好一面的时刻"。从本质上说，西西弗斯的巨石相当于现场的观众：乐手的工作是带他们上山，在那里他们可以看到光明，活出新的一天。当音乐家成功地带着观众一起跨越鸿沟时，这就是一种具有集体意义的个人领导行为。这便是穆雷理想中的"英雄事迹"，李斯特·杨只是把文学中的典型英雄形象转化为即兴音乐旋律。

实际上，在战后的爵士乐和蓝调中，存在主义酷可以被定义为对自愈能力的艺术表达的程式化。[59]"李斯特认为生活是荒谬的，"罗素想象着杨在长期观察中形成的生活态度，于是这样推测道，"夜总会、城市、贫民区、热情却不成熟的爵士乐报纸……这一切与其说是一场噩梦，不如说是一种荒谬。"杨将种族压迫视作强加在每个人身上的噩梦。从纳特·亨托夫（Nat Hentoff）到惠特尼·贝利特（Whitney Balliett）再到杰克·凯鲁亚克，杨的存在主义忧郁令几乎所有战后的白人爵士乐评论家着迷。然而，杨在他巴黎生活的最后一次采访中，用一种更为荒谬的表述描绘了种族噩梦。当被弗朗索瓦·波斯蒂夫（Francois Postif）问及种族主义时，

---

①　间奏（break），当演奏进行时，突然中断静止，插入一段美妙乐句，指定某件乐器单独演奏。——译者注

他答道："到处都是一样的，你明白吗？这是在为你的生命而战，仅此而已，我们将战斗到底，直到死亡将我们分开。"[60]20世纪50年代，60岁的杨选择用过量饮酒的方式结束自己的生命，他一生很少对过往的抉择自怨自艾。有人可能会说，他选择了酒精作为自杀的方式——就像一名合格的存在主义者——因为他清楚地知道，一天喝五分之二瓶杜松子酒的结局将会如何。

"何为爵士乐？"身为杨的挚友之一，同样出身游唱艺人世家的爵士鼓手乔·琼斯在面对这一问题时，给出了这样的答案：

> 何为爵士乐？……所有爵士乐手都通过他们的乐器来表达他们自己，他们表达了他们是什么样的人，表达了他们在白天、在前一晚、在他们生命历程中的经历。他们无法掩饰自己的感情……当他把自己的经历带到舞台上时，他会把自己的感受投射到观众身上，他可以让他们微笑着离开舞台，也可以让他们皱紧眉头。[61]

爵士乐是一种情感的交流：每一场独奏都是用艺术手段将个人经历转化为声音。这是一种自我表达，是对社会经历的抽象。吉尔·埃文斯（Gil Evans）解释说："听众是所有乐手都想要打动的对象"，"如果我们能在情感上打动他，他就会成为音乐的一部分……触动听众才是最重要的"。[62]

如果说战后年代的爵士音乐家公开展现出的是一种战胜困境的艺术方法，那么在动荡的后西方世界，非裔美国人充满个性的、公开且即兴的表演方式对白人观众的吸引力就更为显而易见。从李斯特·杨在他生命的最后几年里所唱的优美而悲伤的歌谣中，人们可以听出他每天的经历，以及他试图分享这些经历所付出的情感代价。艾伯特·穆雷将杨后来的声音比作"一个疲惫不堪的士兵在操场上昂首挺立的样子，有几分痛苦，却充满魅力"。[63]

这种情感交流蕴含的伦理特征成为爵士乐表演追求的目标，并且在爵士乐手中代代相传。20世纪20年代末，"狮子"威利·史密斯（Willie "The Lion" Smith）曾向年轻的艾灵顿公爵解释过这一点，"当你敲击舞台时，你的力量足够将舞台擎起，在场的观众也随之被擎起"。布莱基日后将这一理想铭刻在两代爵士信使乐团（Jazz Messengers）成员的心中，他说："他们只是擎起了舞台，他们有这种力量。"贝斯手查理·哈登（Charlie Haden）把此理念传给了奥尼特·科尔曼（Ornette Coleman）的儿子，十几岁的鼓手德纳尔多·科尔曼（Denardo Coleman）。[64]

20世纪50年代中期，李斯特·杨向他门下的年轻鼓手威利·琼斯三世（Willie Jones III）解释了行云流水的即兴演奏和用音乐交流情感的不同之处。"琼斯，你的演奏技巧很好，但你讲述的故事是什么？"琼斯被这个问题弄糊涂了。"你这是什么意思？"他问道。[65]

"我的意思是，音乐家既是哲学家又是科学家，"琼斯回忆起杨的解释，"他用音乐来诠释他所信仰的哲学理念。所以，他这样问我，你的技巧很好，但是你的故事是什么呢？"这个问题涉及存在主义的内容，即用一种能反映你本性的标志性声音来叙述你的经历。

杨向琼斯指出了爵士乐手面临的第二个社会挑战：借助音乐仪式联合起观众组建一个临时共同体。琼斯问杨如何做到这一点？30年后，他仍然记得杨的回答。"走到台下，看看水管工在想什么，木匠在想什么，"杨建议道，"这样一来，当你上台时，你就能帮助他们讲述故事。"[66]杨的建议再次体现出爵士乐与存在主义反抗之间的共鸣，即在不诉诸道德或不依赖种族立场的情况下肯定个人的尊严。

爵士音乐家将痛苦转化为独奏，为听众潜在的意识的形成创造了条件。杨的箴言"讲述你的故事"概括了这位爵士音乐家在20世纪中期追求的艺术目标。这句话类似于蓝调含蓄的群体疗法。李斯特·杨将蓝调精神转移到爵士乐中，使其与加缪的反抗行为产生了深刻的共鸣：我反抗——因此我们存在。通过这种方式，人们朝着如下目标迈出了第一步：在20世纪中叶创造出一个范围更广、更加多元的存在主义酷世界。

战后一期理论：酷面具替代道德面具

酷的起源建立在放松平静的表演之上，是为了掩盖内心对西方文明信仰的丧失。酷过去是，现在也是一种过渡性表现方式的集合——它是一种以"稳重克制"为基础的情感模式。酷面具借助充满个人风格的元素服务"自我呈现"这一目标；换句话说，酷面具借助的是将镇静超然的态度审美化这种方式。作为掩饰情绪的铠甲，酷面具在不受情绪左右的情况下记录下个人的创伤经历，反映出战后艺术家、反叛者和观众的一段退缩时期，体现了当时的人们对古典的西方传统可能终结的反思（虽然这种反思可能是无意识的）。对于生活在1945年至1965年间的战后一代人来说，西方文明已成为过眼烟云，它虽然汇聚了欧洲和美国共同的价值观，但已失去了维系自身存在的力量。

在1945年之后的第一个十年间，所有古典人类价值或社会平等的"普世理想"都惨遭所谓"科技发达社会"的毒手，被后者用"种族灭绝手段"埋葬在集中营和被炸毁的城市的废墟之中。伴随着权威的丧失和艺术理想的过时，年轻的爵士音乐家和B级电影演员们开始使用冷峻、苍白的表情掩盖内心巨大的创伤。在夜总会和电影院，形形色色的知识分子和反抗者都被拉入了他们那令人产生共鸣的、神秘的超然状态。对于大学阶段的观众来说，他们在经历奥斯威辛和广岛事件之后，能够从酷面具象征的新型情感结构中寻找到一种重塑后的个人主义。

在爵士乐、黑色音乐和存在主义中，酷面具象征着通过逃避的方式进行反抗。音乐家、演员和作家们在社会中经历了一段时间的挫折后——无论是欧洲裔美国人（经历大萧条）、非裔美国人（面对白人至上主义的压迫）还是法国存在主义者（被纳粹占领），都会寻求道德的复兴，于是选择使用酷面具来表现他们受到重重围困的个性。对于这类艺术家而言，酷是处于转变中的男子气概。在这些厌女的流派中，女性常常扮演性解脱（爵士歌手）、引诱他人者（蛇蝎美人）或情绪化的歇斯底里形象。在面对现代性、创伤、大众社会、技术入侵和地缘政治危机时，酷面具整合了这些同时存在的艺术形式之间的密切联系，以寻求新的男性主体性和身份认同。

两位英国社会学家在《酷的法则》（*Cool Rules*）一书中指出，酷在战后成为一种"新的世俗美德"。若是如此，那么酷取代了怎样的道德呢？[67]

酷面具取代的是美德面具。美德是通过向人们灌输传统理想，来实现灌输阶级理想的目的，从而召唤人们本能地为宗教或国家的神圣事业做出自我牺牲。美德是建立在传统和性别角色至上的社会阶级价值，例如：个人体现的是民主共和美德或基督教美德；女人的贞洁建立在性、家庭和礼仪之上。此外，美德因与潜意识融为一体而难以撼动。在《永别了，武器》（*A Farewell to Arms*，1929年）一书中，海明威使用如下名句否定了美德惯用的表达方式："至于神圣、光荣和牺牲……我没有看到任何神圣的东西，那些光荣的东西没有任何荣耀，那些献祭就像芝加哥的牲畜围场一样……诸如光荣、荣誉、勇气或神圣之类的抽象词汇，与村庄……与河流的具体名称相比，显得猥琐不堪。[68]"从第一次世界大战到第二次世界大战，再到越南战争，工薪阶层和中产阶层开始意识到，他们常常沦为社会精英的炮灰。[69]

美德也一直与种族价值观挂钩：它是白人价值观的象征，通常与纯洁、洁净、无辜、正义和文明等词语联系在一起。就其本身而言，它与欧洲白人认定的自我形象密不可分。他们认为，黑人社会是一个由原始蒙昧的、深色皮肤种族构成的群体，欧洲人却站在这个群体的对立面。"白色"美德一直被赋予隐晦的内涵，以对抗"黑魔法"或"黑市"这些直白的词语，对抗肮脏和黑暗，对抗罪恶与邪魅。爵士音乐家诉诸镇静的、充满个人风格的抗争方式，公开地表达了对种族化的白人美德的批判。爵士乐手们拒绝接受种族秩序，他们将眼睛藏在墨镜后面，巧妙地在个人的抗议中呐喊，在公共场合"谈论黑色"，同时创造出爵士音乐不诉诸语言的内部对话，他们以"黑人俄耳甫斯"的身份，直面种族歧视并受到国家支持的压迫。

传统的阶级理想要求人们成为一个道德高尚的男人或女人。酷则截然相反，它要求人们保持一种独特的、原始的、内省的存在模式。酷的审美观之所以引人注目，正是因为那些政治家（或时髦人士）使人们充分地注意到旧秩序的虚伪和腐败。19世纪的中产阶层理念已经一去不复返，如：家族、当地社区、民族性格、宗教、代表个人价值观的职业。"酷"使人们不再寄希望于在传统的道德框架内成就自我，而是使用一种抽象的方式——"扮酷"来填补其中的真空。"酷"代表着塑造自我和内修于心，保持"酷"的状态需要付出"被排挤（被异化）"或"反抗"这样的社会代价，并且"酷人"只有从志同道合的人那里才能得到回报。

战后酷反映出了本真性和自主性：它是内在叛逆的外在表现。它作为一种新身份模式，出现在一个动态的、不稳定的、技术日新月异的社会。这是一个处于转型中的社会，很快就会在道德和比喻的意义上不断前进。白人青年迫切需要唤起自我肯定的原始元素，所以他们跨越种族界限，去获取所需要的音乐：从跳跃蓝调、比波普到节奏蓝调（即黑人音乐）、灵魂乐和摇滚乐。各类音乐形式回答了年轻人文化中一个未被问及的问题：是什么让你为活着而感到高兴？在20世纪的每一个十年间，非裔美国人的音乐，从乡土爵士乐（放克音乐）到嘻哈，都给出了这个问题的答案。1955年，《告示板》杂志公司惊讶地发现，节奏蓝调仍然盛行于各个种族之间，打破了种族的界限，其销售额和播放量比前一年翻了一番。所以，这类音乐的定位理应得到重新评估，而不应仅仅被视为"低俗音乐"或年轻人"转瞬即逝的幻想"。[70]

简而言之："酷"是幸存者的公众脸谱。"酷"意味着拒绝将天真、乐观、美德、技术进步和进步迷思作为身份的标志。酷面具是战后年代创伤的产物，它唤起了艺术家和观众的理性绝望，要求人们进行自省，或者反思每个人本性中有关暴力、冲动欲望或犯罪的阴暗面。20世纪上半叶以及1945年发生的诸多事件打碎了观众的信仰体系，他们的幸存最终得到了酷面具的肯定。

代际的插曲：战后二期（1953—1963年）与酷的转变

> "酷"由美学变为政治学。"扮酷"是一种好斗的行为。
>
> ——刘易斯·麦克亚当斯《酷的诞生》[1]

在垮掉派诗人格雷戈里·科索（Gregory Corso）门下做了很长时间的学徒后，刘易斯·麦克亚当斯（Lewis MacAdams）采访了纽约战后时代所有的存在主义人物，为他即将成书的口述历史著作：《酷的诞生：比波普、垮掉派和美国先锋》（*Birth of the Cool：Bebop, the Beats, and the American Avant-Garde*, 1999年）做了充分的准备。麦克亚当斯出生和成长于达拉斯，至今依稀记得自己在1952年第一次从节奏蓝调广播节目中听到"酷"这个词时的情景。一开始，这个概念还很抽象，还不成熟，但它引发的重大反响，从那时一直持续至今："当我觉得节拍很酷的时候，我想表达什么意思？我不知道。我只是喜欢嘴里说出这个词的感觉。'酷'不仅意味着认可，还意味着亲情。这是一张门票，带领我从密不透风的生活中突围，为我铺下通往更酷世界的道路。"

在"更酷"的世界里，爵士酷仔们可以通过不诉诸语言的方式实现彼此的认同，而"标准"则变得完全不重要。这个世界是一种乌托邦式幻想，类似于流浪汉幻想的"巨石糖果山"（Big Rock Candy Mountain），或者是托马斯·品钦（Thomas Pynchon）笔下的"瘾君子的幻梦"。这是一个理想的波希米亚世界——一个更酷的世界——一个由志同道合的人组成的空中楼阁。这个理想世界平等地支持每个人的创新行为、个人理想、自我挖掘和自我解放。麦克亚当斯认为，这种新式美国波希米亚理想首先由爵士音乐家们在明顿玩具屋俱乐部（Minton's）建立起来。正是在这个地方，经历了二战的"酷成为一种忠诚的品质，成为一种法则"[2]。

在战后二期，"酷"一词首次成为解读那一代人内心欲望的密码。酷的可视化形象组成了有机的整体，催生出青年文化：青年们通过新的艺术理念、风格、语言和手势，互相交流早期的酷内涵，这一点在新艺术家身上均有体现。"时代思潮"（zeitgeist，即时代精神，这个德语哲学术语出现的时间要早于媒体提出的概念，以及当代人口统计学中的术语）这一概念便是这种观点的先行者。格恩·斯库拉特（Gene Sculatti）在《酷的目录》中给出了一个有用的定义：在流行文化中，当一个新形象出现在国家舞台上时，会被认为是很酷的。"他是前无古人……今无可以望其项背者的新鲜偶像"，斯库拉特曾这样评价鲍勃·迪伦（Bob Dylan）的世代共鸣。此时，战后酷已在20世纪60年代初转向了下一个阶段。[3]

到20世纪50年代中期，"嬉皮"和"酷"分道扬镳，成为两个不同的概念，尽管这两个概念一直以来都被混为一谈：马龙·白兰度、西德尼·贝歇特、约翰尼·卡什、迈尔斯·戴维斯和威廉·巴勒斯都很酷；迪兹·吉莱斯皮、艾伦·金斯伯格和诺曼·梅勒都很嬉皮。"嬉皮"成为"世故、开明、成熟"的同义词。从梅兹·麦茨罗到佐拉·尼尔·赫斯顿（Zora Neale Hurston）再到威廉·伯罗斯（William Burroughs），混迹街头的作家们用数十个美国黑人俚语词语给出了"嬉皮"的定义。梅勒在同这两类非裔美国人的哲学思想斗争的五年间（1955—1960年）称自己为"嬉皮哲学家"。"嬉皮士"（hipster）的原意是"知识渊博、足智多谋之人"，同时也指爵士乐的爱好者。[4]

相比之下，"酷"通常与超然的冷静和艺术成就联系紧密。"酷"在爵士乐词语中被定义为"克制和放松"，在艺术行为中被定义为"在克制的框架内取得的巨大成就"。[5]"酷"是一种叛逆的情感，是一种带着顽强的优雅气质和个人风格。要理解战后"酷"的文化作用，需要回归当时的语境，分析20世纪50年代初"酷"概念从战后一期向战后二期的代际转变。只有这样，我们才能洞悉凯鲁亚克、白兰度、辛纳屈、迈尔斯·戴维斯和詹姆斯·迪恩这些广为人熟知的酷之典范。

在战后二期，"酷"和"嬉皮"均是地下反英雄主义的概念和理念，是社会和语言中客观存在的事实，但经常在罔顾历史事实的讨论中被忽视。[6]当秉承"酷"精神的文化反叛活动在20世纪80年代早期受挫时，它的意义、内涵和不诉诸语言的姿态就被转化为有价值的事物，转为一种叛逆的风格。托马斯·弗兰克（Thomas Frank）称之为"酷的征服"，但他的这项颇具影响力的研究或许应该被命名为"嬉皮的征服"。[7]弗兰克对广告学的研究始于20世纪60年代，他的研究将整整一代人对酷基本含义的理解与诠释从历史上抹除，至今仍阻碍着人们进一步理解"酷"这一美国核心文化概念。事实上，从1940年到1980年，"称赞某人很酷"成为美国文化中至高无上的赞语，至今仍用来表达高度的赞扬。

嬉皮与酷：一个速览

二战后，"变得嬉皮"（to be hip）意味着你知道发生了什么，意味着你是混迹街头的老手，味着你有"当时被称为嬉皮的最新意识"，艾灵顿公爵回忆道。[8]你追赶新生事物的潮流，如：某个乐手、某部地下电影、大麻、存在主义。你深谙种族主义、警察暴行、帝国主义、盲目的爱国主义和国家毒品政策的虚伪。通过新生文化事物获得（或理解）的知识使你兴奋，它激发了你的精神；对社会如何运作的新认识使你精神振奋。嬉皮之人喜欢创新的艺术形式，无论这一形式属于智力、文化、性还是人际交往领域。他们把这种创新叫作"醍醐灌顶"（kick），并将其视作自我调节的方式。此外，赶嬉皮之人还将"嬉皮"称为"知识探索"，即在生活中进行即兴创作。

成为嬉皮之人需要有三个步骤：第一，渴望行动；第二，筹划行动，第三，付诸行动。当然，"行动"是一个抽象的概念，但在那些嬉皮之人看来并非如此。直到1964年，当这一概念广为传播时，甚至连海滩男孩（Beach Boys）都在唱："我在同一条老街上开来开去都觉得很烦/我得找个小地方/让孩子们嬉皮起来。"——这是热门歌曲《游走街头》（I Get Around）的开场白。很明显，这里的"嬉皮孩子"指的是宽容、开放、有创造力的年轻人。嬉皮的孩子们相信有一群游走不定、头脑冷静的人在等待着他们去发现。第二年，在《加州女孩》（California Girls）中，海滩男孩唱道"东海岸女孩很嬉皮"——换句话说，她们是这个国家引领女性风尚的群体。

"追求嬉皮之人"的对立面是"墨守成规者"："墨守成规者"指的是静态的个体，以固守己见的方式服从权威和社会习俗，遵守社会结构和行为规范。具有代表性的嬉皮爵士歌手迪兹·吉莱斯皮在其自传中详细地阐述两者之间的差异。他把"追求嬉皮"之人定义为"明理的"、"聪明的"或"懂得生活和生活方式的"人。相反，墨守成规者"全盘接受了业已固定的生活方式……"。他相当尖锐地指出，这类人拒绝了创造性的概念。这就是战后"墨守成规"社会面临的真正危险："（墨守成规者）对我们所代表的几乎所有东西都漠不关心，比如智慧、敏感性、创造力、变化、智慧、欢乐、勇气、和平、团结和正直，他们甚至热衷于反对这些东西。"[9]墨守成规者是一个闭门造车之人。换句话说，嬉皮人士认为自己是社会进步人士，是反对保守之人。"嬉皮"与开放的思想意识画上了等号，特别与性、毒品和爵士乐等行为体验联系在了一起。嬉皮之人嘲笑虔诚的爱国精神和常见的陈词滥调，比如在冷战时期人们驳斥不同于自己的意见时的常见说法："如果你不喜欢这里，就搬到苏联去吧。"

追求嬉皮之人常常为自己的开放感到自豪，并常常引起别人的注意，以使自己与古板、虔诚、务实的"墨守成规者"相抗衡。正如穆迪·沃特斯在1954年的《我准备好了》（I'm Ready）中对一名女子唱的那样："我知道你觉得我无处可去/（但是）我将向你证明，宝贝/我不是墨守成规之人。"穆迪·沃特斯非常嬉皮，他要去某个地方，承诺带那个女人去付诸行动的地方。梅勒发表了一份深奥的"嬉皮与守旧"对照表（图18），给出了两组对立的哲学概念，从"浪漫主义与古典主义"到"黑人与白人"，不一而足。[10]在"午夜与正午"和"采用曲线形式与生活在矩形里"等富有诗意的对比中，梅勒将"嬉皮与墨守成规的对立"转化为具体的感官与视觉形象：嬉皮是曲线，墨守成规是矩形。在这里，梅勒扩展了嬉皮词语的内涵，为战后的作家和音乐家提供了更多可用的词语，揭示了人们在"嬉皮"含义上达成的共识：嬉皮的内涵源于1930至1965年间的爵士乐文化。

此外，如果脱离梅勒在1955年初开始吸食大麻的经历谈论他关于嬉皮的论著，一切将毫无意义。他的嬉皮哲学最早萌生于第一次吸毒兴奋的经历；他宣称，"追求嬉皮"不亚于"将自我从社会的超我中解放出来"。"嬉皮"反对超级大国的上层建筑，反对冷战现实政治的堡垒心态，反对集中化的工业大生产……它是吸食大麻产生的飘飘欲仙的感觉，一种逻辑系统被摧毁的感觉。对梅勒来说，"这就是'嬉皮与守旧'的开始。与传统美德的概念相反，'嬉皮'体现了个人的自由意志。你一旦接触到嬉皮的气质，便会拒绝守旧的过去，虽然有时会表现得滑稽可笑，但就像梅勒写的那样，嬉皮是自我与中产阶层道德的"首要始战争"。对梅勒而言，"嬉皮的唯一道德"是及时行乐，是"随时随地做自己想做的事"。[11]

嬉皮是情感能量的母体：它是对原始感觉和活力的追求，既是在驳斥当下中产阶层自满的病态逻辑，也是在反对潜在的核威胁。嬉皮通过性、毒品、音乐、舞蹈、实验来探索个人的身体与思想体验。一个人可以通过风格、文化品位，甚至肢体语言找到嬉皮的志同道合者。梅勒写道："用胯部走出猫一样的步伐便是嬉皮。"这一说法的灵感可能来自马龙·白兰度著名的胯式猫步，相比之下，"从肩膀开始发力的熊式步伐"便是守旧的。[12]

THE HIP AND THE SQUARE

I. The List

Hip	*Square*
wild	practical
romantic	classic
instinct	logic
Negro	white
inductive	programmatic
the relation	the name
spontaneous	orderly
perverse	pious
midnight	noon
nihilistic	authoritarian
associative	sequential
a question	an answer
obeying the form of the curve	living in the cell of the square
self	society
crooks	cops
free will	determinism
Catholic	Protestant
saint	clergyman
Heidegger	Sartre
sex	religion
wedeln	rotation
the body	the mind
rebel	regulator
differential calculus	analytic geometry
Schrodinger's model of the atom	Bohr's model of the atom
Wilhelm Reich as a mind	Wilhelm Reich as a stylist
Marx as a psychologist	Marx as a sociologist

图18 诺曼·梅勒在《自我行销》（*Advertisements for Myself*，1959年）一书中给出的"嬉皮与守旧"对照表。

259

总的来说，垮掉派作家是嬉皮的：他们寻找刺激、意外、活力，以及恢复活力的能量，希望自己的能量具有感染力、革命性和煽动性。他们使用的都是关于热、速度和燃烧的比喻。正如贯穿《在路上》（*On the Road*）全书的莫里亚蒂与萨尔·佩拉提斯之间的对话："我们得走了，走！走！走！"凯鲁亚克回忆道，在六号艺廊（Six Gallery）的首次朗诵会上，所有人都在朗读《嚎叫》时，都在反复地高喊"走！走！走！走！走！"在田纳西·威廉姆斯（Tennessee Williams）的戏剧《俄尔普斯的沉沦》（*Orpheus Descending*, 1958年）中，说唱歌手卡罗尔·科特瑞尔（Carol Cutrere）对着酷酷的瓦尔·泽维尔（Val Xavier）大喊："我只想生活，生活，生活，生活，生活！"[13]（见第十章）。总之，"追求嬉皮"是率先对新文化潮流和偶像做出回应。

相比人们在"嬉皮"一词上形成的共识，"酷"则是一个新兴词语，从未出现在爵士乐俚语的早期词汇表中。然而，到了1963年，这个词被收入战后波希米亚词典《爵士词语大全》（*The Jazz Lexicon*），成为爵士乐文化中"内涵最多的词语"，拥有长达两页的含义，其中包括"酷起来"（be cool）、"冷静"（cool it）和"我很酷"（I'm cool）等新短语。[14]例如，在小说《声音》（*The Sound*, 1960年）中，罗斯·罗素描写了一个名叫萨达（Zaida）的嬉皮金发女郎，"她留着维罗妮卡·莱克式的发型"，还会说爵士乐暗语，其中包括各种新术语。酷（cool）、疯狂（crazy）、烦恼（hassle）、揭穿（dig）、消失（gone）、醉酒（gassed）……这类秘密语言就像黑市货币一样在他们之间传递。在同一部小说中，一位名叫哈桑（Hassan）的爵士鼓手总是给他同样的建议："你只需要知道自己的立场，然后冷静下来（play it cool）。冷静点，这是最重要的，伙计，冷静点，冷静点！"作为战后的地下通用语，非裔美国人的爵士方言有着至关重要的地位，"酷"本身就非常"接近他们（指爵士音乐家）的哲学核心"。在《如何说潮话》（*How to Speak Hip*, 1959年）一书中，即兴喜剧的先驱德尔·克洛斯（Del Close）即兴说道："嬉皮的语言大多来自爵士音乐家。"[15]

"酷"一词同样出现在垮掉派作家的作品中，后者对爵士乐和俚语已经习以为常。在约翰·克列农·霍尔姆斯（John Clellon Holmes）的作品《走》（*Go*，1952年）中，叙述者将"酷"定义为一个正在流行的新词：酷的意思是"令人愉快，独自冥想，没有紧张感"，而年轻人则表现得"冷静，没有感情，离群索居"。同年，威廉·巴勒斯（William Burroughs）将"酷"视作"新兴嬉皮士词汇"的一部分，并将它定义为"一个通用词语"，指任何符合审美标准的东西，以及"任何不受法律限制的场合"。"扮酷"本质上是在反对独裁和法律规范，换句话说，是在用无声的方式反抗"辣手警花"或警察。[16]

就个人层面而言，"酷"是对存在主义意义上的静止、放松和自我控制的追求。镇静之人通过有节制的动作呈现出以个人为中心的冷静气场，同时隐约透露出内在的强大张力。李斯特·杨换用各种方式表达"我很沉着"（I'm cool）或"我能冷静应对"（I'm cool with it），本质上仍然是在特定的情境下用自己的风格寻求放松和安全感。酷的这些意义始于爵士乐，一直沿用至今。[17]

嬉皮和酷之间的显著区别在于，镇静（酷）之人不会解释他或她反抗的内容。

取而代之的是，酷派的偶像会留下艺术的痕迹，对其他人来说，这一遗产会成为未来进行反抗的一面旗帜。对于麦克亚当斯来说，1954至1955年间，查理·帕克、杰克逊·波洛克（Jackson Pollock）和詹姆斯·迪恩三位先驱树立的榜样形象将人们带入了"酷时代"（the age of cool）。帕克英年早逝后，"大鸟永垂不朽"的话语被喷涂在地铁的墙面上；波洛克和迪安阐释了刘易斯·麦克亚当斯所说的"酷的悲剧神话——酷是被关在笼子里等待释放的东西。"[18]

"酷"是一种情感模式，在寻求精神平衡的过程中投射出个体的本真性和完整性，而嬉皮则是一种街头哲学。"嬉皮"和"酷"是一对不可互换的术语，我们以两句话为例：你嬉皮地追逐（hip to）新鲜事物；但是你在某些事情上表现得很酷（cool with something），例如：出于义气触犯法律，或者为了追求天马行空的灵感而吸毒。

酷是展现个体力量和自主性的神话——一种等待被释放的"笼中之物"。对于新波希米亚主义者和社会反抗者联盟来说，酷是正在复兴的浪漫神话。这个神话变成悲剧之时，便是其最为强大之日，正如它已经被用于描述那些主张自我毁灭的艺术家［战后一期的大鸟、波洛克和迪安，以及后来的亨德里克斯（Hendrix）、莫里森和乔普林（Joplin）］。

然而，这个"笼中之物"已经准备好反抗逃跑——在这个神话里，是什么让年轻人如此容易产生共鸣？是对无限自由的浪漫幻想吗？"酷"是一个关于个人同天启论以及无神论的荒谬性作斗争的存在主义问题吗？酷派人物展现出的新模式是否存在于昔日的先知、总统、商人和发明家身上？或者他们仅仅是宗教意义上的"有神赐能力之人"，即具有巨大个人魅力之人？"酷"仅仅是现代主义者梦想的"本真的自我"（authentic self）吗？还是蔓延全球的恐惧世界末日的情绪，这种情绪与同社群网络脱钩的核心家庭造成的社会原子化有关？抑或仅仅是新兴富裕社会的不满情绪？

所有这些问题的答案只有一个：是的！是的！是的！是的！是的！是的！是的！

酷过去是，现在仍然是反抗者的神话，他们从偶像艺术家那里寻求新型文化武器冲击社会。这些艺术家将社会变革具象化，借助内省与自我经验，表现出深邃、优雅和隐忍的一面。伴随着这类艺术家的反抗，新的群体也随之出现。

代际的转变

每一代人的"酷"都有独特的模式，各个世代的"酷"模式相互交叠。每一代人都有各自的文化想象，这种想象与所在社会之间存在着特殊的关联。"酷"偶像折射出当时的社会与经济状况，因而能够体现这种特殊的关联。科技消费社会的变化日新月异，屏幕和舞台上的酷偶像也是如此。本书后半部分将要关注的是"沉默的一代"（出生于1928—1945年）与首代婴儿潮（出生于1945—1950年），这两代人首尾相连，在新派酷偶像的激励下不断成长。事实上，"酷"的延续反映了男性情感的变化——或者更准确地说，是在一个欣欣向荣的消费社会中，理想的男性气质的变化。

"酷"是个不断变化的概念。20世纪50年代，美国经历了百年一遇的繁荣，造就了一个新的经济阶层：青少年。尽管大萧条时期的年轻人早在1935年首次创造了这个词，但他们既没有可支配收入，也没有战后年轻人赖以存在的新兴自由空间——郊区、汽车和充分就业的社会环境。1945年，《纽约时报》发表了《青少年权利法案》（*A Teen-Ager's Bill of Rights*），仿佛发现了一种新的公民。在这十年间，这个新阶层要求获得文化权利（我们暂且将此权利定义为文化权利）：他们希望看到自己的生活被搬上银幕，并且将詹姆斯·迪恩视作他们的偶像。但是在1950年以前，这些来自中产阶层郊区的白人少年只会被看作一群郁郁寡欢、哭哭啼啼的漂亮男孩，一群被黑帮打得遍体鳞伤的孩子。相比之下，战后二期的英国青年在城市蓝调和摇滚音乐中选择酷偶像时，没有考虑种族的因素（例如，他们酷偶像有埃尔维斯、沃特斯、查克·贝里、杜安·艾迪）。与此同时，德国青年则借助马龙·白兰度的电影——特别是《飞车党》（*The Wild One*），掀起了叛逆狂欢的浪潮。[19]

在战后二期（1953—1963年），两个关键元素为这一代年轻人的酷美学注入了新的内容：（1）发掘情感，而不是压抑情感；（2）重视即兴和自发性的价值。相对于压抑情感，第一个元素看似咄咄逼人，实则不堪一击，是一种被异化的酷，是冷战张力、社会繁荣和核焦虑这组奇异组合在个人身上的体现。通过揭开男性虚张声势的面具，个人的激情和本能喷涌而出：正如弗洛伊德分析的那样，潜意识得到了解放，其内容就进入了意识。垮掉派作家、方法派演员、摇滚乐手和爵士音乐家通过艺术手段，将这种"酷"内化于心，使之成为一种酷的美学，这种美学在马龙·白兰度、詹姆斯·迪恩、猫王埃尔维斯·普雷斯利、杰克·凯鲁亚克和迈尔斯·戴维斯等人身上均有体现。[20]

在战后一期，黑色酷有着冷漠、急躁、坚忍、阴郁且冷静的外壳；它的内在理念则是一种主观真理：人们常会产生这样一种感觉——自我认知和个人道德源自个人的经历，二者来之不易。黑色酷意味着带着个人风格生存，即带着尊严存在于世。即使对于具有黑色酷风格的犯罪主角来说（就像《双重赔偿》那样），黑色就是对个人阴暗面的探索，是通过犯罪行为和存在主义意志考验人性。这是一种从失败的信仰体系中重生的非政治性立场，无论这种信仰体系是资本主义和基督教，还是共产主义和帝国主义。

但是，这些艺术人物身上体现出的，更多的是文化的传承，而非彻底的文化断层。白兰度、凯鲁亚克、梅勒和戴维斯都生于20世纪20年代中期，他们最重要的人生经历和艺术学徒生涯发生在40年代后期。白兰度早年名噪百老汇，凯鲁亚克的跨州旅行，迈尔斯·戴维斯的第一阶段经历，诺曼·梅勒的年少成名——这些都发生在1947年到1951年之间。白兰度受到乔治·拉夫特、加里·格兰特和保罗·穆尼等演员的影响，埃尔维斯受到辛纳屈和迪安·马丁的影响，剧作家洛林·汉斯伯里则深受波伏娃和保罗·罗布森的影响。凯鲁亚克早在1950年就已写下他的公路旅行长卷，但直到1957年才出版。倘若这本书出版于20世纪40年代末，很可能会因为其描绘流浪汉的狂热梦想而湮没在人们的视野中。正如路易斯·梅南所言："《在路上》不是一本关于20世纪50年代的书。这是一本关于20世纪40年代的书。"[21]

在战后一期，"酷"象征着现实生活中以及虚构世界中遭受排斥的失败男性形象。黑色电影中的叛逆男主角、存在主义叙事中的反叛者、美国黑人种族隔离时期的黑人爵士乐手都被塑造成孤独自立的男人，他们脱离家庭、历史或任何形式的社交网络而独立存在。我们不能以任何传统意义上的社会地位、财富、认可或影响力来衡量这些人物的成功。随着大萧条和战争时期的那一代人在繁荣中获得了安全感，黑色电影中的斯多亚式的城市形象便变得过时了。[22]

相反，在50年代初，战后新出现的警匪片［如《法网》（Dragnet）］将黑色电影转变为支持权威和司法体系的叙事故事。孤独的私家侦探和有魅力的流氓都已消失不见，取而代之的是家长式作风的城市警察追捕狡猾匪徒和精神病患者。复古黑色小说作家詹姆斯·埃尔罗伊（James Ellroy）称这些电影是"取悦大众的黑色电影，恶人没有恶报的黑色电影"，它们是战后二期极具影响力的电影类型。[23]

实际上，大萧条和战时那一代的"酷"向外扩散，一路向西传至拉斯维加斯地区，围绕着法兰克·辛纳屈（Frank Sinatra）的浪漫形象重塑"酷"的内涵。事实上，最初的"鼠帮"（Rat Pack）——劳伦·巴考尔创造的一个术语——指的是亨弗莱·鲍嘉和法兰克·辛纳屈，二人是拉斯维加斯24位居民的初代共同领袖，正如鲍嘉曾对一位联合专栏作家所说的那样，他们把自己的闲暇时间用来"缓解无聊和保持独立"。[24]对于战争年代的一代人来说，20世纪50年代的繁荣取代了道德叛逆孤独者的黑色以及酷对他们产生的吸引力。

在战后二期这段时间，两代人的酷同时存在。对于战时一代而言，爵士乐和黑色电影的"酷"是通过《彼得·古恩》（Peter Gunn，1958—1961年）这样的流行电视节目慢慢渗透出来。在这部电视剧中，侦探古恩的大本营就是一家爵士俱乐部（剧中的"母亲俱乐部"），那里的爵士乐手都是他的朋友。演员克雷格·史蒂文斯（Craig Stevens）饰演古恩，他是加里·格兰特和鲍嘉的结合体。同样的基本设定也存在于略微逊色的电视剧《爵士神探强尼·斯塔加》（Johnny Staccato, Jazz Detective）中。约翰·卡萨维蒂（John Cassavetes）扮演的主角是一个混迹街头的白人（意大利）爵士钢琴家，他的大本营是一个名为"沃尔多"的俱乐部。和彼得·古恩一样，该剧也用若干集的篇幅关注处在地下状态的俚语和不合群的垮掉派艺术家及音乐家。在这两部电视剧中，爵士乐被用作美国地下存在主义的配乐和背景音乐。事实上，卡萨维蒂是为了筹集资金，拍摄了一部关于种族和爵士乐的独立电影《影子》（*Shadows*，1959年）。"战时的一代"和"沉默的一代"都有爵士乐的根基，分别对应摇摆乐（swing）和比波普（bebop）。其中，比波普独奏的自我肯定对白兰度和凯鲁亚克、迈尔斯·戴维斯和桑尼·罗林斯的反叛酷产生了影响。

解读"酷"的内涵，有助于我们继续改进自己的行为举止（变得更加宽容和更加大胆）。那么，战后二期的阶段性目标是什么呢？第一个目标，阻止任何非黑即白的道德评判标准继续存在，无论它们的目的是沿袭清教教义，将种族压迫合法化，还是宣扬白人的新种族压迫思想；第二个目标，酷偶像将继续推翻源自基督教的善恶二元论。美国的文化想象中存在多组二元对立的内容，如：守法/违法、善/恶、黑/白、好男孩/坏女孩、光明/黑暗、同性恋/异性恋、男性/女性。如前文所述，在战后一期，"酷"对立统一的模糊内涵需要一组互相矛盾的词语形容，如"既好又坏的男人""浪漫而沉重"。所以，"坚定不移地批判传统价值观"成为酷在战后二期新增的属性。

资本社会中亘古不变的酷

酷纵跨几代人，但始终保持着一个不变的内涵：你无法拥有我，你永远不可能拥有我。酷是对那些走法律路线的激进的、流氓的、自由的行动者——也就是说，那些标新立异之人——的尊称。这些人擅于打破社会陈规，因而受到人们的喜爱。在战后的两个阶段，酷随着那个年代人们需求的变化而发生转变，为那一代人提供了另一种获得成功的路径。

酷派偶像不受社会认可、国家意志或朝九晚五的资本主义企业制度的约束，表现出一种超凡的沉着冷静。在物欲横流、趋炎附势的消费社会里，这些具有象征意义的个体却能够散发出酷的气息，进而通过酷表现出这样一种简单的气质：你无法拥有我。

酷不属于并且永远不会屈从于任何人。正如埃尔维斯在《麻烦》[Trouble，电影《硬汉歌王》（*King Creole*，1958年）的主题曲]中唱的那样："我不服从任何命令/无论是谁下达命令。"

酷美学之所以变得引人注目，正是因为旧秩序已经被那些政治化（或嬉皮化）的人搞得虚伪和腐败了。酷本身源自他人的评价，后来逐渐发展为自我创造和内化的成果，它以被疏远（被异化）或社交失败为代价，换来了同辈、年轻人的认同，同时实现了坚持原则的孤立。

美德的对立面是邪恶，酷派偶像则打破了好男孩与坏男孩、好女孩与坏女孩、英雄与恶棍之间的界限。酷派偶像们都有着赌博、暴力、性、毒品、酒精、帮派生活或混迹街头的经历，因而深谙欲望、诱惑、原始需求、欺骗和饥饿。事实上，酷派偶像常常坚持享乐主义或逃避主义，直至自我毁灭。

诚然，"酷"也只是一个象征性的术语，用来表达艺术家、音乐家、公众人物、电影偶像甚至虚构人物的浪漫理想。达希尔·哈梅特曾称他饰演的侦探山姆·史培德是"一个具有梦幻色彩的人物"，是一个理想化的形象，汇聚了平克顿侦探社所有私家侦探们的理想特质。史培德是每一名私家侦探都"希望成为"的那种人，也是少数人在内心自己想象的样子。哈梅特如此敏锐地抓住了城市男子气概的时代精神，就连多萝西·帕克（Dorothy Parker）这样的铁石心肠之人也为山姆·史培德倾倒："我之前从未听说过这样的角色，直至我遇到兰斯洛特爵士（Sir Lancelot），被他迷得神魂颠倒，爱到无法自拔。"[25]

帕克的坦言触及了问题的核心：酷如何随着时间而改变。山姆·史培德彰显的是黑色酷：他是一名愤世嫉俗的、落魄的现代城市骑士，内心坚毅，富有浪漫气息，捍卫着情境化的真理和动态的个性。他通过内心的反思、亦正亦邪的处事方式、恪尽职守的职业道德和谦逊的城市生活方式，维持着一种真实性的氛围。从1930年到1950年，战时一代的人们抱有这样一个浪漫的幻想：他们是孤独的、被异化的人，而不是正直、英勇的警察或杰出的科学家。

相比之下，战后的年轻人则把狂野、感性、性感之人奉为社会变革的化身。这便是两代人的共同之处：他们选择浪漫的人物来体现酷，通过这个人物的正直个性来幻想个体的力量——这已然成为一个美国神话。对于每一代人来说，评判正直的标准取决于不同的社会、文化、经济和政治力量。

总之，酷的概念正处于一种不断演变的状态。酷也因此演变成消费社会的一种思潮——逍遥法外。

图19　杰克·凯鲁亚克正在调试收音机，试图接收一个无法收到的信号。〔©约翰·科恩，L. 帕克·史蒂芬森摄影（L.Parker Stephenson Photographs）供稿，纽约〕

第六章　凯鲁亚克与酷思维：
爵士乐与禅

在过去的一周内，我一直在思考"酷"，到了即将顿悟的境界。

——杰克·凯鲁亚克，《致尼尔·卡萨迪的一封信》，1950年[1]

噢（佛祖，）高贵的释迦族王子啊！

你是那么的酷！

——杰克·凯鲁亚克，《一些佛法》，1955年[2]

在1950年写给尼尔·卡萨迪的一封信中，凯鲁亚克坦承自己痴迷于"酷"这一新概念。凯鲁亚克从大学时代起就一直是爵士乐俱乐部的常客，他认为，对于爵士音乐家来说，酷象征着一种更为理性、更深思熟虑、更放松的生活方式。凯鲁亚克将"酷思维"视作"原始思维"的对立面，并没有用这种新的思维模式审视自己："酷思维和原始思维是两种不同的思维。原始思维……仅涉及肢体活动，如运动、工作和搏击。酷思维侧重于脑力活动，体现在肢体动作上便是一种优雅，甚至女性化的举止。"[3]凯鲁亚克和卡萨迪追求的是"原始思维"，即生活在与年轻人的热情和原始性紧密相连的世界里，并报以原始、自然的反应。凯鲁亚克的传统是惠特曼式的：他寻求一种对经验的自然的、本能的、未开化的反应。凯鲁亚克之所以对"酷"有着浓厚的兴趣，是将其视作一种新的哲学思维，一种氤氲在纽约空气中的崭新态度，以及"那晚我们听到的声音，正是从那个夜晚开始，比波普已然能够代表我们所有人"，他在回忆1947年时写下了这样的文字。[4]

在《在路上》一书中，凯鲁亚克笔下的非裔美国人文化似乎有着对立统一的两面性：本能和理性。在原始思维方面，凯鲁亚克用浪漫的笔法记述了他所感受到的墨西哥移民和非裔美国人眼中的社区纽带与美好时光（或"追求极度的刺激"）。在丹佛的一个黑人社区，萨尔·佩拉提斯（Sal Paradise）带着存在主义的忧郁四处游荡——"我感觉自己就像悲伤红土表面上的一个小点"——他幻想自己属于一个不同的种族群体，这种幻想阻碍着他"像白人那样雄心勃勃地"追求社会地位和经济成功。萨尔观看了一场垒球比赛，在这场比赛中，多个种族组成的人群为"特立独行的年轻英雄们欢呼，这群英雄当中有白人、墨西哥人和纯印第安人"。他在观看比赛的同时，发出感慨，希望自己的童年能够充满"孩子气的、类似这样出自人类本性的欢乐"，而不是他已经历的"上大学、上一流大学、面对现实"这样的奋斗历程。他把白人等同于物质主义，因此幻想着不同肤色的生活（他曾说"希望我是黑人"），因为"白人世界给我的最好的东西不足以让我狂喜，不足以让我享受生活，没能带给我足够的欢乐、刺激与阴郁，也未让我充分地体验夜晚"。正如迪恩·莫里亚蒂告诉他的那样，"我们知道掌控时间的方法——如何慢下来，如何行走，如何称赞他人，我们不仅追求已有的欢愉刺激，也不放过其他的乐子"。这部作品的后续几个章节论及爵士乐音乐家的酷思维，凯鲁亚克化身为非裔美国人——路易斯·阿姆斯特朗、李斯特·杨和查理·帕克，对爵士乐历史进行了扼要且深刻的梳理。在凯鲁亚克的《科迪的幻想》（*Visions of Cody*）中，也反复谈及李斯特·杨、查理·帕克、菲利普、罗伊·埃尔德里奇、迪兹·吉莱斯皮、比莉·荷莉戴和科尔曼·霍金斯的音色与风格。凯鲁亚克将爵士乐奉为一门现代艺术，将其历史一直追溯至杨，他认为，"这一切都是李斯特开创的，他是现代爵士乐发展历史的幕后推动者，他是一个阴郁、圣洁、严肃的傻瓜，路易斯、'大鸟'这一代人紧随其后，成就了爵士伟业”。[5]

　　凯鲁亚克能够独树一帜，共有五点原因：第一，《墨城蓝调》（*Mexico City Blues*）和《一些佛法》这两本书是他在理论分析方面着墨最少的作品，二者仅通过爵士乐和佛教禅宗探求“酷思维”；第二，他是文化转型的先驱，这种转型是艺术方法朝着即兴创作与生活自发性的方向进行的；[6]第三，他在改变“酷”概念的过程中发挥了关键作用，他将“酷”变为20世纪60年代'反主流文化式'反叛的同义词，在这个过程中他对尼尔·卡萨迪的崇拜作用尤其大，后者是“前进号”大巴［满载“快乐的恶作剧者（Merry Pranksters）”的公交车］的司机；第四，不仅众多波希米亚主义白人和婴儿潮一代的年轻人认为凯鲁亚克很酷，现在很多人仍然这么认为；第五，凯鲁亚克的文学实践受到爵士乐、黑色文学和存在主义的影响。他称自己为“爵士诗人”，与音乐家一同录制了三张被低估的诗歌与爵士乐专辑，并创造了一种新的文学手法，他称之为“波普诗体”（或称比波普散文）。他对禅宗佛教进行了长达六年的经验性研究，将他对美式乐观存在主义的追求推向了顶峰，并且出版了一部诗歌兼爵士乐总集，名为《美国俳句》（*American Haikus*，1958年）。

　　最后，凯鲁亚克的第一部小说是其与威廉·伯罗斯（William Burroughs）合著的黑色文学作品《而河马被煮死在水槽里》（*And the Hippos Were Boiled in Their Tanks*，下文简称《河马》）。这是一部自传体作品，完成于1944年，但由于作者向他们的朋友——书中事件的主人公原型吕西安·卡尔做出了承诺，所以直到2008年才得以出版。《河马》是一部带有映射意味的小说，它的出现是垮掉派早期发展史上的重大事件。35岁的大卫·卡莫勒对21岁的卡尔有过浪漫的幻想，卡尔是一位年轻的作家，他把金斯堡、凯鲁亚克和巴勒斯介绍给彼此认识。在一次神秘的遭遇中，卡尔刺死了卡莫勒，其原因可能是自卫（卡莫勒跟踪他），也可能是卡尔本身自我矛盾的性取向。正如在最近的电影《杀死汝爱》（*Kill Your Darlings*，2013年）中所描述的那样，这场凶杀案将这几个作家捆绑在一起，使他们成为一个具有艺术气息的犯罪团伙——警方逮捕了金斯堡、凯鲁亚克和巴勒斯，认定他们是这起凶杀案的帮凶。[7]

《河马》一书的叙事在两个人物之间交替切换：一个是衣衫褴褛、才华横溢、没有道德的尼采式侦探威尔·丹尼森（该人物由伯罗斯塑造），另一个是忧郁彷徨的商船水手迈克·赖科（该人物由凯鲁亚克塑造）。这部作品读起来就像两种新的叙事声音在进行尝试性的演示：一种是伯罗斯的超然虚无主义声音，另一种是凯鲁亚克的存在主义式悲叹。艾伦·金斯堡回忆说，当时他们两人都在用"雷蒙德·钱德勒那种硬汉风格"写作。[8]在"垮掉的一代"所在的大萧条时期，黑色文学作品中的侦探和黑帮是流行文化中最酷的部分，因此将犯罪情节嫁接到这一流派中非常自然。"我对黑帮很着迷，就像我这个年纪的大多数男孩一样，我想成为黑帮的一员。"伯罗斯回忆道。而研究伯罗斯的学者将他划为"一个'类黑帮分子'——'一个时刻梦想成为黑帮成员的人'"。[9]相比之下，凯鲁亚克则是一名蓝领工人，隶属于工会，是一个寻求精神升华的商船水手。这种垮掉派文学、硬汉小说和被疏远（被异化）的结合就像一副崭新的手套，迎合了战时的需要。正如一位凯鲁亚克研究者所评论的那样，《河马》是"冷酷的谋杀悬疑与存在主义对现代生活无意义的哀叹的结合"。"设想，当达希尔·哈梅特遇见阿尔贝·加缪时，那将会是一幅怎样的场景。"[10]

《河马》将纽约的黑帮、小偷、妓女和瘾君子浪漫化，但也初步展现了凯鲁亚克对美国文化的重新审视——"从被击垮到幸福"（beat-to-beatific）的乌托邦式理念在这本书中生根发芽。在时代广场度过了一个无聊的冒险之夜后——玩弹子球和看脱衣舞表演的夜晚后，迈克·瑞克在点唱机上找到了唯一的乐趣。他往投币口扔了一枚五分镍币，点播贝尼·古德曼（Benny Goodman）的《世界在等待日出》（"The World Is Waiting for the Sunrise"）。这首歌的曲名非常适合用作凯鲁亚克的墓志铭：他是一名试图在世界末日中寻找希望的作家。[11]

从本段开始，我将挖掘凯鲁亚克在战后追求酷的时代魅力。"谁不想从噩梦中醒来呢？"凯鲁亚克在《一些佛法》中潦草地写道，从而呼应了詹姆斯·乔伊斯（James Joyce）针对20世纪提出的现代主义问题。在爵士乐中，凯鲁亚克听到了非裔美国音乐家从漫长的历史噩梦中以艺术的方式醒来。在禅宗中，他发现了一种古老的方法来控制思想——首先净化思想，然后冷却它。[12]这种通过清空大脑来冷却愤怒和欲望的方式至今仍是酷的核心，是一种调节情绪的模式。如果说凯鲁亚克在1950年渴望的是"原始思维"而非"酷思维"，那么他接下来则花费了十年时间有意识地通过爵士乐和禅宗佛教这两种非西方艺术基础来追求"酷思维"。金斯堡创作《嚎叫及其他诗》（*Howl and Other Poems*，1956年）一书，以此向凯鲁亚克致敬，称其为"美国散文的新佛陀"，以及"无意识比波普诗体"的创造者。[13]

凯鲁亚克的朋友萨姆·查特斯（Sam Charters）是战后年代爵士和蓝调研究的奠基人之一。根据查特斯的说法，凯鲁亚克经常对他人说起，他所谓的"垮掉的一代"有一个重要的含义——这一代人发现了"节拍"。查特斯回忆说，凯鲁亚克经常说这样的话："垮掉的一代是与爵士乐的节拍相一致的一代。"他们是听到节奏的人，是感觉到节奏的人，这就是为什么他们是垮掉的一代。这就是他与爵士音乐家史蒂夫·艾伦（Steve Allen）、艾尔·康恩（Al Cohn）和祖特·西姆斯（Zoot Sims）共同创作有声专辑背后的艺术逻辑。在《在路上》一书中，萨尔·佩拉提斯（Sal Paradise）将1947年标记为"比波普在全美国疯狂的一年"，是介于"查理·帕克时代的'大鸟时代'和迈尔斯·戴维斯时代"之间的过渡时期。[14]

除了鼓励人们开始新的冒险，肯定了美国本土文化，以及被用作旅行指南之外，凯鲁亚克的作品还能为读者提供什么内容？凯鲁亚克的吸引力仍然很简单纯粹：他是一个探索者，通过创作过程、文学实践、佛教方法和非裔美国音乐寻求灵性。他致力于寻找一个酷的精神空间，也就是肯·凯西后来所说的"寻找一个酷的地方"。[15]虽然凯鲁亚克在这一追求中失败了，因酗酒和怨恨英年早逝，但是他创作的文学作品仍然在全球年轻读者中流传，被这些不愿受校规束缚的群体们奉为经典。无论是过去还是现在，读者都能从凯鲁亚克的作品中找到战后西方对意义和美学的追求。

将爵士乐用作艺术手段

凯鲁亚克的创作经历了若干个阶段，其中第一阶段是从爵士乐汲取灵感，并将其转化为一种非裔美国人的音乐和自我发掘的精神实践、一种男性个人主义复兴的标志，以及一种酷的美学。《自发式写作》（*Essentials of Spontaneous Prose*）、鸿篇巨制的史诗作品《墨城蓝调》以及受安非他命刺激而成的长卷小说《在路上》最能够彰显凯鲁亚克的文学风格。根据定义，爵士乐独奏是即兴创作。对凯鲁亚克来说，这种重要的即兴创作实践奠定了上述几部作品的创作基础。凯鲁亚克爵士哲学的代表人物是尼尔·卡萨迪（Neal Cassady），后者喋喋不休的语言风格对凯鲁亚克的比波普散文产生了同样的影响。凯鲁亚克发现，爵士乐的目标是创造一种原创的声音，这是一种艺术上的需要，即在剥离层层模仿的印记的基础上，寻找一种个人经验和标志性风格传达出来的文学声音。

1962年末，凯鲁亚克从1939年的热门爵士乐中即兴改写了一句歌词，用以提炼自己的写作哲学："不是你写了什么，而是你怎么写。"这句话改写自吉米·路瑟福特（Jimmie Lunceford）创作于1939年的摇摆乐名曲："不是你做了什么（而是你怎么做）。"简而言之，凯鲁亚克认为，文学的声音和散文风格比正式的雄辩、论述或叙述结构更能有效地传达思想和表达个人哲学。身为一名作家，凯鲁亚克试图从爵士乐中汲取赫蒂·琼斯（Hettie Jones）所说的"天才的创作方法"（而不是爵士乐的"阴暗面"），并且从爵士乐经典中学习如何"在属于自己的时间里充分发挥自我，用自己的风格演唱"的方法。[16]

凯鲁亚克哲学的经验论部分在《在路上》一书中得到了实践，通过司机尼尔·卡萨迪的行为变得具象起来。卡萨迪把汽车变成了年轻的宗教朝圣者的高科技战车。在《在路上》中，卡萨迪用爵士乐手们的独奏为他们摇旗呐喊——他对斯利姆·盖拉德、乔治·希林和一些无名乐手大喊"对对对，伙计"或"加油，加油，加油！"卡萨迪用凯鲁亚克从爵士乐独奏中所体会到的那种原始热情来组织自己的语言：这是一种自发的连续的语言流，通过具有艺术感的乐句划分和节拍为每一句话断句。在卡萨迪天马行空的啰唆中，凯鲁亚克找到了一种发自美国本土的声音，这种声音将爵士独奏与前卫的男子气概结合起来，进而改变了凯鲁亚克在其第一部小说《镇与城》（*The Town and the City*，1950年）中模仿托马斯·沃尔夫的风格。在卡萨迪看来，生活就是在永不停止的爵士乐即席演奏会上不断加快节奏演奏即兴重复乐段，他通过具有强劲推动力的享乐主义来将这一理解付诸实践——无论是在高速公路上超速行驶，还是用哄骗的方式同时与多个女人调情。后来，凯鲁亚克将这种原始的热情带到了《嚎叫》的首场诵读会中，高喊"加油，加油，加油！"鼓舞观众。金斯堡一直声称，《嚎叫》的成功本身要归功于"杰克的自发式写作方法"。[17]

在他简短的文学宣言《自发式写作》中，凯鲁亚克将爵士独奏奉为他从事文学实践的参照。他认为，爵士独奏并不是简单地将内心的情绪宣泄出来，而是需要长期的拜师学艺和心智训练。只有通过长时间的练习，音乐家才能自发地创作出连贯的艺术作品。于是，凯鲁亚克开始效仿爵士独奏，他绕开了传统的文学创作手法，书写出漫长的、不间断的散文叙事。他意识到，他必须烧掉经验主义的外壳，才能通过系统的即兴创作手法触及个性化艺术陈述的核心：

> 所谓写作……就是你永远不知道你想说什么，直到你疯狂地往文章里乱写一通，触及文章的核心，然后再乱写一通。作品就是这样"吹奏"出来的，是在偶然中找到了自己想要表达的核心思想。

但是在爵士乐中，这种吹奏不是"偶然的"，而是其基本方法的一部分。当爵士音乐家们"吹奏"时，他们会不断接近指定乐曲旋律或和声框架的核心，意图在旧音乐的基础上创造出新的音乐宣言。在致马尔科姆·考利的一封信中，凯鲁亚克阐明了他的方法，他认为这种方法更倾向于揭示内在的情感而非炫耀表面的技巧："如果它不是自发的，如果它没有直击心灵……（那么）我们得到的，只能是一个人试图用技巧隐藏的东西，而不是我们所需要的东西，也不是这个人真正想表达的东西。（像爵士音乐家那样的吹奏方式）此外，凯鲁亚克还从《观世音菩萨授记经》（*Surapama*）中找到了一个适用于爵士乐的禅宗类比："你必须学会自发地回答问题，而不依赖于进行辨别的思维。"[18]

凯鲁亚克经常光顾爵士乐俱乐部，在那里，他洞悉了表演者和听众之间互动的本质，并将其吸纳进自己的作品中。他的第一任妻子伊迪·帕克回忆说："我们经常光顾明顿俱乐部（哈莱姆爵士俱乐部），以至于他们想让我们开一个赊账账户。"[19]迪恩·莫里亚蒂通过自己在《在路上》的一段独白，解释了爵士音乐家如何在现场表演中追求卓越的演出效果：

> 这是一个人（通过独唱的方式）面对在场所有人，对吗？他决定了每个人的想法。他率先引领合奏，将自己的想法一一呈现出来……然后，他将乐曲引向高潮，直指自己的命运，用吹奏的方式表现这种命运。在合奏的过程中，就在刹那之间，他领悟到了到本场演奏的核心——所有人都抬起头，明白了核心的所在，静静地聆听着；他围绕着这一核心，继续演奏。这一刻，时间停止了。他是在用我们生命的实质填补乐曲的留白。[20]

在这段独白中，凯鲁亚克重复了李斯特·杨给威利·琼斯三世提出的哲学建议，该建议涉及现场表演的互动性本质〔"由他（表演者）来决定每个人的想法"〕和如何激励观众。

托妮·莫里森（Toni Morrison）用更为正式的术语描述了她那一代

人受爵士乐影响的文学实践。在创作小说《爵士乐》（*Jazz*）时，她反思道："我把自己想象成一名爵士乐手，不断地练习，练习，再练习，以便能有所创造，并使自己的艺术作品读起来轻松优美。"艺术家想要迎接公开即兴创作的挑战并从中获得回报，就必须具备艺术家的勇气或"乐于失败的意愿……因为爵士乐是公开表演"。这是任何现场爵士乐表演所固有的戏剧性特质，因为音乐家不像"作家那样能够在后期修订自己的作品；你必须在犯错的基础上成就自我。如果你做得足够好，所犯的错误会把你带到另一个境界；如果你没有犯错误，你就永远不会到达那个境界"。与凯鲁亚克的文学目标不同，在莫里森看来，爵士独奏是"克制"的典范，是（在恰当的时候）隐藏或表现恰当内容的典范。一个爵士音乐家总是"向观众传达出这样的信息：他肚子里有更多的内容，但他不会一下子都告诉你。这是自我控制力的实际运用……是一种知道何时应该适可而止的能力，这种能力只有通过学习才能获得"。换句话说，自发艺术包含即时的刺激、揭示核心的潜力、散漫的实践过程和失败的危险。就爵士乐而言，它需要沉浸在音乐结构中，因为只有独奏的瞬间才能催生思维，只有独奏才能通过乐手对乐章的潜在认知将瞬间产生的思维片段联结在一起。[21]

就连诺曼·梅勒也明白，爵士乐独奏是一种新的艺术形式，是一种存在风险的存在主义表演形式，"它是一件不断取得胜利和遭遇失败的事情"，对乐手和听众来说，爵士乐独奏的兴奋感来自"一种仅仅是为了保持音乐活力的努力"。有一次，梅勒在观看戴夫·布鲁贝克（Dave Brubeck）的独奏时，意识到这位钢琴家"误入了音乐的俗套"，顿时为这位乐手感到恐慌。然后，他亲眼看见，亲耳听见乐队成员如何帮助这位乐手：同伴们为他提供和弦与灵感，引导他回归乐曲的结构。梅勒发现这个过程"令人兴奋"，遂意识到音乐家接受新想法的过程，"把玩它，研究它，把它拆开，试图把它组合成新的东西……有时获得成功，有时遭遇失败"。梅勒从独奏中发现了男子气概的关键因素，因为乐手们借助每一首独奏"在那个特定的时刻留下了失败的记录"。[22]

　　遗憾的是，凯鲁亚克虚构的乐手形象并没有获得太大的成功，相反，他把爵士乐的即兴创作运用到文学写作方法这一做法取得了更好的效果。爵士乐独奏是对某些和弦变化的第二天性①冥想，是诉诸音乐语言的个体的不诉诸语言的陈述方式。爵士乐独奏是实时发生的，受到乐手的情绪和精神状态影响，但它从来不是一种原始的情感；它与克制同为一种重要的情感表达方式——这是爵士乐酷的一个关键因素。但是，在《在路上》中，凯鲁亚克描述了爵士俱乐部的长独奏，在他眼里，这些独奏仿佛与卡萨迪的摇旗呐喊"加油！加油！加油！"没有区别。从这个意义上说，凯鲁亚克在他的小说中把爵士乐独奏等同于原始思想，宣称"爵士乐就是性高潮"，这种错误的认知类似于梅勒的艺术种族主义。在那个年代，个别节奏蓝调萨克斯管手的确被称为"大声嚎叫者"，他们的乐管迸发狂暴的声音，听上去似乎充满原始的气息，充满活力，充满了淫荡的欢乐。但是这类乐手并不是凯鲁亚克想要在《在路上》一书中重点强调的独奏者。

　　爵士乐从一个平静的中心出发，塑造情绪反应，继而在与其他乐手的交流中呈现这种反应，并通过观众加以调节。想要在爵士乐中创造出个人的声音，就需要不断地审视和聆听自己的乐声，以便调整，使其能够表现复杂的主观意识，这便是凯鲁亚克式的理念。倘若他继续将爵士乐作为一种艺术形式来研究，其文学作品可能会变得更加紧凑，更加专注于作品的主题：对于他所崇拜的爵士音乐家而言，提炼和升华自己的叙事性的艺术声音是一件司空见惯的事情。平心而论，当时几乎没有非裔美国人音乐的实践理论或非洲美学分析理论可供参考，没有类似的文本来支持凯鲁亚克反思自己的作品。所以，他受到一个更古老、更值得尊敬的精神传统的诱惑：佛教禅宗为他提供了一种积极的道德（和精神）行动的哲学，更重要的是，提供了一套优雅举止的标准，与他本人的天主教道德修养相似。

　　无论是过去还是现在，凯鲁亚克的诋毁者和崇拜者仍在误解他的艺术追求。他的批评者讥讽垮掉派的理想，嘲笑其中的直觉、非理性和无意

---

　　①　后天通过不断重复形成的习惯，即汉语里的"习惯成自然"。——译者注

识，但这些恰恰是艺术家们视若珍宝的内容，它们的价值体现在当今一句的名言中："先思，而后悟。"（First thought, best thought.）这句话通常被认为出自艾伦·金斯堡之口，但实际上却是其佛教导师秋扬·创巴仁波切（Chogyam Trungpa）所说的精辟禅语。垮掉派的评论家认为，这句话代表着一种尚不成熟的诗歌流派，该流派产生的基础在于不加掩饰地宣泄与释放情感。但是创巴仁波切的原话并不是"先思，而后悟"，而是"先思于前，方能慧于后尔"，更多的是在表达一种愿景，而非规定，这阐明了佛教徒通过冥想和修炼心性实现明心见性的愿望，与西非的酷实现精神平衡的理想有着异曲同工之妙。在禅修的过程中，禅宗渴望通过理性思考和自发行动磨砺心智；显然，这一过程并不等同于做出情绪上的反应。事实上，相比"先思，而后悟"，金斯伯格更喜欢凯鲁亚克的那句玩笑式名言："思维恒有理，艺术常有型。"[23]

创巴仁波切和凯鲁亚克都提到了禅宗修炼心性的理想，其历史至少可以追溯到6世纪，体现了禅修宗师们的修炼目标——无念为宗。但是，该理想并不意味着将原始的或无意识的内容理想化（从某种意识上说，该理想是受到缪斯的启迪，即诉诸浪漫且无意识的诗歌）。尽管凯鲁亚克的文学作品本身有着很多的局限性，但也绝不像约翰·厄普代克（John Updike）和杜鲁门·卡波特（Truman Capote）所说的那样简单。（卡波特曾斥责凯鲁亚克："那根本不是在写作，而是在打字。"）他的作品融合了禅宗思想、爵士乐实践、蓝调诗学和欧洲现代主义理想，成为美国文学新的集大成者。[24]

禅酷

在佛教中，所谓的开悟见性，是一种空虚但有意识的心灵，它与所谓的超验虚空有着异曲同工之妙：凯鲁亚克在《一些佛法》中使用"酷"来指称这种精神状态。他在日记中写道，如果禅修的目的是寻找"酷之虚空"，他便会让自己的心灵成为"酷的虚空之池"。在某些情况下，酷意味着抛开一切杂念和理性思维。当凯鲁亚克写下"涅槃即是酷"（Nirvana is cool.）这句话时，实际上是将这两个概念画上了等号。换言之，处于涅槃状态就是沉浸在冷酷沉着的思维状态中："涅槃之人无论身处何处，都能够寻找到冷酷的思维空间。"[25]如今，人们已普遍使用术语"禅定"形容"心如止水"的心境，非裔美国人的酷被阐释为"非裔之禅"亦是司空见惯之事，但早在此之前，凯鲁亚克就已凭着自己发自本能的理解力，同时结合爵士乐与禅宗的实践，将"禅酷"这一文化概念定义为一种精神平衡的理想状态。[26]

1953年到1956年间，凯鲁亚克每日都用诗歌、奇闻轶事、顿悟、抄写的经典和内心对白来阐述他希望佛教在即将到来的意识革命中扮演何种角色，并最终完成了一本内容丰富的双栏日记。他将这本日记命名为《一些佛法》，直至1997年才付梓。然而在整个20世纪50年代，凯鲁亚克的文学经纪人都在尝试出版他的五六部手稿（其中包括《在路上》），但未能如愿，这也是其中之一。换句话说，凯鲁亚克认为，这本长达一千多页的流水账揭示了他每天在意识问题上的思辨过程，在他毕生所有作品中有着举足轻重的地位。

对凯鲁亚克来说，美国禅宗的化身是普利策奖得主、佛教诗人和散文家加里·斯奈德（Gary Snyder）。他在《达摩流浪者》（Dharma Bums）一书中，以斯奈德为原型，创造出贾菲·赖德（Japhy Ryder）这一形象。在遇见凯鲁亚克之前，斯奈德是一名佛教徒和中国古典文学翻译家。不仅如此，20世纪50年代末，艾伦·沃茨（Alan Watts）在畅销书和杂志文章中为美国中产阶层普及佛教之时，斯奈德还是垮掉派的禅宗领袖。斯奈德曾和沃茨同窗学习过一段时间，但他认为沃茨是"老古董"。斯奈德指出，"与周围的人相比，他很酷"，但这种相对的"酷"只是"与贫困的中产阶层美国人相比"，沃茨"实际上从来都未曾'酷'过"。接着，斯奈德调皮眨了眨眼睛，补充道，"你懂我的意思，就像'大比波普手'①说的那样"。在这里，斯奈德引用经典摇滚歌曲《尚蒂伊蕾丝》（Chantilly Lace）形容那些嬉皮而有见识之人。[27]

在战后二期，凯鲁亚克将自己视作新一代的美国朝圣者，自诩为沃尔特·惠特曼、佛教禅僧和基督教神秘主义者的合体。他在《一些佛法》的开篇中这样写道：

> 那段岁月，我非常虔诚……我坚守六度：布施、持戒、忍辱、精进、禅定、智慧，我相信，我是一名穿着现代服装的古代比丘（朝圣者），在世间漫游……只为转动佛法之轮，只为自己将来能顿悟成佛（醒世者），成为极乐净土的英雄，因此，我一路积善行德。[28]

凯鲁亚克认为自己是民主化、美国化的佛教禅宗的化身，将在日后成为佛教徒眼中的"极乐净土英雄"。凯鲁亚克渴望为他的漫游"积善行德"，或为到达极乐做现世的准备，这实际上是对佛教的误读，但这继承了爱默生、梭罗和惠特曼对这一宗教的最初理解。[29]在艾伦·沃茨1956年的著名文章《垮掉派的禅、古板的禅和禅》（Beat Zen, Square Zen, and Zen）中，他指出，垮掉的一代在禅修过程中"过于诉诸自我意识、过于主观和过于尖锐"。[30]如果此话可视为对垮掉派（除斯奈德外）的准确描述，那么凯鲁亚克代表的则是垮掉派的另一面——佛教永无常态，可能会在与西方邂逅时发生改变。

在禅宗中，凯鲁亚克为自发性和自然性的特质找到了宗教的正当性，将其理论化为"原始思维"。他将佛教奉为一种新的意识，以取代基督教罪恶、二元论、原罪论和延时行乐观，特别是制度化的基督教与自奴隶制时代到核武器时代所发生的一切的合谋。在凯鲁亚克看来，佛经是文学、经文和《塔木德经》（Talmudic）评注的集合："我找不到任何（僧侣）法会可以与《楞严经》（Surangama Sutra）中的法会相提并论。"凯鲁亚克没有按照规定坐禅，也没有拜师学习。但他从未停止过用理智去理解佛

---

① 歌手小吉莱斯·佩里·理查森（Jiles Perry Richardson Jr.）的绰号。——译者注

经中坚持认为不能用理智去理解的东西。他从不承认精神上的价值是某种形式的恩典。[31]

实际上，凯鲁亚克试图将禅宗的献身精神运用到写作中。他牢记两个禅宗的理念：（1）"万古长空"的崇高境界；（2）更加注重精神上的体验，而不是具体的形式。他掌握的禅宗概念部分来自铃木大拙（D. T. Suzuki），此人是战后所有作家的［从瓦茨到托马斯·默顿（Thomas Merton）］禅宗导师。凯鲁亚克一定是在阅读铃木的《禅宗概论》（*Introduction to Zen Buddhism*）后，才了解到爵士乐和禅宗的相似之处："抄袭就是向他人称奴。我们不能照搬文字，唯有把握其中的精神。"此外，铃木大拙传达的是一种快乐的存在主义："禅宗从不解释，只有肯定。生活是事实，我们没有必要，也无法中肯地解释生活……活着还不够吗？让我们活下去，让我们肯定！这便是禅宗的纯粹与坦诚之处。"通过禅宗的这些内涵，我们可以看出，虽然思维中存在着不同的目标，但是爵士乐仍是一种自我肯定的形式，一种从平静的中心挖掘自我的形式。[32]

凯鲁亚克在斯奈德的指导下对佛教进行了长达五年的虔诚研究，为他后来最为出彩的作品《在路上》奠定了重要基础。从《一些佛法》中，他提炼出了内涵丰富但被低估的诗歌作品——《墨城蓝调》；他的畅销小说《达摩流浪者》也是在其研究基础上创作而成的；两年后，《金色永恒之书》（*Scripture of the Golden Eternity*，1960年）问世，堪称美国版佛经。金斯堡称凯鲁亚克为"美国散文的新佛陀"，意在感谢他引导自己走上了与禅宗（更深层次的）接触的道路。在《达摩流浪者》的最后一页，凯鲁亚克表达了他对斯奈德的感激之情："我永远感谢你指引我来到这里，在这里，我学到了一切。"[33]

在《达摩流浪者》一书中，凯鲁亚克告诉斯奈德，他对佛教"四谛"中的两谛尤其感兴趣："第一……所有的生命都是痛苦的（苦谛）；第二，人们可以压抑痛苦（灭谛）。"[34]他告诉斯奈德，他"当时不太相信（这）是可能的"——不相信世上存在可以抑制情感痛苦，或者逃避欲望和焦虑的方法。凯鲁亚克对这两个真谛的渴望与战后"酷"的目标产生了共鸣：二者都崇尚自制力和去神圣化的个性。但是这种共鸣却与凯鲁亚克的天主教教养格格不入，挑战了他对人类堕落状态和原罪的核心信仰。在小说的开头，赖德/斯奈德称史密斯/凯鲁亚克为"菩萨"（bodhisattva，"伟大的智者"或"伟大的智慧天使"），认为他给予众人属灵恩赐的做法是在用真挚的行动装点世界。

回想起来，凯鲁亚克的个人辩证法就是每天徘徊在惠特曼式的野蛮欢呼声和天主教徒的痛苦之间。在其所有作品中，凯鲁亚克都无法调和他对激情和祈祷的双重渴望。然而，正是这种对冷静的不断追求与他无法得到满足之间的对立关系，使其作品至今仍然吸引着躁动不安的年轻人。

值得称赞的是，凯鲁亚克在《一些佛法》中反省自己缺乏自律——酗酒、忧郁、缺乏自制力。以下便是一段自省的内容：

> 别笑，我是个嗜酒如命的人，我正在想办法戒酒……（它使）我忘记了上文提到的智慧……（我）变得有点傻……我想要干爽强烈的快乐，而不是所有潮湿微弱的不快乐（我指的是宿醉）——

> 这样喝酒会毁了我的体力，破坏了我早晨的快乐，打破了我的决心，会使我反应迟钝……我应该舍弃从酗酒中获得的为数不多的快乐……以践行我放纵身心的誓言。——（325页）

凯鲁亚克冷酷的诚实——忧郁和自我反省——一直是其具有吸引力的一个因素，他坦率的内省惹人喜爱，类似萨尔·佩拉提斯的存在主义绝望，这一点从迪恩·莫里亚蒂在《在路上》中的神经质表现可见一斑。在《一些佛法》的结尾，凯鲁亚克将他的佛教之旅视为一种道德上的失败："在这场旅行中，我不是佛……面对现实吧……（我只是）一个不折不扣的思想上的老太婆……因为我纵欲，酗酒，以及被卷入到凡人的思想和斗争当中。"[35]

简而言之，凯鲁亚克对待禅宗的态度是认真的，但他从来都不是佛教徒。相比之下，虽然他拒绝接受基督教的核心内容，但他始终是一名虔诚的天主教徒。在《一些佛法》给出的一段内容中，他似乎否定了基督教："天主教二元论躲藏在西方文明犯下的错误背后，这场错误将所有国家机器卷入战争，并且每一台'机器'都声称自己是正义的一方。"但是到了第二天，他再次回归天主教的偶像崇拜："佛教是对天使的理解——我的人生抱负是成为一名回首俯瞰尘世生活的天使。"[36]在创作《达摩流浪者》期间，斯奈德曾向凯鲁亚克提出具有挑战意味的问题："你真的喜欢基督，不是吗？""当然，"凯鲁亚克回答道，"很多人说他是弥勒佛，佛陀预言他将在释迦牟尼之后出现。"但是，佛教中并没有天使，这一概念本身就与佛教对立。在禅宗中，被崇拜的偶像是人，而不是包括佛陀在内的神灵，涅槃和天堂是两回事。因此，在《达摩流浪者》的结尾，斯奈德预言凯鲁亚克将在临终之时"亲吻十字架"，就像他的一个朋友"一生都是佛教徒，在生命的最后几天突然回归基督教"。这是一句具有先见之明的评论。[37]

凯鲁亚克穷尽一生，致力于寻找一个冷静的精神空间来肯定生命，寻找一个实现精神平衡的地方，寻找一种从平静的中心开始写作的艺术方法。他从未发现，无论是禅酷，还是非洲式的酷美学，其核心都是策略性的沉默。他可以理智地把握它，但他的欲望、情感和自我鞭笞的噪声总是干扰着他。"获得涅槃就像寻找寂静。"他写道，但他从未获得这种心灵的宁静。[38]

凯鲁亚克的精神困境在于他始终渴望实现顿悟、受到启迪和看到幻想：正如他所承认的那样，"伙计，我想要受到行为的启迪"。[39]凯鲁亚克沉浸在禅宗之中，有时会重拾以前的艺术激情。他在某一天写道，"爵士乐是一种简单的噪声"，在另一天，他又写道，文学是一种自我中心的、无关紧要的追求。但是，他最终还是会回归到这两种艺术形式上来。所以，他意识到，自己需要一位禅师或古鲁来指导他做出"正确的行为"。但凯鲁亚克永远都无法服从于禅宗的戒律，甚至无法服从于铃木本人（他后来遇到了铃木）。从他唯一一本融合爵士乐和禅宗的作品——《墨城蓝调》中，我们可以找到凯鲁亚克式佛教的有着重要意义的失败。[40]

"大鸟"之禅与"具有伟大历史意义的世界之夜"

1955年2月，凯鲁亚克梦见自己进入了"涅槃的殿堂"，"大鸟"查理·帕克坐在那里，他是比波普革命（bebop revolution）中的艺术天才。凯鲁亚克将这个梦记录在一篇名为《彻悟的禅定》（"The Dhyana [Meditation] of Complete Understanding"）的日志中。凯鲁亚克穿过殿堂，瞬间对佛教僧侣的工作和人性产生了顿悟。"先贤和圣人是真正的人"，他意识到——他们既不是神，也不是天使——他们的工作包括"惊人的思想发现"。然后，他突然发现了"查理·帕克"，仿佛又做了一遍梦，他写道："我……看到一位长着'大鸟'帕克面孔的中国圣人。这位圣人有着大鸟那样的文静、阳刚和领导才能，在爵士乐迷和众阿罗汉（完美的灵魂）之间微笑。"在这里，凯鲁亚克从非裔美国爵士音乐家的视角看待帕克，将其视为文化领袖、艺术典范和爵士圣人。[41]

《墨城蓝调》是一部现代主义史诗，将爵士乐和禅宗融合为单一的整体，创造出垮掉派哲学思想。《墨城蓝调》以这样一句格言开篇，这是凯鲁亚克关于如何聆听诗歌的名言："我想被视为爵士诗人/在周日下午的即兴演奏中吹奏一首悠长的蓝调。"在最后四页的合唱中，帕克以一个安详、冷静的美国佛祖形象出现，他在中音萨克斯管上吹出一股冷酷的蓝调，仿佛要照亮末世。在这部作品中，帕克被奉为文化繁荣之神，成为非裔美国人进行音乐实践和表现审美力量的渠道："大鸟"死了，"大鸟"复活了，"大鸟"升天封神了。凯鲁亚克把自己塑造成一个有文化的浸礼会施洗约翰，一个脱胎于黑人爵士乐文化的酷媒介。就在埃尔维斯整合摇滚音乐中的各类非裔美国文化的表达方式之时，凯鲁亚克站在爵士乐、禅宗和酷的交叉路口，将查理·帕克奉为自己的圣人。[42]

《墨城蓝调》将禅宗和爵士乐的即兴艺术实践结合起来，创造出一首严肃但充满奇思妙想的欢乐诗歌。凯鲁亚克通过在俳句与蓝调之间寻找现代主义空间，试图将日本和非裔美国诗歌传统融为一体。对此，他抱以严肃的态度：在诗歌和爵士乐应答轮唱演奏会专辑《俳句与蓝调》（*Haikus and Blues*，1959年）中，爵士萨克斯管吹奏者祖特·西姆斯（Zoot Sims）和艾尔·康恩（Al Cohn）的表演均证实了他的态度。[43]此外，凯鲁亚克还留下了一份完整的手稿《蓝调之书》（*Book of Blues*，1995年）。凯鲁亚克对他的非裔美国人音乐形式了如指掌：相比这位爵士诗人平常的随意即兴创作，手稿中的诗歌和蓝调一样，更为精炼、更能切中要点。

在《墨城蓝调》中，凯鲁亚克找到了一种合适的形式表达他没完没了的叨唠：在每页写一首独立完整的诗。他把即兴产生的想法分解成"写在笔记本一页上的完整诗歌"，这些诗歌通常为15至25行，被称为"合唱"。全书共有242首诗歌，每一首都是即兴创作的、史诗般的爵士乐独奏。但有些时候，作者的思维会"……从一个合唱跳跃到另一个合唱上去"，就像在开爵士乐即兴演奏会一样。[44]

在任何一段给定的合唱中，凯鲁亚克都是将单词延伸成一串串的短语，这些短语在有意义和无意义之间游走。这就好像他先从惠特曼的自由诗中听到了乔伊斯的《芬尼根守灵夜》（*Finnegans Wake*），然后把他的思想串联到杨或帕克流畅的独奏上。只有大声朗诵这些诗歌，才能最大限度地能肯定生活和语言：它们的意义存在于绚丽文字制造出的声音之中。例如，在"第130号合唱"的结尾，有一个关于自我怀疑的沉思。这位爵士诗人信步走进美国文学的明镜之殿，在那里"我不确定（自己是谁）"。凯鲁亚克想知道自己是属于哪一种传统，是"（托马斯）沃尔夫"，还是——

　　惠特曼之自由
　　梅尔维尔之黑暗

二者水火不容

　　不容

　　　我的狂野

　　属于哪里

我的温和又属于哪里

——"第130号合唱"

　　凯鲁亚克把美国浪漫主义分为光明和黑暗两个派别——分别以惠特曼和梅尔维尔为代表——因此，凯鲁亚克说二者水火不容，也就是说，他自己游走在狂野与温和之间。只有在他的诗歌中，他才能触及虚假二元性的中心，从而变得冷静。从一方面看，这首诗佐证了他的爵士乐宣言——通过语言来找到中心；从另一方面看，这首诗触及了禅宗非二元性思想的核心。

　　现在我们以整首"第115号合唱"（"115 chorus"）为例，品味这首看似荒谬的文化大杂烩诗歌，它天马行空地将大量文化符号串联在一起：从波德莱尔（Baudelaire）讲到街头瘾君子，从佛教转到原子弹，从墨西哥牛仔（vaqueros）跳跃到存在主义的绝望。

第115号合唱

闭着眼睛，有气无力地胡说八道

所以我从来没有被垃圾击中过。

今天一定是出什么事了。

　"你感觉如何？——"嗯——嗷"——

墙裙是绿色的，等等

看看这几个墨西哥牛仔，1 2 3——

　　所有人的脸

在脖子上方的脸

全部都扭曲了

那种从未达到高潮的糟糕感觉，

我能吞下一颗炸弹

坐在那里叹息，

这是波德莱尔式的一天，

没有什么是对的——无论是家里寄来的信件中

提及的百万美元，

还是存在的感觉，

正常的、理智的、有见解的

手臂肌肉总在紧绷

仿佛事情从来没有对过

没有摆正位置

所以你无法正确地去感受

去感受无条件

无期限的狂喜

在那个虚无的地方

我的意思是那个毫无意义的

无所谓最好最坏的地方

这是令人沮丧的一天。这位爵士诗人可以吞下原子弹，然后茫然地坐下，从口中吐出蘑菇云。即使是吸毒者也无法从他的马（指海洛因）中获得快感——"所以我从来没有被垃圾击中过（以前）"。和往常一样，凯鲁亚克希望自己能找到正确的感受——换句话说，就是"正常的，理智的感受"。他总是夹在存在与不存在之间。像往常一样，他在寻找酷的空间，"从虚无中感受无条件的/无期限的狂喜/……"如果他能到达慧能法师所说的"不思量"的境界，那就再好不过了。[45]

《墨城蓝调》的合唱就像小小的黑色橡胶球，凯鲁亚克把它踢到角落里，然后弹到墙上。在反复无常的"第116号合唱"中，凯鲁亚克突然停下来，只是在页面中央写下"音乐"两个字来转移主题。"这是一台阿兹特克收音机"，他说道，似乎在暗示音乐作为原始情感交流的一种形式，对任何文明都至关重要。然后在副歌的结尾，他以"爵士乐歌手"为主题，编写了一段短小精悍的阿拉伯风格舞曲：

> 伟大的爵士乐歌手啊
>
> 　乔尔森是轻歌舞剧歌手吗？
>
> 不，迈尔斯也不是，我才是

在引入"伟大的爵士歌手"这一主题时，凯鲁亚克首先提到了电影《爵士歌王》（*The Jazz Singer*）。在这部影片的高潮部分，艾尔·乔尔森（Al Jolson）扮成黑人反抗他的犹太父亲（一位犹太教拉比），用轻快的节奏演唱了一段20世纪20年代的爵士乐。在这里，凯鲁亚克把乔尔森的音乐称作轻歌舞剧。[46]

接下来，凯鲁亚克想知道，谁是真正的爵士歌手，谁是他这一代的轻歌舞剧歌手？前者可能是迈尔斯·戴维斯——从某种意义上说，任何拥有独特嗓音的乐手都是歌手。但谁才是真正的轻歌舞剧歌手呢？这里，我们借用凯鲁亚克自己的话："不是迈尔斯，是我。"这是在承认他对非裔美国人文化的爱与窃吗？显然，"不，迈尔斯也不是，而是我"的矛盾心理明确地暗示了这种可能性。

在238篇这样的合唱之后，有5篇融合了爵士乐与佛教的合唱，它们也是整本书最后的高潮部分。凯鲁亚克从这最后5篇合唱中找到了他杂糅的灵魂："查理·帕克看起来如同佛陀"，"第239号合唱"开篇这样写道，"（他）被称为完美的音乐家"（241行）。这是一句充满诗意的悼词，写给不久前（1955年3月12日）因心脏病（并发症）去世的帕克；当时，"'大鸟'永垂不朽"的涂鸦遍布纽约大街小巷，它们大多出自垮掉派诗人泰德·琼斯（Ted Joans）之手。

凯鲁亚克第一次用语言证实了帕克在演奏台上呈现出的宁静酷感：

> 他面无表情
>
> 镇静、帅气、深邃
>
> 如同盘坐在那里的佛陀
>
> ……也有着低垂的双眼
>
> 他的表情仿佛在说"一切都好"

帕克的声音令人愉悦，"仿佛清晨的声响"，"又像爵士乐即兴演奏会上疯狂乐迷歇/斯底里的呐喊"。此外，"大鸟"在演奏速度、和声和节拍等方面的艺术创新体现出战后年代的美国文化（主要是汽车与军备竞赛）："查理猛地吸气/将肺部填满，以赶上飙车党们想要达到的速度。""第239号合唱"以一句简单的宣言作为结语："伟大的乐手和/伟大的作曲家/最终从你们的风俗习惯中找到了表达情感的方式。"换句话说，爵士乐的各种创新正一点点渗透进美国的音乐、艺术风格和语言之中。[47]

凯鲁亚克以爵士乐蕴含的真理为指导思想，将他写给"大鸟"的挽歌同下一篇合唱（"第240号合唱"）衔接起来。爵士乐真理在当时被认为是对艺术的亵渎："虽然（它）在音乐上与贝多芬一样重要，但人们根本不把它当一回事。"对有些人来说，即使是现在，这也是一个激进的想法，相当于把爵士天才与古典作曲家混为一谈。凯鲁亚克把帕克描绘成在精神危机的特殊时刻挺身而出的伟大艺术领袖。"骄傲而冷静，"他回忆起舞台上的"大鸟"，"（他是）具有伟大历史意义的世界之夜的/音乐/领袖。"帕克挥舞着他对抗压迫和历史的唯一武器，"他的小萨克斯管呜咽着，/发出的中音，尖锐而清晰/像是在哀鸣/配合完美的曲调与闪亮的和声。"凯鲁亚克揭示了"大鸟"的音乐感染力，描绘了他的音乐在观众中引发的反应：

> 很快，整个关节都在摇摆
>
> 每个人都在说话，查理
>
> 　　帕克（正在）
>
> 把他们吹到永恒的边缘。

这段合唱以一种戏谑而又可怕的景象结束，"大鸟"在其中的形象如同世界末日时的彩衣魔笛手："我们如同圣尿一般，扑通一声落入水中/扑通一声/落入水中/任人宰割/被煮成白肉，然后死去/一个接一个，有序地死去。"这种合唱与其说是在描写世界末日，不如说是讲述置之死地而后生：它是后西方文化重启的起点。观众"扑通一声落入屠杀之水"——这句将整首诗置于冷战带来的僵化意识形态中。观众是"白肉"，"有序地"死去——这句暗示的是经历世界末日或洗礼重生的后西方时代，这个时代将需要凯鲁亚克寻求的那种非二元对立、非有神论的哲学。我们各自死去，但"有序"一词意味着死亡也有它自己的音乐节奏。[48]

接下来，这位爵士诗人又加入了他与"大鸟"同唱的"第241号合唱"："这是一个多么美妙的故事/当你听到查理·帕克/讲述它"，就好像天启灾变也能被艺术地演绎出来。在这里，他首先提到了"大鸟"吸食海洛因的习惯，正是这一恶习导致其心脏病发作和溃疡出血，最终英年早逝——但是凯鲁亚克既没有详述这一习惯，也没有评判帕克本人。（作为一个酒鬼，凯鲁亚克怎么可能这么做呢？）[49]

在"第241号合唱"的结尾，凯鲁亚克向帕克道歉：他为自己如此轻易地被酷面具所蒙蔽而感到羞愧，后悔自己没能理解帕克镇静自若的种族抗争行为。"查理·帕克，原谅我——/原谅我没有回应你的目光——"这句话表达了白人的负罪感，承认了长期以来非裔美国酷背后隐藏的痛苦挣扎。凯鲁亚克再次将帕克称为美国的佛陀，一种未来可能会使人头脑清醒的媒介。"宅心仁厚、身材伟岸的查理·帕克啊，你避世绝俗，身居大脑中的涅槃之地/请在那里为我祈祷/为我和每一个人祈祷/（你）。"此时，凯鲁亚克才意识到，帕克把他的意识藏在了白人无法触及的地方，但为时已晚。[50]

紧接着，凯鲁亚克进一步将帕克抬高至圣徒的地位："（他）不再是查理·帕克，而是那个神秘的、无法用言语形容的名字。"他希望人们能够用超凡脱俗的道德标准评价帕克，因为他那"无法用言语的名字……承载着巨大的功德/只能留给后世评说"。凯鲁亚克遥望未来，在那时，大鸟将得到应有的音乐之神的地位，而不是被谴责为瘾君子。然后，他以一句话结束了本篇合唱："查理·帕克，埋下灾祸之种后/便离开了我，离开了所有人。"[51]

凯鲁亚克以帕克为榜样，将酷与佛陀的微笑融合在一起，开创了一种综合性的非洲美学。一年前，凯鲁亚克在他的《一些佛法》日志中写道："佛性永恒的无言微笑是一种精神上的微笑，而不是停留在唇齿间的微笑，禅宗度己，是一种永恒的、精神上的无言微笑。[52]帕克所说的"淡淡一笑"是内心禅定的外在表现，象征着个体按照"灭谛"的要求克制自我，象征着压抑欲望和苦难。

如果说"禅宗度己，是一种永恒的、精神上的无言微笑"，那么我认为"酷"与佛发生了这样的交融："酷面具"是佛性微笑的粗犷表现。非裔美国人在争取社会平等的斗争过程中转向禁欲主义，进而催生出"酷面具"。[53]大多数白人评论家认为帕克是一个胆怯的瘾君子或愚钝的学者，但几乎所有的黑人爵士音乐家都认为帕克是一个特立独行的艺术家，一个目空一切的叛逆者，一个知识分子，尽管他吸毒成瘾，行为不检。帕克总是把他那副冷静的面具绷得紧紧的，好像是一副遮挡面庞的窗帘。凯鲁亚克证明了自己是少数几个能够看穿酷面具或至少对自己的无知做出反思的白人作家之一。

在三首合唱中，凯鲁亚克通过一种杂糅的、涉及冷战的文学形式，将爵士乐和佛教统一起来：在这里，他提到了核时代和美国白人的不安；他恳求查理·帕克拯救社会；他代表白人，为种族压迫行为道歉，希望帕克能够接受他的道歉；他援引帕克的名字，将其用作后西方时代的护身符。在《墨城蓝调》结尾的合唱中，凯鲁亚克没有直接提及大鸟的名字，而是再次引用"第239号合唱"中的想法：像帕克这类人"有着强大艺术影响力/它们最终将在更多领域，将在你的心中，找到合适的表现方式"。在此基础上，凯鲁亚克提出了一种方法，即通过音乐的自我挖掘和禅定的方式，在自己的头脑中寻求酷的空间：

> 你脑海中的声音
>
> 是你能够唱出的
>
> 第一个声音
>
> 如果你正站在收银台前
>
> 歌唱
>
> 什么都不想——

禅宗思想中常常出现这样的意象："菩提本无树，明镜亦非台，本来无一物，何处惹尘埃。"在这篇合唱中，凯鲁亚克使用现代技术语言，重新阐释了该意象的内涵：思维是一个清澈的、有着金属光泽的反射镜面，它既静如止水，又生机勃勃，因为歌曲使其重新焕发出活力[①]。该意象适用于任何一个从事无聊工作的孩子：如果在煎汉堡的时候也保持心平气和，那么情况将会怎样？如果那时你在脑海中响起那首让你平静下来的标志性歌曲，情况将会怎样？在日常工作中，那将是一个为人们的思维提供港湾的酷空间。[54]

《墨城蓝调》是对凯鲁亚克辩证法最纯粹的阐释，将现代意识流派与后现代仿作结合起来，谱写出史诗般的组诗：在这本书中，喋喋不休的爵士乐和禅定的佛教平分秋色。在一次长途汽车旅行中，艾伦·金斯堡大声地向秋扬·创巴仁波切朗读了书中大部分内容。第二天，创巴仁波切告诉金斯堡："我的脑子里整晚都回响着凯鲁亚克的声音。"凯鲁亚克还为

---

① 指内心静如止水，外表生机勃勃。——译者注

描写帕克的那几首合唱配上了史蒂夫·艾伦的钢琴伴奏，将它们录入专辑《写给垮掉一代的诗》（*Poetry for the Beat Generation*，1960年），作为这张专辑中唯一改编自《墨城蓝调》的曲目。[55]

《在路上》出版半个世纪以来，凯鲁亚克依旧人气不减，因为他的求索象征着当时百废待兴的后西方与后基督教时代。凯鲁亚克从加里·斯奈德（斯奈德曾在《禅宗》中反思佛教对个人的要求）那里学到了这样的内容："佛教存在这样的一面：它将佛性的要求清晰地反射回个体身上——反射到每个人自己的工作、实践和生活中。没有人能替你做这件事；佛祖是唯一的老师。"[56]这便是凯鲁亚克大部分文学作品中的潜台词：寻找非传统的老师，进行精神探索，通过写作求索有意义的事业。

但凯鲁亚克至今饱受文学研究者的诟病；1972年，艾伦·金斯堡将这一点归咎于文化批评家的无知。在《墨城蓝调》一书中，金斯堡坚持认为，"凯鲁亚克使用极其复杂的佛法写作"，而他的批评者对这些"古老而可敬的文献"一无所知——他们也不愿意先深入研究再评估凯鲁亚克的作品。[57]由于当时的文学评论家对非裔美国人的音乐、禅宗佛教或酷美学知之甚少，所以他们无法在凯鲁亚克的散文中看到这些艺术实践或概念。如果说诋毁他的人缺乏理解他的艺术目标的美学基础，战后的年轻人则是凭借直觉理解凯鲁亚克的作品；换句话说，他在文体上的创新是如此微妙，以至于被（评论家）认为是不加修饰的，被（年轻读者）认为是不引人注目的。就像蓝调音乐的通俗易懂一样，凯鲁亚克将他的实验融入了对话式文体中。倘若评论家认为他是崇尚原始主义的艺术家，那么我们便可以更确切地将其称作原始人——满怀自豪地将其称为拥有"原始思维"之人——他永远无法将自己的精神渴求引导到酷的精神空间。

艾伦·金斯堡在1972年公开谈论文学界对凯鲁亚克的批评时，已经是一个修行了近30年的佛教徒。他列举了凯鲁亚克带来的文学创新和主题思想，这些思想得到了普遍的应用："即兴演讲、毒品的使用、大麻和迷幻药、对印第安人的关注、第二宗教信仰……对黑人音乐的兴趣……一种地下非正式存在的感觉。"对于金斯堡来说，凯鲁亚克掌握了一套知识分子不知道也不尊重的"诗学体系"。"凯鲁亚克坚持的……传统是黑色蓝调。直到60年代……它才凭借独有的理性，被接受为一种主要的艺术形式。相比爵士乐和禅宗，金斯堡更倾向于将《墨城蓝调》的成功归结于凯鲁亚克对蓝调的了解——这是一种被误解的艺术形式，直到鲍德温、埃里森、塞缪尔·查特斯和阿米里·巴拉卡在1959年至1964年间的散文和书籍中分析了它的运作方式。"知识分子认为，《墨城蓝调》并非来自传统，但他们不够聪明，不够博学，无法了解传统，既不够敏感，也无法理解传统。凯鲁亚克的《蓝调之书》收录了许多成功的蓝调诗歌，彰显了他对诗歌形式的理解。但是，在"能否将《墨城蓝调》视作一部文学作品，一部能真实反映当时美国现状的文学作品"这个问题上，美国文学和文化评论家们"没有给出确切的答案"，金斯堡说道。[58]

酷与后西方时代

公元6世纪，禅师菩提达摩（Bodhidharma）宣布，无论何人，只要明心见性，便可求得佛法。凯鲁亚克在《一些佛法》中以此为傲，写道："佛陀和普通人没有区别。"凯鲁亚克把"公民"这个词换成了"法拉欣"（fellah），后者是阿拉伯语中对农民的称呼。这是一个无奈的选择，让人想起了他的原始主义，但这也是其平等主义的象征性标志：

> 佛教是一种法拉欣式的东西——法拉欣是反浮士德的非盎格鲁－撒克逊的原初世界的启示录。法拉欣是印度式的东西，就像大地一样。让－路易［凯鲁亚克］是新北美的先知——他无所畏惧，是反基督者……他是未经雕琢的，是反哥特式的存在。

凯鲁亚克构想出一类新的朝圣者，他们与盎格鲁－撒克逊人的错误优越感、古板的基督教、种族等级制度和进步神话（"反浮士德"）做斗争，以一种积极的视角看待"最初的世界末日"。在新兴的后西方时代，凯鲁亚克将世界末日想象为"新北美"的重生，它尊重地球本身和大陆上的原住民。他将欧洲人的恐惧（"打破陈规的、非哥特式做法"）弃置一旁，构想出一种嬉皮式的（"打破陈规的"）愿景。[59]

"西方人对启蒙一无所知。"凯鲁亚克在说出这句双关语的同时，便跳进了后西方时代的深渊。这句话显然在暗指佛教的启蒙，很快被凯鲁亚克用来控诉战后的核焦虑："他们（西方人）就像科学家一样在实验室里日夜劳作，发明出一种新的悲伤。"这就是战后存在主义恐惧的核心所在：没有了技术进步的神话，西方还算什么？回顾过去，（西方的历史）只是一群曾经互相争斗的部落，它们打着技术进步的旗号，一同殖民地球上的人民和环境，难道不是这样吗？在原子弹爆炸和德国人推行种族屠杀的双重打击之下，昔日的意识形态已被摧毁殆尽，难道不是这样吗？[60]

"垮掉的一代"在文学上的成功部分归功于他们在西方社会陷入失序状态时奔走呼号，与后者划清了界限：其宣称的宗教戒律与不道德行为之间存在分歧，其宣扬的道德与资本主义的实用主义存在分歧，其抽象的启蒙价值观与因技术进步造成的人类求死本能①之间存在分歧。在《一些佛法》的另一个双关语中，凯鲁亚克用另一种佛教方法取代了西方的理性主义。"佛教是一种思维控制系统。"他以一种反讽的语气写道——表达出这样的意思：佛教不是洗脑，而是控制自己的思维。[61]

此外，凯鲁亚克认为爵士乐和禅宗是民主哲学的体现。他紧随惠特曼的步伐，认为民主具有精神层面的内涵，并且在其《一些佛法》中援引惠特曼的一篇政治论文［《民主的前景》（Democratic Vistas）］："我曾论及民主的核心，它终究要被归为宗教的元素。"作为一名作家的凯鲁亚克也被禅宗经典所吸引，因为它们与惠特曼的诗歌一样，受自然万物和日

---

① 又被称为毁坏冲动、攻击本能或侵犯本能，奥地利心理学家弗洛伊德提出，死亡本能是一种与生俱来的，要摧毁秩序，回到前生命状态的冲动。本书的作者认为人类不断发展科技互相杀戮也是受到毁坏本能的驱使。——译者注

常工作启发，创造出通俗易懂的概念和语言。[62]

到20世纪50年代末，凯鲁亚克的愿景已不完全是后西方的，它可能彰显出一种新的美国特质。他的作品完全符合西方和美国的文学传统，但不可避免地融入了非西方的艺术、音乐、形式、思想、实践和语言。下文是一组由四段冥想片段组成的文字，它们经压缩排版，占据了《一些佛法》其中一页的四分之一版面：

1. "比较是可憎的。"约翰逊博士曾说，这就是圣奥古斯丁的结局；

2. （爵士钢琴家）泰迪·威尔逊（Teddy Wilson）演奏《中国男孩》（*China boy*）——（今晚）未能完成演奏，因为时间不够；

3. 《金刚经》……佛祖是渡人的载体，你必须寻求东西骑乘，比如乘木筏过河；

4. 我随着电台中的音乐，跳起古巴恰恰恰舞，我记得，我迈着醉酒的步伐，在夜幕中穿过逼仄的法拉欣街道，向天主教堂走去——我记得神圣的大麻温暖着我的大脑，让我看到了……圣雪的幻象——我站在墨西哥甜美的印第安人中间，享受着心灵的先验自由。[63]

该列表将下列艺术实践汇集在一起，并且针对每一项实践使用了同等重要的修辞手法：（1）5世纪的宗教传记、18世纪的英国文学（启蒙运动）；（2）非裔美国人的爵士乐，一种即兴的艺术创作手段；（3）正统佛教——一种9世纪的梵文文本，在美国方言中反复出现，其中涉及《哈克·贝利·芬历险记》（*Huck Finn*）；（4）非洲-古巴音乐（恰恰恰舞）、原始主义、浪漫化的美国土著哲学。《一些佛法》展现了上述艺术实践的影响力：首先，该书反复引用了部分佛经；其次，此书援引了部分俳句和爵士乐典故；再次，书中出现了乔伊斯、莎士比亚、巴尔扎克、普鲁斯特、惠特曼、叶芝和狄金森的名言；最后，这部作品还引用了席琳（Céline）、弗洛伊德、布伯、斯宾格勒和爱因斯坦的评论。所有这些内容都在凯鲁亚克追寻"心灵的超验自由"的过程中得到引用。

1959年，加里·斯奈德向凯鲁亚克发起挑战，要求他撰写一部自己的佛经。凯鲁亚克接受挑战，最终写成《金色永恒经文》（*The Scripture of the Golden Eternity*）一书。这是一段独特的美国佛经，共有六十六节经文，可被视为一首长达十分钟的爵士乐独奏。在开篇的主题中，凯鲁亚克将个人与超验联系起来，"我创造了天空吗？"他给出了肯定的回答，但这仅限于他自己创造的概念。在接下来的十个诗节中，凯鲁亚克把天空等同于天堂，将自然与宇宙混为一谈，然后才从天空讲到天堂。在此基础上，他通过宣读唯一真神的不同名字（上帝、佛祖、安拉、克里希那、郊狼、梵天、马兹达、弥赛亚），进行了一次跨越天空的量子跃迁，并在这个时刻调和了（在他的天堂中的）神的概念。

在这部佛经的高潮部分，凯鲁亚克建议以郊狼为创世神重写美国的神谱，同时将自己膏立为美国的未来主神。在第63节中，凯鲁亚克借郊狼之口宣布了一个即将到来的转变：在此之后，所有的生命"将被转变……他们的语言和身体……都将改变"。紧接着，作为叙述者的凯鲁亚克晕倒了：这是一种精明的叙事手法。他亲自在庭院里经历了一种濒死的体验（第64节），结果却从昏迷中醒来，重新看到天空、天堂和世界，仿佛重生到这个后西方世界。此时的凯鲁亚克满怀期望，就像本尼·古德曼（Benny Goodman）歌曲的名字所说的那样——《世界在等待日出》（The World is waiting for the sunrise）。在凯鲁亚克的作品中，与蘑菇云相对的正是日出。[64]

那么，作家如何才能创造一个平静的中心，用以阐明艺术性的观点，同时又能够避免自我和超我的介入？面对这样一个问题，凯鲁亚克同时从爵士和禅宗佛教寻找到一种艺术方法。他的第一种艺术方法是使用比波普诗体，即在悠长流畅的比波普爵士乐独奏中即兴发表个性化的长篇陈述；他的第二种方法是借助禅宗的简约美学，对基督教、理性主义和技术崇拜进行含蓄的批判。坦率地说：凯鲁亚克清楚，如果没有这些值得一读的文学作品，他便会陷入核能带来的进退维谷的境地。为了应对西方理想的丧失，他渴望在黑人音乐（借用托尼·莫里森的话）的"优雅简约"和禅宗佛教的指引下，将美国文化兼收并济地融合到本土文化中。

在战后二期，凯鲁亚克被称为"西方哲学的可怕杀手，西方的佛陀"，他渴望达到佛教空寂、冷静的心境。"清醒意味着达到了空寂的境界。"他用大写字母写道。凯鲁亚克认为写作本身就是实现精神救赎的媒介："通过作家这个身份，我将称为领悟者。"他想象着业力的转化，虽然未能实现这一理想，但他在尝试重塑美国文学多元文化的过程中留下了大量引人注目的文献资料。[65]

禅酷：战后时代的哲学融合之声

> 佛教是无神论，后者变成了宗教……这是对虚无主义的复兴。我相信，这是独一无二的例子，对于我们这些与虚无主义做斗争的人来说，尤其值得反思。
>
> ——阿尔贝·加缪，《1951—1959年读书札记》[66]

佛教和存在主义在基本概念上有着如此之多的共同点（它们对战后西方产生影响的时间都很相近），以至于人们很难理解它们之间的联系是如此之少。佛教和存在主义都是一种禅修体系，二者都舍弃了上帝、命运和天数。这两种体系都在追求抽象的认知自由，都坚持个体的独立，使用的也都是批判性思维。但是二者存在以下明显区别：首先，如果说存在主义因为意识到孤独的存在，尚有一个感到恐惧的初始阶段，那么佛教则坚持在第一个阶段就必须清除之前所有的思想；其次，如果萨特声称的是我们注定要走向自由，慧能则坚持在行动和知识之间产生任何真正的联系之前，通过顿悟的方式达到"无念"（出自《坛经》）的境界；最后，萨特宣称，一个人必须首先失去希望和恐惧，舍弃现在和未来，而创巴仁波切则说，人需要从绝望开始修业。[67]

这两种体系都提供了一种摆脱社会和政治教条主义的方法，二者都在战后的精神危机中收获了大批的追随者。1968年，修道士托马斯·默顿反思道：

> 禅宗对西方产生了影响（冲击）……在第二次世界大战刚刚结束之时，在存在主义的剧变中，在原子和控制论时代伊始，在西方宗教和哲学处于危机之时，在人类意识即将深陷思维紊乱的泥沼之时，这种冲击力最为强大。

默顿理解禅宗的魅力所在，在《神秘主义和禅宗大师》（*Mystics and Zen Masters*，1972年）一书中对佛教对传统基督教的挑战做出了精辟的描述。禅宗为"现代人"提供了一种"非教义性的、具体的、直接的、存在主义的"宗教实践，强调以生活的方式面对生活，以感受和体验的方式面对生活，而不是诉之于虚伪的抽象道德。[68]

早在6世纪，禅僧们就创作出有关心理哲学的佛经。《信心铭》（*Treatise on Faith in the Mind*）被认为是僧璨大师（Seng-ts'an）所作，该书提出了一个贯穿20世纪早期哲学的问题："如果以心修心，你将如何避免产生巨大的困惑？"从克尔凯郭尔到海德格尔再到萨特，佛教的这类根本性问题引发了一代又一代人的思考，已经有整整一千年的历史。斯奈德简要地描述了佛教蕴含的智慧财富："佛法是一种漫长、温和的人性对话——长达2500年的安静对话，它关乎人性的本质……提供务实的悟道方法。"[69]

20世纪70年代末，加里·斯奈德从20世纪的抗争活动中梳理出一条思想线索，从马克思主义革命一直追溯至禅宗佛教。他试图追溯思想反抗者螺旋上升式运动的源头，但是每一场运动都未能带来社会变革，于是他转而寻找新的哲学方法。这一探寻过程始于"马克思和黑格尔的辩证法"，然后转向"早期道教的辩证法"，之后"用另一种更为容易的方式"迈出了"前往印度哲学和神话的脚步"。在此期间，斯奈德还探寻了佛洛伊德及其精神分析学，即"以经验的方式加深理解"。斯奈德一路走到社会变革的尽头，然后公开宣布，从60年代开始，许多人开始"在佛法中寻找"一种实用的方法，以清除我们在修心过程中产生的杂念、偏见和错误的价值观。同时，佛法还提供了一种"深入内心，探明无意识自我"的方法，以配合其他探寻内心世界的方法，如"瑜伽、萨满教和迷幻药"。正因如此，禅宗吸引了不关心政治的反抗者，他们已经厌倦了心理学、超现实主义、现象学和萨特的自由思想。[70]

加缪认为，就连诸神也羡慕佛陀的"智慧和……磐石般的命运"。佛陀如何能够实现这种冷静超然的理想？加缪认为他"压抑了自己的欲望和意愿，看淡了名声和痛苦"。当加缪思考所有生命都具有转瞬即逝的特性时，（佛陀）这块冷静的石头令他深思，但随后他意识到，即使是石头也不会长久，于是他大喊："哦，万物皆空！"这段话让人联想到佛教和他的存在主义梦想，两者都是渴望"反抗欲望和痛苦"的哲学方法。[71]早在1939年，佛陀就为加缪提供了超然与自制的参照："沙漠中的释迦牟尼……蹲在那里，岿然不动，双目仰望天空。"尽管加缪对佛陀的非自然平衡论断仍心存疑虑，但他仍热衷于将这种论断与酷的品质、沙漠城市奥兰的坚硬石头，以及自己的家乡相提并论。

凯鲁亚克在分析佛教的"空"时，创造出几个与萨特的"虚无"相似的概念。他揭示了禅宗的潜力："让我尽可能简明扼要地阐述它：万物皆空……主要表现在三个方面：时间、空间和思维。"[72]但是，禅宗之虚空更像是万里无云的天空，而不是毫无生机的石头或无底之井。禅宗所说的"无"既不是虚无主义，也不是超然遁世。默顿认为这一概念"完全不是否定或悲观的"，并将其从萨特的虚无感中剥离出来，作为一个独立的抽象的存在。在默顿看来，禅宗"与萨特的'虚无'（或'一无所有'）毫无关联"。他认为，禅的实践不仅更加生动，而且具备更为优越（和实用）的哲学立场。[73]

　　酷是一种理想的精神平衡模式，植根于非洲文化。对加里·斯奈德来说，冥想本身就是一种酷的实践——是一种让头脑冷静下来的实践，从而达到无欲无求的恬淡境界。冥想使头脑平静，舒缓了高度紧张的精神状态，它将人类与动物联系在一起，"动物们均能够在较长的时间保持简单的存在方式"。斯奈德认为冥想是"一种完全出自本能的行为"，并且好奇为什么越来越多的人不再向往这种状态。"奇怪的是，我们不再这样做，我们没能像猫那样，静静地待在那里，抛开一切身外之物，沉思自我为何物。"禅宗的目标仍然是满足于维系简单的存在，即待在那里——"简单得像猫一样，在那里待一会儿"，因此它与战后的酷面具在这样一点上产生了交集：人们应当舍弃自己的妄求。"佛教主张不'妄求'"，艾伦·瓦茨在谈到自己的佛教徒生涯时写道，"只要求每个人做到简简单单，普普通通。"[74]

　　对于默顿来说，只有将禅宗具象化，才能最为充分地展现它的吸引力：与铃木的会面使他对禅宗有了深刻的理解。"一个人，只有亲自接触佛教，只有亲身经历它的存在主义方式，只有设身处地了解那些堪称佛教化身的人。"默顿写道，"才能真正理解佛教。"禅僧既渴望"达到那种超脱自然的状态，又不想刻意为之"。他或她只有在"舍弃主观做作和自我意识"时（他们也只能这样做），方可达到此境界。这样的僧侣必须是舍弃物欲的，必须对雅致不感兴趣，同时能够做到知行合一："这种精神就像清风拂过。"[75]在战后二期，铃木大拙成为凯鲁亚克所向往的那类精神领袖（也是他向往的存在状态）：每日不做作、不自我怀疑的禅僧，如云卷云舒般自然。

＊＊＊

　　罗伯特·瑟曼（Robert Thurman）是第一位按照藏传佛教传统接受圣职的美国佛教僧人。如果说禅宗是一股打破流行文化的缓慢潮流，那么诗人刘易斯·麦克亚当斯（Lewis MacAdams）对瑟曼提出的短语"内心革命"（inner revolution）的分析，对于志同道合的共同体来说，是具有重要意义的："社会转型是建立在个人转变之基础上的。"[76]这一评价为酷构建了实用的框架，使其走出战后年代，在20世纪60年代完成了代际的交替。时至今日，"酷"这一概念日益贬值（以及商品化），相比之下，战后酷关注的则是实现自我转变的潜力，进而诉诸冒险、内省、打破常规和波希米亚理想主义。

凯鲁亚克最喜欢的经文是《金刚经》，它强调"中庸之道"——适度和平衡——是正确的道路。凯鲁亚克渴望这种精神上的平静，但由于缺乏自律，他甚至在短时间内都未能实现。他曾在李斯特·杨的自我表现和存在主义式的肯定中发现了爵士乐酷的化身，但这是在他理智地接受这些思想之前很久的事情。[77]他在斯奈德的禅学实践中发现了一种心理理想和哲学实践的结合，接近于他所追求的世俗圣徒的身份。凯鲁亚克的目标正是这种"冷酷无情的内心革命"，它强化了"冷漠"这个概念的理想，即"对特权、教条和附属关系漠不关心，在这个世界中，但不属于这个世界"。[78]这些主题鲜明的渴求依然把酷当作一种标志性的短语来传播，它象征着战后年代对超然平衡和超然审美的追求。

THE ORIGINS OF
COOL
IN POSTWAR AMERICA

酷 的
起 源

[下]

[加]乔尔·迪纳斯坦 著

王 聪 译

ZHEJIANG UNIVERSITY PRESS
浙江大学出版社

图20　1956年，法兰克·辛纳屈在洛杉矶大都会影音公司他的概念专辑，该专辑取材于《伟大的美国歌谣集》（*the Great American Songbook*）（©赫尔曼·伦纳德摄影有限公司）

第七章　从黑色酷到拉斯维加斯酷：
随法兰克·辛纳屈迈入繁荣时代

你拥有他们的身体与灵魂。

但你无法拥有我。

——电影《非法》中维克多·斯科特（爱德华·G.罗宾逊饰）的
台词

在战后二期，新兴中产核心家庭走上历史舞台，促使黑色酷的表达方
式发生了重大变化。随着战后年代的退伍军人在郊区定居下来，孤独的道
德叛逆者开始让位于维系城市治安的长官——作风硬派的警长，后者负责
使用暴力维护重建后的道德秩序，他的硬派作风源自独孤求败的领导地位
和牺牲精神，而非对个人尊严和真相的抽象追求。这种国民想象的巨变既
反映了经济繁荣带来的自信心，也反映了充分就业和全球霸权催生的美国
必胜主义信念。在朝鲜战争、马歇尔计划和核军备竞赛等经济引擎的推动
下，当时的美国生产了世界上75%的商品。美国在全球范围内产生了如此
强盛的全球影响力，不仅使企业能够与工会签署待遇丰厚的劳动合同，同
时也使美国各地普遍出现了（白人）中产阶层主导下的史无前例的欣欣向
荣之景。[1]

高贵的警长主导着传统道德的重建，他们使用强制力将法律落实到
郊区各地。战时一代的人们在将孩子抚养成人的同时，渴望获得心灵上的
庇护：他们想要摆脱尚未得到定论的过去以及西方的黑暗历史（种族灭绝

和奴隶制），因而常常诉诸约翰·韦恩的作品；不仅如此，冷战时期蔓延全球的焦虑情绪也笼罩着这一代人，促使他们求助于电视剧［如《天罗地网》（*Dragnet*）和《不夜城》（*Naked City*）］里独断专行的警长。随着美国再次打着"昭昭天命"的旗号不断扩张边境，警察们开始配备最新的科技装备在城市中的蛮荒落后地带巡逻，以保证各个街道的安全。警察的力量为技术进步和理性社会的自由主义梦想提供了保障，警备实验室的科学家或新兴的国家监控网络反过来则赋予警察"扭转乾坤之力"（deus ex machina）。这一时期的影片关注的是为美国民主鞠躬尽瘁的警察群体，他们恪尽职守，依靠高效的官僚组织维持社会治安。与此同时，社会进步还体现在新产品和家用电器源源不断地进入千家万户，为日常生活带来了便利与快乐（如汽车、电话、电视、洗衣机、烘干机、音响）。这些技术渗透到文化想象中，形成了一种以网络和控制（如核能、巨型计算机和实验室）为核心的抽象愿景。

对战时一代人而言，法兰克·辛纳屈代表了酷的复兴，他在战后国家百废待兴之时，将酷的文化想象从过去迁移到了未来。在霍雷肖·阿尔杰式的白手起家故事（Horatio Alger story）中，辛纳屈、迪恩·马丁（Dean Martin）和鼠帮乐队（Rat Pack）在一座为逃避现实的中产阶层修筑的城市中冷酷地摇摆，从而表现出一种扭曲的享乐主义。这些伟大的歌手"生活在梦想中"，将个人风格、深入的思考和幻想融入美国歌曲，创作出充满怀旧之情的乐章。这种做法既是对过去的承袭，也是对现实的逃避。辛纳屈是一位杰出的爵士歌手，他融合了意大利和非裔美国人的演唱风格与音乐实践，从而为这个移民国家创造出一种文雅的蓝调风格。辛纳屈代表了移民运动的胜利，但他的声音表达了一种充满浪漫色彩的思绪，使人们回想起为城市现代化付出的情感代价，勾起了人们对昔日社区（种族社区、城市社区或是某个集体的社区）的怀念之情。在记者皮特·哈米尔（Pete Hamill）看来，辛纳屈所有声乐表演的"一个基本主题"就是"孤独"。作为第二代移民，哈米尔认为辛纳屈对酷的诠释具有两面性："他的爵士歌曲……是应对孤独的策略；他的快节奏表演则是在释放孤独。"[2]

对于战时一代来说，辛纳屈的享乐主义酷源自家庭生活和休闲娱乐活动中浪漫声场，与鲍嘉虚张声势的冷酷截然相反。对于经历过这种酷的那一代人来说，在辛纳屈与鲍嘉之间，有一个相当明显的"酷火炬"（我们姑且可以这么比喻）的交接过程。当代音乐史学家阿诺德·肖（Arnold Shaw）在1968年写道："如果说亨弗莱·鲍嘉是以存在主义者的身份出现，以超然的讽刺眼光看待生活，同时又在勇敢地面对生活……那么辛纳屈则是浪漫主义男人的原型，他对人类的处境感到愤怒。鲍嘉象征着在大萧条和战争中生存下来的韧性，他在一个不稳定的时代凭借个人风格和坚忍的幽默生存下来。相比之下，辛纳屈兼具虚张声势的八面玲珑和坦诚待人的浪漫情怀。他对残酷现实的演绎与他的爵士声乐艺术形成了鲜明对比，他游走在"悲怆与喧闹之间的微妙界线上"。辛纳屈的多重性格迎合了多个美国神话：他既是一位国家文化领袖，又是第二个霍雷肖·阿尔杰；既是文化领域的首席执行官（也就是所谓的董事会主席），又是一个叛逆的局外人（在一个白人聚居的国家，他是意大利裔美国人）。在历史学家道格拉斯·布林克利（Douglas Brinkley）看来，辛纳屈身在一个刚从战时义务中解脱出来的国家，代表了"伟大的悖论"："来自霍博肯（Hoboken）的那个不幸男孩，坚强而温柔，最终成功到达人生的顶峰。"而对于皮特·哈米尔和第二代移民白人男性来说，"辛纳屈为美国的男子气概创造了一种新模式"。[3]

同大多数新模式类似，辛纳屈的酷实际上是将截然不同的各种风格整合为一种新的男性反叛风格。例如，禁酒令下的社会模式在融入西部边境的法外之地后，催生了拉斯维加斯的诞生。鼠帮乐队作为战时一代的时尚精英，代表着另类的男性群体：他们挣脱身上的责任，寻求一种归隐郊区的生活——或是通过花花公子式的生活方式，或是在周末结成摩托车团伙，或是加入垮掉派等波希米亚式社群。[4]如果说辛纳屈是一位得到驯化的美国文化英雄，那么鼠帮则像一个成分复杂的二战步兵单位，杂糅了各种地区和各种族的代表。此外，鼠帮式的酷还有一个优势，那就是通过电影、电视、音乐会和拉斯维加斯等渠道新建起来的名人媒体网络。事实上，鼠帮的快乐原则具有充分的原创性，体现在性、酒、音乐、冒险和集体狂欢等方面，为摇滚明星的酷和嘻哈匪帮的生活方式奠定了原型。自20世纪90年代以来，说唱歌手就把辛纳屈称为O.G.，即"原始黑帮"（original gangsta），因为他树立起跨越几代人的黑色意大利黑帮理想，将散布在各城市中的种族社区联结起来。我们在此仅举一例：杰斯（Jay Z）的歌曲《帝国之心》（Empire State of Mind）整合了辛纳屈的《纽约，纽约》（New York，New York）和《我的路》（My Way），通过这种方式向辛纳屈致敬。

辛纳屈并非独自一人创造了这种模式，迪安·马丁也在改造这代人理想的过程中发挥了同等重要的作用。在二人的共同努力下，孤独的海明威存在主义酷意识转变为摇摆乐手的花花公子式纵酒狂欢。"迪诺"①将意大利的"*sprezzatura*"（意为"潇洒"）概念美国化，作为"酷"的一个类比，意为"潇洒自如地从事艺术创作"。对战时那一代人而言，马丁的身影无处不在：他既是备受欢迎的歌手和演员，也是舞台下的浪子，同时还在西部喜剧或间谍电影中饰演马特·海姆（Matt Helm）；后来他主持的节目长期盘踞美国全国广播公司（NBC）综艺节目排行榜前十名的位置。在他的观众看来，迪恩·马丁虽然拥有一切——性、金钱、名誉和女人，但表现出的却是一种魅力超凡的淡泊，他沉浸在酒精迷醉中，对一切毫不在乎，一笑了之。[5]

为什么文化的钟摆远远地甩开了黑色电影？辛纳屈的黑色情感在其人格的阴暗面中幸存了下来：他以一种深夜都市的浪漫风格，将核心家庭的责任转变为酒精享乐主义的幻想。战时一代在郊区定居并抚养孩子。他们通过大乐队和鼠帮乐队的幻想来满足自己的怀旧情绪；"酷"作为一种

---

① 迪安的昵称。——译者注

真正的时尚反抗模式，其重要性转移到了年轻一代。随着经济不确定性的暂时消失，国家信心和美国必胜信念再次复苏。朝鲜战争后的突然繁荣，在文化想象中表现为对黑色电影道德模糊性的消解和对传统基督教道德的重建。

作为黑色酷之转变的典型代表，私家侦探从1953年开始成为人们寄托怀旧情感的对象，甚至弗雷德·阿斯泰尔（Fred Astaire）和法兰克·辛纳屈在当年也变成侦探。在广播剧《惊天财富》（*Rocky Fortune*，1953—1954年）中，辛纳屈扮演一名临时工，在执行任务时偶然发现了犯罪行为。为了出演这部剧，辛纳屈刻意加重了他的意大利泽西口音，以表现出他在城市里的昂首阔步。在接下来的两年里，辛纳屈在他的拉斯维加斯角色中融入了《天降财富》的元素，打造出酷的面具，一反他之前在公众心目中的形象——骨瘦如柴的歌手和20世纪40年代的青少年偶像。传记作家詹姆斯·卡普兰（James Kaplan）回忆道："他必须戴上这副昂首阔步、气势汹汹、充满阳刚之气的面具。""他是个小个子男人……在他成长的时代，意大利裔美国人（在种族偏见方面）只比非裔美国人高半头。"由此可见，这是朝着"打造种族特色鲜明的新硬派男子气概"的目标又迈出了一步。[6]

同年，弗雷德·阿斯泰尔在《女猎手：一场涉及爵士乐的谋杀疑云》（*Girl Hunt：A Murder Mystery in Jazz*）中饰演侦探托尼·亨特（Tony Hunter）。亨特在午夜散步时，无意间被卷入一系列谋杀案当中，该案涉及一位高挑的金发女郎，一名爵士小号手和某个神秘的"大人物"。女演员西黛·查利斯（Cyd Charisse）一人分饰三角，在阿斯泰尔的助手好女孩［黑发女子（the Brunette）］和蛇蝎美人坏女孩［金发女子（the Blonde）］之间不断切换。作为一名混迹街头的名媛，查利斯随着大乐队的即兴演奏搔首弄姿，利用色相融化了阿斯泰尔坚硬的内心，得以走进他的心灵世界。作为一个漂亮的反转桥段，剧中的反派（大人物）最终被查明是女扮男装的金发女子：查利斯既是死在阿斯泰尔怀中的蛇蝎美人，同

图21　私家侦探托尼·亨特（弗雷德·阿斯泰尔饰）和他的助手"黑发女子"（西黛·查利斯饰）在《女猎手：一场涉及爵士乐的谋杀疑云》中翩翩起舞。

时又是赢得阿斯泰尔爱慕的黑发女子。

好女孩/坏女孩在道德与性上的分裂代表了女性欲望的两个对立面，这也是一个特别片段"双面佳人"（"Two faces Woman"）直接触及的主题。在这一片段中，西黛·查利斯与两个独立剧团的女人跳舞：好女孩身着白衣服，坏女孩穿着红衣服。查利斯宣称自己兼具二者的特点——"既有一点大胆，也有一丝甜美"，在性方面，同样是"既有一点冷漠，又有几分热情"。实际上，她将自己定位为一个冷静的女人，一个既好又坏的女孩，活在侦探幻想出来的世界里，"同时存在着几分对错"。但是，到了20世纪50年代，美国社会却容不下这样的女人：这个片段从电影中被删除了。正如查利斯所唱："我，连同我的双重性格，都不属于这里。"

就连菲利普·马洛也失去了优势。雷蒙德·钱德勒勉强认同一位友人对他最长的小说《漫长的告别》（*The Long Goodbye*，1952年）的评论，认为马洛"变得像基督一样感伤"。在这部钱德勒篇幅最长、最为个性化的小说中，马洛几乎无法忍受他的骑士精神所要求的孤独。他第一次和一个女人裸睡，还与一个叫特里·伦诺克斯的人保持着亲密的同性友谊。马洛还结交了一位因厌烦自己畅销小说的公式化写作手法而酗酒的作家，这多少体现了钱德勒的自我反思的投射。钱德勒承认，他觉得写这本小说是件苦差事，因为"长期这样刻意反复地往硬汉形象里填充素材实在太做作了"。在《漫长的告别》的最后一页，他的朋友特里为自己的空虚做出忏悔，但似乎也是在借酷面具对筋疲力尽的马洛说话："现在剩下的只有行动，除此之外，别无他物……我已经做到了，就看你了，马洛。"[7]

最后，让我们设想这类存在主义的两难境地：钱德勒怀疑自己是否耗尽了菲利普·马洛的叙事能量。六年后，在他的最后一部小说《重播》（*Playback*）中，钱德勒只是重复了旧的主题，并给它起了一个表现机械写作的象征性标题。小说的结尾是马洛结婚并安定下来，钱德勒曾说过这与角色性格背道而驰。在战后二期，孤独的道德叛逆者走过被大雨打湿的街道不再存在于美国人的无意识中，这种黑色酷的转变从主流流行文化中可见一斑。

警察破案电影与黑色酷的终结

黑色电影在20世纪50年代中期失去了叙事的能量，演变为警察破案电影。警察破案电影始于20世纪40年代末，围绕警局的工作展开，重点关注的是侦破过程、整个刑侦体系和侦破技术，换句话说，关注的是解决犯罪问题，而不是道德歧义、存在主义困境或个人作用。[8]正如一位学者从这一流派中提炼出的信息："在《天网》中，总是司法体系获胜；这部电影中频频出现的台词"对不起，女士，我们只看事实"，表明电影已回归犯罪电影解决问题的本质。[9]回想起来，这类节目就像是美国警察部队的对外宣传片，并没有推出一个主要的酷人物。作为一种文学流派，警察破案模式诞生于1945年，至今是流行文化中的一股重要力量，表明警察破案取得了有条不紊的进展以及依托实验室实现了技术的进步。面对地缘政治的不稳定，无论是在冷战时期，还是在9·11事件后直面全球恐怖主义时，美国人仍然会转向这种可预测的、令人满意的叙事模式。可以说，该类型的剧目是当今占主导地位的电视剧流派［如《法律与秩序》（*Law and Order*）、《犯罪现场调查》（*CSI*）］。[10]

在战后的警察破案电影中，每天都有一场为恢复道德秩序而进行的斗争，它代表着反对共产主义的斗争。在身穿西装、打着领带的白人男主角的带领下，这个流派默认了一种根深蒂固的文化对立，即邪恶的城市与善良的小镇之间的对立。国家层面的辛迪加垄断组织通常由狡猾的、彬彬有礼、有种族偏见的敲诈者（通常是意大利人）经营，他们通过贿赂警察和政客来管理城市。主人公通常是一个正直的居家男人，他加班加点地工作，最终战胜了道德沦丧的罪犯。显然，为勤劳的美国人重建一个安全的社会不是痛饮波旁威士忌的反英雄们的工作，而是普通人的工作。"正常化"和"普通美国人"都是战后常见且相当正面的比喻。[11]

以《天网》为代表的警察破案电影在继承黑色风格的同时，重塑了传统道德英雄的形象。作为这类电影的典范，《天网》推动警察破案电影取代了以往的黑色电影：它推动黑色电影转型为道德故事，将犯罪活动转移到居民区（或郊区），并恢复了好人和坏人的对立，以此作为影片的道德框架。《天网》因此成为著名的特许娱乐品牌：先是拍成了一部风靡10年的广播剧（1947—1957年），后来拍成电视剧，连续播出7年，同时还衍生出3部电影。《天网》站在道德的角度，采用机械性的叙事手法，把城市的黑暗夜幕带入郊区或小镇，同时将警察提升为家庭和核心家庭的保护者，以对抗流氓特工。1950年以后，尽管仍然出现了十多部以私家侦探为主角的广播剧中，但个人风格鲜明的侦探形象很少出现在黑色电影中了。在各类媒体中，行为底线模糊的反英雄越来越少，道德标准更为严格的正义警察越来越多。[12]

黑色电影的主角常借助画外音来忏悔自己对黑暗欲望以及权力的执着追求。与黑色电影不同，新类型电影采用一种公正、响亮的权威声音阐释法律和秩序的不容置疑的力量。在过去三年（1949—1952年）里，《天网》与热播剧《山姆·史培德历险记》（the Adventures of Sam Spade）同时出现在广播中，成为一个具有象征意义的转变。1949年，鉴于达希尔·哈梅特在战前与共产主义的关系，以及他在民权保障大会（Civil Rights Congress，该组织在1947年被宣布为共产主义组织）的领导地位，他的名字被移出《山姆·史培德历险记》的演职员名单。1951年，《山姆·史培德历险记》更是被取消上映。随着反共产主义文化力量的减弱，美国社会对黑色电影的批判也逐渐消失。[13]

在视觉表现方面，这种转变在导演安东尼·曼（Anthony Mann）的早期电影中表现得最为明显，他的《陷害》（Railroaded，1947年）、《T人》（T-Men，1947年）、《黑狱杀人王》（He walking by Night，1948年）和《边城喋血记》（Border Incident，1949年）均是黑色电影中展现警察办案的先驱作品。安东尼·曼的电影与第一部《天网》同时上映，标志着美国人在法律与秩序、道德自治和善举方面的品位发生了转变。在每部电影中，影片的基调都是由正式的画外音设定，它们的声音十分做作，以至于现在很难被正式划为画外音。然而，得益于约翰·奥尔顿富有表现力的摄影技术，曼的电影仍然被认为是黑色类型。奥尔顿用他自己独特的明暗对照摄影法照亮了每一张脸，其中既有高尚的警察和罪犯，也有酒吧老板和旁观者，以及移民工人和移民水果商。奥尔顿的视觉美学融合了街头摄影师维吉和沃克·埃文斯的风格，它用大萧条时代残留的民粹主义，重新激发了安东尼·曼对法律与秩序的狂热追求。[14]

《警网重重》（*Crime Wave*，1954年）的首部预告片是黑色电影发生道德化和系统化转变的典型代表。在影片的开始，我们看到了洛杉矶在大白天的全景，然后镜头定格在演员斯特林·海登（Sterling Hayden）的身上，他高高坐在一块岩石上俯视着城市。"西姆斯，隶属洛杉矶警察局，"海登常常这样自报家门，并且向公众宣称，"处理谋杀案是我的职责，午夜是我的巡逻范围。"白天的洛杉矶是一个美丽、宁静、近乎理想的城市，但到了午夜，这里到处是谋杀和混乱。但是，市民没有必要在睡觉时担心。到了晚上，一旦发生暴力犯罪，"消息就会通过城市庞大的通信网络传播出去……告诉所有人，一个杀手正在城市里四处游荡"。[15]

这座城市对警察来说是透明的，它"赤裸裸"地剥夺了罪犯的藏身之处，以至于他"无处可逃"。抽象的正义之轮在视觉上变成了警车上真实的白色轮胎，无情地向任何胆敢把自己的黑暗计划强加给善良的洛杉矶人的罪犯们碾去。如果这听起来像一篇华丽的散文，那么海登的画外音是这样的："法律机器的轮子在无情地转动，司法部门的长臂伸展开来，包围了这座城市，把铁网拉得越来越紧。"海登的话语将自然和机械的隐喻融合在一起，法律被描绘成无情的机器和洞悉万象的蜘蛛。这个故事的寓意很明显：那个讨厌的罪犯没有机会了。《警网重重》的副标题是"黑云压城"（The City Was Dark），暗示着一旦罪犯被抓住，洛杉矶就会拨云见日，回归到自然的光明状态。

从孤独的道德叛逆者到家长式警察的转变是黑色电影道德模糊问题的最终结局，《警网重重》同时刻画了这两类形象。海登饰演的西姆斯中尉是一名恃强凌弱的中年警官，他粗暴地对待一名假释出狱的罪犯，目的是找出杀死一名警察的两名小偷。人到中年的西姆斯离群索居，独断专行，没有工作以外的生活；他走在洛杉矶的大街上，仿佛整条大街都是他的私有财产。导演安德烈·德·托特明白自己想要从海登那里得到什么，他让海登饰演头发花白、施虐成性的西姆斯。"在警察角色的选择上，我需要有人能在执法和违法之间游走，有足够的力量在两种情况下都生存下来，但又不完全被夹在两种情况之间，而是能在二者中间找到一处平衡点。"这是对黑色酷人物社会功能的升华。华纳兄弟最初让鲍嘉出演西姆斯少尉，但德·托特坚持让海登出演，于是电影公司将他的预算削减了一半，以示惩罚。对德·托特来说，鲍嘉已经"超越了生命"，而海登则有一种"被扭曲的尊严"，不那么具有标志性和公式化。海登第一次引起人们的注意是在约翰·休斯顿（John Huston）的抢劫电影《夜阑人未静》（*the Asphalt Jungle*，1950年）中，他成为战后二期唯一的新黑色酷人物。黑色复兴派作者詹姆斯·埃尔罗伊（James Ellroy）称海登是"黑色电影中的诗人"。[16]

这部电影的主角是一个名叫史蒂夫·莱西［吉恩·纳尔逊（Gene Nelson）饰］的前罪犯，是一个改过自新的小偷，有一位新婚妻子和一份好工作。莱西是一名出色的飞机机修工，一名熟练的司机——生活在战后年代，擅长与机器打交道——他穿着黑色衬衫和牛仔裤，很像日后才出现的好莱坞青春偶像詹姆斯·迪恩（James Dean）。两名逃犯杀死了一名警察，然后躲在莱西的公寓里，挟持他的妻子作为人质，强迫他在即将发生的银行抢劫案中为他们驾驶车辆。在整部电影中，莱西说话强硬，等待时机，在他不断受到西姆斯欺侮的同时，伺机从挟持他妻子的盗贼那里寻找出路。海登威胁纳尔逊："我只是在等着你把事情搞砸。"海登的言谈举止带有一个老大哥的影子。从视觉上看，纳尔逊很像年轻的海登，后者似乎嫉妒这个改过自新的小偷的年轻和他美丽的妻子。（见图22）。

在一些关键性的说教中，海登阐释了如何行走在欲望与道德之间、恶和善良之间。"你知道，这不是一个人想要做什么，莱西，而是他必须做什么。现在我以自己为例，我喜欢抽烟，但是医生说我不能抽。所以我能做什么？只能咀嚼牙签，每天都能嚼上好几吨。海登用牙签类比香烟，很明显是在将法律用作抑制自己欲望的手段。战后繁荣使未来可期，所以延迟满足成了新的常态。

最后，事实证明，社会总是有办法帮助史蒂夫·莱西改过自新。西

图22　斯特林·海登（右）是1950年后唯一的新黑色酷人物。

姆斯扮演了一个折磨人的角色，在保护莱西的同时利用他作为诱饵去抓罪犯。这起抢劫案是事先安排好的，警察一直都知道，银行的出纳员是警察安排的便衣。在完成抓捕后（见图23），海登把莱西和他的妻子扔在后座上，然后加速离开。这对夫妇紧紧抓住对方，期待着最坏的结果是被扔进监狱或被殴打——但是西姆斯仅仅在一个无轨电车站停了下来，喃喃地说出三行台词："给我回家去，回到你那个三间屋子的房子里，回去上班，回去整理你的杂货账单，回去交税，回到你孩子身边，回去面对生活中所有其他的危险。"

　　图23　在1954年的《警网重重》中，斯特林·海登（饰演西姆斯中尉）逮捕了吉恩·尼尔森（饰演史蒂夫·莱西），似乎是为了让他变得更坚强、更酷。

这三行台词可以换为另一种说法：继续做一个好的消费者（这是你的工作）；把坏人交给警察（这是他们的工作）。这些台词在战后一期的黑人世界里是不可想象的，这篇演讲则象征着战后公民的话语体系向消费者话语体系的转变。"走吧，回家去！"他命令他们。这对夫妇吓坏了，西姆斯不得不把他们从车里拉出来。"下次，莱西，给我打电话。警察的工作是保护市民……如果你需要帮助，打电话给我。"莱西问这是不是开玩笑。"你在等什么，你没有家吗？"于是，这对夫妇慢慢地走开了。"走吧，你的车来了。在我撞倒你之前赶紧离开这里。"通过这样的方式，这位高尚的护民警察用严厉之爱救赎了假释犯。在战后二期，护民警察成为充满关爱和制度完备的社会的象征。

这部电影最后一个长达30秒的镜头集中表达了影片对黑色酷的赞美。海登/西姆斯恢复了城市的秩序，将这对夫妇送回家，然后斜倚在银行的墙角上。镜头中的他身材高大，戴着皱巴巴的帽子，孤独而又憔悴。海登从烟盒中摇出一根折断的香烟，仿佛很长一段时间以来，他和这支香烟都不是直的，不是新的，也不是干净的。他点燃香烟，慢慢地吸了第一口，快乐顿时蔓延开来，他露出了这部电影中的第一个微笑。然后，他又慢慢地、更加满意地吸了第二口，但接着，他突然皱起眉头，把它弹开，然后以同样的动作，从口袋里掏出一根牙签，叼在嘴角，最后心满意足地、超然地、孤独地斜靠在原地。这个男人冷静地斜靠在欲望和自我控制的边缘，不断在仁慈和施虐之间徘徊。

最后，笔者要就第二阶段的酷如何在《警网重重》中发挥作用做最后一点说明。在影片的开头，针对史蒂夫·莱西的警方公告让人感觉警察在寻找一位电影明星："金发碧眼，身高6英尺，32岁……但实际看起来更加年轻…身穿白衬衫，斜纹棉布裤。"回顾过去，吉恩·纳尔逊和斯特林·海登在外貌上的相似是一种视觉隐喻，暗示年轻演员身上体现出的对酷文化需求超越时代，不受战时经历的影响。在出演《警网重重》之前，演员吉恩·纳尔逊曾是音乐剧的舞者；这是他的第一个戏剧角色。这部电影看起来就像酷的训练营，海登延续了这种新的情感模式，这种模式需要坚韧不拔的意志、淡漠的态度、斯多亚式的淡泊和掩饰情感的能力，仿佛通过潜台词提出了这样一个问题："靓仔，你能接受它吗？"

《警网重重》的意义在于生逢其时，而非其本身的预言性。与史蒂夫·莱西一样，战后二期的酷化身需要比鲍嘉、米彻姆、拉德和海登多几分帅气，少一些大男子主义，多一些动容，少一些痛苦。

＊＊＊

笔者现在将借三组黑色电影讲述发生于战时一代人身上的道德转型，它们分别是《不夜城》（*Naked City*）和《警探飞车》（*Side Street*）、《非法图利》（*The Racket*）和《大内幕》（*The Big Heat*）、《非法》（*Illegal*）和《死吻》（*Kiss Me Deadly*）。在这三组电影中，我们可以从曾经的标志性黑色电影演员身上看到黑色酷的终结，如鲍嘉〔《神威警探网》（*The Enforcer*）〕、米彻姆（《非法图利》），甚至爱德华·G.罗宾逊（《非法》），他们都摒弃了威逼的手段和道德模糊性。这一点从蛇蝎美人的救赎中可见一斑，如《非法图利》和《大内幕》：在这两部电影中，从良的黑帮女郎均来自城市底层的酒吧、黑帮和红灯区。这类作品使用一半的篇幅潜移默化地表现基督教的精神：高贵的警察队长呵护弱小的、值得救赎的男女，让他们回到天使的身边。在剩下的另一半篇幅里，这类影片诉说的则是与技术进步有关的潜台词：司法体系是一台高效的机器，硬汉警察则是承载法治的容器。从这类影片中，我们看到了新自由主义意识形态的兴起，它们将技术理性主义与新基督教精神结合起来。

随着国家与社会制度的重建，正义得到匡扶，即使是鲍嘉也无法在《神威警探网》（1950年，介绍了黑手党式的暗杀）这样的黑色电影中找到一种很酷的方式。鲍嘉饰演了一名地区检察官，被一系列缺少动机的谋杀案弄得焦头烂额；这些案件的遇害者死于受雇的刺客之手。鲍嘉所饰的

323

地区检察官弗格森（Ferguson）打着领结，坐在办公桌旁的时间比在街上还多；他经常在屋内到处走动，不时地大喊大叫，给罪犯戴上手铐，但那是老一套了；与菲利普·马洛一样，他那坚持自我尊严的存在主义硬汉形象不再受观众追捧。尽管影片中粗线条的城市风光、倒叙镜头和过度使用的阴影表明该影片仍是一部黑色电影，但它依旧只是一部公式化的警察破案电影，电影中警察的目的是在审判前保护线人不受犯罪集团的伤害。在司法体系中，即使是鲍嘉也变得无趣了。[17]

在警察与恶棍的游戏中，存在着三个主要隐喻：象征正义的机器、象征犯罪的病毒和被追捕的人。正义已然成为一个解决问题的体系，依托于科技网络和高度发达的社会生产力水平；犯罪被广泛地定义为在城市中蔓延的社会瘟疫或携带病菌、有待隔离的个人。不同于战后一期黑色电影对罪犯（如罗伊·厄尔、菲利普·雷文）所持的同情态度，这里的罪犯是一个被追捕的人，必须像老鼠一样被消灭。

这三个主要的隐喻经常被打乱重组在一起。例如，辛迪加可以被描绘成一台恶魔机器，它也从内部腐蚀着国家。如果一部电影以一个犯罪集团为中心展开，那么这部电影中的硬派警察就会被打造成一种抗体，以对抗威胁到国家稳定的传染病。例如，在弗里茨·朗（Fritz Lang）的《大内幕》和约翰·克伦威尔（John Cromwell）的《非法图利》中，犯罪机器通过贿赂、谋杀和勾结等方式，在夜间控制着这座城市；它对城市生活的渗透表明，这是一场日复一日的慢性瘟疫，利用腐败的官僚从内部腐蚀政治和警察力量。这种打乱重组后的警察破案电影使国民的想象发生了转变，表明人们对志在必得、正直善良的白人重新燃起了渴望，进而推动了西部题材电影的发展，使其成为战后最受各类媒体追捧的电影类型。

《不夜城》（1948年）与《警探飞车》（1950年）

朱尔斯·达辛出演的《不夜城》中存在着一个潜在的存在主义问题：

在大都市做一个普通人意味着什么？或者更确切地说，作为城市大众的一员，如何才能找到个人尊严和社会目标？这部影片以半纪录片的形式拍摄，通过一个客观的声音有条不紊地详细叙述了纽约警察局（NYPD）的侦破工作。警察的工作被视作工厂劳动的象征：尽管重复，但有尊严。每个人的社会目标是在一个道德正义的体系中成为一个有价值的齿轮。该影片把机器和军队的隐喻结合在一起，将劳动分工体系和指挥系统合二为一。《不夜城》为美国观众提供了一个实用的、非宗教性的框架，将社会目标与社会功能装入其中：每个人都是城市社会的重要单元。《不夜城》在当年获得了两项奥斯卡奖（最佳摄影奖、最佳剪辑奖）和最佳编剧提名。[18]

《不夜城》的外景是在纽约街头用实景拍摄而成——当时还很少见——在寻找杀害金发模特的凶手——一个四处游荡的珠宝窃贼——的过程中，达辛让演员和当地少数种族混在一起。警察的行动就像一条组装流水线：巡警收集证据，警官检查线索并采访嫌疑人，个别警察表现积极并展现出个性特征。在他们返回分局时，一个聪明的爱尔兰警官审视了已有的线索，询问并斟酌每个人对该案件的判断，然后将这些信息运用到纽约警察局接下来的任务中去。《不夜城》一开始给人的感觉像是政府的宣传片。但是，受到意大利新现实主义的影响，影片中的警察与当地民众平等地融为一体，表现出独特的平民主义色彩：在任何一个场景中，一名警察有时会进入一间糖果店或珠宝店，有时会经过正在玩跳房子或其他街头游戏的孩子们，有时还会目睹建筑工人安放横梁或是挖坑。在这部影片里，我们可以听到犯罪现场的人们或电话接线员的谈话声。这部电影调和了大众社会中的两股对立力量——个人与集体之间的对立——以对抗共同的敌人。

从巡警到年轻的吉米·哈洛伦，再到警官丹·马尔登，在这个指挥系统中，个人的智力水平随级别不断提高：警察的理性思维水平、成熟程度、同情心，甚至生活乐趣均在提高。通过这种方式，该电影认可了霍雷肖·阿尔杰式美国神话的核心：社会流动性真实存在，社会道德水平逐渐提高，努力工作会得到回报，美国体制是一个对移民开放的精英体制。吉米·哈洛伦尤其能够代表战后的愿景：因为他的家庭生活和工作生活交织在一起，他在郊区有一个新家，一个年轻漂亮的妻子，一段暧昧的感情纠葛，以及一个年幼的儿子。这部电影陶醉于资本社会的等级本质，将其作为一种稳定社会的力量，让每个人都有足够的回旋余地，从而在一个充满监视的民主社会中获得切实可行的自由。

丹那·波隆（Dana Polan）敏锐的分析集中在电影"阳光普照的常态"这一基调上，因为这一时期的好莱坞试图在意识形态上强化常规劳动，甚至自动化劳动带来的回报。在一个所有人都可以被替换的社会里，工厂的工作占美国工作的30%以上——"自动化"一词直到20世纪40年代后期才流行起来，这部电影表现的是同年上演的话剧《推销员之死》（Death of a Salesman）的另一面。影片通过强调制度的重要性，拥抱了现代生活的纯粹重复，即单调乏味的工作。有些人不得不做这类重复性的工作，电影塑造了一种适应朝九晚五工作的态度。[19]与威利·洛曼（Willy Loman）形成鲜明对比的是，《不夜城》中的每个年轻警察都像充满电的电池一样冲上街头。重复是一种隐喻，这部电影提供三种途径缓解重复带来的厌倦感：首先，任何有价值的工作都涉及主题的变化，不仅仅是无聊的重复；第二，男人从重复中得到的回报是悠闲和自由，就像哈洛伦获得了家庭和家人一样；第三，与工厂工作类似，所有零碎的工作都会创造出一个集体性产品，我们称之为清洁产品——它会搜寻出隐藏在社会角落里的人类污垢。从宣传层面上看，这种由警察部门制造的清洁产品揭露了某一特定情况下的"真相"。

对种族身份的肯定也包含着对个人尊严的认同。《不夜城》的主角马尔登侦探是一名自豪而特立独行的爱尔兰人，出身工薪阶层，经层层提拔，成为一名正直并且富有同情心的当权者。第二次世界大战期间，在罗斯福总统的领导下，美国第一次接受了自己民族大熔炉的身份，但是这种引以为豪的民族自豪感在好莱坞电影中还是新鲜事物。马尔登是一个鳏夫，住在一间简朴的小公寓里，他一边准备早餐，一边用柔和的爱尔兰口音唱着爱尔兰歌曲。他是一个同情纽约市民的纽约人，对自己的身份也保持着谦卑的态度。这部电影标志着一种新的国家形象成为主流，即移民国家（错居杂处的民族大熔炉模式），它摒弃了盎格鲁－撒克逊系白人新教徒主导的同化模式（盎格鲁融合模式）。[20]在一个盎格鲁－撒克逊系白人新教徒占主导地位的社会里，与少数民族移民的紧张关系仍然令人担忧。这部影片的凶手是一个残忍、笨拙的下层移民［特·德·科若（Ted de Corsia）饰］，他住在一个拥挤的种族社区（下东区），躲在一间肮脏、闷热的公寓里。社区里的居民被因此被拍摄进电影里，成为影片中的"大众"，他们需要受导演指挥，不能擅自行动。总的说来，《不夜城》对大众社会持有一种紧张的矛盾心理，它混合了乐观情绪、融合的民粹主义和对不受控制的大众的怀疑。

《不夜城》还衍生出一部经久不衰的电视剧（风靡于1958—1963年），该剧在电视荧幕上取得的成功仅次于《警网重重》。这部电视剧由电影中的两个主要角色——侦探吉米·哈洛伦和警官丹·马尔登出演：突出了平民主义的主旨，执着地以城市生活作为主题，假定城市工人阶级具有中产阶层的价值观。它以一句著名的台词作为结语："这座不夜城有800万个故事。本片讲述的内容就是其中之一。"

***

你只是不习惯富贵而已。

——影片《警探飞车》（1950年）中乔·纳尔森对怀有身孕的妻子如是说

安东尼·曼的《警探飞车》（1950年）可以被视作从社会精英的俯

视视角观察到的800万个不夜城故事之一。片头场景和最后一场戏都是由高空拍摄的镜头组成，仿佛从空中俯瞰摩天大楼的尖塔：这在当时是一种创新性的摄影技术，此后一直被广为模仿。这些镜头组合在一起，通过艺术手段将战后社会强化为一个监督体系，如同仁慈的、无处不在的上帝之眼——上帝站在天堂的高处，等着帮助那些脆弱和受到诱惑的人。这种概念性的框架体系在街道层面得到了加强，因为仁慈的警察在街道层面发挥着类似职业军队的作用。在这部电影里，总有一名警察在酒吧里巡逻，在街角闲逛，在码头附近逡巡。社会学家C. 赖特. 米尔斯（C. Wright Mills）曾有先见之明地写道，美国从未在二战后遣散部队，而是将原本集中单一的武装部队转变为军工复合体。《警探飞车》和《不夜城》这类电影表现的正是一种肉眼可见的转变：从军队向城市警察的转变。[21]

乔·纳尔森是一个深受诱惑的好人，他是一名战斗老兵，至今仍和他以前的中士——在市中心市政厅附近巡逻的警察——在一起。在经历了几次失败的商业冒险后，他和父母住在一起，每日起居生活的地方正是大萧条时期的城市景观：拥挤的街道、酒吧、小公寓、办公楼、装货码头、爵士俱乐部。为了摆脱他在曼哈顿当邮递员的底层工人生活，并给他怀孕的妻子送去奢侈品，纳尔森私吞了经他之手的3万美元。从一个小型辛迪加企业窃得这笔钱后，纳尔森有了安稳的家庭生活，不仅告别了梁上君子的生涯，也同那伙浪荡的狡诈商人（受一帮小偷带领）划清了界限。但是，这个普通人很快受到了良心的谴责，想要退还钱财，但是这笔钱被一个酒保偷走了。

在这部电影的大部分时间里，纳尔森扮演着侦探的角色，试图找到酒保和钱的位置：他的调查方法与警察相似，彰显了他坚韧的品格和与生俱来的正派气质。这部电影有几处拍摄于华尔街的场景——其中包括影片最后的汽车追逐戏（从高空俯拍而成）——突出了影片潜在的经济学台词，即只有拥有财富才能获得尊重。身居幕后的纽约警察局警官沃尔特·安德森有条不紊地使用着侦查网络，监督手下的侦探和巡警收集线索，以便在最后时刻救赎纳尔逊。

影片最后一幕有力地证明了存在主义思想如何在警察破案电影中站稳脚跟的。纳尔森被捕时，安德森上尉用正义的画外音解释道，一切都在掌控之中，因为正义对于好人来说是无情的。"这就是乔·纳尔森的故事：没有英雄，没有罪犯——他和我们所有人一样。他软弱，如同我们当中的一部分人；他愚蠢，就像我们中的大多数人一样。既然我们掌握了部分事实，我们便可以帮助他，他会没事的。"这是一段独特的演讲，采用了最低限度的道德说教：平凡的纳尔森"只是芸芸众生"中的一个，时而软弱，时而愚蠢，"就像我们所有人一样"。但是，乔·纳尔森应当意识到，他是整个社会机器的一个重要零件，承担着一定的历史和经济责任。

在美国首都华盛顿，安德森警官在联邦大厅前发表了简短的讲话，旁边是纪念华盛顿宣誓就职的雕像。当纳尔森被一辆警车带走时，圣三一教堂的钟声在街区尽头响起。他的妻子将幸福的脸庞贴在车窗上，表达了一个具有象征意义的承诺，等待她受伤的丈夫回来，帮助他完成康复。这个故事的寓意与《警网重重》相呼应：即使像纽约这样大的城市，也可以像一台仁慈、富有同情心的机器一样运作，始终从高处监督着每一个人，借助安德森上尉这样善良、正常、正直的白人男子的美德和高效工作，帮助任何一个值得尊敬的普通人获得日常的救赎。

《警探飞车》中一系列的航拍镜头是曼式视觉美学的标志，它表现出无处不在的技术监控，并在视觉上强化了系统的正义性。美国的司法是高效而无情的：它虽然是建立在上班打卡体制之上的机器，但是具有同情心。这既是战时美国合乎逻辑的结果，也是人们的一种美好幻想：得益于数百万人的动员和训练、雷达和卫星通信的突破、航空旅行对空间的压缩，以及计算机的早期使用。系统的公平性在两类人群身上得到了体现：一是推崇技术乌托邦的超理性主义者，二是得到实验室科学家辅助的警察；与此同时，官僚和文职人员的忠诚和努力工作进一步突出了这种公平性。

黑色警察：《非法图利》（1951年）与《大内幕》（1953年）．

凭借在战后一期出演的标志性作品，罗伯特·米彻姆最能表现黑色电影中被困主人公到高尚护民警察的转变过程。在约翰·克伦威尔导演的《非法图利》中，米彻姆饰演一位警官——麦克奎格上尉（Captain McQuigg），他是个退伍老兵。他坚持守护自己辖区的公正，因而反对政治腐败，同时继续对城市的夜生活保持谨慎态度。麦奎格与纽约黑帮老大尼克·斯坎伦（罗伯特·瑞恩饰）之间的角逐始于他们的童年。在影片的开头，两人的角力被一个全国性辛迪加组织的新举动放大了。该组织宣称自己"运转高效"，它倾向于通过常规的腐败活动获得定期的回报，而不是借助老套的操纵城市手段——依靠帮派，诉诸暴力与恐吓。

米彻姆的道德反叛在这里仅仅昭示了上尉内心的孤寂：他的斯多亚主义与其说是一种生存的风格，不如说是牺牲和效忠换来的报酬。麦克奎格婚姻幸福，妻子刚刚怀孕，他沿袭军队规范，以此管理他的辖区，甚至常常深入辖区视察。他声称自己管理着中西部大都市中唯一"清洁"的区域。此处的"清洁"寓意着"大都市的净化"。"我们工作就是要确保所有人的屋子都是干净的"，麦奎格在一次视察中提醒他的手下。在下一个场景中，当他要去上班时，麦奎格的妻子再次强化了这一隐喻："你继续去清扫你的辖区，我接着打扫我的区域。"在一枚汽车炸弹差点要了麦奎格夫人的命后，两人变得更加同仇敌忾。

即使扮演一名警官，米彻姆仍然穿着黑色的风衣和软呢帽制服。就像《警网重重》中的斯特林·海登一样，他将自己的欲望转化为权威，迫使他人服从。但与海登不同的是，他的胜利与他的家庭生活息息相关：实际上，麦奎格夫妇通过各自的领域，将冷战时期的道德驯化为战后道德秩序的典范。这一主题在以正义巡警约翰逊（Johnson）为主角的次要情节中再次上演。约翰逊的婚姻也很幸福，也有一个怀孕的妻子。他杀死了敲诈犯尼克·斯坎伦，以阻止后者闯入警区监狱灭口关键证人，但在这个过程中失去了生命。此事发生不久，麦奎格夫人前去安慰约翰逊夫人。殉职的警察通过牺牲自己，加强了核心家庭的作用，他们英勇地对抗所有的社会瘟疫。

在这类新剧情中，值得救赎的人物是一个蛇蝎美人，名叫艾琳·海斯，是敲诈犯尼克·斯坎伦的情妇，此人日后成为一个罕见的人物，一个"堕落的好女孩"。伊丽莎白·斯科特（Elizabeth Scott）扮演一名女感伤歌手，在一个漆黑的夜总会里占据舞台的中心位置［有两场戏（以及两段完整的歌曲表演）都发生在这里］。斯科特夸张地使用了某种受过教育的人才会使用的措辞，向观众表明她不是街头恶棍，而是一个堕落的女人，一个等待被带到阳光下的夜猫子。由于斯科特与斯坎伦的团伙长期以来联系密切，所以麦奎格为了保护她，把她关进了监狱。通过监狱的栅栏，她向一个爱上她的记者坦白了混乱的情感。在本片倒数第二个场景中，在麦奎格的祝福下，这位记者在天亮之前将她送回家中。这是一次象征性的会面，拉近了坚强的好男孩和被惩罚的坏女孩之间的距离。

尽管米彻姆/麦克奎格有着钢铁般的领导力，但他从来没有为自己的硬派作风感到一丝骄傲。相反，他坚称自己只是正义引擎中的一个化油器。"正义……是一部机器，"他在最后一幕中对妻子解释道，"一种运行缓慢的机器。"即使腐败的政客们"总是往里面扔沙子，试图磨损他的零件"，正义系统也总是会自我纠正。他说："每天都要努力保持这些装备的清洁，每天都要给它们上油。"这一措辞隐喻的正是各地干净正派的警察从事的脏活。麦克奎格带着存在主义式的幽默，总结道："明天一切将重新开始。"随后，他和妻子在黎明时分钻进车里开车回家。如果邪恶在这里被描述为一个集团——某种集体的、官僚的东西——那么，善良也必须得到同样的比喻。这些网络和监视的隐喻很容易让我们联想到《天罗地网》中如机器人一般的警察——他们坐在这个国家最受欢迎的移动机器——汽车里，巡视着我们黑暗的欲望。

《非法图利》的最后出现了具有喜剧色彩的一幕：当这对高尚的警察

驱车回家时，一台自动清扫街道机在车后一路跟随着他们。这一幕饱含这样的寓意：正义机器消灭了影片中的犯罪集团，清除了肮脏的罪犯分子给这座城市带来的社会祸害。

***

弗里茨·朗（Fritz Lang）的《大内幕》（*The Big Heat*，1953年）和《非法图利》十分相似，描绘了一个充斥着犯罪集团和腐败警察的城市，而一名诚实的巡警被夹在二者之间。当一名警官自杀时，戴夫·巴尼恩［格伦·福特（Glenn Ford）饰］发现了警局与该市主要诈骗犯——一位名叫拉格纳的意大利裔美国人勾结的证据。拉格纳收买了警察局长和几名议员，并通过他的得力助手——一个名叫文斯·斯通［李·马文（Lee Marvin）饰］的凶残精神变态者管理这座城市，此人是该类型小说史上最凶残的罪犯之一。

福特的调查始于斯通的藏身处，他带着发自内心的厌恶进入了一家爵士乐俱乐部，仿佛来到了地狱的第一层。福特一进门就把斯通从凳子上击倒了——当时斯通打了一位女性。随后，福特采访了这座俱乐部的金丝雀爵士乐手，一位名叫露西·查普曼的酒吧女孩，她与死去的警官有一段风流韵事。当晚晚些时候，露西被发现已经死亡了。由于拉格纳的介入，福特被迫离开了这个案子。第二天，福特的妻子中了本来是为他准备的汽车炸弹陷阱，不幸在爆炸中身亡。痛失亲人的福特内心饱受创伤，决意要凶手血债血偿，于是他把五岁的女儿带到一个朋友家，委托退伍战友照顾，然后搬进了市中心一家酒店的房间。此时的他心中充满了正义的愤怒，开始直言不讳地批评警察，指责其他所有警察都很懦弱。

影片中真正的黑色人物不是福特扮演的治安警察，而是格洛丽亚·格雷厄姆（Gloria Grahame）扮演的黛比·马什（Debby Marsh）。此人是斯通的女朋友，一经登场便表现出多重性格：顽皮、无聊、善于观察、虚荣和桀骜不驯。电话响起，她拿起话筒，告诉检察官："我总是喜欢告诉文斯是你在打电话，然后欣赏他暴跳如雷的样子。"黛比在第一眼看到巴尼恩时就爱上了他——那时的她正好看到福特把斯通打倒在地。她提出要请他在静思酒吧（Retreat）喝一杯，但遭到了福特的拒绝："我不会从文斯·斯通的东西里拿走任何东西。""这可不好。"她回答道，内心真的很受伤。

格雷厄姆涌现出来的自我意识上演了一出戏剧，加上李·马文的残暴和格伦·福特的愤怒，正好构成了一组三角关系。在一个标志性的黑色场景中，马文将热咖啡泼向格雷厄姆的脸，烫伤了她的左脸颊。格雷厄姆变成了一个字面意义上的双面人——一个罕见的既好又坏的女人，使用黑色电影的手法重新演绎了西黛·查利斯所饰"双面女人"在电影《龙国香车》（*The Band Wagon*）中吟唱的俏皮歌曲。格雷厄姆的选择给自己留下了永远的伤疤：一半面庞被烫伤，另一半面庞依旧美丽，一半皮肤斑痕累累，另一半皮肤光滑动人。这种行为创造一种处境，即以她的生命为代价来获得存在的自由。有一次，福特嘟囔着说，他想要谋杀某个警察的遗孀，因为她隐瞒了线索；格雷厄姆说服了他。如果福特的社会功能是保持他的道德内核，他就必须抑制谋杀和复仇的黑暗欲望，以证明自己有资格成为小镇的保护者。因此，在影片高潮部分，格雷厄姆做出了本应由巴尼恩这位反英雄角色实施的暴力行为：她开枪杀死了警官的妻子，以获得证据证明拉格纳、腐败官员和犯罪集团有罪。

格雷厄姆和福特就这样互相救赎了对方。实际上，格雷厄姆牺牲了自己，才使福特能够维持他的道德标准。最后，斯通/马文恳求福特杀了他，但福特无法下手：实际上，格雷厄姆强化了福特的道德内核。反过来，福特对格雷厄姆的救赎发生在她毫无生气地躺在客厅地板上时。福特把一件貂皮大衣放在她的头下，然后说道："你和凯蒂本会相处得很好。"他用她所追求的社会平等安慰她，让她在濒死之际得到了救赎。我们不再是孤独存在的个体，而是回归到老套的天主教教义上来：每个人都有可能变得善良或邪恶①，每个人都需要通过群体中的友谊固守道德底线。这一点既体现在格雷厄姆一半光滑一半烧伤的面庞上，也体现在福特身上——他从坚持道德的正式警察（和好人）回退到不讲道德的义警。

在战后一期，在《吉尔达》（Gilda，1946年）一片中，福特饰演的约翰尼·法瑞尔（Johnny Farrell）是一家时尚俱乐部的掌门人，他陷入了一场邪恶的浪漫三角恋。影片中的三个人都疯狂地追求美色、酒精、赌博和金钱，否认他们过去的创伤和选择。"我是昨天晚上出生的，"约翰尼·法瑞尔在为他们三人祝酒时这样说道，"我没有过去，只有未来。"在战后二期，福特饰演的角色参照了新的现实原型：保护郊区宅地的英雄，守卫着美国价值观的新阵地。倘若《大内幕》拍摄于20世纪40年代，福特、米彻姆或鲍嘉一定会杀死李·马文这个角色，以突显他的强悍和生存技能。但福特完全没有这么做，因为他象征着法治，仿佛是正义的化身。

以上四部电影的结局都回归了日常生活，每个人都回到了周一早上的工作岗位上。在战后二期，黑色电影的观众喜欢那些在核心家庭的支持下坚守传统道德的男人。与早期黑色电影以死亡、幻灭或某种黑暗虚无主义作为结局不同，警察办案电影的结局是一切回归现状。

1955年，黑色酷的终结：刘易斯·艾伦的《非法》
与罗伯特·奥尔德里奇的《死吻》

1955年标志着黑色电影中"孤独　道德叛逆者"这一形象的终结。[22]在《非法》中，爱德华·G. 鲁滨逊（Edward G. Robinson）饰演维克多·斯科特，此人是一位广受欢迎的地方检察官。但当他把一个无辜的人送上审判席，从那之后便开始走上歧途。他被迫离开公职，转型为一名同

---

① 即天主教传统的善恶二元论。——译者注

样成功的（尽管存在道德上的模糊）刑事辩护律师。在一次成功地为一名帮派喽啰辩护的过程中，他引起了当地黑帮老大的注意（弗兰克·加兰饰）。加兰想要将斯科特招募到自己麾下，但后者回避了这个提议，因为他非常清楚这个黑帮老大对纽约政界人士的操纵程度。斯科特以一种酷姿态拒绝道："你拥有他们的身体和灵魂……但你无法拥有我。"这便是"酷"在不同的表现形式下隐藏的内涵，有时是策略性的沉默，但其潜台词在几代人中留下了深刻印象：你拥有其他所有人，但你永远无法拥有我。

影片《非法》标志着黑色人物形象的终结。斯科特是一个缺少魅力的中年律师，夹着普通的公文包，身穿从百货商店淘来的大衣。他失去了原有的社会地位，在经历了一场令人难以置信的、富有戏剧性的转变后（其实这一系列事件都不值得角色发挥该类型电影中的坚韧精神），沦为了一名流浪汉。唯一与斯科特交往密切的人物是其老朋友的女儿——斯科特的法律助理，但斯科特对助理的吹捧视而不见。事实上，为了证明助理的清白，斯科特选择在法庭上服毒身亡。就像鲍嘉一样，坚毅、世故的爱德华·G. 鲁滨逊在早期观众眼中已经失去了价值。或许斯科特应该和他的助手结婚，安定下来，成家立业。[23]

相比之下，《死吻》则是一个具有全球影响力的存在主义梦魇。这部影片的剧本改编自米基·斯皮兰（Mickey Spillane）的小说，由黑色电影编剧A.J.贝赞里特斯（A.J. Bezzerides）[①]和导演罗伯特·奥尔德里奇（Robert Aldrich）操刀改编。该片否定了冷战时期的个人作用，标志着该类型电影经典阶段的终结。

迈克·哈默（Mike Hammer）是一名堕落的青年侦探，除了自恋之外不讲任何个人原则。他会为了离婚案跟踪奸夫淫妇，会利用业余时间泡妞，或者对他漂亮的助手发号施令。一天晚上，他在一条空旷的路上被一个迷人的女人叫住，无意中发现了一起邪恶的间谍案，该案件围绕着一个

---

① 此处疑为有误，应该是A.I. Bezzerides。——译者注

偷来的上锁手提箱展开，箱子里装着一个"某样东西"。就在哈默打开保险柜的瞬间，柜子内放射出刺眼的光束，灼伤了他的前臂。在接下来的场景中，毫无幽默感的警长看到哈默被烧伤的手臂，表现出恐吓孩子一般的态度。"我提示你几个词……"然后，他像施了一个魔法咒一样，逐字地说出以下内容，"曼哈顿计划，洛斯阿拉莫斯，三位一体。"哈默的脸上变得毫无血色。"我不知道。"哈默懊悔地说。

战后年代的"某种东西"实际上指的是……核聚变！由于文化的滞后，这是好莱坞电影中第一次展现核威力。早在一年前，哥斯拉就登上银幕，发起了对东京的第一轮恐吓。在电影的最后一幕，受伤的哈默被囚禁在海边的一个房间内，一名年轻的女人打开了手提箱，在视觉上引发了一场地狱之火般的熊熊大火。哈默的秘书用尽一切办法找到了他，他们一起跑进大海，无助地看着大火。熊熊烈焰从视觉上把广岛与比基尼环礁联系起来，把地狱与南加州海滩象征性的黑暗场面联系了起来。

一旦核灾难成为国家意识的一部分，任何一个孤独的道德叛逆者都无法获得更加强大的社会驱动力，以继续成为冷酷正直的典范。《死吻》标志着经典黑色电影的终结：这部电影中的私家侦探是一个不道德的花花公子，像傻瓜一样被人玩弄，最终被女助手所救，从核聚变中死里逃生。

这位最后的黑色酷人物并不是一名真正的演员：相反，他走在局内人和局外人之间，彰显出一种新的男子气概。法兰克·辛纳屈用温暖、浪漫的渴望，衬托着他的运动衫式黑帮装扮，这是酷面具的又一个变化。有了稳定的经济基础和苏联这个固定的敌人，战时的那一代人终于可以松口气了……他们选择去拉斯维加斯这个无忧无虑的地方度假。

法兰克·辛纳屈与拉斯维加斯式酷

如果说比莉·荷莉戴是一名"缺少表现力的女演员"，那么辛纳屈则是富有表现力的男演员：他饰演的角色是一名成功且孤独的艺术家，外表冷酷，但有着浪漫的灵魂。他演绎的那版《此杯敬挚爱》（以及另一首歌曲《另一杯敬前程》）极具代表性，辛纳屈在歌曲中告诉想象中的酒保有关他表演的两件事情。首先，他可能想要变得脆弱，但在此之前必须保持冷酷："我可以告诉你很多东西，但一个男人必须忠于他的准则。"其次，他透露自己是一个蓝领诗人，一个浪漫的业余文学爱好者："你永远不会知道，但伙计，我从某种程度上说是一名诗人，我有很多故事要讲。"辛纳屈在20世纪50年代中期扮演的角色是一名普通人：时代给郊区留下了黑色的都市声场，他为这些声场填充了声音和语言。辛纳屈在午夜的告白流露出深厚的情感，其影响力波及全球，触及波萨诺瓦（bossa nova）和嘻哈等富有影响力的音乐流派。同白兰度和猫王埃尔维斯一样，辛纳屈将狂妄和脆弱、魅力和浪漫的谦逊结合在了一起。无论对战后哪一代人而言，女性们似乎都期望战后男性拥有更为深厚的情感。

辛纳屈在职业生涯中期实现了个人的复兴，从而推动了黑色酷向拉斯维加斯华丽幻想的转变，这个曾经骨瘦如柴的战时青少年偶像凭借浪荡流氓和厌世饶舌者的双重身份，重生为美国新派歌手。辛纳屈最初在长号手托米·多尔西的乐团里担任大乐队歌手，但在20世纪40年代末，他开始用个人风格打造出一个浪漫的世界，让流行音乐远离大乐队和摇摆爵士乐。但辛纳屈在1949年至1952年期间陷入了困境：他与他自己的祸水红颜〔艾娃·加德纳（Ava Gardner）饰〕坠入爱河。与此同时，他的声音也变得越来越尖锐，本人在演出过程中也越来越紧张，既失去了精准掌控节拍的能力，也丧失了激情。但令人难以置信的是，他仍在1952年与大都会影音公司勉强签下了一张唱片合约。[24]

到他录制20世纪50年代中期的经典唱片时，辛纳屈的声音已经开始重新显露光彩，带着失落、渴望、孤独、失败和重生的味道。辛纳屈对情感创伤和事业失败做出了回应，成就了鼠帮乐队中的自己，他用"受到斯多亚盔甲保护"的声音完成了个人的转型。辛纳屈的回归最早始于1953年——他在奥斯卡获奖影片《乱世忠魂》（*From Here to Eternity*，1953

年）中饰演意大利裔美国士兵安吉洛·马乔。慢慢地，他的唱片又开始受到追捧。辛纳屈曾最后一次跟随艾娃·加德纳前往欧洲，乞求复合，但未能成功。记者皮特·哈米尔回忆说，这位歌手兼演员回国后"立刻把自己变回戴着帽子的辛纳屈形象"。他把自己重新塑造成一个花花公子和时髦人士。他的交往的对象主要是男性，同时也是一个"拥有很多女人的男人"。辛纳屈是20世纪最有影响力的酷派人物之一。"他的音乐、他的处世态度，甚至他的帽子都传达出这样的信息：他经历了一段黑暗、艰难的时期，他再也不会回到黑暗中去了。"[25]

如今的辛纳屈时刻戴着酷面具：在公共场合他是一个孤独的道德叛逆者，在歌曲中是一个存在主义的浪漫厌世者。他丰富了酷的情感表现手法，因而受到赞赏和效仿：他压抑自己的情绪，使自己远离黑暗。他激发了新兴中产阶层主导下的郊区社会的兴趣，使其挣脱了过去的羁绊。辛纳屈甚至在50年代中期的黑色电影中有着出色的表现，如《突然》（*Suddenly*，他在剧中饰演一名暗杀者，见图24）和《金臂人》（*Man with the Golden Arm*，他饰演海洛因成瘾者）。辛纳屈的生活、歌曲和电影角色交织在一起，仿佛在进行一场不间断的巡演。他一年拍两部电影，经常出现在电视综艺节目中；他最畅销的唱片响彻各个收音机和高保真录音机。此外，辛纳屈还以歌手兼舞者的身份频繁出现在电影中［如《红男绿女》（*Guys and Dolls*）、《上流社会》（*High Society*）、《花红酒绿》（*Pal Joey*）等］，成为美国之夜无处不在的文化英雄，以及怀旧摇摆乐时代的化身。特别是对战后一代人而言，由辛纳屈引领的鼠帮之酷理应被视为约翰·韦恩英勇行为的反面。

特别值得一提的是，辛纳屈是白人移民的化身，是埃利斯岛移民的后代。正是因为辛纳屈一直坚持保留带有民族自豪感的泽西口音，所以他的重生标志着白人种族（如意大利人、犹太人、波兰人、爱尔兰人）被正式接纳为公民。他所经历的种族歧视（对意大利人的歧视）给他带来了一生的痛苦。例如，就连迪安·马丁都曾顶不住压力，把自己的名字迪诺·保

图24　辛纳屈在1954年的一部影片中饰演一名刺客，受雇刺杀总统，这也是他在20世纪50年代初塑造自我形象的方式之一。

罗·克罗希蒂（Dino Paul Crocetti）改写为英语。大乐队的领袖哈里·詹姆斯（Harry James）都曾希望辛纳屈在20世纪40年代改名为"法兰克·萨丁"，但遭到了他的拒绝，他这样说道："我说了不行，宝贝。我的名字就是辛纳屈。法兰克·该死的辛纳屈。"辛纳屈在演唱时保留了自己的种族和地区身份，而当时大多数歌手都改了名字，同自己的先祖一刀两断。[26]

在发音方面，辛纳屈在平常说话声音和唱歌声音之间切换自如：他说话时声音粗犷、生硬、带有市井的泽西—意大利语味道，但他温暖的歌声却带着一种甜美，富有教养，吐字清晰。摇摆长号手米特·伯恩哈特（Milt Bernhart）回忆说，辛纳屈的歌声"带有诗人的优雅，但当他和你说话时，便回到了标准的新泽西州口音。这一点非常明显"。辛纳屈在十几岁的时候便开始有意识地使用这种没有任何显著口音的美国声音，这反映出他早年立志成为这个国家的文化英雄的雄心。他开始模仿自己欣赏的好莱坞演员的声音——加里·格兰特（Cary Grant）在正式场合展现出的优雅气质、克拉克·盖博（Clark Gable）的前卫男子气概，以及平·克劳斯贝（Bing Crosby）的嬉皮爵士风度——然后练习正式标准英语的措辞。"我和朋友们说话时用的是一种英语。但我独自待在房间里，继续练习另一种英语。"辛纳屈将自己所在的摇摆时代的爵士乐乐句、街头的虚张声势、好莱坞的男子气概和非裔美国人基于蓝调的故事叙述融为一体，形成了自己的表演风格。在哈米尔来看，辛纳屈创造了"20世纪美国城市的声音"。[27]

辛纳屈遭遇的种族歧视促使其积极倡导民权，并穷尽毕生之力为民权运动募集资金。战时的辛纳屈在多尔西管弦乐队（Dorsey orchestra）担任大乐队成员时，经常拒绝入住任何不愿接待黑人乐队成员的酒店。1945年，他走访了一些种族关系紧张的高中，并发表了有关种族融合问题的演讲。十几岁的桑尼·罗林斯（Sonny Rollins）曾目睹辛纳屈在本杰明·富兰克林高中亮相，他到访此地的目的是回应在此之前发生的校车事件。

　　法兰克·辛纳屈……来到学校，在礼堂举办了一场音乐会。他告诫孩子们，尤其是那些意大利孩子们，不要打架。他说，别闹了，学着做个好邻居吧。后来纳金高来了，他举办了一场音乐会。真是……太棒了，而且很有效。大家放下了仇恨。我们知道，你不必爱每一个人，但你也不必杀死他们。我和一些意大利孩子成了好朋友。

　　辛纳屈在印第安纳州加里市的弗罗贝尔高中采取了同样的策略，效果却并不如意。他被当作名人对待，女孩们被迷得神魂颠倒，但他对学校的紧张局势没有产生任何影响。十年后，辛纳屈打破了拉斯维加斯的肤色界限，他带头抵制实行种族隔离的酒店与赌场。后来他还为小马丁·路德·金举办了若干场公益演出。[28]

　　辛纳屈在青少年时期经历了对意大利人的种族歧视，这也让他意识到，可以将苦难转变为艺术作品。从比莉·荷莉戴那里，他学会了如何将原始的经验转化为诗歌般的叙事："她所做的就是找到一首歌，然后把它变成自己的东西……所有的混蛋……所有的吸食海洛因的夜晚……所有把她当黑鬼看待的疯子，都被她吸纳到自己的音乐里……成为编写故事的素材。"辛纳屈以荷莉戴为榜样，创作并演唱了《美国歌谣集》（American Songbook）。这些歌曲仿佛是伟大的文学作品，展示了如何在流行音乐素材的基础上，借助爵士乐的方法和实践创作出本土诗歌。事实上，辛纳屈先挑选了一部分词曲作者的作品，然后在这些作品的基础上加以改进，最终"创作出"这部美国歌集。[29]

　　不仅如此，辛纳屈还从平·克劳斯贝的声音和汤米·多尔西的爵士乐分句法那里学来了超然美学——他的冷酷。他发现克劳斯贝的演唱风格"相当轻松、随意"，这似乎是他个性的延伸——自主、真实、自成一体——因为"你从未见他排练过，没见他付出努力和艰苦的劳动"。[30]于是，他以克劳斯贝为参照，把爵士乐升华为通俗易懂的、平民主义的浪漫福音，为曾经肤浅的流行歌曲注入了某种"饱经沧桑的内容"。劳勃·克理斯高（Robert Christgau）总结了辛纳屈对所有类型爵士乐的影响：他将40年来的爵士乐"加以驯化，使他们超越种族，成为整个国家的音乐"，而且同时借鉴了比莉·荷莉戴、克劳斯贝和汤米·多尔西的乐句，"他先把英语变成了美语，又把美语变成了音乐"。[31]

作为一个非常值得研究的案例，辛纳屈的代表性专辑《写给摇摆情人之歌》（*Songs for Swingin' Lovers*，1956年）集中表现了他对战后二期爵士乐的重构。该专辑大部分歌曲都以中速爵士起伏节奏为基调，将辛纳屈带入浪漫的幻想中，使其沉浸在某位女性赋予他的重生力量中，并且不时地将大乐队强劲的即兴演奏乐段融入他的男子气概。这张专辑的开篇歌曲《青春灵药》（You Make Me Feel So Young）是一首庆祝自我重生的歌曲，曲调婉转轻松，歌曲中的辛纳屈仿佛爱上的不止新欢，还有上帝与这个国家。"我很嬉皮，我生而为奴/你贵为女王。"他用满怀爱慕的经典流行曲调唱道。在《我已从骨子里爱上你》（I've Got you Under My Skin）或《无法言喻》（Too Marvelous for Words）等歌曲中，辛纳屈盛赞普通女性对所有男性产生的魅力。辛纳屈歌唱的主题是思慕女性、与女性共舞、与女性含情对视，以及朦胧月光映衬下的女性——没有这类与众不同的女性，男人的生命就失去了意义。辛纳屈的歌曲用管乐部分演绎了"呼唤与回应"的理念，赢得了在郊区安家落户的一代人的共鸣，使他们在家庭生活和空虚精神世界之间找到了平衡。对女性来说，这个曾经备受崇拜的少年偶像一夜之间变成了多情的陌生人。对男人而言，那些使荷尔蒙激增的即兴演奏乐段令他们春心荡漾，这些歌曲为他们提供了一种语言，让他们感觉在与浪漫的妻子（甚至情人）调情。作为一家之主，战时那代人既不直面生活，也不酗酒度日。相反，他们的生活存在于辛纳屈编织的怀旧壁毯上——带着一颗年轻的心，沉浸在逃避现实的浪漫幻想中，幻想着飞往月球，或是逃往蒙特雷参加音乐节。

众所周知，纳尔逊·里德尔（Nelson Riddle）的管弦乐队为辛纳屈的音乐带来了轻快的节奏，在过去曾留下了大乐队强大工业力量的烙印。如今的辛纳屈随着行动中的美国民众（他们驱车远行、露营旅行，或是前往拉斯维加斯）一起律动起来，他和着每一段摇摆乐旋律摇摆，在每一段歌词中翩翩起舞，常常置身于弦乐器的旋律之中，这段旋律中偶尔还会出现管乐器的声音。迈尔斯·戴维斯和昆西·琼斯均以里德尔为参照，将他的作品改编为自己的音乐。在迈尔斯·戴维斯看来，"里德尔的音乐如此自然，以至于有时你看不出它们是人为指挥的结果"，每一次管弦乐演奏都留给了辛纳屈"充足的空间"，使其能够调整自我，进而完成与乐队的配合。昆西·琼斯将里德尔的音乐美学比作"拉威尔（Ravel）的多调性方法"，从而呼应了戴维斯再三强调的观点——里德尔在自己的乐曲中预留了空间，方便辛纳屈填入自己的声音。[32]在辛纳屈的唱片中，几乎没有真正意义上的爵士乐独奏：它们都是在摇摆背景音乐里娓娓道来的故事，任何听众都可以在跟随旋律跳动的同时，效仿这些满怀憧憬的摇摆乐爱好者。

1956年的告示牌音乐排行榜或许最能体现战后两个阶段的交叠情况：《献给摇摆情人之歌》（Songs for Swingin' Lovers）与猫王埃尔维斯的首张专辑《埃尔维斯·普雷斯利》（Elvis Presley）在下半年争夺榜首位置。尽管摇滚乐席卷各大音乐排行榜，但是辛纳屈在1956年至1960年间仍有三张排名第一的专辑和五张排名第二的专辑。[33]与埃尔维斯一样，辛纳屈与非裔美国人文化之间的关系错综复杂：他的声乐艺术依赖于黑人音乐家创造的爵士乐和摇摆乐；他被音乐家和非裔美国观众视作最伟大的爵士歌手之一；他在街舞表演中始终保持着流行时尚的形象。同埃尔维斯一样，辛纳屈仍然是一个欧美式的化身，代表着建立在非裔美国文化基础之上的音乐风格，历史学家道格拉斯·布林克利（Douglas Brinkley）认为辛纳屈对二战之后的每一代人来说就是"诺曼·梅勒所说的'白色黑人'"。为了使他扮演的种族角色更加丰满，辛纳屈积极倡导人权。他曾在20世纪60年代的舞台上讲《阿莫斯和安迪》（Amos ' n ' Andy，50年代流行的美国广播剧）中的笑话，并允许小萨米·戴维斯（Sammy Davis Jr.）在鼠帮中扮演汤姆叔叔这一角色。[34]

到了1960年，辛纳屈和迪恩·马丁已沦为酷的"老一代卫道士"，年轻一代开始转向新的偶像。1956年，埃尔维斯曾试图在拉斯维加斯举办演出，结果票房惨败：休闲的战时一代并不是他的观众。文化上的代沟开始出现，并被尼克·托斯赋予神话色彩。尼克盛赞埃尔维斯是"青春的声音，春天的狄奥尼索斯酒神"。他的"熊熊烈火"狂野炸裂；辛纳屈和马丁"固守的黄昏"则充满了电影《老卫兵》（*Vecchia Guardia*）里那种悠闲的烛光，所以两类偶像形成了鲜明对比。在20世纪50年代末，人们并不知道辛纳屈对埃尔维斯有知遇之恩，更是对"迪恩是埃尔维斯的偶像"一事鲜有耳闻（准确地说，迪恩是埃尔维斯的偶像之一）。在1960年的一个电视特别节目中，埃尔维斯和辛纳屈曾同台表演"巫术"，仿佛是在埋葬辛纳屈对埃尔维斯以及摇滚乐的敌意。20世纪70年代中期，迪恩·马丁去拉斯维加斯看望埃尔维斯，后者为表敬意，演唱了歌曲《每个人都喜欢着某个人》（Everybody Loves Somebody）。[35]

"鼠帮之酷"在初版《十一罗汉》（*Ocean's Eleven*，1960年）中迎来了它的第一个巅峰：第82空降师的战友们重新聚首，决定对拉斯维加斯的五家赌场发动一场"突袭式的洗劫"。这部电影的目标观众很明确——都是二战的退伍军人——他们的阳刚之酷遭遇了中年危机。辛纳屈在剧中饰演丹尼·奥森，他利用战友们的从军经历煽动大家铤而走险："为什么要浪费军队教给我们的那些技巧呢？就因为现在有些安定了？是时候发家致富了：这才是美国梦。"但是，在听到这个计划后，迪恩·马丁（饰演萨姆·哈蒙）试图把战友们从白日梦中叫醒："这不是作战小组，这是战友会。你们这帮吹牛的玩意儿有谁敢说自己有1945年打仗时的一半体力？你能和当年跑得一样快吗？思维能和当年一样敏捷吗？还是两样都不减当年？我肯定做不到……丹尼，如果你想有所作为，就试着把握当下转瞬即逝的机会，而不是对过去念念不忘。"皮特·劳福德（饰演吉米·福斯特）反驳了迪恩，将他斥为懦夫。"你会被震惊的，萨姆。有些人虽老，但风采不减当年。"马丁最终参与了他们的行动——忠诚战胜了疑虑——抢劫虽然成功，但没有得到一分钱。从象征意义上说，这是一个理所当然的结局：与黑色电影不同，老兵们押注的既不是生死，也不是个人尊严。他们生活安定美好，只是有些无聊而已。

这部电影中甚至还出现了一些不错的摇摆音乐：迪恩·马丁率领老兵组成的小型爵士乐团，演唱了《爱若非醒醍灌顶》（"Ain't Love a Kick in the Head"），瑞德·诺沃（Red Norvo）使用电颤琴为其伴奏。在一个涉及红外眼镜等高科技的场景中，小萨米·戴维斯（Sammy Davis Jr.）使用爵士乐俚语胡言乱语。当其中一名小偷对如何使用眼睛感到沮丧时，戴维斯轻描淡写地说道："冷静点，伙计。"（cool it，意思是放松）当这个人后来又讲了一个关于女人戴眼镜的黄色笑话后，戴维斯说道，"我是赶时髦的"（意思是："我跟上了你的思维"）。

辛纳屈同时还是战后二期的酷派领军人物，他把酷当作一个调和种族的概念。1962年，社会学家赫伯特·甘斯（Herbert Gans）捕捉到了辛纳屈作为美国梦中的民族文化英雄对意大利人的吸引力。他在纽约采访了一个名叫西恩德斯的意大利裔美国黑帮，总结了他们对辛纳屈的印象：

> 辛纳屈之所以受到人们的喜爱，首先是因为他是一个以自己卑微出身为傲的意大利人……（而且）他愿意承认并捍卫这一点……他虽然功成名就，但并没有忘本。他也没有随波逐流，仍然是一个叛逆的个体，毫不吝惜地使用自己的口舌或拳头……对外部世界那些不讨他喜欢的东西，他表现出内心的蔑视，不会追求中产阶层社会地位所要求的外表光鲜。[36]

我们可以从1962年的战后"酷"中提取出如下内容：反叛、强硬、独立、蔑视社会旧俗；以自己的阶级、种族和出身为傲，出名却不忘本；根据具体情况采取正直的行动，同时融入个人的风格。由此可见，辛纳屈虽然是享誉世界的名人，但他既没有忘本，也没有背叛自己。

20世纪60年代伊始，辛纳屈与他最喜欢的大乐队贝西伯爵乐团共同录制了三张最畅销的专辑：《辛纳屈-贝西》（*Sinatra-Basie*）、《不妨像秋千一样摇摆》（*It Might as Well as Be Swing*）和《怡居金沙》（*Live at the Sands*）。对辛纳屈来说，贝西乐队轻快、灵活、变幻莫测，比里德尔乐队更难驾驭，但这也让他的声音达到了新的深度，甚至达到了《如能做到，定能做好》（Nice Work If You Can Get It）和《我要坐下来给自己写封信》（I'm Gonna Sit Right Down and Write myself a Letter）这样的水准。这是一场盛大的爵士乐联欢，也是战后摇摆乐的告别演出，在1963年华盛顿大游行前夕为两股音乐力量的融合提供了理想的舞台——一方是战时一代最具音乐影响力的大乐队，另一方则是受到几乎所有非裔美国爵士乐手喜爱的意大利裔美国艺术家。[37]

在任何时代，酷都被视作本真性存在。在战后二期，酷象征着脆弱、自信的男子气概：如果说辛纳屈是这一概念最资深的倡导者，那么这种街头声誉与魅力、适应性和脆弱性的结合，也正是白兰度、迪恩和埃尔维斯的魅力所在。辛纳屈的努力表演正处在战后两个阶段的过渡时期，这一时期出现的文化转型既体现了辛纳屈个人的得失，也反映出公众记忆中的酷面具针对"鼠帮"辛纳屈所作的调整。正如传记作家詹姆斯·卡普兰（James Kaplan）所言："他最伟大的表演就是他自己。"[38]

本章结语：酷的代沟

1966年，辛纳屈被记者盖伊·塔利斯（Gay Talese）描绘成战时一代人的文化领袖，成为理想化的硬汉形象，深受好莱坞精英们的爱戴，被誉为"好莱坞一哥"（Il Padrone）；塔利斯在将这位粗犷的个人主义者描绘成美国艺术家的同时，认为他的魅力中仍有"一丝来自邻家男孩的气息"。最重要的是，法兰克·辛纳屈虽已年过五十，但似乎正处在人生的黄金时期，一切都在他的掌控之中，包括音乐、电影、家庭、女人。"他不觉得年事已高，他让老人们感到年轻，使他们产生这样的想法："既然法兰克·辛纳屈能做到，那么大器晚成便是有可能的事情。"塔利斯称赞辛纳屈的精神领袖作用，"老人们虽然自己无法做到，但其他人相信，即便到了五十岁，仍然有望成功"。[39]

辛纳屈既是自由民主的化身，也代表着日趋休闲的美国社会：他用亲身经历诠释了美国梦，但由于自身的意大利血统，辛纳屈曾被认为是一个非美国人，他后来因此积极倡导民权运动。他同时还是20世纪60年代战时一代人的化身，那时的"年轻人奔走呼号、抗争、抗议和要求变革"。早在十年前，《花花公子》杂志创始人休·赫夫纳（Hugh Hefner）就曾首次对辛纳屈做出预言："他终将心想事成……因为他有钱，有精力，而且没有明显的羁绊。"他的故事就是美国的历史，辛纳屈是一个坚韧的幸存者，"一个全国性的现象……这位冠军重磅归来，他曾拥有一切，然后失去了一切，最后又夺回了一切"。辛纳屈是美国世纪留给全球的公众形象，"是完全得到解放的男性的化身，全美国或许仅此一人"。[40]

因此，好莱坞电影公司试图利用辛纳屈的影响力，为20世纪60年代末的战时一代人重现经典的黑色侦探角色，便也在常理之中。[41]辛纳屈曾两次饰演侦探托尼·罗马①，并且在《侦探》（*The Detective*）中出演坚忍不拔的纽约警察局探员。在《水泥中的女士》中，辛纳屈向受雇的彪形大汉和蛇蝎美人吐露了自己的理念："抑制情感/不露声色。"但是，就这一点而言，这位孤独的侦探更像是一名花花公子，而不是一个愤怒的硬汉，托尼·罗马更像是詹姆斯·邦德的美国堂兄弟，而不是山姆·史培德的儿子。战后黑色酷最后的余晖出现于20世纪70年代初：首先，罗伯特·米彻姆在《再见，我的爱人》的翻拍版中饰演菲利普·马洛；其次，艾略特·古尔德（Elliott Gould）在《漫长的告别》中把马洛变成了一个放荡的反文化的反英雄。实际上，这位早年侦探的再次出现，似乎是为了将战后

---

① 《水泥中的女士》（*Lady in Cement*）中的角色，经考证，原文中的英文电影名称有误。——译者注

的道德观强加给新兴的反主流文化——这是这位孤胆英雄在黑色电影中的绝唱。

黑色酷的终结与它给战后二期青年反抗者带来的转变相辅相成，同时还孕育出年轻一代的浪漫理想主义者，他们从边缘地带获得灵感——无论爵士乐还是毒品、节奏蓝调还是公路旅行冒险。尽管如此，这一时期的酷仍与战后一期的酷有着诸多交叠之处，但人们仅仅发现了其中的一部分。在《大内幕》上映两个月后，马龙·白兰度便和他的摩托车帮在电影《飞车党》（*The Wild One*）中摧毁了一个自以为是的加州小镇。白兰度的摩托帮暴躁、狂野、缺少理性：他们对加利福尼亚州普莱恩维尔的文化真空状态感到厌恶，继而起身反抗。面对白兰度等人，这个古板的小镇甚至毫无招架之力。就在《非法图利》上映的同一年，杰克·凯鲁亚克完成了《在路上》的剧本创作，这是一部以尼尔·卡萨迪为主角的西部片。卡萨迪是美国丹佛市的一名罪犯，象征着美国西部时代的终结。

在《一些佛法》的最后一页，凯鲁亚克援引了辛纳屈的唱词："'别让蓝调把你变坏'，法兰克·辛纳屈如此唱道。"这篇日记的日期是1956年3月14日，当时收音机里可能正在播放辛纳屈的蓝调民谣《后会有期》（We'll Be Together Again）。辛纳屈穷尽余生，将曾经对立的几代人团结起来，令他们共同沉醉于经自己之手改编的美国流行音乐。辛纳屈不仅用黑色酷感染了酷面具掩饰之下的情绪，感染了现代性幽灵萦绕的孤独，也借助浪漫主义的酷美学点亮了新时代的曙光。

最近，鲍勃·迪伦录制了一张向辛纳屈艺术成就致敬的专辑《夜色》（*Shadows of the Night*，2015年）。在一次采访中，迪伦从他这一代人的角度回忆了辛纳屈在20世纪60年代的影响力："他具备这样一种能力：能通过对话一样的方式融入歌曲之中。法兰克是和你对唱——而不是对着你唱歌……那时候我从没买过法兰克·辛纳屈的唱片。但无论在哪，无论车里或者自动点唱机里，我总会听到他的声音。虽然60年代人们对辛纳屈的崇拜明显不及40年代，但他从未离开人们的视野。"正如塔利斯的文章所说，就算婴儿潮一代并不崇拜辛纳屈，但战时一代人仍然崇拜他。在20世纪60年代，辛纳屈为美国战时一代树立了优雅老去的典范，或者说是冷酷衰老的典范。[42]

图25　马龙·白兰度在《飞车党》中将"美国酷"重新定义为反抗者对存在意义的追寻（1953年）。

第八章 美式反叛酷：
白兰度、迪恩与埃尔维斯

1957年，杰克·凯鲁亚克在一首名为《美国新性感三人组：迪恩、白兰度、普雷斯利》（"America's New Trinity of Love：Dean, Brando, Presley"）的感伤短诗中，呼吁人们关注好莱坞酷派男性美学内化于心的趋势：

> 迄今为止，美国的英雄一直在……杀戮印第安人与恶棍，他们战胜并嘲讽对手。这类英雄虽然相貌英俊，但从来没有同情心……所以，美国的新英雄们出现了，以詹姆斯·迪恩、马龙·白兰度和埃尔维斯·普雷斯利三人组为代表，他们是同情心的化身。[1]

迪恩、白兰度和普雷斯利这类组合在当时十分普遍——通常是青少年不法分子[2]，但这是凯鲁亚克创造出的嬉皮士雏形，是在向新的世俗三位一体致敬。在凯鲁亚克看来，白兰度"炽热的同情心"代表了美国文化以世俗形态复兴的前沿趋势。他发现，蛮横（粗暴）、虚张声势的黑帮、侦探和牛仔已转变为年轻的反英雄，后者的心理发生了彻底的转变，仿佛被一个压抑的社会囚禁了起来，只是偶尔会将情绪爆发出来。这种内省和冒险精神需要交替，要求人们时而冷静，时而反思自我，而不是一意孤行。任何对内心世界的探索都需要对个体的极限和社会传统进行考验：白兰度和迪恩创造了新的文化回路，他们的矛盾心理、脆弱情感和魅色令观众神魂颠倒。与此同时，埃尔维斯打通了非裔美国人音乐和舞蹈之间的界限，给予欧洲和美国白人青年贯通世俗文化的通行证，让他们得以在种族界限之外寻找自我肯定的源泉。[3]

在战后二期，孤独的道德叛逆者之酷发生了转变。年轻人取代了他们，开始向世人揭示内心世界的紧张情绪。这种酷依旧是一个面具，只是被表演者巧妙地打碎了：过分焦虑的情绪不再被抑制，而是被表达出来——这一变化表明精神分析的方法已经深深地渗透到艺术和知识分子群体中。在社会语境中，当现代主义政治贯穿流行文化时，表演者与伦理问题的斗争可能会被解读为：真实的自我与压抑的社会发生了冲突。在垮掉派青年看来，这种冲突可以被解读为青少年对真实性的渴望。在一些评论家看来，这种冲突是无厘头的自恋行为。而对另一部分人来说，这种冲突从存在主义的角度揭示了灵魂在漫漫长夜中的挣扎——通过自我认知的方式，争取自由。当然，这种冲突也可能只是艺术对繁荣社会的不满。无论如何，在整个战后二期，从爵士乐和黑色电影开始，"酷"的形式与时俱进，但始终象征着被疏远（被异化）、自主和生存。正如电影学者李·塞弗（Lee Server）所指出的那样，罗伯特·米彻姆在《绝处逢生》（Pursued）和《漩涡之外》中"阴郁、黑暗的性感特质""奠定了日后银幕形象的雏形，而将这种形象搬上银幕的正是马龙·白兰度和……埃尔维斯"。[4]

然而，这种反叛带来了新的内容——通过反抗各种父亲形象来否定所有的男性权威。令人难以置信的是，白兰度和埃尔维斯都没有在银幕上扮演过拥有父亲的角色。詹姆斯·迪恩在他的三部电影中，都是在与压抑的、被动的、假想出来的父亲们做斗争，即使他的朋友们认为他"这种强硬……只是他故意摆出的姿态"，"是他刻意而为之，是为了做给别人看"。[5]凯鲁亚克在《在路上》中使用了"落叶无根"（lackaddy）一词，象征着"垮掉的一代"内心的缺失感，这正是他们在成长之路上彷徨的原因。在这部小说中，他们满怀眷恋地寻找迪安·莫里亚蒂的父亲（"我们从未找到的老迪安·莫里亚蒂的父亲"）——他是一名年迈的铁路司闸员，一个衣衫褴褛的流浪汉，时常流落街头。[6]

　　"失踪的父亲"这个概念通过俚语"帅哥/情圣/花花公子"（daddy-o，直译为'老爹呀'）被诗意地表达出来。"daddy-o"是非裔美国人俚语中一个表达爱意的嬉皮词语。它是20世纪50年代反抗者的象征，立竿见影地贬损了父权家长的价值，把朋友间的友情抬高为手足之情。实际上，这一富有诗意的行为将男性同胞组成的群体［无论是在骑行团伙还是艺术团体（垮掉派和爵士乐手）］重新定义了颠覆核心家庭的反抗者团体。父亲的形象在战后的情景喜剧中尤为引人注目，但在以冷酷的叛逆者为主角的故事中，他们要么力量羸弱，要么直接缺席。我们没有爸爸……"我们在路上了"，身穿皮夹克、流窜各地的反抗者们似乎在用这类口号向世人宣告，他们正在寻找目标和刺激。此外，"Daddy-O"也是一位具有传奇色彩的黑人爵士乐DJ的名字，他的名声响彻美国中部大片地区，极具影响力，被称为芝加哥的"情圣"［Daddy-O Daily，他本名为霍尔姆斯·戴赖因（Holmes Daylie）］。[7]

　　白兰度、迪恩和埃尔维斯都穿着皮夹克，开着摩托车——这两件东西仍然给它们的主人带来了酷感——把精神上的流动性转化为一种抽象的自由和自我解放的理想。在《飞车党》（*The Wild One*，1953年）中，白兰度把自己的座驾"凯旋雷鸟"（Triumph Thunderbird）带入了一代人的想象。搬到好莱坞后，詹姆斯·迪恩购置了一辆红色的名爵53汽车，兴奋地称自己为"氢弹迪恩"（H-Bomb Dean）。"我的性感全都倾泻在疾速的弯道、宽阔的赛道和驾驶的专注之中……我做梦都在搂着名爵车睡觉。我们一起成功地翻山越岭。"在购买了一辆银色的保时捷跑车后，迪恩展示出他的驾驶才能，并告诉电影制片人他更关心的是赛车而不是表演。[8]凯鲁亚克为了表达自己飞驰在路上的梦想，塑造了尼尔·卡萨迪（Neal Cassady）这一形象，此人是一名浪荡的享乐主义者和胆大妄为的拦路强盗，曾在吸毒之后疯狂地驾车飞驰。《在路上》推崇新兴的汽车理想，激励年轻的婴儿潮一代实现他们的梦想。

凯鲁亚克甚至想让白兰度在电影版《在路上》中扮演迪恩·莫里亚蒂。他在1958年给白兰度的信中这样写道:"我祈祷你能买下《在路上》的版权,把它拍成电影。"在为自己的小说改写剧本时,凯鲁亚克主动为白兰度安排了尼尔·卡萨迪这一角色:"你扮演迪恩,我扮演萨尔。"在凯鲁亚克看来,这是一对天衣无缝的组合,因为他们使用的都是即兴创作的艺术手法:他希望二人的精诚合作能帮助"美国重整电影与戏剧行业,打破'预先设定情景'的传统理念,推崇自发式的表演方式"。他写道:"无论商业演出还是日常生活,在遵循艺术规律的前提下进行即兴创作是'(当下)唯一的出路'。"凯鲁亚克和白兰度从未谋面,但凯鲁亚克却以其特有的熟悉口吻结束了谈话:"来吧,马龙,举起你的手,给我回信吧!"[9]

"在路上"只是一个简单的比喻,形容的是叛逆主角饰演的时髦化身进行尚不成熟的存在主义探索。1958年,约翰·克列农·霍尔姆斯(John Clellon Holmes)坚持认为,这条道路对垮掉派来说,与其说是"一次逃亡,不如说是一次探究",是一种精神求索。通过这种求索,我们可以找到"我们该如何生活"这个问题的答案。与几个吊儿郎当的局外人共处的场景[无论是在过去与哈克和吉姆一起乘坐木筏,还是与汉·索罗(Han Solo)一同驾驶汽车驶往遥远的边境]在美国男性的内心深处引发了共鸣。这种浪漫理想在让人遐想的硬汉人物身上得到了具体的展现,后者渴望摆脱工作和家庭生活,所以选择了乘筏漂流或者一路向西驶往边境。"垮掉的一代"只是凭借某种精神外衣和自己脚下的车轮发扬了大萧条时代局外人硬汉精神的当代流浪汉吗?盛行于20世纪50年代的早期"嬉皮酷"仅仅是一个哲学概念,用来抵制日常生活、家庭和唯物主义吗?[10]

在《飞车党》中,白兰度的摩托车和皮夹克与"酷"本身达成了一致:它表现出叛逆、时髦、可控的力量。机车骑士风格成为某种象征和宣言:皮夹克成为骑手的第二套皮肤,一种光滑的外壳;摩托车是一种将愤怒转化为励志的燃料,激励骑手去冒险,去追求速度,去追求自我解放,去疾速地逃离现实。坐在引擎上象征着将机械力量转变为荷尔蒙冲动。白兰度既是好莱坞的"地狱天使"（Hell's Angel），也是一名可以拯救的愤怒年轻人。自战后美国电影和音乐主导了全球流行文化以来，白兰度的骑行形象在欧洲各地引发了反抗行为。德国和意大利的青年帮派在电影放映时闹事，将他们对欧洲长期以来贫困与萧条的不满情绪，转化为阴郁、好斗的男子气概。"白兰度把局外人的形象提升到了神话的高度，超越了时间和地点"，历史学家理查德·佩尔斯（Richard Pells）在《现代主义的美国》（*Modernist America*）中这样评价白兰度对欧洲产生的影响。[11]

酷的内涵随代际欲望的变化而改变。历史学家路易斯·梅南（Louis Menand）认为，垮掉的一代本质上并不酷，因为他们是"书写自己感受的人"。但这恰恰是"酷"在战后二期发生转变的基础：演员、作家和音乐家的艺术表现依赖于他们内心情感的剧变。他们之所以成为耀眼的明星，原因在于：在白兰度、迪安和埃尔维斯主演的电影中，女性在"将反抗者情色化"的过程中发挥了重要作用，进而催生出一种将女性排斥在外的酷。[12]

白兰度打破旧模式

继嘉宝之后，最让我精神为之一振的人是马龙。他是一名天才。但我对他一无所知，不知道他具体是个什么样的人。

——导演乔舒亚·洛根（Joshua Logan）回忆与白兰度拍摄《樱花恋》（*Sayonara*，1957年）时的感受[13]

如同鲍嘉之于战后第一阶段（战后一期）的重要意义，白兰度在第二阶段（战后二期）扮演的重要角色是：酷的仲裁者。二人的性格存在差异，这反映了在战时一代向婴儿潮一代（及垮掉的一代）过渡的过程中，人们审美和态度发生的变化。从《欲望号街车》（*A Streetcar Named*

Desire，1951年）到《飞车党》（1953年）和《码头风云》（*On the Waterfront*，1954年），再到《逃亡者》（*The Fugitive Kind*，1959年），白兰度冷酷的性格将反抗与脆弱、受挫的希望与爆发的愤怒交织在一起。"酷"的接力棒在1952年的奥斯卡颁奖典礼上完成了象征性的交接，当时白兰度因《欲望号街车》遭到尖锐批评，未能获得最佳男演员奖，但其他三位主演都获得了各自的奖项。相反，鲍嘉凭借《非洲女王号》中的表演，获得了该项奥斯卡奖。事实上，这个现在已经被驯服的叛逆者①早在一部秋季的浪漫电影中就因表现出色得到了观众认可，当时白兰度的酷还尚未成形，对社会还有危害性。甚至埃尔维斯也对白兰度深怀敬畏之情：1957年，在拍摄《硬汉歌王》（*King Creole*）时，他在片场的餐厅里拍摄偶遇白兰度，于是亲不自禁地对朋友惊呼道："哦，天哪，我和马龙·白兰度握手了！"[14]

马龙·白兰度先是在《欲望号街车》的舞台剧中饰演斯坦利·科瓦尔斯基，之后又在电影银幕上出演同名电影的主角。在这五年时间（1947—1952年）里，白兰度改变了战后酷的基调——将超然冷漠审美化。他将酷转换成标志性的超然面具，但是这种面具难掩内心深处的怨恨与活力，正如传记作家帕特丽夏·博斯沃思（Patricia Bosworth）所说的那样，"作为如此深切关心他人的美国男性，他必须假装毫不在乎"。白兰度在电影《男儿本色》（*The Men*，1950年）中饰演了职业生涯中的第一个电影角色——一位下身瘫痪的老兵。詹姆斯·迪恩看到这部电影时只有19岁，白兰度充满活力的沉思令他恍然大悟。三年后，迪恩在观看《飞车党》之后，对白兰度的崇拜达到了一个新的高度：他搬到了纽约，购买了一辆摩托车，架起了康加鼓，套上了T恤和皮夹克。迪恩追寻偶像的踪迹，混迹在白兰度出没过的咖啡馆里，浪迹在偶像走过的街头。在迪恩眼中，"（白兰度）不可思议、充满危险、令人无法抗拒——是各种性格的集合体，令人耳目一新"，迪恩的一名传记作者这样描述迪恩对偶像的

① 指鲍嘉。——译者注

356

移情。[15]

无论是导演伊利亚·卡赞（Elia Kazan），还是导演贝尔纳多·贝托鲁奇（Bernardo Bertolucci），都给出了这样的评价：白兰度不仅是一位伟大的演员，而且是一名举足轻重的艺术家，他实际上参与导演了自己参演的电影。"没有人能彻头彻尾地指挥白兰度，"卡赞解释道，"你只需释放他的本能，把他推向正确的方向。"白兰度就像查理·帕克那样：一旦整个团队制定了主题，他便开始沿着主题前行，其他人只需跟上他的节奏。卡赞会告诉白兰度想拍什么样的场景，"在我说完之前，他便点头走开了。他有了自己的主意，知道自己该做什么，而且……走在了我的前面。那时候的他总是才华横溢"。这种情况首次发生在《欲望号街车》排练时，时间是1947年，地点位于百老汇。白兰度彻底重塑了斯坦利·科瓦尔斯基（Stanley Kowalski）的性格，把他塑造成一个富有同情心的人物，同时加入了一些短语，改变了台词修辞的重点，调整了道具，并重新编排了舞蹈。制片人大卫·塞尔兹尼克（David Selznick）认为白兰度毁了这出戏，于是从普罗斯斯敦请来了田纳西·威廉姆斯（Tennessee Williams），要求白兰度忠于原著。威廉姆斯被白兰度震住了，只对塞尔兹尼克说了一句话："让他这样演，他这样更好。"威廉姆斯在给助理的信中写道，白兰度用他的表演揭示了"一种新的价值"、一种新的美国情绪。"他似乎已经塑造出一个立体的角色，这个角色仿佛久经沙场但年纪尚轻的老兵。"[16]

白兰度的表演富有张力，迫使他的搭档们进入一种意识和本能反应的高层次。白兰度不仅沉浸在自己的角色中，他对表演艺术的影响力还包括"把其他演员拉进自己的非现实世界的能力……让他们按照他的方式表演"。与爵士乐一样，表演是一项集体事业，这在现场演出中尤为明显。正如金·亨特（斯黛拉饰）在《欲望号街车》中所说的台词："有几个晚上，他做出了糟糕的选择，但这些选择都是真实的。这就是它被视为一项挑战的原因。"白兰度的朋友莫林·斯台普顿（Maureen Stapleton）在拍摄《逃亡者》时斥责白兰度："马龙，你是个天才；我不是。我无法填补那些停顿……停顿的时间加在一起都够我做好一顿晚饭了。"[17]好莱坞专栏作家称白兰度是"比波普一代的瓦伦蒂诺（Valentino）"时，意在突出即兴创作和措辞在爵士乐和体验派表演方法的中心地位。白兰度经常在舞台和银幕上即兴创作台词和手势，其中包括《码头风云》中的经典台词："查理，我本可以成为竞争者。"[18]

这种新的叛逆酷取决于年轻女性的欲望：女性需要通过这种叛逆的坏男孩角色来摆脱弗洛伊德所定义的父权男子主义和束缚她们的核心家庭，从而实现自己的欲望。从艾森豪威尔（Eisenhower）总统的静态威权主义，到战后核心家庭的狭隘父权制，美国文化中始终充斥着态度宽容、品行端正、不苟言笑的父亲形象。《老爸最知道》（*Father Knows Best*）、《给爸爸让位》（*Make Room for Daddy*）、《奥兹和哈里特》（*Ozzie and Harriet*）甚至《单身汉爸爸》（*Bachelor Father*）等电影也反复强化了这种形象。好男孩就是这类父亲形象的缩小版，他们谨小慎微、循规蹈矩，以期在未来过上美好的生活。从他们身上，我们能找到生活的乐趣、刺激和年轻人的开拓精神吗？在战后二期那种仁慈的家长式作风中，母亲和女儿都没有施展女性性行为的空间：父亲是民主政体中的国王。于是，这一时期的银幕上出现了一种更为黑暗、更加年轻的新型男性风格，它散发出性感的能量，与铁板一块的家长制作风形成了鲜明的对比。对任何权威人士说"好的，老爹呀"，都是在用随意傲慢的口吻嘲笑这种压迫性的人物形象。就像航海者乐队（The Coasters）在《查理·布朗》（*Charlie Brown*，1959年）里唱的那样，那是关于叛逆的冷酷与家庭式权威之间的对抗："是谁走在教室里，神情冷酷步伐缓慢？是谁把英语老师叫作'老爹呀'？"

白兰度的身躯成为展现男子气概的新载体，20世纪50年代的男性化风格在这幅画布上呈现出两种标志性的形象，为反抗者所采用。首先，白兰度将"朴实无华的无产阶级男性"提炼为性感的形象，以此作为青春叛逆风格的雏形。1947年，他在舞台上扮演斯坦利·科瓦尔斯基（Stanley Kowalski），穿着一件破洞的印染T恤和蓝色紧身牛仔裤——此形象出自设计师露辛达·巴拉德（Lucinda Ballard）之手，以曼哈顿中城区的联合爱迪生电力公司（Con Edison）挖渠工人为原型。为了实现自己的设计意图，巴拉德曾把这条牛仔裤漂洗了几十次，最终使它变得又紧又旧。因此，当白兰度戴上眼镜，对着镜子端详自己时，高兴得跳了起来。八年后，詹姆斯·迪恩在《无因的反叛》（*Rebel Without a Cause*）中身穿一条事先洗过的李维斯牛仔裤。演员和工作人员称这条裤子为"迪恩牛仔裤"（Dean's Jeans），标志着青春叛逆的形象在诞生之初便引起了共鸣。在电影《飞车党》中，白兰度骑着摩托车，身穿白色T恤配皮夹克，头戴一顶放荡不羁的帽子——这一身打扮成为20世纪下半叶风靡全球的反抗者文化的标准搭配。再加上猫王埃尔维斯和约翰尼·卡什（Johnny Cash）的乡村摇滚彭帕多发型（pompadours）和牛仔裤，这十年间仍能引起共鸣的叛逆风格已基本成型。[19]

　　白兰度是一个有着性感灵魂的西西弗斯，是一个神话般的、放浪形骸的叛逆者，是一个令人耳目一新的偶像，在他之前，好莱坞尚未有这种类型的先例。白兰度是黑色电影中反英雄角色的一个转折点，他是一个神话般的存在主义者，试图驱除心中的恶魔。白兰度代表了新式酷的综合体——既不是牛仔也不是强盗，既不是浪漫的男主角也不是流氓恶棍。"（在）电影的神话学中，他是同时拥有两副面孔的雅努斯神①——一半善良，一半邪恶，"影评人勒内·乔丹（Rene Jordan）根据自己的观察总结道，"他既有兽性又很柔弱，既有攻击性又很保守，既有威慑力又容易受到伤害。"[20]那个时代最受欢迎的导演之一伊利亚·卡赞这样评价道：展现矛盾心理是白兰度的强项，他把看似相反的情感品质糅合在一起。白兰度擅长保持沉默、即兴创作、临场发挥和令全场肃静：他有着爵士乐手那种"外表放松，内心紧张"的感觉——能在刹那间从静默不语转向大展

————————
　　① 罗马神话中的双面神。——译者注

才艺——即使是他最亲密的朋友也捉摸不透他的性格。詹姆斯·迪恩也体现了类似的悖论：固执己见的自我保护或犹豫不定的同情心。

白兰度体现了浪漫的阴沉男子或坏男人形象的新变化趋势，年轻的迪恩常常追随其左右。白兰度认为迪恩"只是迷失的男孩，正试图找寻自我"，两人都在社交中缺少自信，因此在被相提并论。迪恩曾经说过："我正试图穿过层层障碍，到达最根本的地方。"因此，他模仿了白兰度典型的愠色——"他的懒散、他的牛仔裤、他的沉默和阴沉的表情"——创造出风靡全球的青年反抗模式，在他死的那一刻，这种反抗被冻结了。[21]在战后历史学家约翰·帕特里克·迪金斯（John Patrick Diggins）看来，相比白兰度令人不安的紧张感，迪恩"温和的脆弱"一直以来都具有更大的文化影响力，但他们仍然都被视作"抑制愤怒的方法，使酷成为一种生存策略"的代言人。与风衣和浅顶软呢帽相比，迪恩的牛仔裤和皮夹克充满了街头潮流气息，与机车的炫酷相得益彰，展现了粗犷的风格，可以让人们随时摇滚起来。[22]

暧昧的性取向对这代人的转变产生了至关重要的影响：首先，白兰度和迪恩同时被男性和女性评价为美丽（而非英俊）之人；其次，两人都是同性恋偶像，都维系着双性恋关系；最后，这两名男性都把握住了女性渴望受关注和被征服的心理，在此基础上操纵银幕内外的女性。[23]电影学者大卫·汤姆森在他撰写的讣告中这样歌颂白兰度之美："他美得令人惊讶——我无法用别的方式来表达这种美，也无法用别的方式来否认这种美在当时所发生的事件中起到的重要作用。他有一双大眼睛，浓密的眉毛，天使般的丰满上唇……他说话轻声细语，如呼吸般轻微……但他又是如野兽一般的男性：身材魁梧、声音沙哑、身材性感、令人语无伦次或充满幻想，他会根据自己遇到的年轻女性有针对性地展现出适合她的风格。"[24]新阳刚三人组之所以被提升至偶像级地位，是因为他们美丽的外表被视作内在优雅的外在显现。

白兰度挑战好莱坞

不仅如此，白兰度对好莱坞的收益也造成了系统性的打击：借助白兰度，演员群体从电影公司窃得了创作电影的能力。这是一场革命，类似于职业运动员在一代人之后成为自由的运动经纪人一样。卡赞回忆起20世纪40年代的好莱坞时评价道，"（在当时的好莱坞，）电影仍然是制片人操控的游戏"，[25]他的这种认识与阿尔弗雷德·希区柯克（Alfred Hitchcock）的言论相呼应，"制片人就是国王"。在这种情况下，白兰度对名望和好莱坞影响力的蔑视，打击了电影公司制度存在的根基——他无视电影公司的谄媚邀请，却仍能持续得到媒体的关注与报道。在他进入好莱坞的第一年（1950年），他把一名17岁的女孩带到了电影公司的办公室与几位制片人会面，随意地就像是顺道拜访此地。这位女孩穿着简单——芭蕾舞鞋搭配牛仔裤，但白兰度坚持把她介绍给各个制片人，还说她是他的女朋友，令一旁的女孩"瞠目结舌"，惊恐万分。女孩理解白兰度此举的用意："他就是要表达'去你妈的，去你妈的礼节，去你妈的行业标准'。"如果说体验派表演方法本身就是对电影公司控制权的挑战，那么白兰度对传统和等级制度的坚定对抗则巩固了他在公众心目中的地位。[26]

华纳兄弟公司敏锐地把握住了白兰度作为反抗者的吸引力，所以为其量身定做了宣传文案。"白兰度即是个人主义者"，《欲望号街车》的一篇宣传文案这样写道。白兰度是"一个粗犷的个人主义者"，也是"一个古怪的人"，这是电影公司描写白兰度时用到的修辞语言，因为他拒绝接受特殊待遇，"从一开始就不符合公认的影视明星的惯常作风"。电影公司利用了这位演员淡泊名利的性格特征，利用了他的桀骜不驯，将这些特征打造为白兰度品牌形象的一部分。与此同时，白兰度拒绝委身于任何一家电影公司，也不愿签约任何一部他不感兴趣的电影。"他不会签署任何一份好莱坞长期合同，"电影公司的文案写道，"只有当某个角色引起他的兴趣时……他才会出演那部电影。"作为一个明星，白兰度过着波希米亚式的生活，轻装旅行："（他）住在没有电梯的公寓里，穿着休闲鞋和T恤，前往自助餐厅吃饭。"[27]

无论在电影还是日常生活中，白兰度仿佛都在身体力行地反对权威。白兰度对所有男性权威的下意识反抗，使他成为这一时期具有重大变革意义的好莱坞演员。不止一个导演说他总是要挑出一些"令自己不满意"的东西，"要么是剧本，要么是导演，要么是演员中的某个人"。[28]究其原因，部分是因为他一生都在同冷漠的、恃强凌弱的父亲形象争吵：白兰度的艺术能量来自对愤怒的控制与引导，他师从斯黛拉·阿德勒和伊利亚·卡赞，二人在白兰度的艺术生涯中扮演着父母的角色，教会了他如何掌控这种愤怒。无缘由的反抗才是白兰度形象的精髓所在。在日常生活中，白兰度同样富有表现力，同样展现出压抑的形象，他整日佩戴墨镜，这一行为的动机与爵士音乐家类似。[29]

白兰度还在一场跨越代际的表演模式之争中取得了胜利：他将即兴表演、肢体动作、演员本能和角色沉浸的地位提高到了演讲、静态编舞和文字（即剧本）之上。实际上，在战后年代，纽约演员工作室（New York's Actors Studio）的体验派表演方法、鲍嘉或加里·库珀的好莱坞自然主义风格和劳伦斯·奥利维尔的英国贵族风格之间爆发了一场三角战争。好莱坞的风格建立在民族神话、固定模式和类型学的基础之上，比如让一个演员成为邻家女孩、歹徒、硬汉、助手，或者好妈妈这样角色的扮演者。相比之下，对于体验派的演员来说，剧本只是发展个性的起点；他们的表演框架来自弗洛伊德和无意识，而不是虚构的身份认同或者精湛的台词功底。对于体验派演员来说，电影剧本实际上变成了晚间会谈（发生在舞台上）或一系列表演试验（发生在电影片场）参考的脚本；它的成功最终取决于演员情绪、即兴表演、群体动态和人员之间的互动，类似爵士乐演奏过程中乐手之间的对话：无论是全体演员，还是全体爵士乐手，两类群体每天晚上都以不同的方式呈现乐谱/剧本的变化。体验派表演方式与传统的英国表演模式大相径庭，后者继承了舞台歌剧的专业表演方式，建立在精心排练之上，依靠台词推动剧情的发展。[30]

在白兰度看来，潜台词代表了一切：他认为，喜形于色是过于简单直白的做法——从艺术的角度来说——使用潜台词也有助于沿袭好莱坞电影的酷美学。白兰度敬佩他工作室前辈们的克制，尤其是加里·格兰特、乔治·拉夫特、斯宾塞·特雷西和保罗·穆尼（Paul Muni）。他崇拜斯宾塞·特雷西，"崇拜他们克制自己的方式——他先是保持克制"，仿佛在给自己的脾气降温，"然后见缝插针地表明观点，之后又迅速回归冷静"。他钦佩穆尼的沉默——他在《疤面煞星》中冷静地抛掷硬币，说话很少超过五个字——白兰度很少从工作室演员那里听取意见，穆尼是为数不多的几个人之一。事实上，白兰度后悔拍摄了《飞车党》，拒绝再次与导演合作，因为该片宣扬毫无理由的或明显的反叛。白兰度在片中推崇极简主义，在片外保持着神秘感，用这两种方式为酷在原有的基础上增添了新的内容。正如导演约书亚·洛根在《樱花恋》（Sayonara）的拍摄间隙谈到白兰度时所说："我对他一无所知。"[31]

白兰度还率先展开了对所饰角色的研究：如何用身体表现角色的主观意识。日后成名的罗伯特·德·尼罗（Robert De Niro）等演员正是得益于这种研究。在他的第一部电影《男儿本色》（The Men）中，白兰度和下身瘫痪的退伍军人同住在医院里，学会了他们的生活习惯：他整天坐在轮椅上，效仿军人们练成了一套独特的动作姿态——带着愤怒的紧迫感操纵轮椅；他深入了解了退伍军人的处事态度；他还与他们打成一片，一起喝酒；为了拍摄《飞车党》，他和一个摩托车帮的成员同吃同住，在与他们的交往过程中获得灵感，即兴创作出一些堪称金句的台词——他在回答"你在反抗什么？"这个问题时，说出了标志性的台词"你从中得到了什么？"（Whaddya got?）；在拍摄《码头风云》（On the Waterfront）的过程中，剧组全体演员与新泽西州霍博肯市的码头工人共同度过了一个寒冷的冬天，他们的敬业精神令工会的工人们钦佩不已。

接下来我们讨论《男儿本色》这部电影。有一天晚上，白兰度和那些截瘫的退伍军人在加利福尼亚州范奈司区的一家酒吧里喝酒，一个女人走了进来，开始宣讲上帝医治病人的力量。白兰度吃力地用手臂慢慢撑起身子，熟练地模仿着双腿恢复知觉时的激动神情。然后他蹦上了吧台，跳了一曲爱尔兰吉格舞，而老兵们则在一旁为他奇迹般的康复而欢呼。那个女人跑出了酒吧，所有的老兵都哈哈大笑。无论饰演某种工作或某段婚姻关系中的角色（无论是坐在轮椅上还是一辆哈雷机车上的角色），白兰度始终坚持用这种体验派表演方法赋予角色生命，将肢体表演的表现力提升到了一个新的高度。[32]

年轻的观众发现，只有具象的形式才能清楚表达他们的内心，抽象的阐释无法做到这点。显然，一个人紧张的情绪往往在身体上表现得更清楚，而不是在剧本文字上。白兰度瞬间爆发的情绪、玩弄物品时的自恋神态、表达自我怀疑时喃喃自语的台词——均是他在演技上的创新。在每一部电影中，白兰度都展现了一个饱受未经解决的精神冲突之苦的人，然后他又展现出一个心理层面的解决方案。体验派表演方法依赖于瞬息万变的意识，代表了艺术本身的范式转变，是年轻演员为反抗根深蒂固的职业价值观掀起的革命。艺术的理想不是把场景布置得恰到好处，而是把现场的紧张气氛表现出来。罗伊·卡尔（Roy Carr）在他的《嘻哈》（*The Hip*）一书中指出，白兰度、迪安和保罗·纽曼（Paul Newman）是"新兴的青年体验派演员，在他们的反衬下，银幕上的其他人看起来就像在照本宣科地念台词"。他们呈现的风格是垮掉派理想和好莱坞反叛风格交融的产物，被约翰·克莱伦·霍姆斯（John Clellon Holmes）称为"垮掉的一代的表演风格"。[33]

白兰度在《欲望号街车》和《码头风云》中的成功地展现出美国在新世纪的文化自信。通过深入分析白兰度用俚语搭建起的表演框架，卡米尔·帕格里亚得出结论——白兰度"把美国的本质注入到美国式表演中，同时把美式表演带到了全世界"[34]。考虑到好莱坞电影流派和明星们之前在全球的影响力，这一说辞具有历史局限性，但它也的确道出了体验派表演方法的革命性。亨弗莱·鲍嘉经常侮辱白兰度的垮掉派风格，说它根本上不了台面。"我穿着一套西装来到这里（好莱坞），每个人都说我看起来像个流浪汉，"鲍嘉反思道，"20年后，马龙·白兰度只穿了一件运动衫出来，所有人却都被他倾倒。可见这些年好莱坞取得了多大的'进步'。"但是鲍嘉自己从未承认，自己的表演方式也在向体验派的表演方法靠拢。在与《非洲女王号》中的凯瑟琳·赫本合作时，演员们经常忽略剧本："我们只是领会了剧本的大意，然后就把每个场景都讲了个遍，一个接一个地讲，就像人们在日常对话中所做的那样。"当鲍嘉与女演员金·亨特（金·亨特是白兰度在《欲望号街车》中的搭档）合作时，他曾以专业的口吻，充满喜悦地大声说道："天哪，我们即兴发挥成功啦！"[35]

白兰度之酷的兴衰

　　白兰度作为一种新型的酷偶像，我们如何评价他对男子气概的影响？让我们仔细看看《欲望号街车》的标志性场景——"嘿！斯黛拉！"斯坦利·科瓦尔斯基在醉酒后的狂怒中殴打了他的妻子，后者负气跑到楼上朋友的公寓。白兰度心怀愧疚，先是独自在公寓里哭泣——鲍嘉和米彻姆没有在电影中哭泣过，然后跪下来，仿佛在祈求上帝的宽恕。然后，他冲到外面，绝望地尖叫起来。正是在那一刻，他大声喊出了斯黛拉的名字。斯黛拉起初不理睬他。但是斯坦利痛苦地嚎叫着，直至声嘶力竭。悔罪的声音传到了妻子的耳朵里，斯黛拉逐渐地被楼下传来的深切自责声打动，无精打采地缓步走下楼梯。当她走下台阶时，白兰度跪了下来，两人像雕塑一样融为一体。这就是战后二期酷的不同之处：哭泣增强了而不是削弱了白兰度的男子气概。

　　这是男性酷的新时代，让身体成为存在主义肯定的新轴心。在这个时代，欲望和肉欲被确立为人权，以对抗过时的道德和审美标准。社会身份的象征——阶级特权和种族差异——突然被褫夺。"他很普通。"布兰奇一语中的，对斯黛拉说出了自己的判断。"我也觉得是这样。"斯黛拉轻描淡写地回应道，她是个满怀幸福地背叛了自己所在阶层的人。斯黛拉告诉布兰奇，她丈夫生气的时候有时会把东西砸碎，布兰奇听后吓坏了。"有一次，斯坦利把家里所有的灯泡都打碎了"，斯黛拉若有所思地说道。"这难道不让你心烦吗？"布兰奇睁大眼睛问道。"这让我略感兴奋"，斯黛拉一边说话，一边妩媚地卷起嘴唇。一位同性恋剧作家从此景中捕捉到了朋克式的兴奋，这是打破了压抑的社会秩序，动摇了道德准则和艺术高雅内涵的兴奋。

在社会变革的关键时刻，《欲望号街车》致力于表现阶级、种族和文化方面的紧张关系。直到20世纪60年代，美国社会仍然鼓励移民通过"美国化"［一种社会化方式——通常被称为"盎格鲁同化"（Anglo-conformity）］的方式完成同化。从20世纪20年代初开始，退伍军人组织施加了巨大的社会压力，要求在不被贴上任何种族标记的前提下，将移民认同为"100%的美国人"。在《欲望号街车》中，布兰奇经常称斯坦利为波兰人，直到他彻底爆发才住口："来自波兰的人叫'有着波兰血统的人'，而不是波兰人……我是百分之百的美国人，是第241号车间里的老熟练工。"第二次世界大战期间，罗斯福总统首次提出美国是一个移民国家的理念，以反对纳粹主义、美国南方或国内土著主义等白人至上主义哲学思想。直到战后，大熔炉的理想才在一个仍由盎格鲁白人主宰的上层社会中形成。多样性的民族自豪感——也就是当代多元文化模式下的民族自豪感——直到20世纪70年代才出现。

正如白兰度塑造的那样，斯坦利·科瓦尔斯基是一个放纵不羁、不修边幅的波兰裔美国老兵，做着蓝领工人的工作，常常对一个出生于庄园的南方上流社会白人女孩颐指气使。"我们第一次见面的时候，你认为我很普通，普通的如一粒尘埃，"科瓦尔斯基在一次争吵中提醒斯黛拉，"你给我看了一张有立柱的房子的照片，那是你长大的地方。是我把你从那些柱子上拉了下来，而且你很喜欢这样。"但是，斯坦利在撕碎布兰奇的伪贵族理想的同时，揭示出一个令人忧虑的社会困境：我们将在哪里找到新的价值观和理想？如果所谓的大众文化带来的仅仅是面包、马戏团，或者只是暴力的诱惑，那我们将去何从？无论是好是坏，战后的流行文化正在成为社会价值观的战场。

《欲望号街车》依赖于这些对立统一的潜台词：文明与野蛮，上层阶级与下层阶级，高雅与低俗，白人特权与他者种族。布兰奇谴责斯坦利是一头被"野蛮肉欲"奴役的庸俗野兽，并把同他一起打牌的牌友称为"这群猿猴"。她指责斯黛拉放弃了文明："这里有艺术，有诗歌，有音乐……不要跟那些畜生混在一起。"弗洛伊德认为，所谓的文明及其艺术，只是一层薄薄的外衣，用来掩盖内心对性、权力和暴力的原始情感冲动。正如那个时代的暴力证实了弗洛伊德的观点，《欲望号街车》同样揭示了这种对支配地位的渴望。科瓦尔斯基强暴布兰奇一幕，既象征着两种文化的内战，也标志着阶级意识冲突的爆发。

但是，在这场斗争中，白兰度通过某种方式，既代表了文明，也代表了野蛮，既代表了高雅的艺术家，也代表了低俗的野蛮人，既代表了美国名人，也代表了准社会主义者，既代表了西方白人，也代表了反抗的他者。1947年，威廉姆斯、卡赞和白兰度凭借《欲望号街车》抓住了战后一期的所有动荡因素。五年后，这部话剧的电影版将战后二期酷推向了全国。

白兰度在他的下一部标志性作品《码头风云》中饰演特里·莫洛伊。卡赞认为，这是电影史上最好的男性角色。卡赞指出，莫洛伊和伊迪［爱娃·玛丽·森特（Eva Marie Saint）饰］坐在酒吧里，当他意识到自己是谋杀她哥哥的帮凶时，心中涌起了负罪感。慢慢地，莫洛伊开始反省他的暴力行为如何伤害了眼前这个女人；酒吧里的喧闹声慢慢退去，"白兰度的脸上留下了深深的内疚和柔情，令人无法抗拒"。在卡赞看来，这些表演是白兰度即兴发挥创造的"小奇迹"，就像他与罗德·斯泰格尔（Rod

Steiger）共同演出的标志性一幕那样。"还有哪个演员，当他的兄弟掏出手枪逼他做丢脸的事时，仍然会把手放在兄弟的枪上，满怀关爱地轻轻把枪推开。还有哪个演员，会用略带责备的口吻说出'哦，查理！'这句台词，言语间透露出那么深沉的爱，那么忧郁的情绪，同时暗示着内心深处的痛苦？我没有指导他；马龙亲身向我演示……如何呈现这一场景。"[36]不仅如此，白兰度的临场反应还像闪电一样迅速。在电影的一幕中，白兰度捡到森特落下的一只手套，他先把它戴在自己手上，然后放回了原处；这种细腻的动作拉近了观众与角色之间的距离，加深了观众对角色的感情。所有的这一切仅仅发生在一瞬间，卡赞回忆说："就像它可能发生在演员工作室的即兴表演中一样。"白兰度借助莫洛伊呈现出紧张与矛盾的心理，从而在"硬汉形象和他（莫洛伊）行为中极端细腻与温和的一面"之间求得了平衡。

杜鲁门·卡波特（Truman Capote）在为《纽约客》撰写的一篇名为《领地上的公爵》（"The Duke in His Domain"，1957年）的文章中，分析了这位演员迅速成名的原因。他将这位演员呈现出的坚韧形象描述为"普通的坏男孩和敏感的斯芬克斯"的结合体。卡波特回忆起十年前百老汇排练《欲望号街车》时，白兰度穿着白色T恤和牛仔裤躺在舞台上睡着了，肚子上还放着一本翻开的弗洛伊德《梦的解析》。卡波特最初以为白兰度只是一位舞台调度人员——他是具有浪漫色彩的结合体，融合了受启蒙的工人与普通人的特质，这种结合在白兰度魅力形成过程的初期发挥着至关重要的作用。卡波特特别强调了他"下蹲时的强健体态"和他的面部表情之间的美学张力，让人感到"如此柔软"，以至于"接近天使般的精致"。在20世纪50年代中期，白兰度更喜欢"摩托车而不是捷豹牌汽车"，他经常将自己打扮成《飞车党》中的亡命骑手（该角色因他的表演而出名）；在与异性接触的过程中，他喜欢"秘书而不是电影明星"；到了1957年，白兰度穿着复古的黑帮服饰。这种装扮被卡波特称为"潇洒的亡命之徒"，脱胎自"遭禁绝的'夏皮士（sharpie）风格'——头戴黑色折边帽，外套条纹西装，内穿阴郁色调的乔治·拉夫特式的衬衫，并且搭配浅色系领带”，如同他在《红男绿女》（*Guys and Dolls*，1955年）中扮演“蝙蝠”马斯特森的角色。在卡波特看来，白兰度承认自己保持注意力的时间很短（“七分钟是我的极限”），他总是追求精神（如瑜伽、佛教）层面的内容，并且常常感到难以逾越的孤独。[37]

接下来，卡波特提出了一个关于白兰度的精神分析理论，将他魅力的成因归为“受伤的冷漠”这一悖论，同时将此悖论追溯至教科书式的有着恋母情结的童年。年轻的白兰度在内布拉斯加州和伊利诺伊州的中产阶层家庭长大，夹在性格迥异的父母中间——一方是死板的商人父亲，“对我漠不关心”；另一方面是才华横溢、魅力超凡、嗜酒如命的颓废母亲，“是我的一切，是我的全世界”。白兰度的母亲是当地一家剧院的女演员，才华横溢，美貌出众，但是酗酒成瘾的习惯使她深陷一段不幸（和饱受虐待）的婚姻。他的父亲每次都要离开好几个星期，巴德·白兰度经常把烂醉如泥的母亲从二十英里外的酒吧带回家。身处这种家庭中，年轻的白兰度既无感激，也无抱怨。但是，他成了社区的明星——善于模仿，勇敢，有趣，魅力十足，对男孩和女孩都有吸引力。他最初因一系列恶作剧行为被高中开除，后来又因为不服从命令被沙塔克军事学院开除（尽管学校的决议遭到了其他学员的抵制和抗议）。1942年夏天，白兰度在被开除后没有直接回家，他扒火车，与流浪汉同吃同住，听他们讲故事和说俚语，向他们学习如何躲避警察，如何乞食饭菜。[38]

白兰度把他对女人的“冷漠”和事业的成功归结于自己未能调解父母不正常的婚姻。二十出头的时候，白兰度邀请母亲到纽约共度周末，恳求她离开父亲。“我得到的爱还不够。”他用卡波特所说的“受伤而又困惑”的语气说道。但是母亲没有听取他的恳求，而是一如既往地摆出无能为力的样子，整个周末一边酗酒，一边哭泣，在白兰度看来“像扶不上墙的烂泥”。就是在那个周末，他声称自己已经从父母的情绪漩涡中走了出来。“我从她身上跨过，径直走了出去，面无表情。从那以后，我就变得冷漠了。"卡波特惊讶地发现，在经历了这样痛彻心扉的时刻（也是令白兰度感到后悔的时刻），成年后的白兰度仍能如此轻松地表露出童年的痛苦情感。"白兰度没有忘记巴德，"卡波特写道，"这孩子似乎住在他的身体里，仿佛时间并没有把他与这个受伤的、内心充满渴望的孩子分开。"[39]15年后，白兰度在《巴黎最后的探戈》（*Last Tango in Paris*，1972年）的即兴独白中插叙了这个童年创伤。在回答一位年轻恋人关于他过去的问题时，白兰度慢慢地说了下面几句话："我的父亲是个特别有阳刚之气的人……同时也是个酒鬼。"然后他停顿了一下，补充道："我母亲很有诗情画意……但也是个酒鬼。"在当年晚些时候的一次采访中，白兰度承认，为了报复母亲，他可能终其一生都在惩罚女人。

如果说白兰度的酷同时吸收了黑色酷和他对存在主义的深度解读，那么显而易见的是，这种酷很大程度上归因于他个人的神经官能症。但我们仍需解答一个关键的问题：为什么白兰度的艺术性会立即引起一代人的共鸣，使他成为一个新的孤独的道德叛逆者？原因可能很简单：白兰度不知道他想从生活中得到什么——是想得到女人，还是想成就自己？由于膝盖受伤，他在二战中申请服兵役遭到了拒绝，他能够代表垮掉派的酷，与所谓的"沉默的一代"产生了共鸣。他与朋友一起说"波普俚语"（bop lingo），在凯瑟琳·邓翰舞蹈团进修爵士乐和非洲舞蹈，同时还学会了打邦戈鼓。（在《飞车党》中，观众们可以看到白兰度在卷烟机上敲打出了康加鼓的节奏。）在银幕上，白兰度扮演了一个饱受折磨的灵魂，渴望与他人建立关系，并且通常会找到一个女人暂时缓解内心的饥渴。在他银幕外的浪漫生活中，他怀着控制女人的病态心理，交往了很多女朋友。根据他的朋友玛伦·斯塔普莱顿的说法，白兰度对每一个女人都倾注了全部的注意力，直到内心产生爱或依恋的情愫，便立刻断绝了联系。到了20世纪50年代后期，白兰度经常与相同档次的明星在纽约的爵士俱乐部共度夜晚：如朱丽叶·格罗、艾娃·加德纳、玛丽莲·梦露。迈尔斯·戴维斯回忆说，1957年他在波希米亚咖啡馆实习期间，白兰度和加德纳经常光顾此地。[40]

　　为什么受伤的冷漠对20世纪50年代的年轻人有如此大的吸引力？归根结底，是因为内在的希望在这种冷漠的保护下得以存续，而外在的反抗则打击了令人不满的物质主义（源自郊区群体的自负感）。白兰度冷漠、感性、时尚：他外表俊美，冷静克制，但内心却受到过伤害。他在扮演每一个角色时，在每一个时刻的决定似乎都至关重要——无论是对角色本身，对白兰度的艺术选择，还是对观众的移情反应。他身体力行地控诉消费社会，从童年的情感碎片中抽离出个人冷漠的一面，然后呈现给观众。在他的表演中，伤口必须被触及，希望必须被扭曲，对生活的愤怒必须被释放出来。活跃有利的与不可信赖的、爆发的与被降服的，白兰度将这些对立面糅合在一起，融入角色的塑造过程中，用充满救赎色彩的叙事手法，打造出涅槃重生的个性角色。

　　简而言之，美男子遭受内心折磨的形象为年轻一代提供了世俗的激情。这种情感的突然爆发对好莱坞电影来说是惊人的。就好像观众"无意间听到了"《码头风云》中的忏悔，约翰·克列农·霍尔姆斯在《垮掉一代的哲学》（*The Philosophy of the Beat Generation*，1958年）中写道。如果成年人看到的白兰度和詹姆斯·迪恩只是"穿着皮夹克的摩托车手和在街头摇摆的嬉皮士"，那么霍尔姆斯则坚称他们的电影代表了某种好莱坞形式的存在主义。在《码头风云》中，在阶级、宗教和权力派系之间存在着激烈冲突的背景下，白兰度将所饰角色"内化得如此之深"，以致霍尔姆斯认为特里·莫洛伊"是一个深陷现代生活的矛盾和荒谬之中的灵魂"。最为关键的是，这些角色撇开了意识形态，因而能够吸引年轻观众。霍尔姆斯对战后二期的这代人以及这代人对集体意识形态的排斥态度做出了一个重要的概括："这一代人除了从个人角度思考问题之外，别无他法。"[41]

　　白兰度电影的伟力在对新开端的欣然承诺：接受治疗者体内蕴含的自由能量。他在20世纪50年代出演的电影在某种程度上成为人民阵线

（Popular Front）梦想的绝唱。白兰度艺术和思想上的觉醒发生在战后的纽约市，得益于一群失意的左派分子——他们仍然幻想将艺术作为沟通方式，以此揭露企业资本主义的罪恶。伊利亚·卡赞将他们发起的这场运动称为"平民运动"，并将其起源追溯至三件大事：大萧条时代拉平了各个社会阶级，社会主义政治在那个时代暗流涌动，以及公共事业振兴署（Works Progress Administration）等艺术项目的出现。在卡赞看来，白兰度像他一样，寄希望于"充满希望、信心和决心的浪潮，这种浪潮承袭了大萧条的影响"，从"30年代和40年代的……反垄断资本运动开始"，一直延续至20世纪50年代。[42]白兰度和詹姆斯·迪恩之间相隔七年，二者的巨大差异代表了这样一种变化：持久不变的乌托邦式平民理想转变为战后年代的繁荣及不满情绪。

回顾过去，白兰度的艺术性反映了存在主义在艺术创作领域的失败。作为一门哲学，存在主义为拒绝过时的道德标准和意识形态框架奠定了清晰的思想基础，在此过程中，能量得到了释放，转换为酝酿政治变革的动因，但是存在主义并没有为这一过程提供方法上的指导。建立在反抗基础上的艺术为何未能引发社会变革，白兰度的职业生涯提供了这个问题的答案，值得我们深入研究。20世纪50年代中期，白兰度宣布，他只参与拍摄反映社会现实问题的电影：这就是他拍摄《萨帕塔传》（Viva Zapata，涉及墨西哥革命）、《秋月茶室》（August Moon，反映了美国军队中的偏见）和《樱花恋》（反映了异族通婚问题）的原因。1958年之后，他的电影表达了一系列反偏见言论——《逃亡者》（The Fugitive Kind）、《凯德警长》（The Chase）、《燃烧！》（burn）——这些电影反映了他在民权运动中发挥的积极作用，以及他渴望将艺术与反抗联系起来，使之成为推动社会和政治变革的催化剂。

出于上述原因，白兰度在20世纪60年代迷失了方向。他是民权、印第安人事业和公平住房运动的高调代言人，但他却找不到将他的自由主义政治与艺术愿景结合起来的方法。在华盛顿大游行结束后，白兰度和他的密友詹姆斯·鲍德温（James Baldwin）、哈里·贝拉方特（Harry Belafonte）参加了经电视转播的赛后圆桌会议，共同讨论下一步的行动计划。[43]1968年，马丁·路德·金遇刺身亡，两天后，"黑豹"鲍比·萨顿被害，据说是遭到了奥克兰警察的伏击。这两件事使白兰度深受刺激，他即兴为萨顿撰写了一篇简短但热情洋溢的悼词，字里行间透露出内心的无力感。在论及任何个人都有可能促成变革，特别是种族结构问题的变革时，这篇悼词中蔓延着某种绝望的情绪：

> 想要迫使政府为黑人提供一个像样的地方居住，提供一个像样的地方抚养他的孩子，取决于个人做了什么。冰冷地躺在那里的也可能会是我的儿子……我现在就打算告知白人他们不知道的东西。牧师说白人无法冷静下来，因为他从来没有喜欢上这种感觉。此刻我开始尝试去喜欢它，因为我自己作为一个白人有很长的路要走，有很多东西要学。

从这段独白中，人们可以听到他数度哽咽，仿佛他很久以来就意识到，艺术中的同情心仅仅停留在银幕上，很少会被迁移到由经济、市场和政府构成的现实世界中。"我未曾像你们那样受苦，"他对黑人说，"我才刚刚开始了解你们痛苦经历的本质。现在，这种痛苦必须通过某种方式传达给白人社区。"白兰度用一句简短的话语结束了自己的演讲："留给大家的时间不多了……我的演讲就到此为止。"到了20世纪60年代末，白兰度已经无法再坚持战后的观念，即社会变革始于个人的抗议意愿。半个世纪后的今天，这篇演讲的影响力仍然不减当年。[44]

白兰度的生活也是酷的一个研究案例，因为它与代际欲望交织在一起。在《教父》（*The Godfather*）和《巴黎最后的探戈》中复出后，白兰度否认演艺是一项有价值的艺术事业。"电影明星并不重要……弗洛伊德、甘地、马克思——这些人才很重要。"他在以此接受采访时这样说道。[45]"有意思的是，我从来都不是演员，"他在看完《巴黎最后的探戈》后谈论道，"我从来都不知道自己想做什么……我之所以这样做，是因为我被训练得只能以此谋生，但现在我认为它即将结束。"这是白兰度为自己做出的预言。在1975年的《现代启示录》（*Apocalypse Now*）中，白兰度语无伦次地诉说着自己毕生工作的意义；接下来的三十年里，他因为在小众电影中出演无关紧要的角色获得了巨额的片酬。有一次，他和女友一起观看《欲望号街车》时说道："哦，天哪，那时我真漂亮。但我现在更好看了。"白兰度奠定的艺术风格影响了整整三代演员——其中包括《教父》的全体演员（均师承于他），以及约翰尼·德普、西恩·潘和马克·鲁法洛。但是30年来，他一直深藏功与名，与家人、朋友一起过着安定富足的隐居生活。[46]

白兰度试图把自己的面目表情打造成可以直面镜头的日常面具，所以《巴黎最后的探戈》在最后两分钟给了他一连串面部特写镜头：白兰度试图摆出微笑、嘲讽和扭曲的表情，同时发出低声的怒号，也就是戴上所谓的酷面具。但是，他的目光无法保持片刻的专注；他做不到用眼睛直视镜头。白兰度根本没有真实的自我可以信仰，他无法控制自己的姿态，也无法保持平静的状态，更没有酷面具可以佩戴。这两分钟的特写是白兰度真正的告别曲，是他最后一次展示卡赞所谓"裸露的灵魂"，也是存在主义生命梦想的绝唱。白兰度先是被战后的时代精神高高捧起，待时代风潮发生变化时，又被抛弃在了时代的边缘。20年过去了，此时的白兰度孤身一人，体态肥胖，精神颓然。

永恒的青春反叛者：詹姆斯·迪恩

他们效仿他的着装；

他们追随他的步伐；

他们对他的作为有切身体会，然后身体力行；

他们追寻的那个答案；

正是他苦苦求索的那个答案。

——罗伯特·奥特曼与斯图尔特·斯特恩，《詹姆斯·迪恩传》（*The James Dean Story*，1957年）

詹姆斯·迪恩至今仍然稳坐酷派偶像的头把交椅。当青少年们谈论神秘莫测的艺术鬼才时，嘴里蹦出的第一个名字就是詹姆斯·迪恩。迪恩是美国式的真实性青春浪漫形象，是酷形象的原型，符合人们对酷形象的定义——"昙花一现，然后英年早逝，留下一具漂亮的躯体"。他展现出的"战后酷"宛如济慈（Keats）或兰波（Rimbaud）再世；迪恩逝世后，影响力犹在，对后世的乔普林（Joplin）、莫里森（Morrison）和亨德里克斯（Hendrix）甚至年代更晚的库尔特·科本（Kurt Cobain）都产生了深刻影响。迪恩那刚柔并济的美貌和突如其来的悲剧性逝去，推动了他饰演的性感角色影响着未来，当今的青年白人男演员似乎都是在迪恩慵懒和睥睨的目光中呱呱坠地的。近些年来，出现了三件与迪恩有关的事物：一部名为《与生俱来的酷》（*Born Cool*）的纪录片、一张绘有迪恩画像的校园流行海报［人物照片上印有"永恒不变的酷"（4EVR Cool）字样］、一场关于迪恩性取向的持久辩论。此外，丹尼斯·斯托克（Dennis Stock）出版了迪恩照片集，其标题就是《美国酷》（*American Cool*，2013年）。有时候，人们甚至会直接将迪恩称作"酷的化身"。[48]

美国式中产阶层郊区青年文化肇始于20世纪50年代晚期，至今保留着完整的文化体系，这种文化的力量就蕴藏在迪恩的酷当中。在这一时期，电视、快餐和购物中心开始出现，学会驾车成为人生的大事，核心家庭的道德规范也开始成型。酗酒、开车兜风、令人反感的暴力、无能的父母和政治冷漠——所有这些元素都标志着郊区文化即将出现在电影、电视和音乐中。正如导演尼古拉斯·雷（Nicholas Ray）在谈到《无因的反叛》（*Rebel Without a Cause*）时所说，"我想拍一部关于隔壁孩子……中产阶层孩子的电影"，他指的是那些住在郊区的白人孩子。在战后二期，美国孕育了世界上大部分的流行文化，并将西部片、摇滚乐和蓝色牛仔裤等全球流行风格传播至尚在复苏的欧洲和日本经济体。[49]战后二期的青少年仍然是全球的典型，詹姆斯·迪恩的形象从未衰老，至今仍存在于超现实的、恒久流行的文化之中。

迪恩一生只拍摄了3部电影，在第一部电影《伊甸园之东》（*East of Eden*）发行后不久便溘然长逝。在这之后，每当《无因的反叛》与《巨人传》中出现迪恩的形象时，他的影迷们都会为他鼓掌致敬。这时的迪恩已成为首批郊区青年的榜样，他们想效仿迪恩实现自己的梦想。银幕上的迪恩是一个抽象的正常年轻人，姑且算得上好看，是第一代郊区孩子的视觉象征。与白兰度不同，迪恩塑造的人物既没有卷入政治或种族的紧张关系，也没有与任何社会阶级结盟。迪恩那略带斜视的眼神与白人青少年的焦虑产生了共鸣，后者生活在一个既富裕又偏执、既主导全球又饱受性压抑的社会。如果说当下的这种自我怀疑似乎是青春期特有的现象，那么"成为青少年"（即停留在某个心理年龄阶段）这一想法便是战后的产物。20世纪70年代中期，一部关于迪恩的纪录片被命名为《詹姆斯·迪恩：首个美式少年》（*James Dean：The First American Teenager*），正如一位传记作家对迪恩魅力做出的定义，"他让青春的反抗充满了英雄色彩"。[50]

迪恩是个亦正亦邪的孩子，而不是亦正亦邪的成熟男人。他肩负着一位迷失男孩的命运，而不是像白兰度那样，肩负着一位愤怒的工人或老兵的命运——他表现出正直的性格，但不愤世嫉俗，他通过角色的经历做出反馈，渴望身处一个更好的社会。《无因的反叛》的宣传海报突出了吉姆·斯塔克（Jim Stark，迪恩饰）的两难境地——他作为一个善良的孩子，渴望在步入青春期的过程中找到修炼心性的办法，从而成为道德高尚之人：

> 他很坏，也很好；

　　　　他很野蛮，也很温柔；

　　　　他是个孩子，也是个大人；

　　　　他就是吉姆·斯塔克，正值青春的斯塔克。

　　迪恩身上融合了蒙哥马利·克利夫特的悲怆和白兰度的激情。丹尼斯·霍珀（Dennis Hopper）经常提到迪恩（迪恩是他的偶像），他说"迪恩的左半边是马龙·白兰度，出口就能'成脏'，他的右半边是蒙蒂·克里夫特，常说'救救我'"。迪恩甚至偶尔在信上这样署名——"来自吉姆·（白兰度·克利夫特）·迪恩。"威廉·津瑟（William Zinsser）在他对《伊甸园之东》的评论中抓住了迪恩对他这一代人的吸引力。"他摆出一副受伤的表情，仿佛一个孤儿在努力找寻自己卑劣的血统……你能感觉到他的坏，但也喜欢他。"相比之下，《纽约时报》的电影评论家博斯利·克劳瑟（Bosley Crowther）则在嘲笑迪恩模仿白兰度："他拖着脚走路，他思绪彷徨……他语无伦次，他倚在墙上……他说话有些口齿不清——这完全是在模仿马龙·白兰度。"但是，从《反抗者》开始，评论家们发现，迪恩开始创造自己的风格，"开始深陷年轻人的痛苦与困惑之中"。[51]

　　罗伯特·奥特曼（Robert Altman）拍摄的纪录片《詹姆斯·迪恩的故事》（*The James Dean Story*，1957年）在迪恩去世两年后才上映。他与《无因的反叛》的编剧斯图尔特·斯特恩（Stewart Stern）共同编写了该影片的剧本，在采访将迪恩的家人、朋友和其他演员的基础上，将迪恩塑造成公众形象，代表着从战后美国必胜主义的思潮中急流勇退的那一代人。迪恩的家乡位于印第安纳州费尔蒙特，儿时的他既害羞又十分上进，既固执又勤奋，既感到害怕又具有冒险精神。他内心的伤痛源自被遗弃的经历：母亲在他九岁那年就已去世；父亲把他寄养在亲戚那里，自己则留在了加利福尼亚。后来，迪恩前往纽约，加入了演员工作室。在那里，他的才华得到了认可。但当他第一次受到严厉的批评时，几乎想要放弃。初来乍到好莱坞，迪恩深陷复杂的情感纠葛当中，倍感痛苦。"因为我出身卑微，又真的很善良温柔，"他在给其中一位女友的信中写道，"所以事情总是搞得一团糟。"[52]

奥特曼在纪录片中用夸张的画外音告诉我们："他们在寻找答案，认为那就是苦苦追寻的答案。"迪恩最亲密的朋友们认为，他既不能给予他人爱，也无法接受来自他人的爱，但他的天赋在于"能够在屏幕上展现现实生活中无法展现的情感"。这样一来，迪恩为观众提供了一种宣泄的方式。我们获知，迪恩是"由他们的孤独造就的英雄"，在他短暂的一生中，"他们（这一代人）的躁动编织出了一个传奇"。"迪恩是一个鲁莽、迷茫的24岁年轻人，他驾驶自己珍爱的银色保时捷斯派德跑车时发生了车祸。"我在寻找生活中表现温柔的勇气"，奥特曼在影片最后的挽歌中引用了迪恩的原话。

在表现青春期末期的特质时，迪恩的酷同样放之四海而皆准。这很大程度上归功于丹尼斯·斯托克（Dennis Stock）在纽约街头拍摄的迪恩黑白照片，其灵感源自迪恩的三部电影。在短暂的演艺生涯中，迪恩成功地塑造的人物形象同时兼具几种不同的特质：既有乡村小镇气质（源自迪恩在印第安纳州的童年经历，参见电影《伊甸园之东》），也有嬉皮都市风采（同样参见拍摄于纽约的照片），还有中产郊区气质（参见电影《无因的反叛》），以及虚构的西部风格（参见电影《巨人传》）。迪恩塑造的人物夹在追求自我个性和渴望得到社会认同之间：他们每个人都是神经兮兮的孤独者，既渴望从父母那里得到爱、指导和认可，又对浪漫有着自己独特的追求。正如传记作家戴维·道尔顿所说，迪恩是"年轻、迷失或孤独的诗人"。[53]

迪恩是一个很有前途的演员，几乎本色出演了三部电影对应的三个角色。但具有讽刺意味的是，他扮演的每一个角色都不酷。首先，在《伊甸园之东》中，卡尔·特拉斯克（Cal Trask）并不酷，他是一个古怪、内向、神经兮兮、不招人喜欢的小儿子，因被遗弃而深受痛苦情绪的折磨。

其次，在《无因的反叛》中，迪恩尽管偶尔看起来很酷（通常是在抽烟和穿牛仔裤的时候），但他并不能代表剧中真正的吉姆·斯塔克。迪恩扮演的这个角色是一名少年，乞求权威人物教他如何正确做事。最后，迪恩在《巨人传》中塑造了一个很酷的角色：机智、特立独行的石油开采商杰特·林克（Jett Rink），这是一位被边缘化的贫穷白人，与把持石油生产的农村精英阶层对抗，并且爱上了优雅、美丽的伊丽莎白·泰勒（Elizabeth Taylor）。在这三部电影中，迪恩酷的形成基于这样的过程：表现出深沉、脆弱而又敏感的一面，吸引上流社会女性的注意力，令她们欲罢不能。在这三部电影中，迪恩都在觊觎男主角的女人，总是让她们神魂颠倒。但是，他饰演的角色不知道在得手之后该如何处理这些感情。在《无因的反叛》中，他所能想到的就是他和朱迪、普拉多应该更好地对待彼此。"我们为什么要这样做？"这正是迪恩的核心吸引力所在——告诉我为什么要奋斗，或者至少告诉我如何做正确的事情。否则，你就是那个缺位的父亲（lackadaddy），没有教会我任何关于社会价值和道德的东西。

在银幕之外，迪恩魅力十足，但也不是特别酷。他不计后果地开着跑车，精力充沛地四处交际，与有影响力的男人发生被动的同性恋关系，以帮助他的事业进一步发展。他跟着白兰度到处游走，或者破坏他的聚会氛围，以至于白兰度曾经转过身来大喊"做好你自己！"但迪恩只是在原地"咯咯"地笑出了声。许多年长的好莱坞专业人士都不喜欢这位年轻的演员，他对爱和认可的需求是显而易见的，他最亲密的朋友认为他迫切需要治疗。伊利亚·卡赞让迪安在《伊甸园之东》中扮演卡尔·特拉斯克，在一次试镜中迪恩驾驶着他的摩托车危险地四处转悠。卡赞不喜欢迪恩这个人和他的表演风格，但当电影杀青时，他认为迪恩就是卡尔·特拉斯克：心烦意乱、趾高气扬，时而傲慢自大，时而阿谀谄媚。"他的面部表情很有诗意，"卡赞回忆道，"写满了孤寂。"[54]

据迪恩朋友们的说法，迪恩的酷更像是一种行为，而不是一种面具；

这是他应对每日情感冲突起伏的一种机制。他一直处于一种自我监控的状态，就好像在审视自己出演的电影。许多朋友认为他有着危险的神经特质，其中包括伦纳德·罗森曼（Leonard Rosenman）、巴巴拉·格林（Barbara Glenn）和丹尼斯·斯托克（Dennis Stock），他们的照片帮助迪恩创造出标志性的举止与姿态。作曲家罗森曼对迪恩来说，是个老大哥，他指出"迪恩的坏男孩形象是精心策划的产物"，并将他的"硬汉形象"称为一种表演；巴巴拉·格林也对迪恩的"我才不在乎"的态度做出了相同的评价。[55]

简而言之：迪恩在现实生活中的个人困惑鲜为人知，但他在电影中的困惑令人信服。它标志着酷的转变：从对社会同化的含蓄批判，转变为本身具有交换价值的商品。

正如奥特曼的画外音在1957年颂扬迪恩时所说："他似乎表达了一些它们自己无法用语言表达的东西：愤怒、反抗和希望。"为什么愤怒，为什么反抗，为什么心怀希望？——到了战后二期，酷的代表性形象透过屏幕展现了一代人面临的生存意义问题，这些都是这代人的父母和媒体未曾接触过的问题。迪恩甚至效仿了某本书籍上的阿尔贝·加缪照片（此举或许是为了提高自己在知性上的可信度）。在斯托克最具代表性的一张照片中，迪恩有意识地模仿加缪，行走在雨中的巴黎街头。他嘴里叼着香烟，竖起厚呢大衣的衣领，弓起身子顶着雨，背对着车流。迪恩是否读过加缪的作品，我们不得而知，但是当他看到这样一幅场景的时候，一定知道这是一幕很酷的画面。[56]（参见图9与图26）

案例研究：《无因的反叛》

> 他说话胡言乱语，
>
> 他走路昂首阔步，
>
> 别叫他"小孩"，
>
> 别有所畏惧！
>
> ——华纳兄弟为《无因的反叛》所作的宣传海报[57]

　　詹姆斯·迪恩在《无因的反叛》中饰演心怀不满的吉姆·斯塔克，这是一位新兴的美国偶像，被赋予美国国家的颜色：红色（夹克和嘴唇的颜色），白色（T恤的颜色），蓝色（眼睛和牛仔裤的颜色）。斯塔克是一位局外人，是刚进城不久的小孩，代表了处在变革中的硬汉形象。因此，迪恩的身体成了新的爱国象征：既性感风流，又近乎神圣。导演尼古拉斯·雷（Nicholas Ray）将迪恩塑造成一个基督式的人物，一个冷酷的叛逆者，徘徊在娜塔莉·伍德（Natalie Wood）的撩人目光和普拉多〔萨尔·米涅奥（Sal Mineo）饰〕的同性恋情愫之间。当迪恩受到伤害时，电影几乎变成了一部情色片：在最后的场景中，镜头聚焦在他胸前如圣痕的伤口上，不时地在他血流如注的伤口（因闯入而被割伤）前晃动，借普拉多的黑人女仆充满感激的表情表达了对斯塔克无声的祝福。如果没有迪恩的内心渴望和偶尔的情感爆发，《无因的反叛》将会是一部令人感伤的青少年故事片，讲述了无能父母和无知年轻人之间的故事。这部电影的大部分情节很无聊，讲述了娜塔莉·伍德阴差阳错成为黑帮头目的女友。电影配乐也更接近《西区故事》的风格，而不是摇滚风格。

　　电影中最关键的男性比喻是将斯塔克称为"胆小鬼"或者"懦夫"：只有当那些朋克青年用"咩，咩，咩，咩"的叫声奚落他的时候，斯塔克才愤然起身，当众与巴兹持刀相搏。他尖叫着"我不是胆小鬼"，然后投入了战斗——但是，当他把巴兹手中的刀打掉时，仍然想要逃离。当他的

图26　在时代广场上，詹姆斯·迪恩再现亨利·卡蒂埃一布列松拍摄的经典阿尔贝·加缪形象，似乎为了表现存在主义酷（©丹尼斯·斯托克/玛格南图片社）。

母亲问他为什么参与飙车决斗时，斯塔克说这是"这关乎荣誉的问题……因为他们叫我胆小鬼"。像任何冷酷的反抗者一样，迪恩需要证明他不会因为恐惧而逃避战斗，他试图理解这般男子气概背后的动机。我们从影片中了解到，斯塔克在上一个城镇也参与了打斗；现在他必须得到成人的指导，否则便会发疯。"吉姆，你不能一辈子都对所有东西抱着理想主义的态度。"他的父亲说道。斯塔克大声回答父亲："除了你自己。对吧，爸爸？除了你自己。"在这幕场景中，迪恩成了年轻人欲望的指引者，因为他阐明了父母在战后年代能给予子女的指引是多么微不足道。但不同于白兰度和埃尔维斯在电影中饰演的角色，这部电影中的迪恩实际上从警察局长［爱德华·普拉特（Edward Platt）饰］那里得到了有用的指导和慈父般的建议。

这部电影的一幕重要场景出现在飙车决斗之前，这有助于我们理解这部电影为何能引起共鸣。在这幕中，巴兹（科里·艾伦饰）和吉姆·斯塔克（迪恩饰）分享着一支香烟，坐在悬崖边缘眺望远方，那是汽车在日后决斗中坠入大海的地方。"我欣赏你，你之前知道这事？"巴兹惊讶地说。斯塔克回答："（那么）我们为什么要这么做？"巴兹深吸一口气，在夜空中张开双臂，说出了这部电影的经典台词："好吧，你现在总得做点什么，不是吗？"类似白兰度的那句"你从中得到了什么？"尼古拉斯·雷将镜头停留在夜幕中，生活漫无目标的两个人缓缓吐出烟圈。接下来，镜头突然切换到决斗的场景，他们为争夺娜塔莉·伍德，坐在驾驶室里，准备用偷来的车决一死战。

实际上，巴兹是一位大男子主义者，创造了一种确保自己地位的仪式，这让斯塔克感到不快，他不满自己与大男子主义者沆瀣一气，不满在此过程中做出的种种愣头青行为。巴兹行事鲁莽，代表的是争强好胜的传统男子气概。但是，他在飙车决斗中不体面的死亡则表明，这种自大的男子气概（或许）正变得过时。相反，吉姆·斯塔克展现了一种新型的、机敏的男子气概，窃走了巴兹女人的芳心。针对此场景，编剧斯图尔特·斯特恩指出，即使传统仪式消失了，男人们也总会为争夺荣誉创造出新的决斗仪式。斯特恩是第二次世界大战的老兵，他认为《无因的反叛》中的青少年是"没有敌人的战士"。[58]

在消费社会中，什么是日常生活中的戏剧性场景与快乐情绪？什么是有待维护的社会价值观？电影工作室将斯特恩展现的主题做成了海报，其中一份这样写道："这些孩子将为'荣誉'[59]而战，为此他们正在检查武器。"正如黑色小说或西部片所做的那样，斯特恩在《无因的反叛》中真正想要探讨的是关于荣誉、男子气概和美德的问题。斯特恩依据自己在战争期间的经历演绎了电影中的同性恋关系（他声称这些关系"不是性关系而是浪漫关系"），并将战时的严肃氛围迁移到了物质丰富的社会中。

这家工作室的海报表明，它正在为年轻一代寻找某种内在的关联。其中一张海报将迪恩在《伊甸园之东》中的受欢迎程度与青少年犯罪的叛逆情感结合起来："詹姆斯·迪恩！这是个少年犯！轰动一时！"在另一张海报中，吉姆·斯塔克、巴兹和其他几个身穿皮夹克的黑帮成员走在通往警局的楼梯上，心想："也许警察应该抓的是我们的父母，而不是我们！"就像在《飞车党》中那样，成年男人似乎被年轻人的暴力吓到了，母亲们能做的只是紧紧地握住他们的手。《无因的反叛》将亦正亦邪的男孩塑造成文化领袖，他试图在顺从和无端的大男子主义暴力之间寻求一条中庸之道。[60]

斯特恩的剧本创设了两幕发生在当地天文馆的场景，为青少年展现了两种极端对立的情况——惊骇的世界末日和乏味的郊区生活。在第一幕场景中，学生们抬头仰望布满星座的穹顶，聆听着一段庄严的叙述，被警告核浩劫即将来临，但是他们无动于衷，甚至感到无聊。这一幕的潜台词显而易见：如果说人类在宇宙中是微不足道的，那么青少年为什么要扮演举足轻重的角色呢，又将如何发挥他们的作用呢？其中一张电影海报试图将个人和社会对世界末日的反应联系起来："吉姆·斯塔克——来自一个美满的家庭——是什么使他嘀嗒作响……像定时炸弹一样？"

在《无因的反叛》中，每个人都想从吉姆·斯塔克那里获知的内容，不过是如何在一个科技化、消费化、郊区化的社会里表现得像个男人。这种压力会把任何人撕成碎片。实际上，郊区景观中的新兴父亲形象就是饱受焦虑折磨的反叛者本人。当吉姆、朱迪和普拉多逃离他们的父母，闯入一个废弃的大厦时，他们所能想象出的，只是过家家似的浪漫幻想，幻想着组建一个互相扶持、充满爱意的核心家庭。"这就是……爱的感觉吗？"伍德欣喜若狂，把吉姆的正直等同于成熟和老练。普拉多在此基础上进一步细分了家庭的角色：他说他希望吉姆扮演他的父亲。事实上，在一个传统权威人物已经失去权力的社会里，酷偶像已经成为这个社会的文化领袖。

该电影传达的信息引起了一代人的共鸣，他们谨小慎微，在家庭和社会构成的日常生活之外寻求意义与目标。"他不是他们想成为的样子，"约翰·克列农·霍尔姆斯在1958年写到詹姆斯·迪恩时说道，"相反，他就是他们目前的样子。"他生活艰苦，没有怨言……（只是）生命转瞬即逝。所以迪恩在《无因的反叛》中的反叛属于恋母情结引发的冲突，而不是对社会的批判。在霍尔姆斯看来，迪恩的观众们看着他"用一种平静而悲伤的眼神望着将他与老一代人分开的深渊"，却不知所措。面对看似被动的局面，迪恩选择了青年人的热情，即"渴望爱情和追求目标感"，在银幕上"热烈地生活着，将温柔和暴力交替迸发出来"，直至英年早逝。[61]

在迪恩出演的《无因的反叛》中，存在着这样一种转变：从战后的重建个性（这种个体目标可能会升华为社会目标）转向对自我的迷恋。尽管迪安在朋克式的无政府主义和父亲般的警察队长之间开辟出了中间地带，但他关注的只是自己的形象。这就是酷的未来：暗示着自我才是消费社会的终极目标与意义所在。

猫王埃尔维斯：发情的反叛者

你若咧嘴微笑，便无法成为一名反叛者。

——埃尔维斯·普雷斯利，1956年

猫王埃尔维斯·普雷斯利在某种程度上是个流行音乐天才：在活力四射的演出过程中，他仍然能够意识到自己的举动对观众产生了哪怕是最轻微的影响。根据乐队成员的说法，如果某个即兴动作或者修饰音得到了观众的回应，他就会把它融入下一首歌的演奏中，有时甚至加入下一首专辑中。埃尔维斯研究那些为他尖叫的女孩的欲望，分析他所崇拜的演员的动作，将南方的歌曲组合融合在一起并加以改进。1956年，面对一位记者的提问，他给出了一个发人深省的回答：

我研究过马龙·白兰度，研究过可怜的吉米·迪恩。我也研究过自己，我知道为什么女孩子们，至少是年轻的女孩会喜欢我们。我们表情阴沉，我们焦躁不安，我们是某种威胁。我不太明白，但这就是女孩喜欢男人的原因。我对好莱坞一无所知，但我知道，如果你微笑了，那就不性感了。你若咧嘴微笑，便无法成为一名反叛者。[62]

我不太明白，埃尔维斯眨着眼睛说，但50年代的女孩都崇拜反叛者。埃尔维斯是个好孩子，甚至是妈妈眼中的乖宝宝，这一切直到他开始唱歌时才发生改变：他是一名蓝领卡车司机，打算和一个可爱的女友结婚。"我深入研究了自己"，他说道，然后摒弃了他那羞涩轻柔的南方口音，转而展现出令人兴奋、充满活力的个性，因为"如果你咧嘴微笑，你就不能成为一个反叛者"。正如一位年轻的女粉丝所说："他就是一大块禁果①。"[63]

---

① 指埃尔维斯代表了一种禁果逆反心理，即如果没有充分的理由而对事情简单地禁止，那么该事物会对个体产生巨大的吸引力。——译者注

　　埃尔维斯是战后二期最具影响力的美国反叛者和白种黑人。他在密西西比州的曼菲斯市与图珀洛市长大。在成长过程中。埃尔维斯不仅吸收了蓝调的演唱风格、节奏和舞台技巧，也从他的电影偶像白兰度和詹姆斯·迪恩那里学来了放浪形骸的个性。格雷尔·马库斯（Greil Marcus）写道，"埃尔维斯有一种微妙的淡定气质"，他把大摇大摆和冷嘲热讽、黑色风格和动感活力融为一体。在制作人兼录音师山姆·菲利普斯（Sam Phillips）的指导下，普雷斯利的第一张唱片采用了创新性的声音美学，通过回声、敲击回音和失真的方法，创造了最简洁的乐器演奏法。埃尔维斯为白人青少年提供了一个切入点，帮助他们了解非裔美国文化动态中的存在主义肯定，"他创造自我的意愿……是如此强烈和清晰。"马库斯根据自己的观察这样写道。[64]

　　埃尔维斯是叛逆者的化身，但他的艺术理念来自山姆·菲利普斯。无论以何种反传统的标准来衡量，菲利普斯都属于南方垮掉派。作为一名制作人兼录音师，菲利普斯坚持着两个最为重要的艺术目标："极端个人主义"（通过艺术家的声音实现此目标）和"有瑕疵的完美"（通过创作理念实现此目标）。他坚持真实的自我表达，推崇本土文化和主张即兴艺术创作——例如，埃尔维斯在录音棚里闭关两天，才创作出菲利普斯想要听到的《没关系，妈妈》（That's All Right, Mama）。身为佃农的儿子［约翰尼·卡什（Johnny Cash）和卡尔·帕金斯（Carl Perkins）也是这样的出身］，山姆·菲利普斯的艺术目标是帮助乐手创作出一种充满活力、节奏复杂、振奋人心的音乐，他曾听到过非裔美国人在家乡弗洛伦斯市（亚拉巴马州的一座小城，位于马斯尔肖尔斯城附近）的田间和教堂里吟唱这种乐曲。在这座孕育了美国跨种族音乐的小城里，有一位双目失明的黑人（名叫塞拉斯·佩恩，菲利普斯小时候叫他"塞拉斯叔叔"）与菲利普斯及其家人同吃同住。菲利普斯从他那里学到了非裔美国音乐的实践操作——即兴创作和基础节奏。"他用手指在膝盖上演示，教会了我节奏，给我唱他脑子里想出来的关于糖蜜和煎饼的歌。"

　　菲利普斯最初只录制蓝调歌手的作品，直至1951年为"嚎叫野狼"录制唱片时，被"野狼"深深震撼，认为此人是目前为止令他印象最为深刻的艺术家。但菲利普斯很快意识到，南方白人自诩拥有专属的音乐，他们恪守着严格的种族界限；于是，他将"野狼"的合同卖给了芝加哥的切斯唱片公司（Chess Records）。从这点上说，菲利普斯之所以发表那句臭名昭著的言论，主要是因为"野狼"带给他的感受："如果我能找到这样一个白人，他拥有黑人的声音和黑人的感觉，那么我就可以大赚10亿美元。"菲利普斯开设了曼菲斯录音服务中心（Memphis Recording Service），希望能够吸引那些从过往经历中淬炼出独特个人风格的乐手。截至1956年，他在太阳唱片公司工作期间，已成功地为埃尔维斯、约翰尼·卡什、卡尔·帕金斯和杰瑞·李·刘易斯（Jerry Lee Lewis）等人打造出独特的艺术风格。此外，他很可能是凭借一己之力，单枪匹马创造出了乡村摇滚乐，无愧于彼得·古拉尔尼克（Peter Guralnick）授予他的头衔——"发明摇滚乐之人"。他常说："想要成为反叛者，不必离群索居。"[65]

　　正如小理查德（Little Richard）、查克·贝瑞（Chuck Berry）和"胖子"多米诺（Fats Domino）在20世纪50年代中期登上了（属于白人的）流行音乐排行榜一样，埃尔维斯、杰瑞·李·刘易斯和卡尔·帕金斯也登上了（属于黑人的）节奏蓝调音乐排行榜，震惊了南方音乐圈，也动摇了美国告示牌音乐排行榜。但菲利普斯却没有因此感到惊讶，因为他们的成功正是他音乐理念厚积薄发的结果。在节奏蓝调排行榜排名首位意味着这些歌曲被黑人听众认可，这些听众均是非裔美国音乐传统中举足轻重、敢于创新的艺术家。为什么会出现此现象呢？唯一合理的解释是，这些出身工人阶级的白种男性深受周围黑人的影响与启发，学习了他们的声乐风格、节奏、嘻哈俚语和音乐实践。黑人出没的教堂（福音音乐）、街头（蓝调）以及广播节目（节奏蓝调）都成为埃尔维斯等人的灵感来源。曼菲斯的一位作家曾报道说，即使是山姆·菲利普斯，也不知道将埃尔维斯归为哪类："他有着白人的嗓音，但用黑人的节奏演唱，这种节奏又借用了乡村音乐的情绪和重音。"从1954年到1957年，在这短短的三年时间里，黑人艺术家的歌曲在流行音乐排行榜中所占的比重增加了十倍——从3%飙升至30%，其中还不包括白人艺术家和山姆·菲利普斯一起录制的歌曲，以及依据非裔美国人传统创作而成的作品。[66]

埃尔维斯最初被称为"山猫"，意思几乎等同于"南方的白种黑人"。在战后的非裔美国俚语中，"猫"是一个令人钦佩的词语，意指很酷的男人。到了50年代中期，犹太歌曲作家莱博（Jerry Leiber）和斯通勒（Mike Stoller）谱写出猫王最为成功的几首歌曲，因而被称为"酷仔"（cool cat）：他们宣称，黑人文化是他们毕生的艺术追求，他们长期沉浸在巴尔的摩市和纽约市的黑人社区中，从中获取艺术灵感，谱写出风靡一时的节奏蓝调代表性歌曲，成功地推出专辑《表演者》（*The Coasters*）。在卡尔·帕金斯或杰瑞·李·刘易斯看来，在歌曲中或舞台上大喊"加油，小猫，加油"，就是在诉诸黑人文化中的即兴表演形式。埃尔维斯回忆说："当人们最初听到他的首张唱片时，很多人都很喜欢它，你可以听到镇上的人们议论纷纷，'他是黑人吗？是吗？'我会跟着说'我是黑人吗，是吗？'"猫王曾在路易西安纳谷仓舞会（Louisiana Hayride）现场演唱，这是他第一次出现在全国的广播节目中，他的声音点亮了许多15岁男孩的音乐梦想，从约翰·列侬和保罗·麦卡特尼到鲍勃·迪伦和保罗·西蒙，均深受猫王鼓舞。西蒙回忆说，当他第一次听到埃尔维斯的歌声时，"我认为他肯定是个黑人"。在曼菲斯市，"嚎叫野狼"认为埃尔维斯是最早的白人蓝调歌手之一："他从蓝调起步……用蓝调塑造了自己的魅力。"比比金对埃尔维斯的成功做出了简明扼要的总结——"他对自己赖以成长的音乐做出了独特的诠释。"此观点源自这样的认知："这是可以理解的，因为黑人只占人口的少数，白人才是大众群体……他们希望他们的文化英雄看起来和他们一样。"[67]

至此，埃尔维斯已具备参演好莱坞电影的先天条件，成了摇滚反叛精神的载体。卡米尔·帕格里亚（Camille Paglia）称白兰度和埃尔维斯是20世纪50年代"最性感的人物"，意在表达性魅力和酷在两人身上合二为一："他是一个偶像，进入了我们的梦境，改变了我们看待世界的方式。"白兰度有能力将自己"深邃而复杂"的性格融入影片的各个角落，给自己提供了充足的艺术表现空间，使其能够通过饰演的每个角色（无论是流浪汉、工人、革命者还是士兵）暴露内心的不安全感。帕格里亚认为，基斯·理查兹（Keith Richards）给儿子取名"马龙"具有重要的象征意义，象征着白兰度"狂野、性感、叛逆"的形象与摇滚乐以及埃尔维斯之间的联系，从而突显出这些人物的魅力，强调他们通过"迸发出的野蛮能量"激励了一代人。[68]

得益于自身的名气，"埃尔维斯电影"自成一派，但埃尔维斯总是试图向白兰度和迪恩看齐。在好莱坞拍摄他的第一部电影《铁血柔情》（*Love Me Tender*，1956年）时，埃尔维斯与娜塔莉·伍德和丹尼斯·霍珀终日待在一起，同《无因的叛逆》的大部分演员合作，取代了迪恩的地位。在他的第三部电影《硬汉歌王》（*King Creole*）（见图27）中，埃尔维斯争取到了原本为詹姆斯·迪恩设计的角色，此角色将青少年的焦虑与黑色电影融合在一起。电影公司将此角色宣传为"一个试图摆脱周围环境困扰的新奥尔良年轻人"，一个出身工薪阶层、一心想要获得成功的孩子。在电影的开头，埃尔维斯在街上遇到了一名叫卖"鳌虾"的黑人女商贩。他先是同这名商贩合唱，然后接过这首歌独自唱了起来。实际上，我们在屏幕上看到的音乐就是黑人音乐与白人音乐交融的产物。在拍摄《硬汉歌王》期间，成千上万的女孩跟随摄制组"从法国区来到……庞特查特雷恩湖"，步行整整五英里的距离。此外，埃尔维斯需要警察24小时维持秩序，以免遭到影迷的围堵。该工作室注意到，影迷们"高喊'我们想见埃尔维斯'的声音在几英里外都能听到"，警察曾将埃尔维斯数次转移"至多个不同的屋顶上……以保证埃尔维斯的安全"[69]。

白兰度、迪恩和埃尔维斯主演的坏男孩偶像电影在20世纪50年代备受年轻女性欢迎，她们毫不吝啬地表达出对这组偶像的关怀与爱慕，用实际行动帮助他们不断地充实扮酷的资本，如爱娃·玛丽·森特出演《码头风云》（为了帮助白兰度），乔安娜·伍德沃德出演《逃亡者》（也为了帮助白兰度），娜塔莉·伍德出演《无因的反叛》（为了帮助迪恩），卡罗琳·琼斯出演《硬汉歌王》（为了提携埃尔维斯），甚至连玛丽露都为了烘托萨尔和迪恩两个角色而出演《在路上》。在战后年代所著的《反叛者》（Rebels，2015年）一书中，李罗穆·梅德伍伊（Leerom Medovoi）指出，三种因素交织在一起，促使女性关注青年叛逆者，进而助推了青年叛逆之酷的增长。首先，在这些电影中，观众释放情欲的对象是男性角色，而非女性，所以女性自己不能成为主角，只能辅助男性演员；其次，女性角色在治愈反叛者的过程中，为反叛者的反抗行为增添了情色成分；最后，叛逆的女孩并没有试图驯服叛逆的男人，而是加入了他反抗社会的活动，仿佛随时准备投身反抗组织。在吸引坏男孩的过程中，叛逆女孩验证了男孩的态度：她伴随男孩左右，在世俗的世界里聆听男孩的忏悔。"正是因为她觉得他的叛逆很有吸引力"，梅多沃伊写道，所以电影中的女性"欣赏叛逆男孩蔑视家庭伦理的态度"。[70]此外，就情节来看，电影中的女性目睹了反叛者的心理创伤，并且帮助他治愈了伤痛，这样的情节类似前文中提到的早期黑色电影。在战后二期，酷女性并不多见，但"叛逆女孩"直接塑造了垮掉的一代内心的渴望，从而成就了白兰度、迪恩这样的叛逆偶像，以及埃尔维斯等广受欢迎的摇滚明星。[71]

将叛逆情色化的过程对埃尔维斯的成功起到了至关重要的作用，《码头风云》和《无因的叛逆》同样如此，它们打造出白兰度和迪恩的魅力。在《码头风云》中，身为码头工人的父亲告诫女儿伊迪离开特里·莫洛伊（白兰度饰），伊迪则选择替特里辩护："他试图表现出强硬的一面……但他的眼神（透露出内心的伤痛）。"卡赞理解森特所饰角色的内涵，知道该角色是帮助主角追溯童年创伤的他者，是聆听忏悔者和浪漫伴侣的结合体："（是的，）一个男人，不管他做了什么，都可以被救赎——特别

图27 《硬汉歌王》是一部罕见的融合黑色酷与垮掉派酷的作品。在该影片中,埃尔维斯饰演一名歌手,试图反抗犯罪组织对新奥尔良各个酒吧的控制。

是当有一个富有同情心的年轻女子伴随他左右，聆听他的忏悔时。该女性扮演着类似神父的角色，但在片中起到的作用远胜神父。"[72]娜塔莉·伍德在电影《无因的反抗》中轻抚詹姆斯·迪恩的头部，用同样充满救赎的目光凝视着他。有一个镜头拍摄的一组无精打采的年轻女性，罗伯特·奥特曼从该镜头的画外音中捕捉到了迪恩对年轻女性的吸引力："因为他英年早逝，未曾步入婚姻，所以每个女孩都觉得他只是属于她自己。"[73]

　　甚至连《飞车党》也依赖于这种年轻女性与叛逆男主角之间的关系。在表现约翰尼·斯特拉伯勒（白兰度饰）和警长女儿玛丽·墨菲之间的关系时，这部电影采用了一种骇人听闻的方式。在开篇的场景中，小镇遭遇了无端的破坏，但玛丽成为上天赐予小镇的礼物——她身穿运动衫，聪明伶俐，品行端正——反叛者愿意为她赎清自身的罪恶。在这种情况下，冷漠的白兰度不再坚持无政府的虚无主义，他的内心因为找到了方向而变得脆弱，整个人从冷漠羞怯转变为积极奋斗。玛丽的身体，从更广意义上来说，她潜在的性感力量，便是反叛者放手一搏的动力。为了向玛丽示好，身为摩托车帮一员的约翰尼用残暴的手段报复这座小镇：在这种割裂的叙事中，诱惑和征服警长女儿等同于反叛者前进道路上偶尔面临的诱惑。影评人雷恩·乔丹分析认为，通过性诱惑的桥段讲述反叛者的故事，与弗洛伊德的反抗理论如出一辙："她不仅反抗父亲（这是她的动机），也在反抗警长女儿的身份（这是她采取的抗争行动）。白兰度亵渎了剧中权威人物最珍爱的女性，以此报复权威人物。"这正是白兰度的拿手好戏，他擅长把父子之间因恋母情结爆发的冲突转变为反叛者与权威人物之间的矛盾。[74]

　　这个叛逆的女孩看穿了年轻人的外壳，但仍然受到传统性别角色的束缚，所以她只能在战后二期酷的产生过程中发挥着推波助澜的作用。一位酷文化分析家曾经提炼出这样的话语，用以描述他父母在20世纪60年代初的恋情："女孩遇到坏男孩，坏男孩错误的行为惹恼了女孩。女孩了解到，男孩有着无法被世人理解的深邃内心世界。在遇到他之前，布伦达的生活中没有什么比这更令人激动的了……这个男孩如此特别,以至于世界无法接受他。"[75]当男性角色如此独特,以至于"世界无法接受他"时,蕴含着两层含义:第一,他对于世界来说太完美了(或者太格格不入了);第二,在斗争过程中,这个反叛者要么直面并征服这个世界,要么成为某项重要事业的殉道者(比如她)。

当战后的女孩们为埃尔维斯尖叫哭泣时,她们正试图挣脱社会为她们设置的家庭牢笼。有关60年代抗争活动的回忆录几乎总会提及当时的主流文化氛围——处在以艾森豪威尔总统为代表的当权者监视之下,静如死水。于是,白兰度、迪恩、猫王、杰瑞·李·刘易斯、查克·贝瑞等人物应运而生:他们焦虑不安,沉思默想,扭胯舞动,像鸭子一样走路,在大屏幕和大舞台上展现出叛逆男子气概。鲍勃·迪伦曾经这样评价猫王:"第一次听到他的声音就像越狱一样刺激。"想象一下,对于那些几乎没有宣泄性欲渠道的女孩来说,听到像《别那么残忍》(Don't Be Cruel)、《寂寞大道》(Lonely Avenue)和《神魂颠倒》(All Shook Up)这样长达两分钟、充满诱惑力的摇滚歌声时,她们的内心将会何等地汹涌澎湃。或者对于那些好女孩来说,当听到《温柔地爱我》(Love Me Tender),以及那首最为直白的《(你太正直了)宝贝,但我不在乎》[(You're So Square)Baby, I Don't Care]时,内心又将是多么激动。[76]

1956年,埃尔斯维斯四处巡回演出,频繁地出现在各地的黑白电视节目中,甚至7岁的布鲁斯·斯普林斯汀(Bruce Springsteen)也能回忆起这位新晋酷偶像带来的震撼。这个观察力敏锐的孩子从来没有见过像埃尔维斯这样的人——他的会心一笑,他那乌黑发亮的头发,他那懒散、紧张、狂躁、边唱边跳的舞台形象都令布鲁斯印象深刻。埃尔维斯的不羁风格使这位未来的摇滚明星很早就知道自己想要什么。他在2010年的一次采访中曾说:"一个孩子什么都不想要,只想让世界不安,这个想法在看到埃尔维斯那一刻就已生根发芽。这就像你想要拆掉自己的房子,然后根据自己的梦想和想象重新搭建一座新的房屋。而你知道,眼前的这个人正在做

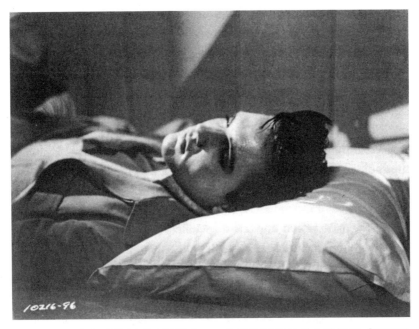

图28　在各地的叛逆女孩看来，一向放荡不羁的埃尔维斯在《硬汉歌王》中表现出少有的低调（1958年）。

这件事。"1977年埃尔维斯去世后，斯普林斯汀思索着这位摇滚之神所传达的信息，认为这些信息既是某种神话，也是在警醒后人。在演唱会中，他大声发问：为什么一个拥有如此天赋和艺术力量的人会让这一切消散成轻浮的悲剧。20世纪70年代中期，斯普林斯汀在曼菲斯的一场音乐会结束后，试图翻越优雅园①的围墙，但被警卫拦住了。"埃尔维斯在家吗？"他问道。斯普林斯汀经常把这个故事讲给大家听；当然，此事这可能是杜撰的，但这并不影响它一次次被复述。30年后，斯普林斯汀用不带任何讽刺的口吻说道："他实际上是某种新新人类的先驱。"[77]

①　猫王故居，英文为Graceland，位于美国田纳西州的曼菲斯市，每年有六七十万游客到此"朝圣"，参观人数在全美名人住宅中仅次于白宫。——译者注

本章结语：榜样之酷

艺术评论家戴夫·希基在公民身份的框架内对比了"榜样之酷"（cool-by-example）和"讽刺之酷"（cool-as-irony）。酷，从原创的艺术实例中有机地积聚力量，而不会引起人们对其本身的注意，也不会引起人们对其所传达信息的"过度解读"。艺术家通过玩一种风格独特的艺术游戏，与观众建立了一种对话关系。"榜样之酷"往往是通过优雅的身体举止表现出来，建立在假想的平等之上和没有等级之分的环境之中，这种酷源自"具体可见的公民个体权威"。相比之下，"讽刺之酷"则是无权无势者使用的一种修辞策略，他们接受现状，躲在路障后面投掷鸡蛋。"讽刺是躲避上司怒火的一种方式；酷则是不把怒火强加于同事的一种方式。"[78]

白兰度和迪恩都是出色的模仿者，他们研究过路人，从周围的街头生活中汲取灵感，创造出一套肢体动作，类似于鲍嘉在大萧条时期研究美国工人阶级的方言和肢体语言，以及李斯特·杨指引年轻音乐家走进观众，了解观众每天的梦想和焦虑。在为特定一代人寻求表达个性和尊严的创新策略时，这位冷静的反叛者喊出了公共内心的呼声。[79]原创的艺术理念首先会与观众建立一种非正式的隐匿关系——希基所说的"与同龄人和公民对话"，然后通过这种关系对特定领域产生影响。

英雄人物恢复了社会秩序；反英雄仍然孤独地待在演职人员表中，保持着内心的不满。这样的情节继承了《码头风云》《无因的反叛》《巨人传》和《硬汉歌王》（以及其他电影）等电影的结局。白兰度和迪恩有很多共同点，他们都来自中西部地区，都是出身中产阶层的孤独者，都有被理想化的母亲和缺席的强势父亲，与双亲之间的关系也都在困扰着他们。正是因为这样的成长经历，他们才在银幕之外成为操纵他人情感的流氓，并且害怕情感上的承诺。斯图尔特·斯特恩在谈到他与迪恩的友谊时说："他可以追求你，让你认为你是他最好的朋友，然后在你最需要他的时候他就消失了。"[80]但是在银幕上，白兰度和迪恩通过一种隐晦的男性化风格，表现出叛逆与渴望，创造了酷的新基调。

20世纪70年代的三位标志性音乐家以白兰度为榜样，证明了他们在街上扮酷行走的目的——控诉美国的必胜信念。在斯普林斯汀的第一张专辑中，歌曲《在城市里做一个圣人是如此的困难》（"It's So Hard to Be a Saint in the City"）使用了酷面具反对道德面具，他在另一首歌中提到了白兰度的名字，将其视作在大街上踽踽前行的榜样（"我可以像白兰度一样行走/径直走向太阳"）。大卫·鲍伊在《中国女孩》（"我觉得自己像马龙·白兰度一样悲剧"）中看到了白兰度面具之下蕴藏的存在主义核心。尼尔·杨想象着与马龙·白兰度以及宝嘉康蒂①坐在一起，在电影《风中奇缘》（Pocahontas）中筹划一场针对土著居民暴行的反抗运动。

反英雄角色会展现"榜样之酷"，或者效仿加缪提出的公式——"为他人反抗"（rebellion for-others）。在此基础上，新的叛逆偶像和新一代人诞生了。对猫王来说，情况更是如此，他的榜样力量催生出60年代的摇滚反叛群星——迪伦、披头士、滚石乐队。"在埃尔维斯之前，什么都没有，"约翰·列侬有句名言，"如果没有埃尔维斯，就不会有披头士乐队。"埃尔维斯是社会结构断裂的产物，代表着变革，我们现在用"酷"展现这种变革。保罗·麦卡特尼也说过类似的话："我们在利物浦长大，当我们还是孩子的时候，所有的梦想就是成为埃尔维斯·普雷斯利。"这一点在他们的音乐作品中得到了证实：披头士乐队曾翻唱《没关系，妈妈》（That's All Right Mama），这是埃尔维斯1964年在BBC广播电台演唱的第一首热门歌曲，乐队成员麦卡特尼完美地演绎了猫王的歌声。尽管在BBC的现场演出中，披头士总是炫耀他们对50年代摇滚经典的精通程度，演出内容往往涵盖小理查德、卡尔·帕金斯和查克·贝里的多首作品，但《没关系，妈妈》是披头士极少演唱的一首歌曲，其中的每一个音符都表达了对埃尔维斯的致敬。[81]当然，在汉堡和利物浦夜总会的早期表演中，

---

① 1995年《风中奇缘》中的女主角。——译者注

他们也会效仿《飞车党》中的白兰度，身穿皮革外套上台演唱。

通过上述方式，榜样之酷被传递给下一代人。以鲍勃·迪伦（Bob Dylan，出生于1941年）为例，他最喜欢的电影是下一代中西部青少年的典型代表：《伊甸园之东》《飞车党》《无因的反叛》《逃亡者》。作为文化上的后继者，迪伦继承了白兰度和迪恩、埃尔维斯和约翰尼卡什、垮掉派和迈尔斯·戴维斯、汉克·威廉姆斯和大乔·威廉姆斯等人的精神，汲取了战后二期各个方面精髓，开创出新一代酷的综合体。[82]

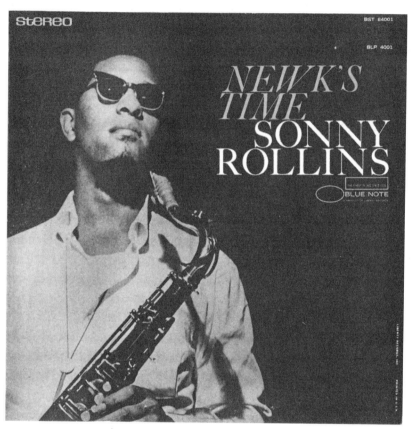

图29　"酷就是带着尊严抗争。"桑尼·罗林斯登上《纽约时代周刊》封面时所说的名言抓住了酷面具的精髓——静默地革命。

第九章　桑尼·罗林斯与迈尔斯·戴维斯吹奏出个性之酷

记者乔治·W. 古德曼（George W. Goodman）曾是一名心怀抱负的爵士乐手。1960年的一天，他听到桑尼·罗林斯（Sonny Rollins）在公寓大楼内吹奏乐曲，曲声粗犷有力，"如同射钉枪的子弹穿透墙壁"。当时的古德曼十分崇拜罗林斯，暗自将他称作"酷先生"（Mr. Cool），以此概括罗林斯的事迹——他能根据不同主题吹奏出复杂多变的次中音萨克斯管曲调，他坚持将爵士乐作为反抗的手段，彻底戒除了海洛因，"身体力行"成为文化反叛的化身。在马尔科姆·艾克斯和斯托克利·卡迈克尔出现之前，古德曼回忆道："年轻的爵士明星们便是我们的文化革命者——他们叛逆、愤怒，但总是很酷。""酷起来"（be cool）的意思是你正在掌控自己的情绪；"以权威的方式演奏（爵士乐）则意味着你感到轻松自如。"古德曼那一代纽约人对爵士乐家"充满了敬畏"，甚至欣赏他们海洛因成瘾的经历，认为这样的经历"增强了詹姆斯·迪恩和马龙·白兰度在美国白人心目中果敢坚毅的形象和存在主义的神秘感"。回首这一时期，古德曼曾在1960年公开指出，"酷就是带着尊严抗争"。[1]

在战后二期，爵士乐、个性、存在主义和酷汇聚成一种渴望实现种族平等的动机，一个不可分割的有机整体。冷战期间，西方文明曾兴起怀疑自身文明的思潮，机敏的白人爵士乐批评家们（如纳特·亨托夫、惠特尼·巴列特和马丁·威廉姆斯）趁势将这一时期的乐手塑造成为文化英雄。在威廉姆斯看来，"感觉自己没有价值的经历至关重要"，有助于理解20世纪对人性的揭示；"旧日的诸神"已经消失，新个性的化身出现了，这种个性来自通过某种艺术形式"获知……自己没有价值"的一类人。这种艺术形式可以帮助每个人在与他人对话的同时找寻到属于自己的声音。"这就像爵士乐正在告诉我们，人类在今后可能习得更为伟大的个性，远远超过迄今为止已赋予自己的种种个性，这种个体不仅不会对合作型社会结构构成威胁，反而会促进社会的发展。"[2] 从这个意义上说，"酷"是一种地下文化的标志，它在寻找"对人类来说有可能变为现实的事物"，而不是战后那种被疏远（被异化）的无力感。爵士乐是一种公开表演的艺术形式，它"促进个体找到自己的道路"，而音乐家也有助于保持集体的最佳状态，并且推动对话的进行。

简而言之，过往的历史涓流在此处汇聚成河。

爵士乐手是一个坚持存在主义的有机整体，因为他们建立了一种既有现代主义，又有蓝调美学，同时还兼具非洲移民风格的艺术模式。他们是现代主义者，拒绝传统和通俗的方法，通过创新形式、理论和风格，为这门艺术增添了更多的可能性。他们认为，个体会通过艺术手段追寻真实性，以反对一个腐败的社会。在此假想的基础上，他们每个人都希望引导大众追寻更高层次的自我意识。几乎所有的黑人爵士乐手也意识到音乐在非裔美国人争取社会平等的斗争历史中所起到的作用。正如鼓手肯尼·克拉克回忆他们用音乐表达抗议时的潜台词一样，"如果美国不尊重其宪法，不尊重我们作为男人的权利，我们就不会在乎美国式的行事方式"。[3]

在酷的旗帜下，反抗者被重新定义为富有见地的社会批评家。这个概念首先通过爵士乐手进入公共文化。反抗者开辟了新的途径，摒弃过时的习俗，照亮了新的社会可能性，并激发了无限的个体潜能。酷面具是一块盾牌：它在挡住了白人蔑视目光的同时，允许公众进行艺术表达。詹姆斯·鲍德温评论过迈尔斯·戴维斯使用"酷面具"的方法："迈尔斯的伪装没有刻意地愚弄任何人，但令很多人望而却步，这就是关键所在。"[4]

出于上述原因，战后二期涌现出大量关于爵士乐手的文学作品，其中有鲍德温的《桑尼的蓝调曲》（*Sonny's Blues*，可能是当时最好的爵士乐题材短篇小说）、梅勒的《白色黑人》、埃里森关于爵士乐的经典论文、凯鲁亚克的艺术宣言"波普诗体"，以及一系列歌颂爵士乐手的诗歌——从弗兰克·奥哈拉（Frank O'Hara'）为比莉·荷莉戴撰写的悼词《戴女士死的那天》（"The Day Lady Died"），到兰斯顿·休斯（Langston Hughes）和肯尼斯·雷克斯罗思（Kenneth Rexroth）所作的爵士和诗歌专辑，均产生于这一时期。[5]在小说方面，约翰·克列农·霍尔姆斯的作品《号角》（*The Horn*，1958年）讲述了主人公埃德加·普尔（李斯特·杨和查理·帕克的结合体）弥留之际的故事。在罗斯·拉塞尔（Ross Russell）的影片《声音》（*The Sound*，1961年）中，主演瑞德·埃文斯（Red Evans）再现了查理·帕克身材瘦削的神秘形象［该电影最初名为《嬉皮士们》（*The Hipsters*），后改为《这声音真酷》（*The Sound Was Cool*）］。[6]在胡里奥·科塔萨尔（Julio Cortazar）的《追随者》（*The Pursuer*，1959年）中，导演以帕克为原型，虚构出虚构约翰尼·卡特（Johnny Carter）这一角色，此人拒绝接受传记作者试图将自己的音乐简化为理性分析的做法。此外，如果说路易斯·阿姆斯特朗是《隐身人》"序言"中的沉睡英雄，那么（如上文所述）查理·帕克则是凯鲁亚克《墨城蓝调》中的沉睡英雄。

　　爵士乐手从未在文学或文化想象中占据如此突出的地位，他们是战后酷的象征，而"酷"这个概念本身就是一个神秘的术语，与非裔美国音乐家诉说的地下音乐艺术联系密切。"爵士音乐家——特别是萨克斯管乐手——已经成为新一代的文化英雄"，拉塞尔这样评价帕克。[7]凯鲁亚克认为李斯特·杨是"他那一代人的文化大师"，他曾思索杨的艺术模式给尼尔·卡萨迪带来的启发："卡萨迪从杨那里学到了什么奥秘和杰作？"凯鲁亚克在《科迪的幻象》（*Visions of Cody*）中写道："科迪（从他那里）获得了何种流芳千古的影响力？"[8]

　　作为一种艺术形式，爵士乐的不同之处在于它是个体与听众之间的有意识的、直接的、实时的情感交流。因此，它可能开创了史无前例的西方艺术模式。爵士历史学家马歇尔·斯特恩斯在1954年的《纽约客》上描述了这场爵士革命："爵士从僵化走向流动……它反对清教，反对一切精神控制（如法西斯主义）。它的旋律淳淳流淌，但你可以随时跳进或跳出。"[9]这样一个未经公布的概念框架可以从鲍德温、埃里森和阿尔伯特·默里的文学作品中推断出来，梅勒、罗斯·拉塞尔、凯鲁亚克和波伏娃肯定也曾暗示过这一点。

"酷"这个词语和概念的象征力量在战后非裔美国人的爵士乐作品中得到了充分体现：在战后一期，帕克的《忧伤的蓝调舞曲》（Cool Blues）、杨的《冷酷不止》［Just Cooling，现在翻译成《战栗不止》（Just Chilling）］、塞隆尼斯·蒙克（Thelonious Monk）的《让我们冷静一下》（Let's Cool One）、贝西伯爵的《保持冷酷》（Stay Cool）和埃尔斯金·霍金斯的《保持冷酷，傻瓜》（Keep Cool, Fool）；在战后二期，霍勒斯·西尔弗（Horace Silver）的《冷酷的眼神》（Cool Eyes）、雷·布朗（Ray Brown）的《潇洒走一回》（Cool Walk）、桑尼·克拉克（Sonny Clark）的《昂首阔步，酷酷走开》（Cool Struttin）、"胖子"·纳瓦罗（Fats Navarro）的《一切都很酷》（Everything's Cool）、霍华德·麦基（Howard McGhee）的《冷酷的幻想》（Cool Fantasy）和小奥斯卡·布朗（Oscar Brown Jr.）的喜剧独白《但我很冷酷》（But I Was Cool）。到了20世纪50年代末，"酷"变成了一个抒情暧昧的词语，暗示着一种能够控制自我的个人魅力与风格，如短语"冷静点/酷一些"（playing it cool）、琼·克里斯蒂（June Christy）的热门歌曲《美好的事》（Something cool），和埃塔·琼斯（Etta Jones）的《酷酷的老爸》（Cool, Cool Daddy）。但是在20世纪30年代，很少有爵士乐作品的标题中出现"酷"这一字眼。

当时与现在一样，"酷"这个词可以被归为任何积极的东西，但它最深层的含义是一种放松的生理状态，一种心理平衡的模式。罗斯·拉塞尔在自己所著的查理·帕克的传记《大鸟永远活在我们心中！》（*Bird Lives!*）中指出，"大鸟喜欢'酷'这个词，这也是他最常说的一个词，它代表着所有良好的品质和可控的情况"。帕克在拨号唱片公司（Dial Records）录制了自己最好的作品，拉塞尔正是这家公司的创始人，他回忆起帕克在休息时听录音棚回放的情景："他呼吸缓慢而深沉，有一种不慌不忙的样子。他浑身上下都感到满意，处在沉静的状态之中——这就是酷。"[10]如果一个黑人在特定的环境中感到舒适，那么他或她就是感到安全和放松的；如果是在白人环伺的公共场合，非裔美国人会表现出冷静沉着或自我控制的情绪。正如李斯特·杨对"酷"一词做出的定义——"酷"意味着放松而不失个人风格。

　　爵士乐还有另一种同样重要的美学意义：它创造了旋律极简主义，发出了凝练且具有挑战性的艺术声明。这种"酷爵士"的分支具有一种音乐价值观，而其被认为是西海岸白人的一种艺术形式。它最初的代表人物是李斯特·杨、迈尔斯·戴维斯和吉尔·埃文斯（Gil Evans），但推动其发生转变的关键人物是斯坦·盖茨（Stan Getz）、格里·穆里根（Gerry Mulligan）、阿特·佩珀（Art Pepper）和小号手切特·贝克（Chet Baker）。贝克是一个富有魅力的加利福尼亚地痞，吸食海洛因成瘾，由于长相酷似迪恩，所以常被称为"爵士乐界的詹姆斯·迪恩"。他最初模仿迈尔斯·戴维斯的声音，但很快就把后者柔和的抒情风格转变成了他自己空灵的不规则弱音风格。与帕克一样，贝克是一位歌手，同时也是酷的象征，但他显然更享受吸毒的快感，并在飘飘欲仙之时演奏乐曲。"一切都变得美丽、纯净、宁静、愉悦，"贝克首先谈到大麻时说道，"神经放松了，忧虑消失了……时间有了新的意义。"贝克一旦吸上了海洛因，就会表现出脱离社会的危险，但这只会提升他的形象。"他的冷漠态度似乎是一种冷酷的灵魂"，一家意大利报纸这样描述贝克和他的同事穆里根和阿特·佩珀，他们都是吸食海洛因的瘾君子。[11]"酷音乐家"是一种新的类型，"他们的情感处于乐手本人的控制和操纵之下"，莉莲·罗斯在

1954年的新港爵士音乐节上写道。这种酷美学跨越了种族界限，后来被摇摆乐手特迪·威尔逊（Teddy Wilson）、米特·辛顿（Milt Hinton）、乔治·希林（George Shearing）和斯坦·肯顿（Stan Kenton）采纳。[12]

爵士音乐家通过一种个性之声，创造了属于个人的审美价值体系。在此过程中，他诉诸一种艺术实践形式，排斥了所有的"正确概念"和种族定义。在战后二期，爵士乐的目标是寻找一种到达存在主义酷境界的方法。在本章中，我将从两个方面展开论述。首先，我将论述爵士音乐家是如何开发出一种个性之声的；其次，我将探究这种艺术实践与探寻主观真理之间的关系。在存在主义的早期作品中，索伦·克尔凯郭尔（Søren Kierkegaard）宣称有必要使用两种方法来实现没有幻觉的自我发掘。第一种是通过内省的方式"持续奋斗"，第二种是将更高的价值归因于"它是如何被叙述的"，而不是"它叙述了什么"。换言之，克尔凯郭尔呼吁世人开创这样一种哲学：在它的框架下，个人风格和深度创造出的是更为有效的自我认知，而不是一本正经的艺术内容。[13]

战后想象中的爵士乐手

根据酷概念第一位理论家罗伯特·法里斯·汤普森（Robert Farris thompson）的说法，"酷"是非裔美国人最擅长使用的比喻。[14] "酷"是一个象征性的概念，折射出泛非洲文化向非裔美国文化的转型。酷形成于长期的历史运动和美国环境之中，所以必须通过个性表现出来。法拉·贾丝敏·格里芬（Farah Jasmine Griffin）和爵士音乐家萨利姆·华盛顿（Salim Washington）在《酷之范畴》（*The Limits of Cool*）一书中阐述了当代非裔美国人特有的酷的共鸣："请谨记于心，在非洲裔美国人内部，'酷'……更像是一种道德范畴……受人尊敬的人是酷的人，他把这种品质的美德带到他或她所有的事业中。"他们的榜样是迈尔斯·戴维斯，因为他代表了一个酷人的特质："冷静意味着放松、镇定、机智、不愿冒犯他人，最重要的是，能够走自己的路。"简而言之，"酷"彰显了个性。[15]

在第一部小说《V.》（1963年）中，托马斯·品钦（Thomas Pynchon）通过一个关键的场景着重强调了酷的意义。这部作品的主题是在格林尼治村一帮吊儿郎当的垮掉派中寻找意义。他们当中只有一人是真正的艺术家：萨克斯管手麦克林蒂克·斯菲尔（McClintic Sphere）。该角色是两位创新型爵士乐作曲家的复合体——奥内特·科尔曼和塞隆尼斯·斯菲尔·蒙克。在小说中，斯菲尔经常在"第五音符俱乐部演出"（V-Note）上演出，这是一家位于曼哈顿东村的俱乐部，作者为其命名时参考了"五点俱乐部"（Five Spot）的名字。该俱乐部吸引了艺术家、垮掉派、波希米亚主义者、大学生以及伦纳德·伯恩斯坦之类的人来此地参加演出。[16]

麦克林蒂克·斯菲尔展现出品钦在小说中没有嘲讽的战后波希米亚精神："保持冷静，但心怀关爱。"（Keep cool, but care.）斯菲尔在对他的女朋友宝拉（Paola）的简短独白中说出了这句四词箴言，就像唱出了一句没有配乐的爵士即兴乐句。这句话表达了两层含义。首先，斯菲尔向宝拉承认，他只是"即兴脱口而出一句愚蠢的台词"，以展示他对当下嬉皮装饰乐节（hip licks）的精通。然后，他否定了宗教、决定论、上帝、进步、浪漫爱情以及其他一些人物，认为这些人和事物都不足以让他在冷战中保持冷酷："无论在亚拉巴马州、南非、苏联还是我们这里，没有人会从天而降，然后将一切准备就绪……也没有什么神奇的词语，就连'我爱你'这句话也不够神奇。你能想象艾森豪威尔对马伦科夫或赫鲁晓夫说出这句话的场景吗？哈哈。"于是斯菲尔灵光一现，自言自语道："保持冷酷，但心怀关爱。"这句台词将斯菲尔的独白推向高潮：它体现了一种个人哲学。他将这句话翻来覆去说了几遍，然后痛苦地告诉宝拉："如果我妈妈还在世，我会让她按照这句话（为我）做出示范。"[17]

正是在这一刻，斯菲尔顿悟了，理解了自我与他人之间的关系。当这个场景结束时，斯菲尔对着伯克郡的树林唱道："我曾经翻江倒海……我曾经很嬉皮。"但是他用曾经的嬉皮换取了更深层次的存在主义酷。但即使是酷也有其局限性：它是超然的、缺乏自信的、孤立的、男性化的。所以斯菲尔意识到，要保持冷静，但心怀关爱。[18]

贝斯手兼作曲家查尔斯·明格斯回忆起，他曾放弃嬉皮技巧以换得冷酷的自我发掘。这是对现实生活的顿悟，与斯菲尔的想法遥相呼应。

> 曾有一段时间，我专注于演奏的速度和技巧，几乎把它们当作自己的全部追求。我的目的是镇住其他贝斯手。后来有一天晚上（在我十八九岁的时候），一切都改变了……突然之间，我觉得手中弹奏的不再是贝斯，而是自己的经历。现在我演奏的时候，已经感觉与贝斯合为一体了。[19]

在这段话中，明格斯认为，乐器不仅将自己创作的过程延伸至演出过程中，也表现出不断变化的自我、内在的自我。"我将继续坚持下去，通过我的音乐去发现我是什么样的人。那是我唯一可以获得自由的地方。"明格斯一生都在与愤怒做斗争。作为乐队指挥，他的行为就像一名海军中士。"即使在公共场合……他也会在独奏进行到一半时对你大声喊叫，让你停止即兴演奏乐句，让你审视自己的内心。"明格斯乐队的一名成员回忆道。"基督啊，相比我们做了什么，他对我们能做什么更有信心。"明格斯对别人的要求和他对自己的要求是一样的："我试图扮演真实的自己。这很困难，因为我一直在改变。"[20]

种族与文化上的偏见仍阻碍着人们将爵士乐认同为一种美国式的个性表现模式，尽管长期以来非裔美国作家们已阐明了爵士乐与个性之间的关联。詹姆斯·鲍德温将爵士乐手视作艺术实践的典范："我只得以爵士乐手为榜样，尝试描写他们发出声音的方式。"他将爵士乐手的主要美学目标同亨利·詹姆斯的文学实践理想相提并论，然后说道："他们都表达了激情迸发之时的内心认知。"在拉尔夫·埃里森看来，"每一段激情飞扬的独奏，或者即兴演奏"都是爵士乐手"在定义自己独一无二的个性，他们将自己视作集体中的一员，视作连结传统的纽带"。托妮·莫里森宣称，她一直在"追随爵士乐手们的步伐"，想要创作出能被誉为"黑人艺术"的作品（她以前也曾提到这一观点），并且让这部鸿篇巨制"必须看起来像是不费吹灰之力完成的，必须看起来很酷很通俗易懂"。西方文化总是将文学的地位抬高在音乐之上，但是莫里森、鲍德温和埃里森（以及垮掉派作家们）始终仰慕爵士乐手的自我发掘和社会参与意识。[21]

　　在纽约、芝加哥、旧金山和洛杉矶，爵士乐不仅成为其他艺术品的配乐，也为其他艺术家的艺术创作提供了参照——体验派演员、无法无天的喜剧演员、垮掉派作家、抽象表现主义者均从爵士乐中获得了灵感，爵士俱乐部也成为他们的聚会场所。喜剧演员大卫·斯坦伯格（Comedian David Steinberg）回忆说，莱尼·布鲁斯（Lenny Bruce）"受到当时爵士音乐家的影响……会根据自己的想法即兴发挥"。当布鲁斯从多个角度解构一个想法或台词，倾听人群的反应并随机应变时，他采用的便是爵士乐在公共场合即兴演奏的方法。他的这种做法具体体现在自我对话、独白以及同观众的对话中。阿尔伯特·戈德曼认为布鲁斯"把自己想象成一个口头爵士乐手，他的理想是像查理·帕克那样走向观众，所以他把麦克风像萨克斯管一样握在手里"。布鲁斯经常和钢琴家汉普顿·霍伊斯（Hampton Hawes，同样吸食海洛因成瘾）在一起吸毒。"当我们都手头缺货（指毒品）的时候，"他写道，"我们会在某个地方碰面，然后在一起嗑药。"[22]

　　正如赫蒂·琼斯（Hettie Jones）的回忆录记述了战后的乡村生活，是了解那个年代必读的作品。[23]正如她在作品中记述的那样，波希米亚人士、艺术家和知识分子被爵士俱乐部的氛围、急躁情绪、艺术个性和自由种族政治所吸引。"当你打开门时，音乐瞬间喷涌而出，就像洪水般涌上街头。"阿奇·谢普（Archie Shepp）、唐·切里（Don Cherry）等人都是她家里的常客，会到家里同她的丈夫阿米里·巴拉卡［Amiri Baraka，在两人结婚时改名为勒鲁瓦·琼斯（LeRoi Jones）］一起演奏音乐。在她听来，爵士乐"从演奏技巧上说，是我所听过的最有趣、最难弹奏的音乐。我在五点俱乐部想做的事情就是倾听"。此外，"五点"是在末日浩劫中幸存下来的知识绿洲："我记得在五点俱乐部……我想起了我们试图一笑置之的20世纪50年代、冷战的阴霾以及核辐射——那时报纸上充斥着核威胁——它在内华达州的试验基地上倾泻而下的死亡。我想我们是在试图摆脱时间的束缚。快乐地摇摆起来，将恐惧甩在脑后。"在她的回忆录中，"五点俱乐部"是战后垮掉派的精神家园。在这个地方，常客们向着跨种族的波希米亚生活迈出了半步，"我们这里的所有人——黑人和白人——起初都是陌生人"，但是艺术的繁荣跨越了种族和艺术的界限。对赫蒂·琼斯来说，"我遇到的年轻黑人音乐家与其他有抱负的艺术家没有什么不同"。[24]

一位记者将塞隆尼斯·蒙克四重奏的观众划为三大类，分别是爵士乐迷、大学生和猎奇者，他们都在探寻这个奇怪角色——蒙克的奥秘。蒙克是一个自主而神秘的人物——深邃而自信，充满种族自豪感但又缺乏自信——他有独到的艺术眼光，戴着由俚语、墨镜和各种各样帽子组成的公共面具。"每天晚上我都会听到一个新的声音，或者说听到一种新的演奏方式"，赫蒂·琼斯在谈及在五点俱乐部聆听蒙克表演时的经历时这样说道。此外，比波普一代上演了一出阴郁的舞台剧，迎合了深怀负罪感的观众的期望，唱出了边缘化群体和饱受蔑视群体隐藏在心中的反抗愿望。[25]所有这些因素促成了蒙克的冷酷，就像后来的摇摆乐手们用"棉花俱乐部"这类场所缅怀种植园一样，二者也仅仅相隔了一代人的时间。

借助爵士乐，即兴表演的方式扩展至整个艺术领域。《纽约客》、《哈珀斯》、《大西洋月刊》和《星期六晚邮报》都对吉莱斯皮、帕克和蒙克进行了报道。迈尔斯·戴维斯被《时尚先生》杂志评为美国最具衣着品位的男人之一，被誉为"喜欢紧身裤、意大利式夹克和绉条布外套的个人主义者"。[26]亚特·布雷基曾将自己的爵士信使乐团（Jazz Messengers）同纽约演员工作室相提并论，认为二者"都为青年艺术家提供了在现场观众面前磨炼技能的平台"。[27]此外，路易斯·麦克亚当斯（Lewis MacAdams）认为，约翰·卡萨维茨的独立电影《影子》（*Shadows*，1960年）传达的主要信息是，在格林尼治村，"种族已经被纳入变酷的欲望之中"。[28]

此外，非裔美国人是警察与权力机构滥用暴力的受害者。在这一时期，几乎每一位有名的黑人爵士音乐家都曾无缘无故地遭到白人警察的殴打：迪兹·吉莱斯皮、约翰·克特兰、蒙克、明格斯、亚特·布雷基、本·韦伯斯特、巴德·鲍威尔都有过这样的经历。当警察发现他们在社交场合同白人女性在一起时，他们中的大多数人都会遭到殴打。令人难以置信的是，1959年，迈尔斯·戴维斯在一个写有他名字的大帐篷下惨遭殴打；同样不可思议的是，他起诉纽约警察局并赢得了诉讼。由于自己的名气，迈尔斯·戴维斯登上了头版头条。事实上，戴维斯遭侵犯事件是唯一一个被媒体报道的爵士乐手遭殴打案例。对绝大多数非裔美国人来说，运用法律武器维护自身权利依旧遥不可及，采取暴力手段自卫只会导致招来警察更多的殴打。因此，爵士音乐家只能借助艺术反抗的方式，诉诸文化政治、种族意识和种族群体内的风格，通过个体的行为进行抗争。[29]

兰斯顿·休斯曾在《芝加哥卫报》（*the Chicago Defender*）的一篇专栏文章中，通过他的偶像人物杰西·B. 森普（Jesse B. Semple），将"波普音乐"的起源归因于使用音乐手段反抗警察的暴行和压迫。他说："每当警察一边用警棍殴打黑人，一边叫喊'一下（BOP）！两下（BOP）！……再来一下（BE-BOP）！'①"被打的人则痛得大叫："啊！呀！我靠！"（Ooool-ya-koo！）但"老警察依旧不停地殴打，并高喊，'我让你表演（MOP）！我让你表演（MOP）！……再给你一下！"短语"Ool Ya Koo"实际成为了迪兹·吉莱斯皮比波普音乐的基本元素，所以这组短语是对酷和暴力的含蓄阐释。"这就是比波普的由来。"森普说道，然后给出了详细的解释：

---

① Bop的意思有"迅速击打某人一次"的含义。——译者注

　　（比波普）从某个黑人的脑袋里被殴打出来，然后出现在黑人乐手的喇叭、萨克斯管和钢琴键上……这就是为什么……白人不喜欢比波普……他们不会因为自己是白人而被打得头破血流。但是我不一样——警察几乎随时都有可能抓住我，然后打我的头——仅仅因为我是有色人种。

　　这篇专栏文章呼应了艾灵顿公爵在1931年发表的言论，他当时将爵士乐视为种族隔离时代的一种抗议音乐："针对不能公开表达的东西，我们用音乐表达出来。"[30]

　　酷是带着尊严的蔑视。无所畏惧地走在街上是爵士音乐家扮酷行为的一部分。在哈莱姆区长大的音乐家，如桑尼·罗林斯、杰基·麦克林和鼓手阿特·泰勒，常常谈到该社区常驻爵士音乐家表现出的高贵风度与自信气质。"像贝西、埃灵顿和霍金斯这样的男人……怀有自豪感，举手投足间充满了男子气概……影响了像我这样的年轻人。"罗林斯回忆20世纪40年代初的情形时这样说道。到了战后二期，罗林斯这代人在摇摆乐时代崇拜的榜样被帕克、吉莱斯皮和蒙克取代："所有和我（在哈莱姆区）一起长大的男孩都梦想成为爵士音乐家……因为他们是那时最酷的人。"罗林斯曾在2011年表示："迪兹深深地启发了我，我最早的创作灵感也来源于他。"当罗林斯第一次接触到比波普爵士乐时就觉得："这就是我想做的……我要像查理·帕克那样演奏。"十年后，他在蒙克的指导下完成了自己的训练，他说："我认为蒙克是我的导师……特灵也是。"凯鲁亚克在他的短篇小说《地下人》（Subterraneans，1958年）中写道，他看到"塞隆尼斯·蒙克汗流浃背地架起双肘，奏出和弦，引领着这一代人，他聚精会神地盯着乐队，率领他们前进，堪称比波普界的修道士和圣徒。"[31]比波普的创新突破发生在1943年至1950年间，其音乐实践在战后二期改变了爵士乐和非裔美国人文化。

　　比波普音乐体现了一代人对非裔美国个性的呼唤。

大鸟、迪兹与比波普的转变

　　比波普一代之于全球音乐的重要意义，如同印象派画家之于绘画艺术，或者浪漫主义诗人之于文学。帕克和吉莱斯皮摆脱了集体摇摆和社交舞蹈主导的大乐队表演形式，将爵士乐引向追求个性与正规化的道路。我们以摇摆乐时代的职业小号手为例，一旦比波普取代了大乐队音乐，他便无法在爵士乐即兴演奏会中找到适合自己音乐的载体。在非裔美国人的领导下，成为一名爵士乐音乐家突然变成了一种"自发的追求"，而爵士乐本身也成了一种"演奏大师的音乐"。正如伊什梅尔·里德（Ishmael Reed）在2008年所说："比波普就是我们这一代的嘻哈音乐……我们打扮得像流浪汉……比波普音乐家不像常人一样走路，他们跳着舞朝你走来，比波普乐手们很机警，我们是他们的追随者。"[32]

　　比波普音乐同时也是全球音乐界探索新音乐创作可能性的跳板。在过去的15年里，这一代人不仅从理论和实践两个层面探寻实现即兴创作与和声的方法，同时也对乐理知识和作曲结构提出了较高的要求。他们尝试用新的方式整合音乐的各个方面：如和声、节奏、旋律、管弦乐编曲和音色。他们学习古典音乐和非西方音乐，通过广泛的合作和日常的即兴表演，发展了音乐的实践，其中包括即时的艺术交流、独特的和声和复杂的内在节奏感。在这样的努力下，仅仅一代人的时间内就出现了几次时间上互相交叠的音乐运动。比波普之后，依次出现了冷爵士乐、硬波普乐、灵魂爵士乐、调式爵士乐和自由爵士乐。与此同时，爵士音乐家通过以下几种方式，进行了创作全球流行音乐的首次尝试。首先，［在吉莱斯皮、孟果圣塔马利亚（Mongo Santamaria）和提托·普恩特（Tito Puente）的努力之下］他们整合了非洲－拉丁音乐中的各种节奏、音阶和音色；其次，他们汲取了印度与非洲音乐的精髓——如拉加曲、鼓点密集的乐曲结构以及约翰·柯川（John Coltrane）、埃里克·杜菲（Eric Dolphy）、亚特·布雷基（Art Blakey）、马克斯·罗奇（Max Roach）等人对复合节奏的探索。事实上，这些音乐家成了"自己的音乐理论家"，英格丽德·蒙森（Ingrid Monson）反思道，通过这种方式，这群人"最大限度地发挥了自己的审美能动性"。[33]

爵士乐学者斯科特·德沃斯（Scott DeVeaux）通过帕克和吉莱斯皮（Gillespie）这两例"变革性例证"证明，比波普音乐是一种范式转变。这一代几乎所有音乐家，无论秉承的是非洲、欧洲还是拉丁美洲音乐传统，都从"大鸟和迪兹"那里得到了直接的支持与鼓励。[34]德沃斯从比波普的理论"在新的基础上重构整个领域"入手，将托马斯·库恩（Thomas Kuhn）的范式转变模型一点一点套用至战争时期。比波普具备所有"酝酿革命的因素"："朝气蓬勃的革命者、振聋发聩的新见解、固守旧范式的上一代人……以及最终获胜并根据自身想象重塑音乐领域的新范式。"[35]摇摆时代的音乐家和白人听众一样，拒绝接受比波普。他们认为比波普粗俗、缺少韵律。文化历史学家埃里克·洛特（Eric Lott）将比波普美学描述为"一种故意发出的刺耳、反同化的声音"。在它闪电般的独奏、快节奏和有棱角的和声中，人们可以听到早期黑人民族主义运动的呐喊之声。[36]

查理·帕克海洛因成瘾的劣迹也成了反抗运动、抵制活动和种族意识的象征。钢琴家汉普顿·霍斯（Hampton Hawes）对帕克始终保持亢奋状态的做法进行了反思：

> 他讨厌黑与白的分裂，憎恶他的人民所遭遇的事情，他找不到解决问题的方法，所以选择嗑药成仙。他四处玩乐、做爱、酗酒，然后嗑药。他的生活方式告诉每个人：你不懂我，你不懂我的人民，你不懂我的音乐……他不向任何人负责，只对自己负责……因为（至少）当你选择尝试的时候，你会独自平静下来。[37]

同帕克一样，霍伊斯也是一名海洛因重度成瘾者。霍伊斯用充满绝望的口吻，隐晦但一语中的地道出了海洛因对他的吸引力："哦，该死，我们不是超级种族。"霍伊斯的说法可能是在对吸毒成瘾做出辩解，但帕克的智慧和政治意识在爵士乐手口中得到了充分的证实。"他是第一个挺身而出的人，"霍伊斯回忆起20世纪40年代中期帕克对洛杉矶的影响，"他孕育了我们所有人。"[38]比波普爵士乐是"革命音乐"，爵士乐评论家伦纳德·费瑟这样评价道，它的主要艺术效果是在摇摆乐时代大乐队的集体机器面前"重新确立爵士乐手的个性"。[39]

次中音萨克斯管手唐·拜亚斯（Don Byas）在20世纪70年代转向比波普音乐，当被问及他的行为是否是一种社会抗争行为时，唐这样说道：

> 一直以来，我试图发出有史以来最为强劲和粗犷的声音。我用我的创意作品①撼动壁垒。我总是想发出粗犷而不失优美的声音，以震惊和唤醒世人——这当然是抗争……我诉诸的抗争形式和我本人一样，刚硬而且坚强。[40]

加缪曾用存在主义的理念论述艺术与革命。在上面这段话中，有两个关键词与加缪的理念相吻合：（1）拜亚斯所说的"我"——或者说"我们"——为自己设定了一个受众群体，然后定下目标"要去唤醒他们（指这些受众）"；（2）他同样致力于寻找个人音乐伦理，能够自我感知到表现自身主观经验的重要性，即"发出粗犷而不失优美的声音"。

诗人阿米里·巴拉卡（Amiri Baraka）的第一次顿悟发生在观看帕克演奏的过程中，地点位于纽瓦克市的一家夜总会。帕克独奏充满了创新性的"断音节奏和锯齿感的音线"，并且具有"亡命般的速度"，令巴拉卡感到浮想联翩。"对我来说，这是一种魔力的爆发。我不知道这是怎么回事……它同时融合了蓝色、粉色与白色……其中的蓝色被打散为多种未知的情绪。我不曾了解这些情绪……音乐充满了魔力，包裹着我，让我变成了我自己。"帕克借助比波普，使巴拉卡产生了转变，这段经历很快让后者对非裔美国人受挫的挣扎和资产阶级的抱负产生了怀疑。"比波普"

---

① 原文的"joint"亦有"大麻烟卷"的含义。——译者注

是新一代年轻黑人知识分子的时代之声，促使巴拉卡展开了对黑人音乐社会功能的开创性研究，撰写出《蓝调民族》（*Blues People*，1963年）一书。"比波普爵士乐是什么？"巴拉卡在他的自传中问道。"比波普爵士乐，是一门新的语言，为我们这代人中更先进的群体提供了新视野与表达方式。比波普为新情感的生长成熟提供了土壤。比波普乐手们吹奏出的声音，吸引着逐渐壮大、让人拭目以待的力量。巴拉卡提出疑问，为什么音乐家个体和"音乐本身……能够发出这样的声音？"[41]于是，他找到了如下四点原因。

第一，带来比波普转型的是一小撮被桑尼·罗林斯称为"兄弟会"的乐手们。这群乐手是一伙愤怒的年轻艺术家，他们每个人都用自己的独奏打造出未能得到主流文化的认同的个人和种族身份。在面对白人时，他们每个人都能用爵士乐开辟出属于个人的艺术空间，这是其他艺术形式无法做到的。这个音乐群体还具有社会责任感与审美意识：他们针对萎靡的经济形势进行艺术创作；为了回馈为数不多的忠诚听众，他们迸发出新的理念、新的声音，寻找到新的方法。罗林斯回忆起20世纪60年代的辉煌时刻，然后说道："那时的我们真的情同手足。现在不一样了……但在那时……存在着一小群人数不多但更睿智的听众。每一个人都了解彼此；所有人都在相同的俱乐部演奏……现在再也没有带着一种使命来听演奏的观众了……那时的乐手是出于热爱而演奏，不期望从中获取什么（如金钱）。那时的我们不求任何回报。"[42]

第二，随着道路和公速公路的建设，技术变革的步伐在不断加快，社会的流动性也在与日俱增。小T．拉蒙（T. Lhamon Jr.）将这种"加速"理论化，提炼为20世纪50年代的"文化风格"。在比波普的影响下，这种"快速与加速"带来了美学上的挑战，以跟上文化发展的步伐：乐手必须以极快的速度展开音乐思维，同时还要达到最高的和声水平。迪兹·吉莱斯皮曾经回忆帕克是如何"循着节奏渐入佳境，他会往节奏中'塞入'一些东西……形成一种新的节奏，速度是当前速率的三倍"。对此，迈尔斯·戴维斯评论道："这稍稍加快了你（和乐队）的演奏速度。"类似的三倍速节奏也可以从帕克的代表作《鸟类学》（"Ornithology"）、《咸花生》（"Salt Peanuts"）和《可可》（"KoKo"）中找到。在每首歌中，帕克在旋律、和声和节奏结构之间"迅速穿梭"，即兴创作，"拓展了思维与行动之间的关系"。这是帕克对战后文化的核心贡献之一。[43]历史学家罗宾·D. G. 凯利（Robin D. G. Kelley）认为，随着爵士乐成为"新原子时代的完美伴奏"，所有的音乐都变得"更快、更不和谐"。爵士乐评论家斯坦利·克劳奇认为帕克的精湛技艺是音乐家"把握现在"的典范。正如迈尔斯·戴维斯回忆比波普时所说的那样，"整个运动推动了所有事件的加速"。[44]

　　第三，黑人在吉姆·克劳时代面临着生存挑战。詹姆斯·鲍德温的《桑尼的蓝调》讲述了两兄弟的故事，其中一人是教师，另一人是吸毒成瘾的爵士钢琴家。当桑尼不再吸毒时，这个世界在他眼里是如此的原始，以至于自己在演奏台上陷入恐惧而不知所措。幸好鼓手（克里奥尔）出手救场，以鼓声为暗语，鼓励桑尼实践自己的音乐理念，探寻表达情感的方式。桑尼一开始试图独奏，但因为对自己严重缺乏信心，所以未能成功。"他和手中的钢琴发出磕磕巴巴的声音，先是朝着一个方向开始演奏，然后因为紧张停了下来，"他的哥哥说道，"接着他又朝着另一个方向开始演奏，但是很快又因为惶恐停在那里……接下来，他似乎找到了方向，但再次感到恐慌，卡在那里，面部呈现出我从未见过的表情。"面对这种情况，克里奥尔随即引导乐队进入演奏蓝调的模式。这让桑尼顿时感觉心里踏实了很多，于是开始探寻自己的音乐理念。他的哥哥立刻意识到，"蓝调……并不是什么非常新鲜的事物"，克里奥尔和桑尼所做的是"冒着毁灭的危险（即发疯和死亡的风险）保持蓝调的新鲜感……，从而为我们找到聆听音乐的新方式"。桑尼终于找到了自己的节奏，奏出了一段个性十足的独奏，令他的兄弟回想起已故母亲的面庞，并为此流下了眼泪。面对此景，鲍德温含蓄地指出，爵士乐和蓝调的存在核心之一是生存与肯定。

"因为，虽然我们如何遭受苦难……以及我们如何获得胜利的故事从来都不是什么新鲜事，但它们必须永远被他人听到，"他总结道，"这是我们在黑暗中唯一的希望，我们没有别的故事可讲。"[45]

第四，在学徒时期，任何种族的爵士音乐家都沉浸在爵士乐中，把爵士乐作为一种表现现代性的具体音乐形式。这里的"现代性"有两层含义：（1）接受社会的快速变化，在此基础上形成这样的认识——传统音乐、民间音乐和民族音乐都不足以反映和适应当今全球化的技术型社会；（2）它指的是一种艺术形式，灵活、具体、互动性强，能与观众形成心理上的互动。也就是说，爵士乐是一种现代主义的音乐形式，产生于社会底层，由曾经饱受鄙视、否定、压迫和迫害的种族群体创造出来。它是一股解放力量，鼓舞了散居各地的非洲人，成为他们思想意识的重要组成部分。"非洲现代主义最深刻的教训之一，"蒙森写道，"就是既要诚实地承认一个人的（种族）起源，又要教会他知识和表达情感的方式，使其超越自己被贴上的所有社会标签。"[46]

桑尼·罗林斯在80岁接受采访时自豪地指出，多年来，他一直保持着自己存在的完整性。"我最自豪的事情是……倾听我的内心……我坦诚地对待镜中的男人，这是我人生最重要的事。"[47]正如罗林斯登上封面的那期《时代》周刊（1957年）所示（见图29），在战后时代，要想让自己保持清醒，就必须避开占统治地位的白人社会的目光。比波普带来的向内的转变需要一个冷酷、坚韧、冷漠的外在面具，使演奏者能够在公众面前进行深刻的自我挖掘，这更像是一种后西方而非后现代的艺术行为。

个性之声与主观真理

随着比波普爵士乐的出现，爵士乐成为一种适应主体性发展的艺术体系。这种音乐形式从诞生之日起便具有先天的优势：正是因为它的成功取决于情感上的交流，而不在于所谓正确的形式，所以爵士乐挣脱了固定的乐器演奏程式，正如作曲家和爵士乐学者冈瑟·舒勒（Gunther Schuller）定义的那样，音乐艺术海纳百川的能力源自"爵士乐音乐家的个性和千变万化的个人曲风"。所有致力于"表现生活"的音乐家都以此作为毕生的追求，他们耗时多年进行创作，自我挖掘内心的情感，方能达到此目标。舒勒道出了爵士艺术的本质，他指出"爵士乐的交际力量在于这种个性，个性则来自人的内心；事实上，从严格意义上说，没有这种个性的爵士乐手不能被称作爵士音乐家"。在埃里森看来，从熟练乐手成长为艺术大师的标准是"在音调中表达个性的力量"。亚特·布雷基曾一语中的："倘若你无法用唱片表明自己的个性，那么你将麻烦缠身。"[48]

在20世纪中叶，这种充满个性的声音被概括为音乐家的"个性之声"。"乐手们都有秘而不宣的目标，此目标的核心要义，便是个性之声，"迈尔斯戴维斯告诉一个批评家，"个性之声是完全属于你自己的声音……个性之声主导着你本人……你就是自己的个性之声。"[49]科里曼·霍金斯曾与李斯特·杨共同打造出次中音萨克斯管之声，他这样说道："这便是个性之声……他所做的一切缔造出个性之声。李斯特·杨并没有对次中音萨克斯管演奏做出丝毫的改动，"他说此话时，顺便猛烈抨击了他的对手，"他只是发出了自己的个性之声，仅此而已。"[50]艾灵顿公爵在编曲时，脑海中会浮现出每位乐队成员的音乐个性。"我依据每个人的个性之声创作。它代表了每个人的全部个性。"[51]

爵士乐评论家本·拉特利夫（Ben Ratliff）这样总结道："每个音乐家都需要一种声音，一种能够充分而感性地展现其艺术个性的声音。透过其中每一个音符，听众能够聆听并理解他们的个性。"接下来，他对比了三种标志性的声音："迈尔斯·戴维斯的声音脆弱而尖锐，科尔曼·霍金斯的声音成熟而圆润……科尔特兰的声音响亮而干涩，略欠火候，快如疾风。"[52]拉特利夫像品酒师一般说出这番话，实际上是在设法表明自己的美学目标：爵士乐将个人风格、个性之声和乐手个人统一起来，形成一个有机整体。

　　图30　迈尔斯·戴维斯带着他的墨镜，坐在录音棚内，冷静地思考着最后一次录音（图片来源：阿拉姆·阿瓦基安；©版权所有：《阿拉姆·阿瓦基安爵士图片集》）。

以上内容均在回答这样一个问题：爵士乐为何能在所有表现酷的艺术形式中居于主导地位？如果说酷人物在公众面前表现出的沉着冷静暗示着内在的和谐，或者说爵士美学目标关注的是从整体上塑造个性、声音、经验和风格，那么爵士乐就是一种艺术实践，它关注的是基于情感自我控制的个性表达方法。通过采访过去三代人中的任何一位爵士音乐家，我们可以发现，这种艺术理念已得到了充分的扩散。

中音萨克斯管手查尔斯·麦克弗森（Charles McPherson）参与了《强拍》（Downbeat）杂志著名的蒙眼测试，直观地证实了上述理论。他首先聆听了歌曲《奢华的博萨乐》（Bossa De Luxe），然后打断说："这是杰克·麦克林（Jackie McLean）的高音。我了解杰克的风格和他的声音。人人都有个性之声，就像每个人都有自己独一无二的说话声一样。有人打电话给你，你拿起话筒，对方通过说话声就知道你是谁。"[53] 爵士乐手的个性之声源自他们对音调、音色、重音、节奏和个人风格的整合，并加入了高识别度的旋律、和声和招牌节奏动作。麦克弗森的言论巧妙地将说话声音和音乐声合二为一。接下来，在聆听弗兰克·摩根（Frank Morgan）的《纳芙蒂蒂》（Nefertiti）时，麦克弗森开始认为演唱者是"阿特·佩珀"（Art Pepper），然后纠正自己说："不，不是他。是弗兰克·摩根吗？这里似乎有……他的高音演奏部分。"当他听《街头蓝调》（Street Blues）时，麦克弗森很快就听出了这首高音乐曲的演奏者："这是奥尼特·科尔曼（Ornette Coleman）……我听出了奥奈特的个性之声。这就像我说的那样：个性之声如同人的说话声。"在测试的最后，当聆听《混天倒地》（Topsy）之时，麦克弗森听到了一个充满艺术气息的声音，回想起了自己当年学艺的时光，然后说道："我敢打赌这是李·科尼茨（Lee Konitz）的声音。如果不是，那就是一个深受他影响的人……他的声音轻快通透，演奏方式也和我很不一样，奏出的声音非常精致，也更加空灵。这就是他萨克斯管的特色声音，代表着他个人行事的方式——安静，不多说话，也不大声说话，坚持自我。"[54]

20世纪40年代末，本尼·卡特加入莱昂内尔·汉普顿在摇摆乐时代创建的大乐队，并担任主唱。与其他许多人一样，她在第一次听到查理·帕克的音乐时，瞬间顿悟了音乐艺术的真谛，随后逐渐形成了个人风格，堪称爵士乐历史上最为独特的声乐风格。"每个人都渴望找寻一种声音。"卡特回忆起她那些年的艺术生涯，并对此作出分析，这种分析既实用，又不失冷幽默（源自爵士乐手们口中的"生活"）：

> 你必须为俱乐部老板、观众和你自己着想。这便"是成为艺术家"的艺术。接下来，如果你想成为一个独立的个体，你还必须做到独一无二。这需要时间……你必须真正了解自己。大多数乐手都是在埋头记流水账。只有一部分音乐家是名副其实的作曲家或编曲家。
>
> 要想知道自己是什么样的人，你必须不断努力……你必须找到自我，找到自我所处的位置……也许你想独领风骚，但你没有这种资格。你首先应该了解自己。

在这段言论中，卡特阐明了艺术创作元素、观众和市场之间的三角关系。只有在了解音乐和市场和观众之后，乐手才能开始更为深入、更直击内心的艺术创作，也就是进入卡特所说的下一阶段"真正地探索自己"。[55]

由此看来，乐手的个性之声是如此具有个人色彩：它代表着手中乐器的音乐品质，表现出个人的性格，表达了独特的审美。最重要的是，它反映出音乐家从生活中得到经验感受。李斯特·杨经常在采访中表达这一想法："每个乐手都应该设计自己的风格。例如，当我刚出道的时候，模仿的是弗兰基·坦博埃的风格。但有时你必须从别人的风格中走出来，然后打造自己的个性，讲述自己的故事。因为你受到的是他的影响，讲述的是他的故事。"[56]但是，"讲述你自己的故事"意味着你必须有故事可讲——你必须像音乐家那样"说些什么"[57]——你必须创造出一种独特的艺术手段和叙事声音，来讲述自己的故事。一开始，你模仿别人（如杨所说"你效仿某个榜样，或者师从某位老师"），但在这之后，你必须"开始为自己演奏，"杨进一步解释道，"让他们知道你是一个独立的人。"[58]

　　鼓手迪兹·吉莱斯皮以及五年之后的迈尔斯·戴维斯接受了这一挑战，找到了属于自己的原创声音。20世纪30年代，路易斯·阿姆斯特朗的小号声曾称霸整个乐坛，罗伊·埃尔德里奇也曾是摇摆乐时代的重要创新者。吉莱斯皮出道之时模仿的便是埃尔德里奇，但后来逐渐形成了自己独特的声音——突出速度感，偏爱高音部分，同时吸收了拉美音乐的节奏。鼓手肯尼·克拉克总了吉莱斯皮在这一时期的事迹："重要的是你演奏乐曲的方式……你是打算像科里曼·霍金斯那样演奏……（还是）像路易斯·阿姆斯特朗那样？……迪兹的贡献在于打造出自己的声音。"[59]

　　年轻的迈尔斯·戴维斯最初模仿的偶像是吉莱斯皮，但发现后者的精湛技艺并不适合自己的音乐特长：他更擅长抒情，喜爱使用简洁的乐句，旋律感十足。吉尔·伊文斯与戴维斯共同开创了酷派爵士风格，他回忆起这位年轻的小号手在寻找自己的个性之声时遇到的挑战："迈尔斯白手起家，在他演奏的过程中逐渐形成一种声音，这种声音适合他想要表达的思想。"戴维斯从弗雷迪·韦伯斯特（Freddie Webster）黄油般的语调、克拉克·特里的乐句划分和李斯特·杨睿智的旋律中找到了艺术的立足点。在此基础上，戴维斯的演奏风格开始变得"轻快且没有颤吟（Vibrato）"，并且将模拟人声作为自己的艺术追求。他为萨克斯管装上了弱音器，使其发出的声音更接近微弱的人声："人们告诉我，我的声音就像人的声音，这正是我想要的。"[60]

　　贝斯手和鼓手原先在大乐队中的作用只是为独奏者提供基础伴奏，配合舞蹈演员的表演，同时推动整个乐队演出的进程。对他们来说，个性之声的发展将他们从大乐队的集体演奏中解放了出来，意义尤其重大。在此之前，除乐手之外，普通听众可能并不了解贝斯手或鼓手的声音或风格。肯尼·克拉克的风格被称为"投弹"（dropping bomb），这一名称源自战争术语，指的是他用破坏性的低音鼓重音挑战独奏者的风格。正如吉莱斯皮回忆的那样，这种重音起初激怒了摇摆时代的独奏家，后者更习惯于鼓手用节奏配合他们。"肯尼的打鼓风格，是那种"投弹"风格……他用低音鼓和节奏规律的镲片敲出这种风格……恰到好处地配合了（我），很多人不喜欢它们……但是他将一种新的理念……注入鼓声（和独奏者）之间的对话之中，也就是现在这种对话之中。"[61]在克拉克之后，马克斯·罗奇（Max Roach）和亚特·布雷基在战后年代扩展了鼓声独奏的内涵，不仅引入了非洲和拉丁节奏，填充了艺术性的内容，还为铍镲增添了金银丝装饰。与此同时，吉米·布兰顿（Jimmy Blanton）、奥斯卡·佩蒂福德（Oscar Pettiford）和尼克·芬顿（Nick Fenton）等人开始将贝斯用作独奏乐器，查理·克里斯蒂安（Charlie Christian）则创造出电吉他音。

我们再以塞隆尼斯·蒙克的艺术视角为例。他按照个人风格排列重音、静音、乐章分段以及不和谐音，从根本上改变了人们演奏钢琴（以及聆听钢琴曲）的方式。蒙克与巴德·鲍威尔（Bud Powell）常常无视钢琴的"伴奏"作用（即在独奏者身后以和弦伴奏），从而解构了正式爵士钢琴风格中的抒情（lyrical）与跨步（stride）风格。[62]在钢琴家汉普顿·霍斯（Hampton Hawes）看来，蒙克的开创性风格就是对自我的延伸——"蒙克演奏出奇怪而美丽的音乐，因为他本身有着奇怪而美好的个性"[63]。当时尚没有正式的爵士乐学校，所以蒙克的创新风格仅仅流行于各个夜总会之间，或是出现在音乐沙龙上［沙龙的地点位于吉莱斯皮、钢琴手玛丽·露·威廉姆斯（Mary Lou Williams）以及作曲家吉尔·伊文斯等人的公寓内］。

最后，我们再举一例——战后二期尾声的阿根廷萨克斯管明星卡多·巴比耶里（Gato Barbieri）。在聆听克特兰和奥尼特·科尔曼的演奏后，他获得了艺术上的启蒙，从而"极度渴望成为一名黑人爵士乐手"。但是到了20世纪60年代，他渴望将自己的故乡文化融入声音之中，用音乐讲述"世界上另一个存在压迫的地方"的故事。巴比耶里先是从民谣节奏中找到了答案，但给他更多启发的还是探戈乐手。巴比耶里先发现，探戈乐手像爵士乐手一样，同样是在"自发地"讲述他们的故事，"也同样地注入了情感，同样地迸发出力量"。他后来与明格斯接触，想将自己的萨克斯管乐打造成思维和存在的延伸："能够用萨克斯管自然地表达出我内心的世界，就像走路和呼吸一样自然。"他实际上想排除理性意识对创作过程产生的干扰："当下的艺术创作过程是，你现有一个想法……然后你将这个想法付诸实践。我的梦想就是消除这个过程……好让音乐自发地从内心流淌出来……这样一来，其他人也能自然而然地对此做出回应。"[64]

要找到自己标志性的个性之声，见习乐手需要在一系列居于核心地位的非裔美国人音乐实践中不断学习，这些实践构成了爵士乐的基础，如："摇摆、应答轮唱模式、声音音色、'蓝调音符'和即兴演奏。"乐手在掌握这套音乐法则后，便转变为德沃（DeVeaux）所说的"爵士种族"，即非裔美国种族。当然，每一个种族或民族都有代表性的爵士乐艺术家，见习乐手们向他们学习，将自己融入蓝调歌曲、宗教歌曲和劳动歌曲之中，找到一个精彩的声音世界；此外，每一种音乐流派都有自己独有的审美与风格，就像欧洲古典音乐一样。[65]这就是黑人爵士乐手并不喜欢并且经常回避使用"爵士乐"这个词的原因之一；大多数人使用的都是"音乐"或"我们的音乐"这样的词语。艾灵顿公爵曾告诉吉莱斯皮，他应该将比波普叫作"黑人音乐"。在这之后，任何一个音乐家都会说，"我演奏的是黑人音乐（或非裔美国人音乐）"，仿佛这类音乐已被明确地划为某类古典的、种族的或民族的音乐流派。

爵士乐虽然属于非裔美国人的艺术形式，但其实践也可以适应和重塑任何乐手的主体性。"我一直觉得音乐一开始是黑人的，"（白人）吉他手吉姆·霍尔（Jim Hall）反思道，"但现在我觉得它属于所有人，其中也包括我。我没有从任何人那里偷师音乐风格，我只是带来了一些不同的东西。"小号手雷克斯·斯图尔特（Rex Stewart）将白人男中音萨克斯管手格里·穆里根（Gerry Mulligan）同路易斯·阿姆斯特朗相提并论："他是个有灵魂的人，他演奏和说话的风格证明，他是一个享受生活、乐于同他人交往的人。从他身上，我能感受到扑面而来的亲切感。如果一个人感觉不到他的亲近，这一定是个死人。"音乐理论家蒂姆·布伦南（Tim Brennan）引用了术语"真实性"（authenticity），来指称坚守特定传统的乐手——这类乐手已经掌握了该传统的准则和价值观，并有意识地充当了该传统形式的代表。按照这个定义，吉姆·霍尔和格里·穆里根无疑是真正的爵士音乐家。[66]

打造个性之声，需要个人经验和即兴创作，这涉及自我发掘的过程。在所有战后年代的艺术家中，诗人们对这一点最为感同身受。例如，在《致迈尔斯》（"For Miles"）中，垮掉派诗人格雷戈里·柯索（Gregory Corso）颂扬了这位萨克斯管手的成就："你的声音如此完美/纯净圆润的/至善圣洁/近乎深邃/你的乐声便是你的声音/真实而又发自内心/坦诚地表达了自我。"又如，在《朝帕克走去》（"Walking Parker Home"）中，垮掉派诗人鲍勃·考夫曼（Bob Kaufman）想象了帕克如何凭借自己的思维，"用有限的音符拓展出无穷的想象"。他写道："（帕克拥有）诞生于贫民区的想法/登台表演时的勇气/独奏时的天马行空。"考夫曼试图想象一名乐手如何用乐声、噪音和经验来填充自己的作品："在海洛因之夜产生灵感/飘飘欲仙/坠入枕头……酷的启示/尖锐的希望/美丽的声音刺入贪婪的耳朵。"再如，在《阿特·佩珀》（"Art Pepper"）一诗中，爱德华·赫希（Edward Hirsch）着重描写了这位爵士音乐家的象征性动作："（他的）独奏意味着独自创作，意味着即兴创作"，他给了个开头，然后在后边的即兴重复语句中改变顺序："这是源自即兴创作的怒火，源自独自创作的怒火"。最后，南非诗人（Keorapetse kgosit）在其向爵士乐手致敬的诗歌《亚特·布雷基与爵士信差乐团》（"Art Blakey and the Jazz Messengers"）中，用七个字概括了爵士乐实践——"你是谁/如何发声"。[67]

帕特里夏·斯皮尔斯·琼斯（Patricia Spears Jones）在《今日蓝调

（献给迈尔斯·戴维斯）》［The Blues of This Day（for Miles Davis）］
中恳求迈尔斯·戴维斯用他的乐管帮助每个人找到自己的存在："我们想
化身为铜管。摩擦乐管的声音正从远方传来。"在诗歌《李斯特·杨》
中，垮掉派诗人兼号手泰德·琼斯（Ted Joans）回忆起杨在艺术上的领导
地位："有时他很酷，就像一团永恒的/蓝色火焰。"但话又说回来，有
时候他"会用非常酷的/音调布道"在任何情况下，"他（杨）知道自己/
吹奏什么，他做了一个"总统"应该做的事情"，他作为一个"总统"，
理应领导爵士国家。琼斯在这首诗的最后一句话中肯定了杨留下的文化
遗产："爵士乐的天使——他们将永生——生活在像你我这样的嬉皮士
中。"在这句话中，琼斯援引了"嬉皮士"一词在战后年代的正面含义，
"他们对最新的潮流和品位感兴趣，尤其热爱现代爵士乐"，这种"嬉皮
士"潮流一直持续到20世纪90年代初。[68]

　　在垮掉派作品和黑人艺术运动中，对杨、帕克、戴维斯和柯川的颂
歌十分常见。在战后诗人埃德·桑德斯［即后来的浊气乐队（The Fugs）
成员］看来，爵士乐音乐家是垮掉的一代的普罗米修斯式的艺术形象。桑
德斯充满诗意地赞颂了爵士乐音乐家的艺术遗产："垮掉的一代教会了我
们/来自自发性独奏的/刺激感"，然后他承认了这句诗的灵感出处，"因
为他们从西52街激动人心的/比波普爵士乐中/从孤独的/颤抖的地带/自发
的/萨克斯管独奏中获得了火焰。"[69]诗人和爵士乐学者洛伦佐·托马斯认
为，爵士音乐家不仅是"战后反对从众思潮的波希米亚主义者"的领袖，
也是所有"在政治上权势者的精神代言人"。[70]

　　在摇摆乐盛行的时代，爵士音乐家是社会艺术家，参与到升华精神
的公共仪式当中；到了战后时代，爵士音乐家的作用集中转移至某种自
我主张之上（这种自我主张更接近加缪的存在自由理念），其带来的结果
便是个人与政治相融合、自我与种族相融合、审美和种族意识相融合——
这些都是构成自由的元素，此刻相互交织在了一起，该现象在如下专辑
中表现得愈发明显：罗林斯的《自由组曲》（*Freedom Suite*，1958年），

马克斯·罗奇（Max Roach）的《让我们坚持到底！当代自由组曲》（*We Insist：Freedom Now Suite*，1960年）、亚特布雷基与爵士信差乐团的《自由骑士》（*The Freedom Rider*）、明格斯的作品《法宝斯传奇》（*Fables for Faubus*）和《自由》（*Freedom*，1961年）等。与此同时，根据英格丽德·蒙森（Ingrid Monson）的回忆，比波普音乐家还展望了美国和非洲散居者的未来，重新将"爵士乐中的自由……"定义为"即兴创作音乐和自我决定带来的感觉"。[71]

甚至连存在主义最著名的文学即兴语段——"生存还是死亡"——也被战后爵士乐用作修辞。说到这里，我们必须提及迪兹·吉莱斯皮的自传，它的书名是《生存还是……投入比波普的怀抱》（*To Be, or Not……to Bop*）。诗人阿尔·杨（Al Young）为了颂扬李斯特·杨生前最后一年的事迹，曾激情澎湃地写出诗句："秋风渐凉，爵士乐'生存还是毁灭'——致与世无争的耳语者。"〔出自《"总统"在1959年的巴黎》（*Prez in Paris 1959*）〕在《循路而行》（"Am/Trak"）一诗中，阿米里·巴拉卡（Amiri Baraka）对蒙克和科尔特拉尼的关系进行了充满诗意的反思，他将国家铁路客运公司的名称（"Amtrak"）拆解为"[I] Am"和"[on] Track"，从而将存在主义肯定与空间流动性相提并论。他从蒙克的独奏中听到这样的独白："为什么我在这里/为什么我不在。"在巴拉卡看来，蒙克把钢琴变成了咚咚作响的通通鼓，或者用他自己的拟声词翻译过来说："呼！呼！嘭！就在喘息之间，酷的音符产生了。"与此同时，年轻的柯川在蒙克的引导下"抓住了酷的边缘/正试图破茧而出"。[72]

在《循路而行》中，巴拉卡将蒙克的音乐哲学称为"充满街头智慧、追求真理、睿智、神秘的生存密码"。在我看来，这句垮掉派即兴诗句堪称绝句，将"存在主义酷"提炼为一种哲学思想。总而言之，酷是一种世俗的城市生存技巧，它与街头的世俗智慧平分秋色，既隐秘，又具有开放性。

插曲：坐在威廉姆斯堡大桥下的桑尼·罗林斯，1958—1960年

　　对桑尼·罗林斯来说，20世纪50年代初是一段艰难的时光。他因持有毒品被捕入狱，出狱后流落街头，曾在芝加哥地铁站内当看门人，但最终还是因毒瘾发作住进了肯塔基州莱克星顿市公立医院。"我真的是误入虎穴，但幸好全身而退。"正如罗林斯自己所说，他在这之后戒掉了海洛因，经历了克尔凯郭尔所说的从审美领域向伦理领域的转变——舍弃身外之物，与过去的自己划清界限。到了1958年，罗林斯已成为首屈一指的次中音萨克斯管演奏家之一：首先，他凭一己之力为专辑《萨克斯管巨人》（*Saxophone Colossus*）开创了新的演奏形式——无钢琴伴奏萨克斯管三重奏；其次，他与克利福德·布朗/马克斯·罗奇共同打造了五重奏，达到了艺术生涯的巅峰；最后，他还与蒙克和迈尔斯·戴维斯一起录制了经典专辑。尽管罗林斯取得了累累硕果，但他逐渐地转向内心深处。"罗林斯成为某种程度上的忏悔者，"古德曼回忆道，"他兼具艺术家的两种特质——独自面对自我，完全沉浸在音乐之中。这两种特质似乎既是表现内心虔诚的手段，也是内心虔诚带来的结果。"[73]

　　在《自由组曲》的唱片内页说明中，罗林斯宣称，美国主流文化依赖于非裔美国艺术家的创新性作品。黑人音乐及文化中的爱与窃思想极大地讽刺了美国的种族压迫思想："美国深深植根于黑人文化：它的俗语、它的幽默、它的音乐，无一不受此影响。黑人比其他任何人都更有资格宣称是自己一手创造了美国的文化，但是他们却受到迫害和压迫。黑人通过他们的存在展现了人道主义精神，却遭遇非人道的回应，这多么具有讽刺意味。"[74]但就在《自由组曲》大获成功之后，罗林斯觉得自己失去了艺术创作的基础，其中有很多原因：出名后无法安心创作，各种爵士乐评论干扰自己，他的挚友小号手克利福德·布朗因车祸去世。此外，他还因为要求加薪和自己的文化政治立场遭到夜总会老板的打压："我就是你们所说的那类傲慢黑鬼……你们这么称呼我，只是因为我站出来反对你们，因为

图31　桑尼·罗林斯，正在表演中音萨克斯管独奏，1959年（罗格斯大学，爵士乐研究所）。

我要求得到（像样的）工钱。"在此后长达两年的时间里，罗林斯再也没有出现在舞台上，也没有为任何俱乐部录制音乐或表演节目。[75]

相反，隐退的罗林斯每天晚上都在威廉姆斯堡大桥下演奏，并且常常是独自一人，但有时也会与萨克斯管手史蒂夫·莱西（Steve Lacy）或儿时好友杰基·麦克莱恩（Jackie McLean）一起。这些音乐家有着简单的艺术目标。"我只是练习乐器的基本原理——从而达到熟能生巧的目的，"罗林斯坚定地说道，"仅此而已。"莱西回应了罗林斯的观点："我所做的……只是普通的工作，"这位（白人）萨克斯管手说道，"我们只是想通过音乐找到自我。"这个想法的初衷——以及背后的根本动机——出人意料地务实。罗林斯在下东区有一套小公寓，"我不在公寓里演奏，我是个敏感的人，我知道人们需要安静的居住环境，我会为打扰他们感到内疚"。有一天，桑尼走在桥上，突然意识到这是一个"可供自己尽情大声演奏的私密地方"。此外，这个地方的声场里有很多此起彼伏的声音元素："来来往往的船只……呼啸而过的地铁……行驶中的汽车，构成了我心目中的完美声场。"在这里，罗林斯和朋友们用自己的风格再现了船只与汽车的声音，并且努力使它们盖过此地的工业噪声。"我目睹桑尼吹奏出部分拖船的升半音（以及降半音），甚至逼真到能让拖船回应他。"杰基·麦克莱恩回忆说。[76]根据莱西的说法，罗林斯的声音经常压过了整个城市的声场："大桥上声音嘈杂，来自船只、汽车、地铁、直升机和飞机的高音交织在一起。桑尼也加入其中。我听不见自己的声音，但能听到桑尼的声音。"当罗林斯练习指法、语调、音调、音阶和音程时，他表现出的决心令莱西感到敬畏。鼓手亚特·莱基曾直言："我从未见过一个意志如此坚定的人。"[77]1962年，罗林斯复出乐坛，发行了自己的最佳专辑之一《桥》（*The Bridge*）。

有一次，一位同行问罗林斯，他是在为自己演奏，还是为其他音乐家演奏，或者在为公众演奏？罗林斯回应道："我是为音乐［本身］演奏……这一切都是为了音乐，无论它让我付出多大的代价……换句话说，当我在演奏时，除了想传递音乐蕴含的思想，别无他念。"埃里森曾写道，音乐家与乐器的关系如同修士之于十字架。蒂莫西·布伦南（Timothy Brennan）认为，几乎所有的非裔拉丁音乐的作品都是一种表现"世俗虔诚"的形式。亚特·布雷基称其爵士乐队为"信使"（the messenger），意在将乐队比作先知穆罕默德（通常被称为神的"信使"），从而揭示了该乐队的本质——传递内心情绪。此外，罗林斯、布莱克和柯川（以及其他许多乐手）经常公开将爵士乐称作一门精神艺术。[78]

整个20世纪50和60年代，罗林斯深入研究了东方哲学书籍，但在实践过程中总是诉诸爵士乐。"我有时笃信宗教……但每次当我想要开口说'世间有上帝或者真理存在'时……现实生活便会出现状况，动摇我的这种想法。我从未遇到过真正了解宗教之人。我真的想归附，但事与愿违。"[79]加缪曾想归附宗教，但也始终未能找到能满足他精神需求的宗教体系。事实上，加缪用文学的方式实践了自己的虔诚理想，就像罗林斯选择诉诸爵士乐一样。总而言之，罗林斯不仅是当时，也是整个战后年代的存在主义艺术家。

约翰·克列农·霍尔姆斯，《号角》（The Horn，1958年）

美国文化的发展与非裔美国人的经历带来了音乐艺术领域的突破，《号角》是战后唯一一部见证此变化的爵士小说。早年的霍尔姆斯苦练萨克斯管，将其视作非裔美国之酷的象征。年轻的沃尔登·布鲁凝视着他的萨克斯管，知道它是

> 自己内心生活的象征……对沃尔登来说，萨克斯管曾是他打开自己所在世界大门的钥匙。正因如此，这个世界才无法给他贴上失败者、疯子、黑人或圣人的标签。[80]

20世纪50年代后期，出现了一个跨越种族界限的惊人观点：音乐家

的声音反映了他复杂的内在性；通过持续的努力，"他发现了自己"；自我发掘使白人的凝视"变得无力"。乐器是蓝调承载主观真理的载体，"真理"则是贯穿《号角》的关键词。实际上，这种观点是霍尔姆斯对萨特"注定要自由"思想的解读，以及从个人经验和自我描述中创造个性的需要。在垮掉派文学和战后历史方面，霍尔姆斯的影响力显然被低估了：他先是为《纽约时报》撰写了两篇文章，并在文章中率先给出"垮掉的一代"的具体定义，然后又创作出第一部垮掉派小说《走》（Go，1952年）。此外，凯鲁亚克正是在霍尔姆斯的公寓里创造出"垮掉的一代"这一词语。[81]

　　《号角》是一部影射性的小说，它借助战后爵士乐世界，对美国艺术家进行了反思：该小说的主角以帕克、蒙克、吉莱斯皮、比莉·荷莉戴和李斯特·杨为原型。这本书是为了向"凯鲁亚克的讲述"致敬，而只有他这样在战后年代爵士乐俱乐部里度过无数夜晚的人物，才能为该书丰富的细节提供灵感。霍尔姆斯称，他曾一直是大乐队摇摆乐的粉丝，直到他被迫"艰难地……于1948年，在杰克·凯鲁亚克和'大鸟'的帮助下，转向比波普音乐"。尽管《号角》是爵士小说黄金年代为数不多的优秀作品，但销量惨淡，很快便绝版了——它也没有得到读者、爵士乐学者、文学评论家或历史学家应有的关注。[82]

　　1952年到1955年间，霍尔姆斯分三次创作完成了《号角》的第一稿。在该书的第一部分，他试图捕捉到李斯特·杨对爵士乐和美国文化做出的艺术贡献。在他顿悟到"最典型的美国艺术家是黑人爵士音乐家"之后，他怀着兴奋的心情撰写了第二部分。这部小说曾经烂尾长达一年多的时间，直到他开始撰写第三部分，"以治愈查理·帕克之死（1955年）带来的创伤"。霍尔姆斯意识到自己在"处理黑人经历和黑人音乐"方面的不足，但他决定在自己的艺术视野上孤注一掷，"用我对这两者的热爱，用我的真诚与热情为创作的缺陷辩护"。这部小说中的所有角色都是非裔美国人，霍尔姆斯的目标是捕捉音乐的力量，即"在同肮脏龌龊之物斗争的过程中，提振精神、保持美丽、尽力摇摆"。[83]

该作品的每一章都聚焦于一位爵士乐音乐家，并援引一位美国文艺复兴作家的名言作为这一章的题记，其象征意义显而易见：这些音乐家都响应了爱默生对美国诗人的号召，正如梅尔维尔、惠特曼、狄金森和坡率先"定义了这里的艺术家处境"一样，霍尔姆斯是唯一一位将爵士音乐家同美国文艺复兴联系起来的作家，如：角色埃德加·普尔（以李斯特·杨为原型）对应作家埃德加·艾伦·坡，角色沃尔登·布鲁对应作家梭罗，角色乔治·迪克森（以比莉·荷莉戴为原型）对应艾米莉·狄金森，角色温·雷德伯恩（以查理·帕克为原型）对应梅尔维尔，神父尤里乌斯（以蒙克为原型）对应霍桑，科尼·芬尼利则同时对应"迪兹·吉莱斯皮"和"马克·吐温"。"我希望每个角色都能代表一位美国作家……同时也能代表特立独行的爵士音乐家，"霍尔姆斯在1976年如是说，"如它的情节所示……这是一部关于美国艺术家的小说。"[84]

埃德加·普尔（以李斯特·杨为原型）是一名摇摆时代的中音萨克斯管演奏家，他对自己声音的不懈追求成了比波普音乐家的榜样。一天晚上，年轻的萨克斯管吹奏者瓦尔登·布鲁（Walden Blue）割伤了正在舞台上演出的普尔，这一行为在爵士乐界被视作弑父之举。舞台上的老人倍感震惊，面容失色，方才认识到自己已然过气和行将死亡的现实。他的身体状况开始恶化，从而触发了小说接下来的情节：大批爵士音乐家意识到他对他们的影响，并回忆起第一次见到他的情形。"他是每个人的邪恶父亲。"温（以帕克为原型）回忆说："正是普尔对自己声音的痴迷"引发了爵士乐实践的内化转型，也正是从这种转型带来了"比波普音乐无礼的喧嚣"。霍尔姆斯把这些音乐家描绘成"行踪诡秘的游吟诗人"，将他们的音乐比作天主教的赞歌，把爵士音乐家描绘成每天晚上在公共场所进行精神修行的流浪僧侣，仿佛他们的艺术内省有助于提升社会和文化士气。

普尔为每位爵士音乐家树立了寻求存在主义镇静的典范。乔迪（荷莉戴）回忆说，普尔孤身一人，"控制着自己的情绪"；他"心怀怨恨，但头脑中充满了自己独特的、与世隔绝的真理"。她经常思考普尔如何独自一人，运用自己的声音创造出自我，如何"在与自己不知疲倦的交流中追寻岁月"。在某场演奏会的录音过程中，普尔是如此无能，几乎所有的音乐家都拒绝与他一同演奏。但轮到普尔独奏时，他走上台，演奏了三首得体的合唱曲——这些曲目"支离破碎，间隔着辛酸而可怕的音程，演奏过程艰苦卓绝"——其他音乐家则"惊讶于……这种不可战胜的奇特意志……于是选择忍受这个浑身颤抖、令人震惊的人物"[85]。

在某种程度上，霍尔姆斯为追随他的读者提出并解答了有关爵士乐的关键问题。他问："什么是爵士乐独奏？"他自答："（爵士乐独奏是）一次真正的忏悔，是勇敢地面对一个对寻求真理意义不大的世界；它关乎一个人的片段，他的生活，以及……因这些而变得神圣的事物。"他又问："爵士乐音乐家在美国社会的地位如何？"他又自答："他的一生就像一个情绪多变的逃犯，生活在一群寻求刺激的人（观众）中间，在地狱的深渊讲述着他当时觉得……罕见而神圣的真理。"他最后问："富有同情心的听众能从爵士音乐家的声音中听到什么呢？"对此，他回答："经历、幽默、生存和肯定，一个人的痛苦和他独特的心境。"以下是霍尔姆斯对普尔声音的声情并茂的描述：

> （他的萨克斯管）有一种异乎寻常的人声——深沉、沙哑，常常带有一种技巧无法驾驭的野蛮力量，并且在乐句结尾处有一种近乎懒散的旋转：这是一种奇怪、扭曲的旋律。当他带着忧郁的冷漠摇摆时……（你）会听到从他的声音中听出大雁的嘶鸣——这是人体通过某种方式发出的声音，雄壮、自然而又粗俗……然后，从那污浊的音符中，突然响起一种羞涩的颤音，充满了无限的渴望和踌躇。

普尔每晚都用自己的声音讲述自己的生活，从而找到了自己的个性之声。霍尔姆斯对每个角色的个性之声（和故事）都给予了同等的关注，为每个人都单独创作了一个章节（或者说"歌曲"）。正如在这一章里，我们得知了每位音乐家听到普尔演奏音乐的反映，他们将其所传递的信息视作一种顿悟，视作对艺术手段的渴望。[86]

爵士音乐家的演奏展现出美国生活中未被记录的文化变化和对非裔美国人来说遥不可及的社会平等。他们演奏的是一部无字之书，是即兴创作于街头的乐谱。这部小说的叙述者想象道："爵士乐是一部内容日渐丰富的黑人种族《旧约》，也是关于美国所有失落部落的《旧约》——由不知名的流浪诗人夜以继日地即兴书写而成。"爵士乐是一种活的、接近神圣的文本，连同普尔一起，被描绘成"某种《创世记》"、一个创世神话，尽管这种创世角色理应属于路易斯·阿姆斯特朗或杰利·罗尔·莫顿（Jelly Roll Morton）。但是，从文化角度上说，普尔被认为是现代非裔美国人个性的开山鼻祖：在一段"不可避免和无法回头"的旅程中，不断驱动自我，以挑战的态度拒绝接受服从吉姆·克劳法。普尔是现代自我发散后的首个产物，他努力创造出一种新的世俗福音——"听起来像《传道书》苦乐参半的腔调，混乱中具有讽刺意味"。与其他黑人音乐家相比，李斯特·杨的声音更能迫使白人评论家和音乐家将爵士乐视为一种现代艺术形式。罗斯·拉塞尔将杨的次中音萨克斯管风格成称为"爵士乐发出的第一个现代声音"，因为他清除了动感明显的独奏声，代之以高于贝西伯爵乐团管弦乐声之上的旋律，以此推动独奏的进展，"这是一种纯粹的声音，美妙动听，几乎没有颤音，如同羽毛缓缓飘落，超越了舞厅中的其他声音"。[87]

尤里乌斯（蒙克）这个角色反映了战后酷的发展轨迹，霍尔姆斯在小说中讲述了这个角色的经历——从早期的自我表达，到后来的个性风格，再到最后的借鉴不同种族文化特征并加以掩饰。首先，"酷"是一副利用墨镜实现自我保护的面具："他的眼睛被一副巨大的厚框墨镜遮住了。"即使没有这副眼镜，"他的脸庞……也丝毫反映不出他看到眼前一切时的反应，仿佛"外界"的一切都只是……一场幻梦"。尤里乌斯站在舞台上，"在狂喜中演奏，他和着音乐，仿佛只有他一个人站在那里，但他没有显露出自己为痛苦或快乐付出了何种代价"。尤里乌斯表现得像个自信的艺术家，既不迷恋"汤姆叔叔"的形象，也不醉心于任何表演技巧："他会演奏，但他不会表演。"

然而，尤里乌斯却过着简单的社区生活——照顾他的母亲，与街角的伙计们开玩笑。霍尔姆斯嘲笑了嬉皮士的浪漫主义，认为这种思想将尤里乌斯变成了一个神秘的他者。他想象出这样的场景：嬉皮士们"一路追寻尤里乌斯的足迹"，结果却发现他住在"杂货店对面一间杂乱的普通公寓里"，可能会"大吃一惊"。爵士音乐家和嬉皮士们都借用了尤里乌斯的反叛风格，从而导致了在他们的创作过程中，"原本的个性消失在统一的古怪墨镜、贝雷帽……和阿拉伯名字后面"。霍尔姆斯提出了一个简单的观点：一个人应对挑战的方式取决于他手中的乐器。正如尤里乌斯（蒙克）曾经思考的那样："谁知道……另一个男人的现实是什么？谁能说清楚？"[88]

在普尔生命的最后一周，照顾这位过气偶像的是一位名叫克利奥的年轻钢琴家。在这一周的时间里，克利奥第一次感受到了死亡的气息，并且"感到了害怕，认为如果继续重复（自己的）独奏，将会陷入看似病态或着魔的状态"。普尔用充满传奇色彩的幽默话语，将自己和克利奥两人从绝望中拯救了出来，他自诩为世间的圣愚（holy fool），这样说道：

> 伙计……那个拎着该死手提箱的人……是谁？人们不知道他从哪里来，也不知道他将前往何处，而且他总也赶不上公交车。女士们，先生们，他是谁呢？……也许他是一名音乐家，他的箱子里可能带了一些换洗的袜子、他的剃须刀、一双胶鞋、两包大麻茶……以及他的簧乐器……
>
> 那个人是个音乐家，他只是像往常一样把他的号角从一个地方运到另一个地方，他可能在这个该死的世界上一无所有……我的意思是，这个人居无定所，他只是找一处睡觉的地方。在我看来，此人是

专属于上帝的愚者，不是吗？

这位爵士音乐家所做的是"西西弗斯"式的无用功，简直是"专属于上帝的傻瓜"。但是，在爵士乐生命的存在性重复中，音乐家们创造了一个表达个人主观真理的空间。然后克利奥对生活中的社会和种族压力有了第一次存在主义的顿悟。他深知"他们会对一个人做什么，会对他的真理做什么"，深知"如何毁掉一个人"，以及"任何人都可能面临的遭遇"。[89]

这部小说以普尔之死而告终。普尔在临死前留下了遗言："赞美……聆听、聆听。"年轻的克利奥为普尔之死感到万分哀伤，他反复回味普尔留下的这三个词语"他（普尔）要表达什么意思？如果不是指他们的音乐，那他们究竟在赞美什么？"霍尔姆斯在这部小说中罕见地舍弃了想象的笔法，列举了美国乡村中代表性的令人不满之物——屋顶的吊顶、啤酒罐的设计样式，以及汽车坟场，以此表现克利奥对自己导师临终引言的沉思。对于"究竟在赞美什么？"这个问题，我们找到了一个更为合适的答案——他们赞美的可能是黑人音乐，这是他们求得生存的方式。在小说的结尾，克利奥游走在城市中，在"地铁的墙壁上写下'管乐长鸣'（The Horn Still Blows）"（这幕暗指帕克死后，泰德·琼斯在地铁墙壁上写下"大鸟永垂不朽"的场景）。接下来，克利奥理解了爵士偶像之死的最终奥义："我们不关心他们是如何成功的，我们只关心他们曾经吹奏出了真理。"[90]

20世纪80年代末，后比波普时代的激进黑人民族主义者、次中音萨克斯管手阿尔奇·谢普为《号角》的再版贡献了一篇热情洋溢的前言。他承认，他不知道，也无法从文本中分辨出作者的种族或民族，他只关心文本传达的信息。"埃德加·普尔本身就是'偶像'，"他写道，"尽管他和他的整个种族一样，处境卑微……但他通过自己的生命与艺术，为自己乃至所属的整个种族确立了新的地位，这在历史中并不多见。"[91]

对非裔美国人来说，自我决择与社会平等和种族意识是相互依存的——这使得爵士乐的声音存在主义为后西方世界敲响了警钟。任何对超验人性的抽象概念的重塑，都需要西方白人的目光承认他者具有平等的人性。在《号角》中，乔迪·豪（比莉·荷莉戴）回忆道，她曾一度怀念自己在南卡罗来纳州乡下的家，直到普尔为她朗读了暴动宣言：

> 你总是怀念过去！你怀念的是什么？……是有肤色之分的餐车，肤色之分的公交车，还是肤色之分的厕所……还是"是的，女士"这种卑微的回答。让我们回到小城，微斜帽檐以表敬意，然后继续前进……宝贝，我回想起往事，瞬间变得木讷起来……我想起你给他们刷洗衣服，给他们倒酒，或者为他们演奏音乐，但你不会回想起这些！……奏起你的音乐吧，宝贝，好好赚钱，你不再是任何人的'黑鬼'。"[92]

简而言之，非裔美国人的个性赖以存在的唯一空间尚在来日。前往那个空间，就需要用音符和个人音调铺满通往未来的道路，就需要一路演唱着"属于宝贝你的音乐"，就需要从你的文化资源、过往的经历、内心的痛苦、每首爵士独奏中的自我肯定和回忆中汲取灵感。酷既象征着黑人不再需要来自白人的认同，也表明黑人摆脱了美国南部的旧俗，不再像汤姆叔叔那样对白人毕恭毕敬。

1979年，霍尔姆斯在拉尔夫·艾里森表述的基础上稍作修改，借亨利·詹姆斯之口，将爵士乐称作"白人与黑人在机缘巧合下生出的私生子"。垮掉派作家经常因借用非裔美国文化而遭到谴责，但他们并没有因为借鉴了爵士与蓝调的艺术方法、艺术实践和范例而退缩。相反，他们沉湎于爵士乐的艺术和社会影响力，陶醉于音乐中，流连于各个俱乐部，享受垮掉派成员之间跨越种族的友谊，从而拯救了自己的艺术生涯，并试图向更多的白人听众阐释自己的艺术内涵。爵士乐是一种通往未来的命运，借助酷的伟力，不断盘旋上升。

本章结语：文化反抗引发政治反抗

詹姆斯·鲍德温观察到，每当非裔美国乐手为非裔美国人打造的原创音乐找到了内部群体以外的听众时，其歌曲、节奏和声音的意义就会发生变化。这一现象同样适用于关键字和抽象概念。"酷"在两代人之前就已经在全球范围内传播开来，而对其在非裔美国人文化中的原始意义和依旧独特的意义却未被体察。其最初的重要性和引发的共鸣源于其"带着尊严反抗"的含义。"酷"可能已经不再等于反抗活动的暗语，但作为一个神话，无论当时还是现在，在非裔美国人音乐最初打出的反主流文化旗帜之下，"酷"依然支持为后西方时代重塑个体性。

桑尼·罗林斯以一种唤起共鸣的方式改变了酷，挑战了战后美国必胜主义的神话。罗林斯头戴牛仔帽，腰间别着手枪套，英姿飒爽地出现在《走出西部》（*Way Out West*，1957年）的封面上，并为该专辑录制歌曲《我是一名老牛仔（来自格莱德河畔）》[I'm an Old Cowhand（from the Rio Grande）]和《车轮》（*Wagon Wheels*），把黑人带回到过去的拓荒时代。两年后，他开始留莫霍克式的发型，以表达对印第安人苦难的同情。"没人能够模仿他"，泰德·琼斯说，回想起他大胆的风格和音乐宣言，"多年来，他始终孤身一人"。1961年，在亚历克斯·哈利设计的《花花公子》杂志的一场采访中——迈尔斯·戴维斯首次接受非裔美国记者采访——戴维斯四次提及"汤姆叔叔"，将其斥作最令他厌恶的行为模式。白人要求黑人音乐家"不仅要演奏乐器，还要用微笑和舞蹈来取悦他们"。到了战后年代，爵士音乐家们用精湛的技巧、神秘、超然和冷漠的目光取代了"露齿诰笑和跳舞"。"酷革命"是一种文化政治形式，它的出现要早于民权运动中的政治活动。[93]

"酷"这个词和概念的现代用法起源于20世纪40年代的爵士乐文化，但许多研究"酷"的学者却忽视了爵士乐（甚至是黑色文化），或者仅仅在口头上承认这一文化母体（cultural matrix）的根基地位。[94]他们之所以保持沉默，一部分原因是担心触及非裔美国文化特有的内容，以免被某些学者诟病，另一部分原因则是艺术和美学上的种族主义。时至今日，关于垮掉派作家的学术研究仍常常刻意掩盖爵士乐的光辉，从未公开承认这样的事实：爵士乐这种艺术形式为垮掉派文学体裁提供了艺术模式上的参照。凯鲁亚克、金斯堡、霍尔姆斯和巴拉卡均明确地将这一点公之于众——这种刻意的遗漏恰恰映射出艺术和美学中的种族主义。更为普遍的是，战后学者纷纷逃避责任，不愿去理解连接这两种艺术形式的艺术方法、实践和社会历史。[95]

面对左派意识形态的失败，一个令人惊讶的"新人"出现了，几乎没有欧洲人或欧美人能够想象到他的存在。爵士音乐家逐渐创作出了一种音乐，它种植根于欧洲音乐结构，但是参照了非裔美国人的音乐和表演实践，并且与现代主义的自我创造（self-invention）理念相吻合。用美国人的话来说，爵士音乐家为公众树立了典范，迎合了恢复惠特曼对艺术领导力的经验性诉求［最早可追溯至爱默生的《诗人》（*The Poet*）］。[96]非裔美国爵士音乐家是美式生活中的存在主义反叛者，他诞生于非西方的社会传统，脱胎于旧式社会与音乐习俗。

酷正是战后年代象征上述发展过程的标志。无论在爵士乐中，在舞台上，还是在公共场合，酷面具都发挥着自卫武器的作用，使表演者能够创造出一种展现个人观念的声音。如果说"酷"作为一个词语，象征着精神达到了平衡，那么"酷"作为面具，则代表着对绝望的认同和对绝望的克服，进而实现艺术创作的目的。爵士音乐家个体面临着一项存在主义的挑战，爵士乐则为其提供了参与挑战的艺术过程：首先，爵士乐的主观真理是进行反抗和表现种族意识的途径，也是受害者进行抗争的手段；其次，在这个自我、艺术和风格互相交织的艺术过程，爵士乐始终坚持不懈地奋斗——这便是它为何被说成是一种经验的表达，而不是适当的音乐形式。早在上一代人中，非裔美国学者已经开始通过非裔美国人音乐中的"声音媒介"（特别是在这种音乐对文学产生更为广泛影响之时），在现代性中建立一种自我肯定和自我验证的"俄耳甫斯模式"。[97]

　　若不去了解非裔美国人音乐的模式与影响，那么我们将难以把握20世纪的艺术与流行文化史。正如音乐学家苏珊·麦克拉里（Susan McClary）曾经指出的那样，这一成就"是近百年来关乎文化的最重要的事实之一……非裔美国人的创新已经成为全球音乐的主导力量，其遍及程度之高，方式之多样，甚至连康德都无法想象"[98]。爵士乐和蓝调是这些创新中最基本的存在主义流派。

图32 在西德尼·吕美特（Sidney Lumet）的存在主义电影《逃亡者》
（*The Fugitive Kind*，1960年）中，酷酷的瓦尔·泽维尔（马龙·白兰度饰）
和嬉皮的卡罗尔·卡特里尔（乔安娜·伍德沃德饰）密西西比的一个小镇搅得
天翻地覆。

第十章　《逃亡者》与《巴黎狂恋》中的"嬉皮"与"酷"

西德尼·卢梅特（Sidney Lumet）的《逃亡者》（*The Fugitive Kind*，1960年）将存在主义冷酷描绘成反抗者的神话——激发社会变革潜力的神话，同时也是时代的社会意识。在白兰度的所有作品中，《逃亡者》是一部经常被忽视的电影，主角是一名嬉皮女子和一名酷男，他们逃往至南方某个盛行种族主义的小镇（见图32）。这部电影根据田纳西·威廉斯的戏剧《俄尔普斯的沉沦》（*Orpheus Descending*）改编，揭示了存在主义如何渗透至美国知识分子与艺术家的生活。影片中的"逃亡者"是美国版本的反抗者，类似萨特在戏剧《苍蝇》（1943年）中塑造的自由人，或是加缪在《鼠疫》中塑造的里厄博士（Dr. Rieux）。值得关注的是，卢梅特的下一个项目是在百老汇执导加缪的戏剧《卡里古拉》。该电影由垮掉派爵士音乐家大卫·阿姆拉姆配乐，拍摄地点位于纽约的米尔顿小镇。白兰度在拍摄场地被粉丝团团围住，这令其他演员们非常担心他以及他们自己的安全。[1]

影片中的"嬉皮"与"酷"发生在非常保守的战后年代，地点位于密西西比的一个村庄。主人公（白兰度饰）是一名流浪乐手，其姓名"瓦伦丁·泽维尔"（Valentine Xavier）同时包含了两位圣人的名字。他身穿蛇皮夹克，背上挎着一把被他称为"生命伴侣"的吉他。在影片的开头，面带悔恨的泽维尔站在新奥尔良的一名法官面前受审，被指控犯有流浪罪和扰乱治安罪——他在街上为一场派对弹奏吉他。我们了解到，在新奥尔良的这段时间是他人生中尽情纵欲的黑暗时光：参加聚会、滥用药物、为他人演奏。泽维尔向法官保证，他现在已经结束了他的享乐主义生活，并承诺如果被释放就会离开城镇（见图33）。于是，他冒着倾盆大雨开车向北行驶，直至汽车在一个种族主义者聚居的小镇抛锚。他留在小镇中，解放（并唤醒）镇上饱受压迫和内心压抑的妇女，以此破坏社会秩序。从存在主义的角度看，电影从泽维尔拒绝克尔凯郭尔的"审美阶段"（享乐主义和快乐）开始，逐步向更深层次的"道德阶段"（目的和自我确认）演进。[2]

这部影片将泽维尔塑造成深受非裔美国文化影响的"白种黑人"形象：在影片的开头，他自豪地向法官展示了破旧吉他上密密麻麻的明星签名，刻在上面的名字有：贝西·史密斯、莱德·贝利（Lead Belly）、"盲人"莱蒙·杰佛逊（Blind Lemon Jefferson）、伍迪·格思里（Woody Guthrie）、杰利·罗尔·莫顿（Jelly Roll Morton）和"国王"奥利弗（见图34）。泽维尔凭借即兴创作的艺术手法，开创出生命的新阶段，体现了蓝调和爵士乐的存在主义精神。泽维尔的酷直接继承了蓝调音乐家与乡村漫游者（他们身处南方，遭遇迫害，曾为自由奔走呼号）的血统，因为它既参与了垮掉派的乡村漫游（代表人物有格思里、杰利·罗尔·莫顿），也融入了所谓的蓝调反主流文化（代表人物有贝西·史密斯、莱德·贝利）当中。[3]在这座小镇的白人男性精英眼中，泽维尔是一名身份复杂多变的他者。他是一支性感的魔杖，一根会走路的阳具：时而变成花园里的蛇，时而化身后屋里的音乐家，时而又成为屋外的教唆犯。在白兰度的黑白混合文化中，"白种黑人"总是展现出性欲旺盛的形象。当时对马龙·白兰度的狂热崇拜（就连白兰度本人也沉醉在自己的魅力当中）盛行一时，出于对种族混合的恐惧，阿尔伯特·穆雷曾把战后这种被赋予黑人种族特征的白人想象称为"注入燥热的脂肪"（hot fat injection）。[4]

因此，在这部电影中，瓦伦丁·泽维尔被塑造成黑白混血、融合各

图33 瓦伦丁·泽维尔(白兰度饰)聆听新奥尔良法官关于放逐他的宣判,并承诺不再像前几年那样寻欢作乐。

种族文化于一身的俄耳甫斯。他手握一把破旧的吉他,而主流社会的地狱之犬则循迹其后。他既是坠入尘世的天使,也是惠特曼式的基督形象,亦是象征公民权利的白色符号——一名饱受折磨的白人蓝调音乐家和孤独的道德叛逆者。他没有辜负自己姓名中那个响亮的圣徒(也曾饱受折磨)名字,提出了如下问题:这个人是谁?你在意他内心的痛苦以及他对意义和社会变革的追求吗?他的想法会改变你的个人意识吗?

从来到小镇的第一晚开始,泽维尔的反叛个性就对白人男性精英造成了威胁。他得到了警长妻子维伊[莫林·斯特普尔顿(Maureen Stapleton]

图34 瓦伦丁·泽维尔（白兰度饰）是一名游唱歌手，也是一名"白种黑人"，他手中握着的吉他刻有以下人物的签名：比莉·荷莉戴、贝西·史密斯、莱德·贝利、伍迪·格思里、威廉·克里斯多夫·汉迪（W. C. Handy）、"书包嘴大叔"路易斯·阿姆斯特朗、雷尼大妈（Ma Rainey）和汉克·斯诺。这些人物为了表达对他的支持才刻下了自己的名字。

饰）］的庇护，获准睡在她家的一间刚刚空出来的临时牢房里——之前关
在这里的黑人当晚因为逃跑，被警长的手下抓获并杀害。在这里，泽维尔
再次以白种黑人的身份，象征性地代替黑人置身危险之中——他也被关在
笼子里过夜。但是，在把他关起来之前，斯特普尔顿向他展示了自己的画
作。在这幅画中，无论是乡间田野、哥特教堂，还是高高矗立在黑黢黢棉
花田之上的十字架，都迸发出强烈且充满活力的色彩。到了电影的后半部
分，泽维尔帮助她理解了创作这些画作的动机：

> 泽（平静地说道）：在你开始作画前，一切都没有意义。
>
> 莫（惊讶地问道）：什么让这一切没有意义。
>
> 泽（轻声说道）：存在。
>
> （莫林感到震惊，呆在那里。）
>
> 莫：就是这样。（此时的莫林震惊到浑身颤栗。）
>
> 泽：正如你亲眼看到和了解到的那样，（他继续用深沉的语气轻
> 声说道）私刑随处发生，笞打司空见惯。（他停顿了一下。）我们都
> 看到和知道这些事实的存在。

她惊到合不拢嘴，仿佛看见眼前这位身居俗世的圣人（姓名"瓦伦
丁·泽维尔"中同时包含了两位圣人的名字）发出神圣的光芒。

作为这部电影中的嬉皮士角色，卡罗尔·卡特里尔（乔安娜·伍德
沃德饰）是战后好莱坞电影中极为罕见和不寻常的角色：她是一个嬉皮女
性角色，与其所追求的酷男同属一类。卡罗尔聪明、睿智、古灵精怪，终
日寻求刺激。她以前是一名"教会改革家"，但现在以嘲讽小镇的保守为
乐，常常将自己的性欲表露无遗。作为一名进步的波希米亚主义者，卡特
里尔驾驶一辆敞篷跑车，打扮得像南方旧货店中的时髦女郎，关心着镇上
孤寂的黑人男性（如镇上的魔术师普莱森特叔叔）。通过反抗小镇白人精
英男性近乎法西斯式的控制手腕，卡特里尔展现出垮掉的一代的生活乐趣
（见图35）。

白兰度扮演的泽维尔是一个饱受折磨的灵魂——行踪诡秘、无家可归、被恶魔追逐，在逃亡中寻找宁静的港湾。泽维尔是一个被异化的、道德高尚的、有主见的人。他不在乎别人怎么看他，并且爱上了他的雇主——一位不幸福的已婚老妇人（托伦斯夫人，安娜·马格娜妮饰），后者在丈夫卧床不起的情况下经营着当地的杂货店。泽维尔和夫人之间不断升温的爱情是这部电影的主线，它与托伦斯的残疾丈夫［某个白人至上主义组织（类似3K党或白种人公民委员会）的领导人］发生了戏剧冲突，引发了影片中的主要矛盾。

这部基于威廉姆斯戏剧的电影通过一段关键的交谈，将"嬉皮"与"酷"区分开来。当卡特里尔走进托伦斯夫人的杂货店，想要和泽维尔说话时，两位比她要大一些的妇女立刻停止了交谈。于是，卡特里尔问泽维尔，这两个妇人一直在谈论她什么。

泽（平静地说）：冷静点。

卡：我不喜欢冷静！她们在说我什么？……

泽：如果你不想被人评说，你为什么要打扮成那样？[5]

卡特里尔拥有很酷的反叛者的抗争精神，却将这种精神力量注入到享乐主义之中：在一群狂热和居心不良的看客拥簇之下，她对泽维尔的感情愈发强烈。但是泽维尔对她高涨的嬉皮热情无动于衷，反而更喜欢富有异国情调的老妇人（马格娜妮饰），后者忧伤的心灵引发了他的精神共鸣。在一幕发生在当地墓地的黑色场景中，卡特里尔双膝跪地，以此表达自己的仰慕之情。但是泽维尔将她从地上扶起，拒绝了她的爱意。此时，他们身后闪过一道亮光，仿佛在暗示一种更高层次的哲学行为模式。存在主义酷有时意味着牺牲基本的欲望。

图35 在密西西比的一间路边旅馆内，卡罗尔·卡特里尔（伍德沃德饰）正滔滔不绝地向朋友讲述自己与"那个新奥尔良男孩"的相处过程，满脸花痴的表情。

带着好莱坞唯一的女性节拍奔向路边酒吧

卡特里尔活力四射的嬉皮风格与泽维尔冷若冰霜的存在主义酷截然相反。突显这种反差的关键一幕发生在路边的一家旅店内，堪称电影史上最能表现垮掉派反抗的著名场景之一（同时也是最容易被忽视的场景之一）。在这一幕中，泽维尔和卡特里尔一起喝了点酒，自动点唱机里播放着器乐演奏的节奏蓝调，然后卡特里尔在一边打起了电话。这时，女同性恋老板朝泽维尔走来，奉卡特里尔兄长（坐在另一张桌子前，满身酒气）之命让他俩立刻离开。起初，卡特里尔拒绝了这一要求，但是泽维尔坚持离开，并把卡特里尔带到了门口。"我要走了，我要走了。"她一边对老板说话，一边盯着自己的兄长。"高速公路上还有很多这种带自动点唱机的小酒吧，"她转向泽维尔，继续说道，"泽维尔先生，你要和我一起去酒吧吗（go jookin）？"

这时，一位年长的酒吧常客问道："你说的'去酒吧'是什么意思？"携异性伴侣沿公路逐店闹饮（jook-ing，或写作"juking"）是一个南方方言，意思是去"备有自动唱机的小酒吧"里跳舞、泡吧或者只是喝酒。接下来即兴发生的一幕便是对这个词语的思考，令人印象深刻。卡特里尔在酒吧四周不停走动，同时与多名男性眉来眼去，然后即兴发表了一段长达一分半钟的精彩回答。这一幕通过一段长镜头展现出来，以萨克斯管吹奏出的蓝调作为背景音乐，突显了战后嬉皮精神追寻者内心持续迸发出的精神能量。此外，"携异性伴侣沿公路逐店闹饮（juking）""自动点唱机（jukebox）""备有自动唱机的小酒吧（juke joints）"均是非裔美国人的俚语，它们最初源自沃洛夫（Wolof）语，代表了战后黑人文化中另一个具有影响力的方面。[6]

"什么是'jooking'？"卡特里尔开玩笑地撞了一下提问的男人。"它的意思是，你坐进一辆车里……然后喝了点酒，"她一边说，一边从身边的老男人那里偷拿来一杯啤酒，呷了一小口，放了回去，继续说道，

"然后你又往前开了一段，"卡特里尔走进舞池，跳起了吉格舞。她拥抱了一对正在跳慢舞的客人，接着说，"然后你停下来，对着自动点唱机又跳了一段。"卡特里尔继续绕着店内的客人走动，"然后你又喝了点，喝完又往前继续开上一段路，"说话间，她掀掉了一位男顾客的帽子，"然后，你又停下来，对着另一台自动点唱机跳舞。"她将啤酒浇到一位男顾客头上，继续在酒吧里走动；此时，她已让整个酒吧陷入狂热之中。（见图36）"接着，你又停止了跳舞，"她调情般地推了下身边的男顾客——"就这样，你不停地喝酒、开车。"卡特里尔弄皱了一位男士的衬衫，引来他身边女伴的怒视。"然后你停车，"她拎起一把椅子，"接着你只是坐下来喝酒。"她停下来，拿起一个纸袋里的啤酒瓶喝了一口，忧郁了几秒钟。"最终，你不再喝酒！"卡特里尔大吼一声，将手中的酒瓶扔过那位女伴的肩头，打碎了窗户，整个酒吧瞬间如死一般沉寂。

"那接下来你要怎么做？"一位年长的男子问道。

"那要看你和谁在一起！"她兴奋地叫着，踢起腿来，裙子掀了起来，引得一个萨克斯管爆发出巨响，仿佛她的春光乍泄释放了酒吧里所有人的欲望。

就在这时，她那喝醉了的兄长跌跌撞撞地走过来，狠狠地扇了她一耳光。令人难以置信的是，卡特里尔也以同样的力度回了他一巴掌。

泽维尔走了进来，用一只手把她拉开（见图37），仿佛她是纸做的一样。"你没看见他喝醉了吗？"他低声对她说。"他能照顾好他自己。"卡特里尔眼睛里充满了愤怒，她用尽全力又扇了兄长一巴掌。兄长应声倒地，与其说是受到了身体上的打击，还不如说是受到了公众的打击。

"他做不好任何事情。"泽维尔说道。"来这边。"他补充道，然后将她拉到门边。

卡特里尔转过身来，面对酒吧里的所有人发表讲话，仿佛自己置身于一场国民大会之中。"这个国家曾经很狂野，"她说道，"现在它只是喝醉了。"该场景歌颂了享乐主义和性欲望，是对古板压抑文化的社会批

图36 卡罗尔·卡特里尔（伍德沃德饰）即兴发表了一段长达一分半钟的精彩回答，诠释了"携异性伴侣沿公路逐店闹饮（going jukin）"的乐趣。在此期间，她将啤酒倒在了自己兄长的头上。

图37 卡特里尔扇了她兄长一巴掌,将他打回到椅子上。在这之后,泽维尔将她拉到一旁。

判，堪比《在路上》中的经典场景。

在这之后，卡特里尔和泽维尔一言不发地开着她的敞篷跑车离开酒吧。在寂静的气氛中，伍德沃德原始的嬉皮能量反衬出白兰度超然的冷静。两人驾车驶入南方乡村的黑夜，泽维尔问了卡特里尔一个问题，这个问题恰好诠释了20世纪60年代初嬉皮和酷之间的截然不同之处：

> 泽：你为什么疯狂地表现你自己？
>
> 卡（面带自豪，半开玩笑地说）：因为我是个喜欢出风头的人。
> （停顿了一下）我想让人们知道我活在这世上；难道你不想让人们知道你还活着吗？
>
> 泽：我只是想活下去，我不在乎他们知不知道我还活着。
>
> 卡：好吧，我和你不一样，我就是想被他人注意，想被他人看到、听到和感受到。

这一幕忠实地改编自原戏剧，但省略了卡特里尔最后那句至关重要的宣言："活着，活着，活着，活着，活着！"[7]

接下来，屏幕上出现了一段长达15秒的静默场景。此刻，卡特里尔与泽维尔，同时也是嬉皮与酷之间的根本差异已昭然若揭：卡特里尔认为二人是可以并肩同行的疯狂冒险家。但泽维尔仅仅想要找一个避风的洞穴，在那里舔舐自己的伤口，放松自在地坚持自我。

卡罗尔·卡特里尔为这场精彩纷呈的逃亡历程注入了浪漫的色彩。泽维尔则截然相反，他在新奥尔良产生的顿悟在本质上与佛教所说的彻悟接近。他意识到自己的痛苦源自内心求而不得的欲望，他的享乐主义是对伦理意识的逃避。现在，泽维尔只想找一个让内心着陆的地方，但对此并没有太大把握。在接下来的这个场景中，他专注于发展同托伦斯夫人的关系，并与她坠入爱河。

酷的差异同样体现在电影充满隐喻的标题中，就像泽维尔对夫人所做的演讲一样。二人关系的拐点发生在一段简短的独白中，泽维尔将自己比作一只永远无法着地的无腿鸟。在此之前，托伦斯夫人（马格娜妮饰）一直将泽维尔视作带有怪癖的小白脸流浪汉。但从这一刻起，在她眼中，泽维尔更像是一个奇异天使和前来救赎她的人。

泽维尔使用了一个反资本主义的比喻，以此开始他充满诗意的反思："这世上有两种人……买家和被收买的人。"然后，泽维尔停下来，踱步，不停地把身体的重心从一侧转移到另一侧。"不，还有第三种人，"他喃喃自语道，"这种人像是一种没有腿的鸟，它必须一直待在空中，因为它永远无法着陆。他们终生靠扇动翅膀续命，一生睡在风雨之中。"白兰度尤为珍视这句台词，仿佛这既是在诉说泽维尔的人生，也是在讲述他自己的故事。也正是这句台词，让托伦斯夫人见证了究竟是怎样的创伤，使泽维尔陷入了如今的境地。

"逃亡者"被放逐在社会之外，依靠自我认同生存于世，无论行至何处，都会打破所经之地不符合道德要求的社会习俗。这种无腿之鸟生来便是自由的——换句话说，注定要一生飞翔，永无着陆的可能。从根本上说，这类"逃亡者"无家可归，逍遥法外，终日疲于逃亡，或在路上奔波，是一名具有象征意义的逃犯，不停地从一间又一间象征性的牢笼中逃出。"我们当中没有人了解其他人，"泽维尔总结道，"我们这些人注定与世隔绝。"这句话不仅成为好莱坞电影中极具存在主义色彩的台词，也集中体现了美式存在主义酷独具一格的核心理念：逃亡者修正了加缪形而上学的反叛思想，通过被放逐个体的流动性和无归属性，将美国的文化想象切实地注入自由之中。[8]

在这之后，电影再次让泽维尔回归"白种黑人"的身份，并将他塑造成追求公民权利和遭遇南方种族压迫的象征。托伦斯夫人的丈夫让警长带领一队人马，趁泽维尔工作之时将其包围。这群人像野狗一样围着泽维尔，其中一人还将泽维尔的衬衫扯了下来。店里的两名顾客制止了他们的行为，于是警长将泽维尔带到屋外，让他离开小镇。他告诉泽维尔，某个小镇的边界上有一个路标，上面写着："黑鬼，在日落前滚出这个小镇。"接着，他对泽维尔说道："它只是说说，可没做出任何伤人的举动……好了，小子！你不是黑鬼，这里也不是那个小镇，但是，小子……想象一下，那块牌子现在已经竖在了你面前。"这样的路标在吉姆·克劳法盛行的南方"日落城镇"仍然随处可见。在原戏剧剧本中，威廉姆斯建议演员表演这幕场景时，应该"随意发挥，就像参与那些熟悉的仪式一样"。换句话说，此幕中的南方白人用私刑威胁泽维尔，正是一种白人至上的种族净化仪式。[9]

在影片的高潮部分，托伦斯夫人和泽维尔重建了她父亲的葡萄酒庄园（象征着夫人重新焕发青春活力）。她的父亲死于15年前一场可疑的火灾，那场火灾烧毁了整座庄园；失去至亲的她为了寻求内心的安全感，嫁给了现在的丈夫。在新酒庄开幕之日，她获知当年正是自己的丈夫率人纵火烧死了父亲，因为这样一来她就会从心里依赖他。如今，同一伙人再次放火烧毁了她与泽维尔共同重建的酒庄。

就在泽维尔准备灭火时，警长带来的这伙人将消防龙头对准了他，迫使他退回大火之中。泽维尔再次陷入险境，在此过程中，他的行为举止昭示着即将发生的一系列民权运动。在这伙人眼中，泽维尔既是性感十足的对手，也是社会变革的象征，所以必须被消灭。他们用这种私刑祭仪将"白兰度式的白种黑人"变成了献祭的牺牲。

在大火被扑灭的第二天，卡罗尔·卡特里尔与托伦斯夫人并肩站在被烧毁的酒庄外，手中紧握泽维尔的蛇皮夹克，仿佛这是圣人留下的遗物。她将泽维之死视作前车之鉴，并为之撰写了一段简短的悼词，将观众们拉回到《夜困摩天岭》的结局："世间尚有放荡不羁之人，他们仍在四处逍遥。"

一个人想要做到"自由"和"酷"，就要离开充满压迫的家乡（或家庭），寻找一个反叛者聚居的临时社群。在自己的家乡，卡罗尔·卡特里尔用嬉皮反对保守。为了酷起来，她不得不背井离乡，寻找人生的目标，而不是在原地起身反抗压迫她的人。在她离开前，整座城镇便是一座监狱，她是一名受害者，如不离开，其行为无异于以卵击石。

这部电影将"加缪式的反抗"翻译成好莱坞电影观众能理解的语言：现在一切取决于你。他已经起身反抗……你将如何存在？在影片最后的场景中，对卡特里尔而言，这是一个自我指涉性（self-reflexive）的问题。

在这部电影中，卡特里尔学到的最后一个词是"狂野"——该词语用垮掉派的腔调发出回声，对战后二期的反叛酷做出了定义。"狂野"意味着自由，意味着在道路上狂奔，意味着野性的幽雅，意味着人类放荡不羁的激情，甚至意味着创造性的毁灭。金斯堡的《嚎叫》是对野性的致敬，后者是追寻意义的必要元素：创造新事物需要破坏秩序，无论这种秩序属于艺术、社会还是政治。电影《飞车党》中的白兰度和他的摩托帮便是这样的例子。当一个反叛者在不知道反叛的原因前就贸然说不时，常常会做出暴力或自我毁灭的行为（如吸毒，犯罪），或者对他人爆发怒气。在《监狱摇滚》中，埃尔维斯的女朋友兼经纪人指责他玩弄感情。"这不是什么计谋，"埃尔维斯慢吞吞地说道，带着稍许的歉意，"这只是我内心的野兽。"此外，《在路上》也贡献了一句颇为著名的台词。萨尔·佩拉提斯承认他只欣赏狂野之人。"我只喜欢这一类人，他们的生活狂放不羁，说起话来热情洋溢，对生活十分苛求，希望拥有一切，他们对平凡的事物不屑一顾，但他们渴望燃烧，像绚丽的黄色罗马焰火筒那样爆炸。"[10]总之，"狂野"的意思是拒绝被驯服——拒绝安于现状或接受"阶级流动性"的许诺。白兰度、埃尔维斯、尼尔·卡萨迪、辛纳屈、迈尔斯·戴维斯都异常狂野且桀骜不驯。酷派偶像的诞生取决于一个不言而喻的核心条件：你无法拥有我；你永远不会拥有我。白兰度等人发出的回声恰好对应了这一条件。

如果《逃亡者》（*The Fugitive Kind*）被命名为《反叛者》（*The Rebel Kind*），那么在这部白兰度、伍德沃德、卢梅特、加缪和威廉姆斯合作的作品中，"酷"与"存在主义"之间的共鸣将会得到更为清晰的展现。在这部影片中，圣人瓦伦丁·泽维尔起身反抗，小镇中的女性得以存在。这部电影成为"酷"的拐点，因为它将垮掉派推崇的价值观（狂野与充满创造力的疯狂）转向20世纪60年代的社会抗议活动和反主流文化实验。

西德尼·波蒂埃与《巴黎蓝调》（1962年）

倘若西德尼·波蒂埃（Sidney Poitier）展现出的自信男子气概没有威胁到好莱坞的种族分类传统以及好莱坞对种族混合的潜在恐惧，他本可以成为一代酷偶像。1959年，他因主演《逃狱惊魂》（The Defiant Ones）出道。在这之后不久，《纽约时报》对他的形象做出了定义，其内容已经很接近酷的标准："这个人有一种根深蒂固的正直，不知何故给他的银幕形象增添了维度和活力。"正直、深度、活力——这些品质结合了战后一期的"外松内紧"和战后二期的"狂野"。波蒂埃的招牌表演风格是"冷酷地沸腾"，如同"永不爆炸的火药桶"里的惰性炸药，也就是说，既表现出"种族挫败感"，又使白人观众确信"黑人会避免暴力，他们会维护社会秩序"。波蒂埃的黑人身份使人们无法将他的反叛表演风格与白兰度－迪恩－埃尔维斯一脉相承的演艺风格联系起来，他本人也脱离了50年代公众对反叛的主流记忆。尽管如此，《乌木》杂志仍在2008年的封面故事《酷的天才》（"The Genius of Cool"）中将波蒂埃列为"史上最酷的25个男人之一"，原因是他"圆滑，有着自信的优雅"，同时还是杰拉尼·科布（Jelani Cobb）所说的"黑人禅宗"式的黑人酷美学的化身。[11]

在电影《黑板丛林》（Blackboard Jungle，1956年）中，波蒂埃饰演的叛逆角色是一名羞涩的少年犯，就读于一所校风混乱的高中。在他的前两场戏中，波蒂埃以冷酷叛逆的风格向一位缺乏经验的老师表现出一种阴郁不满的表情：他嘴里叼着香烟，卷起白色T恤袖子，每个动作都轻松而淡定。正如他的传记作者在评价这幕经典场景说所说，"用一句话说，他很酷"。[12]格伦·福特（Glenn Ford）饰演一名坚持理想主义的老师，名叫达迪尔先生（Mr. Dadier）。但学生们很快就将他的名字谐音变形，创造出"爸爸呀"（Daddy-O）这个讽刺古板父亲形象的反独裁主义术语。在福特的引导下，波蒂埃转变了冷嘲式的抗争方式，并且取得巨大的成效。这名黑人少年得到了回报——注重人文关怀的达迪尔老师给予他某种程度上的社会平等。值得称赞的是，无论是演员还是导演理查德·布鲁克斯（Richard Brooks），均在互相尊重的前提下很好地处理了两代人之间的沟通，避免出现汤姆叔叔这样的谄媚逢迎形象；尽管如此，这部电影仍然加剧了屏幕内外对黑人发展潜力的限制。

在制片人兼导演斯坦利·克莱默（Stanley Kramer）看来，在"从悲怆到强大"的艺术风格转型方面，波蒂埃是唯一能与白兰度相提并论的人物。但是在战后的电影中，根本没有黑人叛逆者的角色。电影评论家J. 霍伯曼将波蒂埃称为"好莱坞版的杰基·罗宾逊"，肯定了这位黑人演员在主张取消种族隔离的年代所具有的象征意义。20世纪60年代早期，人们对他的评价更为直白，《视相》（Variety）杂志称他为"一个有用的黑人"，《纽约时报》的一位专栏作家称他为"展示黑鬼现状的橱窗"。1959年，哈里·贝拉方特（Harry Belafonte）创办了一家制片公司，为非裔美国演员创造出更好的机会。他对好莱坞独裁专断的家长式同化作风不屑一顾，认为"跨越种族的兄弟情谊最终会胜出"，并以波蒂埃为典型，这样说道："以我的好朋友西德尼·波蒂埃为例，他总是扮演一个善良且耐心的角色，最终赢得白人兄弟的理解。"波蒂埃饰演的角色服务于好莱坞的自由主义进程，借助文艺的力量促进了民权运动的发展，并且用自己的明星生涯推动了种族融合的进程。《视相》杂志认为，波蒂埃是好莱坞中唯一一个单枪匹马关注种族融合问题的人物："我们没有种族电影，我们只有西德尼·波蒂埃的电影。"

然而，在20世纪60年代早期一部不寻常的电影《巴黎蓝调》（见图38）中，波蒂埃饰演的是一位懒散的波希米亚爵士乐手。在这之后不久，他便出演了自己最为著名的电影《采下乡间的百合，献给恩师，然后猜一猜谁将前来赴宴》（*Lilies of the Field, To Sir with Love, and Guess Who's Coming to Dinner*），在其中扮演了一位完美的黑人绅士。[13]在哈罗德·弗兰德的原著小说（即《巴黎蓝调》，1957年）中，一位名叫埃迪·库克的美国黑人爵士乐手享受着他在巴黎的波希米亚式生活，并且陷入了一场跨越种族的情感纠葛之中。艾灵顿公爵阅读完这部小说后，一直念念不忘，于是签下合约，打算为理想中的电影创作配乐，希望这部电影能够展现汇聚多样人种（包括非裔美国侨民、男女同性恋者和跨种族夫妇）的巴黎社区。但是，电影公司在制作影片的过程中，从所有的角度肢解了这一愿景：首先，制片人抬高了原著小说中一个次要的白人角色拉姆·鲍温（Ram Bowen），将其打造成垮掉派反英雄形象，使其成为这部电影的主角；其次，制片人坚决反对种族间的浪漫爱情，于是按种族界限划分出两对夫妇；最后，早期在"巴黎存在主义洞穴"中放映给多种族观众观看的样片也被重新注入了白人主导思想，以排斥有色人种的影响。《巴黎蓝调》最终沦为一部公式化的电影，讲述了一位愤怒的年轻人（保罗·纽曼饰演，被视作性感白人形象的代表）和一名黑人搭档（西德尼·波蒂埃饰）的故事。艾灵顿公爵为这部影片创作了摇摆乐年代的爵士配乐，路易斯·阿姆斯特朗也在其中担任主演。[14]

纽曼和波蒂埃饰演的波希米亚爵士乐手一直在巴黎享受生活，直到遇到了乔安娜·伍德沃德和戴安·卡罗尔（Diahann Carroll）饰演的古板教师。纽曼是一位长号手兼著名作曲家，他帮助离异的乔安娜·伍德沃德摆脱了旧社会风气的桎梏；波蒂埃则是一个很酷的中音萨克斯管手，反对卡罗尔充满种族蔑视的指控，为自己的移民生活据理力争。此外，路易斯·阿姆斯特朗在剧中饰演爵士乐传奇人物野侠摩尔（Wild Man Moore）。该角色是纽曼的导师，也是雷默斯大叔类型的角色，与波蒂埃低调的酷派风格形成了鲜明的对照。在影片的最后，伍德沃德感动了纽曼，二人走到一起，结成一对嬉皮夫妇，共同寻求新的冒险。与此同时，卡罗尔要求波蒂埃回到美国为民权而战，最终取得了好莱坞式的皆大欢喜

图38 西德尼·波蒂埃在《巴黎蓝调》中饰演的埃迪·库克是一名移居他国的萨克斯管手。图中的他正在为饰演此角色练习萨克斯管。

结局：两个漂亮的演员成为民权运动中的酷派典范。实际上，借助批判常态、种族压迫和美国必胜主义，战后酷面具引发的共鸣提升了人们的思想意识，甚至连好莱坞电影中的学校教师现在也在寻求个人和社会的改变。

从很多方面看，该电影前半部分的主题是爵士乐，影片的音乐也充斥着巴黎的波希米亚风格。纽曼动作嬉皮，语言犀利，排斥陈腐的事物。在爵士乐方面，他有力地呼应了李斯特·杨的音乐理念和俚语："我整日活在音乐中——无论早晨、中午，还是整个晚上。（除了音乐）其他的都是锦上添花，你明白吗？"（伍德沃德回答道："我明白。"）在影片的开始，两个男人都对这两个不谙嬉皮的女人没有什么兴趣，并且波蒂埃还向伍德沃德解释了她为什么应该另寻一个爱恋对象："你是个生活在白天的人，我是夜猫子，你我完全是两个不同世界的人。"但当影片进行到一半时，这对情侣开始深陷缠绵的爱情之中：波蒂埃和卡罗尔走上街头，共享巴黎浪漫的抒情场景，仿佛他们的未来终将结束这位爵士歌手的嬉皮生活。借此表演机会，波蒂埃展示了他在好莱坞举足轻重的地位，展现了自己如何在"大众吸引力和政治活力"之间求得平衡。此外，这部电影回避了小说中提到的汤姆叔叔。在小说里，埃迪·库克尊重摩尔的音乐遗产，但排斥他那游唱卖艺式的形象。"野侠摩尔是……为白人而活的黑人，是一个用手帕裹住自己黑色头部的黑人。"在小说中，他这样看待摩尔。"摩尔本可以为他的人民做很多事情。"[15]当纽曼从野侠摩尔那里得到建议时，既没有感受到爵士乐的影响力，也没有感受到它的非裔美国文化根基，更没有感受到它的存在主义抗议。

此外，波蒂埃曾两次安抚纽曼的情感伤痛，仿佛这位乐手在艺术上遭受的创伤要胜过库克经历的种族歧视。纽曼饰演的角色鲍温是一位粗鲁、自负却魅力十足的波希米亚艺术家。但若以爵士乐手的身份衡量鲍温，该角色又缺少信服力。究其原因，是因为塑造该角色的演员纽曼以及导演马丁·里特（Martin Ritt）缺乏音乐想象力。当纽曼在剧中表演的角色吹奏长号时，他只能做出假模假样的表演姿态，而非即兴创作的状态，缺少乐队整体意识以及个体与整体之间的对话。相比之下，波蒂埃表演独奏时，在肢体动作和节奏上均有生动的表现。作为剧中的角色，埃迪·库克身居巴黎，他工作安定，远离美国种族主义，非常之酷。相比库克，鲍温仍然是一名防御型叛逆者，敏感而霸气，深受乐迷和女性的喜爱。纽曼扮演的拉姆·鲍文如同爵士乐界的快击手艾迪·费尔森[1]，他恪守这样的信条：要么不屑于在爵士乐上浪费时间，若要投入，便一定要成为比赛中最伟大的年轻选手。

　　乔安娜·伍德沃德在上述两部电影（《巴黎蓝调》和《逃亡者》）中始终扮演着嬉皮与酷的角色，以一己之力在好莱坞电影中展现了战后二期垮掉派女性的特质。与她在《逃亡者》中的角色形成鲜明对比的是，伍德沃德在《巴黎蓝调》中重新定义了垮掉的一代的反英雄式自恋：这对情侣最终以恋人的身份走到一起，重返并征服了纽约城。在1958年拍摄的《夏日春情》（*The Long, Hot Summer*，故事发生在密西西比的乡村）中，影片通过圆满的结尾交代了这对情侣幸福浪漫的结局。在以上两部电影中，纽曼均是一位打破传统的反叛者，而伍德沃德则是一个不满现状的独立女性，她在情色化反叛者的同时，将20世纪50年代的叛逆女孩角色转变成了作用更大的同伴角色。在这两部电影中，这对现实生活中结婚的夫妇都走入了影片的最后一个镜头，仿佛要走向远方，去开创一个更酷的未来。

　　实际上，在电影的结尾，纽曼和伍德沃德这对情侣表是嬉皮的，波蒂埃和卡罗尔才是酷的。波蒂埃酷酷的艺术个性对当代观众来说可能是显而易见的，但他仍然被反叛者的准则拒之门外。"我是艺术家、男人、美国人和当代艺术家，"波蒂埃这样定义自己的形象，"我希望你能给予我应有的尊重。"在《巴黎蓝调》中，波蒂埃将他的挫败感投射到风姿绰约的戴安·卡罗尔身上，后者还之以迷人的成熟与优雅。拍摄影片期间，波蒂埃和卡罗尔正处于一段长期的热恋之中，通过这对优雅的夫妇在《巴黎蓝调》中的欢乐与争吵，两人充满焦虑的欲望正好得以释放。事实上，这可

---

　　[1]　纽曼在电影《金钱本色》中饰演的角色。——译者注

能是好莱坞历史上第一部以黑人情侣长时间激情之吻结尾的电影。他们关于艺术和个人选择的睿智对话——波希米亚式的满足与种族义务——构成了战后成年黑人浪漫与性的高潮。为了配合自己饰演的角色，戴安·卡罗尔在拍摄《巴黎蓝调》期间，在其位于格林尼治村的公寓里举办了募捐活动，以支持学生非暴力统筹委员会（SNCC）。[16]

在饰演埃迪·库克时，波蒂埃对巴黎自由的热爱令人回想起迈尔斯·戴维斯在1949年面临的困境。十多年后，美国社会仍然被其种族等级制度和好莱坞－华盛顿轴心的选择所挟持。例如，1960年总统大选期间，当小萨米·戴维斯（Sammy Davis jr.）与朋友法兰克·辛纳屈一起为约翰·F. 肯尼迪（John F. Kennedy）助选时，辛纳屈和肯尼迪同时向戴维斯施加压力，要求他推迟与瑞典未婚妻［梅·布里特（May Britt）］的婚期，直到大选结束，以防止出现种族对抗的局面。在美国南部各州，种族通婚仍然令政治家及其支持者（以及选民）乃至更多的美国人谈之色变。反对种族通婚的观点在反对社会平等的政治势力中根深蒂固。[17]

1960年，波蒂埃是唯一一位跻身好莱坞一线的非裔美国人演员：他是"自己种族里第一个凭借演技登上好莱坞顶峰的演员"，某位影评人写道，言语间表达出这样的含义——"波蒂埃既没有谄媚唱歌也没有逢迎跳舞"。然而，只有创造出平等的社会环境，使所有非裔美国人都有获得成功的可能，波蒂埃的成功才不会显得如此意义非凡。此外，波蒂埃还令我们回想起加缪，后者的价值在于"为他人而反叛"，而非为了个人的声名。波蒂埃唤醒了当时的黑人，他们从波蒂埃身上看到了"自身希望与梦想的某种延伸"，这正是西非酷的另一种形态，是个体与社群集体精神关系的具体体现。但是在波蒂埃本人看来，自己只是在自身艺术领域辛勤工作的无名小辈。"在我自己看来，我只是一名再普通不过的黑人，我是这个领域的无名小辈，站在外边为我们所有人哭泣而已。"[18]

至此，我们再次回归到爵士乐对战后酷所作的贡献上来。"为我们所有人哭泣"这句话借助歌声与个体的声音，借助独奏和不诉诸语言的抗争，借助饱含集体意识的反叛行为，帮助我们追溯了波蒂埃反叛行为的思想根源。[19]

最终，在洛林·汉斯伯里（Lorraine Hansberry）创作的《阳光下的葡萄干》（*A Raisin in the Sun*，1961年，一部完全由黑人演员出演的电影）中，波蒂埃得到摘下酷面具的机会，在剧中饰演的卡车司机威利·李·杨格（Willie Lee Younger）。在母亲看来，杨格在外是汤姆叔叔式的谄媚形象，在家则摘下了面具，表现出沮丧、幼稚、敏感和易怒的一面，如同日常生活中"矫情且易受刺激"的演员。为了宣泄角色寻求阶层跃升失败后的挫败感，以警醒美国白人观众，波蒂埃"释放出这位愤懑且暴怒男性内心的狂躁，他曾经梦想打碎套在自己身上的经济枷锁，但这样的梦想已然破灭了"，《纽约时报》在当时给出了这样的评价。[20]

在战后的两个阶段，"酷"是一种巧妙但有节制地释放暴力的方式——它作为一种文化概念，为这两个阶段暗流涌动的思潮提供了喷涌而出的出口。现在看来，在当时好莱坞种族主义盛行的背景下，波蒂埃充满艺术感和非同一般的镇静冷酷有着非同一般的影响力。波蒂埃因此成为历史上第一位获得最佳男主角奖（凭借影片《逃狱惊魂》）提名的非裔美国人，并在五年后正式赢得该奖项（凭借影片《原野百合花》，*Lilies of the Field*，1963年）。在他之后，直至1999年，这36年间再无非裔美国人获得此荣誉。

图39　位于家中的洛林·汉斯伯里（国家肖像美术馆，史密森学会©大
卫·阿蒂）。

第十一章　洛林·汉斯伯里与
战后酷的终结

一直以来，凭借剧作《阳光下的葡萄干》，洛林·汉斯伯里既广为人知，也饱受众人误解，《阳光下的葡萄干》本身也被人们误读为颂扬中产阶层愿望的赞歌。[1]1966年，洛林因罹患胰腺癌英年早逝。在此之前，她还发表过一段支持民权的演说，并引发了一场运动。这场风波平息后，她的丈夫罗伯特·内米罗夫担任遗嘱执行人，将洛林遗留的剧本、论文和信件整理成一部极具影响力和戏剧色彩的作品集，命名为《焕发青春活力吧！有识之士和黑人同胞们》（*To Be Young, Gifted and Black*）。1968至1969年间，该作品集常居百老汇剧作榜榜首，同时成为美国最畅销的书。洛林的挚友兼政见导师妮娜·西蒙（Nina Simone）为她创作了同名纪念歌曲《焕发青春活力吧！有识之士和黑人同胞们》（"To Be Young, Gifted and Black"）；三年后，艾瑞莎·富兰克林（Aretha Franklin）将此歌曲用作其专辑的同名主打歌曲，打造出一部表现黑人意识的代表性音乐专辑。但令人费解的是，在汉斯伯里逝世后的半个世纪里，竟然没有出现任何一部介绍其生平的传记，她仅仅成为战后年代一个微不足道的注脚，从历史与艺术两方面诠释了20世纪60年代。[2]

汉斯伯里在自己擅长的领域里展现出酷的一面：将自己打造成孤独的道德叛逆者兼公共知识分子。首先，她曾为专题摄影报道《运动》（*The Movement*，1963年）撰文——该报道专注于学生非暴力统筹委员

469

的活动（并与之达成合作），其篇幅堪比一本完整的书；其次，她还撰写了舞台剧《白种人》（*Les Blancs*，1961年），这是第一部由美国人创作的反殖民主义戏剧，也是对让·吉尼特（Jean Genet）作品《黑种人》（*The Blacks*）的回应，后者的观点由于太过激进，曾在十年之内无法出版；再次，汉斯伯里还为一部以奴隶制为题材的电视剧《酒葫芦》（*The Drinking Gourd*，1960年）创作出开篇部分的剧本，时长足有两个小时，但因缺少广告赞助和迫于南方的压力，最终取消了创作计划。此外，她还创作了部分短剧（在剧中将存在主义抨击为文学瘫痪的一种表现形式）以及一部广受好评的百老汇戏剧《西德尼·布鲁斯坦窗上的标帜》（*The Sign in Sidney Brustein's Window*，1964年，讲述了波希米亚白人的政治瘫痪）。倘若我们重读《阳光下的葡萄干》，便会发现，这是一部囊括各种社会抗议的多重奏：涉及女权主义、阶级意识、汤姆叔叔、"垮掉的一代"的自我表达、性别政治、非裔革命、种族隔离和社会不平等。《阳光下的葡萄干》是第一部由非裔美国女性创作的百老汇戏剧。此外，汉斯伯里为1961年的电影创作的剧本亦具有同样的历史地位。[3]

作为一名剧作家、民权活动家和女权主义者，洛林·汉斯伯里代表了存在主义酷的终结和普遍参与性社会变革时期（这一时期通常被称为"60年代"）的开始。汉斯伯里出生于1930年，她认为，到了50年代中期，具有象征意义的个人反叛和艺术异化已不复存在。汉斯伯里这样写道："我是在战后萨特－加缪争论的漩涡和喧嚣中长大的那一代人。"她回想起自己的挚友们，他们或者渴望投入共产主义的怀抱，或者沉湎于虚无主义，"抑或转向禅宗、行动画派……甚至杰克·凯鲁亚克的思想"。她的作品摈弃了政治上的被动性，转而为社会抗争奔走呼号，但没有将反叛者浪漫化；在汉斯伯里看来，即便是"凯斯特勒夫妇和理查德·赖特夫妇……也未能让我们有充足的准备……以应对阿尔及利亚、伯明翰或猪湾事件"。[4]汉斯伯里是一位双性恋女性，最终嫁给了一位犹太男子。她不受制于任何单一的意识形态，是一位着眼于社会变革的老派人文主义者。在民权运动期间，汉斯伯里作为一名真正的公共知识分子，所著的作品和参与的政治活动主要涉及种族和性别问题。正因如此，她成为一支被忽视的战后文化力量。

汉斯伯里特别指出，垮掉的一代开创了一种没有政治目的、充满无谓快乐的空洞反叛。"我为垮掉的一代感到羞耻，"她在1961年对一位大学生听众这样说道，"他们发动了一场卑劣的反抗，这场抗争毫无价值。"汉斯伯里认为，垮掉派的文学作品分散了人们的注意力，他们所在的艺术圈子"也被证实并非真正的革命者的避难所"。她指责他们，"因为他们背叛了波希米亚主义及其唯一合理的内涵"[5]。在汉斯伯里看来，所有的艺术陈述都需要在没有明显意识形态束缚的情况下追求政治意识。换言之，真正的波希米亚生活只能将打造城市中的思想花园作为唯一要务，进而在此花园中培育多种思想的花朵。汉斯伯里崇拜的艺术偶像是两位剧作家——莎士比亚和肖恩·奥凯（Seán O'Casey），她将二人称作"对抗绝望和热爱人类的战士"[6]。

汉斯伯里的文化政治观念同时受到了西蒙娜·波伏娃与W. E. B. 杜布瓦的影响，通过这两位人物了解到当时有关种族和性别的激进立场。二人同时对汉斯伯里产生了影响，且影响力难分伯仲，着实令人感到不可思议。汉斯伯里这样评价《第二性》："这本书，它比我成年后能回忆起的任何一本书都更让我兴奋与激动。"正是在哈莱姆居住期间，她读到了西蒙娜的《第二性》，也同样是在此地，她投奔保罗·罗伯逊的《自由》杂志社，成为旗下的一名编辑。此外，她还担任杜布瓦的研究助理，参与筹备了首届非洲历史研讨会，为杜布瓦准备了多篇讲稿。她曾为种族和性别平等疾呼，也曾与马尔科姆·艾克斯交流观点，甚至还在资深民运积极分子云集的会议厅里向司法部长罗伯特·弗朗西斯·肯尼迪谏言。汉斯伯里既是公民权利的代言人，也是同性恋权利的早期支持者，詹姆斯·鲍德温是她最好的朋友[7]。

1961年，在《乡村之音》（*Village Voice*）的一次访谈中，汉斯伯里甚至公开驳斥和批判了诺曼·梅勒的种族思想，这也是梅勒思想在该节目中首次遭遇深刻剖析。汉斯伯里还撰写了数篇文辞恭敬的随笔，在文中指责梅勒将整个民族抽象化。她认为，在反殖民主义革命风起云涌，1960年成为联合国"非洲年"的形势之下，梅勒的原始主义毫无意义。梅勒对汉斯伯里的印象非常深刻，提出要在纽约市政厅与汉斯伯里及鲍德温展开辩论，并且将辩论的所有收入捐给"自由乘车者法律基金"。[8]

汉斯伯里与战后酷之间存在四个方面的关联。第一，她反对男性反叛个体这类反英雄形象，将其斥作政治立场软弱的表现，转而支持政治立场更为坚定的文学作品；第二，汉斯伯里反对垮掉派之酷与存在主义酷，点名道姓地将贝克特、梅勒和理查德·赖特斥为失败的艺术家，并以"社会艺术家"自居，排斥"所有带有加缪式自责"的作品；第三，她反对白人男性在将黑人文化浪漫化的做法，并且将他们的演说贴上"新家长制作风"的标签，因为这些白人与非裔美国人之间缺少真正的沟通交流。此外，为了减少公众对她的争议，汉斯伯里还压抑了她早期的左翼政治理念与写作倾向，并且隐藏了自己的同性恋癖好（这一点与贝蒂·弗里丹十分相似）；第四，她的作品分为两大部分——种族力量的动态机制与文学对存在主义的呼应。以上便是汉斯伯里作品涉及的各个方面内容，它们互相交织，形成了鲜为人知的交集，所以笔者将在下文中逐一深入考察上述各方面内容。

原生美式反叛者的成长历程

20世纪50年代，汉斯伯里生活在哈莱姆地区。在此期间，她在艺术与知识方面取得了长足的进步，从而与波希米亚社群（位于格林尼治村以南五英里，是一个具有传奇色彩的社群）内的作家、演员和爵士乐手形成了鲜明的对比。汉斯伯里从小生活在芝加哥南区，尽管父亲是一位成功的共和党商人，但她仍然在生活中饱受种族排斥与隔离。这些经历催生了她的阶级意识。汉斯伯里回忆道："我在众人眼中是所谓的'富家女'……我妈把我送到白人幼儿园，在那里，我被绝望包围；那些小孩总是欺负我。从那时起，我便开始逐渐成长——成长为一名反叛者。⁹"

汉斯伯里在争取社会平等和公民权利的斗争中长大。她的父亲卡尔·汉斯伯里（Carl Hansberry）是一位受过大学教育的共和党商人，在20世纪30年代末期担任芝加哥地区的全国有色人种协进会协会（NAACP）财务秘书，曾以原告身份提起两场重大诉讼［其中包括1940年的汉斯伯里诉李案（*Hansberry vs. Lee*），该案的判决为日后的布朗诉教育委员会案（*Brown vs. Board of Education*）提供了重要参照］，推翻了具有种族排斥色彩的住房法律条款。此外，杜布瓦和兰斯顿·休斯均是汉斯伯里家的常客。不仅如此，她的叔叔威廉·里奥·汉斯伯里（William Leo Hansberry）既是一位非洲历史学家，也是"非洲研究"学科的教授，门下的学生包括未来的非洲领导人克瓦米·恩克鲁玛（Kwame Nkrumah）和恩纳姆迪·阿齐基韦（Nnamdi Azikiwe，尼日利亚大学甚至有一所学院以他的名字命名）。总而言之，汉斯伯里在一种与美国必胜信念和西方统治地位背道而驰的意识形态中长大，并且将自己置身于具有反叛色彩的文学创作传统之中。

汉斯伯里在威斯康辛大学学习了两年，因感到无趣而选择离开。在这之后不久，她给一位大学朋友寄去了一封热情洋溢的书信，在信中回忆起她在哈莱姆期间的生活。那时的她一边做着打字员和接待员的工作，一边为左翼报纸和"所有工人阶级的小杂志"撰写短文。实际上，哈莱姆地区提供了她想要接受的教育："只看外国电影，从不看戏，每晚参加会议，参与合唱，吃各种外国食物……我长期漫步于哈莱姆街头，和我的人民谈论街上发生的一切，引导他们参加集会，在哈莱姆街头发表演说。"彼时，她的种族意识已经如此强烈，以至于自己能够像马尔科姆·艾克斯那样发表"街头演讲"，并且写文章谈论被压迫的非裔美国妇女。在信件末尾，她以充满魅力的语句结束了这篇书信："这就是所谓的精神：快乐和反叛。"[10]

汉斯伯里一系列的左翼活动引起了美国联邦调查局的注意，后者于1952年公开了一份有关汉斯伯里的档案——她曾在保罗·罗宾逊的《自由》杂志社担任编辑，也曾以《工人日报》代表的身份出席当年的洲际和平大会（Intercontinental Peace Congress）。该档案不仅将她描述为"活跃在各个共产主义阵线组织中的积极分子"，认为其参与劳动青年联盟（Labor Youth League）、人民权利党（the People's Rights Party）等团体，同时还指出她与《卫报》和《挑战》杂志之间的联系。此外，她还在两所疑似隶属共产主义阵线的学校［杰弗逊学校（Jefferson School）和弗雷德里克·道格拉斯教育中心（Frederick Douglass Educational Center）］任教，教授"进步派公共演说技巧"。在1957年之前，汉斯伯里可能一直认为自己是一名共产主义者（或者至少与共产主义者有相同的追求）。此外，联邦调查局对汉斯伯里的调查也从未停止，直至其逝世。[11]

汉斯伯里不仅为《自由》杂志上撰写多篇文章，呼吁在好莱坞电影中真实地再现非洲裔美国人的生活，而且还发表了一系列文章，关注"黑人妇女历史"。她经常指责主流媒体对非白种美国人生活的无知。在一篇文章中，她先是用戏谑的口吻反问道："我们黑人到底想在屏幕上看到什么？"紧接着，她向好莱坞电影公司提出了三项改革建议：第一，创作更多的电影，在影片中将美国黑人描绘成"像其他人一样生活与工作的种族，但是……必须体现出黑人是通过激烈的反压迫斗争才赢得这种平等地位的"。第二，制作更多关于种族主义问题的电影，这样"世界就会知道谁在压迫我们，他们罪恶的根源是什么"。第三，聘用那些为"我们的年轻作家和演员"拍摄电影的导演来表现非裔美国文化，"表达我们的悲伤、传达我们的歌声和笑声，展示我们的蓝调与诗歌"。事实上，这正是《阳光下的葡萄干》备受好评的三点原因。[12]

汉斯伯里的斗争理论水平与日俱增，这在1956年的一起事件中得到了充分体现。当时，她针对《纽约时报》对蒙哥马利公交车抵制事件的报道做出激烈回应，在致编辑的公开信中这样质问道，"所谓'新黑人'的'新'究竟体现在何处？"她进而驳斥了《纽约时报》对马丁·路德·金非暴力主张的溯源，反对将路德的观点追溯至"甘地与耶稣"。汉斯伯里公开指出，"路德的方法建立在弗雷德里克·道格拉斯和W. E. B. 杜布瓦等黑人领袖奠定的历史传统之上"。在这封公开信中，她从三个独特的角度否定了《纽约时报》提出的"新黑人"一词：第一，她将美国黑人的历史追溯至黑奴贸易时期——"早在1619年，'新黑人'就已乘坐第一艘运奴船来到美国"；第二，她梳理并撰写了漫长的黑人抗争史，上至黑奴抗争，下迄本次的"蒙哥马利五千人大抵制"；第三，她拆穿了服务于白人的神话，这些神话均主张全世界的有色人种要"隐忍到底（放弃抵抗）"。汉斯伯里不仅将这场运动归于"全球被殖民种族革命"的范畴（这是在全球背景之下考量该运动），还认为该运动属于"美国历史上长期以来为争取社会平等而进行的抗争"（这是从国家层面审视该运动）。尽管如此，汉斯伯里仍然是一位爱国者，她坚信这场抵抗运动预示着多种族个体时代，即"新美国人"时代的到来。汉斯伯里的观点十分少见，涉及多种族、多民族、多元美国个体文化，其思想源头可以上溯至沃尔特·惠特曼和基恩·图默（Jean Toomer）。[13]

同样是在这一年，汉斯伯里撰写了一篇未公开发表的文章，题为《论妇女的解放》（"Notes on Women's Liberation"）。她在文章中将黑人与妇女遭遇的压迫相提并论，给出了自己遭遇的沮丧经历。此言一出，就连左翼男性和妇女都与她"划清了界限"，纷纷用各种形式反对此种观点：有人指出，"这是两种性质截然不同的问题"，也有人强调"不能将这两种问题相提并论"，更有甚者将汉斯伯里称作"反男性主义者"。汉斯伯里总是以双重标准看待社会变革。在种族问题上，她认为"很少有黑人憎恶所有白人"，可是"几乎所有黑人都反对白人至上主义"。但是在性别问题上，汉斯伯里这样写道："男人就应该被羞辱地体无完肤"，她认为"女性有着无与伦比的同情心与理解力，并且有着博爱的胸怀"。她以满怀理想主义的笔触写下激昂的文字，扬言男性在同情心和感性方面确实低女性一等，认为男性应该为此感到难堪。她认为，男人应当弥合这种性别对立，"要将这种对立视作时代的耻辱，要与妇女携手，同她们并肩作战"。在她构想的社会中，被解放的妇女迸发出的能量为整个社会注入了活力："她们自由了——谁能想象，在遭受数个世纪的羞辱、剥削、贬低和奴役之后，女性们将给人类带来怎样的财富，贮存多大的能量？"在这篇文章的结尾，汉斯伯里写下了日期与署名："落款：洛林·汉斯伯里·雷米诺夫，1955年11月16日。"[14]

整个20世纪50年代，汉斯伯里一直纠结于自己的同性恋倾向：她先是为《阶梯》（*The Ladder*）杂志撰写了若干篇支持同性恋的匿名文章，接着在阅读安德烈·纪德（André Gide）《田园牧人》（*Corydon*）后反思了有关压迫的批判性观点，后又重读了波伏娃"有关女同性恋的惊人篇章"。在一篇为公开发表的文章中，她引用了一位未提及姓名的"亲密友人"的言论，实则可能在说自己。这位友人宣称自己是："一位黑人、一位女性、一位艺术家、一位共产主义者、一位女同性恋。"由于生活在社会的底层，汉斯伯里坚称"我最能代表世界上最受压迫和最受蔑视的群体。上帝啊！我能对这个世界说些什么呢！"在这句话中，她揭示了自己为压抑性取向和心中不满所付出的代价。汉斯伯里相信，公开同性恋取向将会使自己的文学观点及行动主张被立刻边缘化。她曾回忆道："在美国，我想不出哪一类群体会把同性恋问题当回事——他们既没有将此视作一个社会问题，也未将其视作社会现象的诱因。"[15]

在多段具有自传性的段落中，汉斯伯里在试图寻找原则性立场的同时，也遭受着青年一代面对性别与核焦虑时的恐慌。她在一篇日志中探讨了妇女的社会地位，认为"在这个少有的社会里，妇女的地位一落千丈，如同家具一般，出现在广告牌上、日历上、剧场幕布上，甚至自家卧室里，成为待价而沽的物品"。贝蒂·弗里丹继承了汉斯伯里的观点，并在七年之后将其发扬光大。在汉斯伯里感到绝望之时，她从波伏娃的作品中获得了重新振作的勇气，她这样写道："我在万念俱灰之时阅读了西蒙娜的文字，才得以安然入睡。醒来后，我坐在那里，目不转睛地盯着波伏娃的书，一边接着往下读，一边盘算着在如此差的境遇下喝上一杯。"有时她又会自诩为女性意见代表，提出这样的质疑："我仿佛能听到我们整一代人的呐喊：我们以及周围的人类将会变成什么样子？"这便是她在《阳光下的葡萄干》之后的剧作中直截了当提出的问题，我们甚至从中能找到垮掉派浪漫主义的身影："他们怎么敢打碎和毁掉我们的世界……以及我们美丽的梦想？"[16]

1959年3月1日，在《阳光下的葡萄干》百老汇首映的前两周，汉斯伯里发表了一篇题为"黑人作家及其文化根基：向新浪漫主义迈进"（"The Negro Writer and His Roots: Toward a New Romanticism"）的开创性演说，展现了其政治与艺术理念的融会贯通，以及突如其来的理论自信。这篇演说发表于美国非洲文化协会（American Society of African Culture，一个致力于宣扬非洲传统的组织）赞助的一场大会上，旨在唤醒流散各地的非洲侨民作家的社会意识。这篇演讲清楚地表明，面对建立在艺术手法、马克思主义辩证分析和反殖民主义政治基础之上的复杂知识体系，《阳光下的葡萄干》仅仅触及了该体系的皮毛，尚未深入更深的层次。[17]

《黑人作家及其文化根基》是一份宣言，将作家比作社会艺术家。在这份宣言中，汉斯伯里主张"所有艺术最终都具有社会性"，认为特立独行的想法只不过是在自欺欺人，因而反对浪漫主义个体艺术家的物化观点，认为把绝望或荒谬具体化的文学既自我放纵，又具有反社会性，特别是"在面对负面情绪时毫无用武之地"。不仅如此，她还呼吁深入洞察造成痛苦局面的原因——"让我们竭尽全力找到痛苦的源头"——在此过程中，黑人作家发挥着独特的作用。此外，她还向自己的观众发出号召，呼吁他们要么无视或否定这个国家的"可笑的金钱观"，要么明确个人的目标：你所从事的工作有着怎样的"社会地位"？[18]

汉斯伯里建议每位黑人作家摒弃学校课程中的"白人至上主义"，成为美国社会的"举足轻重的观察者"。她首先列举了许多荒谬的白人至上主义论断，如"非洲大陆"是捕获奴隶和狮子的地方；南北战争是为了各州权利而非奴隶制而战；非裔美国人音乐只关乎性和肉欲。紧接着，汉斯伯里分析了这些论断的成因，指出黑人语言和音乐蕴含的俚语文化：所谓俚语，是融入非裔美国人俚语的英语，被汉斯伯里概括为"用非洲人喜欢的语调和情绪说出的'属于我们人民的语言'"；黑人灵魂乐、爵士乐，特别是蓝调，都是在"用甜蜜和悲伤的腔调痛苦控诉"。汉斯伯里还认为，非裔美国人的生活应该由黑人作家来书写，而不是诺曼·梅勒。她之所以单独以梅勒为例，是因为此人曾被奉为非遗美国生活与文化的代言人。梅勒一边写下诸如"爵士乐就是性高潮"这类荒谬的文字，一边却用黑人音乐表达他自己"深陷迷惘与误解之中，渴望回归原始的狂热"。事实与梅勒的观点截然相反，爵士乐是"一个缺乏耐心和擅于质疑的民族敲打出的节拍"。[19]

在汉斯伯里看来，黑人们在斗争过程中形成了一套使用俚语的策略，这种生存策略过去常被用以驱散遭遇种族压迫时的绝望情绪，现在则有望用来挽救日薄西山的西方文明。"什么是绝望？有人说'绝望'是这个世界面临的一个问题？那么，听听与世无争者的后代们怎么说吧，你将从中了解到人类精神的……韧性！什么是生活？去问问那些生活被敌人打碎的人们吧！……然后你就会得道出师了……走出痛苦的深渊后，我们顿悟出这样的道理，我们是这世上唯一的遗产。"[20]汉斯伯里戏谑地将核焦虑和冷战称作西方文明的终结，她感受到了流散各地的非洲各民族的崛起将取而代之。1959年，黑人音乐（从爵士乐到蓝调，从灵魂乐到摇滚）继承了它对前两代美国年轻人的影响力，为当代流行文化认同提供了背书。这是一种文化原动力，是非裔美国音乐实践的精华所在，它虽然未经汉斯伯里阐明，但却在存在主义危机到来之际，为20世纪的全球年轻人带来了希望与可能。

对任何作家或知识分子而言，这都将是一项令人却步的工程，是一项"改造文化与历史的艰巨任务"。为此，汉斯伯里将全球的压迫与西方历史联系起来，将罗马奴隶制与纳粹以及民权运动联系起来，绘制了一幅蓝图，以此激励所有的作家。

> 古有斯巴达克斯奋起反抗罗马统治……近有波兰犹太人于聚居区揭竿而起——放眼今日，蒙哥马利五千黑人勇士罢乘之壮举，小石头镇九幼童坚决前往学校接受教育之行为，何尝不可谓之为自由而战。何人能挺身而出，揭示古今事件之关联，剖析人类之英雄主义？[21]

在启动这项工程前，我们必须"反思过往，方能许诺未来"。

汉斯伯里将西方白人社会视作全球少数群体，认为他们已经失去了方向和信心，黑人作家和具有非洲血统的民族能够借此机会为全球人类带来新的希望。她在演说中告诉各位作家："真相是这样的，世界上受到蒙骗和误导的少数群体（指白人）正在迅速地失去根基。"在接下来的一年里，17个非洲国家宣布独立，联合国因此将1960年命名为"非洲年"。在汉斯伯里看来，这一历史性时刻将散居世界各地的非洲民族"永久地联结在一起"，她盛赞"非洲民族与两千万非洲黑人命运与共，提出了共同的愿景"，马尔科姆·艾克斯亦在五年之后发出同样的感慨。在这篇演讲中，汉斯伯里提到了一段有趣的对话。这段对话发生在她与一位非裔美国知识分子之间，面对知识分子的提问"你为何如此确定人类将生生不息"，汉斯伯里回答道："（因为）人类……是唯一有力量改变宇宙的生物。"她的这一回答并不是在对人性进行"简单判断"之后萌生的"乌托邦式憧憬"，而是一位深谙战后年代"种族与政治狂热（如麦卡锡主义和民权斗争）"的女性深思熟虑后得出的结论。她深知，在"人类有史以来最为剑拔弩张的对立（即冷战）之下"，生活处处充斥着战争与私刑迫害。[22]尽管如此，她仍对（广义上的）人类文明充满信心，认为"人类仍然掌握着自己的命运"。[23]

面对上述转变，汉斯伯里宣称，针对"如何在20世纪中叶的美国做好一名黑人女性"这一问题，自己给出了最有力的回答，因此能够超越大多数美国人，有幸成为"最能体现"1959年全球政治特点的人物。这种充满修辞色彩的论调与艾伦·金斯堡在诗作《美国》中的反叛宣言如出一辙。金斯堡在宣言中以一位失业的共产主义同性恋者身份，表达自己随时可能反抗的想法："我突然意识到/我是美国人。"不仅如此，金斯堡的诗歌还对冷战、种族主义、美国广告业，甚至"正在崛起的……亚洲"提出了批判，言语极富号召力。在诗歌的结尾，他与美国划清了界限："美国，对于你，我虽行为古怪，但已仁至义尽。"①在汉斯伯里对垮掉派的所有摘要评论中，她从未提及金斯堡这位垮掉派活跃分子，反而将凯鲁亚克视作假象的竞争对手。究其原因，可能是因为她从金斯堡的诗句中读出了与自己理念相似的主张：通过品读金斯堡的作品《嚎叫》和《楞严经》，汉斯伯里读懂了他对唯物主义之美的肯定性批判，看到了他对同性恋的肯定，理解了他试图用诗句构建共同体的努力。

总而言之，这场名为《黑人作家及其文化根基：向新浪漫主义迈进》的演说预见了黑人力量的崛起、黑人艺术运动的兴起以及马尔科姆·艾克斯的名噪全国。演说中的诸多鲜明观点同样出现在汉斯伯里的其他作品中，如论文、演讲、剧作以及访谈。可能是担心演说中的种族主义玷污她的精神遗产，汉斯伯里在1981年前未通过任何形式出版此次演说的讲稿。在《阳光下的葡萄干》大获成功后，汉斯伯里成功地摒弃了自己激进的共产主义理念，成为一名不涉足政治的兼职剧作家。

就在《阳光下的葡萄干》首演的前夕，汉斯伯里借助上述艺术宣言，向非裔作家们公开了自己的激进政治立场。但是在她的剧作中，汉斯伯里从未沉湎于争议性演说和党派政治。笔者推测，她可能是在深入阅读波伏娃的作品后，方才获得了这种文学创作认知。在拜读《第二性》与《名士

---

① America I'm putting my queer shoulder to the wheel.这里的"queer"有同性恋的含义。——译者注

风流》这两部作品后，汉斯伯里迸发出丰富且深邃的观点。特别是在阅读《名士风流》后，她萌生了创作《阳光下的葡萄干》的灵感。

汉斯伯里与波伏娃

1956年，在读完《第二性》的三年后，汉斯伯里继续拜读了波伏娃以萨特交际圈为原型创作而成的作品《名士风流》，并在此过程中产生了一系列顿悟，于是满怀兴奋地给自己的丈夫写下了一封长达四页的信件。这封信件虽未经公开，但标志着汉斯伯里从坚持政党路线的共产主义者转变为个体道德行动主义者。正如她在信中对丈夫所说，《名士风流》"可能是整个战后年代最重要的一部小说"。但是，她发现自己很难认可书中以波伏娃为原型的人物（主人公安娜・迪布勒伊）——此人是一名坚定的左翼分子，有着很多风流韵事。相反，她十分认同亨利・佩隆（以加缪为原型）的做法——他坚守道德准则，在1945年了解到苏联的古拉格集中营后，放弃了原先的左翼立场。在汉斯伯里看来，波伏娃刻画了"一名忠诚的左翼激进分子，他坚持实事求是的态度，很难被蛊惑或误导"。在这部小说中，亨利陷入了两难的困境：是将有关苏联古拉格集中营和劳改营的报道公之于众，继而背叛共产党和法国左翼，还是在公开报道之后彻底放弃革命的梦想？"在很长一段时间里，我一方面对'新成立'的苏联感到不满，另一方面又厌恶自己这种不满的态度，"她这样写道，"直到现在，我突然知道自己为何会有这样的想法。"这部小说集中反映了汉斯伯里早期对冷战所持的态度，正如她所写的那样，"亨利・佩隆……其实就是我"。[24]

汉斯伯里还以极度自信的口吻盛赞波伏娃："这位名叫波伏娃的姑娘是一位名副其实的知识分子，她敢于质疑一切，连现实问题都不放过。"同其他存在主义代表作一样，《名士风流》提出的问题迫使汉斯伯里反思自己的道德立场。她这样写道："这本小说非常一针见血，它提出的理念直指我未来生存问题的要害，关乎我如何在这个见鬼的世界生存下去。"
这部小说也令汉斯伯里重新审视自己青年时期的价值观，认为那正是"那
个年代模糊社会道德的体现"。但是，在提出表扬的同时，汉斯伯里也十
分笃定地从文学角度将《名士风流》斥为一部乏味的、毫无文学韵味的小
说。她这样评价波伏娃："她是一位真诚且有才华的知识分子，但完全称
不上是一名艺术家。"25

具有讽刺意味的是，佩隆这个角色虽然是以加缪为原型，但汉斯伯
里并没有意识到二者之间的关联。她领导的反存在主义运动以加缪为讨伐
对象，将其作品斥作绝望文学，却鉴于波伏娃在性别方面的革命性论断，
未将波伏娃列入运动的打击名单。但是，汉斯伯里从未提及任何一部具体
的加缪著作：她似乎仅凭加缪在阿尔及利亚问题上的政治立场就做出了判
断。如果她读过加缪的《鼠疫》，就会发现加缪与她在行动问题上有着相
同的哲学立场；倘若她读过加缪的《堕落》，将会发现，这部作品印证了
自己关于"西方没落"的观点。

1957年，汉斯伯里撰文点评《第二性》。这篇重要的文章最终未能
成型，却提出了这样的问题：作为一部观点激进的作品（用汉斯伯里的
话说，这是一部"针对'女性问题'提出长达732页激进观点的鸿篇巨
制"），《第二性》为何未能掀起一场女性运动？在那个年代，即使"独
立自由的女性"能够做到经济和思维独立，却仍"发现自己生活在一个被
男性强行置于'他者'地位的社会之中"。汉斯伯里认为，造成这种局面
的原因有很多：担心被男性视作"讨论母性与婚姻问题"的对手；《花花
公子》等"男性出版物"在当时颇具影响力；各类不入流小报的肤浅观点
盛行；波伏娃力挺"女同性恋"；美国女性推崇所谓的相对自由。在反压
迫问题上，汉斯伯里将美国女性类比为"美国内战前的黑奴"，认为这类
人无法"透彻地认清自己的被压迫地位"。当时的"美国女性知识分子"
社群尚不具规模，也不可能像波伏娃那样，以"置身局外的学者或思想家
身份解读女性问题"。在这篇文章中，汉斯伯里预言，美国社会将会企盼

出现"贝蒂·弗里丹"这样的人物，以唤醒美国女性并论述"这一无法被命名的社会问题"。倘若美国女性拒绝为自由平等而战，她们便给予男性可乘之机，后者会认为她们"空有一副女性的躯壳"。[26]

从上述观点看，汉斯伯里仍将自己视作共产主义者，并且借用阶级观念中的术语形容女性的被压迫地位。"女性遭遇了双重压迫，"她在1959年接受采访时告诉斯特兹·特克尔（Studs Terkel），"显而易见，在所有被压迫群体中，女性遭受的压迫最为残酷，她们遭受的是双重的压迫。"[27]汉斯伯里将女性抽象地类比为"黑人、犹太人以及被殖民地人民"，然后指出，维持当下的两性秩序既不利于社会发展，也违背了女人的本性。没有任何人会自愿选择低人一等的社会地位，"这种社会地位一定是别人强加于女性身上的"。她还预言，一旦女性认识到自己的从属地位，她们将"无时无刻不处于躁动之中，以反对自己的处境和……受压迫地位"。为了唤醒美国女性的政治意识，汉斯伯里列举了女权主义者在全球范围内获得成功的案例："只有女性自己才能改变自己的处境：她上街游行，然后被捕入狱，她在国会大厦前被戴上镣铐……这一切都是为了争取女性的选举权、财产权，以及在日后推动修改离婚法案。"汉斯伯里向世人呈现了多个种族共同谱写的美国女性抗争画卷：其中"既有漂洋过海从爱尔兰与波兰乘船而来的农家女孩，她们刚被撵下船只，便经遣散，流入我们混乱无度的工业社会……也有女性黑奴……更有试图冲破警戒线追寻自由的犹太女性"。尽管了解到部分女性缺乏女性意识，对她们感到灰心失望，因此认为"自己追寻自由的冲动未能顾及全局，甚至可以说非常初级"，但她仍用这样的信念鼓舞自己——"波伏娃坚称，女性渴望的是自由"[28]。

事实上，汉斯伯里那篇未完成的文章揭示了她对波伏娃有关"情境性"（situatedness）这一重要哲学概念的深刻理解。此概念包含战后时期的"主观性"概念，旨在表达所有个体都处在具体情境中，都会根据自身独特的身体状况与文化水平过滤自身的经历。所以，这一概念有别于白人男性社会潜规则对人性的笼统认知。"情境性"将个体的躯体视作生活经历的载体：每一个人自出生之日起，便会投身自己独有的躯体、时代和环境当中。"这副躯体并非只是肉身，它代表了某种情景：它是我们理解这个世界的方式，"波伏娃在《第二性》中这样写道，"我们理解世界的方式不同，所以我们眼中的世界各不相同。"[29]

在她的公开演讲中，汉斯伯里多次使用标准的开场白，表达了自己对"情境性"这一概念的珍视。她既不呼吁人们追求"普世"的平等，也不号召有色人种盲目争取自由，而是坚持主观经验的重要性。

> 我出生于芝加哥南区，生来就是女性和黑人。我诞生于一场世界大战结束后的萧条氛围中，又在另一场大战之后度过了自己的年少时光。在我风华正茂时，美国在广岛和长崎向人类投下了第一颗原子弹。后来，在我23岁那年，我的国家和苏联陷入了人类有史以来最为恶劣的对峙——冷战。[30]

这段文字涉及种族、性别、地域、童年经历、政治立场、意识形态：汉斯伯里借助自己的身躯、种族身份和国籍，对自己做出了情境定位，为20世纪60年代"个体立场即政治立场（反之亦然）"这一思想的形成奠定了基础。

汉斯伯里感觉到，为自己笔下的角色设定"情境性"也很有必要。作家尤里乌斯·莱斯特回忆道，汉斯伯里的作品建立在"在特定文化、道德与性别的情境下，对个体进行深入探究"的基础之上。[31]在《阳光下的葡萄干》中，杨格一家是"置于特定文化情境之下的黑人家庭"，汉斯伯里这样告诉斯特兹·特克尔，"这是芝加哥南区的一个特殊家庭"，这家人既不属于也不类似于纽约或底特律的普通工薪家庭。汉斯伯里认为，作家只有突出情境的特殊性，才能促进群体的团结，"寓于特殊性之中的普遍性也才能浮现出来"。[32]

就杨格一家而言，汉斯伯里受《名士风流》启发写成的四页书信就已孕育了《阳光下的葡萄干》的雏形。她曾一直纠结如何在"真理与圆滑"之间二选其一，波伏娃的《名士风流》恰好将这种纠结具体化。在阅读《名士风流》前，汉斯伯里总是直言不讳，曾因为"批评自己兄弟们（他们比汉斯伯里更符合传统资产阶级的特质）的德行"而伤了母亲的心。所以，即使汉斯伯里认为"自己说出的每一句都是真话，自己的态度刚正不阿"，她也会为自己的言行感到后悔。坚持自己的政治立场却伤了母亲的心究竟有何价值？她不断反思这个熟悉的道德困境，然后说道，"哪一种做法更为道德？是直言不讳揭穿虚假的幻象？还是帮助一位年迈且善良的人保持内心的平静？"汉斯伯里最终选择了后者，表示"再也不会对她的母亲说那样的话"。[33]

因此，从汉斯伯里的书信中，我们便可以提炼出《阳光下的葡萄干》的主旨思想：作为一位强势且保守母亲的子女，如何在不违背孝道的前提下找到一种反抗社会的方式？在深入思考这个个人难题之后，汉斯伯里摒弃了围绕一位反抗主角叙事的方式，首创了以《阳光下的葡萄干》为代表的整体叙事方法。在她所作的每一部戏剧中，汉斯伯里都会陈列出某个家庭或某个社会群体面临的所有社会问题。她用这种方法迫使每一位观众从自身角度解读当下的社会问题。例如，几乎所有的评论都认为威利·李·杨格是这部戏剧的主角，但实际上汉斯伯里笔下的主角是约瑟夫·阿萨盖伊——小女儿贝尼萨·杨格的尼日利亚裔男友。阿萨盖伊虽然只是一个辅助性角色，但汉斯伯里借他之口说出了自己在种族、殖民主义和全球视角方面的主张。这部采用整体叙事方法的戏剧彰显了汉斯伯里高超且不造作的艺术手法，但带来的结果却是：习惯于仅用"成功或失败"这一条标准评价主角（或是反英雄主角）的观众们误读了这部电影。

重读《阳光下的葡萄干》

《阳光下的葡萄干》是一部自传性质的作品，讲述了这样一个故事：

一个以汉斯伯里家庭为原型的黑人家庭长期居住在黑人聚居区，他们在得到一笔钱财后，乔迁至芝加哥南区华盛顿公园的白人社区。但仅在三周之后，他们的新家便遭遇一群白人暴徒的砖块袭击，其中一块砖头差点砸中当时只有8岁的洛林。在一段未公开出版的片段中，汉斯伯里回忆起一位白人警察对洛林母亲所说的话："听我说，如果你老实地待在自己的黑人社区，这些人绝对不会骚扰你。"这位母亲听后怒火中烧，大声斥责这位警察，将"一位黑人压抑了三十年的愤怒倾泻了出来"。她质问这位警察，为何没有人欢迎她迁居此地，甚至互相打照面时都没有人冲她微笑。"我有一个美满的家庭，我的丈夫努力工作……我的孩子讲究卫生，举止礼貌……但在（你们所有人看来），他们只是……黑人……黑人……肮脏的黑人！"面对这位母亲的咆哮，白人警察若无其事地回答道："他们只是想恐吓你而已。"黑人母亲反驳道："我实在想不出，还有什么方式能比差点杀死她的孩子更能恐吓一位母亲。"这段文字直接为我们昭示了整部戏剧的结局：杨格一家得到许诺，如果他们撤回在全是白人的社区购置房屋的决定，将会得到一大笔钱。"你可以告诉他们……我们不会搬走，"汉斯伯里太太告诉这位白人警察，"这是我们的房子，我们别无选择，只能背水一战。"[34]

《阳光下的葡萄干》讲述了两代人之间的观念差异：作为女性家长，黑人母亲长期隐忍遭遇的苦难，却惊讶地发现自己的孩子们急于表达内心的沮丧与渴望。杨格一家是黑人工薪家庭，居住在芝加哥的一间狭小公寓内，他们代表了黑人的实际遭遇：在住房、工作和教育方面遭遇种族隔离。黑人母亲的大儿子（威利·李）厌恶自己的司机工作，认为这是汤姆叔叔式的工作，他经常出没于一家爵士乐俱乐部，萌生了自己当老板，开一家酒品商店的想法。女儿（贝尼萨）是一位黑人无神论左翼女性，有着丰富的想法：她宣称这个世界上没有上帝，常与一位非裔知识分子移民约会，"为表现自己"而弹奏吉他和跳舞，计划去医学院读书。但是黑人母亲与她的儿媳只有一个唯一的愿望：想要一个新家。

《阳光下的葡萄干》的剧情围绕如何使用威利爷爷死后留下的保险金展开。黑人母亲留下了这笔钱的三分之一，将其用作购置房屋的首付，威利·李则劝说母亲用剩下的资金帮助他投资酒水商店，这样他就不用再低三下四看"大哥"的脸色了。威利偷偷地挪用了剩下的资金，导致贝尼萨没有足够的学费去医学院上学，从而引发了一场严重的家庭危机。后来，一个完全由白人组成的社区团体许诺给威利·李1万美金。威利倍感诱惑，但从家庭大局出发，拒绝了这笔钱。最终，杨格一家搬到了一个不欢迎他们的社区。当时，包括纳尔逊·艾格林在内的主流白人作家仅仅关注这部戏剧的结局，批判剧中的资产阶级欲望，却忽视了两个同等重要的主题——"贝尼萨的女权主义"（当时尚未有人为该主题命名，罗伯特·雷米诺夫在日后给出了名称）和"威利·李朴素的阶级愿望"。[35]

在展现该剧主要情感冲突的一幕场景中，威利向母亲抱怨，这份汤姆叔叔式工作给他的心理带来了巨大的压抑感。黑人母亲对儿子的沮丧感到不解，对儿子说道："这一切我都看在眼里。你是一个相貌英俊的男孩。你有一份工作，有漂亮的老婆和听话的孩子，还有……"

"工作？我的妈妈，那个能称为工作？"威利激动地打断了母亲，"我一整天就是开车门和关车门……然后对人说'好的先生；不，先生，你做得太棒了；我能为您开车吗，先生？'妈妈，这不是工作……根本算不上一份工作。"威利向母亲描绘了令人心动的憧憬："有时候……我看见未来就呈现在我眼前——非常清晰。未来呀，妈妈，它就横亘在那里，指日可待。未来充满机遇，等待着我大干一番，这一切唾手可得。"[36]黑人母亲同情儿子的感受——面对种族主义时忍气吞声，但是儿子的不耐烦和对经济自由的憧憬令她感到困惑。

情况不一样了……我的孩子，你有自己的新想法。在我那个年代，我们渴望的是不被鞭笞致死，我们渴望逃到北方……渴望活下去并保留仅有的一丝尊严。现在，到了你和贝尼萨这个年代——"你们讨论着我和你父亲从未敢想过的问题。我们为你们做的一切，你们不以为然：你们可曾想过，是我们让你们拥有一个家；是我们让你们无忧无虑地长大；是我们让你们不用一路追着有轨电车，骑车上班。你们是我的孩子，但是我们的想法简直天差地别。"

面对母亲的疑惑，威利只是喃喃自语，重复了两遍最能体现两代人代沟的话语："你不理解，妈妈，你真的不理解我们。"[37]

上述对话集中体现了这样的社会现象：战后年代的人们反对汤姆叔叔式的逆来顺受，因为它使"打造酷面具"成为维系存在的迫切之举。李斯特·杨开创了隐秘的文化革命，与他相隔将近一代人的汉斯伯里紧随其后，将带有政治立场的文化革命转变为百老汇舞台上的艺术革新运动，以此反映当时的民权运动。黑人母亲那代人发起大迁徙运动，渴望获得一份工作和"一丝尊严"，她的孩子们则希望获得完全平等的地位，希望再也不用在白人面前用面具伪装自己。威利·李认为，是时候践行加缪《反抗者》中的第一步了：亮明底线，以保护自己仅剩的个人尊严。他再也做不到在"大哥"（The Man）面前装傻充愣。面对"大哥"这个闻所未闻的新词语，威利母亲问道："谁是'大哥'？""妈妈，你不知道谁是'大哥'？……'大哥'就是街头那些人口中的人物——号称'大哥'兼'船头老大'的米斯特·查尔斯……是一个兼具'队长'和'老板'特质的人物。"非裔美国人最早发明了"大哥"一词，用它指代白人。时至今日，"大哥"一词已沦为随处可见的普通词语，不再具备其他含义。"大哥"一词的词义丧失过程已非常明显，我们不再赘述。

20世纪60年代中期，喜剧演员迪克·格里高利（Dick Gregory）盛赞杨格妈妈这类黑人男性与女性的生存技巧——他们不得不扮成汤姆叔叔（或者杰迈玛大婶），以求得生存和保护自己的家人。"曾几何时，扮成汤姆叔叔不失为一个好方法，正因如此，才有了今天的我们。黑人前辈们知道，只有这样，才能把你们抚养成人。我们今天口中的'汤姆叔叔'在当时堪称求生的锦囊妙计。黑人先辈们为了讨得白人欢心，不得不抓耳挠腮，咧嘴谄笑。"[38]大量口头证据表明，扮成汤姆叔叔的方法在美国南部起到了很大作用：南方白人们惊讶地发现，他们手下看上去天真傻笑的奴仆们竟悄悄地加入了全国有色人种协进会（NAACP）、种族平等大会（CORE）和学生非暴力统筹委员（SNCC）这类组织。在整个20世纪60年代，扮演汤姆叔叔的斗争方式依旧发挥着作用，直至民权运动兴起，这种掩饰自我、迷惑敌人的斗争方式才被取代。

凭借精湛的技巧和对细节的掌握，汉斯伯里能够游刃有余地处理戏剧中的各类场景：她深谙那些源自黑奴的生存技巧——伪装自己、扮酷和使用暗语。在她讲述奴隶制的电视剧《酒葫芦》中，男性黑奴汉尼拔将"装傻"阐释为一种罢工手段："我每日假装生病，以掩饰我的健康；假装愚钝，以掩饰我的聪明；假装懒散，以掩饰我的机敏——这一切都是故意为之。给主人带来的痛苦越多，给他们造成的损失越大，就越能证明我汉尼拔是条汉子！"在这句话中，汉斯伯里将黑人的伪装与黑人的男子气概画上了等号——更准确地说，她将这种使用伪装进行自卫的方式等同于黑人压抑已久、有待爆发的男子气概。[39]

就"扮酷"而言，唯一能让威利·李·杨格求得内心平静的地方是一间名为"绿帽"的爵士俱乐部。只有在这里，威利能够看到，黑人们带着尊严在大庭广众之下工作，以创造出属于黑人自己的原创内容。"你只需坐在那里喝上一杯，聆听那三个人的演奏，然后就会觉得，一切都是过眼烟云，坐在那里喝酒就好。"威利与这间俱乐部的一位中音萨克斯管手关系甚密，按照威利的说法，"他每次吹奏时……都会与我交流"。这位萨克斯管手的原型很可能是查理·帕克。汉斯伯里钟爱拉尔夫·马修（Ralph Matthew）的一部短篇小说，该小说讲述了查理（绰号"大鸟"）反对种族主义政客迪奥多·比尔博的故事。在故事的高潮部分，比尔博与大鸟各自站在山谷的两侧，冲彼此大喊，二人围绕种族平等问题展开了一场存在主义对决："比尔博站在山谷一侧（冲"大鸟"）大吼，'你不配谈平等'……'大鸟'站在山谷另一侧，拿起手中的萨克斯管，用成千上万的音符回击道，'我怎么不配！'"[40]

黑人俄耳甫斯正在崛起。在一幕气氛热烈的场景中，贝尼萨头戴尼日利亚式头巾，和着唱片机中的约鲁巴民谣翩翩起舞。醉酒的威利·李则在一旁摇摇晃晃地迈动步伐，模仿妹妹聆听非洲原始部落乐曲的样子。他越来越兴奋，甚至跳起舞来，展现出当时日渐兴盛的黑人种族自豪感。"我正在欣赏他们的鼓点，"威利说道，然后半开玩笑地大喊，"我是一名十足的战士！"贝尼萨鼓励哥哥继续模仿自己，于是威利这样唱道，"我和乔莫同在……他是我的老伙计，我叫他肯塔雅①……我们如同正在苏醒的睡狮……欧维莫威②！"接下来，这对兄妹用约库巴语进行交流，威利仿佛重新焕发了青春活力，他放声大喊："啊！我的黑人兄弟们，你们听到了吗！"威利的妻子露丝从未见过丈夫的这一面，倍感震惊，目睹威利继续高喊"他们号召我们准备迎接这个伟大的时代！"

在舞曲结束之时，贝尼萨摘下非洲头巾，显露出她的新式非洲圆蓬发型——她率先将其称作"天然的发型"。当晚，她那出身中产阶层的男友倍感震惊，将贝尼萨称作怪人。贝尼萨因此冲他大喊："我讨厌那些坚持种族同化主义的黑人！"男友要求贝尼萨解释她所说的"坚持种族同化主义的黑人"是什么意思。贝尼萨说道："就是那些主张放弃自己的文化，主张彻底融入主流文化之辈。就此而言，所谓主流文化，不过是压迫成性的文化！"[41]尽管如此，贝尼萨仍坚持在起身反抗的同时做一名孝顺的女儿。面对黑人母亲提出的疑问"为什么我必须知道关于非洲的一切呢？"贝尼萨一边向母亲解释非洲的文化传统，一边将自己的尼日利亚裔新男友约瑟夫·阿萨盖伊请进家门。

威利·李名义上是《阳光下的葡萄干》的主角，但实际上处于近似

---

① 乔莫·肯雅塔（Jomo Kenyatta，1894—1978年），肯尼亚政治家，曾参与国家民族主义运动，第一位肯尼亚总统，被称为"肯尼亚国父"。"Jomo"又为肯尼亚基库尤语，意为"燃烧之矛"（Burning Spear）。——译者注

② 一首非洲圣歌的名称，意为雄狮正渐渐苏醒。——译者注

反叛状态的是贝尼萨，就连黑人母亲也随兄妹俩发生了改变。尽管汉斯伯里借贝尼萨这一角色影射了自己的亲身经历——"贝尼萨就是八年前的我。"汉斯伯里曾在1960年将这个设定透露给迈克·华莱士（Mike Wallace），但她最喜爱的角色还是这部戏中"真正的智者"——约瑟夫·阿萨盖伊。[42]此人声称自己能够代表尼日利亚的进步历程——被压迫民族崛起的同时，医学科技水平也得到了极大提高。他曾预言，革命将会带来自由，但也会带来残酷的流血牺牲：在后面的情节中，汉斯伯里正是借阿萨盖伊之口，阐释了自己关于独立革命的哲学思想。阿萨盖伊曾向贝尼萨做出预言，自己要么会"在某个夜晚，被帝国的追随者刺死在床上"，要么会"死于背叛自己的黑人同胞之手"。他还向贝尼萨求婚，邀请她一同回尼日利亚。尽管贝尼萨拒绝了阿萨盖伊，但是这场求婚有着重要的象征意义：非裔美国人与非洲新兴独立国家沿着共同的政治路线走向联合。五年之后，马尔科姆·艾克斯也将为此路线奔走呼号。[43]

詹姆斯·鲍德温认为，汉斯伯里这部通俗易懂的戏剧之所以能够大获成功并且影响深远，是因为它将黑人观众带回了百老汇剧场，向他们揭示真实的黑人生活。"我从未……在美国剧场里见过如此多的黑人，因为在此之前，美国剧场的舞台从未如此淋漓尽致地向人们呈现黑人生活的真相。"尤里乌斯·莱斯特认为，汉斯伯里的天赋在于"能够看到了普通百姓非凡的一面。在她眼中，杨格一家是美国黑人社会的缩影"。[44]一幕被删减的场景揭示了黑人流行音乐在杨格一家日常生活中的重要地位：威利走在下班回家的路上，哼唱着大乔·特纳的《樱桃红》，这是一首跳跃蓝调歌曲，在20世纪50年代初十分流行。他这样唱道："给我爱吧，妈妈，直到我的脸如樱桃般绯红。"威利的幽默随后感染了整座公寓，就连贝尼萨和露丝也加入进来，与他共同上演了一段模仿非裔美国流行乐手的无伴奏合唱：露丝模仿的是莎拉·沃恩（Sarah Vaughan）和莱娜·霍恩（Lena Horne）；贝尼萨仿佛珀尔·贝利（Pearl Bailey）附身，一边唱歌，一边扮成小丑的模样；最后，威利·李依次模仿比利·艾克斯汀（Billy

Eckstine）、约翰尼·马蒂斯（Johnny Mathis）和纳金高，用低声的哼唱结束了这场表演。[45]

作为20世纪60年代的著名非裔美国人作家兼活动家，阿米里·巴拉卡、尤里乌斯·莱斯特和卡拉姆·雅·萨拉姆（Kalamu ya Salaam）回溯过往，做出了令人惊讶的反思。他们每个人都曾忽视了汉斯伯里在黑人艺术运动中的作用，所以深感抱歉。针对汉斯伯里被忽视的原因，雅·萨拉姆给出了三点明确的解释：

> 1.她身处中产阶层，而黑人艺术运动关注的是穷人和美国失业黑人生活经历中的"本真性（或称真实性）"；
>
> 2.她嫁给了一位白人，所以自然而然地被排斥在研究对象之外……她选择了"与敌人朝夕共处"；
>
> 3.她揭示的真相内涵复杂，所以很难被简单划为"白人观点"或"黑人观点"。[46]

汉斯伯里的艺术抗争含蓄且依托于集体，而非外显和突出个体。可具有讽刺意味的是，虽然早在黑人运动形势高涨之前，汉斯伯里就已是一名马克思主义者兼黑人民族主义者，但她却被误认为是一名中产阶层自由主义者。

汉斯伯里相信，西方文明将会顺应时代做出调整。正因如此，她的作品才被人们忽视。汉斯伯里察觉到，殖民地人民高涨的情绪与存在主义作家和垮掉派作家特有的不安情绪之间存在着直接联系——这样的观点在美国作家中十分少见。她指出，非裔美国人正在独自为战：他们不仅在为非裔美国人争取社会平等，同时也代表了所有非白种人的意志。汉斯伯里坚持独特的艺术手法，借助音乐、俚语和戏剧风格，将爵士音乐家为社会平等而进行的地下斗争带入主流文化的话语体系。她成功地跨越戏剧界与电影界，将《阳光下的葡萄干》改编为一部流行电影，西德尼·波蒂埃和露比·迪伊也在剧中继续饰演当初的百老汇角色。《纽约时报》称赞汉斯伯里创作的对白在"如诗歌般直击心灵"与"如锋芒般针砭时弊"之间求得了平衡。与此同时，评论家们也十分明确地指出，《阳光下的葡萄干》是第一部通过"真实性的对话与权威性的真理"展现非裔美国人家庭生活的电影。[47]

那么，《阳光下的葡萄干》这部电影为何未能被归入一路高歌猛进至20世纪60年代的战后文化热潮，从而与《嚎叫》、埃尔维斯、迈尔斯·戴维斯、《飞车党》、《白色黑人》以及《无因的反叛》齐名？原因有三：第一，汉斯伯里反对个人的反叛，将其视作无端的愤怒或自恋行为。她的这部电影既没有宣扬社会中的代沟，也不主张反对权威或父母。但是，尽管汉斯伯里宣称《阳光下的葡萄干》属于主流文化，大多数知识分子仍将这部电影斥作变相兜售中产阶层物质主义观的作品。

第二，白人知识分子认为她的作品过于庸俗，充斥着中产阶层的观念，黑人作家则认为这部作品不仅缺乏革命性，而且主张种族同化。例如，纳尔逊·艾格林将《阳光下的葡萄干》视作一部取悦自由主义者的作品，认为该影片描绘的是举止得体、辛勤劳动但缺少成功机会的非裔美国人形象。斯坦利·考夫曼（Stanley Kauffman）也在《新共和国周刊》上撰文批判该剧，认为这是一出"轻浮的轻歌舞杂耍表演，意在用所谓的'特色'证明，'他们'和'我们'没有什么不同"。所以，考夫曼不得不承认，"我周围的（黑人）观众极其喜欢这部电影"。此外，哈罗德·克鲁兹（Harold Cruse）等非裔美国评论家认为，《阳光下的葡萄干》给观众留下了所谓的圆满结局，让他们看到：又一个曾经困难重重的家庭步入了中产阶层的行列。[48]

评论家们总是关注剧中家庭的中产阶层价值观，同时批判该剧没有将社会抗争更加明确地表现出来。这样的评价令汉斯伯里感到十分困惑，她回应道："种族压迫的事实虽然没有被点破，但它们在整部影片中无处不在。"不仅如此，她还认为，这部影片在表现"黑人遭遇残酷的歧视"方面十分具有说服力。[49]

第三，这部戏剧改编而成的电影虽然知名度更高，但制片人塞缪尔·布利斯金舍去了反映非裔美国文化的内容：所有的黑人俚语（用此人的话说，"原作中有太多的'隐语'"）、所有涉及非洲政治的场景、威利·李·杨格观看一位黑人穆斯林演说家在街头发表演说的场景、所有涉及种族歧视的内容，全部遭到了删减。执导原版戏剧的是黑人导演洛依德·理查兹（Lloyd Richards），而电影版《阳光下的葡萄干》的导演却是白人丹尼尔·皮特里（Daniel Petrie），而且哥伦比亚电影公司也选择了将黑人杨格一家"洗白"。[50]

汉斯伯里与梅勒，1961年

1961年5月，诺曼·梅勒为《乡村之声》杂志修改让·吉尼特的新剧本《黑人：一出滑稽戏》（*The Blacks: A Clown Show*），并在这之后撰写了两篇文章，续写了《白色黑人》四年前提出的种族思想（很少有人知道这件事情）。针对此事，汉斯伯里撰文批判吉尼特与梅勒的浪漫主义种族思想，用委婉的措辞指明二人的立场："吉尼特和梅勒——两位新家长制主义者。"汉斯伯里的行文风格和观点令梅勒印象深刻，后者撰写出第三篇文章。在这篇文章中，梅勒不仅在一些观点上做出了让步，而且同时对自己与汉斯伯里的文章风格做出了评价："睿智、高雅、爵士味儿十足、尖锐、值得骄傲、庄重、伤感以及缺乏整体性。"以上便是梅勒与非裔美国作家之间展开的唯一一场公开辩论，引发这场辩论的正是假面剧《黑人：一出滑稽戏》。该剧内容涉及种族与殖民主义、暴力行为与革命。[51]可能是因为在这场辩论中输给了汉斯伯里，梅勒日后不再撰文探讨"黑人"问题，这三篇文章也就成了他在此话题上具有代表性的封笔之作。

在汉斯伯里看来，梅勒是"一位举止得体的好人"，而吉尼特歧视弱小文明，因而必须受到谴责。但是就梅勒与吉尼特的观点而言，二人均推崇家长制作风：他们都是急于干涉非裔美国人生活的白人，但是对这个种族的实际生活一无所知。汉斯伯里的政治理念源自她的经济地位：对于非裔美国人来说，想要过上体面的生活，就要走出黑人聚居区，去接受良好的教育，享受优质的医疗服务，获得更多的工作机会，形成有利于自身发展的中产阶层价值观。曾有一段时间，作家们大多反对中产阶层的观念，将其斥为因循守旧。汉斯伯里虽然是一名美国作家，却没有向那个时代妥协。具有讽刺意味的是，汉斯伯里认同的是加缪有关反叛的观点：人格尊严既促成了个人的反抗，也与后来更大规模的社会或政治抗争有一定关联。在没有找到更深层次原因的情况下，我们只能认为，她的主观反叛仅仅是出于无端的愤怒以及潜意识里对白人家长制主义者的控诉。

梅勒推崇原始主义，将生命活力同黑人，特别是黑人的爵士乐、街头风格暴力行为以及非裔美国俚语联系在一起，从而使得"白色黑人"在当时和今日都遭到了人们的误解与敌视。实际上，梅勒笔下的"黑人"暗指年轻黑人的形象，因而能被作者塑造成男性阳刚之气复兴的象征。但是在绝大多数情况下，梅勒的原始主义总是与"西方和美国正在衰落"这一存在主义观点联系密切：该观点认为，无论从个体还是整体的角度看，全世界的白人正在走向衰落，黑人即将崛起，并终将掌握政治大权。倘若真是如此，如果西方正在衰落，那么振兴世界的重任终将落到黑人的身上——他们饱受压迫，愤懑已久，充满原始活力。

在第一篇文章中，梅勒公开指出，他们这一代人之所以抨击西方的陈旧价值观，是被如下观点所吸引："文明成长之时，会依赖自身丰富的内涵……文明衰亡之时，便会向那些背叛原有内涵的人们敞开大门，允许他们释放内心的愤懑。因此，'审美行为'经历了从'创造文明内涵'向'摧毁文明内涵'的转变。"[52]在《黑人：一出滑稽戏》中，梅勒从黑人演员的言语里听出了"对白人命运的宣判"："白人，我要杀了你。白皮佬，你死定了。"梅勒和吉尼特都认为，"黑人"最有望推动全体被压迫者摧毁西方文明。他们是信念坚定的破坏者，试图与所有被压迫者一起缔造共同的艺术事业。其实，梅勒只是在借非裔美国人的不满表达自己对20

世纪50年代麦卡锡主义与西方自负情绪的失望。"所有文明在衰亡之时，将饱受愤怒情绪的摧残，这种愤怒看似平静无声，实则内心波涛汹涌。"他写下这句话时，仿佛扮成了一名好斗的黑人，将自己的愤怒释放出来。

汉斯伯里指责梅勒与吉尼特利用黑人掩饰他们自己的复仇幻想。这两位作家深知有色人种"压抑着心中的愤恨"，所以选择同他们联合，借助非法抗争活动的"黑色属性"，推波助澜，将社会变革变成浪漫的大革命。在汉斯伯里看来，所谓压迫，并不是"一种因种族基因而遭禁锢的处境"，而是"在政治上和社会上被主导的处境"。所以，他指出了吉尼特戏剧的失败之处——"受压迫者保留了自己的独特性……黑人们依旧是与社会格格不入的另类'黑鬼'"。新家长制主义者同样遭到了汉斯伯里的谴责，因为他们不仅蛊惑黑人大肆破坏，而且将黑人用作自己的异族傀儡。梅勒宣称，《黑人》作为一部艺术作品，暗示了"20世纪的关键时刻——权力从白人手中转移到他们所压迫的人手中"。[53]但在汉斯伯里看来，这类种族势力的消长看似浪漫热烈，实则毫无现实意义："倘若黑人们真的把更多注意力放在为非洲各地修建钢铁厂和水电站上，而不是沉迷于在种族斗争中割断不计其数的喉咙，这些人（指梅勒等人）一定会感到失望。"不仅如此，汉斯伯里还痛斥梅勒在非裔美国人想要逃离的黑人聚居区中发现的所谓硬派男子气概："无论有没有蓝调，各个阶层的黑人……都想要逃离聚居区。"[54]

吉尼特的《黑人》被称作"后现代游唱表演"，讲述了一个独具特色的故事：一群戴着白人面具的黑人为了审理一起白人妇女遇害案，成立了一间袋鼠法庭①。[55]随着剧情的展开，压抑的仇恨、被压迫心理、阶级行为和种族认同等概念在这部戏剧中逐一得到了审视。事实上，这部戏剧公开审判了白人的殖民主义思想。梅勒认为，《黑人》之所以能取得艺术上的成功，是因为它"作为一部轰动一时的戏剧，关注了时代潮流的改变以及白人内心的愧疚与恐惧"。对于美国本土的黑人即将迎来革命性的救赎，

---

① kangaroo court，私设的公堂或非正规的法庭，多用于惩罚同伙。——译者注

梅勒心怀企盼："在过去的三个世纪里，美国本土的黑人先是苟活下来，然后崭露头角，最终取得胜利。这一历程如同史诗一般，堪比犹太人长达2个世纪的流亡史。但相较之下，黑人更胜一筹，他们从未失去自己的风趣幽默。"但令梅勒感到担忧的是，美国本土黑人更倾向于选择保证自身安全和被他族同化，而非进行斗争与保存个性。他对黑人文化中硬汉元素的丧失感到失望："黑人们知道，他只要模仿白人中产阶层的伪善，就能取得胜利。"黑人革命令梅勒兴奋不已，他这样写道："相比世界其他地方，非洲更有可能是生命的起源之地。"他甚至还对黑人观众产生了一丝嫉妒，因为他们的明星"正冉冉升起，照耀着这个善战的民族走向最终的胜利，走向属于他们的胜利"。[56]

在汉斯伯里看来，《黑人》仅仅是"白人与他们自己的对话"，没有用戏剧的方式反映美国本土以及非洲黑人的真实生活，所以无法提升人们的社会平等意识。相反，它只是在吹捧"白人的一些离奇理念"。由此可见，这部戏剧既缺乏"想象力"，也无法"引发黑人观众的共鸣"。汉斯伯里口中的"永受地狱烈火炙烤之人"，如"妓女、皮条客和小偷"等边缘化角色却被白人家长制主义者赋予浪漫特征。每一位作家"面对文明的动荡，仅仅发出一声哀叹"，然后便去关注变革的推动者——他们位于社会的底层，却迸发出改变社会的活力。[57]这种艺术选择清晰地表明，作家们已对西方文明失去信心。作为对《黑人》的回应，汉斯伯里抱着揭示革命过程的目的，撰写出《白种人》（*Les Blancs*）一书。该作品仍是一部内涵深刻的戏剧，讲述了某个虚构的非洲国家爆发的革命，并且通过一系列角色，向观众呈现出殖民地独立过程中的各种政治观点。

汉斯伯里对"白人精英"当中盛行的原始主义感到困惑，不理解他们为何无法从普通人性的角度正视有色人种。她对人类处境所持的观点带有自身种族的特点，但并没有种族偏见，因为她相信每个人的本性自然如此，都热爱性、音乐和自发性互动。她解释道，黑人通常对意大利人或波多黎各人的感知力表示钦佩，因为这些少数民族"真正懂得如何生活"。

在汉斯伯里来看来，梅勒"捏造了……一部关于2000万'局外人'的'普遍性'的神话。但他对这个群体的日常生活毫无深入的认知"。在此基础上，汉斯伯里指出，所以，梅勒没有将"他的文章命名为《嬉皮士》《局外人》或《摇摆的我们》，而是称之为《白色黑人》"[58]。

在一次幽默的交流中，汉斯伯里提出指责，认为梅勒过于在意黑人是否认为他很嬉皮。梅勒用谦逊且不露锋芒的口吻回答道："说到嬉皮，我只不过是一位体面可敬的俱乐部斗士，算不上嬉皮士群体中的黑桃A，最多是一张方块10。但是，构成整副扑克的嬉皮士们个个不是善茬，他们眼光长远，想象力丰富。"接下来，汉斯伯里含蓄地提出疑问——梅勒是否真的十分了解非裔美国人群。对此，梅勒给出了一个含糊其词的回答："我有权想象黑桃A是什么样子，任何人都无法阻拦。"所有作家都有权构想出属于任何种族或性别的角色，正如梅勒在对话中提到的那个角色——出身工人阶级的黑人。梅勒在这里坚持使用"黑桃"一词（他同样称汉斯伯里为"黑桃女士"），表明他自诩为嬉皮群体中的内部人士，但事实并非如此。正如汉斯伯里所指出的那样，梅勒沉浸在自己的浪漫幻想中——把嬉皮士想象成白色黑人——并"深陷其中不能自拔"，自以为是地认为"自己的哲学思想符合自己提出的假设"。

在第二篇文章中，梅勒使用疾病作为比喻，将嬉皮士比作某种具有积极意义的癌症。正如"细胞们群起反抗，便形成了癌症"一样，任何健康的身体都会本能地反抗强行侵占身体的行为。这种反抗通常在"刀刃刺入身体"时便开始了——梅勒曾在《白色黑人》中指出，爵士乐和暴力行为都会带来类似"刀刃"的效果。在梅勒看来，这才是隐藏着的反叛者进行反抗的真实目的：找到治愈超现实主义艺术家、达达主义者以及垮掉派的处方。嬉皮士们并没有为"保全整体的存在"做出贡献，而是充满了阴郁的敌意和"破坏整体的冲动，如同涌入真空的新鲜空气"。梅勒的这种哲学顿悟类似于加缪与萨特的"积极的否定"——试图缔造出数目庞大的细胞群，然后脱离垂死的身体，重新开始。萨特曾为让·吉尼特撰写了一篇史诗般的传记［名为《圣吉尼特》（Saint Genet）］——此举类似梅勒创作《白色黑人》，因为萨特在文中公开赞颂了饱受诟病的嬉皮士同性恋行为。梅勒则将吉尼特视作"二流作家"，将其作品斥作"基佬（fag）的艺术"——在他眼中，仿佛只有异性恋者才有勇气和毅力书写出构思缜密的文学作品。[59]

梅勒认为，西方没落的原因在于，国家用客观性击败了个体的"动物性"。梅勒口中花样繁多的概念（如本能冲动、反叛者、嬉皮士和黑人）反映出这样的本质问题："人类在20世纪面临的不是经济风险，而是那些人将要扑灭我们体内的动物性。"梅勒指出，动物展现出优雅的体态、本能和顽强的生存技巧，如同人类在对抗官僚主义和死亡冲动、机械化和社会工程、集中营和核武器过程中亮明自己的底线。"嬉皮哲学"体现了梅勒的个体反叛理论，动摇了中产阶层的自满情绪，因此能够得到梅勒的拥护。

梅勒的理想化嬉皮士形象不仅在美式反叛酷中得到了具体体现，而且跨越了种族的界限：辛纳屈展现出粗犷街边流氓形象；埃尔维斯综合了非裔美国人的节奏、动作姿态和肉欲；白兰度表现出魅力十足的存在主义焦虑；迈尔斯·戴维斯则呈现出猛烈的酷风、浪漫的抒情风格和充满美感的张力。现在回想起来，梅勒的代表性文章并未提及历史上最具影响力的白色黑人——埃尔维斯，表明了梅勒的观点具有狭隘性。相反，针对非裔美国人音乐和文化相对缺乏艺术性这一问题，梅勒以法兰克·辛纳屈为例，提出了一个奇怪的论点。他自信地宣称，"美国伟大的艺人当数黑人，最优秀的白人艺人（如辛纳屈）总是依赖黑人们的音乐创新和表演"，"所以，每当他们发出声音之时，便会表现出明显和强烈的亏欠感"。但到了艺术创作的问题上，他又将黑人拒之门外。他称赞黑人歌手"为流行歌曲注入了丰富的亲密元素"，却没有提到任何一位非裔美国歌手、乐手或演员的名字。这种认同的缺失——或者说故意无视的做法，正是促使爵士音乐家在战后初期戴上酷面具的原因。如果思维最为缜密的白人作家都无法想象黑人具有与白人相同的复杂思维和艺术创作能力，那么不免会催生出一套不利于黑人的文化逻辑[①]，从而迫使爵士乐手们退回到海洛因世界和自己的艺术圈子内。

无论是汉斯伯里，还是梅勒，二人均没有提及爵士鼓手马克斯·罗奇（Max Roach）——此人是比波普革命中的关键人物，曾为《黑人》创作配乐。罗奇的下一部作品名为《坚持！》（*We Insist!*，1960年），是第一部以非洲离散侨民的视角再现奴隶制历史的爵士乐专辑。在最具象征意义的曲目《全体非洲人》（"All Africa"）中，罗奇的妻子艾比·林肯（Abbey Lincoln）念出了50多个部落的名字，证实了一部分非洲传统确实存在于美洲大陆，但在这块土地上受着压制。此场景宣告了美国社会中受压迫者的回归，从而与《阳光下的葡萄干》产生了共鸣。

汉斯伯里与存在主义

汉斯伯里认为，存在主义的整套说辞尚不成熟，其中甚至包含了"荒谬"的概念。她将自己的这种观点浓缩在笔下角色西德尼·布鲁斯坦的一句台词中："我们存在于此的'原因'鼓舞了青年一代，存在于此的'方式'成了谋生的手段。"[60]她还逐一指出了加缪、萨特、赖特和梅勒的名字，正是这些作家将出身"永受地狱烈火炙烤之人"的反叛者浪漫化，把他塑造成救世主的形象。现在看来，战后年代许多非裔美国作家（如艾里森、穆雷、海姆斯和鲍德温）将存在主义斥为诡辩论的看法有着极其重要的意义。

在汉斯伯里看来，存在主义作家"看不到脆弱的一面"——看不到人类面对荒谬时的脆弱，因此，他们无法为争取个人尊严和政治自由的普通人提供艺术指导。她写道，对作家来说，最重要的创作主题是"人对人的压迫"，但是作家们应该意识到，压迫是一个普遍存在的问题，不仅限于

---

① cultural logic，指在社会文化中占主导地位的一整套系统化准则。——译者注

"白人憎恶黑人"。[61]汉斯伯里崇拜剧作家莎士比亚和奥凯西，因为二人作品总是具备这样的能力：既能引发人们对现实生活的共鸣，又表达了作者对人们的肯定与鼓励；既能够享受人类面对荒谬时取得的胜利，也能接受在此过程中遭遇的失败。[62]对汉斯伯里来说，存在主义的绝望是人类每天都要面对的挑战，作家需要履行他们的责任，帮助读者在艺术的启迪之下同无意义（即荒谬）做斗争。

在汉斯伯里看来，《等待戈多》（*Waitng for Godot*）在"使用艺术表现人类无能"方面做到了极致。针对这部作品，她撰写了两部风格截然不同的作品。第一部作品是效仿《等待戈多》原作创作而成的短篇故事，名为《多戈的到来》（*The Arrival of Todog*，"多戈"与"戈多"字母顺序相反）。在这部作品中，两个流离失所的流浪汉在途中相遇，然后向一位贵族旅行者（他的仆人已弃他而去）打招呼。其中一位流浪汉展开了随身携带的密信，读出了信中的词语："多戈"。三人顿时恍然大悟：原来"多戈"是他们三个人共同的姓氏，于是惊恐地放声大喊。那么，这一幕意味着什么？三人为何都被卷入其中？他们为什么会有这样的姓氏？汉斯伯里传达给读者的信息十分清楚：如果没有外力的指引，没有上帝施加道德正义，人们往往会走上同样的路，会诉诸同样的手段。因此，人们必须在不依靠道德手段或"天降神力"的情况下，解决好各自的问题。在作品的最后一幕，三个流浪汉载歌载舞，高唱一句回环重复的存在主义歌词："因为我们存在，所以我们相聚于此；因为相聚于此，我们证明了自己的存在。"这篇简短而诙谐的作品向读者阐明了存在主义思想的核心：我们是孤独的，这世上没有上帝和命运，我们注定要走向自由；但却嘲笑了其作为一种文学的（或社会的）麻醉剂的哲学意图。[63]

汉斯伯里的第二篇回应《等待戈多》的作品是一部独幕剧，名为《花开何用？》（*What Use Are Flowers?*），讲述了艺术家在挽救存在主义式道德失范过程中发挥的作用。在这部后末日式作品中，一位英格兰教授为逃避核时代和世人，逃进了森林。当他再次走出森林时，发现了一小群野

蛮无理、目不识丁的人类，其中大多数为白人孩童。原来，就在他逃避
"互相残害"的人世期间，原子弹爆炸使这群孩子失去了双亲，也失去了
接受教育的机会。此刻，这位教授意识到，他必须在"沉湎于绝望"和
"经世致用"之间做出选择。于是，他选择在临死之前教会这群孩子语
言、使用火种、艺术、音乐和审美。这部戏剧融合了《瑞普·凡·温克
尔》（*Rip Van Winkle*）、《蝇王》（*Lord of the Flies*）和《等待戈多》三
部作品的元素，借助人物内心的恐惧、内疚和牺牲精神，编织出令人万分
难过的辛酸情节。通过这部作品，我们得以窥见汉斯伯里略带说教色彩的
艺术理念：作家们必须积极投身社会活动，去践行存在主义理念和引发人
们的艺术共鸣。如果他们不这样做，那么一场文化末世将等待着他们。在
1962年的一封信件中，汉斯伯里将这部戏剧的情节概括为：向不关心政
治、逃避现实的隐士发出挑战，迫使其传授"残存文明仅剩的知识……尽
管他曾经与这个文明一刀两断"。他希望观众在看完戏剧走出剧场时，
"能够正视日积月累的社会进步……既认识到这种进步造就了伟大的现代
人类，也不应该四处吹嘘这种进步"[64]。

　　每一个时代都充满了压迫和无端的暴力。汉斯伯里认为，核时代也
不例外，作家们只是被它的表象所蒙蔽。她这样写道："凡是认真研究过
人类历史的人们，都会相信'毁灭世界的力量（即核战争）正笼罩着我们
这个时代'。回想一下，还有哪些打着上帝旗号的毁灭力量曾笼罩着过去
的时代，是十字军东征，还是南北战争？"因此，汉斯伯里认为，每一个
时代的作家都面临着同样的主题——"被恐惧笼罩的人类互相残害，向彼
此实施暴力"，所有人的精神都"徘徊在绝望与欢愉之间"。所以，作家
们的职责就是展现"人类精神状态的无限种类"——这是作家技能面临的
"终极考验"。不仅如此，汉斯伯里还认为，歌颂日常生活的欢乐与美好
是作家的义务——这是她在向战后年代的观众发声时与凯鲁亚克等垮掉派
作家共享观点的一个方面，还将其融入《花开何用？》之中。总的来说，
汉斯伯里和垮掉派之间的显著区别在于，她相信作家是具有自我意识的社

会领袖，而不是文化反叛者。她这样写道："一直以来，人类所处的每个时代都是地狱。但与其他人不同的是，艺术家们接受了这一事实，并继续创造与之斗争的人物，而不是被它压倒。"[65]

在这部戏剧的最后，汉斯伯里虚构了一段发生在他与她之间的简短对话，以此抨击白人知识分子对加缪的崇拜。在这段对话中，他是一位住在格林尼治村的犹太裔美国知识分子，嘲笑她（代表汉斯伯里）使用黑人俚语，从而挑起了一场争论。"你说话能不能别这么俗气！"他咄咄逼人地指责她，使她一时说不出话来，"我非常讨厌听你们这些黑人知识分子老是影响黑人民众的语言和语调！"鉴于他作为"出生于美国的移民后代多么自负"，且经常"操着意第绪语①，往苍白的标准英语里掺入老旧的世界主义私货，她迅速予以回击，抨击了他言行不一的虚伪作风，进而为自己改说非裔美国俚语的做法辩解：黑人俚语"拥有强大的文学力量，充满活力和俏皮感"，而且知识分子"热衷于使用我们人民的俗语和语调"愉悦地表达自我。[66]

在这部作品的高潮部分，两人围绕加缪和人类处境问题展开了辩论。"你打算什么时候再创造一个加缪出来？"他问道，意在迫使她代表自己的整个种族发言。她回应道，加缪仅仅能够代表白色西方的自私自利和种族等级制度。"从他的主观创作意愿上看，加缪笔下的人类实际上只是西方人，这种做法和你如出一辙，是当今世界其他地区盛行的排外主义，恶劣至极。"紧接着，她列举了一长串非洲国家的名字——它们都是借助"西方工业成就"，在乔莫·肯雅塔、克瓦米·恩克鲁玛和艾哈迈德·塞古·杜尔（Ahmed Sékou Touré）等人思想的引领下，发生翻天覆地变革的国家。他反驳了她，指出西方文明取得的成就。但是她并不理会，不再听他说话，开始沉浸在自己的思绪中。

随着脑海中的音乐浮想联翩，她幻想出一支由社会活动家和音乐家

---

① 犹太人的语言，起源于欧洲中部和东部，以德语为基础，借用希伯来语和若干现代语言的词语。——译者注

组成的哈利路亚合唱团。此时的她放弃了加缪漫无目标的伦理观，投入以非裔美国人俚语为基础的非裔美国人音乐之中，开始跟随这种发自内心的音乐翩翩起舞，认为这种音乐出自"一群艺术家化身的天使之手，令两千万人神魂颠倒"。然而，只有置身完整的文化体系之中，反思个体与所在社群的关系，才能想象这种底蕴深厚的音乐幻想，隐居世外的浪漫主义反叛者无法做到这一点。在这群艺术天使中，站在第一排的是保罗·罗伯逊（Paul Robeson）、詹姆斯·鲍德温、莲纳·荷恩（Lena Horne）、拉尔夫·艾里森、哈利·贝拉方提（Harry Belafonte）和小塞米·戴维斯（Sammy Davis Jr.）；站在第二排的是民谣歌手（Odetta）和乔什·怀特（Josh White）；站在第三排的有"小妹"艾萨·凯特①和珀尔·贝利（Pearl Bailey）；站在最后一排的是爵士乐手，"他们来了！朝我们走来的是莎拉·沃恩（Sarah Vaughn）、艾灵顿公爵、贝西伯爵、'加农炮'艾德利和路易斯·阿姆斯特朗，阿姆斯特朗头上还戴着比莉·荷莉戴临终前赠给他的花冠。天啊，是的，他们都在这里，组成了天使乐团……他们创作的天籁之声如同滔滔江水，飞流直下，涌向人间"[67]。

如上文所述，面对她将加缪奉为自己的文化偶像，她用黑人组成的"天使乐队"进行反击。正是这支乐队，在整整一个世纪的时间里，创造和运用各种艺术策略，创作出引领西方白人社会风潮的乐曲，进而掀起了一场席卷全球的革命。20世纪60年代初，在阿姆斯特朗、贝西、艾灵顿、荷莉戴和艾德利的共同努力之下，蓝调、福音音乐、灵魂乐、摇滚等形式的乐曲汇聚成这场革命的进行曲。这一时代之声对20世纪的存在主义肯定产生了深刻影响，从而被各个艺术领域的白人接受和改造，催生出保罗·怀特曼（"爵士之王"）、班尼·古德曼（"摇摆乐之王"）和埃尔维斯（"摇滚之王"）等大师级人物。由此看来，这一现象既是保罗·吉尔罗伊（Paul Gilroy）将非裔美国人音乐称为"具有现代性的反主流文

---

① Eartha Kitt，与一代偶像巨星詹姆斯·迪恩有着深厚的友谊，两人曾以"兄妹"相称多年。——译者注

化"的原因，同时也被用来反驳梅勒等白人作家，后者仍然透过原始主义的面纱看待黑人音乐。正是因为具有自我意识的社会艺术家们以社群领袖的身份出席各类仪式，创作出集现代性、创新性和西非民族色彩于一体的艺术形式，所以，汉斯伯里选择将他们与作家相提并论，借助他们阐释自己的社会艺术家理念。

《西德尼·布鲁斯坦窗上的标帜》（1963年）

汉斯伯里的第二部百老汇舞剧《西德尼·布鲁斯坦窗上的标帜》（*The Sign in Sidney Brustein's Window*）鲜为人知，但它的表现方式上和《阳光下的葡萄干》一样激进，其原因不仅在于它的演员几乎全是白人。女演员谢莉·温特斯一语道破这部戏剧的内涵："这不是一部关于我们时代的戏剧……这就是我们的时代。"该戏剧围绕格林尼治村的一个大家庭展开——涉及一对夫妇、他们的知识分子朋友和妻子的妹妹，所有的角色都被困在自己的意识形态之中。[68]

西德尼·布鲁斯坦（Sidney Brustein）是一名居住在格林尼治村的犹太知识分子，他慢慢意识到自己的存在主义隐世观正逐渐崩塌，最终决定组织一场当地的政治运动，以重建自己的社会信仰和社会活动目标。在这次顿悟之前，他曾认为"社会体制"为他人所操纵，无法改变，所以四处寻欢作乐。他曾把妻子打扮成土气的村姑，也曾与自由派朋友一起向"加缪神父"（Father Camus）祈祷。[69]某天晚上，所有人都聚在布鲁斯坦家，共同召唤"荒谬"，仿佛下定决心要将它驱除："哦，谁害怕荒谬？荒谬！荒谬！谁害怕荒谬？"三人放声高歌。"不是我们，不是我们，不是我们！"布鲁斯坦以自己的宽容和嬉皮为荣，所以被汉斯伯里用来控诉波希米亚精英主义和所有抽象的反叛理想。[70]

汉斯伯里表达了她对布鲁斯坦的嬉皮精英主义的敌视，并且借戏剧中唯一的种族主义角色——一位名叫梅维斯（Mavis）的白人中产阶层妻子之口，发表了全剧最为精彩的演说。在戏剧的高潮部分，梅维斯告诉布鲁斯坦，她的丈夫有一段长期的婚外情，而她自己也有过一段。西德尼对她的容忍感到震惊。梅维斯回答说："难道你不知道吗，西德尼？每个人都是自己的嬉皮士。"梅维斯认为，如果进步的反叛者表现出更多的同情，她可能会尝试新的信仰；她想知道为什么嬉皮士会对那些被社会习俗束缚的人怀有如此多的敌意。"波希米亚者是多么自命不凡啊。"她继续说道，如果她无法"从艺术家和知识分子那里求得理解"，那么她将何去何从？梅维斯一边控诉西德尼和存在主义者，一边指出，她显然不会从传统宗教中寻求理解，"因为你们这些人都在忙着帮我们摆脱上帝的束缚"[71]。

汉斯伯里的这部作品成了左翼自由派的写照，她的丈夫在一份寄观众调查报告中这样写道："这是一部（真正）为民众创作的戏剧。他们来到剧场，他们放声大笑，他们支持其中的一方，他们参与到戏剧当中：这是属于他们戏剧，一部为他们说话的戏剧……现在，让我们期待，知识分子能用深刻的戏剧给我们带来惊喜，将我们提升至与他们同样的水平。"[72]一部分评论家虽然很喜欢这部戏剧，但既不知道如何将其归类，更无法解读其复杂的内涵。这部戏剧原本将在上演一周后撤档，但在撤档前的最后一个晚上，百老汇的老演员们纷纷拒绝离开舞台，创造了戏剧史上的一个奇迹；从那时起，这群演员四处募集资金，以维持这部戏的演出。整个行动的参与者均是戏剧界的名人，其中包括马龙·白兰度、小塞米·戴维斯、梅尔·布鲁克斯（Mel Brooks）、莉莉安·海尔曼（Lillian Hellman）、迈克·尼科尔斯（Mike Nichols）、奥西·戴维斯（Ossie Davis）、露比·迪（Ruby Dee）、帕迪·查耶夫斯基（Paddy Chayefsky）和阿瑟·佩恩（Arthur Penn）。这群人还在《纽约时报》上刊登整版广告（由此可见，这部戏在观众当中引发了强烈反响，促使观众们做出发自肺腑的回应），在他们的努力之下，《西德尼·布鲁斯坦窗上的标帜》继续上演了近三个月的时间。

《阳光下的葡萄干》和《西德尼·布鲁斯坦窗上的标帜》在更深层次的内涵上有着诸多共同之处。首先，杨格一家因偏见和经济压迫而被困在狭小的公寓内，布鲁斯坦这对知识分子夫妇则因孤傲而离群索居；其次，《阳光下的葡萄干》的结局暗示了非裔美国人（特别是威利·杨格本人）政治意识的觉醒，《西德尼·布鲁斯坦窗上的标帜》的结局则展现了心怀叛意的自由主义者在政治意识上的再度觉醒——三姐妹试图摆脱父权社会的心理压迫。

倘若波希米亚主义者和艺术家们真正具有爵士乐的嬉皮精神，或者深谙街头智慧（例如：世故、宽容、懂得变通），他们便不会依靠反精英主义（如嘲笑墨守成规者，将中产阶层传统视为假想敌）构建自己的身份。因此，汉斯伯里为了学术争论而将凯鲁亚克和加缪视作假想敌，并非出于优越感和逆向种族主义[①]。相反，她将这部反映文化混沌局面的剧本投入日益高涨的美国黑人反叛大潮之中，与后者紧密融合，希望能通过此方式消解种族主义的余毒，从而救赎美国人的理想。

事实上，战后时期的文化反叛为政治抗议和社会变革创造了条件。仅仅在民权运动方面，我们就能迅速举出三例：（1）波伏娃造就了汉斯伯里；（2）萨特成就了弗朗兹·法农（Frantz Fanon）；（3）没有加缪就没有民权领袖罗伯特·摩西（Robert Bob Moses）。但需要注意的是，酷的概念并没有与政治反抗融为一体，而是继续与个体的文化反叛共存：在约翰·F. 肯尼迪总统遇刺后，新一代人开始寻求不同答案的影响，从而改变了酷的内涵。

本章结语：汉斯伯里的激进民主观

汉斯伯里一生都在创作歌剧剧本《杜桑》，以纪念自己童年时代的英

---

① 表示自我矮化、自我否定的种族主义，表现为狂热赞美和崇拜其他种族的一切文化及特性，甚至是生理特征，盲目排斥本民族的传统文化习俗。——译者注

雄——海地革命领袖杜桑·卢维杜尔（Toussaint L'Ouverture），但直至去世也未能完成这部作品；她创作此戏剧的目的，是歌颂"那些解放自己的奴隶"。早在1958年，在创作《阳光下的葡萄干》之前，汉斯伯里就留下了"敬告读者"的文字。透过这段文字，我们可以窥见作者的革命举动，以及她想要成为社会艺术家的志向。

> 杜桑·卢维杜尔不是神，而是人。当一个人的意志与大众的力量结合在一起时，圣多明戈（海地）的面貌便发生了翻天覆地的变化……法兰西帝国、整个西半球、美国历史乃至全球的面貌也随之焕然一新。这就是人的意志与力量，人之所以伟大，奥秘或许就在于此。
>
> ——落款"洛林·汉斯伯里，1958年12月"[73]

汉斯伯里是一个浪漫的平民主义者，以上便是她的哲学："一个人的意志与大众联合"可以改变社会。该思想与加缪的理论相吻合：反叛者是一位奴隶，用一种肯定的姿态说不，以引起其他人的反叛。

尽管汉斯伯里的日记和随笔中有复杂的种族和性别分析，但是她的戏剧中却没有叛逆的女主人公。她的戏剧主角总是男人，因为他们是推动社会变革的主体，例如：威利·李·杨格、西德尼·布鲁斯坦、杜桑·卢维杜尔。汉斯伯里虽然一直扮演着活动家的角色，但她的观点十分务实，与整个国家对女性的看法相一致：她同波伏娃以及比莉·荷莉戴一样，认为女性在公共事务中的影响力有待进一步提高。

1963年，汉斯伯里写信给莱娜·霍恩，在信中感谢她与梅加·埃弗斯一起参加游行——她们的行动证明"真正的（美国）戏剧已从百老汇转移至密西西比"。第二年，汉斯伯里为摄影集《纪实：争取平等的运动》（*The Movement: Documentary of a Struggle for Equality*，1964年，该影集不仅揭露了警察的暴行，也记录了黑人反抗南方白人暴行的斗争）撰写配文，但文章的内容近乎被人们遗忘。她曾指导邻居妮娜·西蒙妮学习政治思想。西蒙妮回忆道："我们总会谈到马克思、列宁和革命——这才是女生之间的谈话。"不仅如此，汉斯伯里还试图用意志力战胜癌症，以重新投身革命："我必须好起来。我必须南下。我终身致力于革命，所以我必须亲临南方，证明我的赤胆忠心。"罹患胰腺癌期间，汉斯伯里一直声援各种形式的民权运动，直至1965年1月12日因为病重与世长辞。[74]

到了1960年，战后酷的文化作品已达到顶峰。与此同时，汉斯伯里对垮掉派、存在主义者和非裔美国作家的回应标志着象征性自我表达时代的结束。白兰度、加缪、凯鲁亚克和埃尔维斯都完成了他们最为精彩的作品，贡献出《飞车党》《无因的反叛》《在路上》《鼠疫》《嚎叫》《全身摇摆》等杰作。这些作品激励了一代人，他们亟需新的转变。二十年来，人们一直在反抗。面对平静表象下的军备竞赛，面对以民主为幌子的偏执思想，面对白人打着历史旗号编织的统治神话，代表个体性的运动领袖们时而睥睨一切，时而愤怒地起身反抗。

1960年，第一次非裔美国大学生静坐示威活动在北卡罗来纳州爆发，冲击了那一代美国人在自由和民主方面形成的美国必胜信念。在《纪实：争取平等的运动》的配文中，汉斯伯里写道："从教堂到蓝调，几乎没有任何一种黑人的生活方式不以自由为根本。"[75]随着民权运动的展开，大多数反主流文化领袖开始崭露头角。与此同时，其他人也亲历了一系列历史事件：古巴导弹危机带来了世界末日般的恐惧，备受欢迎的年轻总统当众遇刺，大学生首次向美国政府发表挑衅性的政治宣言。

在这样的历史时刻，酷的概念亟须转变。

图40 《巴黎蓝调》拍摄期间的保罗·纽曼，1960年（版权所有：赫尔曼·伦纳德摄影有限公司）。

尾声：战后酷的暮年

　　1960年，诺曼·梅勒把民主党总统候选人约翰·F．肯尼迪奉为战后文化想象的化身，将白兰度和辛纳屈与其相提并论。他将约翰·F．肯尼迪形容为战后酷的人格化形象："（肯尼迪）对掌声无动于衷，他的举止有几分神似优秀的拳击手……对自己所做的一切都抱有令人难以捉摸的超然态度。"这位年轻的候选人仿佛是"在霓虹灯照亮的漫漫长夜被魔法召唤出来，带领大众朝着爵士乐低吟的方向一路飞奔"，让民众们感受到战后年代的地下文化——经历"酷"风洗礼的浪漫主义文化。在那年的民主党大会上，一位作家用胳膊肘碰了下梅勒，然后说道："看，这里就有你笔下的第一位嬉皮士……一个出生于富裕之家的塞尔吉乌斯·奥肖尼斯。"此话的言下之意是，眼前这位44岁的年轻总统候选人经历丰富，他是爱尔兰天主教徒，来自饱受压迫和排斥的少数种族，在亲自经历了性、毒品和摇滚乐后，最终离总统宝座仅有一步之遥。另外，肯尼迪和辛纳屈的关系也非常好，两人有着共同的文化背景，都来自天主教白人移民家庭。他们心怀壮志，反对美国的盎格鲁裔白人精英。辛纳屈不知疲倦地帮助肯尼迪竞选，曾担任肯尼迪就职典礼电视预热晚会的官方组织者和主持人。[1]

　　梅勒在1960年的《时尚先生》（*Esquire*）杂志上发表了一篇著名的文章，题为《超人来到超级市场》（"Superman Comes to the Supermarket"）。在这篇文章中，梅勒指出，20世纪上半叶的美国产生了精神分裂的想象，整个国家仿佛分裂为"双重人格"，同时置身于两条此消彼长的意识形态"长河"之中——"一条可见的地上河流,一条隐秘的地下长河"。随着社会和经济的转型,美国的商界和政界精英们与希望和神话脱钩,只剩下后者擎托着那条"流淌着混沌、汹涌、孤独和浪漫欲望的地下长河"。从大萧条开始,在经历工业化大生产和两次世界大战后,资本主义对人类想象的控制正逐渐瓦解。随之而来的是,大众意识到,人类原来可以被肆意践踏,"可以像商品一样被随意交换"。不仅如此,在短短两代人的时间里,武器的破坏力也有了惊人的增长:步枪和机枪一路发展为空中战机与核武器。但是,面对变革性的社会和技术力量,美国仍然保留着"充满活力的神话……认为每个人都有潜在的非凡之处"。梅勒没有意识到,这种神话将通过"酷"一词延续下去。[2]

梅勒认为,美国流行文化创造了一种新的偶像崇拜,这样每个人都可以在"卡格尼、弗林、鲍嘉、白兰度以及辛纳屈"当中任选一人作为"代表自己风格的偶像"。他这样写道,美国人的文化想象现在依托于男性形象,这些文化偶像不仅"骁勇善战……敢爱敢恨,浪漫多情",而且必须"够酷,够勇敢……必须狂野、狡猾,以及足智多谋"。梅勒认为,好莱坞将美国的边境神话带回国内,然后投射至全国。他这样写道:"当边境最终被封死时,电影制片厂举起了探照灯。"梅勒将"征服土地"的拓荒梦想变为一种关于"意识的神话"。这个"被劈斩为两半的神话"现在分流为两条支流,分别对应保守与嬉皮:一条代表着传统和天定命运的神话(以约翰·韦恩和西部片为代表),另一条流淌着美式波希米亚主义者的隐秘希望。梅勒曾为美国在20世纪50年代错失机遇感到惋惜,他认为,当时"美国的需要……把握存在主义的转折机遇,走进噩梦,直面可怕的历史逻辑"[3]。

约翰·F. 肯尼迪拥有电影明星的品质、一位美丽的妻子和英勇的军旅生涯;他表现出一种美学上的超然,融合了黑色系、爵士系和存在主义系的元素。梅勒写道,肯尼迪是一位罕见的政治人物,他把握了"一个民族隐秘的文化想象"。在被提名美国总统期间,肯尼迪先是战胜了文质彬彬的知识分子阿德莱·史蒂文森（Adlai Stevenson），后来又击败了毫无酷劲的理查德·尼克松（Richard nixon），他的胜利标志着美国的象征性文化发生了巨大的改变。

当战后酷在美国政治中初露头角之时，梅勒便捕捉到了它的复合内涵："就像白兰度一样，肯尼迪最具特色的品质是保留了疏离与私密感，他独自前行，超越了生死，看淡了得失，从而变得离群索居。"梅勒的这一描述同样适用于本书中其他给观众以及艺术界同仁留下酷印记的人物，例如：李斯特·杨、亨弗莱·鲍嘉、罗伯特·米彻姆、阿尔贝·加缪、查理·帕克、迈尔斯·戴维斯、桑尼·罗林斯、法兰克·辛纳屈，只不过梅勒忽视了女性的作用，比莉·荷莉戴、安妮塔·奥黛和芭芭拉·斯坦威克等人同样符合此描述。[4]

鉴于酷已于1963年完全成型，成为美国人自我概念的一部分，所以，我在此给出酷的最终定义：酷是一种潜意识的行为方式，它借助流行文化，在现代性中塑造自我身份。自20世纪20年代以来，流行文化一直成为美国社会各界共同的精神家园。在这片充满想象的地带，年轻人在音乐、电影和电视偶像的引领下，驾驭着自己的欲望，行驶在隐秘的地下长河之上。他们将演员、歌手、乐手的海报贴满卧室墙壁，痴迷地欣赏心爱的音乐专辑与电影。正是因为酷融合了两至三种风格，所以它必然演变为一种潜意识；也正是因为酷致力于寻求身份、个性和主观真理，所以它也必然能够规避任何拙劣的模仿行为。尽管梅勒在1960年借用的是过时词语"偶像"，而非抽象晦涩的"酷"，但他的表述已非常接近人们日后对上述历史进程的概括："偶像体现了个人的幻想，允许每个人自由思考自己的幻想，然后找到成长的空间。每个心灵都能更清楚地意识到自己的欲望，从而在逃避自我时耗费更少的精力。"但是撇开这一点，偶像崇拜称不上酷。

总而言之：酷已经成为一种历史进程。借助此进程，反叛的偶像为新一代开拓了寻求个性与文化空间的新策略。首先，当这类反叛者展现出一种尚未成型的感情时，年轻人就会用"他很酷"、"她很酷"、"这就是酷"或"很酷！"这类语句。于是，酷借助新兴偶像表达出早期的朦胧诉求。在这之后，下至所有个体，上至整整一代民众，所有人都将经历新文化缓慢成型的进程。最终，当黑人大学生在北卡罗来纳州举行民权运动历史上的首次静坐示威时，他们便启动了酷的转变进程：从地下文化反叛转变为公开的政治行动和社会变革。

从"战后酷"到"反主流文化酷"

酷的神话应该被理解为"为他人而反叛"：一个孤独而有魅力的人通过象征性的艺术或公共行为激发观众情绪，从而具备了引发社会变革的潜力。在战后酷的最后阶段（1960—1963年），酷连结了各个领域的名家，如垮掉派作家（凯鲁亚克和金斯堡）、爵士乐偶像（迈尔斯·戴维斯、桑尼·罗林斯和阿特·佩珀）、演员（史蒂夫·麦奎因和保罗纽曼）以及最为重要的，摇滚乐界。从最早的雷·查尔斯与查克·贝瑞，到后来的卡尔·帕金斯与约翰尼·卡什，非裔美国音乐和美国南方杂糅文化交织在一起，一刻不停地敲打出社会变革的强音，催生出摇滚乐以及璀璨的摇滚明星。

在那个时代，非裔美国文化的存在主义肯定策略鲜为人知，在美国白人的意识中也非常忌讳此项内容，以至于摇滚乐评论家约翰·莱顿（John Lydon）在1970年谈及自己的摇滚成长史时这样写道："你说不出为什么喜欢它，但也无法把将它归为黑人的东西。"[5]作为一个词语和概念，酷本身不言而喻的内涵一直延续至1980年左右。到了20世纪60年代，随着酷从非裔美国文化向各个领域延伸，它所具备的群体性标志和风格便成为美国白人青年的通用语，被运用至音乐和语言（俚语）、服装和发型、舞蹈和（后来）吸毒等方面。包括埃尔维斯的电影在内，当时各类新奇事物都抓住了新兴青年群体的兴奋点，如披头士乐队，又如电影《春风得意》

（*The Girl Can't Help It!*，1956年）：主演小理查德和"胖子"多米诺正处在巅峰时期，乡村摇滚明星吉恩·文森特和杜安·埃迪也倾情出演，魅力十足的艾比·林肯更是身穿剧中女主角的红色礼服，演唱了一首名称贴切的歌曲《传递语言》（"Spread the Word"）[和另一首歌曲《传播福音》（"Spread the gospel"）]。

在约翰尼·卡什的《穿黑衣的人》（"The Man in Black"，1971年）中，"通过个人风格为他人而反叛"的理念得到了最为突出，同时也最具象征意义的艺术表现。从20世纪50年代末开始，卡什便一直身穿黑色衣服，他花了整整15年的时间解释自己无意识的风格选择。他曾解释道，穿黑色衣服起初并没有什么象征意义，只是因为黑色是所有乐队成员唯一共同的衣服颜色。对此解释，我心存质疑，因为如果一定要选择所有人都有的服装颜色，那么他们在舞台上完全可以穿浅蓝色晚礼服。其实，无论从审美角度还是心理学角度上看，黑色在某种程度上都很适合卡什。这便是一种关于自我表达的陈述，反映了一种能够引发社会共鸣，但尚不成熟的个人情感。

在这首歌中，卡什宣称自己"是为穷人和被击垮之人身穿黑色"，因为他们属于"城镇中忍饥挨饿的那群人"。他为那些即使早已赎清了过往的罪行，也仍然被关在监狱里的囚犯而身穿黑色，以示自己是"时代的受害者"。那么，什么时候卡什才会穿不同的颜色？恐怕只有当"我们开始采取行动，把一些事情做对的时候"，卡什才会"穿上白色制服"或"每天都穿五颜六色的衣服"。需要注意的是，这里的"我们"指的是一个社会或国家。与此同时，为了博取同情，他会选择让别人"从我的背上卸走一丝黑暗，（因为我快要受不了了）"。《穿黑衣的人》最后一句歌词是对基督教象征主义的精简，透过"酷之黑暗面"展现出："我将一直身穿黑色，直到世界变得更加光明。"

穿着"白色制服"代表着纯洁、天真、不沾染污秽；穿上白色衣服则是为了"告诉这个世界，一切都好"；一身白衣代表所谓的可靠（保守）

公民——坚守社会习俗和传统美德的德高望重之人。但卡什就不会穿白色衣服，他认为上述论调都是个人与社会编织的谎言，事实上，"在这个社会，无论走到哪里，万物都不会一成不变"。卡什选择展现情感、社会和欲望的黑暗面，成为（可以这么说）"黑色音乐"的化身。《穿黑衣的人》象征着战后年代对盲目爱国的反叛，这种盲目爱国或是采用"爱或者离开"这一模式（源自当时流行的一句话），或是借助战后二期人们本能的反共产主义意识。

美德面具代表了白人、特权和精英特权，酷面具代表的则是遭遇挫败的选择、沉默的反抗、社会不公、阶级冲突和黑人俄耳甫斯的崛起。身穿黑色意味着将美国社会中被排斥、被边缘化和被压迫的人们团结起来。卡什的《穿黑衣的人》是他对现代斯多亚主义的鲜明诠释，这部作品的诞生，得益于大萧条时期催生的黑色愿景、卡什个人的黑暗经历（毒品、酒精和暴力），以及他的启示录式基督教信仰。每当卡特在监狱里举行音乐会时（他经常这样做），他会像一名囚犯一样唱歌，也会被囚犯们认同。仿佛全凭着上帝的恩典，他才能站在监狱铁窗外自由平等的那一侧。

黑色常常构成反叛的要素，所以值得深入研究。例如，早在卡什之前，朱丽特·格蕾科就被称为"身穿黑衣的假小子"。据她自己的说法，她全身黑色的着装风格是为了"给观众提供可以充分施展想象力的黑板"。[6]人性和社会的黑暗面等待人们去亲自验证，有待被照亮和得到救赎，如果黑色代表的不是这种黑暗面，那么它为何总与冷酷的超然联系在一起？所以，黑色是《夜困摩天岭》中鲍嘉制服的颜色，是隐藏在深处的眼睛的颜色，是左岸地区存在主义洞穴的主色调，是过去和现在的垮掉派和波希米亚主义者默认的着装风格。正如"黑色电影"的本意是"展现黑暗的电影"一样，身穿黑色表明"意识到人性的黑暗面"。

佩戴墨镜同样展现了"神秘感与自我防卫的结合"——借用黑色遮蔽双眼，以阻止权势侵入体内。身穿黑色之人对着影子自言自语，压抑自己的欲望，无须他者的帮助。黑色通过风格、色调和态度创造出神秘感，具有潜能无限的活力：观察者需要深入探究那些被丢进黑暗中的事物。借用马歇尔·麦克卢汉的话说，佩戴墨镜就是将光亮调暗。[7]

黑色代表了可能性。社会中充满了光明与黑暗的对立，这样的对立具有鲜明的基督教色彩，恰巧对应了黑白种族的对立，构成了种族道德的两极结构，黑色便是对立结构中黑暗的颜色。另外，被压迫者一旦重整旗鼓，便会在黑暗中心怀希望，黑色代表的正是这种希望。

当然，黑色还是哀悼的颜色。许多战后酷的代表人物均在战后年代末期去世，如：

> 詹姆斯·迪恩，卒于1955年
>
> 亨弗莱·鲍嘉，卒于1957年
>
> 李斯特·杨，卒于1959年
>
> 比莉·荷莉戴，卒于1959年
>
> 雷蒙德·钱德勒，卒于1959年
>
> 鲍里斯·维昂，卒于1959年
>
> 阿尔贝·加缪，卒于1960年
>
> 理查德·赖特，卒于1960年
>
> 达希尔·哈梅特，1960年
>
> 欧内斯特·海明威，1961年
>
> 加里·库珀，1961年

我在此给出酷的终结时间，既是为了强调各个酷派偶像逝世的时间，也是为了突显战后年代最具变革性的死亡事件：约翰·F. 肯尼迪遇刺。婴儿潮一代对肯尼迪之死做出的反应加速了下一代反文化的酷的形成，后者沿着垮掉派的道路继续前进。"酷"在战后年代的含义仍然沿用至今，此含义对应的各个文化阶层也与"酷"一词共存到今日。但这个"酷"概念本身注定会发生变化。

20世纪60年代中期，酷面具分崩离析，原先的黑色与垮掉派之酷炸裂为五彩的碎片。反叛运动也因此脱离非裔美国文化，朝着反主流文化（追求毒品的快感，强调个人的真实性，追求更朴实的生活方式）演进。新文化的流行语和俚语虽然依旧源自非裔美国方言［如"做你自己的事"（do your own thing）、"尽情释放吧"（let it all hang out）、"真焦躁"（uptight）、"太棒了"（outasight）］，但已换装了新的社会价值观——主张对自己和他人保持"率真"与"坦诚"。从大麻到LSD（麦角酰二乙胺），随着各类致幻毒品的泛滥，当时社会不仅对人与人之间的关系产生了新的看法，也对曾经压抑和伪装自我的做法提出了批判。1964年，马歇尔·麦克卢汉注意到，"酷"（或者说"酷态度"）的含义发生了转变，从原先的"超然于事外"转变为"面对事情，积极参与，敢于担当，愿发挥个人的全部才能"。[8]

1965年，汤姆·沃尔夫（Tom Wolfe）在旧金山敏锐地捕捉到了上述变化。沃尔夫曾深入研究过非裔美国人俚语对口语的影响，所以深谙黑人文化的影响力，精通所谓的"嬉皮词汇"。对于"喜欢"（dig）、"伙计"（man）、"焦虑"（uptight）和"再见"（later）这类核心嬉皮词语，沃尔夫张口即来。当时的他十分乐意与以非裔美国人的抗争、语言和音乐为代表的战后文化断层告别：

> 所有的旧式嬉皮生活——爵士乐、咖啡屋、邀黑人共进晚餐……突然间即将面临消失的命运……就连伯克利的学生也不例外……黑人们再也无法出现在嬉皮的场景中，甚至连偶像地位都不保。这一切真是难以置信。曾经，黑人是把玩嬉皮风格、爵士乐，乃至嬉皮词汇（伙计、喜欢、赞赏、宝贝儿、分开、再见）的灵魂人物。现在，整个社会曾经倾注在黑人身上所有的关注与怜爱——对，所有这些，消失得一干二净了。[9]

在沃尔夫和梅勒这类新白人"新新闻主义者"（New Journalists）看来，流行文化的前沿已经从黑人文化转向反主流文化。反主流文化接手

"酷"概念，直接导致了战后年代之酷被人为地从历史上抹去。所以，尽管当时存在多种对"酷"概念的解读，但是其中并没有战后年代之酷。在了解到嬉皮与酷已成为滥用LSD和白色嬉皮等行为的精神内核后，沃尔夫似乎变得欣喜如狂；他那种较随意的种族主义表达（如"黑人""倾注在黑人身上所有的关注与怜爱"），反映出这样一个问题：长达半个世纪的种族对立已将白人对黑人的文化宽容消耗殆尽。值得注意的是，沃尔夫被免职之时，恰逢黑人民族主义、黑人权力和黑人艺术运动兴起。到了20世纪60年代中期，嬉皮和酷的更深层内涵便开始沿着种族界限分道扬镳。[10]

从此，"酷"逐渐裂变为现有的三个分支：（1）经典的黑色之酷，最初由鲍嘉和米彻姆缔造，一路经保罗·纽曼、史蒂夫·麦奎因（Steve McQueen）以及（距今更近的）乔治·克鲁尼（George Clooney）传承至今；（2）非裔美国人之酷，先由迈尔斯·戴维斯传承至吉米·亨德里克斯（Jimi Hendrix），再经"王子"[①]传至塞缪尔·L. 杰克逊（Samuel L. Jackson），最后经杰斯（Jay Z）传至巴拉克·奥巴马（Barack Obama）；（3）反主流文化之酷，共经历了肯·凯西（Ken Kesey）、帕蒂·史密斯（Patti Smith）、科特·柯本（Kurt Cobain）和马修·麦康纳（Matthew McConaughey）的传承。20世纪60年代，酷达到巅峰，引发了一系列观点截然不同的历史性反思，与此同时，酷最后将向今日之酷演进。笔者将在下文中展开论述。

黑色酷的文化必要性

在一部内容晦涩，题为《汤姆叔叔之死》（*Death of an Uncle Tom*，1967年）的回忆录中，英语作家威廉·H. 派斯（William H. Pipes）回忆了自己种族意识转变的历程——正好与本书提及的两个十年相对应。派斯在吉姆·克劳法的压迫与限制之下长大，即"出生于密西西比的种植园，

---

① 原名普林斯·罗杰斯·内尔森（Prince Rogers Nelson）。——译者注

就读于塔斯克基学院"。①在他成长的年代,"汤姆叔叔式的诡笑"是黑人主要的自我防御机制。根据派斯的定义,所谓"汤姆叔叔",是黑人完全"按照白人的期望行事",扮演出的"非人般的角色"。到了1967年,派斯在密歇根州立大学生活和任教。据他自己所说,他当时唯一的信念是"渴望宪法赋予黑人生而为人人应有的权利"。截至1967年,政治反叛已取代文化反叛,成为彰显种族自豪的主流手段。里程碑式的著作《黑人想要什么》(What the Negro Wants,1944年)中黑人知识分子提出的主张获得了践行。该书的作者包括兰斯顿·休斯、W. E. B. 杜布瓦和玛莉·麦克里欧德·贝颂(Mary McLeod Bethune)。但因为他们为争取社会平等据理力争提出了在当时属于激进的主张,所以几乎自由派白人知识分子都拒绝支持,而几乎所有出版社都拒绝出版此书。仅仅过了一代人的时间,世间已大不相同。

我们仅需通过路易斯·阿姆斯特朗主演的两部好莱坞电影,便可以理解酷为何能够成为社会抗争转型所必需的文化政治要素。无论在《巴黎蓝调》还是《上流社会》中,阿姆斯特朗饰演的都是慈父般的、毫无性感可言的"雷默斯大叔"形象。李斯特·杨和伯纳德·沃尔夫也都曾借用过这一亲和的黑人形象,而在布雷尔兔(Br'er Rabbit)的故事和迪士尼的《南方之歌》(Disney's Song of the South,1946年)里,"雷默斯大叔"代表的则是美国社会中的蒙昧未开化之人:被排除在现代性和个人主义的国家价值观之外。在这两部电影中,阿姆斯特朗慈颜常笑,给各地的人们带去了鼓舞人心的音乐,让他们感到精神饱满。不仅如此,阿姆斯特朗还用音乐配合这两部电影的情节,分别讲述了白人偶像保罗·纽曼和法兰克·辛纳屈的事业和爱情故事。同样是在这两部电影中,阿姆斯特朗将自己置身于一个没有过往、没有爱情、没有家庭的角色中,然后发出微笑。就此而言,我认为阿姆斯特朗可能是好莱坞电影中最早的"神奇黑鬼"(Magical

---

① 一所以招收黑人为主的私立大学,位于美国亚拉巴马州的塔斯克基地区。——译者注

Negro）①。11

扮成"汤姆叔叔"和"雷默斯大叔"自然会发出令人压抑的微笑。于是，伯纳德·沃尔夫于1949年撰写了一篇颇具先见之明的文章，揭示了隐藏在此现象背后的美国社会结构性种族主义。"是白人制造了黑人的'咧嘴微笑'。这种刻板形象反映的是观察者的内心，而不是被注视者的心理。这是因强烈的主观需求而生的。"沃尔夫的这一论断十分新颖，所以被翻译为法语后刊登在萨特的《现代杂志》上，弗朗兹·法农也根据此观点，创作出自己的第一部论述种族主义与伪装的作品《黑皮肤，白面具》（*Black Skin, White Masks*）。1947年，西蒙娜·波伏娃在圣安东尼奥市观看《南方之歌》后，立刻理解了"雷默斯大叔"这一形象在白人种族意识中扮演的角色。"'雷默斯大叔'代表了天真、童心未泯的年老黑仆人形象，白人们对他露出洋洋得意的笑容。"这部电影采用了真人与动画相结合的拍摄方式，赢得了波伏娃的赞赏，但影片中的种族主义却令她作呕。"插入在影片中的动画十分精彩，但是这部彩色电影讲述了一个乏味的故事……动画无法弥补故事带来的作呕感……田园诗般的乡村也几乎掩盖不了根深蒂固的仇恨、不公与恐惧。"波伏娃是从理查德·赖特和人类学家约翰·多拉德（John Dollard）那里了解到这种情感掩饰方法，她将此称为"黑人的双重面孔"，并且写道，"（这种方法）很明显是做给白人看的"。12

反观《上流社会》（*High Society*）这部电影，平·克劳斯贝（Bing Crosby）在剧中饰演一名热爱爵士乐的贵族，把贵族式的淡然冷漠演绎到了极致，并将此酷风传承给法兰克·辛纳屈。克劳斯贝之酷是左手夹烟，右手端起马丁尼，在烟雾缭绕之中保持淡然超脱，显露贵族气质。这种酷很大程度上脱胎于欧洲上流社会恬淡镇静的气质，而非源自美式酷那种带

---

① 斯派克·李在2001年提出的一个概念，指的是好莱坞电影中常见的那一类黑人角色，他们在关键时刻出手，利用自己神奇的力量，帮助了片中的白人主人公，但永远只能做陪衬。——译者注

有挑衅意味的孤傲疏离。阿姆斯特朗与克劳斯贝同处爵士乐盛行的时代，从20世纪20年代末就开始互相敬仰对方。但由于好莱坞电影推行严格的种族隔离制度，他们不可能拥有平等的社会地位，因此无法成为朋友。所以，阿姆斯特朗代表的是热爱爵士、性情率真的底层群体，或者说是无名小卒，仅仅在音乐方面起到了陪衬的作用，而不是《上流社会》中那种与其他演员平起平坐的角色。

如前文所述，《巴黎蓝调》原著小说的主角是两对跨种族的夫妻，但电影版却复辟了吉姆·克劳法的种族隔离传统。这种政治实用主义是当时好莱坞的标准做法：南方各剧场不得放映表现白人与黑人地位平等（或者跨种族爱情）的电影。针对此情况，南方观众形成了对抗国家媒体的文化阵线，就像黑人在国会中组建政治阵营并维持到1964年一样。米高梅公司不能因为在这类问题上表明政治立场而失去美国电影观众，于是选择了妥协，甚至还在五年之后引进了一部向观众讲述跨种族婚姻的电影《猜猜谁来吃晚餐》（*Guess Who's Coming to Dinner*，1967年）。在《巴黎蓝调》这部电影中，阿姆斯特朗将技艺传授给了自己熟悉的年轻白人长号手（保罗·纽曼饰演的角色），而不是波蒂埃饰演的黑人乐手。由此可见，好莱坞仍停留在"雷默斯大叔"的模式上，落后于城市爵士乐俱乐部的嬉皮氛围和进步观众数十年。阿姆斯特朗和李斯特·杨在美国南方腹地长大，从小就接受了强制性的训练，被要求扮成"汤姆叔叔"。然而，正是李斯特·杨借助"酷面具"掀起"静默革命"，才使后来的乐手（如迈尔斯·戴维斯、查理·派克、迪兹·吉莱斯皮、约翰·柯川、亚特·布雷基以及桑尼·罗林斯）得到了解放。

20世纪60年代初，只有一部独立电影能够表现酷的文化与政治内涵，它便是演员伊凡·迪克森（Ivan Dixon）和爵士乐歌手艾比·林肯（Abbey Lincoln）共同主演的《只是个男人》（*Nothing but a Man*）。该影片将背景设定在亚拉巴马州的一座小镇，讲述了迪克森因组织黑人铁路工人建立工会而遭到解雇的故事。担任该电影编剧兼导演的是德裔犹太移民迈克尔·罗默（Michael Roemer）——十一岁那年，罗默一家侥幸从德国纳粹手中逃过一劫。与摄影师一起游历南方期间，罗默发现，在严格的种族隔离制度下，国家支持的恐怖主义与纳粹主义十分相似。这部电影在威尼斯电影节上荣获两大奖项，但直至1993年重新上映前，它在美国几乎没有引起任何反响。这部影片同时也是马尔科姆·艾克斯最喜欢的电影。[13]

失去了铁路工作后，迪克森最终找到了一份在加油站上班的工作，但是那里的白人每晚都会指责他行为粗鲁。有一次，一位白人老头向老板抱怨迪克森的工作态度，声称迪克森既不尊重人，也不称他为"先生"；还有一次，一辆满载白人青少年的汽车驶进加油站，车上所有人开始对他发号施令，向他挑衅，冲他高喊各种带有种族歧视色彩的绰号，用不堪入耳的下流语言猥亵他的妻子。面对侮辱，迪克森一声不发，甚至没有说"好的，先生"这种职业语言，只是埋头加油。"你一定以为自己是个白人"，司机朝他啐了一口。当迪克森面无表情地擦洗挡风玻璃时，司机接着说："他真酷呀，不是吗？完全当我们不存在一样。"

艾比·林肯通过外松内紧的表演，将咬牙切齿、从容不迫和无声抗议等动作无缝地结合在一起，向观众呈现出爵士乐之酷。当时的一位影评家认为，林肯非同常人的镇静可以被视作"itutu"（约鲁巴语，意思是"神秘莫测的冷酷"或"精神平衡的状态"）的具体体现，因为林肯看上去"如此泰然自若、正气凛然，让人几乎就要相信，她可以单枪匹马改写60年代初的美国种族隔离法典"。但是，这是1964年的亚拉巴马州，无论是林肯，还是迪克森，保持尊严只会招致白人至上主义的怒火与敌视。演员们从容反抗时的手段与目的可以追溯至各西非人团体推动社群变革时采取的战略性沉默。林肯日后嫁给了比波普鼓手马克斯·罗奇，两人在具有开创意义的专辑《让我们坚持到底！》（We Insist!，1960年）中，通过歌曲《被奴役者》（"Drivaman"）、《自由人》（"Freedom Day"）和《全非洲》（"All Africa"），言辞激烈地控诉了美国的奴隶制度，在美国音乐史上尚属首次。这张唱片在重新肯定非洲传统的框架内审视奴隶制度，采用的斗争策略与汉斯伯里《阳光下的葡萄干》类似。在《全非洲》这首歌曲中，林肯用"班图（Bantu）、祖鲁（Zulu）、瓦图西（Watusi）、阿莎提（Ashanti）"这几个部落的名字起头，大声吟唱出二十四个非洲部落的名字。她用歌声证明了音乐如何承载记忆，如何成为斗争的手段："节拍/蕴藏着/波澜壮阔的/历史，危险/刺激/而又神秘。"她的歌声既有甜蜜，也有苦涩，但"最终都汇聚成完整的节拍"。

从此，爵士乐在个人声音、主观真理和蓝调审美等方面的影响力开始渗透至诸多艺术形式（如文学与音乐）当中。1964年，日本作家村上春树将爵士乐视作自己的主要艺术实践方式，此举与上一代人中的凯鲁亚克如出一辙。"实际上，我所知道的关于写作的一切，几乎都是从音乐中习得的……我的风格既深受查理·帕克随性重复的即兴乐段影响，也从弗朗西斯·斯科特·基·菲茨杰拉德（F. Scott Fitzgerald）行云流水般的散文中获益良多。此外，迈尔斯·戴维斯的音乐彰显出一种坚持完善自我的品质，我将其视作一种文学创作模式。"[14]1964年，当村上春树在东京看到亚特·布莱布雷基及其爵士信使乐团时，他"如遭雷殛"，倍感震惊，唯一想做的就是"像演奏乐器一样写作"。村上春树还曾借鉴爵士乐的艺术实践，将其运用到自己的小说创作中：

> 无论音乐还是小说，最基本的东西就是节奏感。想要形成自己的风格，首先需要把握良好、自然和稳定的节奏感……我主要是从爵士乐那里……了解到节奏的重要性。其次便是旋律——在文学中，旋律指的是适当地调整文字以配合作品的节奏。倘若在此过程中，文字与节奏配合得当，能做到文字优美、节奏流畅，那便再好不过。接下来是和声，指的是支撑文字内涵的内心声音。最后便是我最喜爱的部分：自由即兴创作——通过某些特殊的渠道，故事从内心自由地喷涌而出。我所需要做的，只是紧随这股泉涌般的文思。[15]

1960年，节奏的力量与个人情感表达结合在一起，催生出三位影响力旗鼓相当的蓝调代表人物——穆迪·沃特斯、"闪电霍普金斯"和约翰·李·胡克（John Lee Hooker）。蓝调乐手体现了存在主义的肯定，他们在传播蓝调的过程中，将蓝调视作一种社会抗争模式、一种创作民主文化作品的渠道，并且印证了蓝调实为摇滚乐之父。20世纪60年代初，白人蓝调乐手查理·莫索怀特（Charlie Musselwhite）在印第安纳州加里市的一间俱乐部里第一次见到"闪电霍普金斯"后，便称其为"一名很酷的吉他圣手"。一开始，J. B. 卢勒瓦（J. B. Lenoir）及其灵魂乐风格的乐队带来了精彩绝伦的开场表演，并配以一段完整的小号演奏，令莫索怀特兴奋不已。"我在想，'闪电霍普金斯'是何人？他会亲自上台，跟随J. B. 一直跳下去吗？"但是，此时的霍普金斯只是坐在吧台前喝酒，显得毫无兴趣。稍作休息之后，他只和一个鼓手走上了舞台，然后插上电吉他，弹出第一个和弦。"'闪电霍普金斯'头戴墨镜，身穿黑色西装，搭配白色袜子，"莫索怀特回忆道，"他操起一把椅子，然后……砸烂了整个屋子。现场所有人都疯狂了！都疯了！这是我见过最酷的事情。"吉他手兼作曲家大卫·阿尔文（Dave Alvin）曾在一间俱乐部见过"闪电霍普金斯"几面。据他回忆，那时的霍普金斯非常年轻，"浑身散发着冷静、自信和权威的气息"。舞台上的霍普金斯身穿鲨革西装，头戴墨镜（"那副墨镜一直伴随他演出"），令阿尔文不由得惊叹："那时我才十二三岁，不知道世间尚有超凡脱俗之人，但我知道，他已具备这类人的气质。"[16]

　　如同爵士乐手的音乐一样，霍普金斯的蓝调美学突出了个人与存在主义，他的自我表现主张极简抽象和低调朴素，他与观众之间的深情交流不仅饱含主观经验，而且开辟出一块折射出内心之酷的音乐地带。霍普金斯的存在主义酷依托于非裔美国人的音乐传统：舞台上的乐手只能通过最基本的音乐元素调动观众——如乐手自己的声音、用手中吉他弹出的三和弦，以及乐手本人（作为这一经历的见证者）。蓝调借助诗意般的抒情方式，创造出神秘的变形和亲身经历式的体验。大卫·瑞兹（David Ritz）回忆道，"闪电"有一种滋养灵魂的天赋，他能从痛苦中锻造出快乐，能把残酷的经历变成美丽的故事。[17]白人乐手与观众们曾在波希米亚咖啡厅里，在纽波特民间艺术节（Newport Folk Festival）中，以及唱片上，学习上述音乐实践和存在主义酷，并将它们内化于心。这场轰轰烈烈的跨领域文化演进历程几乎从大众的记忆中被抹去了，但近来在丹尼斯·麦克纳利（Dennis McNally）的《61号高速公路：音乐、种族与文化自由的演进》（*On Highway 61: Music, Race, and the Evolution of Cultural Freedom*）和约翰·米尔沃德的《十字路口》（*Crossroads*）中得到了复兴。

20世纪60年代兴起的"文化自由"热潮将"酷"作为暗语，跨领域的"酷"概念也因此在1965年得到了广泛传播。1938年，理查德·赖特率先发起打破种族秩序的文化战争，在自己作品的题记中写下"汤姆叔叔已死！"，作为发动战争的口号。英国记者J. C. 弗纳斯（J. C. Furnas）紧随其后，于1956年创作完成题为《向汤姆叔叔说再见》（*Goodbye to Uncle Tom*）的学术著作，并在书中指出，非裔美国人已将"汤姆叔叔"一词当作"揶揄他人的笑柄"，他们当中许多人"更愿意被称作'黑人'，而不是'汤姆叔叔'"。"汤姆叔叔"面具并非只是抽象的理论概念，并非只存在于文学作品中，也不仅仅被用作比喻：它过去曾是黑人仅有的、最为有效的自卫武器，也的确在非裔美国人直面种族歧视的过程中发挥了应有的作用。总而言之，否定"扮成汤姆叔叔"的行为，标志着酷第一次取得了胜利。[18]

1961年，在接受《花花公子》记者亚历克斯·哈里（Alex Haley）的采访时，迈尔斯·戴维斯将"扮成汤姆叔叔"斥作最为可耻的非裔美国人行为方式。"'扮成汤姆叔叔'始于奴隶制期间，因为白人要求黑人必须这样做。每个黑人儿童在成长过程中都会发现，想与白人和平共处，就必须咧嘴谄笑，表现得想个小丑一样。"戴维斯十分清楚，酷是反叛的一种具体表现形式，也是自己横眉怒目神态之下蕴藏的潜台词。于是，他在这场争取社会平等的战斗中发出了充满男人气概的宣言："我无所畏惧，我已身经百战，做好了万全的准备……我敢想敢言，所以引发众人不满，白人尤其对我愤恨不已。他们与我对视，却发现我的眼中毫无恐惧。于是，他们知道，他们没有战胜我，只是与我打成了平局。"[19]

戴维斯之酷是在公开场合用无声的方式宣告反叛。但在私下场合，戴维斯便会摘下酷面具。昆西·琼斯（Quincy Jones）回忆说，戴维斯在公开场合展现出的"冷峻外表"只是在"虚张声势"，实际上呈现出向嘻哈文化演进的趋势。20世纪90年代，琼斯曾追忆40年代的爵士乐手。"昔日所有比波普乐手……发明的东西，正是当今说唱乐手想要尝试的事物，比如'扮酷'、地下亚文化语言、肢体语言和个人风格。总之，就是必须要酷起来。"对于戴维斯之酷，昆西·琼斯曾公开直言，"我能够看穿他的躯壳……那只是在公开场合伪装出的躯壳"。许多曾与戴维斯同台演出的乐手（涵盖了各个种族）纷纷认同此感受。[20]

通过两种截然不同的模式，战后黑色酷为新文化传播方式的形成铺平了道路。第一种模式是主张个性革命，最初借助的是音乐，即乐手的自我表达和艺术嗓音。在凯鲁亚克与卡萨迪的共同努力之下，垮掉派转变了此模式的实践方法，使其不再借助音乐，而是诉诸反主流文化与文学。第二种模式是一种自我防御机制：酷曾经（现在也是）具有表演性质，含有夸张成分，是刻意为之的行为；酷只存在于公共场合和舞台表演，是演员们故意展示给欧洲裔美国观众的一面；酷拒绝使用日常的交流方式，象征着反抗现有的种族与社会秩序。在南方政客的把持之下，加之全美国对种族通婚的恐惧，这种不合理的秩序一直持续至20世纪60年代中期。

在非裔美国人当中，上述"酷"之含义至今活力尚存：例如，塔那西斯·科茨（Ta-Nehisi Coates）在20世纪80年代的巴尔的摩市长大，他将成长过程中学到的男子气概奉为"圣典"，即"混社会的基本规则"和"实用之酷"；再如，根枝乐队曾在歌曲中提出了有关个人风格、街头形象和个人言行的建议——"一直酷下去/保持冷静"。在音乐方面，酷至今仍与一种律动联系在一起。此律动轻松自如、朴素简约、韵味十足、节奏强劲，最早由贝西伯爵与艾灵顿公爵的乐队创造和演绎，后经比莉·荷莉戴和法兰克·辛纳屈的小型爵士乐队改进与完善。非裔古巴爵士钢琴手贝波·瓦尔德斯（Bebo Valdés）称其为"中速迪斯科"，并以辛纳屈1960年的热门歌曲《放轻松》（"Nice'n'Easy"）为例。他曾用充满诗意的语言描述这种代表性的缓慢律动："除美国乐手外，没有人能像那样演奏音乐，能像那样摇摆，能像那样卡准节拍，简直无可挑剔。慢速演奏还要卡准节拍，恐怕是世上最难的事情。每当我听到这种旋律，眼前就会浮现出美国黑人跳舞的场景。"这种彰显爵士乐影响力的方式肇始于20世纪中叶，至今仍是宣扬美式酷的强有力手段之一。[21]

保罗·纽曼与黑色酷的变迁

从广义上看，黑色美感为美国偶像的男子气概带来了永久性变化：酷面具取代美德面具，成为美式英雄主义的审美标准。无论是杰森·伯恩（Jason Bourne）、易兹·罗林斯［Easy Rawlins，剧作家沃尔特·莫斯（Walter Mosley）笔下的私家侦探］，还是今天的杰克·鲍尔（Jack Bauer），这类反英雄主角总是离群索居、我行我素、摆出一副玩世不恭的面孔，并且善用以暴制暴的方式挑战号称民主的司法制度。黑色酷借鉴了先前已有的文化形象，如西部的暴徒、流浪汉以及无产阶级工人；所以，黑色酷主角在电影中常常操着工人的粗鄙俚语，或是以典型的街头形象（此时尚未被赋予种族特征）出现在银幕上。每一代人都会找到合适的男性影星承载黑色酷形象：从克林特·伊斯特伍德到汤米·李·琼斯（Tommy Lee Jones），再到马特·达蒙（Matt Damon），最后到丹泽尔·华盛顿（Denzel Washington），每一代男星饰演的角色虽各有不同，其中有流氓警察，也有痞子侦探，但这些形象都万变不离黑色酷的主旨。

在走出大萧条的阴霾后，黑色反英雄一度被作为美国文化想象的代表。人们以这类形象为参照，不再以社会经济地位、社会背景、住所和生活环境来评判他人。专栏作家大卫·布鲁克斯（David Brooks）曾一针见血地指出此类形象的本质特征："他们觉得，所有人心中都同时怀有善与恶，他们自己尤其如此。"山姆·史培德和菲利普·马洛均是"讲道义的现实主义者"，布鲁克斯指出，他们既贪赃枉法，又行侠仗义，在二者之间求得了平衡，成为一代人追捧的榜样。[22]黑色反英雄形象具有可模仿性，体现了存在主义的特质，所以显得真实且有说服力：他们与罪犯无异；他们不信任贵族精英政体与说教；他们从不以君子之心判断是非。我们可以清楚地看到，笼统的"犯罪类型"形象并不存在，黑色反英雄大都是具体的人物形象，出于种种原因犯下罪行的个人，例如富贵之人、美国白人畏惧的社会底层人士，或种族"他者"（底层人士或种族"他者"的数量有时比富贵之人还要多）。

直至"9·11事件"发生前，特别是在20世纪七八十年代，黑色风格的一小时剧情片中总会出现流氓侦探形象（私家侦探或者流氓警探）。克林特·伊斯特伍德率先在特许经营电影《神探哈里》（*Dirty Harry*，又译作《肮脏的哈里》）中塑造了流氓侦探哈里的形象，从那之后，每周播出的电视剧里便会涌现出各种充满人格魅力的流氓侦探，如：神探科伦坡（Columbo）、私探马尼克斯（Mannix）、侦探加农（Cannon）、侦探巴纳比·琼斯（Barnaby Jones）、《洛克福德档案》（*The Rockford Files*）中的侦探洛克福德（Rockford）以及哈特夫妇（Hart to Hart）。但是从电影《杀人拼图》（*Homicide*）开始，特别是"9·11事件"后的《犯罪现场调查》（*CSI*）开始，警察办案电影逐渐成为主流。如今，破案类电影的"主角"通常整合了团队合作与刑侦科技（例如刑侦实验室和DNA检测技术）。就团队合作而言，《犯罪现场调查》和《法律与秩序》这类电视剧中的警察破案团队和破案过程体现了一种典型的美式乌托邦社会构想，至今仍是黄金档剧集炙手可热的题材。而在刑侦科技方面，即便一部剧集关注的重点是特立独行的案件侦查员［如《罪案终结》（*The Closer*）和《超感神探》（*The Mentalist*）中的人物，刑侦科技也仍是剧中不可或缺的元素（《神探阿蒙》（*Monk*）这类罕见的特例除外，它们的主角是举止古怪的破案奇才，无须依靠科技］。在这些影视作品中，整个破案机制强调合作，依靠的是团队的力量，所以无论男演员、女侦探，还是前嘻哈乐手［如"冰体"（Ice-T）和"爱尔酷杰"（LL Cool J）］①均没有被捧至酷偶像的地位。这些破案类影视作品从先前的《天罗地网》（*Dragnet*）获得的积淀要比从《沉睡》（*The Big Sleep*）等电影那里得到的更多。那么，流氓侦探与破案警察身上体现出的辩证统一思想从黑色电影那里继承了哪些遗产？ 23

我们可以从保罗·纽曼（逝世于2008年，当时很多讣告尊称其为"酷王"）的职业生涯中寻找上述问题的答案：纽曼如此高寿，意味着他是最后一位经历了并能演绎战后年代之酷的著名演员，当时几乎所有讣告在报道纽曼去世的消息时也都援引了"酷"一词。例如，《以色列国土报》（*Israel's Haaretz*）讣告的首句这样写道："奥斯卡巨星保罗·纽曼逝世，享年83岁……他是'酷'的化身，曾在电影《原野铁汉》（*Hud*）、《铁窗喋血》（*Cool Hand Luke*）、《金钱本色》（*The Color of Money*）等影片中饰演反英雄类型的角色。"纽曼虽然继承了白兰度的"愤怒青年"形象，出演了《江湖浪子》（*The Hustler*）和《夏日春情》（*The Long*）等影片，但他饰演的角色逐渐向过渡时期的形象转变，从《铁窗喋血》中的"酷手卢克"逐渐变为《虎豹小霸王》（*Butch Cassidy*，西部题材电影）和《骗中骗》（*The Sting*，黑帮电影）中的流氓恶棍，体现了反主流文化对社会的强烈不满。在战后黑色酷向反主流文化之酷过渡时期，保罗·纽曼（见图40）是莱坞举足轻重的男性酷偶像。正因如此，他才能够成为联结今和过去时代（纽曼早年敬仰和效仿的白兰度所在的年代）的纽带。 24

---

① "冰体"原名特雷西·马洛（Tracy Marrow），是最早的匪帮说唱艺人之一，凭借一首"6'N the Mornin"在美国家喻户晓，成为匪帮说唱的传奇人物，西海岸的教父级人物之一，同时也是《法律与秩序：特殊受害者》的常驻演员之一；"爱尔酷杰"原名詹姆斯·托德·史密斯（James Todd Smith），美国嘻哈歌手，曾主演《反恐特警组》《八面埋伏》《海军罪案调查处：洛杉矶》等破案电影。——译者注

纽曼穷尽一生，将内涵更为广泛的20世纪男性阳刚之酷镌刻在好莱坞各处角落，因此在辞世之际被世人奉为"世俗文化圣人"：人们将其同"叛逆""固执""德高望重""桀骜不驯"等词语画上了等号，认为他就是酷的代言人，是一位博爱天下的酷精神倡导者。几乎所有讣告都将纽曼与"酷"概念联系在一起，例如："保罗·纽曼：一位阳刚之酷偶像"（《旧金山纪事报》）、"酷男保罗"（《纽约时报》，专栏作家陶曼玲所撰讣告）、"影视界'酷男'"（《澳大利亚人报》）、"举世哀悼'酷王'"（路透社）、"施瓦辛格追忆'至酷之人'纽曼"（《圣迭戈联合论坛报》）、"《保罗·纽曼——好莱坞酷男》"（美国线业公司拍摄的纪录片片名）。就连乔治·沃克·布什总统也曾在公开场合承认"自己被保罗·纽曼在《铁窗喋血》展现出的反叛精神深深吸引，其他文学作品的主人公无出其右"。[25]

纽曼继承了白兰度的衣钵，在1958至1963这五年间出演了各种阴郁但魅力十足的角色：最开始饰演的是剧作家田纳西·威廉斯笔下的角色（《夏日春情》中的角色），后在《朱门巧妇》（*Cat on a Hot Tin Roof*）中继续饰演类似角色——一位生活在南方的男性，饱受强势父亲的控制和当地社会规则的桎梏。在这之后，纽曼又通过出演《原野铁汉》和《左手持枪》（在剧中饰演比利小子），吸收了西部边境的阳刚之气，从而挣脱了约翰·韦恩坚硬如雕塑的权威人物形象以及加里·库珀"刀枪不入的正派人物形象"，为好莱坞带来了"性感的痞酷"风格。正如一位影片家在评价纽曼的魅力时所说，纽曼在继承白兰度"饱受摧残，遍体鳞伤"形象的同时，还向其中注入了带有讽刺意味的距离感，使得"女人想要安慰他，男人能够（从他身上）找到共鸣"。[26]

同战后年代所有反叛酷偶像一样，纽曼饰演的年轻白人角色拒绝接受当时的社会准则和白人特权。根据历史学家理查德·佩尔斯（Richard Pells）的说法，在影片《江湖浪子》中，纽曼"捕捉到美国战后自满情绪的阴暗面"，因而找到了表现"社会道德沦丧"和"对战后美国必胜主义的厌恶之情"的新方法。纽曼在《江湖浪子》中饰演"快枪手"艾迪·弗尔森,他的表演将观众拉回到黑色电影肇兴的年代,并提出了以下两个问题:年轻人除了会一些油嘴滑舌与虚张声势的本事(例如在桌球房威逼利诱他人输钱),还应该怎样做,才能反抗空虚和物欲横流的社会?他又该如何证明,阻碍他维持现状的不仅仅是懒惰?

这便是非裔美国人之酷和黑色酷为战后社会带来的一种无声控诉手段。到了1968年,滚石乐队选择用赞美诗的形式将这一问题吟唱出来,"除了为一支摇滚乐队唱歌,一个穷小子还能做些什么?"即使在《江湖浪子》上映半个世纪之后,《伦敦时报》仍然将"纽曼家喻户晓的荧幕形象"的本质提炼为充满人格魅力的反抗,也就是我们所说的酷:"那种玩世不恭、冒失莽撞的酷、那种愤世嫉俗的样子,一方面使他成为对社会心怀不满的青年一代的偶像,但另一方面也将他的性格弱点显露无遗。"[27]

纽曼在上述电影中孤立于世同阿米里·巴拉卡最初对战后酷的定义一致:"不与荒谬的社会同流合污。"纽曼的酷很大程度上源自在《铁窗喋血》中饰演一名罪犯时的精彩表演,该片的故事背景设定在美国南部的一所监狱,意在将整个社会比作巨大的囚笼。主角卢克经常因自己的反抗行为遭遇殴打等折磨,但他与《监狱摇滚》中的埃尔维斯一样,虽然总是被击败但从未被击垮。他曾在一张坐满罪犯的桌子前脱口而出:"有时候,成为'酷手[①]不需要理由。'"卢克的绰号"酷手"便是源自这句能够代表他性格的标志性台词。

这部电影阐释了酷经久不衰的原因:"酷起来"是不用依靠社会地位就能维系个人尊严,是为人正直但不仰仗权威。就在这部电影上映的前一年,纽曼在影片《地狱先锋》(*Harper*,1966年)中饰演了罗斯·麦克唐纳手下的侦探卢·哈伯(Lew Harper),走在黑色电影中警察与罪犯之间的边缘。但他最终还是凭借"酷手卢克"的角色在好莱坞名气飙升,成为"第一个引领人们崇拜反主流文化英雄的明星"。酷派反英雄之所以受

———

① 指大胆而脸皮厚的人。——译者注

到敬仰，是因为他们被战后婴儿潮一代奉为"反权威人物"，是因为他们"在狱中不愿卑躬屈膝而遭受毒打"。显然，黑人演员或其他非白种人演员，甚至像西德尼·波蒂埃那样的人物，都未能成为酷派反英雄。[28]

最后，从20世纪80年代起，白人爵士乐手又重新开始用爵士乐为黑色电影配乐。为了致敬20世纪50年代的洛杉矶黑色电影美学，贝斯手查理·海登（Charlie Haden）于1986年成立了自己的"西岸四重奏乐队"，并发行了四张重现战后黑色电影音乐的专辑；纽约爵士即兴演唱会乐手乔·洛克（Joe Locke）和鲍勃·斯奈德（Bob Sneider）为践行他们的"黑色电影计划"，发行了两张音乐唱片；古典作曲家约翰·亚当斯（John Adams）近年来借鉴黑色电影主题及其爵士乐配乐，创作出由三乐章组成、长达四十分钟的交响乐作品，名为《黑色之城：城市及其两面性》（*City Noir: The City and Its Double*），意在将黑色电影渲染成"个体生活在阴暗都市"的故事；卡洛斯·法兰杰第（Carlos Franzetti）和布拉格市立爱乐管弦乐团秉承诸多黑色电影导演的传统，发行了一张致敬黑色电影的专辑，名字就叫《黑色电影》（*Film Noir*）。在这张专辑中，他们用交响乐重新演绎了赫比·汉考克（Herbie Hancock）的《来得及》（"Still Time"）以及伯特·巴哈拉赫（Burt Bacharach）的《阿尔菲》（"Alfie"）；最后，纽约爵士鼓手鲍比·普雷维特（Bobby Previte）于2008年发行了专辑《为周一定好闹钟》（*Set the Alarm for Monday*，2008年）。通过专辑中歌曲的名字，如《你被人跟踪了吗？》（"Were You Followed?"）、《沿着峡谷，一路向南》（"Drive South, Along the Canyon"）、《我劝你不要错过火车》（"I'd Advise You Not to Miss Your Train"）《我正要去抓她》（"I'm on to Her"），我们可以判断，这些一定是为某部未制作完成的黑色电影创作的配乐。总而言之，黑色已成为美国音乐、电影和文学作品中持续涌动的力量，推动了流行文化构想出男性阳刚之气。

"酷"存续至今

詹姆斯·迪恩将少年的俊美与时尚永远定格下来，堪称战后年代最为常青的酷偶像。他的故乡位于印第安纳州费尔芒特，当地博物馆设有永久性的詹姆斯·迪恩纪念长廊。但是，格兰特县的网站宣称，该县位于美国中西部地区，拥有沉着镇静的优良传统，迪恩正是汲取了此地的精华，才"呈现出青年人的酷与勇敢"。不仅如此，该网站还篡改历史，宣称印第安纳州人"反抗传统，确立了勇敢、自信的酷风格，使此风格成为当地社区的代表性特征"。该说辞明显与"酷"的所有史实相左，很容易就被揭穿，但却直指"酷"的发展轨迹与精神遗产，发人深省。它援引一组关于酷的核心词语——"不服从"、"勇敢"和"自信"，将"反抗"炒作成该地自古以来就有的特质，并且以"迪恩故乡"为噱头，大肆向游客宣传。当地在高高飘扬的横幅上写下这样的宣传语："酷之故乡——印第安纳州格兰特"，并且提供了一条名为"反抗者寻乐之旅"的旅游路线。[29]此事让我们不禁思考这样一个问题：如果我们每个人都自诩为反抗者，酷会发生什么变化？这正是1960至1980年间的论著关注的问题，例如：格蕾丝·伊丽莎白·哈勒（Grace Elizabeth Hale）所著《局外人组成的国家：白人中产阶层如何在美国战后年代爱上反叛行为》（*A Nation of Outsiders: How the White Middle Class Fell in Love with Rebellion in Postwar America*，2011年）。

20世纪80年代中期，人们重新认识到积聚财富的重要性，纷纷以跻身上层社会为荣，战后"酷文化阵营"正是在这一时期开始走向终结。在此转型阶段，罗纳德·里根总统虽然名义上掌控着全国政治经济，但这种价值转型已渗透至几乎所有文化作品。迈克尔·道格拉斯（Michael Douglas）在其代表作《华尔街》（*Wall Street*，1986年）中公然鼓吹"贪婪即是美德"。类似观念在同一时期的文化现象中得到了淋漓尽致地呈现：从畅销书《预科生手册》（*Preppie Handbook*，1980年）彰显的上层社会自豪感，到针对越南问题的修正主义，再到红极一时的歌曲《墨守成规即是嬉皮》（"It's Hip to Be Square"），无一不在宣扬这种观念。与此同时，盲目的爱国主义情绪在"美国"（准确的说，是在早年那些神秘的自由组织之中）重新抬头，右翼势力崛起，整个社会严重缺乏对底层穷苦民众的同情。因此，尽管所有人仍然想酷起来，但"酷"作为一种概念，作为另一种成功体系的核心所在，已经失去了以往的力量。

接下来，我们来看一组发人深省的对比。当埃尔维斯演唱《（你太保守了）宝贝，但我不介意》这首歌曲时，他描绘了这样一组人物：一边是狂野嬉皮、男子气概十足的坏男孩，另一边是只想去电影院和男孩手拉手坐着看电影的好女孩，二者之间形成了鲜明的反差。但最后，男孩抑制住了自己"躁动的内心"，静静地和女孩手拉手。这首歌曲长约两分钟，堪称音乐版《飞车党》，出自高产犹太裔作曲组合杰里·雷伯（Jerry Leiber）和迈克·斯特勒（Mike Stoller）之手。然而，后来的休易·路易斯与新闻（Huey Lewis and the News）乐队凭借歌曲《墨守成规即是嬉皮》打碎了"嬉皮""保守"等词语原来的内涵，向人们揭示了这样一个社会："嬉皮"一词已失去最初的内涵，不再具备"隐忍""创造性思维""社会变革"等内涵，仅仅被用来表达"正在流行"这一含义。最能体现此变化的是情景喜剧《亲情纽带》（Family Ties），迈克尔·J. 福克斯（Michael J. Fox）在片中饰演一名西装笔挺的少年，他追逐市场利益，信仰资本主义，崇拜精力旺盛的资本家，其所做的一切令曾经是嬉皮士的双亲尴尬不已。另类摇滚乐手莫约·尼克松（Mojo Nixon）在他1987年发行的歌曲《猫王无处不在》（Elvis Is Everywhere）中将迈克尔·J. 福克斯称作"反埃尔维斯式形象"，该词语道破了具有社会变革能力的酷偶像和普通明星演员之间的本质不同。

"嬉皮"和"嬉皮士"今日已沦为贬义词，"酷"一词却未受岁月影响，依旧保留了战后年代的本意与内涵，依旧同个人反抗、反权威行为、艺术作品的俚语脏话乃至日常生活联系密切。俚语专家汤姆·达尔泽尔（Tom Dalzell）近来反思道："是什么让'酷'风靡六十八年不变，又是什么让'嬉皮'演变为'新潮'（hep）、'潮女'（hipcat）、'嬉皮士'（hipster）、'嬉皮爵士'（jazz sense）、'佩花嬉皮士'（flower child）①、'嘻哈（hip-hop）'以及新嬉皮士（new hipster）？"

酷的影响力虽然未曾减弱，但它的内涵随每一代人而改变。酷的地位之所以未受岁月侵蚀，是因为它是用美式自我概念编织而成的神话，具有举足轻重的地位。就像詹姆斯·迪恩的形象一样，酷以不断变化的形象继续存在于世，它借助年轻人的胆识、新兴的自信思潮以及洞悉一切的怀疑主义，继续成为反叛的象征。吉姆·贾木许（Jim Jarmusch）和昆汀·塔伦蒂诺（Quentin Tarantino）等导演坚持复古的理念，这些理念大部分是在回归"酷"这一神话般的美式文化概念，并且试图从中找回昔日具有魔法色彩的艺术仪式和文化符号。

"称赞某人很酷"至今仍是美国乃至全世界文化中至高无上的赞美，虽然很多意思已从酷的内涵中被剔除了，如代际的冲突、意识形态的冲突、艺术理念、各种越轨和犯罪行为、社会变革。若想复原酷的深层含义，我们需要全面深入地回溯过往，需要整合历史上支离破碎的美国本身，需要回到"酷"概念肇兴之时——二战爆发之初。[30]

---

① 主张"爱情、和平与美好"，佩花以象征其主张，故名，亦称"花孩"。——译者注

致　谢

　　在这本书及其相关研究工作上，我已投入了将近25年的时间。在过去的四分之一个世纪里，朋友和同事们都曾给予我极具价值的帮助，与我探讨有关"酷"的话题。在此书即将付梓之时，我一并向他们表示感谢。2014年，本人曾与弗兰克·古德伊尔在国家肖像美术馆共同举办了"美式酷文化展览"。我原计划在展览前出版此书，为展览提供理论依据。但是"酷"作为一个词语和概念，普遍被认为十分肤浅，相关历史资料也比较匮乏。所以，为了书稿的质量，我有意将成书的时间向后推迟了三年。在此，我还要向弗兰克表示感谢，他是一名杰出的合作伙伴。

　　本书的第一章《李斯特·杨与酷的诞生》最早收录在盖纳（Gena）编辑的优秀文集《神化、圣化与大灌篮》［*Signifyin(g), Sanctifyin', and Slam Dunking*］中，是我第一篇公开发表的学术文章。对于盖纳曾给予我的鼓励，我常怀感恩；第二章《亨弗莱·鲍嘉与诞生于大萧条时期的"黑色酷"》的大部分内容于2008年首次发表在英国的《美国研究丛刊》（*Journal of American Studies*）上，使用的题目是《"新兴的黑色"：黑色电影以及〈夜困摩天岭〉与〈合约杀手〉中的大萧条时代》（"Emergent Noir"：Film Noir and the Great Depression in *High Sierra* and *This Gun for Hire*），只是在语言表述上与本作略有不同。感谢本杰明·考特拉和芝加哥大学出版社审稿员对书稿的细心审阅。为了顺利通过他们的审订，我向最后两章里增添了有关20世纪60年代的内容。我还要感谢安德烈·伊利斯（Andrew Erish）担任我的电影学术智囊，感谢我们多年的

537

友谊。

在成书过程中的一个关键时刻，我参加了两场以"酷"为主题的国际会议：第一场是2010年在柏林自由大学召开的"跨学科视角下的酷"学术会议（Coolness: Interdisciplinary Perspectives），组织者是尤拉·哈瑟尔施泰因（Ulla Haselstein）与凯特林·格斯多夫（Catrin Gersdorf）；第二场是阿斯特丽德·菲尔纳（Astrid Fellne）组织的"奥地利美国研究会议"，主题为"一切都是因为它很酷？当个人情感邂逅美国文化"（Is It' Cause It's Cool? Affective Encounters with American Culture），地点位于萨尔茨堡，时间为2010年。我在第二场会议上所作的学术报告第一次提到了本作《代际的插曲》那一章的内容。就像黑色电影中的情节一样，我在第二场会议上巧遇纪录片《第三个人的阴影》（*Shadowing the Third Man*）的导演弗雷德里克·贝克（Frederick Baker）并同他共进午餐。探讨完本书的创作后，贝克极力向我推荐《第三人》，认为它能够完美地切合我的论点。因此，这部电影出现在本书的第五章，被用来论证存在主义与黑色电影的交会。

为完成本书，我研究了许多内容翔实的档案资料。在此，感谢以下图书馆为我研究工作提供的帮助：在洛杉矶黑色电影资料方面，感谢南加利福尼亚大学提供的馆藏华纳电影，感谢美国影艺学院博物馆玛格丽特图书馆的协助，感谢加利福尼亚大学提供的"洛杉矶特别藏品"（其中包括雷电华电影公司藏品、《雷蒙德·钱德勒文集》）；在爵士乐方面，感谢得克萨斯大学奥斯汀分校提供的《罗斯·拉塞尔文集》，感谢罗格斯大学爵士乐研究所（位于纽瓦克市）提供的口述历史资料与历史图片；在文学方面，感谢耶鲁大学贝尼克珍本与手稿图书馆提供的《理查德·赖特文集》，感谢北卡罗来纳大学教堂山分校提供的《沃克·珀西档案集》，感谢纽约公共图书馆黑人文化研究中心提供的《洛林·汉斯伯里文集》。汉斯伯里熠熠生辉的人文精神正是笔者研究过程中的惊人发现：愿终有一日，这个国家将不负她的美好愿望。

　　我还要感谢杜兰大学人文学院对本研究的资助，正是这笔资金帮助我取得了本作品中明星照片的授权。在申请美国国家人文科学基金会旗下"我们人民基金"夏季津贴的过程中，杜兰大学同样给予了我莫大的帮助，让我在本书成书的关键时刻能够拥有一段安心写作的时光。

　　在本书的结尾，我还要提及一些至亲的名字。我的哥哥杰夫·考伊（Jeff Cowie）一向睿智聪敏，在这场漫长而酷炫的写作过程中，他从各方面给予我不计其数的帮助。同样让我感到幸运的是，我的两位挚友——妹妹阿黛尔·迪内尔斯坦和"胖妞"肯妮也是优秀而聪慧的编辑，我常常有求于她们。最后，在本书成书之际，再次感谢朋友们的鼎力相助！

注　释

序曲

1. 这段叙述基于下列资料：Ross Russell, "Bird and Sartre," Ross Russell Papers, Harry Ransom Center, University of Texas, Austin; "Juliette Gréco, interview by Philippe Carles, "Sartre Asked Miles Why We Weren't Married," trans. Richard Williams, *Guardian*, May 25, 2006, https://www.theguardian.com/music/2006/may/25/jazz; Agnès Poirier, "Juliette Gréco: 'We Were Very Naughty'," *Guardian*, February 17, 2014, https://www.theguardian.com/music/2014/feb/17/juliette-greco-miles-davis-orsonwelles-sartre; Miles Davis with Quincy Troupe, *Miles: The Autobiography* (New York: Simon and Schuster, 1990), 70–71, 125–27, 197, 207, 216; Simone de Beauvoir, *Memoirs of a Dutiful Daughter* (1963; repr. New York: HarperPerennial, 2005); Pierre Michelot and Marcel Romano, liner notes, Miles Davis, *Ascenseur pour l'échafaud* (1958; reissued, Polygram CD, 1990); James Campbell, *Exiled in Paris: Richard Wright, James Baldwin, Samuel Beckett and Others on the Left Bank* (New York: Scribner, 1995), 14–15; Harvey Levenstein, *We'll Always Have Paris: American Tourists in Paris* (Chicago: University of Chicago Press, 2004), 150–52; Ashley Kahn, *The Making of Kind of Blue* (New York: Da Capo, 2001), 64–65; Mark Gardner, liner notes, *Bird in Paris* (Spotlite CD SPJT18); Ian Carr, *Miles Davis: The Definitive Biography* (New York: Thunder's Mouth,

540

1998), 126–27, 207– 8, 217–18; Tyler Stovall, *Paris Noir: African Americans in the City of Light* (New York: Houghton Mifflin, 1996), 179–81; Graham Robb, *Parisians: An Adventure History of Paris* (New York: Norton, 2011), 301–14; Alyn Shipton, *Groovin' High: The Life of Dizzy Gillespie* (New York: Oxford, 1999), 206–7; Ross Russell, *Bird Lives!* (1976; repr., New York: Da Capo, 1996), 271–73; Mike Hennessey, *Klook: The Story of Kenny Clarke* (Pittsburgh: University of Pittsburgh Press, 1994), 149.

2. Boris Vian, *Round about Midnight: The Jazz Writings of Boris Vian*, ed. Mike Zwerin (London: Quartet, 1988), 78.

3. Gréco, "Sartre Asked Miles."

4. Stovall, *Paris Noir*, 179–81.

5. 事实上，配乐的静默部分与即兴创作的段落相得益彰，共同组成了跌宕起伏的乐曲。这便是戴维斯爵士乐句划分的特点——在静默、声响和重音之间求得平衡。

6. Tom Vallance, "Obituary: Eartha Kitt," *Independent,* December 27, 2008, http://www.independent.co.uk/news/obituaries/eartha-kitt-singer-and-actress-with-adifficult-reputation-who-was-described-as-the-most-exciting-1212439.html; on Orson Welles and Eartha Kitt, 另见Duke Ellington, *Music Is My Mistress* (New York: Da Capo, 1973), 241.

7. Miles Davis with Quincy Troupe, *Miles: The Autobiography* (New York: Simon and Schuster, 1990), 125–27.

8. 奥黛丽·赫本的儿子认为，格蕾科是母亲赫本效仿的"原型"之一。Sean Hepburn Ferrer, *Audrey Hepburn, An Elegant Spirit: A Son Remembers* (New York: Atria, 2003), 86; Roy Carr, Brian Case, and Fred Dellar, *The Hip: Hipsters, Jazz, and the Beat Generation* (London: Faber and Faber, 1986), 109–11; George Cotkin, *Existential America* (Baltimore, MD: Johns Hopkins University Press, 2003), 104.

9. Eric Nisenson, *'Round about Midnight: A Portrait of Miles Davis* (New York: Da Capo, 1996), 281, on Miles as "the ultimate existentialist artist"; on Miles and existentialism, 另见Carr, *Miles Davis*, 502.

10. Will Friedwald, *Jazz Singing* (New York: Da Capo, 1996), 283–84.

导言

1. 关于"冷静点/酷一些"（playing it cool）的内容，详见Erving Goffman, *Asylums* (New York: Doubleday/Anchor, 1961), 61–65, and "Cooling the Mark Out: Some Aspects of Adaptation to Failure," *Psychiatry* 15 (November 1952): 451–63.

2. Duke Ellington, *Music Is My Mistress* (New York: Da Capo, 1973), 140.

3. 关于"美国作曲家抛弃欧洲古典理念，拥抱爵士与种族俚语"的内容，详见Macdonald S. Moore, *Yankee Blues* (Bloomington: University of Indiana Press, 1983).

4. Norman Mailer, Box 1014, Folder 1, Norman Mailer Papers, Harry Ransom Center (HRC), University of Texas-Austin.

5. David Denby, "Out of the West: Clint Eastwood's Shifting Landscape," *New Yorker*, March 8, 2010, http://www.newyorker.com/magazine/2010/03/08/out-of-the-west-6.

6. Andrew Gilbert, "Clint Eastwood: Mise en Swing," *JazzTimes*, September 2007, jazztimes.com/articles/18861-clint-eastwood-mise-en-swing.

7. 酷派爵士运动始于迈尔斯·戴维斯和吉尔·伊文斯（Gil Evans）。到了20世纪50年代中期，该运动主要推动者与偶像为白人乐手，如Chet Baker、Gerry Mulligan和Art Pepper。Gary Giddins and Scott DeVeaux, *Jazz* (New York: W. W. Norton, 2009), 337–76。1958年，美国国家广播公司（NBC）制作了一期长达半小时的电视节目，名为*The Subject Is Jazz:*

Cool，读者至今仍能够在YouTube上观看到该节目。

8. Denby, "Out of the West."

9. Boris Vian的这篇评论题为"The Ears of a Faun"，既是在向德彪西的名作《牧神午后》（*Afternoon of a Faun*）致敬，也是在试图寻找爵士乐与古典乐之间的平衡点（该评论后重新刊登在*Round about Midnight: The Jazz Writings of Boris Vian*, ed. Mike Zwerin [London: Quartet, 1988], 76–77）。

10. Albert Murray, *Stomping the Blues* (New York: Da Capo, 1976), 42. 笔者在本人拙作*Swinging the Machine: Modernity, Technology, and African-American Culture between the World Wars* (Amherst: University of Massachusetts Press, 2003), 22–23 and passim中，从更为广义的层面上，将Murray的论断拓展为描述美国内在连续性的重要术语。

11. Stephanie Zacharek, "Nothing but a Man: Roemer Directs Abbey Lincoln in Malcolm X's Favorite Movie," *Village Voice*, October 8, 2014, http://www.villagevoice.com/2014-10-08/film/nothing-but-a-man/full/.

12. 20世纪90年代末，长号手J. J. Johnson曾忆及李斯特·杨在20世纪40年代为找寻个人独特的声音做了哪些准备。见Bob Bernotas, "An Interview with J. J. Johnson," *Online Trombone Journal*, 1999, http://trombone.org/articles/library/jjjohnson-int.asp. "我们聚在一起，整日聆听、解构、分析和研讨李斯特·杨的独奏，一刻也不休息……他即兴吹奏次中音萨克斯管的方法独树一帜，在当时令我深感震撼。时隔多年，这种感觉犹未消散……在听到两三个音符后，你便会知道，'这就是李斯特·杨的声音！'它不可能是别人的声音。因为他的演奏塑造出独一无二的李斯特·杨形象。"

13. 当Galatea Dunkel令Dean Moriarty陷入沉默继而变得忧郁之时，萨尔·佩拉提斯（Sal Paradise）大喊："他就是垮掉派人物（BEAT）——"BEAT"是幸福（Beatific）一词的词根与本质所在。" Jack Kerouac, *On*

the Road (1957; repr., New York: Penguin, 1991), 195. 另见James Campbell, *This Is the Beat Generation* (Berkeley: University of California Press, 2001), 78–81.

14. André Bazin, "The Death of Humphrey Bogart," in *Cahiers du Cinema: The 1950s*, ed. Jim Hillier (Cambridge, MA: Harvard University Press, 1985), 100. Emphasis added.

15. Lee Server, *Robert Mitchum: "Baby, I Don't Care"* (New York: St. Martin's, 2001).

16. Harry Carey Jr., quoted in 出处同上, 114–15.

17. Allen Ginsberg, *Composed on the Tongue* (Bolinas, CA: Grey Fox Press, 1980), 48–49.

18. 出处同上, 80. 在金斯堡看来，他诗歌 "最重要的内容" 之一便是保持跌宕起伏的节奏。1954年，《纽约客》的一篇报道将杨称作 "酷界总统"（"pres of cool"），参见 "You Dig It, Sir?" (1954), in *Reading Jazz*, ed. Robert Gottlieb (New York: Vintage, 1999), 700; Billie Holiday, Nat Shapiro and Nat Hentoff, *Hear Me Talkin' to Ya* (New York: Dover, 1955), 310引用了此说法。关于这些绰号的由来，某部自传提供了一个不同的版本：首先，杨最初称荷莉戴的母亲为 "戴女士"，但是荷莉戴本人借用了这个昵称；其次，荷莉戴给杨起绰号的本意是想表达杨和她分别是 "毒蛇俱乐部（the Vipers Club）" 的 "总统" 与 "副总统"，因为他俩是贝西伯爵乐团中大麻瘾最大的两个人。Douglas Henry Daniels, *Lester Leaps In: The Life and Times of Lester 'Pres' Young* (Boston: Beacon Press, 2002), 216.

19. 在语言学发展史上，Zora Neale Hurston于20世纪20年代末在其小说*Mules and Men*中首次使用该词语。20世纪30年代和40年代出版的各类非裔美国俚语集证实，大迁徙时期，年轻黑人当中出现了大量新词汇。这类俚语集包含如下作品：*Cab Calloway's Hepster Dictionary*（见the appendix to Cab Calloway and Bryant Rollins, *Of Minnie the Moocher and Me* [New York:

Crowell, 1976], 251–61); *Dan Burley's Original Handbook of Harlem Jive* (New York: D. Burley, 1944); and the glossaries at the end of Mezz Mezzrow's *Really the Blues* (with Bernard Wolfe [1946; repr., New York: Citadel Press, 1990], 371–80); and Zora Neale Hurston's short story, "Now You Cookin' with Gas" (in *The Complete Stories* [New York: HarperPerennial, 2008], 240–41).

20. Jack Kerouac, *Visions of Cody* (New York: Penguin, 1993), 393.

21. B. B. King with David Ritz, *Blues All around Me* (New York: Avon, 1996), 111.

22. Joe Turner, "Cherry Red," on *Boss of the Blues* (1956; reissued, Collectables CD COL-6327, 2002).同时参见Hot Lips Page, "Ain't No Flies on Me" (1950), 该歌曲开头是一位女性的独唱, "He's a cool cat, ain't he?" Hot Lips Page, *Jump for Joy!* (Columbia Legacy CD).

23. 人们普遍认为, 荷莉戴在杨乐句划分的基础上修得了自己的音乐魅力, 但是二人均没有公开说明这一点。杨曾谦逊地指出, "它（即Lester的影响力）对荷莉戴产生了一定作用。" Chris Albertson, "My Awkward Q&A with Lester Young: WCAU, Philadelphia, August 26, 1958," *Stomp Off* (blog), February 12, 2011, stompoff.blogspot.com/2011/02/my-interview-with-lester-young.html.

24. Young and Sinatra, quoted in Will Friedwald, *Sinatra! The Song Is You* (New York: Da Capo, 1997), 405; Young, quoted in Hentoff, "Pres," in *A Lester Young Reader*, ed. Lewis Porter (Washington, DC: Smithsonian Press, 1991), 163.

25. Reinhold Wagnleitner, "Jazz—the Classical Music of Globalization; or: When the Cold War Morphed into the Cool War," in *Is It 'Cause It's Cool? Affective Encounters with American Culture* (Vienna: LIT Verlag, 2013), 51–53.

26. Snyder, quoted in Lewis MacAdams, *Birth of the Cool: Beat, Bebop, and the American Avant-Garde* (New York: Free Press, 2001), 180; the

documentary compiled of the Merry Pranksters cross-country bus trip is named for this quest, *Magic Trip: Ken Kesey's Search for a Kool Place* (Magnolia Home Entertainment, 2011, DVD).

27. Ralph Ellison, "The World and the Jug," in *The Collected Essays of Ralph Ellison*, ed. John F. Callahan (New York: Modern Library, 2003), 161.

28. Ellison, quoted in Albert Murray and John F. Callahan, eds., *Trading Twelves: The Selected Letters of Ralph Ellison and Albert Murray* (New York: Modern Library, 2000), 31.

29. Alan Liu, *The Laws of Cool: Knowledge Work and the Culture of Information* (Chicago: University of Chicago Press, 2004), 383, 另见181–85.

30. Tony Judt, *Postwar: A History of Europe since 1945* (New York: Penguin, 2006), 4–5.

31. Ian Buruma, *Year Zero: A History of 1945* (New York: Penguin, 2013), 7, 22–23, 40–43. Mark Mazower, *Dark Continent: Europe's Twentieth Century* (New York: Vintage, 2000), 307–11.

32. Simone Weil, *The Need for Roots* (New York: G. P. Putnam's Sons, 1952), 101, 146, 168–69; Mazower, *Dark Continent*, 196; Pankaj Mishra, "The Western Model Is Broken," *Guardian*, October 14, 2014. 另见Susan Sontag, "Simone Weil," review of *Selected Essays*, by Simone Weil, *New York Review of Books*, February 1, 1963, http://www.nybooks.com/articles/1963/02/01/simone-weil/.

33. Geoffrey Barraclough, *History in a Changing World* (Norman: University of Oklahoma Press, 1956), 221, 另见vii, 203–20 ("The End of European History").

34. Geoffrey Barraclough, *An Introduction to Contemporary History* (New York: Penguin, 1991), 268; Arthur Koestler, *"The Yogi and the Commissar" and Other Essays* (London: Hutchinson, 1945), 202.

35. Judt, *Postwar*, 61, 63, 113.

36. MacAdams, *Birth of the Cool*, 23.

37. Sarah Relyea, *Outsider Citizens: The Remaking of Postwar Identity in Wright, Beauvoir, and Baldwin* (New York: Routledge, 2006), 3, 46–47, 53–56; Beauvoir, quoted in Margaret A. Simons, *Beauvoir and the Second Sex: Feminism, Race, and the Origins of Existentialism* (Lanham, MD: Rowman & Littlefield, 1999), 170.

38. Paul Gilroy, *The Black Atlantic: Modernity and Double Consciousness* (Cambridge, MA: Harvard University Press, 1993), 186.

39. 关于"后西方"一词，见Timothy Garton Ash, "From the Lighthouse," *New York Review of Books*, November 7, 2013, 52. Ash认为，西方政治框架保留了"现代化的启蒙思想"。本人的观点侧重文化角度：自1945年以来，任何对美国艺术创作的分析都必须考虑这样的因素——音乐、电影和美术等艺术形式在全球范围内互相渗透。如此一来，内涵更为准确的"后西方"一词便应运而生。

40. George Cotkin, *Existential America* (Baltimore, MD: Johns Hopkins University Press, 2005), 225–51; Margo Jefferson, "19 Questions," in *What Was the Hipster? A Sociological Investigation*, ed. Mark Greif, Kathleen Ross, and Dayna Tortorici (New York: N+1 Foundation, 2010), 97.

41. Lorraine Hansberry, "Images and Essences: Dialogue with an Uncolored Egghead," *Urbanite*, May 1961, 10, 11, 36, Box 57, Folder 1, Lorraine Hansberry Papers, Schomburg Center for Research in Black Culture, New York Public Library.

42. James Baldwin, *No Name in the Street* (New York: Vintage, 2007), 85, and *Notes of a Native Son* (Boston: Beacon, 1955), 149.

43. John Gennari, *Blowin' Hot and Cool: Jazz and Its Critics* (Chicago: University of Chicago Press, 2006), 113.

44. Parker, quoted in Carl Woideck, *Charlie Parker: His Music and Life* (Ann Arbor: University of Michigan Press, 1998), 1

45. 关于黑色与低俗小说，见William Hare, *Pulp Fiction to Film Noir: The Great Depression and the Development of a Genre* (Jefferson, NC: McFarland, 2012).

46. Camus, quoted in Herbert R. Lottman, *Albert Camus: A Biography* (New York: Gingko Press), 7; Jean-Paul Sartre, *The War Diaries of Jean-Paul Sartre: November 1939–March 1940* (New York: Pantheon, 1984), 88.

47. Camus Folder, Section IV: Folder 7, Walker Percy Papers, Southern Historical Collection, Wilson Library, University of North Carolina-Chapel Hill, n.d. (ca 1972); Albert Camus, *Notebooks, 1951–59* (Chicago: Ivan R. Dee, 2008), 132.

第一章

1. Ted Gioia通过采访十二位与杨同处一个时代的摇摆乐手及友人，证实了学术界早年的推测——杨传播扩散了"酷"一词。被采访者均认为，杨是那个时代唯一一位使用"酷"一词的乐手。年纪更小的中音萨克斯手Jackie McLean也认同杨是第一位说出"那很酷"这句话的人，他再三强调："如果有任何人告诉你还有别人提到过'酷'，那么这个人一定是在胡扯。" Ted Gioia, *The Birth and Death of the Cool* (Golden, CO: Speck, 2009), 77–78; McLean, quoted in Lewis MacAdams, *The Birth of the Cool: Beat, Bebop, and the American Avant-Garde* (New York: Free Press, 2001), 19. 另见Joachim Berendt, *The New Jazz Book* (New York: Lawrence Hill, 1975), 79, Leonard Feather, "Pres Digs Every Kind of Music," in *A Lester Young Reader*, ed. Lewis Porter (Washington, DC: Smithsonian Institution Press, 1991), 149.

2. Ben Sidran, *Black Talk* (1969; repr., New York: Da Capo, 1980), 112.

3. Richard Williams, "The Conception of the Cool," in *The Miles Davis Companion*, ed. Gary Carner (New York: Schirmer, 1996), 93–97; Bill Kirchner, "Miles Davis and the Birth of the Cool: A Question of Influence," in *A Miles Davis Reader*, ed. Bill Kirchner (Washington, DC: Smithsonian Institution Press, 1997), 38–46. *Birth of the Cool* was a reissue of a series of two-sided ten-inch recordings made in 1949–50 in California with an integrated group of musicians.

4. Gunther Schuller, *The Swing Era* (New York: Oxford University Press, 1988), 547; for "genius soloist," 见 Sidran, *Black Talk*, 93.

5. "Shoe Shine Boy" can be listened to at https://www.youtube.com/watch?v=mHmAIuoIw2g; "Oh! Lady Be Good" at https://www.youtube.com/watch?v=STkDwdpAC7s.

6. 弗莱彻·亨德森（Fletcher Henderson）乐队的成员认为杨的音调过于"寡淡"，不适合萨克斯管演奏，遂于1934年将其排挤出乐队。贝西伯爵聆听杨演奏时，第一反应是"这是他听过的最为奇怪的曲调"，"甚至不确定自己是否喜欢这种曲调"。贝斯手华特·佩吉（Walter Page）最初听到杨的轻快节奏时，问道，"谁把萨克斯吹的那么快？" Quoted in Nathan Pearson, *Goin' to Kansas City* (Urbana: University of Illinois Press, 1987), 200–204.

7. Dizzy Gillespie with Al Fraser, *To Be or Not...... to Bop* (New York: Doubleday, 1979), 212.

8. 杨曾在一场军事法庭听证会上公开表明，对四处奔波的乐手来说，这些物质收入很有必要。Frank Büchmann-Müller, *You Just Fight for Your Life: The Story of Lester Young* (New York: Praeger, 1990), 123– 24.

9. 战后年代，"酷"的内涵千变万化，推陈出新。在这一时期有关爵士语言的权威研究报告中，"酷"的定义与表述占据了将近三页的篇幅。

Robert S. Gold, *Jazz Lexicon* (New York: Knopf, 1964), 65–68.

10. Nelson George, *Elevating the Game* (New York: Fireside, 1992), 62; Ross Russell, *Jazz Style in Kansas City and the Southwest* (1971; repr., New York: Da Capo, 1997), 159.

11. Douglas Henry Daniels, "Goodbye Pork Pie Hat: Lester Young as a Spiritual Figure," *Annual Review of Jazz Studies* 4 (1988): 172.

12. Johnny Otis, *Upside Your Head! Rhythm and Blues from Central Avenue* (Middleton, CT: Wesleyan University Press, 1993), 78. 非裔美国人经常将他们尊奉的某位艺术集大成者同"酷"一词联系在一起。见Donnell Alexander, "Are Black People Cooler Than White People?" *Might*, July–August 1997: 44–53.

13. Green，quoted in Büchmann-Müller, *You Just Fight*, 84. 得克萨斯州的蓝调钢琴手Sammy Price在回忆过去时曾说过这样一句经典的语句："在我的记忆中，我从未遇见过如此独特之人。他聪敏过人……温柔、和蔼、彬彬有礼，但在必要的时候也会变得刻薄。" Sammy Price, interview by Dan Morganstern, Jazz Oral History Project (hereafter, "JOHP"), Institute of Jazz Studies (IJS), Rutgers University, January 1980, 57–58.

14. Sadik Hakim, "Reflections of an Era: My Experiences with Bird and Prez," unpublished pamphlet, IJS, n.d.

15. Whitney Balliett, *American Musicians: Fifty-Six Portraits in Jazz* (New York: Oxford University Press, 1986), 234–40; Berendt, *New Jazz Book*, 76–83.

16. Quoted in Lewis Porter, *Lester Young* (Boston: Twayne, 1985), 2; Leonard Feather, "Here's Pres!" in *A Lester Young Reader*, ed. Porter, 142.

17. Cornel West, *Keeping Faith* (New York: Routledge, 1994), xii–xiv.

18. John Blassingame and Mary Frances Berry, *Long Memory* (New York: Oxford University Press, 1982), 368. 关于摇摆乐手对20世纪30年代非裔美国文化的影响，见 Sidran, *Black Talk*, 78–115; Lewis Erenberg, "News from

the Great White World: Duke Ellington, Count Basie and Black Popular Music, 1927–1943," *Prospects* 18 (1993): 483–506; Gunther Schuller, *The Swing Era* (New York: Oxford University Press, 1988), 1–6.

19. W. C. Handy, *Father of the Blues* (1941; New York: Da Capo, 1969), 62 (quote) and 30–54.

20. Mel Watkins, *On the Real Side* (New York: Touchstone, 1994), 80–133; Thomas L. Riis, *Just before Jazz: Black Musical Theater in New York, 1890–1915* (Washington, DC: Smithsonian, 1989), 4–7; W. T. Lhamon, *Raising Cain: Blackface Performance from Jim Crow to Hip Hop* (Cambridge, MA: Harvard University Press, 1998), passim.

21. Jesse Stone, interview by Chris Goddard, JOHP, IJS, 2:131.

22. Robert Toll, *Blacking Up: The Minstrel Show in Nineteenth-Century America* (New York: Oxford University Press, 1974), 75–79; Eric Lott, *Love and Theft* (New York: Oxford University Press, 1993), 23, 222.

23. Kenneth Burke, *Attitudes towards History* (1937; repr., Boston: Beacon Press, 1961), 20–22; Toll, *Blacking Up*, 274.

24. William Carlos Williams, *In the American Grain* (1925; repr., New York: New Directions, 1956), 208–11; Watkins, *On the Real Side*, 160; Eric Ledell Smith, *Bert Williams: A Biography of the Pioneer Black Comedian* (Jefferson, NC: McFarland & Co., 1992), 81–82, 228; Ann Charters, *Nobody: The Story of Bert Williams* (New York: MacMillan, 1970), 102, 107. On affirmation, 见 Murray, *Stomping the Blues* (New York: Da Capo, 1976), 21–42; and Ralph Ellison, *Shadow and Act* (1964; repr., New York: Vintage, 1972), 189. On "somebodiness," 见 James Cone, *The Spirituals and the Blues: An Interpretation* (Maryknoll, NY: Orbis Books, 1972), 16.

25. 白色被打造为美国的种族特征。于是，新的表现形式应运而生，用以展现共和美德之外、为黑人独有的特征（欢乐、令人愉悦、欲望强烈、充满激情、热情洋溢）。在独立战争年代，来自英国的那些人将他们的欧洲特质置换为至今尚不明晰的美国特质，这些特质之间的关系在游唱卖艺表演中得到了展现："他们远离英国文明，必须时刻提醒自己何为'文明'——身为白人，归附基督，保持理性，节制欲望"。（Ronald Takaki, *Iron Cages* [New York: Oxford University Press, 1991], 1–12)。另见 David Roediger, *The Wages of Whiteness* (London: Verso, 1991), 3–15; Edmund Morgan, *American Slavery, American Freedom* (New York: W. W. Norton, 1975), 328–37.）

26. Ralph Ellison, *Going to the Territory* (New York: Vintage, 1986), 163–68, and *Shadow and Act*, 45–59.

27. Gerald Early, *Tuxedo Junction* (New York: Ecco, 1989), 279.

28. Calloway, quoted in Tom Scanlan, *The Joy of Jazz: The Swing Era, 1935–1947* (Golden, CO: Fulcrum Publishing, 1996), 68; 另见James Haskins, *The Cotton Club* (New York: Hippocrene Publishers, 1977); and Kathy J. Ogren, *The Jazz Revolution* (New York: Oxford University Press, 1989), 76.

29. 早期的电影通过各种刻板形象，如"汤姆叔叔（the Tom）、黑鬼（coon）、身世悲惨的黑白混血儿（mulatto）、黑人保姆（mammy）和行为粗鄙的年轻黑人"，突显黑人的低下地位，以达到取悦白人的目的。

30. Panama Francis, interview by Milt Hinton, JOHP, IJS, 4:7–9; Charles S. Johnson, *Patterns of Negro Segregation* (New York: Harper & Brothers, 1943), 244; 另见Gillespie with Fraser, *To Be or Not...... to Bop*, 295–97.

31. Cab Calloway and Bryant Rollins, *Of Minnie the Moocher and Me* (New York: Thomas Y. Crowell Co., 1976), 184.

32. Carl Cons, "A Black Genius in a White Man's World," *Downbeat*, July 1936, 6.

33. Otis, *Upside Your Head!* 77. George Morrison, interview by Gunther Schuller in Schuller's *Early Jazz* (New York: Oxford University Press, 1968),

359–72.

34. Jacqui Malone, *Steppin' on the Blues* (Urbana: University of Illinois Press, 1996), 108.

35. Morroe Berger, Edward Berger, and James Patrick, *Benny Carter: A Life in American Music* (Metuchen, NJ: Scarecrow Press, 1982), 238.

36. Quoted in George T. Simon, *The Big Bands* (New York: Schirmer, 1981), 115– 16, 483–84; and Berger, *Carter*, 105–6.

37. Young, quoted in Allan Morrison, "You Got to Be Original, Man," and Pat Harris, "Pres Talks about Himself," both in *A Lester Young Reader*, ed. Porter, 132, 138. 另见Büchmann-Müller, *You Just Fight*, 9; John McDonough, liner notes, *The Giants of Jazz: Lester Young* (Alexandria, VA: Time-Life Records, 1980).

38. François Postif, "Interview with Lester Young," in *A Lester Young Reader*, ed. Porter, 181.

39. Lee Young, quoted in Büchmann-Müller, *You Just Fight*, 12; McDonough, *Giants of Jazz*, 708. 许多非裔美国乐手都是出身中产阶层的大学毕业生，他们发现自己无法从传统职业生涯中找到出路。Hsio Wen Shih, "The Spread of Jazz and the Big Bands," in *Jazz*, ed. Nat Hentoff and Albert J. McCarthy (New York: Da Capo, 1959), 177–79.

40. Büchmann-Müller, *You Just Fight*, 8–9 and 18–20.

41. Harris, "Pres Talks about Himself," 138.

42. Luc Delannoy, *Pres: The Story of Lester Young* (Fayetteville: University of Arkansas Press, 1993), 25–37; Büchmann-Müller, *You Just Fight*, 27–40; Porter, *Lester Young*, 6–9; Russell, *Jazz Style*, 151–52.

43. *Chicago Defender*和 *New York Amsterdam*均在1934年4月14日发行的报纸中报道了杨签约贝西伯爵乐团的新闻。相关的引文重新刊登在Walker C. Allen, *Hendersonia* (Highland Park, NJ, 1973), 294–95.

44. Mezz Mezzrow with Bernard Wolfe, *Really the Blues* (1946; New York: Citadel Press, 1990), 140–42; Berger, Berger, and Patrick, *Benny Carter*, 105–6.

45. 正如评论家Leonard Feather所说，"李斯特的出现……预言着热爵士向冷爵士的缓慢转变"（"Pres Digs Every Kind of Music," 144–45）。

46. Erenberg, "New from the Great White World," 483–503.

47. Milt Hinton, interview by the author, August 19, 1997.

48. Stanley Dance, *The World of Earl Hines* (New York: Da Capo, 1977), 81; David W. Stowe uses the term "soldiers of music" in *Swing Changes: Big-Band Jazz in New Deal America* (New York: Harvard University Press, 1994), 10–13.

49. Malcolm X with Alex Haley, *The Autobiography of Malcolm X* (New York: Grove, 1966), 35–136; Ellison, *Going to the Territory*, 220; Douglas Henry Daniels, "Schooling Malcolm: Malcolm Little and Black Culture during the Golden Age of Jazz," *Steppingstones* (Winter 1983), 45–60; Nat Hentoff, *Boston Boy* (New York: Knopf, 1986), 119–24.

50. Russell, *Jazz Style*, 152–53; Büchmann-Müller, *You Just Fight*, 33.

51. Balliett, *American Musicians*, 234–35.

52. Ellison, *Shadow and Act*, 236–37.

53. Quoted in Büchmann-Müller, *You Just Fight*, 109.

54. Krin Gabbard, "Signifyin(g) the Phallus: Mo' Better Blues and Representations of the Jazz Trumpet," in *Representing Jazz*, ed. Krin Gabbard (Durham, NC: Duke University Press, 1995), 104–30.

55. Kerouac, *Visions of Cody* (New York: Penguin, 1993), 391–96; 若要进一步分析凯鲁亚克对杨的偶像崇拜，请参阅W. T. Lhamon, *Deliberate Speed: The Origins of a Cultural Style in the American 1950s* (Washington, DC: Smithsonian Institution Press, 1991), 166–67, 177–78.

56. Harry Edison, quoted in Büchmann-Müller, *You Just Fight*, 115.

57. 曾有一篇短小精悍的文章探讨了杨的音乐风格与成就，详见 Schuller, *The Swing Era*, 547–62. 还有一篇从技术角度分析杨独奏的文章篇幅相对较长，详见Porter, *Lester Young*, 38–98, Dave Gelly的文章从音乐学的角度解析了杨的音乐，详见 Dave Gelly, Louis Gottlieb, Lawrence Gushee, Don Heckman, and Bernard Cash in Porter, ed., *A Lester Young Reader*, 208–76.

58. Earle Warren, quoted in McDonough, *Giants of Jazz*, 13. 欲了解更多对杨综合性音乐成就的分析，请参阅Bennie Green, *The Reluctant Art* (New York: Da Capo, 1962), 91–118.

59. Paramount News, "Jitterbugs Jive at Swingeroo" (1938), newsreel, Ernie Smith Collection 491.230, Smithsonian Institution Archives Center, Washington, DC. 另见"All Day Swing Carnival Draws 25,000," *Metronome*, July 1938, 9.

60. 据拍摄于1973年的照片显示，杨在舞台上佩戴墨镜的时间要早于其他所有爵士乐手。见Büchmann-Müller, 119, and Delannoy, *Pres*, 105–6.

61. Martin Williams, liner notes, *The Smithsonian Collection of Classic Jazz* (Smithsonian/Columbia Special Products P6 11891); 另见bassist Gene Ramey's comments in Delannoy, *Pres*, 45.

62. Schuller, *The Swing Era*, 222–62; George T. Simon, *The Big Bands* (New York: Macmillan, 1971), 79–87.

63. Jo Jones, quoted in Stanley Dance, *The World of Count Basie* (New York: Da Capo, 1980), 53–54.

64. 萨克斯管手Dave Brubeck认为，个体与社群之间的关系对爵士乐来说至关重要，这种关系"融合了非洲的群体意识和文艺复兴推崇的个体主义"(Brubeck, "Jazz Perspective," in *Reading Jazz*, ed. David Meltzer [San Francisco: Mercury House, 1993], 206)。

65. Eddie Barefield, quoted in McDonough, *Giants of Jazz*, 13.

66. Cited in Frank Driggs, *Black Beauty, White Heat* (New York: Da Capo, 1982), 148; 有关堪萨斯城的社会状况，见Russell, *Jazz Style*, 3–24.

67. Jo Jones, quoted in Hentoff, *Boston Boy*, 121; Young, quoted in Pat Harris, "Pres Talks about Himself, Copycats," in *A Lester Young Reader*, ed. Porter, 138–39.

68. John Hammond, "Kansas City a Hotbed for Fine Swing Musicians," *Downbeat*, September 1936, 1, 9. Roy Eldridge, quoted in liner notes, *The Kansas City Six with Lester Young: A Complete Session* (1944; reissued, Commodore XFL 15352, 1961). 有关杨在爵士乐即兴演奏会上表现出的非凡才能，见Count Basie with Albert Murray, *Good Morning Blues* (New York: Random House, 1985), 147–48; and Delannoy, *Pres*, 44–47. 有关爵士即兴演奏会在堪萨斯城的重要的地位，见For the importance of the jam session in Kansas City, 见 Nathan W. Pierson Jr., *Goin' to Kansas City* (Urbana: University of Illinois Press, 1987), 107–20; Murray, *Stomping the Blues*, 149–78; Ellison, *Shadow and Act*, 208–11.

69. David W. Stowe, "Jazz in the West: Cultural Frontier and Region during the Swing Era." *Western Historical Quarterly* 23, no. 1 (February 1992): 53–74. 20世纪20年代至30年代，边境地区的各个乐队为大乐队摇摆乐注入了动感十足的崭新音乐元素：一种更加随心所欲的即兴创作方式。关于这段历史，参见Thomas J. Hennessey, *From Jazz to Swing: African-American Jazz Musicians and Their Music, 1890–1935* (Detroit: Wayne State University Press, 1994), 103–21; Schuller, *The Swing Era*, 770–805; Murray, *Stomping the Blues*, 166–70.

70. Buck Clayton, *Buck Clayton's Jazz World* (London: Macmillan, 1986), 89–90; Büchmann-Müller, *You Just Fight*, 45–48.

71. 不同资料均记述了这场著名的爵士乐即兴演奏会，如：Shapiro and Hentoff, *Hear Me Talkin' to Ya* (New York: Dover, 1955), 291–93, and in

Büchmann-Müller, *You Just Fight*, 45–48. 在1939年的纽约爵士即兴演奏会上，霍金斯（Hawkins）坚信自己已经获胜，于是在登台仅仅10分钟后便走下演奏台，但是杨拒绝认输。"'总统'紧随霍金斯走出会场，一路跟在霍金斯身后吹奏萨克斯管，一直跟到霍金斯走上街头，打开车门。"(Cozy Cole, interview by Bill Kirchner, April 1980, IJS, 22–24).

72. Lee Young with Patricia Willard, "The Young Family Band," in *A Lester Young Reader*, ed. Porter, 20; Billie Holiday with William Dufty, *Lady Sings the Blues* (New York: Doubleday, 1956), 56–57; Mary Lou Williams, quoted in Shapiro and Hentoff, *Hear Me Talkin' to Ya*, 309; Büchmann-Müller, *You Just Fight*, 75.

73. 为数不多的白人乐手出席过堪萨斯城的爵士乐即兴演奏会，他们盛赞俱乐部的公共氛围，很容易就接受了这些俱乐部的存在。参见Cliff Leeman, interview by Milt Hinton, IJS, 30–42。

74. 哈莱姆区"门罗上城区俱乐部"（Monroe's Uptown House）的一位酒保回忆道，"李斯特·杨和本·韦伯斯特特常常像街边的野狗一样'打'得难舍难分"。他们用萨克斯管交战至筋疲力尽，然后打长途电话给各自的母亲……汇报他们的战况。"

75. Gordon Wright, "DISCussions," *Metronome*, March 1940, 46. 在评价Ziggy Elman的一张唱片时，他写道："（我）希望Jerry Jerome能够做好他自己，而不是试图模仿李斯特·杨。"而在评价Harlan Leonard的一张唱片时，他写道："李斯特·杨的次中音和乐队的节奏乐器组不太令人兴奋。"John Chilton, *The Song of the Hawk: The Life and Recordings of Coleman Hawkins* (Ann Arbor: University of Michigan Press, 1993), 191; James Lincoln Collier, *Benny Goodman and the Swing Era* (New York: Oxford University Press, 1989), 203, 223.

76. 见《爵士风格》一文引用的Dexter Gordon评论（Russell, Jazz Style，154）。Gordon根据自己对杨生前最后几年的回忆，在电影《午夜旋律》（*Round Midnight*）中饰演Dale Turner。

77. Joe Newman, quoted in Ira Gitler, *Swing to Bop* (New York: Oxford University Press, 1986), 39.

78. Arthur Knight, "The Sight of Jazz," in *Representing Jazz*, ed. Gabbard, 11–53; Büchmann-Müller, *You Just Fight*, 113–15; and Kerouac, quoted in Lhamon, *Deliberate Speed*, 166–67.

79. 对"中间地带"的简短讨论，见于David Nye, *American Technological Sublime* (Cambridge, MA: MIT Press, 1994), xiii–xiv. 早在1764年，康德就在其论文"On National Characteristics"中将英国人描述为"冷静""沉着""理性""中立"。

80. Robert Farris Thompson, "An Aesthetic of the Cool," *African Arts* 7, no. 1 (Fall 1973): 40–43, 64–67, 89.

81. 此处对"西非之酷"的探讨参考了下列资料：This discussion of West African cool relies on the following sources: Robert Farris Thompson, "An Aesthetic of the Cool: West African Dance," *African Forum* 2, no. 2 (Fall 1966): 85–102, *Flash of the Spirit* (New York: Vintage, 1984), 9–16, and *African Art in Motion* (Los Angeles: University of California Press, 1974), 1–44; John Miller Chernoff, *African Rhythm and African Sensibility* (Chicago: University of Chicago Press, 1979), 30–115; John Collins, *West African Pop Roots* (Philadelphia: Temple University Press, 1992), 1–15. Collins's work contains a useful discussion of how Africans view hot and cool rhythms.

82. Chernoff, *African Rhythm*, 105–11;另见Ayo Bankole, Judith Bush and Sadek H. Samaan, "The Yoruba Master Drummer," *African Arts* 8, no. 2 (Winter 1975): 48–56, 77–78. 技巧娴熟的主鼓手扮演着西非本土音乐中的指挥角色，他们通过敲打节拍，掌控着整场音乐表演（或是其他与音乐有关的时间）的整体走向，既要确保演出的深度，使演出稳步地进展下去，又要时常变换演出的形式与节奏。

83. 在西非社会，夫妇不在一起跳舞。舞者需要用全身各个部位同其他舞者和乐手交流。

84. Toni Morrison, quoted in Paul Gilroy, *The Black Atlantic: Modernity and Double Consciousness* (Cambridge, MA: Harvard University Press, 1993), 78.

85. Mary Lou Williams, interview by John S. Wilson, New York, June 1973, IJS, 119.

86. Jonny King, *What Jazz Is* (New York: Walker & Co., 1997), 24–26.

87. 见A. M. Jones, *Studies in African Music* (London: Oxford University Press, 1959), 1–55; John Storm Roberts, *Black Music of Two Worlds* (New York: Praeger, 1972), 1–16.

88. Oscar Peterson, quoted in Büchmann-Müller, *You Just Fight*, 162.

89. Burt Korall, *Drummin' Men* (New York: Schirmer, 1990), 29; 另见 Norma Miller with Evette Jensen, *Swingin' at the Savoy: The Memoir of a Jazz Dancer* (Philadelphia: Temple University Press), 69.

90. Green, *The Reluctant Art*, 99–108; Young, quoted in Allan Morrison, "You Got to Be Original, Man," in Porter, ed., *A Lester Young Reader*, 132.

91. Johnny Carisi, quoted in Gitler, *Swing to Bop*, 39–40.

92. Young, quoted in Nat Hentoff, "Pres," in *A Lester Young Reader*, ed. Porter, 161–62.

93. Douglas Henry Daniels从西非口述历史的角度，在文章中探究了李斯特·杨的幽默感、音乐创作方法、哲学思想和内在精神，见 "Goodbye Pork Pie Hat," 161–77.

94. Marshall Stearns and Jean Stearns, *Jazz Dance* (1968; repr., New York: Da Capo, 1994), 140. 接受采访的踢踏舞鼓手包括：Jo Jones, Buddy Rich, Cozy Cole, and Louis Bellson. Cozy Cole, 采访者为Bill Kirchner, IJS, 2:27.

95. Malone, *Steppin' on the Blues*, 91–110. 在百老汇歌舞剧*Runnin' Wild*

(1923)中，男合唱队员们仅仅踩着拍手和跺脚的节拍跳舞，没有其他伴奏，"这种跳舞的方式在南方延续了很多年"。Stearns and Stearns, *Jazz Dance*, 134.

96. Tom Davin, "Conversation with James P. Johnson," in *Jazz Panorama,* ed. Martin T. Williams (New York: Crowell-Collier, 1962), 56–57.

97. Korall, *Drummin' Men*, 50–51; Mezzrow, *Really the Blues*, 142–47. 根据麦茨罗（Mezzrow）的说法，来自芝加哥的歌手，如Gene Krupa、Davey Tough和Ben Pollack，从黑人鼓手那里了解到：保持稳定的节拍并不等同于掌控演出的时间，而是协调好"一系列不同的声音，这些声音会在适当的间隔之后被突出强调"。

98. Willis Lawrence James, *Stars in de Elements: A Study of Negro Folk Music* (1945; repr., Durham, NC: Duke University Press, 1995), 456.

99. 斯特拉文斯基的言论引用自*Stravkinsky: In Conversation with Robert Craft* (Harmondsworth, England: Penguin, 1962),该文在 *Reading Jazz*, ed. Meltzer, 252中再版; 格里尔的言论引用自Stanley Crouch, New York 1977, IJS, 4:15–16的采访; Korall, *Drummin' Men*, 29–30; Basie, 引用自quoted in Stanley Dance, *The World of Count Basie* (New York: Da Capo, 1980), 14.

100. Theodore Dennis Brown, "A History and Analysis of Jazz Drumming to 1942," Ph.D. diss., University of Michigan, 1976, 1–42 (on African influences), 102–33 (on the trap set), 424–48 (on Chick Webb); Cosmo Anthony Barbaro, "A Comparative Study of West African Drum Ensemble and the African-American Drum Set," Ph.D. diss., University of Pittsburgh, 1993, 62.

101. LeRoi Jones [Amiri Baraka], *Blues People* (New York: Quill Morrow, 1963), 111–12; Ellison, *Going to the Territory*, 166–67.

102. Manning Marable, *Black American Politics: From the Washington Marches to Jesse Jackson* (London: Verso, 1985), 74–87; Charles S. Johnson, *To Stem This Tide* (Boston: Pilgrim Press, 1943), 109; Nat Brandt, *Harlem at*

War (Syracuse, NY: Syracuse University Press, 1996); Russell Gold, "Guilty of Syncopation, Joy, and Animation: The Closing of Harlem's Savoy Ballroom," *Studies in Dance History* 5, no. 1 (Spring 1994): 50–64.

103. Chester Himes, *If He Hollers Let Him Go* (New York: Thunder's Mouth Press, 1986), 121. 关于爵士乐手与"双重胜利"运动的关系，见 Eric Lott, "Double-V, Double-Time: Bebop's Politics of Style," in *Jazz among the Discourses*, ed. Krin Gabbard (Durham, NC: Duke University Press, 1995), 245– 50.

104. Ellison, *Going to the Territory*, 166–67. "Coolness kept our values warm, and racial hostility stoked our fires of inspiration."

105. 对杨参军经历的详细讨论见于 Daniels, *Lester Leaps In*, 250– 66; Büchmann-Müller, *You Just Fight*, 117–30; Delannoy, *Pres*, 134–48; McDonough, *Giants of Jazz*, 25–27.

106. 杨的这句话引用自 Allan Morrison, "You Got to be Original, Man," in *A Lester Young Reader*, ed. Porter, 135.

107. McDonough, *Giants of Jazz*, 5; Bill Coss, "Lester Young," in *A Lester Young Reader*, ed. Porter, 154.

108. 贝西伯爵乐团的小号手哈里·艾迪森（Harry Edison）说道，"军队带走了他所有的精气神"（BüchmannMüller, *You Just Fight*, 129）。李斯特·杨的挚友吉恩·雷米（Gene Ramey）认为杨在遭遇挫折的过程中丧失了一部分演奏技能；参见 Ramey interview, IJS, 5:37–41。20世纪40年代晚期，欧洲作家们第一次在演唱会看到李斯特·杨本人时，不敢相信眼前这个人就是他们过去所听唱片的作者，参见 Delannoy, *Pres*, 140–55, and Ross Russell, *Bird Lives!* (1976; repr., New York: Da Capo, 1996), 327.

109. Lewis Porter, liner notes, *Sarah Vaughan/Lester Young: One Night Stand* (1947; reissued, Blue Note CD, 1997); and Porter, *Lester Young*, 102–3.

110. Bobby Scott, "The House in the Heart," in *A Lester Young Reader*, ed.

Porter, 99– 118; Büchmann-Müller, *You Just Fight*, 174–77 and 181–84.

111. Porter, *Lester Young*, 27.

112. 更多分析内容，请参见Joel Dinerstein, "'Uncle Tom Is Dead!' Wright, Himes, and Ellison, Lay a Mask to Rest," *African-American Review* 43, no. 1 (Spring 2009): 83–99.

113. 艾灵顿公爵称其为"一场具有社会意义的演出"，该剧最初的设定为：在表演开场时，汤姆叔叔奄奄一息地躺在床上。Ellington, *Music Is My Mistress* (New York: Da Capo, 1973), 175. Gena Caponi-Tabery, *Jump for Joy: Jazz, Basketball, and Black Culture in 1930s America* (Amherst: University of Massachusetts Press, 2008), 175–86.

114. Ellison, *Shadow and Act*, 56.

115. Ralph Ellison，*Invisible Man*(1952; repr., New York: Vintage International, 1981), 439–44. 《隐形人》聚焦于一位身处重要历史时刻的酷派年轻人，此人刚刚目睹了自己的朋友Tod Clifton被捕和遇害，但坚信社会公平定一定会实现。

116. Ellison, *Invisible Man*, 441; George, *Elevating the Game*, 62.

117. Gillespie with Fraser, *To Be or Not...... to Bop*, 295–96. 比波普乐手反对演艺界传统和摇摆乐的陈词滥调，试图打破白人对黑人的刻板设想和过时的南方自卫策略，以争取自我定义的权利。SNeil Leonard, *Jazz: Myth and Religion* (New York: Oxford University Press, 1987), 16–18; Berger, Berger, and Patrick, *Benny Carter*, 18.

118. Sidran, *Black Talk*, 112–13; Ellison, *Shadow and Act*, 226–27; Amiri Baraka, cited in Lott, "Double-V, Double Time," 248.

119. Orrin Keepnews, *The View from Within* (New York: Oxford University Press, 1988), 39. 比波普乐手完成了摇摆时代乐手开创的事业。Bebop musicians completed the job that swing-era musicians had started. Lott, "Double-V, Double-Time," 243–55.

120. Gillespie with Fraser, *To Be or Not...... to Bop*, 116–17, 185, 241, 502. 杨曾在吉莱斯皮组建的第一支比波普乐队中担任次中音萨克斯管手，但时间不长（1943年10至11月期间），父亲的去世迫使其旅居加利福尼亚。另见Dempsey Travis, *An Autobiography of Black Jazz* (Chicago: Urban Research Institute, 1983), 341.

121. Russell, *Bird Lives!* 68, 89–95; Parker, quoted in Shapiro and Hentoff, *Hear Me Talkin' to Ya*, 355; Schuller, *The Swing Era*, 794–96.

122. 该照片出自Ross Russell, *Jazz Style in Kansas City and the Southwest* (Berkeley: University of California Press, 1973), 198–99.

123. Ellison, *Shadow and Act*, 221–32; Sidran, *Black Talk*, 110–12.

124. Amiri Baraka, *Transbluesency: The Selected Poems of Amira Baraka/LeRoi Jones, 1961–1995* (New York: Marsilio, 1995), 171–72.

125. Miles Davis with Quincy Troupe, *Miles: The Autobiography* (New York: Simon and Schuster, 1989), 44–45, 99; Sadik Hakim,引用自Jack Chambers, *Milestones I: The Music and Times of Miles Davis to 1960* (Toronto: University of Toronto Press, 1983), 16; 另见Andre Hodeir, *Jazz: Its Evolution and Essence* (New York: Grove Press, 1956), 116–36, and especially his definition of the "cool sonority" in jazz.

126. Ian Carr, *Miles Davis: A Critical Biography* (Quartet: London, 1982), 26.

127. Max Gordon, "Miles—a Portrait," in *The Miles Davis Companion*, ed. Carner, 93–97; 另见Chris Albertson, "The Unmasking of Miles Davis," in *A Miles Davis Reader*, ed. Kirchner, 190–97.

128. Max Gordon, "Miles—a Portrait," in *The Miles Davis Companion*, ed. Carner, 93–97; 另见Chris Albertson, "The Unmasking of Miles Davis," in *A Miles Davis Reader*, ed. Kirchner, 190–97.

129. 两人之间的对话在Büchmann-Müller, *You Just Fight*, 210中有详

细的叙述。根据杨的挚友之一贝斯手吉恩·雷米回忆，盖兹和其他白人乐手"每晚都会来到阿文丁酒店内杨的房间"，"坐在杨的周围，聆听他过去的唱片，让他解释自己曾经如何创作出这些声音"。杨常常恳求雷米不要离开。雷米回想起杨总是对他说，"不要走"，于是，雷米反思道："也许我们可以让那些家伙走开。"见吉恩·雷米的采访记录，采访者为Stanley Dance, IJS, 5:39–41; Donald L. Maggin, *Stan Getz: A Life in Jazz* (New York: William Morrow & Co., 1996), 38–43. An excellent analysis of how Young's ideas diffused into jazz in the 1950s can be found in Green, *The Reluctant Art*, 113–18.

130. Büchmann-Müller, *You Just Fight*, 137–39, 201–12; Hentoff, "Pres," 126.

131. Daniels, "Goodbye Pork Pie Hat"; Jo Jones,引用自Büchmann-Müller, *You Just Fight*, 212; Jo Jones, 采访者为Milt Hinton, January 1973, IJS, 92.

132. Morroe Berger, "Jazz: Resistance to the Diffusion of a Culture Pattern," in *American Music*, ed. Charles Nanry (New Brunswick, NJ: Transaction, 1972), 6, 11–43.

133. Thad Mumford, "Where Is the Class of '96?" *New York Times*, May 5, 1996, sec. 5, 25.

134. Thad Jones, quoted in Frank Büchmann-Moller, "The Last Years of Lester Young," in *A Lester Young Reader*, ed. Porter, 125; Otis, *Upside Your Head!* 78; Marshall McLuhan, "Media Hot and Cold," in *Understanding Media: The Extensions of Man* (New York: McGraw-Hill, 1965), 31.

135. Ellington, *Music Is My Mistress*, 421; John Szwed, "Foreword," in *I Remember: Eighty Years of Black Entertainment, Big Bands, and the Blues*, by Clyde E. B. Bernhardt (Philadelphia: University of Pennsylvania Press, 1986), ix; Kenneth Burke, *Permanence and Change* (Berkeley: University of California Press, 1954), xxix.

第二章

1. 该短语曾刊印在 *The Glass Key* (1942)的宣传海报上。Margaret Herrick Library of the Academy, Los Angeles, California (MHL).

2. Erin A. Smith, *Hard-Boiled: Working-Class Readers and Pulp Magazines* (Philadelphia: Temple University Press, 2000).

3. "By Request of the Ladies: Humphrey Bogart Turns Lover," pressbook, *Casablanca: 18.* Warner Brothers Archives, University of Southern California (WB/USC); Linda Williams, "Of Kisses and Ellipses," *Critical Inquiry* 32, no. 2 (Winter 2006): 36.

4. David Denby, "Out of the West: Clint Eastwood's Shifting Landscape," *New Yorker*, March 8, 2010. http://www.newyorker.com/magazine/2010/03/08/out-of-the-west-6.

5. Malcolm X with Alex Haley, *The Autobiography of Malcolm X* (New York: Grove, 1966), 99; V. S. Naipaul, *Miguel Street* (1959; repr., New York: Vintage, 2002), 1–5, and *The Middle Passage* (1962; repr., New York: Vintage, 2002), 59. Naipaul's favorite Bogart film was *High Sierra*. Stefan Kanfer, *Tough without a Gun: The Life and Extraordinary Afterlife of Humphrey Bogart* (New York: Knopf, 2011), 239.

6. C. L. R. James, *American Civilization* (London: Blackwell, 1993), 126.

7. André Bazin, "The Death of Humphrey Bogart," in *Cahiers du Cinema, the 1950s*, ed. Jim Hillier (Cambridge, MA: Harvard University Press, 1985), 100; David Desser, "The Wartime Films of John Huston: Film Noir and the Emergence of the Therapeutic," in *Reflections in a Male Eye: John Huston and the American Experience*, ed. Gaylyn Studlar and David Desser (Washington, DC: Smithsonian University Press, 1993), 23; Frank Krutnik, *In a Lonely Street:*

Film Noir, Genre, Masculinity (New York: Routledge, 1991), 35–36; Robert Porfirio, "Introduction," in *Film Noir Reader 3: Interviews with Filmmakers of the Classic Noir Period*, ed. Robert Porfirio, Alain Silver, and James Ursini (New York: Limelight, 2002), 2.

8. 这正是此类型电影的肇始阶段。Joel Dinerstein, "'Emergent Noir': *Film Noir* and the Great Depression in *High Sierra* (1941) and *This Gun for Hire*," *Journal of American Studies* 42, no. 3 (December 2008): 415–48, and "The Mask of Cool in Postwar Jazz and Film Noir," in *The Cultural Career of Coolness*, ed. Ulla Haselstein and Catrin Gatsdorf (Lanham, MD: Lexington Books, 2013), 109–26.

9. Stanley Cavell, *The World Viewed* (New York: Viking, 1971), 68.

10. 出处同上; Christopher Breu, *Hard-Boiled Masculinities* (Minneapolis: University of Minnesota Press, 2005), 188, 193n1, 197.

11. John Houseman, quoted in David Thomson, *Rosebud: The Story of Orson Welles* (New York: Knopf, 1996), 73; John Morton Blum, *V Was for Victory* (New York: Harcourt Brace Jovanovich, 1976), 91.

12. John T. Irwin, *Unless the Threat of Death Is behind Them: Hard-Boiled Fiction and Film Noir* (Baltimore, MD: Johns Hopkins University Press, 2008), 217–18.

13. 在Thomas Schatz看来，此类型电影是美国战争年代的产物，旨在深入探究战争期间暴露出来的人性"黑暗面"。Sheri Biesen追溯到黑色电影各种情感表现手法（黑色阴影、极度的焦虑、创新的光影技巧）的起源——源于战时西海岸地区的灯火管制、人们面临日本进攻时的焦虑以及有限的拍摄经费，从而进一步拓展了托马斯·沙茨的论点。Biesen承认，《公民凯恩》（*Citizen Kane*）拥有"自毁倾向的反英雄主角"、纪录片式的摄影风格以及"苦涩、充满存在主义气息的黑色结局"，是一部"符合预期的黑色电影"，但是该电影并没有关注当时的社会矛盾。

Thomas Schatz, *Boom and Bust: The American Cinema in the 1940s* (New York: Scribner, 1997), 3–5, 138, 204–6, 232–39; Sheri Chinen Biesen, *Blackout: World War II and the Origins of Film Noir* (Baltimore, MD: Johns Hopkins University Press, 2005), 1–6, 34–35, and, on *Citizen Kane*, 59–95.

14. 这种男性危机感干扰了当前的黑色电影学术与历史研究范式。女权主义电影评论对蛇蝎美人的形象做出了犀利的批判——这是一类欲壑难填的角色，时刻威胁着男性的主导地位，所以必须先被妖魔化而后除之。因此，这类评论需要找到一种战后电影范式支撑其论点。这种电影范式被部分学者重新定义为"男性主义情景剧"，其中的"蛇蝎美人"角色先是反映出白人男子的焦虑（战争期间，职场上首次出现了性别角色的转变，从而引发了白人男子的焦虑），后又体现出退伍老兵对城市生活的适应。战后历史学家拓展了论点，进而归纳出黑色电影的特征——反映出人们对阶级身份的焦虑，展现了小镇生活被打乱时人们内心的不安，表现出家长制作风对驯化和消费主义的抵制。历史学家乔治·利普希茨认为，由于这类电影"不仅美化了疏离感，而且迎合了复仇的渴望"，所以该类型电影充斥着"对社团主义文化的合理愤怒，拒绝陷入个体自怨自艾的情绪之中"。George Lipsitz, *Rainbow at Midnight* (Urbana: University of Illinois Press, 1994), 286; Mike Davis, *City of Quartz: Excavating the Future in Los Angeles* (London: Verso, 1990), 40–41; Krutnik, *In a Lonely Street*, 57–72. 另见Joan E. Copjec, *Shades of Noir: A Reader* (London: Verso, 1993), E. Ann Kaplan, ed., *Women in Film Noir* (1978; repr., London: BFI, 1998); and James F. Maxfield, *The Fatal Woman: Sources of Male Anxiety in American Film Noir, 1941–1991* (Madison, NJ: Fairleigh Dickinson University Press, 1996), 10–11.

15. 参见访谈录 Billy Wilder, in *Film Noir Reader 3*, ed. Porfirio, Silver, and Ursini, 101. 许多学者将该类型电影中社会性孤立、特立独行、心神不宁的主角同好莱坞中欧（通常是犹太人）移民导演（如Wilder）的艺术观点联系在一起。在摆脱法西斯主义之后，这些导演在好莱坞掀起了"左翼文化"的热潮。James Naremore巧妙地将奥逊·威尔斯（Orson Welles）的政治诉求和约翰·休斯顿（John Huston）的"人民阵线"理念融入自己的作品，以支撑其观点。不同于黑色电影反映"特定的时代精神"，纳瑞摩尔（Naremore）坚称其作品营造的"幻灭与死亡氛围"反映出小众艺术家群体以及好莱坞自由主义者和共产主义者的经历——这些群体先是在1947年遭遇国会的迫害，后又在麦卡锡主义盛行期间被列入黑名单。二战结束之时，两个的超级大国构建起对立的经济体系，好莱坞中左翼群体因此"再也无法维系大萧条时代的信念——坚信美国体制有朝一日会进化为社会主义民主制"。

纳瑞摩尔的范式至今仍占据主导地位：借助黑色电影的玩世不恭、幽闭恐惧氛围和马克思主义批判观点，沿袭纳瑞摩尔范式的导演们将文化阵线的政治观点嫁接到引入电影之中的原始存在主义之上。这些导演夹在大萧条时期人民阵线的政治观点和战后丧失政治希望的悲观情绪之间，他们创作的黑色电影自然沿袭了此种风格，呈现出黑色的情绪氛围，塑造出被社会疏远的主人公形象。Naremore, *More Than Night: Film Noir in its Contexts* (Berkeley: University of California Press, 1998), 104, 123–35; 另见 Davis, *City of Quartz*, 40–41, and Paula Rabinowitz, *Black and White and Noir: America's Pulp Modernism* (New York: Columbia University Press, 2002).

16. 《愤怒的葡萄》（1940年）既是一部新兴的黑色电影，也是一部讲述社会抗争的影片，《玻璃钥匙》则是改编自达希尔·哈米特的同名小说。关于哈米特和休斯顿，见Naremore, *More Than Night*, 63。

17. 在法国诗意现实主义方面，演员Jean Gabin在*Le Jour se Leve*、*La Bête Humaine*和*Pépé le Moko*中饰演的角色总是受困于家庭、历史和统治当局的忠诚——这是一种更为常见的自然主义范式。相比之下，黑色电影的主角形象参照的则是一种想象中的行为模式。

18. Orson Welles, quoted in Frank Brady, *Citizen Welles* (New York: Scribner, 1989), 81; Richard Slotkin, *Regeneration through Violence* (Middleton,

CT: Wesleyan University Press, 1973).

19. Thomson, *Rosebud*, 151–55, 241n35, 398; Michael Walker, "Introduction," in *The Book of Film Noir*, ed. Ian Cameron (New York: Continuum, 1993), 32.

20. Raymond Chandler, *Raymond Chandler Speaking*, ed. Dorothy Gardiner, Katherine Sorley Walker, and Paul Skenazy (1962; repr., Berkeley: University of California Press, 1997), 232.

21. 出处同上, 249.

22. 出处同上, 232, 249.

23. Nathanael West, "'A Cool Million': A Screen Story," in *Novels and Other Writings* (Library of America, 1997), 745; 韦斯特此处提及的银幕处理手法仅在字面上与其另一部小说有所关联，后者解构了阿尔杰式的叙事手法。Richard Wright, "Alger Revisited; or, My Stars! Did We Read That Stuff?" *PM*, September 16, 1945, 8.

24. James, *American Civilization*, 127.

25. James Naremore, "Introduction," in Raymond Borde and Étienne Chaumeton, *A Panorama of American Film Noir: 1941–1953* (1955; repr., San Francisco: City Lights, 2002), ix; Borde and Chaumeton, *A Panorama of American Film Noir*, 21, 24–25, 33; Krutnik, *In a Lonely Street*, 28; Foster Hirsch, *The Dark Side of the Screen: Film Noir* (1978; repr., New York: Da Capo, 2001), x–xi; Paul Schrader, "Notes on Film Noir," in *Film Noir Reader*, ed. Alain Silver and James Ursini (New York: Limelight, 2000), 52–63.

26. Warren Susman, *Culture as History* (New York: Pantheon, 1973), 196–97; 另见Sherwood Anderson, *Puzzled America* (New York: Scribners, 1935), 29, 46, 147.

27. J. P. Telotte, *Voices in the Dark: The Narrative Patterns of Film Noir* (Urbana: University of Illinois Press, 1989), 1–2, 14; Andrew Dickos, *Street*

with *No Name* (Lexington: University Press of Kentucky, 2002), 8.

28. Telotte, *Voices in the Dark*, 14.

39. Thomson, *Rosebud*, 167; interview with Robert Wise in *Film Noir Reader 3*, ed. Porfirio, Silver, and Ursini, 121.

30. Shoshana Felman and Dori Laub, *Testimony: Crises of Witnesses in Literature, Psychoanalysis and History* (Routledge, 1992), 7, 59–62.

31. Angela Martin, "'Gilda Didn't Do Any of Those Things You've Been Losing Sleep Over!' The Central Women of 40s Films Noirs," in *Women in Film Noir*, ed. Kaplan, 209–10, 218–25.

32. James, *American Civilization*, 126; Kanfer, *Tough without a Gun*, ix, 234.

33. Cavell, *The World Viewed*, 75–76.Cavell写道，在摄影棚时代，"倘若综合各个明星参演不同电影之后走出的成名之路，定能够谱写出世界电影史的美国章节"。这一观点与Richard Dy在*Stars*一书中提出的理论不谋而合——明星是电影使用的"文字"（London: BFI, 2008）。

34. Humphrey Bogart, telegram to Hal Wallis, May 4, 1940, WB/USC Archives.

35. Rabinowitz, *Black and White and Noir*, 19–20, 106, 110.

36. Smith, *Hard-Boiled*, 42–47.

37. Mat 208, pressbook, *High Sierra*, WB/USC; "Movies to Watch For," *Kansas City Star*, January 26, 1941, 12, clipping file, *High Sierra*, WB/USC Archives.

38. Various posters and mats, pressbook, *High Sierra*, WB/USC Archives.

39. Various posters and mats, pressbook, *High Sierra*, WB/USC Archives

40. "Second Day Advance" (article), pressbook, *High Sierra*, WB/USC Archives; Bosley Crowther, "The Screen: 'HS' at the Strand, Considers the Tragic and Dramatic Plight of the Last Gangster," January 25, 1941, *New York*

Times, n.p., and "'High Sierra' New Tenant at Strand," *New York Journal-American*, January 25, 1941, n.p., clipping file, *High Sierra*, WB/USC Archives.

41. Krutnik, *In a Lonely Place*, 198–201; Alain Silver and James Ursini, *Film Noir* (New York: Taschen, 2004), 112.

42. "Bogart Packs Punch in New Hit" and "Third Day Advance," pressbook, *High Sierra*, WB/USC Archive.

43. 在争夺伯内特小说《夜困摩天岭》的改编权时，休斯顿战胜了另外两位剧本医生，最终脱颖而出。Internal memoranda, *High Sierra* file, WB/USC Archive.此外，休斯顿与鲍嘉还在以下电影中继续合作：*The Treasure of Sierra Madre, Key Largo, The African Queen*和*Beat the Devil*。

44. Dickos, *Street with No Name*, 116.

45. André Bazin, "The Death of Humphrey Bogart," *Cahiers du Cinema*, ed. Hillier, 99.

46. Billy Wilder and Edward Dmytryk, quoted in *Film Noir Reader 3*, ed. Porfirio, Silver, and Ursini, 108–9; 另见Biesen, *Blackout*, 97.

47. Edward Dmytryk, Billy Wilder, Robert Wise, and Fritz Lang are quoted in interviews by Robert Porforio in *Film Noir Reader 3*, ed. Porfirio, Silver, and Ursini, 30, 35, 101–2, 122, 133.

48. Nicholas Christopher, Somewhere in the Night: Film Noir and the American City (New York: Free Press, 1997), 37–38; Thomson, Rosebud, 166, 206.

49. Michael Walker, quoted in Cameron, *Book of Film Noir*, 32; 另见 Schrader, "Notes on Film Noir," 58–59.

50. Marc Vernet, "*Film Noir* on the Edge of Doom," in *Shades of Noir: A Reader*, ed. Joan Copjec (London: Verso, 1993), 14, 20; William Marling, *The American Roman Noir: Hammett, Cain, and Chandler* (Athens: University of Georgia Press, 1995), ix; Barton Palmer, *Hollywood's Dark Cinema: The*

American Film Noir (Boston: Twayne, 1992), 4.

51. Biesen, *Blackout*, 43–45.

52. James H. Cain, quoted in Lloyd Shearer, "Crime Certainly Pays on the Screen," *New York Times Magazine*, August 15, 1945, 77.

53. 在*More Than Night*, 72–74中，纳瑞摩尔分析了格雷厄姆·格林对黑色电影的影响。

54. Crowther' review quoted in Beverly Linet, *Ladd: The Life, the Legend, the Legacy of Alan Ladd* (New York: Arbor House, 1979), 71.

55. Lewis Erenberg, *Swingin' the Dream: Big Band Jazz and the Rebirth of American Culture* (Chicago: University of Chicago Press, 1998), 35–64.

56. Borde and Chaumeton, *A Panorama of Film Noir*, 37–38; Marilyn Henry and Ron DeSourdis, *The Films of Alan Ladd* (Secaucus, NJ: Citadel Press, 1981), 15; Veronica Lake with Donald Bain, *Veronica* (London: W. H. Allen, 1969), 85.针对近来兴起的回顾拉德和莱克电影的热潮，一位电影评论家呼吁人们关注"这对明星冰冷的外表与性情"，以及"他们如何共同成为红极一时的现象级人物"。*American Movie Classics*, August 1995, p. 14, clipping file, *This Gun for Hire*, MHL.

57. "The Tough and the Peek-A-Boo."

58. Laura Mulvey perceives a similar hero vs. heavy split in the postwar Western, as early as *Duel in the Sun* (1946) and culminating in *The Man Who Shot Liberty Valence* (1962). Laura Mulvey, "Afterthoughts on 'Visual Pleasure and Narrative Cinema' inspired by *Duel in the Sun*,'" in *Feminism and Film Theory*, ed. Constance Penley (New York: Routledge, 1988), 69–79.

59. "The Current Cinema: That Odd Miss Lake," *New Yorker*, May 13, 1942, n.p., clipping file, *This Gun for Hire*, MHL.

60. Naremore, *More Than Night*, 73.

61. "Movie of the Week: *This Gun For Hire*—Lake and Ladd Make an

Unusual Melodrama," *Life*, June 22, 1942, 49–53; "The Current Cinema: That Odd Miss Lake"; "Alan Ladd, Lake, Cregar Intrigue in 'Gun for Hire,'" *Los Angeles Times*, June 26, 1942, n.p.; Alan Ladd, "The Role I Liked Most......," *Saturday Evening Post*, December 28, 1946, n.p., clipping file, *This Gun for Hire*, MHL.

62. Naremore, *More Than Night*, 74; Henry and DeSourdis, *The Films of Alan Ladd*, 13–14.

63. "T G F H," *Hollywood Reporter*, March 17, 1942, n.p.; "The Current Cinema," *New Yorker*; "T G F H," *Variety*, March 17, 1942, n.p. clipping file, MHL. Borde与Chaumeton认为，拉德用酷面具掩饰的男子气概既具有启示性，又具有干扰性。他"总是静静地、冷漠无情地"出现在每一幕场景中，凭借这种"面无表情的表现方式"，他似乎想要营造"一种极度紧张的氛围，以此展现令人恐惧的、缺少同情心的冷酷情感"（*A Panorama of Film Noir*, 37–38）。

64. Promotional stills, *This Gun for Hire*, MHL; "Alan Ladd Added to Hollywood's List of 'Heavies,'" unidentified clipping, October 30, 1942, MHL; Borde and Chaumeton, *A Panorama of Film Noir*, 37–38.

65. "That Odd Miss Lake," *New Yorker*, clipping file, *This Gun for Hire*, MHL.

66. Scorsese and Jarmusch, quoted in Lee Server, *Robert Mitchum: "Baby, I Don't Care"* (New York: St. Martin's, 2001), 534; Jim Jarmusch, July 1997, statement made upon Mitchum's death to the *Village Voice* (jimjarmusch.tripod. com/profiles.html)。另见Jim Trombetta, "Robert Mitchum," in *The Catalog of Cool*, ed. Gene Sculatti (New York: Warner Books, 1982), 128–30; Alex Simon, "Jim Jarmusch: Ghost Story," *Venice Magazine*, March 2000. 另见TCM promotional stills for *Out of the Past*, Turner Classic Movies, http://www.tcm. com/tcmdb/title/361/Out-of-the-Past/tcm-archives.html.

67. "Treatment by Geoffrey Homes" (a.k.a. Daniel Mainwaring), *Out of the Past*–Box 1184, RKO-S Archives, UCLA Special Collections; Server, *Robert Mitchum*, 118–19.

68. 出处同上。

69. David Thomson, "The Noir to End All Noir," *Independent* (UK), May 5, 1998, 7.该电影宣称广告刊登在*Life*, November 3, 1947上，同时配有对该电影的介绍：这是一个跌宕起伏的爱情故事，始于双重的欺骗，终于双重的纠葛……主角是一个没有未来的男孩和一个没有太多过往的女孩。欲了解*Out of the Pas*的拍摄概况，参见Server, *Robert Mitchum*, 118–30。

70. Promotional still BMG-22, *Out of the Past*, MHL.

71. Pressbook, *Out of the Past*, and Daniel Mainwaring, original script, *Out of the Past*, Boxes 1183 and 1884, RKO-S Archives, UCLA Special Collections.

72. Charles L. Franke, "Out of the Past," *Motion Picture Daily*, November 17, 1947, n.p.; and Bosley Crowther, "Out of the Past" (review), *New York Times*, November 26, 1947, n.p., clipping file, USC/WB; Robert B. Pippin, *Fatalism in Film Noir: Some Cinematic Philosophy* (Charlottesville: University of Virginia Press, 2012), 12.

73. "Jane Greer, Slick Menace," pressbook, *Out of the Past*, WB/USC.

74. Slavoj Žižek, *Looking Awry* (Cambridge, MA: MIT Press, 1991), 66.

75. Simone de Beauvoir, *The Second Sex* (New York: Knopf, 2010), 206–7.

76. Pippin, *Fatalism in Film Noir*, 12–41; Žižek, *Looking Awry*, 62–66; Fredric Jameson, "The Synoptic Chandler," in *Shades of Noir*, ed. Copjec, 33–57.

77. Server, *Robert Mitchum*, 511.

第三章

1. "Albert Camus—Banquet Speech" (emphasis added), December 10, 1957, Stockholm, http://nobelprize.org/nobel_prizes/literature/laureates/1957/camusspeech.html.

2. 旅居巴黎期间，加缪享誉全法国，以至于某位年轻的影评家曾跳上酒吧的吧台，公开表达自己的嫉妒："这就是加缪——他具备一个人想要充满魅力、想要幸福、想要成名的所有条件，此外……他竟然拥有所有的美德！" Herbert R. Lottman, *Albert Camus: A Biography* (New York: Doubleday, 1979), 243, 391, 415, 640; Jean Daniel, quoted in Michael Scammell, *Koestler: The Literary and Political Odyssey of a Twentieth-Century Skeptic* (New York: Random House, 2009), 292.

3. Lottman, *Albert Camus*, 37, 46, 52, 71–72, 290–91, 310, 432–33. Camus called it his "Castilian pride," a result of his family's "silence, their reserve, their natural sober pride."

4. 参见Penny Vlagopoulos, "Voices from Below: Locating the Underground in Post-World War II American Literature," PhD diss., Columbia University, 2008等文献。

5. Jean-Paul Sartre, *The War Diaries, November 1939—March 1940* (New York: Pantheon, 1984), 273–74, 319–20; Annie Cohen-Solal, *Jean-Paul Sartre: A Life* (New York: New Press, 2005), 69, 79.

6. Sartre, *War Diaries*, 52, 95–96; for the code hero, 见 Philip Young, *Ernest Hemingway* (Minneapolis: University of Minnesota Press, 1965), 11.

7. Italo Calvino, *The Road to San Giovanni* (New York: Vintage, 1994), 50–51; C. L. R. James, *American Civilization* (1950; repr., London: Blackwell, 1993), 147; 另见Selwyn Reginald Cudjoe and William E. Cain, eds., *C. L. R.*

James: His Intellectual Legacies (Amherst: University of Massachusetts Press, 1993), 25.

8. Albert Camus, *The Rebel: A Study of Man in Revolt* (1951; repr., New York: Vintage, 1991), 15; Sartre, quoted in Steven Earshaw, *Existentialism* (London: Continuum, 2006), 137; Camus, *Notebooks 1951–1959* (Chicago: Ivan R. Dee, 2008), 67, and *Notebooks 1935–1942* (New York: Marlowe & Company, 1963), 71.

9. Sartre, *War Diaries*, 50–52. 萨特觉得自己比任何不喜欢他的人都要优秀。

10. Sartre, *War Diaries*, 75; Albert Camus, *Lyrical and Critical Essays* (New York: Vintage, 1970), 9.

11. Simone de Beauvoir, *A Transatlantic Love Affair: Letters to Nelson Algren* (New York: New Press, 1998), 137, 204, 207, 223, 308–9, 325, 404, 417, 484, 508.

12. Camus, *Lyrical and Critical Essays*, 114–15, and *Notebooks 1951–1959*, 230.

13. Sarah Relyea, *Outsider Citizens: The Remaking of Postwar Identity in Wright, Beauvoir, and Baldwin* (New York: Routledge, 2006), 7–8 and 43–44 (quote). Beauvoir credits Wright for the influence on race (and the Other) in *The Second Sex*, 297–98, and in *America Day by Day* (1948; repr., Berkeley: University of California Press, 1999), 34–39, 57–58, 272–76; Sartre discusses Wright in *What Is Literature? And Other Essays* (Cambridge, MA: Harvard University Press, 1988), 71–74.

14. Paul Gilroy, *The Black Atlantic: Modernity and Double Consciousness* (New York: Oxford University Press, 1993) 151, 154.

15. John Dewey, *Art as Experience* (1934; repr., New York: Perigee, 2005), 62, 69; Friedrich Nietzsche, *The Gay Science* (New York: Vintage, 1974), 232.

16. Simone de Beauvoir, *The Ethics of Ambiguity* (1948; repr., New York: Citadel, 1976), 14. 关于"设身处地"见 Barbara S. Andrew, "Beauvoir's Place in Philosophical Thought," and Eva Gothlin, "Reading Simone de Beauvoir with Martin Heidegger," both in *The Cambridge Companion to Simone de Beauvoir*, ed. Claudia Card (Cambridge: Cambridge University Press, 2003), 24–44 and 50–56, respectively; 关于波伏娃"设身处地"的伦理观，见 Karen Vintges, *Philosophy As Passion: The Thinking of Simone de Beauvoir* (Bloomington: Indiana University Press, 1996), 67–102.

17. Walker Percy, quoted in Lewis A. Lawson and Victor A. Kramer, eds., *Conversations with Walker Percy* (Jackson: University Press of Mississippi, 1985), 275–76, 87.

18. Tony Judt, *Reappraisals: Reflections on the Forgotten Twentieth Century* (New York: Penguin, 2009), 101, 103.

19. Camus, *The Rebel*, 13, 18; Jean-Paul Sartre, *Being and Nothingness: An Essay in Phenomenological Ontology* (New York: Kensington, Citadel, 1956), 18, 21.

20. Camus, *The Rebel*, 13, 104, 250; 他还宣称"我们都是孤独的"，因此没有意识形态或制度性的吸引力。

21. 出处同上, 23; Larry Neal, "Any Day Now: Black Art and Black Liberation," in *Write Me a Few of Your Lines*, ed. Steven C. Tracy (Amherst: University of Massachusetts Press, 1999), 425–28.

22. Camus, *The Rebel*, 15, 23–25; Albert Camus, "*Bahia de Tous Les Saints* by Jorge Amado (The Reading Room)," *Alger Republicain*, April 9, 1939, reprinted in *PMLA* 124, no. 3 (May 2009): 924.

23. Camus, *Lyrical and Critical Essays*, 6–7, 249; 关于以"阳光和大海"为代表的感官生活，见 Avi Sagi, *Albert Camus and the Philosophy of the Absurd* (Amsterdam: Rodopi, 2002), 25, 61, 115, and passim.

24. Camus, *The Rebel*, 25, 194, and passim.

25. 出处同上, 55–61.

26. 出处同上, 25; Ray Davison, *The Challenge of Dostoevsky* (Devon: University of Exeter Press, 1997), 86–116, 191 (quote); Judt, *Reappraisals*, 95–115.

27. Jean-Paul Sartre, *The Aftermath of War (Situations III)* (London: Seagull, 2008), 198, 240–41.

28. 出处同上, 240。

29. Beauvoir, *Ethics of Ambiguity*, 25, 142.

30. Albert Camus, *Camus at Combat: Writing 1944–1947*, ed. Jacqueline Lévi-Valensi (Princeton, NJ: Princeton University Press, 2006), 266; Sartre, "Individualism and Conformity in the United States," in *Aftermath of War*, 87–99 and 107–32; Simone de Beauvoir, *The Mandarins* (1956; repr., New York: W. W. Norton, 1991), 173–75, 323.

31. Beauvoir, *The Mandarins*, 248.

32. Beauvoir, *A Transatlantic Love Affair*, 140.

33. Richard Wright, "Richard Wright," in *The God That Failed*, ed. Richard H. Crossman (1949; repr., Washington, DC: Gateway, 1983), 147.

34. Ronald Aronson, *Camus and Sartre: The Story of a Friendship and the Quarrel That Ended It* (Chicago: University of Chicago Press, 2004); Camus is quoted and *The Rebel* reevaluated in Judt, *Reappraisals*, 96; Camus, *Notebooks: 1951–1959*, 189.

35. Sartre, *The Aftermath of War*, 208–9.Jonathan Judaken曾归纳出萨特对种族批判理论做出的贡献："（1）他率先指出，'种族'是一种（有关犹太人的）社会构想；（2）'种族'经全社会的努力构建而成，其中包含融合与排斥、独立与臣属等过程；（3）他将白人的凝视发展为一种辩证法理论，并将其视作一种内在属性，以此鉴别个体性质和集体性质的'自我'与'他者'；（4）他较早地批判了自由主义、人文主义和传统启蒙思想的不足，以此声援反种族主义斗争（5）他仔细审视了种族主义在各类演说中的形成过程——反复考量被赋予种族歧视色彩的他者在各类文学与影视作品中的语言和电影学符号，并且思索打破种族刻板形象的必要性；（6）他坚持认为，种族歧视经日常生活中的各种苛责与公共仪式强化，已然成为一种约定俗成的习惯；（7）现有社会秩序内的各种准则造就了一个等级森严的社会，萨特见证了如何从被压迫种族的视角揭露这类准则；（8）他的观点历久弥新，经后人拓展后，被用于评估种族和种族主义在新全球殖民主义秩序中所起的作用。"Jonathan Judaken, "Sartre on Racism," in *Race after Sartre: Anti-racism, Africana Existentialism, Postcolonialism*, ed. Jonathan Judaken (Albany: State University of New York Press, 2008), 8–9.

36. Camus, quoted in William Hubben, *Dostoevsky, Kierkegaard, Nietzsche and Kafka* (1952; repr., New York: Touchstone, 1997), 34.

37. Camus, *The Rebel*, 301; Vaclav Havel, *The Power of the Powerless* (New York: Routledge, 1985).

38. Chester Himes, *My Life of Absurdity* (New York: Thunder's Mouth Press), 1 (emphasis added).

39. Judt, *Reappraisals*, 9–105, 122, 134;Judt援引评加缪论家Pierre de Boisdeffre的说法，后者曾在1964年将加缪称为"最为高贵的亲历者，见证了一个极度无耻的年代"；Shoshana Felman and Dori Laub, *Testimony: Crises of Witnesses in Literature, Psychoanalysis and History* (Routledge, 1992), 93–119 (on *The Plague*) and 165–203 (on *The Fall*); Jim McWilliams, ed., *Passing the Three Gates: Interviews with Charles Johnson* (Seattle: University of Washington Press, 2003), 193, 251;丹兹·塞纳曾三次在其自传体小说《高加索》(New York: Riverhead, 1999), 392, 19, 368中将称为集大成的作家；Elizabeth Ann Bartlett, *Rebellious Feminism: Camus's Ethic*

of Rebellion and Feminist Thought (New York: Palgrave-Macmillan, 2004), xi; Darryl Pinckney, "Forward Passes," *New York Review of Books*, December 17, 2015, 68. 另见Charles Mills, *The Racial Contract* (Ithaca, NY: Cornell University Press, 1999)。

哲学家Shannon Sullivan认为，顽固的种族主义和白人霸权在社会中创造出一种荒谬的行为模式；种族问题就像"鼠疫"一样，影响着加缪的《鼠疫》中的奥兰城："这场鼠疫危害甚广……即便有人在种族问题上取得了鲜有的胜利"，它（指种族问题）也永远不会消退，并常常取得胜利，所以我们务必要同它斗争到底；George Yancy and Shannon Sullivan, "White Anxiety and the Futility of Black Hope," *The Stone* (blog), *New York Times*, December 5, 2014, http://opinionator.blogs.nytimes.com/2014/12/05/white-anxietyand-the-futility-of-black-hope/.

查尔斯·米尔斯将这场鼠疫追溯至现代欧洲扩张主义在形成之初创造的"种族化社会"概念，此概念在个性和平等的理论框架内，基于白人与非白人、男性与女性的对立，延伸出泾渭分明的"主导人格和附属人格"划分。George Yancy and Charles Mills, "Lost in Rawlsland," *The Stone* (blog), *New York Times*, November 16, 2014, http://opinionator.blogs.nytimes.com/2014/11/16/lost-in-rawlsland.

40. Orlando Patterson, *The Ordeal of Integration* (New York: Basic Civitas, 1998), 108–11.

41. 出处同上，108–11；楷体强调为笔者所加。帕特森的"创造性反抗"概念与克尔凯郭尔的"信仰飞跃"（leap of faith）类似，后者已跃升至存在主义自由的伦理状态。

42. 出处同上，108–9; Lewis R. Gordon, *Existencia Africana: Understanding Africana Existential Thought* (New York: Routledge, 2000), 41–61.

43. Frederick Douglass, *My Bondage and My Freedom* (1855; repr., New

York: Barnes & Noble Classics, 2005), 274; Gordon, *Existencia Africana*, 41–61.

44. Richard Wright, *Pagan Spain* (1957; repr., Jackson: University Press of Mississippi, 1995), 21.

45. Richard Wright, "Journal 1945, January 1–Apr. 19," Richard Wright Papers, Yale Collection of American Literature, Beinecke Rare Book and Manuscript Library (hereafter "RW Papers, Beinecke"); Wright, quoted in Margaret A. Simons, *Beauvoir and the Second Sex: Feminism, Race, and the Origins of Existentialism* (Oxford: Rowan & Littlefield, 1999), 178.

46. Wright in Ralph Ellison, *Going to the Territory* (New York: Vintage, 1986), 212; Relyea, *Outsider Citizens*, 87; Wright, "Richard Wright," in *The God That Failed*, ed. Crossman, 130, 147.

47. Wright, "Journal 1945," 9 (emphasis mine), RW Papers, Beinecke.

48. Wright, quoted in Gilroy, *The Black Atlantic*, 159.

49. Wright, "Journal 1945," RW Papers, Beinecke, 10, 17; Wright, quoted in Campbell, *Exiled in Paris*, 10.

50. Richard Wright, "Journal—1947, July 30–September 23: En Route to Europe and In Paris," 10, 55, RW Papers, Beinecke.

51. Simone de Beauvoir, letter to Richard Wright, July 2, 1947, Box 94 ("De Beauvoir"), RW Papers, Beinecke.

52. Wright, "Journal—1947," 53–54; Richard Wright, *The Outsider* (New York: HarperPerennial), 35; Relyea, *Outsider Citizens*, 59–90.

53. "Biographical data for book cover of *The Outsider*," Box 63, Folder 639, RW Papers, Beinecke.

54. Wright, quoted from a 1953 interview in Gilroy, *The Black Atlantic*, 165.

55. Ralph Ellison, letter to Richard Wright, November 3, 1941, "Richard

Wright and Ellison—Correspondence," Box 97, RW Papers, Beinecke; Ralph Ellison, "American Negro Writing—a Problem of Communication and Identity," lecture at Bennington College, November 2, 1945, Ralph Ellison Papers, Library of Congress.

56. Ellison, letter to Wright, November 3, 1941.

57. Albert Murray and John F. Callahan, eds., *Trading Twelves: The Selected Letters of Ralph Ellison and Albert Murray* (New York: Modern Library, 2000), 43, 47–48; Albert Murray, *The Omni-Americans* (1970; New York: Da Capo, 1990), 142–70; Maryemma Graham and Amritjit Singh, eds., *Conversations with Ralph Ellison* (Jackson: University Press of Mississippi, 1995), 76, 345.

58. Ellison and Murray, *Trading Twelves*, ed. Murray and Callahan, 24–25, 31, 43, 156, 193–94. Ellison's explication of a blues aesthetic can be found in "An Extravagance of Laughter" in *The Collected Essays of Ralph Ellison*, ed. John F. Callahan (New York: Modern Library, 2003), 617–62; and useful analyses in Timothy Parrish, *Ralph Ellison and the Genius of America* (Amherst: University of Massachusetts Press, 2012), 56–57, 99–103, 117; and in Barbara A. Baker, *Albert Murray and the Aesthetic Imagination of a Nation* (Tuscaloosa: University of Alabama Press, 2010), 132–35.

59. Charles Simic, "No Cure for the Blues," in *The Life of Images: Selected Prose* (New York: Ecco, 2015), 68.

60. Ralph Ellison, "Lectures, Undated," Box 174—Folder 4, ca. 1959, Bard College, Ralph Ellison Collection, Library of Congress; Graham and Singh, eds., *Conversations with Ralph Ellison*, 28.

61. Ralph Ellison, "Hemingway's Romeo and Juliette," typescript, "Lectures, Undated," Ralph Ellison Collection, Library of Congress.

62. 出处同上。

63. Jean-Paul Sartre, "American Novelists in French Eyes," *Atlantic Monthly*, August 1946 (emphasis added).

64. Beauvoir, quoted in James R. Mellow, *Hemingway: A Life without Consequences* (New York: Da Capo), 541, and in Beauvoir, *America Day by Day*, 54; Richard Pells, *Modernist America: Art, Music, Movies, and the Globalization of American Culture* (New Haven, CT: Yale University Press, 2012), 261–63; Marling, *American Roman Noir*, 238–39. 另见Claire Gorrara, "Cultural Intersections; The American HardBoiled Detective Novel and Early French Roman Noir," *Modern Language Review* 98, no. 3 (July 2003): 590–601.

65. Marling, *American Roman Noir,* 93–96 (on Hammett), 148–50 (on Cain), 188–200 (on Chandler).

66. Albert Camus, *The Stranger* (New York: Vintage International, 1989), 3.

67. Matthew Ward, "Translator's Note," in Camus, *The Stranger*, v–vi.

68. David Madden, *Cain's Craft* (Metuchen, NJ: Scarecrow Press, 1985), 79–89.

69. 关于加缪作品中的荒谬情节，见Sagi, *Albert Camus*, 59–65; Camus, quoted in Lottman, *Albert Camus*, 143; emphasis mine. 对Sagi来说，荒谬之中的关键性张力处于一种不现实的"理性主义者理想"与不承认激情或虚无的"批判性理性主义"的必然性之间。

70. Walker Percy's lecture notes, Camus Folder, Walker Percy Papers, Southern Historical Collection, Wilson Library, University of North Carolina at Chapel Hill.

71. Beauvoir, *America Day by Day*, 55; Camus, *Rebel*, 265.

72. Beauvoir, *America Day by Day*, 31–32, 54–56, 263.

73. John T. Irwin, *Unless the Threat of Death Is behind Them: Hard-Boiled Fiction and Film Noir* (Baltimore, MD: Johns Hopkins University Press, 2008), 13, 19; Joyce Carol Oates, "Man under Sentence of Death," in *Tough*

Guy Writers of the Thirties, ed. David Madden (Carbondale: Southern Illinois University Press, 1968), 116–17.

74. 见Walter Redfern, "Praxis and Parapraxis: Sartre's 'Le Mur,'" in *Jean-Paul Sartre Modern Critical Views*, ed. Harold Bloom (Philadelphia: Chelsea House, 2001), 149–58等文献。

75. Cohen-Solal, *Sartre*, 187, 334.

76. 从加缪的诸多小说作品中，我们可以看到加缪思想的进步历程，详见Sagi, *Albert Camus*, 155–57; and Walker Percy, untitled lecture notes, Section IV Folder 7, Walker Percy Papers, Southern Historical Collection, Wilson Library, University of North Carolina at Chapel Hill.

77. W. C. Handy, quoted in "Words of the Week," *Jet*, December 31, 1953, 30; LeRoi Jones [Amiri Baraka], *Blues People* (New York: Quill Morrow, 1963), xii.

78. Handy, quoted in "Words of the Week," 30; Mitsutoshi Inaba, *Willie Dixon: Preacher of the Blues* (Lanham, MD: Scarecrow Press, 2011), 9.

78. Ralph Ellison, *Shadow and Act* (1964; repr., New York: Vintage, 1972), 78.

80. Ralph Ellison, *Living with Music* (New York: Modern Library, 2002), 259.

81. Ellison, quoted in Robert O'Meally, "Introduction," in *Living with Music*, xxiii–iv.

82. 出处同上。

83. Camus, *Notebooks 1951–1959*, 112.

84. Albert Camus, *The Myth of Sisyphus* (New York: Vintage, 1991); Sagi, *Albert Camus*, 1–2.

85. B. B. King with David Ritz, *Blues All around Me* (New York: Avon, 1996), 83; George Cotkin, "Ralph Ellison, Existentialism and the Blues,"

Lettarature d'America 15, no. 60 (1995): 33–52.

86. King with Ritz, *Blues All around Me*, 130.

87. Big Bill Broonzy with Yannick Bruynoghe, *Big Bill Blues* (London: Cassell and Company, 1955), 44, 56–57, 60–61. On Dylan's deep immersion in the blues during his teenage years, 见 Toby Thompson, *Positively Main Street: Bob Dylan's Minnesota* (1971; repr., Minneapolis: University of Minnesota Press, 2008), 65; and Elijah Wald, *Dylan Goes Electric* (New York: Dey Street, 2015), 36, 78–80, 137.

88. Broonzy with Bruynoghe, *Big Bill Blues*, 63.

89. Richard Wright, "So Long, Big Bill Broonzy," liner notes, Mercury Records 7198, Box 5, RW Papers, Beinecke; Broonzy with Bruynoghe, *Big Bill Blues*, 9.

90. Wright, "So Long Bill Broonzy," and "Foreword," in Paul Oliver, *Blues Fell This Morning: Meaning in the Blues* (1960; repr., Cambridge: Cambridge University Press, 1990), xiii–xvii.

91. Muddy Waters, quoted in Jim O'Neal and Amy Van Singel, *The Voice of the Blues* (New York: Routledge, 2002), 183. 关于蓝调和非裔美国人文化在战前、战间和战后的交叠，见 Adam Green, *Selling the Race: Culture, Community, and Black Chicago, 1940–1955* (Chicago: University of Chicago Press, 2007), 5–6, 53–55, 70–80.

92. John Milward, *Crossroads: How the Blues Shaped Rock 'n' Roll (and Rock Saved the Blues)* (Boston: Northeastern University Press, 2013), 20, 38–39.

93. Ellison, *Collected Essays of Ralph Ellison*, 128–44.

94. Norman Mailer的*The White Negro*（1957年）至今仍是记述战后年代各类被误读的原始主义的重要文献，此句便道出了其中的一点原因。

95. 在Harold Bloom看来，萨特的小说（除《恶心》外）已经过时，他希望这些作品能够重新得到美国读者的青睐，进而拥有数目庞大的读者群。见Bloom, ed. *Essayists and Prophets* (Philadelphia: Chelsea House, 2005), 202–3。

96. Walker Percy, "Which Way Existentialism?" Walker Percy Papers, University of North Carolina at Chapel Hill.

第四章

1. Ralph J. Gleason, *Celebrating the Duke...... and Other Heroes* (New York: Da Capo, 1995), 76; 另见Gleason, "The Golden Years," in *The Billie Holiday Companion*, ed. Lesley Gourse (New York: Schirmer Books, 1997), 77.

2. Simone de Beauvoir, *The Second Sex* (New York: Knopf, 2010), 17.

3. Ellington, quoted in John Chilton, *Billie's Blues: The Billie Holiday Story, 1933– 1959* (New York: Da Capo, 1975), 146; Specs Powell, quoted in Donald Clarke, *Wishing on the Moon* (New York: Da Capo, 2002), 151; Cassandra Wilson, quoted in Farah Jasmine Griffin, *If You Can't Be Free, Be a Mystery: In Search of Billie Holiday* (New York: Free Press, 2001), 14.

4. Milt Gabler, "A Lady Named Billie and I," in *The Billie Holiday Companion,* ed. Gourse, 83–84; Ned Rorem, quoted in Robert O'Meally, *Lady Day: The Many Faces of Lady Day* (New York: Da Capo, 2000), 43; Barney Josephson with Terry TrillingJosephson, *Café Society: The Wrong Place for the Right People* (Urbana: University of Illinois Press, 2009), 124.单簧管乐手Tony Scott曾经解释了"仅仅唱出歌词"和"将生活经历带入歌词"之间的区别："如果艾拉这样的歌手唱道，"我的男人离开了"，你会认为这个男孩只是去街道那一头买条面包。但如果戴女士唱出'我的男人离开了'，或者'我的男人离开了我'，你眼前会浮现出这样的画面——这个男孩沿着街道渐行渐远。他已经收拾好行囊，将一去不复返，永不回头。"

Scott, quoted in O'Meally, *Lady Day,* 52。

5. Tad Hershorn, *Granz: The Man Who Used Jazz for Justice* (Berkeley: University of California Press, 2012), 89; Marie Bryant, quoted in Donald Clarke, *Wishing on the Moon* (New York: Da Capo, 2002), 202–3; Eric Hobsbawm, *Uncommon People: Resistance, Rebellion and Jazz* (New York: New Press, 1998), 294.

6. Simone Beauvoir, *America Day by Day* (1948; repr., Berkeley: University of California Press, 1999), 44.

7. Dave Dexter访谈, *Down Beat*, November 1939; 见 also, Josephson with Trilling-Josephson, *Café Society*, 52, 78.

8. Will Friedwald, "Lady Day...... Billie Holiday," in *The Billie Holiday Companion*, ed. Grouse, 121.

9. Whitney Balliett, "Billie, Big Bill, and Jelly Roll: Three Graphic Views of the Negro Jazz Musician," *Saturday Review*, July 14, 1956, 32–33.

10. Johann Hari, "The Hunting of Billie Holiday," *Politico Magazine*, January 17, 2015, http://www.politico.com/magazine/story/2015/01/drug-war-the-hunting-of-billieholiday-114298.

11. Hettie Jones, *How I Became Hettie Jones* (New York: Penguin, 1990), 59, 182; Ira Gitler, quoted in Bret Primack, "Billie Holiday: Assessing Lady Day's Art and Impact," *Jazz Times*, April 1996, 110. http://www.ladyday.net/life/jaztimes.html.

12. Billie Holiday, "Lady Day Has Her Say" (1950), in *Reading Jazz*, ed. Robert Gottlieb (New York: Vintage, 1999), 635–37; Josephson with Trilling-Josephson, *Café Society*, 56; O'Meally, *Lady Day*, 67; Clarke, *Wishing On the Moon*, 230.

13. Margaret A. Simons, *Beauvoir and the Second Sex: Feminism, Race, and the Origins of Existentialism* (Lanham, MD: Rowman & Littlefield, 1999),

167–84; Simone de Beauvoir, *Philosophical Writings*, ed. Margaret A. Simons (Urbana: University of Illinois Press, 2004), 5, 312–13.

14. Josephson with Trilling-Josephson, *Café Society*, 55–57; Griffin, *In Search of Billie Holiday*, 30; O'Meally, *Lady Day*, 97.

15. Angela Y. Davis, *Blues Legacies and Black Feminism: Gertrude "Ma" Rainey, Bessie Smith, and Billie Holiday* (New York: Vintage, 1999), 161–80.

16. Marie Bryant, quoted in Clarke, *Wishing on the Moon*, 202–3.

17. O'Meally, *Lady Day*, 73; Clarke, *Wishing on the Moon*, 307–9.

18. Clarke, *Wishing on the Moon*, 27–50, 290–92; O'Meally, *Lady Day*, 18, 97.

19. Balliett, "Billie, Big Bill, and Jelly Roll," 33. 从1943年开始，Lester Young、Buck Clayton和Harry Edison均与Holiday保持着距离。

20. Albert Murray, *Stomping the Blues* (New York: Da Capo, 1976), 89; Teddy Wilson, quoted in Nat Hentoff, *Jazz Is* (New York: Limelight, 1984), 94–95.

21. Specs Powell, Honi Coles, and Bea Colt, quoted in Clarke, *Wishing on the Moon*, 80–81, 105, 151.

22. Beauvoir, *The Second Sex*, 45.

23. 波伏瓦的研究者们指出，波伏瓦是研究他者问题的第一人，从而对萨特和梅洛－庞蒂产生了影响。

24. Beauvoir, *The Second Sex*, 643.

25. Annie Dillard, *An American Childhood*, in *Three by Annie Dillard* (New York: Harper Perennial, 1990), 317–21.

26. Beauvoir, *The Second Sex,* 343.

27. Simone de Beauvoir, *A Transatlantic Love Affair: Letters to Nelson Algren* (New York: New Press, 1998), 185 (quote), 177–78.和*Présence Africaine*杂志联系密切的旅法非洲人社区，同旅居法国的非裔美国人社区

一起，为阿姆斯特朗举办了正式的欢迎仪式。

28. Beauvoir, *The Mandarins*, 19, 22, 59, 118, 162, 447, 472, 474.

29. Beauvoir, *America Day by Day*, 51–52. 麦茨罗曾赠予波伏瓦一张他亲笔签名的*Really the Blues*，将她引上吸食大麻的道路，并向她介绍了毒品在乐手圈子内的流行情况。

30. Beauvoir, *America Day by Day*, 265; James Baldwin, "A Question of Identity," in *The Price of the Ticket: Collected Nonfiction, 1948–1985* (New York: St. Martin's, 1985), 92.

31. Davis, *Blues Legacies and Black Feminism*.

32. Darryl Pinckney, "Looking Harlem in the Eye," *NYR Daily* (blog), *New York Review of Books*, February 19, 2015, http://www.nybooks.com/daily/2015/02/19/carlvan-vechten-harlem-photographs/.

33. Davis, *Blues Legacies and Black Feminism*, 8–17.

34. Paul Oliver, *Bessie Smith* (Cranbury, NJ: A. S. Barnes & Co., 1971), 28–29.

35. 出处同上, 37–38; Charles Keil, *Urban Blues* (Chicago: University of Chicago Press, 1966); Murray, *Stomping the Blues*.

36. Studs Terkel interviews James Baldwin, 1961, "Studs Terkel Radio Archive Blog," http://studsterkel.wfmt.com/blog/studss-interview-james-baldwin-published/.

37. Chris Albertson, *Bessie* (New York: Stein and Day, 1972), 189, 205, 213. 约翰·哈蒙德曾计划与贝西伯爵乐团部分成员一起为史密斯录制乐曲，但在录制前的一场车祸中不幸丧生。

38. Betty Carter, quoted in Stanley Crouch, "A Song for Lady Day," *The Root*, July 17, 2009, http://www.theroot.com/articles/culture/2009/07/a_song_for_lady_day/.

39. Bobby Tucker, quoted in Julia Blackburn, *With Billie* (New York:

Pantheon Books, 2005), 180.

40. Malcolm X with Alex Haley, *The Autobiography of Malcolm X* (New York: Grove, 1966), 125.

41. Sinatra, quoted in Clarke, *Wishing on the Moon*, 96.

42. Emily Wortis Leider, *Becoming Mae West* (New York: Farrar, Straus and Giroux, 1997), 122–48 and 219–33. 参见本人论文 "Women and Cool" 中的章节，"The Art and Complexity of American Cool," in *American Cool*, ed. Joel Dinerstein and Frank Henry Goodyear III (Munich: Prestel, 2014).

43. Victoria Wilson, *A Life of Barbara Stanwyck*, vol. 1, *Steel-True, 1907–1940* (New York: Simon & Schuster, 2013).

44. James Agee, *Agee on Film: Criticism and Comment at the Movies* (New York: Modern Library, 2000), 340.

45. Quoted in Will Friedwald, *Jazz Singing* (New York: Da Capo, 1996), 283–84.

46. Anita O'Day, *High Times, Hard Times* (New York: Limelight, 1981), 17–18, 22.

第五章

1. 《午夜旋律》由蒙克和小号手库蒂·威廉斯在1944年共同创作完成。

2. André Bazin, quoted in David Forgacs, *Rome Open City* (London: BFI, 2008), 23.

3. James Jay Carafano, *Waltzing into the Cold War: The Struggle for Occupied Austria* (College Station: Texas A&M University Press, 2002), 4–9 and passim.

4. 弗雷德里克·贝克，作家兼导演，代表作*Shadowing the Third*

Man；另见James Naremore, *More Than Night: Film Noir in Its Contexts* (Berkeley: University of California Press, 1998), 77–81.

5. Graham Greene, *The Third Man and the Fallen Idol* (New York: Penguin, 1992), 15, 56.

6. 出处同上, 14, 60。

7. Rob White, *The Third Man* (London: BFI Film Classics, 2008), 55, 60.

8. 出处同上, 56。

9. 出处同上, 56, 60。

10. 出处同上, 7, 64, 70。

11. Greene, *The Third Man*, 102–3.

12. 出处同上, 60–61; White, *The Third Man*, 70.

13. Timothy Snyder, *Bloodlands: Europe between Hitler and Stalin* (New York: Basic, 2012).关于原著小说对这些场景的描写，参见 Greene, *The Third Man*, 45, 86。

14. Greene, *The Third Man*, 82.

15. 这部电影的高潮部分发生在下水道内，是一幕西部特色浓郁的拔枪决斗场景。在该场景中，电影中的反派被警察抓捕了，马丁斯不得不亲手拔枪射向儿时的伙伴。关于对西部类型片内涵复杂性和道德模糊性的另一种解读，见Robert B. Pippin, *Hollywood Westerns and American Myth: The Importance of Howard Hawks and John Ford for Political Philosophy* (New Haven, CT: Yale University Press, 2012).

16. 《沉默的美国人》是一则关于美国卷入越南事务的警世寓言，主人公Alden Pyle同霍利·马丁斯一样，涉世未深，只是在书本的教导之下，坚持做人要刚正不阿。他与马丁斯类似，认为上帝总是站在美国这边，总是支持美国建设国家和传播民主制度的宏伟大业。冷战期间，美国接手了欧洲国家留下的殖民残局，深陷各殖民地特别是法属印度支那地区（越南）。

17. 《第三人》拍摄于战后年代，格林用这部作品向他挚爱的电影《逃犯贝贝》（*Pépé le Moko*）（1937年）致敬——该片拍摄于二战前，是一部诗意现实主义影片，讲述了一位法国逃犯外逃至阿尔及利亚城堡中避难的故事，后被好莱坞翻拍成电影《海南游魂》（*Algiers*）（1937年），成为日后黑色电影参照的原型片。凭借在《海南游魂》中使用的阴影和主光源，著名黑色电影摄影师之一黄宗沾荣获奥斯卡金像奖。逃犯贝贝生活在城市的地道中，行事冷峻，崇尚民主，备受人们爱戴，继而遭遇警察的追捕。哈里·莱姆继承了贝贝的衣钵，凭借自己的胆识谋略，生活在城市的下水道中。格林对《逃犯贝贝》的理念"任何地方都没有自由"推崇备至，认为此人身上的存在主义胆识源于"人们司空见惯的（新）流亡经历"。《第三人》与《逃犯贝贝》这两部电影的结局场景如出一辙：在《逃犯贝贝》中，贝贝紧紧抓住围栏，目睹一位法国佳丽乘船返回自己深爱的巴黎；哈里·莱姆中枪后，紧握下水道的格栅——此出口通往的街道正是他当初逃离的自由之地。见Greene's review of the film in *The Graham Greene Film Reader: Reviews, Essays, Interviews and Film Stories*, ed. David Parkinson (New York: Applause, 1995), 193–94.

18. Greene, quoted in White, *The Third Man*, 49.

19. 在为安妮塔·奥黛自传撰写的前言中，Harry Reasoner将"金丝雀"定义为"身穿蓬蓬裙的美丽女孩，每晚大多数时间坐在大乐队前的椅子上，一边打响指，一边和着音乐微微摆动身躯"。Harry Reasoner, "Preface," in Anita O'Day, *High Times, Hard Times* (New York: Limelight, 1981), 11.

20. David Butler, *Jazz Noir: Listening to Music from "Phantom Lady" to "The Last Seduction"* (Westport, CT: Praeger, 2002), 1–2.

21. Robert Mitchum, quoted on *The Dick Cavett Show*, 1971 (Shout Factory DVD, 2006); Catherine L. Benamou, *It's All True: Orson Welles's Pan-American Odyssey* (Berkeley: University of California Press, 2007); Alex Ross,

"The Shadow: A Hundred Years of Orson Welles," *New Yorker*, December 7, 2015, http://www.newyorker.com/magazine/2015/12/07/the-shadow；另见 Ellington, *Music Is My Mistress* (New York: Da Capo, 1973), 第240页。关于 Young's love of Westerns, 见Ross Russell, "Pres," Ross Russell papers, Box 5, HRC, University of Texas–Austin; Miles Davis with Quincy Troupe, *Miles: The Autobiography* (New York: Simon and Schuster, 1989), 70, 395; Richard Wright, *12 Million Black Voices* (1941; repr., New York: Thunder's Mouth, 2002), 130.

22. Ross Russell, letter to Albert Goldman, Box 7, Folder 7, Ross Russell Papers, HRC, University of Texas–Austin; Ernest Borneman, "Black Mask," *Go* [UK], February– March 1952, 63–66, clipping file, Raymond Chandler Papers, UCLA Special Collections.

23. 康弗只是对着口形假唱，实际演唱者为Kitty White。

24. 康弗嫁给了洛杉矶爵士乐贝斯手乔·康弗（Joe Comfort），后者曾与纳金高同台演出，并且曾数次在法兰克·辛纳屈20世纪50年代经典演奏会上登台献唱。

25. Robert Coover, *Noir: A Novel* (New York: Overlook, 2010)，第107–9页；T. S. Eliot, "The Dry Salvages," in *Four Quartets* (London: Faber, 1941).

26. Raymond Chandler, *The Simple Art of Murder* (New York: Vintage Crime, 1988),18; Duke Ellington quoted in "Ellington Defends His Music" (1933), in *The Duke Ellington Reader*, ed. Mark Tucker (New York: Oxford University Press, 1995), 81; Max Roach, quoted in Nat Hentoff, "The Constitution of a Jazzman," *Village Voice*, September 5–11, 2007, 22–23.

27. "Interview with Art Blakey," in Art Taylor, *Notes and Tones: Musician-to-Musician Interviews* (New York: Da Capo, 1993), 243.

28. 《星际迷航：下一代》其中一集名为"The Big Goodbye"，这一集将皮长德舰长（Patrick Stewart饰演）幻想为"Dix Hill侦探"，以此向黑色侦探电影致敬（第一集第12集，播出日期为1988年1月1日）。

29. Norman Mailer, "Dialectic of the American Existentialist," in Box 30–Folder 8, "The White Negro: Handwritten Drafts and Notes," Norman Mailer Papers, Harry Ransom Center, University of Texas–Austin; Norman Mailer, "The White Negro" in *Advertisements for Myself* (1959; repr., Cambridge, MA: Harvard University Press, 1992), 340–41.

30. James Baldwin, "Fifth Avenue, Uptown: A Letter from Harlem," in *Esquire*, July 1960; Richard Wright, "I Choose Exile," Box 6, RW Papers, Beinecke.

31. Chester Himes, *If He Hollers Let Him Go* (New York: Harper & Row, 1945, 15; Mailer, "The White Negro," 340–41.

32. Sartre, "The Republic of Silence," in *The Aftermath of War(Situations III)* (London: Seagull, 2008), 3–4; Jean Guéhenno, *Diary of the Dark Days 1940–1944: Collaboration, Resistance, and Daily Life in Occupied Paris*) (New York: Oxford University Press, 2014)101, 104, 116; Mark Mazower, *Dark Continent: Europe's Twentieth Century* (New York: Vintage, 2000), 192.

33. Liner notes, *Blues in the Mississippi Night* (Rounder CD, 2003). 此注解为Broonzy、Willie Dixon和Memphis Slim之间对话的文字记录。对话发生地点为纽约，时间是1947年3月2日，记录者为Alan Lomax。

34. Guéhenno, *Diary*, xxviii, 38; David Ball, "Introduction," in Guéhenno, *Diary*, xi, n2.

35. Ralph Ellison, *Shadow and Act* (1964; repr., New York: Vintage, 1972), 78–79; Sidney Bechet, *Treat It Gentle* (New York: Da Capo, 1960), 211.

36. Big Bill Broonzy, quoted in liner notes, *Blues in the Mississippi Night*; Bob Riesman, *I Feel So Good: The Life and Times of Big Bill Broonzy* (Chicago: University of Chicago, 2011), 131–32.

37. William Irwin Thompson, *The American Replacement of Nature* (New

York: Doubleday, 1991), 51.

38. James Campbell, *Exiled in Paris* (New York: Scribner, 1995), 14–15; Sartre, "Jazz in America," in Gottlieb, *Reading Jazz*, ed. Robert Gottlieb (New York: Vintage, 1999), 710–12; Albert Camus, *American Journals* (London: Sphere, 1990), 41.

39. Ellison and Murray，quoted in *Trading Twelves: The Selected Letters of Ralph Ellison and Albert Murray*, ed. Albert Murray and John F. Callahan (New York: Modern Library, 2000), 197–98, 212.

40. "真正的爵士乐是个体的宣言，表明个体既置身置身整体之中，又拒绝与整体融为一体。"Ellison在观察大乐队摇摆乐后得出这样的结论，Hobsbawm将贝西伯爵乐团成为"个体创造力与群体兴奋感的惊人结合"。Ralph Ellison, *Living with Music: Ralph Ellison's Jazz Writings*, ed. Robert O'Meally (New York: Random House/Modern Library, 2001), 36; Eric Hobsbawm, *Uncommon People: Resistance, Rebellion and Jazz* (New York: New Press, 1998), 252–53; Joel Dinerstein, *Swinging the Machine: Modernity, Technology, and African-American Culture between World Wars* (Amherst: University of Massachusetts Press, 2003), 22–23, 154–76; West, *Keeping Faith*, xii–xiv.

41. Mailer, "The White Negro," 338.

42. Mailer, "Dialectic of the American Existentialist," NM Papers, HRC, University of Texas–Austin.

43. Mailer, "The White Negro," 338.

44. Albert Camus, *The Fall* (1956; repr., New York: Vintage International, 1991), 45, 118.

45. Archie Shepp, "Foreword," in John Clellon Holmes, *The Horn* (1958; repr., New York: Thunder's Mouth Press, 1987), v.

46. Mailer, "The White Negro," 341.

47. Sartre, *The Aftermath of War*, 259–60.

48. 马尔克姆·艾克斯多次重读这篇论文。见Hisham Aidi, "The Music of Malcolm X," *New Yorker*, February 28, 2015, http://www.newyorker.com/culture/culture-desk/the-music-of-malcolm-x.

49. Sartre, The Aftermath of War, 259–60, 269.

50. Ben Sidran, Black Talk (New York: Da Capo, 1980), xi.

51. James Baldwin, The Price of the Ticket: Collected Nonfiction, 1948–1985 (New York: St. Martin's, 1985), 89–90; Shepp, "Foreword," in The Horn, v.

52. Murray, letter to Ellison, *Trading Twelves*, 65.

53. Baldwin, "Foreword," in *The Price of the Ticket*, xiv.\

54. Christopher Small, *Music of the Common Tongue: Survival and Celebration in African American Music* (Middleton, CT: Wesleyan University Press, 1998), 137–62.

55. Questlove, "Does Black Culture Need to Care about What Happens to Hip-Hop?" *Vulture*, May 27, 2014, www.vulture.com/2014/05/questlove-part-6-does-black-culture-need-to-care-about-hip-hop.html.

56. Ross Russell, "Lester and Alienation," Ross Russell Papers, Box 5, Folder 5, HRC, University of Texas–Austin.

57. 据说，"李斯特私下认为，美国白人的命运……仅比自己略好一点" 杨也曾有过几段幸福的家庭生活，但直至最后的放荡岁月在被爵士乐评论家们视作存在主义人物。Douglas Henry Daniels, *Lester Leaps In: The Life and Times of Lester 'Pres' Young* (Boston: Beacon Press, 2002), 243–47, 277–81.

58. Murray, Stomping the Blues, 6, 10, 42.

59. Albert Murray, The Blue Devils of Nada (New York: Pantheon, 1996), 16, and The Hero 以及 the Blues (New York: Vintage, 2012), 107; 又见 Murray, Stomping the Blues, 99, 102, 250–58.

60. François Postif, "Interview with Lester Young," in A Lester Young Reader, ed. Lewis Porter (Washington, DC: Smithsonian Press, 1991), 181.

61. Jo Jones, quoted in Nat Hentoff, *Jazz Is* (New York: Limelight, 1984), 19.

62. Gil Evans，出处同上，第196页。

63. Murray, *Stomping the Blues*, 162–63.

64. llington, *Music Is My Mistress*, 90–92; Blakey, quoted in Taylor, *Notes and Tones,* 248；Denardo Coleman,, quoted in Larry Blumenfeld, "Message at Charlie Haden Memorial: 'Hey, Man—We're Family,'" January 16, 2015, *BlouinArtInfo.com*, http://www.blouinartinfo.com/news/story/1072881/message-at-charlie-hadenmemorial-hey-man-were-family.

65. Willie Jones，quoted in Büchmann-Müller, *You Just Fight*, 193.

66. 出处同上，第193, 212页。

67. Dick Pountain and David Robbins, *Cool Rules: Anatomy of an Attitude* (London: Reaktion, 2000), 19.

68. Ernest Hemingway, *A Farewell to Arms* (New York: Scribner, 2012), 161.

69. 参见Paul Fussell, *The Great War and Modern Memory* (New York: Oxford University Press, 1975)等文献。

70. Quoted in James M. Salem, *The Late, Great Johnny Ace and the Transition from R&B to Rock 'n' Roll* (Urbana: University of Illinois Press, 2001), 157–58.

代际的插曲

1. Lewis MacAdams, Birth of the Cool: Beat, Bebop, and the American Avant-Garde (New York: Free Press, 2001), 46.。

2. 出处同上，第13–14, 46页。

3. Gene Sculatti, ed., *The Catalog of Cool* (New York: Warner Books, 1982), 1.

4. Dan Burley, Dan Burley's Jive, ed. Thomas Aiello (DeKalb: Northern Illinois University Press, 2009), 72; Zora Neale Hurston, "Story in Harlem Slang," and "Harlem Slanguage," both in The Complete Stories (P.S.) (New York: HarperPerennial, 2008), 134–38, 227–32; William Burroughs, Junky (New York: Penguin, 1952), 153–58; 作为Cab Calloway与Bryant Rollins合著作品 *Of Minnie the Moocher and Me* (New York: Thomas Y. Crowell, 1976)一书的 附录. 在Mezz Mezzrow与Bernard Wolfe合著的*Really the Blues*(1946; repr., New York: Citadel), 371–80一书的附录中，我们可以找到一张俚语参考表。 关于梅勒自称"嬉皮哲学家"的内容，参见Fred Kaplan,1959: The Year Everything Changed (London: Wiley, 2010), 15–26。

5. Robert S. Gold, *The Jazz Lexicon* (New York: 1962), 65–67.

6. Joel Dinerstein, "Hip vs. Cool: Delineating Two Key Concepts in American Popular Culture," in *Is It 'Cause It's Cool? Affective Encounters with American Culture*, ed. Astrid M. Fellner, Susanne Hamscha, Klaus Heissenberger, and Jennifer J* Moos (Vienna: LIT Verlag, 2013), 20–45.

7. Thomas Frank, *The Conquest of Cool* (Chicago: University of Chicago Press, 1998). 在一场主题为"美国酷"的学术研讨会上，Thomas Frank认 为自己的研究被命名为"嬉皮的征服"更加准确，而非"酷的征服"。 Personal conversation with the author, March 18, 2014, "American Cool," Edgar P. Sampson Symposium of the National Portrait Gallery, Smithsonian Institution, March 18, 2014.

8. Ellington, *Music Is My Mistress*, 79–80.

9. Dizzy Gillespie with Al Fraser, *To Be or Not...... to Bop* (New York: Da Capo), 296– 97.

10. 这张"嬉皮与守旧"对照表引用自*Advertisements for Myself* (1959; repr., Cambridge, MA: Harvard University Press, 1992), 425.

11. Mailer, "The White Negro," in *Advertisements for Myself*, 354.

12. 出处同上，第425页。

13. Jack Kerouac, *On the Road* (1957; repr., New York: Penguin, 1991); Jonah Raskin, *American Scream: Allen Ginsberg's "Howl" and the Making of the Beat Generation* (Berkeley: University of California Press, 2004), 18; ennessee Williams, *"Orpheus Descending" with "Battle of Angels": Two Plays* (New York: New Directions, 1958), 27.

14. Robert S. Gold, *Jazz Lexicon* (New York: Knopf, 1964), 65–67 ("cool") and 144–48 ("hip").

15. Ross Russell, *The Sound* (London: Cassell, 1961), 11, 14, 74; Del Close and John Brent, *How to Speak Hip* (1959; reissued by 101 Distribution CD 2009), liner notes by Roy Carr.

16. John Clellon Holmes, *Go* (New York: Scribner, 1952), 209; Burroughs, *Junky*, 143. Burroughs所说的"不受法律限制"（not hot with the law）有两层含义，因为战后年代通常将警察称作"the heat"。忠于"警察"，或者说"遵守法律"的对立面就是保持"酷"的作风，也就是常做违法之事，尤以吸毒为甚。

17. 钢琴手Larry Ham访谈，出自笔者对其的采访，采访地点：路易斯安那州，新奥尔良市，采访时间：2011年5月13日；钢琴手Marc Irwin访谈，出自笔者对其的采访，采访地点：马里兰州，巴尔的摩市，采访时间：2011年11月28日。

18. MacAdams, *Birth of the Cool*, 60.

19. "A Teen-Age Bill of Rights," *New York Times Magazine*, January 7, 1945, SM9; Bob Reisman, *The Life and Times of Big Bill Broonzy* (Chicago: University of Chicago Press, 2011); Uta Poiger, *Jazz, Rock, and Rebels: Cold*

War Politics and American Culture in a Divided Germany (Berkeley: University of California Press, 2000), 71–105.

20. Daniel Belgrad, *The Culture of Spontaneity: Improvisation and the Arts in Postwar America* (Chicago: University of Chicago, 1999); and W. T. Lhamon, *Deliberate Speed: The Origins of a Cultural Style in the American 1950s* (Washington, DC: Smithsonian Institution Press, 1991), 179, 184.

21. Louis Menand, "Drive, He Wrote," *New Yorker*, October 17, 2007, http://www.newyorker.com/magazine/2007/10/01/drive-he-wrote.

22. James T. Patterson, *Grand Expectations: The United States, 1945–1974* (New York: Oxford University Press, 1996), 311–42.

23. James T. Patterson, *Grand Expectations: The United States, 1945–1974* (New York: Oxford University Press, 1996), 311–42.

24. Bogart，quoted in Stefan Kanfer, *Tough without a Gun: The Life and Extraordinary Afterlife of Humphrey Bogart* (New York: Knopf, 2011), 199–202.

25. Dashiell Hammett, "Introduction" to *The Maltese Falcon* (1930; repr., New York: Modern Library, 1934), ix; Dorothy Parker, "The Maltese Falcon," *New Yorker*, April 25, 1931, 92.

第六章

1. *Jack Kerouac: Selected Letters, 1940–1956,* ed. Ann Charters (New York: Penguin, 1996), 231–32; the letter is dated October 6, 1950.

2. Jack Kerouac, *Some of the Dharma* (New York: Viking, 1997), 270. 引用的全文如下："佛祖在上，无量至尊。慈悲肃穆，矜哀三界，法相庄严，佛法无边，普爱众生！所谓供养，唯有真谛……所谓真谛，在于灭苦！"

3. *William Burroughs, Junky (1953; repr., New York: Penguin, 1977), 143;*

Jack Kerouac: Selected Letters, 231–32.

4. Kerouac, On the Road (1957; repr., New York: Penguin, 1991), 12.

5. 出处同上, 179–80, 240–41; Kerouac, Visions of Cody (New York: Penguin, 1993), 142– 44, 157–64, 391–93.

6. Daniel Belgrad, *The Culture of Spontaneity: Improvisation and the Arts in Postwar America* (Chicago: University of Chicago, 1999), 196–221 (on the Beats) and 200– 206 (on Kerouac), 以及该作中其他地方; W. T. Lhamon, *Deliberate Speed: The Origins of a Cultural Style in the American 1950s* (Washington, DC: Smithsonian Institution Press, 1991), 152–54; Scott DeVeaux, "This Is What I Do," in *Art from Start to Finish: Jazz, Painting, Writing, and Other Improvisations*, ed. Howard S. Becker, Robert R. Faulkner, and Barbara Kirshenblatt-Gimblett (Chicago: University of Chicago, 2006), 118–25.

7. Jack Kerouac and William S. Burroughs, *And the Hippos Were Boiled in Their Tanks* (New York: Grove, 2008). 按照主人公吕西安·卡尔的要求,《河马》一书在卡尔去世后才于2008年出版。 Carr是一名专业的记者,从未公开谈论过年轻时的垮掉派经历。

8. Allen Ginsberg, *Composed on the Tongue* (Bolinas, CA: Grey Fox Press, 1980), 83.

9. William Burroughs and Dr. Paul Federn, quoted in Lewis MacAdams, *Birth of the Cool: Beat, Bebop, and the American Avant-Garde* (New York: Free Press, 2001), 113, 126; 另见 Peter Schjeldahl, "The Outlaw: Williams S. Burroughs," *New Yorker,* February 3, 2014, 72.

10. Gerald Nicosia, "And the Hippos Were Boiled Their Tanks," *San Francisco Chronicle*, November 9, 2008, M-1.

11. Kerouac and Burroughs, *Hippos*, 172; Kerouac, *On the Road*, 195.

12. "Who wouldn't want to wake out of a nightmare? Seems to say the Eightfold Path." Kerouac, Some of the Dharma, 299; Kerouac, On the Road,

278. 在《在路上》一书的结尾，凯鲁亚克理解了那位墨西哥老者的镇静随和，在此基础上将战后年代的酷理念同他自己的原始主义结合起来："那位长者如此镇静自若，不受任何事物烦扰。"参见 Thich Nhat Hanh, *Anger: Wisdom for Cooling the Flames* (New York: Riverhead, 2002), 23–46 and 89–100等文献。

13. Allen Ginsberg, *Howl and Other Poems* (San Francisco: City Lights, 1955), 3.

14. Samuel Charters，"Jack and Jazz"，在"在路上：杰克·凯鲁亚克研讨会"上发表的演说，July 26, 1982, Naropa Institute, Boulder, CO, https://archive.org/details/On_the_road_The_Jack_Kerouac_conference_82P261; Kerouac, *On the Road*, 12.

15. 例如，下面这部关于满载恶作剧者巴士（the Prankster bus）的纪录片引出了"酷地带（或称'酷的地方'）"的概念—*Magic Trip: Ken Kesey's Search for a Kool Place* (Magnolia Home Entertainment, 2011, DVD)。

16. Jack Kerouac, "Are Writers Made or Born?" *Writer's Digest*, January 1962, reprinted in My Archival Wanderings: Jack Kerouac (blog), March 12, 2008, http://www.writersdigest.com/editor-blogs/writers-perspective/writers-digestnews/my-archival-wanderings-jack-kerouac; Hettie Jones, *How I Became Hettie Jones* (New York: Penguin, 1990), 59.

17. Kerouac, *On the Road*, 197–98, 209; 关于凯鲁亚克在首场诵读会中高喊的场景，见 Jonah Raskin, *American Scream: Allen Ginsberg's "Howl" and the Making of the Beat Generation* (Berkeley: University of California Press, 2004), 15, Ginsberg, *Composed on the Tongue*, 80.

18. Jack Kerouac, "The Essentials of Spontaneous Prose," in *Good Blonde and Others* (New York: Grey Fox, 2001), 69–71; Kerouac, *Selected Letters*, 515–16.

19. Charters, "Jack and Jazz."

20. Kerouac, *On the Road*, 207; 重点处为笔者所加。

21. "Toni Morrison, the Art of Fiction No. 134: Interviewed by Elissa Schappell, with Additional Material from Claudia Brodsky Lacour," *Paris Review*, no. 128 (Fall1993), http://www.theparisreview.org/interviews/1888/the-art-of-fiction-no-134-tonimorrison.

22. Norman Mailer, Box 1014, Folder 1, Norman Mailer Papers, HRC.

23. Lawrence Sutin, *All Is Change: The Two-Thousand Year Journey of Buddhism in the West* (New York: Little, Brown, 2006), 304–5.

24. Truman Capote是在1959年1月18日的脱口秀节目*Open End on WNTA-TV* (NY, later WNET)说出此句讽刺，此事件经*Daily Defender*记者 Leonard Lyons和Lyons Den报道，刊登在1959年1月27日发行的报纸上。

25. Kerouac, *Some of the Dharma*, 173, 182, 184.

26. 关于将酷视作"黑人禅宗"（"Negro Zen"）的内容，见William Jelani Cobb, "The Genius of Cool: The 25 Coolest Brothers of All Time," *Ebony*, August 2008, 68–69。

27. Snyder, quoted in MacAdams, *Birth of the Cool*, 180; Sutin, *All Is Change*, 296. 虽然沃茨普及了佛教，在将佛教传入西方的过程中扮演着重要的角色，但他并没有提出"嬉皮"或"酷"的概念。凯鲁亚克曾在《达摩流浪者》中借Arthur Whane这一角色嘲讽沃茨，此角色始终在打听哪里有鸡尾酒会，以便在酒会上展示自己的高深莫测。斯奈德调皮地从《尚蒂伊蕾丝》（1958年）中援引"大比波普手"（"Big Bopper"）一词，20世纪50年代的垮掉派圈内人士都能明白其中的意思。

28. Jack Kerouac, *Dharma Bums* (1958; repr., New York: Penguin, 1986), 6.

29. Sutin, *All Is Change*, 248–49, 294.

30. Alan Watts, *"This Is It" and Other Essays on Zen and Spiritual Experience* (New York: Random House/Vintage, 1973).

31. Kerouac, *Some of the Dharma*, 238.

32. D. T. Suzuki, *An Introduction to Zen Buddhism* (New York: Grove, 1964), 71–72. 关于铃木大拙与佛教之酷（包括沃茨与斯奈德），参见 MacAdams, *Birth of the Cool*, 146–50.

33. Ginsberg, *Howl and Other Poems,* 3; Kerouac, *Dharma Bums*, 244.

34. Kerouac, *Dharma Bums*, 12, 29. "'欲'乃'生'之因，'生'继而为'苦'与'死'之因。毫不讳言，我彻底认识到，'欲'乃毁灭一切之因，令人痛苦。所以，我曾禁欲一整年"(29)。

35. Kerouac, *Some of the Dharma*, 325, 417.

36. 出处同上, 56, 66, 238。

37. Kerouac, *Dharma Bums*, 202.

38. Kerouac, *Some of the Dharma,* 325, 417.

39. 出处同上，166; Kerouac, *Dharma Bums*, 169.

40. Kerouac, *Dharma Bums*, 169; Kerouac, *Some of the Dharma*, 24, 166.

41. Kerouac, *Some of the Dharma*, 251.

42. Jack Kerouac, *Mexico City Blues* (New York: Grove, 1959), 241–44. 本章中列出了这部作品的部分页码。

43. 凯鲁亚克能够和着乐手，即兴创作出充满诗意和节奏感的作品，这一点在一段长达14分钟的音轨 "Poems from the Unpublished 'Book of Blues'." 中表现地尤为突出，令人印象深刻。凯鲁亚克在他的诗歌和爵士乐应答轮唱演奏会Haikus and Blues（1959年）上展现出配合爵士乐节拍调整自我声音的能力，金斯堡据此将凯鲁亚克视作一名乐手。Ginsberg, *Composed on the Tongue*, 68.

44. Kerouac, *Some of the Dharma*, 342.

45. Kerouac, *Mexico City Blues*, 115; Red Pine, *The Platform Sutra: The Zen Teaching of Hui-Neng* (New York: Counterpoint, 2006), 140–44. 慧能法师是凯鲁亚克最为崇敬的佛僧。凯鲁亚克曾抄写将近两页慧能法师的作品，他在研究这些文字后，写道"他太伟大了！"(Some of the Dharma, 405–6).

46. Kerouac, *Mexico City Blues*, 116.

47. 出处同上, 241。

48. 出处同上, 242。

49. 出处同上, 243。

50. 出处同上。

51. 出处同上。

52. Kerouac, *Some of the Dharma*, ix, 417.

53. 凯鲁亚克回应了胡里奥·科塔萨尔在其中篇小说《追随者》（1959年，该小说主人公约翰尼·卡特以查理·帕文为原型）中提出的二元并立观点。科塔萨尔认为，黑人面无表情的面孔是一张面具，它借助时间、意识与艺术性，掩盖了人物复杂的社会经历。该小说以约翰尼·卡特的临终遗言作为结语："噢，给我做个面具吧！"（O make me as mask!）Julio Cortazar, *The Pursuer*, in *The Jazz Fiction Anthology*, ed. Sascha Feinstein and David Rife (Bloomington: Indiana University Press, 2009), 115–65.

54. Kerouac, *Mexico City Blues*, 244.

55. Ginsberg, quoted in Lawrence Sutin, *All Is Change*, 305 and 310–11. 此次经历促使创巴仁波切日后在那洛巴佛学院（Naropa Institute）建立杰克·凯鲁亚克虚体诗学院和自己的"疯智（crazy wisdom）"理论。参见 Chögyam Trungpa, *Crazy Wisdom* (1991; repr., Boston: Shambhala, 2010)。

56. *The Gary Snyder Reader* (Berkeley, CA: Counterpoint, 2000), 99.

57. Ginsberg, *Composed on the Tongue*, 65.

58. 出处同上, 65。

59. Kerouac, *Some of the Dharma,* 114, 324.

60. 出处同上, 79, 105。

61. 出处同上, 95。

62. 出处同上, 285。

63. Kerouac, *Some of the Dharma*, 403.

64. Jack Kerouac, *The Scripture of the Golden Eternity* (1960; repr., San Francisco: City Lights, 1994).

65. Kerouac, *Some of the Dharma*, 176, 253, 411.

66. Albert Camus, *Notebooks 1951–1959* (Chicago: Ivan R. Dee, 2008), 189.

67. Red Pine, *The Platform Sutra*, 175, 186. 从Sander H. Lee, "Notions of Selflessness in Sartrean Existentialism and Theravadin Buddhism," Paideia Project Online, February 29, 2000, http://www.bu.edu/wcp/Papers/Reli/ReliLee. htm中, 我们可以找到一组罕见的对比分析。关于认知性哲学与神经科学的一例有趣例证, 参见Evan Thompson, *Waking, Dreaming, Being: Self and Consciousness in Neuroscience, Meditation and Philosophy* (New York: Columbia University Press, 2014).

68. Thomas Merton, *Zen and the Birds of Appetite* (New York: New Directions, 1968), 32, 59.

69. Alan Watts, *The Way of Zen* (1957; repr., New York: Vintage, 1985), 88–89; Gary Snyder, *Earth House Hold* (New York: New Directions, 1969), 113–14.

70. Snyder, *Earth House Hold*, 113–14.

71. Albert Camus, *"The Myth of Sisyphus" and Other Essays* (New York: Vintage,1991), 181.

72. Kerouac, *Some of the Dharma*, 408, 413.

73. Merton, *Zen and the Birds of Appetite*, 90.

74. *The Gary Snyder Reader*, 95; Watts, *The Way of Zen*, 101.

75. Merton, quoted in MacAdams, *Birth of the Cool*, 150; Watts, *The Way of Zen*, 102– 3.

76. MacAdams, *Birth of the Cool*, 150.

77. 撇开深层因素不谈, 凯鲁亚克本来能够避免沾染上酗酒（他从开始喝酒后，便不可收拾）和过度吸食大麻的恶习。凯鲁亚克的第一任妻子对外宣称，正是李斯特·杨带着凯鲁亚克第一次尝试大麻——蓝调学者塞缪尔·查特斯（Samuel Charters）于20世纪80年代初从帕克那里听闻此说法，参见Charters, "Jack and Jazz."

78. MacAdams, *Birth of the Cool*, 150.

第七章

1. Carole K. Fink, *Cold War: An International History* (Boulder, CO: Westview Press, 2014), 123–24; David Halberstam, *The Fifties* (New York: Ballantine, 1994), 473–87.

2. Pete Hamill, *Why Sinatra Matters* (Boston: Little, Brown, 1998), 69以及该作中其他地方。

3. Arnold Shaw, 引自 Stanislo G. Pugliese, "Introduction," in *Frank Sinatra: History, Politics, and Italian American Culture*, ed. Stanislo G. Pugliese (New York: Palgrave Macmillan, 2004), 3–4; Douglas Brinkley, "Frank Sinatra and the American Century," in *Frank Sinatra*, ed. Pugliese, 20.

4. Barbara Ehrenreich, *Hearts of Men: American Dreams and the Flight from Commitment* (New York: Anchor, 1983), 52–67; Elizabeth Fraterrigo, *Playboy and the Making of the Good Life in Modern America* (New York: Oxford University Press, 2009).

5. On Sinatra as the "O.G.," 参见John Gennari, "Passing for Italian: Crooners and Gangsters in Crossover Culture," in *Frank Sinatra*, ed. Pugliese, 127–34; on Dean Martin, 参见Nick Tosches, *Dino: Living High in the Dirty Business of Dreams* (New York: Dell, 1992)。

6. Scott Timberg, "The Peak of Sinatra's Power," interview with biographer James Kaplan, November 21, 2015, Salon.com, http://www.salon.

com/2015/11/21/the_peak_of_sinatras_power_every_sinatra_perform

7. 这句话节选自钱德勒写给Bernice Baumgarten的一封信件，落款时间为1952年5月25日，该信件出自 *Raymond Chandler Speaking*, ed. Dorothy Gardiner, Katherine Sorley Walker, and Paul Skenazy (1962; repr., Berkeley: University of California Press, 1997), 233; Raymond Chandler, *The Long Goodbye* (1953; repr., New York: Vintage Crime, 1992), 378–79.另见Steven Weisenburger, "Order, Error, and the Novels of Raymond Chandler," in *The Detective in American Fiction, Film, and Television*, ed. Jerome H. Delamater and Ruth Prigozy (Westport, CT: Greenwood Press, 1998), 17–18.

8. 在曼拍摄的《陷害》等影片中，Hugh Beaumont饰演一名警察（此角色是20世纪50年代至60年代上映的电视剧*Leave It to Beaver*中Beaver的父亲）夹在刑侦实验室的铁证和对年轻邻居的私情之间。他对这位嫌犯的妹妹说："我只相信事实。"

9. Eddy von Mueller, "The Police Procedural in Literature and on Television," in *The Cambridge Companion to American Crime Fiction*, ed. Catherine Ross Nickerson (Cambridge: Cambridge University Press, 2010), 100.

10. George N. Dove, *The Police Procedural* (Bowling Green, OH: Bowling Green University Popular Press, 1982), 1–4.

11. Anna G. Creadick, *Perfectly Average: The Pursuit of Normality in Postwar America* (Amherst: University of Massachusetts Press, 2010)详细探讨了战后年代的正面比喻——"正常化"和"普通人"。

12. Roger Sabin, "Dragnet," in *Cop Shows: A Critical History of Police Dramas on Television*, ed. Roger Sabin (Jefferson, NC: McFarland, 2015), 15–22; Dove, *Police Procedural*, 1–4 and 38–42, 此文献详细地引用了钱德勒小说的内容。

13. Richard Layman, ed., *Discovering "The Maltese Falcon" and Sam*

Spade (San Francisco: Avery Books, 2005), 327–35.

14. von Mueller, "The Police Procedural," 100–104.

15. Trailer, *Crime Wave* DVD (Warner Home Video, 2007).

16. Toth quoted in "Andre de Toth—an Interview," in *Film Noir Reader 3: Interviews with Filmmakers of the Classic Noir Period*, ed. Robert Porfirio, Alain Silver, and James Ursini (New York: Limelight, 2002), 18; James Ellroy, commentary, *Crime Wave* DVD (Warner Home Video, 2007).

17. 鲍嘉在战后二期饰演的最佳角色是一名新闻记者和罪犯，二者分别出自《无冕霸王》（*The Harder They Fall*）和《危急时刻》（*The Desperate Hours*）。

18. 关于20世纪40年代电影中的科技与网络，参见Dana Polan, *Power and Paranoia: History, Narrative, and the American Cinema, 1940–1950* (New York: Columbia University Press, 1986), 161–65, 169。

19. Dana Polan, commentary, *Naked City* (1948; reissued, Criterion DVD, 2007).

20. Eric P. Kaufmann, *The Rise and Fall of Anglo America* (Cambridge, MA: Harvard University Press, 2004), 19–21, 177–86.

21. C. Wright Mills, *The Power Elite* (1956; repr., New York: Oxford University Press, 2000), 171–79, 183–86.

22. 关于黑色电影经典时代终结的时间，电影学者们在1955年末和1959年这两个时间点之间徘徊不定。

23. 和鲍嘉一样，鲁滨逊象征着混迹城市街头所需的坚毅品质和难分黑白的现代性。他在好莱坞电影《小恺撒》（*Little Caesar*）（1931年）中开创了黑帮成员这类角色，并通过影片《盖世枭雄》（*Key Largo*）（1947年）和《辛辛那提小子》（*The Cincinnati Kid*）（1965年），为此类型的角色增添了存在主义色彩鲜明的虚张声势性格。而在弗里茨·朗导演的《血红街道》（*Scarlet Street*）和《窗里的女人》（*The Woman in the*

Window）中，饰演的则是懦弱、善良的人物，此类角色无法控制自己的欲望，常常拜倒在蛇蝎美人的石榴裙下。

24. James Kaplan, *Frank: The Voice* (New York: Doubleday, 2010), 509–603; Will Friedwald, *Sinatra! The Song Is You* (New York: Da Capo, 1997), 163–200; Hamill, *Why Sinatra Matters*, 162–64.

25. Hamill, *Why Sinatra Matters*, 170, 175, 176.

26. 出处同上，37–38, and see also, 44, 71.

27. 出处同上，94; Milt Bernhart, quoted in Rob Jacklosky, "Someone to Watch over Him: Images of Class and Gender Vulnerability in Early Sinatra," in *Frank Sinatra*, ed. Pugliese, 94.

28. Rollins, quoted in Eric Nisenson, Open Sky: Sonny Rollins and His World ofImprovisation (New York: Da Capo, 2000), 24; 根据艾灵顿公爵在 *Music Is My Mistress* (New York: Da Capo, 1973)，第239页中的回忆，辛纳屈 "走遍种族关系紧张的高中，四处宣扬种族宽容"；Kaplan, Frank: *The Voice*, 249–51.

29. Sinatra，quoted in Hamill, *Why Sinatra Matters*, 115–16; *Friedwald*, Sinatra! 145, 155–56.

30. Hamill, *Why Sinatra Matters*, 88.

31. Friedwald, *Sinatra!* 154–75; Robert Christgau, "Frank Sinatra 1915–1998," reprinted from *Details*, http://www.robertchristgau.com/xg/music/sinatra-det.php.

32. Friedwald, *Sinatra!* 224; Miles Davis and Quincy Jones, quoted in Hamill, *Why Sinatra Matters*, 172–73.

33. Joel Whitburn, Joel Whitburn's Top Pop Albums, 1955–2001: *Chart Data Compiled from "Billboard"* (Menomonee Falls, WI: Record Research, Inc., 2001), 1165, 1177. 另见 Friedwald, *Sinatra!* 229–30.

34. Brinkley, "Frank Sinatra," in *Frank Sinatra*, ed. Pugliese, 20.

35. Tosches, *Dino*, 302, 408.

36. Thomas J. Ferraro, "Urbane Villager," in *Frank Sinatra*, ed. Pugliese, 135–46, and 145–46n3 (quote by Herbert Gans).

37. Friedwald, *Sinatra!* 404.

38. Timberg, "The Peak of Sinatra's Power."

39. Gay Talese, "Frank Sinatra Has a Cold," in *The Gay Talese Reader: Portraits and Encounters* (New York: Walker & Company, 2000), 19.

40. 出处同上，19–20.

41. 黑色侦探角色于20世纪60年代末重新出现在战时一代人面前：保罗·纽曼的电影《地狱先锋》（*Harper*）（1966年），该电影改编自Ross Chandler于1949年创作的侦探小说The Moving Target。（此处疑似原文有误，经查证，该小说作者为Ross MacDonal——译者注）中饰演侦探Lew Archer。与此同时，James Garner则在影片《马洛》（*Marlowe*）（1969年）中饰演马洛。

42. Kerouac, Some of the Dharma, 420; Robert Love, "Bob Dylan Does the American Standards His Way," interview with Bob Dylan, AARP Magazine, February–March 2015, http://www.aarp.org/entertainment/style-trends/info-2015/bob-dylan-aarpmagazine.html.

第八章

1. Jack Kerouac, "America's New Trinity of Love: Dean, Brando, Presley" (1957)，该诗经Richard Lewis之手，被演绎为歌曲专辑*Kerouac: Kicks, Joy, Darkness* (1996), Rykodisc CD 118566；另见诗歌 "Old Western Movies"，亦被William S. Burroughs演绎为音乐专辑。

2. Peter Guralnick, *Last Train to Memphis: The Rise of Elvis Presley* (Boston: Little, Brown, 1994), 322–23.

3. 艾尔维斯理应被视作非裔美国声乐史上的一位歌手：他曾在20世纪50年代多次登上"美国告示牌节奏蓝调排行榜"榜首。艾尔维斯精通各种非裔美国流行音乐形式，如乡村音乐、蓝调、福音音乐——笔者在本章中不再探讨学界对艾尔维斯斯黑人音乐中爱与窃思想的争论，因为这类争论对本人的观点不会产生任何明显的影响。此外，Presley的种族思想还曾引发一场与原定主题无关的即兴演说。参见Peter Guralnick, "How Did Elvis Get Turned into a Racist?" *New York Times*, August 11, 2007, A15。

4. 例如，罹患神经症（即神经衰弱症）的白兰度十一年来每天都在接受治疗，詹姆斯·迪恩的挚友也催促其前去接受治疗。Peter Manso, *Brando* (New York: Hyperion, 1995), 244–46, 281–82; Donald Spoto, *Rebel: The Life and Legend of James Dean* (New York: HarperCollins, 1996), 204–5. Lee Server, *Robert Mitchum: "Baby, I Don't Care"* (New York: St. Martin's, 2001), 117.

5. Leonard Rosenman，quoted in Spoto, *Rebel*, 185–86, 205–6,另见下文 Elia Kazan、Nicholas Ray与Brando的回忆。Rosenman见到迪恩的父亲时，称其为"怪兽，根本不会体贴关心他人"，于是开始对迪恩（在处理父子关系时）的混乱情绪状态报以同情之心。

6. Kerouac, *On the Road* (1957; repr., New York: Penguin, 1991), 101, 307.

7. 在T-Bone Walker的歌曲Why Not（1955年）中——凭借这句歌词"为何/不让我成为你的守护者呀（即正文中出现的Daddy-O，亦可译作'老父亲呀'）"——蓝调歌手以守护挚爱的名义，取代了父亲的角色。该歌曲出自专辑T-Bone Walker, *T-Bone Blues* (Atlantic 1989 CD 8020-2)。

8. Dennis Stock, *James Dean Revisited* (San Francisco: Chronicle Books, 1987), 107; Dean，引用自写给Barbara Glenn的信件，该信件出自 Spoto, *Rebel*, 191。

9. Helen Hall, "Letter from Jack Kerouac to Marlon Brando," *Culture*

(blog), *Collectors Weekly*, January 10, 2011, http://www.collectorsweekly.com/articles/letter-fromjack-kerouac-to-marlon-brando/.

10. John Clellon Holmes, "The Philosophy of the Beat Generation" (1958), in *Beat Down to Your Soul: What Was the Beat Generation?* ed. Ann Charters (New York: Penguin, 2001), 228–38; Kingsley Widmer, "The Way Out: Some Life-Style Sources of the Literary Tough Guy and the Proletarian Hero," in *Tough Guy Writers of the Thirties*, ed. Dave Madden (Carbondale: Southern Illinois University Press, 1968), 4 ("hipster cool"), 3–12.

11. Richard Pells, *Modernist America: Art, Music, Movies, and the Globalization of American Culture* (New Haven, CT: Yale University Press, 2012), 274; 关于欧洲人对白兰度骑手形象的反映，见 Uta Poiger, *Jazz, Rock, and Rebels: Cold War Politics and American Culture in a Divided Germany* (Berkeley: University of California Press, 2000), 1, 71–81 and 171–72, and for Italy, James Gavin, *Deep in a Dream: The Long Night of Chet Baker* (Chicago: Chicago Review Press, 2011), 156–57. Mark Rydell, 引用自由Gail Levin自编自导的纪录片*James Dean: Sense Memories*，该片于2005年5月11日开播，隶属电视系列剧*American Masters* (第19季，第1集)。

12. Louis Menand, "Drive, He Wrote," *New Yorker,* October 1, 2007, 88, http://www.newyorker.com/magazine/2007/10/01/drive-he-wrote. 关于"将反叛者情色化"的表述，见Leerom Medovoi, *Rebels: Youth and the Cold War Origins of Identity* (Durham, NC: Duke University Press, 2005), 169–172, 265–66.

13. Logan, quoted in Truman Capote, "The Duke in His Domain," in *Selected Writings* (New York: Random House, 1963), 409. 卡波特的个人简介首次刊登在1957年11月17日的《纽约客》（*New Yorker*）上。

14. Rene Jordan, *Marlon Brando* (New York: Pyramid, 1973), 40–42; Presley, quoted in Guralnick, *Last Train to Memphis*, 452.

15. Patricia Bosworth, *Marlon Brando* (New York: Viking, 2001), 34; 关于迪恩对白兰度的崇拜之情，见Spoto, *Rebel*, 78–83, 146–47, 204–5, 244–45; Dean, quoted in Joe Hyams, *James Dean: Little Boy Lost* (New York: Warner, 1992), 26, 82–83.

16. Elia Kazan, *A Life* (New York: Knopf, 1988), 428; 参见Tennessee Williams, quoted in David Thomson, "Marlon Brando," *Guardian*, July 2, 2004, http://www.guardian.co.uk/news/2004/jul/03/guardianobituaries.artsobituaries.

17. Jordan, *Marlon Brando*, 40; Hunter, quoted in Bosworth, *Brando*, 53; Maureen Stapleton, quoted in Manso, *Brando*, 511–12; 另见 David Thomson, "*The Fugitive Kind*: When Lumet Went to Tennessee," April 26, 2010, Criterion Collection, http://www.criterion.com/current/posts/1449-the-fugitive-kind-whensidney-went-to-tennes

18. Jordan, *Marlon Brando*, 15, 17, 27. 卡赞曾指导白兰度如何在表演过程中即兴发挥。"即兴表演……正是那个家伙（指卡赞）的专长。"伯尔·艾弗斯（Burl Ives）曾在出演《伊甸园之东》后这样评价导演。引用自William Baer, ed., *Elia Kazan: Interviews* (Jackson: University of Mississippi Press, 2000), 29。

19. Bosworth, *Brando*, 34, 57, 49, 68–70. 关于Brando的精神遗产及其紧身T恤套装，见 Tim Gunn with Ada Calhoun, *Tim Gunn's Fashion Bible* (New York: Gallery, 2012), 27; "Dean's Jeans," pressbook for *Rebel Without a Cause*, USC/WB, p. 4。

20. Jordan, *Marlon Brando*, 17.

21. Bosworth, *Marlon Brando*, 93.

22. John Patrick Diggins, *The Proud Decades: America in War and Peace* (New York:W. W. Norton, 1989), 197–98.

23. 参见Michael DeAngelis, *Gay Fandom and Crossover Stardom: James*

Dean, Mel Gibson, and Keanu Reeves (Durham, NC: Duke University Press, 2001), 45–63 and 157–58, 以及 Eric Braun, *Frightening the Horses: Gay Icons of the Cinema* (London: Reynolds & Hearn Ltd, 2007)。在stoppingthehate.com 网站整理的"同性恋偶像50强排行榜"中迪恩位列第15名，白兰度位列第41名。

24. Thomson, "Marlon Brando."

25. Kazan, *A Life*, 331; Sidney Gottlieb, ed., *Alfred Hitchcock: Interviews* (Jackson: Univestoppingthehate.com. rsity Press of Mississippi, 2003), 206. "演员贱如牲畜，"希区柯克的说法似乎是在回应制片人，"所有演员都应该像牲畜那样任由（导演或制片人）摆布"。

26. Manso, *Brando*, 283.

27. "Brando an Individualist," pressbook, *A Streetcar Named Desire*, WB/USC, p. 25.

28. Bosworth, *Marlon Brando*, 114.

29. Manso, *Brando*, 53.

30. Pells, *Modernist America*, 343–47.

31. Capote, "Duke in His Domain," 433; Manso, *Brando*, 329.

32. Manso, *Brando*, 275–79, 339.

33. Roy Carr, Brian Case, and Fred Dellar, *The Hip: Hipsters, Jazz, and the Beat Generation* (London: Faber and Faber, 1986), 96; John Clellon Holmes, quoted in David Sterritt, *Mad to Be Saved: The Beats, the '50s and Film* (Carbondale: Southern Illinois University Press, 1998), 80.

34. Camille Paglia, "Brando Flashing," in *Sex, Art, and American Culture: Essays* (New York: Vintage, 1992), 91–95. 另见 Pells, *Modernist America*; Manso, *Brando*, 329–30。

35. Bogart, quoted in Stefan Kanfer, *Tough without a Gun: The Life and Extraordinary Afterlife of Humphrey Bogart* (New York: Knopf, 2011), 166,

171.

36. Kazan, *A Life*, 145, 428, 517, 525–27.

37. Capote, "Duke in His Domain," 414, 437; Manso, *Brando*, 373.

38. Bosworth, *Marlon Brando*, 10.

39. Capote, "Duke in His Domain," 443.

40. Manso, *Brando*, 269, 273; Capote, "Duke in His Domain," 405–15, 430; Miles Davis with Quincy Troupe, *Miles: The Autobiography* (New York: Simon and Schuster, 1989), 197, 216.

41. Holmes, "The Philosophy of the Beat Generation," in *Beat Down to Your Soul*, ed. Charters, 233.42.

42. Kazan, *A Life*, 135–36.在接受众议院非美活动委员会（the House Un-American Activities Committee investigations）调查的过程中，卡赞公开指名道姓，引发轩然大波，因此树敌颇多。

43. 1944年，白兰度与鲍德温曾是室友，此时距离两人出名还很远。白兰度当红之时，曾借给友人鲍德温500美元，帮助其从巴黎返回纽约销售自己的第一部小说。*A Historical Guide to James Baldwin* (New York: Oxford University Press, 2011), 36. Background on the so-called Hollywood Roundtable from 1963 can be found at *Unwritten Record* (blog), September 21, 2012, National Archives, http://blogs.archives.gov/unwrittenrecord/2012/09/21/hollywood-roundtable/,圆桌会议的内容，参见："Civil Rights 1963—James Baldwin and Marlon Brando,"具体内容已上传至May 29, 2014, https://www.youtube.com/watch?v=ZjZBZxPk4Pc.

44. "Brando and Panthers at Bobby Hutton's Funeral," 该影片最初在1968年4月12日经电台转播，现可以访问下方地址观看 https://diva.sfsu.edu/collections/sfbatv/bundles/188783. Brand曾在其自传中代表美国原住民谈论自己的激进主义，参见*Songs My Mother Taught Me* (New York: Random House, 1994), 380–402。

45. Brando, quoted in Bosworth, *Marlon Brando*, 216.

46. Jordan, *Marlon Brando*, 135–36; Bosworth, *Marlon Brando*, 218.

47. 曾有一篇实证性文章试图将"酷"论证为描述"受喜爱程度或受欢迎程度"的"叙词",结果发现"酷"的含义同"桀骜不驯"（rebellious）一样重要。该文章列举了918位被试者,詹姆斯·迪恩便是其中最为重要的一例。

48. *Born Cool*, directed by Dennis Pietro (DVD 2005);我从网站http://www.allposters.com/-sp/James-Dean-4EVR-COOLLicense-Plate-Posters_i995196_.htm找到了这张海报,该网址现已无法打开;关于"酷的化身",参见Jel D. Lewis Jones, *James Dean: The Epitome of Cool* ([Philadelphia]: Xlibris, 2007); and Jaime O'Neill, "The Epitome of Cool," *Los Angeles Times*, September 30, 2010, http://articles.latimes.com/2010/sep/30/opinion/la-oe-oneill-jamesdean-20100930.

49. 事实上,处在大萧条年代摇摆文化之下的工薪阶层舞者缔造出首个波及全国的青年文化——"青年"（teenager）一词正是得名于这批人,但是他们在大萧条年代与自己的"舞厅岁月"结束之后,便匆匆奔赴战场。这些人的音乐与个人风格至今仍被尘封在战后青年文化的底层,尚未得到发掘,只是偶见于《摇摆狂潮》（*Swing Kids*）这类电影中。

50. David Dalton, *The Real James Dean* (2005). 这部纪录片由Dalton著述。

51. Dennis Hopper,出处同上。Dean, quoted in Spoto, *Rebel*, 140; William K. Zinsser的评论首次出现在*New York Herald-Tribune*,后被纪录片 *The James Dean Story* (1957) 引用; Bosley Crowther, "The Screen: 'East of Eden' Has Debut; Astor Shows Film of Steinbeck Novel," *New York Times*, March 10, 1955, http://www.nytimes.com/movie/review?res=9C0DEFD6143EE53ABC4852DFB566838E649EDE;另见Bosley Crowther, "Rebel without a Cause," *New York Times*, October 27, 1955, 28;

"Rebel without a Cause," *Variety*, October 26, 1955, Cinefiles, University of California, Berkeley, Art Museum & Pacific Film Archive, https://cinefiles. bampfa.berkeley.edu/cinefiles/DocDetail?docId=10102.

52. James Dean, letters to Barbara Glenn，in Spoto, *Rebel*, 204。

53. Frank H. Goodyear III, "Shooting Cool: Photography and the Making of an American Persona," in *American Cool*, ed. Joel Dinerstein and Frank H. Goodyear III (New York: Prestel, 2014), 57–58; David Dalton, in the documentary *The Real James Dean*。

54. Kazan, quoted in Spoto, *Rebel*, 198。

55. David Dalton, *James Dean: The Mutant King* (Chicago: Chicago Review Press, 2001), 120–25;Barbara Glenn, quoted in Hyams, *James Dean*, 100, 241.

56. Pells, *Modernist America*, 365.

57. Pressbook, *Rebel Without a Cause*, Warner Brothers Archives, University of Southern California (WB/USC).

58. Stern, in the documentary *James Dean: Sense Memories*。

59. Mat 305, pressbook, *Rebel Without a Cause*, WB/USC; *James Dean: Sense Memories*; Hyams, *James Dean*, 218–20.

60. Mats 301 and 305, pressbook, *Rebel Without a Cause,* WB/USC.

61. John Clellon Holmes, *Passionate Opinions: The Cultural Essays* (Fayetteville: University of Arkansas Press, 1988), 69–70.

62. 1956年8月6日，Elvis Presley接受记者Lloyd Shearer的采访，quoted in Guralnick, *Last Train to Memphis*, 323。

63. Quoted in Patrick Higgins, *Before Elvis, There Was Nothing* (New York: Carroll & Graf, 1992).

64. Greil Marcus, *Mystery Train: Images of America in Rock'n'Roll Music* (New York: E. P. Dutton, 1976), 177.历史学家David Halberstam将艾尔维斯

称作20世纪50年代三大文化现象之一（*The Fifties* [New York: Ballantine, 1994], 456–61）。

65. Peter Guralnick, *Sam Phillips: The Man Who Invented Rock and Roll* (New York: Little Brown, 2015), 11–12, 18, 32–34, 122–26, 137–38, 142–48, 207, 419; Sam Phillips, quoted in Richard Buskin, "Sam Phillips: Sun Records," *SOS* (*Sound on Sound*), October 2003, https://web.archive.org/web/20150606112655/http://www.soundonsound.com/sos/oct

66. Guralnick, *Sam Phillips*, 235, 260.

67. Greil Marcus, *Mystery Train*, 180–81. 关于莱博和斯通勒被作为最早的"酷仔"，参见 Ken Emerson, *Always Magic in the Air: The Bomp and Brilliance of the Brill Building Era* (New York: Viking, 2005), 1–16。到了1999年，莱博和斯通勒接受Nick Spitzer的采访时宣称，"我们认为自己是黑人"，参见 *American Routes: Songs and Stories from the Road* (Highbridge CD, 2008); Paul Simon, quoted in Dave Marsh, "Echoes of Love: Elvis' Friends Remember," *Rolling Stone*, September 22, 1977, 53; "Howlin Wolf", quoted in Peter Guralnick, liner notes, Elvis Presley, *Reconsider Baby* (RCA LP, 1985); B. B. King with David Ritz, *Blues All around Me* (New York: Avon, 1996), 188–89.

68. Camille Paglia, "Sullen Hero," review of *Brando: A Life in Our Times*, by Richard Schickel, *New York Times*, July 21, 1991, http://www.nytimes.com/1991/07/21/books/sullen-hero.html?pagewanted=all.

69. Captions for promotional stills, *King Creole*, Margaret Herrick Library, Paramount Collection, Los Angeles, CA. 艾尔维斯在电影开场时与 Jean "Kitty" Bilbrew（又名Kitty White）的合唱《龙虾》（Crawfish），可访问YouTube观看此视频（时长2:08，上传者为"Swancourt"，上传时间为2007年2月3日），观看地址：https://www.youtube.com/watch?v=oa7gT2V8WE4。

70. Medovoi, *Rebels*, 169–72, 265–66; see also Virginia Wexman, *Creating the Couple* (Princeton, NJ: Princeton University Press, 1993), 169–70.

71. David R. Shumway, "Watching Elvis: The Male Rock Star as Object of the Gaze," in *The Other Fifties: Interrogating Midcentury American Icons*, ed. Joel Foreman (Urbana: University of Illinois Press, 1997), 124–43.

72. Kazan, *A Life*, 529–30.

73. Quoted in the documentary, *The James Dean Story*.

74. Jordan, *Marlon Brando*, 17–18.

75. Donnell Alexander, *Ghetto Celebrity: Searching for My Father in Me* (New York: Crown, 2003), 14.

76. Bob Dylan, quoted in Higgins, *Before Elvis There Was Nothing*, 42.

77. Springsteen, quoted in Peter Ames Carlin, *Bruce* (New York: Touchstone, 2013), 19–20. 与斯普林斯汀同时代的汤姆·佩蒂（Tom Petty）回忆起第一次遇见艾尔维斯的场景时，也说出了类似的惊人语录。佩蒂在家乡奥卡拉附近拍摄*Follow That Dream*（1962年）外景期间，看到了艾尔维斯本尊，听到了后者的声音。"艾尔维斯的出现就像一道美景——我从未见过此般美景，于是站在原地，惊讶地目瞪口呆。"佩蒂当时只有十岁，他被小镇万人空巷的场景镇住了。"我回到家中，像变了个人一样。"他回忆道（此段回忆出自纪录片Tom Petty and the Heartbreakers, *Runnin' Down a Dream*, 导演是Peter Bogdanovich[DVD 2007]）。

78. Dave Hickey, "American Cool," in *Pirates and Farmers* (Santa Monica, CA: Ram, 2013), 97–106.

79. 出处同上。

80. Sean Axmaker, "Interview: Stewart Stern, Part 1," *Cinematical* (blog), September 1, 2005, http://blog.moviefone.com/2005/09/01/interview-stewart-stern-part-one/ (site discontinued).另见Sean Axmaker, "Interview: Stewart Stern on 'Rebel Without a Cause,'" *Parallax View* (blog), November 11, 2013,

http://parallaxview.org/2013/11/11/interview-stewart-stern-rebel-without-cause/.

81. John Lennon and Paul McCartney, quoted in Mark Lewisohn, *Tune In: The Beatles —All These Years*, vol. 1 (New York: Crown, 2013), 41–42; 另见Bob Spitz, *The Beatles: The Biography* (New York: Little, Brown, 2012), 9, 89–90: Paul McCartney sings "That's All Right, Mama" on The Beatles, *Live at the BBC* (Capitol CD, 2013).

82. David Dalton, *Who Is That Man? In Search of the Real Bob Dylan* (New York: Hachette, 2012), 18–20; Elijah Wald, ed., *Dylan Goes Electric!* (New York: William Morrow/Dey Street, 2015), 2, 41.

第九章

1. George W. Goodman. "Sonny Rollins at Sixty-Eight," *Atlantic Monthly*, July 1999, http://www.theatlantic.com/past/docs/issues/99jul/9907sonnyrollins. htm

2. Martin Williams, *The Jazz Tradition* (New York: Mentor, 1970), 18, 20, 21。关于亨托夫，威廉姆斯和巴列特, 参见John Gennari, *Blowin' Hot and Cool: Jazz and Its Critics* (Chicago: University of Chicago, 2006), 12, 166–71, and 189–91。

3. Kenny Clarke, quoted in Lewis MacAdams, *Birth of the Cool: Beat, Bebop, and the American Avant-Garde* (New York: Free Press, 2001), 45.

4. James Baldwin, quoted in Joe Goldberg, *Jazz Masters of the '50s* (1965; repr., New York: Da Capo, 1983), 82.

5. 参见Charles Mingus与Langston Hughes共同创作的作品*The Weary Blues* (Polygram CD, 1991) or Kenneth Rexroth, *Poetry and Jazz at the Blackhawk* (Fantasy LP 7008, 1959)等文献。

6. Ross Russell Papers, Box 8, Folder 2, "Salvage from the Sound," Harry

Ransom Center (HRC), University of Texas–Austin.

7. 关于拉塞尔与帕克的复杂关系，见John Gennari's "Race-ing the Bird," in *Blowin' Hot and Cool*, 299–338。

8. Ross Russell, *Bird Lives!* (1976; repr., New York: Da Capo, 1996), 242; Jack Kerouac, *Visions of Cody* (New York: Penguin, 1993), 393.

9. Marshall Stearns, quoted in Lillian Ross, "You Dig It, Sir?" (1954), 出自 *Reading Jazz*, ed. Robert Gottlieb (New York: Vintage, 1999), 686–701.

10. Russell, *Bird Lives!* 5, 10–11.

11. James Gavin, *Deep in a Dream: The Long Night of Chet Baker* (New York: Knopf, 2002), 31–34, 58, 77, 81, 115–16, 188. 钢琴手Paul Bley将"酷"阐释为一门极简主义艺术，"酷意味着你只用一句话就表达了别人一段话才能说明白的意思"。另见Roy Carr, Brian Case, and Fred Dellar, *The Hip: Hipsters, Jazz, and the Beat Generation* (London: Faber and Faber, 1986), 75–76, 80 (on Art Pepper and Chet Baker). 贝克的声音最初"以迈尔斯·戴维斯的冷酷曲风为基调"，佩珀曾回忆说，"我感受到黑人音乐的亲和力，因而渴望成为黑人"。

12. Ross，"You Dig It, Sir?" 700. Lennie Tristano和Lee Konitz等乐手宣布摒弃器乐中的情感成分，被誉为"至尊之酷"。罗斯曾将这些乐手加以分级："肯顿是最早的'酷乐手'之一，他们能够控制和引导自己的情绪，其中包括George Shearing（改良之酷）……Lennie Tristano（至尊之酷）、Lee Konitz（至尊之酷）、Jo Jones（摇摆之酷）、Milt Hinton（至尊之酷）、Gil Melle（超级至尊之酷）和Gene Krupa（不朽之酷）。"

13. Søren Kierkegaard, "Concluding Unscientific Postscript to the 'Philosophical Fragments,'" in *A Kierkegaard Anthology, ed. Robert Bretall* (New York: Modern Library, 1946), 201–5, 209–17.

14. Robert Farris Thompson, *Aesthetic of the Cool: Afro-Atlantic Art and Music* (Pittsburgh: Periscope, 2011), 28–29.

15. Farah Jasmine Griffin and Salim Washington, *Clawing at the Limits of Cool:Miles Davis, John Coltrane, and the Greatest Jazz Collaboration Ever* (New York: Thomas Dunne/St. Martin's, 2008), 254。另见Amiri Baraka, "Miles Later," in *Digging: The Afro-American Soul of American Classical Music* (Berkeley: University of California Press, 2011), 9–18.

16. 关于蒙克与"五点俱乐部"，参见Martin Williams, "A Night at the Five Spot," in *Reading Jazz*, ed. Gottlieb, 679–85; W. T. Lhamon, *Deliberate Speed: The Origins of a Cultural Style in the American 1950s* (Washington, DC: Smithsonian Institution Press, 1991), 103, 129, 236; Robin D. G. Kelley, *Thelonious Monk: The Life and Times of an American Original* (New York: Free Press, 2010), 225–36.

17. Thomas Pynchon, *V.* (New York: Harper Perennial, 1961), 366。

18. 出处同上 366. W. T. Lhamon在其提出的理论中将20世纪50年代的文化风格概括为"加速行驶"，认为品钦的"保持冷酷，但心怀关爱"正好与"迫切想要以'一种从容不迫的速度'融合各个流派的"做法相反。借助品钦，Lhamon将酷视作一种反作用力——也就是说，随着艺术与文化进步的速度日新月异，我们在面对必要的社会变革时，必须保持镇静。Lhamon, *Deliberate Speed*, 236–39.

19. Mingus, quoted in Goldberg, *Jazz Masters of the '50s*, 134.

20. Mingus, quoted in Nat Hentoff, *Jazz Is* (New York: Limelight, 1984), 158, 160, 162.

21. Ralph Ellison, *Shadow and Act* (1964; repr., New York: Vintage, 1972), 234; James Baldwin, quoted in Walton Muyumba, *The Shadow and the Act* (Chicago: University of Chicago Press, 2009), 39; Toni Morrison, cited in Paul Gilroy, *Black Atlantic: Modernity and Double Consciousness* (Cambridge, MA: Harvard University Press, 1993), 78. 具有讽刺意味的是，自20世纪90年代以来，"用爵士精神类比"创业精神——将爵士乐的即兴创作和展现个性的

做法迁移到企业管理中，已经成为管理学中老生常谈的内容。参见Chris Arnot, "Business and All That Jazz," *Guardian*, January 2, 2012, https://www.theguardian.com/education/2012/jan/02/jazz-leaders-lessons-forbusiness.等文献。

22. David Steinberg语录，引用自美国公共广播公司（PBS）的系列喜剧*Make 'Em Laugh*，该剧集播出时间为2009年1月14日(http://www.pbs.org/wnet/makeemlaugh/about/)。Albert Goldman, *Ladies and Gentlemen, Lenny Bruce!* (New York: Penguin, 1992), 347. 戈德曼曾这样评价布鲁斯在其"卡耐基音乐厅演奏会专辑"中即兴发挥而成的冥想片段："该专辑中的这类表现是爵士乐时代的产物。莱尼崇尚自发创作、坦率与自由联想。"另见Hampton Hawes with Don Asher, *Raise Up off Me* (1974; repr., New York: Thunder's Mouth Press, 2001), 45。

23. 关于爵士乐及其俱乐部对其他艺术家的吸引力，见MacAdams, *Birth of the Cool*, 20, 47, 82–85, 224。关于"五点俱乐部"，参见Goldberg, *Jazz Masters of the '50s*, 33–35。

24. Hettie Jones, *How I Became Hettie Jones* (New York: Penguin, 1990), 34–36, 170– 72.

25. Robert Kotlowitz, "Monk Talk," *Harper's*, September 1961, 21–23; Kelley, *Thelonious Monk*, 131–36.

26. 关于 Gillespie, 参见Richard O. Boyer, "Bop," *New Yorker*, July 3, 1948, 28–37; 关于Miles Davis（美国最会打扮的男人之一）引领的偶像风格，参见George Frazier, "The Art of Wearing Clothes," *Esquire*, September 1960 (reprinted at http://www.dandyism.net/the-art-of-wearing-clothes/); 蒙克曾登上1964年2月28发行的《时代》周刊的封面，封面标题为"Bebop and Beyond"。

27. Blakey, quoted in Goldberg, *Jazz Masters of the '50s*, 51.

28. MacAdams, *Birth of the Cool*, 224.

29. 关于 Art Blakey, see Goldberg, *Jazz Masters of the '50s*, 47, 56; 关于迈尔斯·戴维斯, 参见 John Szwed, *So What: The Life of Miles Davis* (New York: Simon & Schuster, 2004), 179–82; 关于蒙克被警察殴打的经历, 参见 Valerie Wilmer, *Jazz People* (New York: Da Capo, 1977), 50。

30. *The Collected Works of Langston Hughes*, vol. 7, *The Early Simple Stories*, ed. Donna Akiba Sullivan Harper (Columbia: University of Missouri Press, 2002), 228; italics in original. Duke Ellington, "The Duke Steps Out" (1931), in *The Duke Ellington Reader*, ed. Mark Tucker (New York: Oxford University Press, 1995), 49.

31. Rollins, quoted in Goodman, "Sonny Rollins at Sixty-Eight"; Sonny Rollins, interview by Kalamu ya Salaam on-stage at Jazzfest, New Orleans, Louisiana, May 7, 2011; Jack Kerouac, *The Subterraneans* (New York: Grove, 1958), 84.

32. Patrick Burke, *Come in and Hear the Truth: Jazz and Race on 52nd Street* (Chicago: University of Chicago Press, 2008); Goldberg, *Jazz Masters of the '50s*, 21; Ingrid Monson, *Freedom Sounds: Civil Rights Call out to Jazz and Africa* (New York: Oxford University Press, 2007), 286; Ishmael Reed, "Sonny Rollins: Three Takes," in *Mixing It Up* (New York: Da Capo, 2008), 63–64.

33. Monson, *Freedom Sounds*, 286.

34. 肯尼·克拉克曾一语中的地指出："'大鸟'是个天才……我们几乎很难在天才出现在现场……迪兹不一样：他是一位圣人，亲自向所有小号手……以及众多鼓手传授技艺。" Clarke, quoted in Art Taylor, *Notes and Tones: Musician-to-Musician Interviews* (New York: Da Capo, 1993), 193. 桑尼·罗林斯曾在2005年说道，"毫无疑问，查理·帕克就是我们的神"。这句话出自罗林斯发表在其个人网站"Sonny Meets Miles"上的视频录像。这段录像源自 YouTube视频Sonny Rollins Podcast的第4集，上传者为"Jazz Video Guy"，上传时间为2007年4月22日，观看地址为：

https://www.youtube.com/watch?v=3WfRlyUKv8Y.

35. Scott DeVeaux, *The Birth of Bebop: A Social and Musical History* (Berkeley: University of California Press, 1997), 43.

36. Eric Lott, "Double-V, Double-Time: Bebop's Politics of Style," in *The Jazz Cadence of American Culture*, ed. Robert O'Meally (New York: Columbia University Press, 1998), 457–68.

37. Hawes with Asher, *Raise Up off Me*, 76–77.吉莱斯皮也曾发表过类似评价帕克的言论："他缺少足够的力量一直红下去。黑人想在这个社会取得成功太难了。所有的压力汇集到你一人身上，你在重压之下开始走下坡路，最终，这些压力会使你陷入困境。" Gillespie, quoted in *Jazz Is*, 67. 关于帕克的政治观点与聪明才智，参见Dizzy Gillespie with Al Fraser，*To Be or Not... to Bop* (New York: Doubleday, 1979), 287, 290。

38. Russell, *Bird Lives!* 5, 10–11. 李斯特·杨的猪肉馅饼帽、双排扣西服、墨镜和俚语是其摇摆乐时代次中音萨克斯声在视觉上的延伸。从着装风格上看，帕克更像是一名无产者。

39. Leonard Feather, quoted in DeVeaux, *The Birth of Bebop*, 14. 在比波普出现之前的摇摆乐时代，乐手可能会在艾灵顿公爵面前抱怨"自己对独奏无从下手"，直至艾灵顿对乐手做出指导。在比波普变革发生之后，艾灵顿说道，"年轻的乐手们逐渐能够演奏你交给他的任何内容"。 Ellington, quoted in Hentoff, *Jazz Is*, 27.

40. Don Byas interview in Taylor, *Notes and Tones*, 54, my italics.

41. Amiri Baraka, *The Autobiography of LeRoi Jones* (New York: Freundlich, 1984), 56–61.

42. Sonny Rollins, quoted in Eric Nisenson, *Open Sky: Sonny Rollins and His World of Improvisation* (New York: Da Capo, 2000), 105.

43. Kelley, *Thelonious Monk*, 106; Gillespie with Fraser, *To Be or Not...... to Bop*, 148; Francis Davis, "Bebop and Nothingness," in *The Charlie Parker*

Companion, ed. Carl Woideck (New York: Schirmer, 1998), 255. "第二次世界大战促使美国人的生活节奏发生了剧烈的变化，相较其他艺术形式（有人认为绘画除外，但是另一部分人对此存有争议），爵士乐能够更为敏锐地反映出这些变化" (Gary Giddins, *Celebrating Bird* [New York: William Morrow/Beech Tree, 1987], 4); 另见Lhamon, Lhamon, *Deliberate Speed*, 103, 129。

44. Kelley, *Thelonious Monk*, 106; Crouch, quoted in Craig Morgan-Teicher, "Sax, Drugs and Jazz: Charlie Parker's 'Lightning-Fast' Rise," review of *Kansas City Lightning: The Rise and Times of Charlie Parker*, by Stanley Crouch, NPR, September 27, 2013, http://www.npr.org/2013/09/27/225766018/sax-drugs-and-jazzcharlie-parkers-lightning-fast-rise?sc=17&f=1032.

45. James Baldwin, "Sonny's Blues," in *Jazz Short Stories: Hot and Cool*, ed. Marcella Breton (New York: Plume, 1990), 129–30.

46. Ingrid Monson, *Freedom Sounds* (New York: Oxford University Press, 2007), 302.

47. Rollins语录，出自新奥尔良爵士音乐节期间Kalamu ya Salaam在舞台上对其的采访。

48. Gunther Schuller, *Early Jazz: Its Roots and Musical Development* (New York: Oxford, 1968), 57; 关于用爵士乐"表现生活"的论述，参见Travis A. Jackson, "Jazz Performance as Ritual: The Blues Aesthetic and the African Diaspora," in *The African Diaspora: A Musical Perspective*, ed. Ingrid Monson (Routledge, 2000), 23–82; Ellison, *Shadow and Act*, 209; Blakey, quoted in Carr, Case, and Dellar, *The Hip*, 85.

49. Quoted in Luc Delannoy, *Pres: The Story of Lester Young* (Fayetteville: University of Arkansas Press, 1993), 73.

50. John Chilton, *Song of the Hawk: The Life and Recordings of Coleman Hawkins* (Ann Arbor: University of Michigan Press, 1993), 370.

51. Ellington, quoted in Hentoff, *Jazz Is*, 27. "当某个人在乐队待过一段时间后，我便能够听出他擅长什么，然后据此编写乐曲。"

52. Ben Ratliff, *Coltrane: The Story of a Sound* (New York: Picador, 2009), x.

53. "Blindfold Test: Charles McPherson," *Downbeat*, December 2009, 98。

54. 出处同上。

55. Betty Carter, quoted in Taylor, *Notes and Tones*, 277–80.

56. Hentoff, "Pres," in *The Lester Young Reader*, ed. Lewis Porter (Washington, DC: Smithsonian Institution Press, 1991), 158–59, 162 (quote); and Ross Russell, *Jazz Style in Kansas City and the Southwest* (1971; repr., New York: Da Capo, 1997), 150, 152–53.

57. Ingrid Monson, *Saying Something: Jazz Improvisation and Interaction* (Chicago: University of Chicago Press, 1997).

58. Young, quoted in Nat Shapiro and Nat Hentoff, *Hear Me Talkin' to Ya* (New York: Dover, 1955), 310; Gillespie with Fraser, *To Be or Not...... to Bop*, 148. 鼓手Andrew Cyrille回想起，别人劝他别再继续模仿自己的偶像Philly Joe Jones。"所有前辈告诉我：'不要一味模仿，要找到属于你自己的东西。'事实证明，他们所言极是。"Quoted in Bill Miklowski, "Overdue Ovation: Andrew Cyrille, Still Searching at 70," *JazzTimes*, November 2009, 27.

59. Clarke, quoted in Mike Hennessey, *Klook: The Story of Kenny Clarke* (Pittsburgh: University of Pittsburgh Press, 1994), 148.

60. Miles Davis with Quincy Troupe, *Miles: The Autobiography* (New York: Simon and Schuster, 1990), 3, 7–8, 399. 戴维斯在其自传的开篇这样说道，"自我懂事以来，我人生中最受震撼的一次经历就是在1944年第一次听到迪兹与'大鸟'同台合奏"(7)。

61. Gillespie, quoted in Hennessey, *Klook*, 30.

62. Thomas Owens, *Bebop* (New York: Oxford, 1995), 168–73.

63. Hampton Hawes with Don Asher, *Raise Up off Me* (1974; repr., New York:Thunder's Mouth Press, 2001), 6; Teddy Wilson and Gil Evans, quoted in Hentoff, *Jazz Is*, 94, 140.

64. Hentoff, *Jazz Is*, 12, 99, 246–48.

65. DeVeaux, *The Birth of Bebop*, 17–18.

66. Jim Hall and Rex Stewart, quoted in Hentoff, Jazz Is, 12, 99. Interview with Timothy Brennan, "On His Book *Secular Devotion: Afro-Latin Music and Imperial Jazz,*" *Rorotoko*, December 5, 2008, http://rorotoko.com/interview/20081205_brennan_timothy_secular_devotion_afrolatin_music_imperial_jazz/?page=4; 另见Timothy Brennan, *Secular Devotion: Afro-Latin Music and Imperial Jazz* (London: Verso, 2008).

67. Gregory Corso, "For Miles"; Bob Kaufman, "Walking Parker Home"; Edward Hirsch, "Art Pepper"; and Keorapetse Kgostitsile, "Art Blakey and the Jazz Messengers"—all in *Jazz Poems*, ed. Kevin Young (New York: Knopf/Everyman's, 2006), 81–82, 114, 125–27, 185–86.

68. Patricia Spears Jones, "The Blues of This Day (for Miles Davis); and Ted Joans, "Lester Young," in *Jazz Poems*, ed. Young, 106, 117–18. Joans在此并没有将"嬉皮士"用作贬义，而是使用了该词的本义，即"谙熟最新潮流之人，尤指现代爵士乐爱好者"（*The American Heritage College Dictionary*, 3rd ed., s.v. "hipster"）。

69. Ed Sanders, "The Legacy of the Beats," in *Beat Culture and the New America, 1950–1965*, ed. Lisa Phillips (New York: Whitney Museum of American Art; Paris: Flammarian, 1996), 246.

70. Lorenzo Thomas, "'Communicating By Horns': Jazz and Redemption in the Poetry of the Beats and the Black Arts Movement," *African American*

Review 26(2) (Summer 1992): 291–98.

71. Monson, *Freedom Sounds*, 28.

72. Young与Baraka创作的诗歌出自*Jazz Poems*, ed. Young, 111, 164–65, 168。

73. Goodman, "Sonny Rollins at Sixty-Eight."

74. Sonny Rollins, liner notes, *Freedom Suite* (Riverside LP, 1958). 他在此说明文字中重申了自己的主张，见Taylor, *Notes and Tones*, 171–72。

75. Rollins, quoted in Reed, *Mixing It Up*, 69.

76. Jackie McLean, quoted in "Sonny Rollins Still Rolling along at 75," *Orange County Register*, April 5, 2006 (updated August 21, 2013), http://www. ocregister.com/articles/rollins-142807-jazz-sonny.html.

77. Rollins, quoted in Nisenson, Open Sky, 146–47, 另见 148–53; Blakey, Lacy, and Rollins, quoted in Goldberg, *Jazz Masters of the '50s*, 106, 107, 110.

78. Rollins, quoted in Taylor, *Notes and Tones*, 167, 169–70; Timothy Brennan, *Secular Devotion: Afro-Latin Music and Imperial Jazz* (London: Verso, 2008).

79. Rollins, quoted in Taylor, *Note and Tones*, 169; 关于罗林斯涉足东方宗教的内容，参见 Nisenson, *Open Sky*, 182–85。

80. John Clellon Holmes, *The Horn* (1958; repr., New York: Thunder's Mouth Press, 1987), 5。

81. 霍尔姆斯首先在《纽约时报》上公开发表了两篇论述"垮掉的一代"的论文，这两篇文章日后均被收录在*Beat Down to Your Soul: What Was the Beat Generation?* ed. Ann Charters (New York: Penguin, 2001), 222–38, and the first Beat novel, *Go* (New York: Scribner, 1952)。

82. Holmes, *The Horn*, introduction, n.p. 文艺复兴时期的作家"可被用来类比当代的艺术家处境"。这部作品每一章"合唱"的题记都将文艺复兴作家与爵士乐手放在一起类比，如坡（Poe）与杨、迪金森

（Dickinson）与比莉·荷莉戴、梅尔维尔与蒙克。

83. 出处同上。

84. Holmes, quoted in letters in Ann Charters and Samuel Charters, *Brother-Souls: John Clellon Holmes, Jack Kerouac, and the Beat Generation* (Jackson: University Press of Mississippi, 2010), 279–81.

85. Holmes, *The Horn*, 69, 92. 该场景改编自一起并不光彩的真实录音事件，当时拉塞尔强迫因吸食毒品而精神恍惚的查理·帕克履行合同规定的录音义务。此事件同样在Elliott Grennard的小说中得到了演绎，成为该小说中广为人知的情节，见"Sparrow's Last Jump," *Harper's*, May 1947, 419–26。

86. Holmes, *The Horn*, 8 (long quote), 201, 233–34.

87. Holmes, *The Horn*, 11; Ross Russell, "Gin for Breakfast" (unpublished), Box 6, Ross Russell Papers, HRC, 欲了解更为专业的音乐学论点，见Russell, *Jazz Style in Kansas City and the Southwest*, 153–54。

88. Holmes, *The Horn*, 59, 73.

89. 出处同上，第25, 149页。霍尔姆斯在此采纳并改进了凯鲁亚克的"圣愚"思想。

90. 出处同上，第242页。

91. 出处同上，第92页; Archie Shepp, introduction to *The Horn*, v.

92. Holmes, *The Horn*, 91; 沿用原文的斜体与省略号。

93. Miles Davis, "*Playboy* Interview with Alex Haley," in *Miles Davis and American Culture*, ed. Gerald Early (St. Louis: University of Missouri Press, 1999), 198–207; Jones, *How I Became Hettie Jones*, 188–89.

94. 见Thomas Frank, *The Conquest of Cool* (Chicago: University of Chicago, 1998)等作品; Richard Majors and Janet Mancini Bilson, *Cool Pose: The Dilemmas of Black Manhood in America* (New York: Touchstone, 1993); 另见Marlene Connor, *What Is Cool? Understanding Black Manhood in America*

(New York: Crown, 1995).

95. 例如，纽约惠特尼美术馆（New York's Whitney Museum)曾在1996年举办了一场名为"垮掉文化与新美国"（Beat Culture and the New America）的重大展览，该展览的特色在于用部分专辑封面展现爵士乐对垮掉派（特别是凯鲁亚克）产生的影响，但未提及任何爵士乐表演方法或艺术实践。Mona Lisa Saloy关于爵士乐的论文《黑色节拍与黑色问题》（Mona Lisa Saloy）被收录进这场展览，其中一张插图的标题为"1949年身处'鸟园爵士（Birdland）'俱乐部的查理·帕克"，但没有提及李斯特·杨（他就站在查理身边）和其他乐手。Phillips, ed., *Beat Culture and the New America*, 152–53.

96. 笔者在此处将帕克同爱默生的"The Poet"联系在一起，欲了解笔者为何在文中将帕克比作爱默生企盼的"解放众生之神"，请参见Muyumba, *The Shadow and the Act*, 43–44。欲梳理从爱默生、威廉·詹姆斯到蓝调乐手再到艾尔维斯的发展线索，从而进一步剖析实用主义、经验和自我创造三者之间的关系，请参见Tim Parrish, *Walking Blues: The Making of Americans from Emerson to Elvis* (Amherst: University of Massachusetts Press, 1999)。

97. 关于非裔美国文学与文化中的"俄耳甫斯模式"，参见Saadi A. Simawe, *Black Orpheus: Music in African American Fiction from the Harlem Renaissance to Toni Morrison* (New York: Garland, 200), xi–xxi; and A. Yemisi Jimoh, *Spiritual, Blues, and Jazz People in African-American Fiction* (Knoxville: University of Tennessee Press, 2002).

98. Susan McClary, *Conventional Wisdom: The Content of Musical Form* (Berkeley: University of California Press, 2000), xi.

第十章

1. 关于《逃亡者》的拍摄过程，参见Peter Manso, *Brando* (New York: Hyperion, 1995), 497–514。

2. Robert Bretall, ed., *A Kierkegaard Anthology* (New York: Modern Library, 1946), 204–17; this section is from Kierkegaard's *Concluding Unscientific Postscript to the'' "Philosophical Fragments."* 另见 Steven Earshaw, *Existentialism* (London: Continuum, 2006), 31–32, 113–34.

3. 关于将蓝调视作20世纪60年代反主流文化参照的原型，参见Dennis McNally, *On Highway 61: Music, Race and the Evolution of Cultural Freedom* (New York: Counterpoint, 2014); and John Milward, *Crossroads: How the Blues Shaped Rock 'n' Roll (and Rock Saved the Blues)* (Boston: Northeastern University Press, 2013).

4. Albert Murray, letter to Ralph Ellison, November 15, 1958, quoted in *Trading Twelves: The Selected Letters of Ralph Ellison and Albert Murray,* ed. Albert Murray and John F. Callahan (New York: Modern Library, 2000), 200.

5. Tennessee Williams, *"Orpheus Descending" with "Battle of Angels"*: *Two Plays* (New York: New Directions 1958), 26–27.

6. "携异性伴侣沿公路逐店闹饮（juke）"可能源于沃洛夫语 "*dzug*"，本意为"放荡地活着"；总而言之，"juke"起源于西非语言。Maciej Widawski, *African American Slang: A Linguistic Description* (Cambridge, MA: Harvard University Press, 2015), 56, 79, 87, 95.

7. Williams, *"Orpheus Descending" with "Battle of Angels,"* 26–27.

8. 影片中的这句台词是在萨特名句的基础上直接即兴改编而成，原句为："从来没有人会设身处地了解他人！我们所有人注定被禁锢在自己的皮囊之下，然后孤独终老！女士，你明白我的意思。"波伏瓦（萨特所说的女士——译者注）对此持反对意见，拒绝"认同如此悲观的观点"。
Williams, *"Orpheus Descending" with "Battle of Angels,"* 47.

9. 有观点将私刑视作美国南方的一种社会仪式，详见Orlando Patterson, *Rituals of Blood* (New York: Basic Civitas, 1999), 169–232。

10. Kerouac, *On the Road*, 5–6.

11. Thomas M. Pryor, "A 'Defiant One' Becomes a Star," *New York Times*, January 25, 1959, SM27. William Jelani Cobb, "The Genius of Cool," *Ebony* 63, no. 10 (2008): 68–69; and Shirley Henderson, "What Makes Sidney Cool," in *Ebony* 63, no. 10 (2008): 72.

12. Aram Goudsouzian, *Sidney Poitier: Man, Actor, Icon* (Chapel Hill: University of North Carolina Press, 2004), 103.

13. Harry Belafonte, quoted in Richard W. Nason, "Evaluating the Odds," *New York Times*, March 15, 1959, 415; Goudsouzian, *Sidney Poitier*, 2, 4, 234.

14. Krin Gabbard, "*Paris Blues*: Ellington, Armstrong, and Saying It With Music," in *Uptown Conversation: The New Jazz Studies*, ed. Robert G. O'Meally, Brent Hayes Edwards, and Farah Jasmine Griffin (New York: Columbia University Press, 2004), 301–02.

15. Goudsouzian, *Sidney Poitier*, 3; Harold Flender, *Paris Blues* (New York: Ballantine, 1957), 2.

16. Ruth Feldstein, *How It Feels to Be Free: Black Woman Entertainers and the Civil Rights Movement* (New York: Oxford University Press, 2013), 48–49.

17. Tracey Davis with Nina Bunche Pierce, *Sammy Davis, Jr.: A Journey with My Father* (Philadelphia: Running Press, 2014).

18. Pryor, "'A Defiant One' Becomes a Star."

19. 出处同上。

20. Bosley Crowther, "Screen: Stagelike Version of 'A Raisin in the Sun,'"

New York Times, March 30, 1961, 24.

第十一章

1. 《克莱伯恩公园》（*Clybourne Park*）在某种程度上可以被视作《阳光下的葡萄干》的后续。正是这部戏剧的成功，才使得当今人们对《阳光下的葡萄干》的误解进一步加深。

2. Lorraine Hansberry with Robert Nemiroff, *To Be Young, Gifted, and Black* (New York: Vintage, 1995).*To Be Young, Gifted and Black*在百老汇以外地区上演期间，西蒙创作了该歌曲，并于1969年6月在墨尔海德学院接受采访，阐释了该歌曲的构思过程。("Nina Simone: To Be Young, Gifted and Black," YouTube video，时长：9分21秒。上传者：estate of Nina Simone。上传时间：2013年2月21日。观看地址：https://www.youtube.com/watch?v=_hdVFiANBTk&feature=share); Ruth Feldstein, *How It Feels to Be Free: Black Woman Entertainers and the Civil Rights Movement* (New York: Oxford University Press, 2013), 107。

3. Frank Rich在1983回顾过往时指出了汉斯伯里作品的预见性。在*Raisin* 25周年重演之际，Frank Rich在其剧评中写道："这部戏剧包罗万象，从美国和非洲黑人民族主义的兴起，到黑人斗争精神的萌芽，再到大大小小的各类黑人妇女自由运动，不一而足。汉斯伯里总能以古鉴今，预知未来——她深谙旧时（指南北战争前）南方的奴隶制以及黑人工人迁徙到北方工业"隔都"后遭遇的新"奴隶制"，并在此基础上做出预判。" Frank Rich, "'Raisin in Sun,' Anniversary in Chicago," *New York Times*, October 5, 1983.

4. Lorraine Hansberry, *The Collected Last Plays: Les Blancs, The Drinking Gourd, What Use Are Flowers?* ed. Robert Nemiroff (New York: New American Library, 1983), 269–70.

5. Untitled Lecture, Brandeis University, April 27, 1961, Lorraine Hansberry Papers, Box 56 Folder 3.

6. Lorraine Hansberry, "The Negro Writer and His Roots: Toward a New Romanticism," *Black Scholar*, March–April 1981, 2. 她于1959年3月1日发表此次演说，此时距离*Raisin*在百老汇首演只有两周。

7. 汉斯伯里曾为杜布瓦准备了长达14页的发言提纲打印稿，题为"The Belgian Congo: A Preliminary Report on Its Land, Its History, and Its Peoples"。此稿件的页眉位置有汉斯伯里手写的文字："杜布瓦先生亲启——非洲历史研讨会，纽约市，杰弗逊中学，1953年（For Dr. DuBois—African History Seminar, Jefferson School, NYC 1953.）" Lorraine Hansberry Papers, Schomburg Center for Research in Black Culture, New York Public Library (LH Papers, Schomburg).另见Lorraine Hansberry, "A Speech @ Carnegie Hall, 2/23/64," 重印于"The Legacy of W.E.B. DuBois," *Freedomways* 5 (Winter 1965): 19–20。

8. 三年后，纽约市政厅的确举办了一场类似的辩论。参加辩论的一方是Ossie Davis、James Baldwin、Amiri Baraka和汉斯伯里，另一方是David Susskind、Charles Silberman和专栏作家James Wechsler。汉斯伯里曾指出，对于被白人吸收并融入白人社会，黑人并无兴趣。"几代人以来，人们总认为黑人拼命想要被吸纳进白人构建的'大厦'……他们恐怕要失望了，黑人中的有识之士最想看到这座大厦被推翻重建。"（Quoted in Goudsouzian, *Sidney Poitier*, 177）.

9. Hansberry, *To Be Young, Gifted and Black*, 36.

10. Lorraine Hansberry, letter to Edythe Cohen, 1951, Box 2, Folder 14, LH Papers, Schomburg.

11. 美国联邦调查局对汉斯伯里的调查档案已遭严重篡改。Box 72, Folders 1 and 2, LH Papers, Schomburg.

12. Lorraine Hansberry, "The Negro in Hollywood Films," *New*

Foundations, 1952, 12–14, clipping file, Box 58 (Other Writings), LH Papers, Schomburg.

13. Letter to the Editor of "Sunday Magazine," *New York Times......* dated March 4, 1956, Box 63——Professional Correspondence, Folder 25, LH Papers, Schomburg.她还（饱含爱国热情和充满预见性地）认为："美国历史孕育出众多伟大人物，杜布瓦和道格拉斯名列其中。"

14. "Notes on Women's Liberation," Box 56 Folder 6, LH Papers, Schomburg.

15. Typescripts, "Some Rather Indecisive Thoughts on M. Gide and his 'Corydon'" (1955), Box 56, Folder 18, LH Papers, Schomburg.以下是她对美国社会各阶层的分析："在美国，男人压迫女人；工人阶级……积极参与对共产党的政治迫害……；白人……在某些地区几乎能够随意杀害黑人；进步缓慢的美国社会仍将知识分子视作怪胎……而且，所有这些阶级都反对美国社会接纳同性恋。"

16. "October 19, 1956," fragment, Box 1 Folder 1, "Autobiographical Notes 1957– 1963," LH Papers, Schomburg.

17. "美国非洲文化协会" (The American Society of African Culture)是由散居各地的知识分子与艺术家于1957年建立的组织，旨在向美国人宣传非裔美国人对美国文化所做的贡献。该组织赞助各类演讲、会议、艺术展览和音乐演出，以突出"黑人民族主义"或"泛非主义"这类主题。1964年，该组织针对美国读者，开始出版自己的期刊《非洲论坛》（*African Forum*）。

18. Hansberry, "The Negro Writer," 5.

19. 出处同上，第7页。

20. 出处同上。

21. 出处同上，第12页。

22. 出处同上，第11–12页。

23. 出处同上，第6页。

24. Hansberry, letter to Nemiroff, ca. 1956–57, Box 2, LH Papers, Schomburg.

25. 出处同上。

26. Lorraine Hansberry, Simone de Beauvoir and *The Second Sex*: An American Commentary, quoted in *Words of Fire: An Anthology of African-American Feminist Thought*, ed. Beverly Guy-Sheftall (New York: New Press, 1995), 128–42.

27. "Make New Sounds: Studs Terkel Interviews Lorraine Hansberry," *American Theatre*, November 1984, 6. 该采访完成于1959年5月12日，但采访记录直至1984年才公开出版。

28. Hansberry, "Beauvoir and *The Second Sex*," 132, 19–40.

29. Simone de Beauvoir, *The Second Sex* (New York: Knopf, 2010), 44, 46.

30. Hansberry, quoted in Margaret B. Wilkerson, "Introduction," in *The Collected Last Plays*, 7–8.

31. Julius Lester, "Foreword," in Hansberry, *The Collected Last Plays*, 8.

32. "Make New Sounds," 5–8, 41.

33. Hansberry, letter to Nemiroff ca. 1956–57, Box 2—Correspondence, LH Papers, Schomburg.

34. Unpublished MS, n.d., Box 1, "Autobiographical Notes," LH papers, Schomburg.

35. Robert Nemiroff, "Introduction," in *Lorraine Hansberry's "A Raisin in the Sun,"* 30th anniversary ed., rev. (New York: Samuel French, 1989), 6, 148; see also Steven R. Carter, *Hansberry's Drama: Commitment amid Complexity* (Urbana: University of Illinois Press, 1991), 51.

36. Lorraine Hansberry, *"A Raisin in the Sun" and "The Sign in Sidney Brustein's Window"* (New York: New American Library, 1987), 72.

37. 出处同上，第72-74页。

38. Dick Gregory, quoted in Geneva Gay, "Ethnic Identity Development and Black Expressiveness," in *Expressively Black: The Cultural Basis of Ethnic Identity*, ed. Geneva Gay and Willie L. Baber (New York: Praeger, 1987), 65.

39. Hansberry, *To Be Young, Gifted, and Black*, 30.

40. Hansberry, *"A Raisin in the Sun" and "The Sign in Sidney Brustein's Window"*, 106, 另参见 "And Bird Blowin' Back: I Am!" in Box 57, Folder 1, LH papers.

41. LH, Raisin and Sidney, 77–81.

42. Hansberry, quoted in Anne Cheney, *Lorraine Hansberry* (Boston: G. K. Hall & Co., 1984), 60; "Studs Terkel Interviews Lorraine Hansberry," 8, 41.

43. Hansberry, *"A Raisin in the Sun" and "The Sign in Sidney Brustein's Window"*, 135–37.

44. Baldwin, "Sweet Lorraine," in *To Be Young, Gifted, and Black*, xviii; Lester, "Afterword," in Hansberry, *The Collected Last Plays*, 267.

45. Hansberry, "A Raisin in the Sun: Screenplay—Scenes from Earlier Drafts," Box 15, Writings—Play Scripts, LH Papers, Schomburg; see also Carter, *Hansberry's Drama*, 42.

46. Kalamu ya Salaam, "What Use Is Writing? Re-reading Lorraine Hansberry," *BlackCollegian*, March–April 1984, 45–46, clipping file, Box 61, LH Papers, Schomburg. 另见Julius Lester, "Afterword," in Hansberry, *The Collected Last Plays*, 262– 74; Carter, *Hansberry's Drama*, 25.

47. Bosley Crowther, "Screen: Stagelike Version of 'A Raisin in the Sun,'" *New York Times*, March 30, 1961."

48. Stanley Kauffman, "With Negroes in Suburbia," *New Republic*, March 20, 1961, clipping file, Box 15, Folder 7, LH Papers, Schomburg; Harold Cruse, quoted in Carter, *Hansberry's Drama*, 21.

49. Hansberry, quoted in Carter, *Hansberry's Drama*, 45.

50. Sam Briskin："原作中有太多的隐语，如'伙计'（man）、'那样'（like）、'我的意思是'（I mean），这些东西太多了，应当被删去。"（"Studio Memoranda: Sam Briskin's Notes on Raisin in the Sun," Folder 5, LH Papers, Schomburg; Goudsouzian, *Sidney Poitier*, 184–85)

51. Norman Mailer, "Theatre: The Blacks," *Village Voice,* May 11, 1961, 11, 14, and "Theatre: The Blacks (Contd.)," *Village Voice*, May 18, 1961, 11, 14–15; Lorraine Hansberry, "Genet, Mailer and the New Paternalism," *Village Voice*, June 1, 1961, 11, 14, 15; Norman Mailer, "Mailer to Hansberry," *Village Voice*, June 8, 1961: 11– 12.另见, Hansberry, "The New Paternalism," several versions, Box 58, Folder 10, LH Papers, Schomburg。

52. Mailer, "The Blacks (Contd.)," 11, 14 (emphasis added), 15.

53. 出处同上。

54. 日后的手稿显示，洛林·汉斯伯里在接下来的五年里不断修改这篇文章，以便在另一本出版物中呈现出更为尖锐的观点。

55. "后现代游唱表演"一词现已十分常见。见Jenny Sandman, "The Blacks: A Clown Show," *CurtainUp: The Internet Theater Magazine of Reviews, Features, Annotated Listings*, accessed August 4, 2014, http://www.curtainup.com/blacks.html等文献。

56. Mailer, "Theatre: The Blacks," 11, 14.

57. Hansberry, "Genet, Mailer and the New Paternalism," 11.

58. 出处同上。

59. Mailer, "Theatre: The Blacks," 14.

60. Hansberry, *"A Raisin in the Sun" and "The Sign in Sidney Brustein's Window,"* 283–84.

61. Hansberry, quoted in Carter, *Hansberry's Drama*, 65.

62. Hansberry with Nemiroff, *To Be Young, Gifted and Black*, 176.

63. Lorraine Hansberry，"The Arrival of Mr. Todog: A Bit of Whimsy, or A Little Camp on a Great Camp," Box 50, Folder 5, LH Papers, Schomburg. 汉斯伯里曾在1965年将这部作品投稿给《哈泼斯杂志》（*Harper's Magazine*），但未被后者采用。

64. Hansberry, *What Use Are Flowers?* in *The Collected Last Plays*, 223–60, and letter to Mme. Chen Jui-Lan, *To Be Young, Gifted and Black*, 223.

65. Lorraine Hansberry, "On Arthur Miller, Marilyn Monroe, and 'Guilt,'" in *Women in Theatre: Compassion and Hope*, ed. Karen Malpede (New York: Drama Books Publishers, 1983), 174; Hansberry, *To Be Young, Gifted and Black*, 11, 227; Carter, *Hansberry's Drama*, 92.

66. Lorraine Hansberry, "Images and Essences: Dialogue with an Uncolored Egg- head," *Urbanite*, May 1961, 10, 11, 36, Box 57—Articles, Folder 1, LH Papers, Schomburg.

67. 出处同上。另见 *To Be Young, Gifted and Black*, 210。

68. 雷米洛夫在其著作 *A Raisin in the Sun" and "The Sign in Sidney Brustein's Window* 中讲述了这部戏剧延长演出档期的幕后故事（quoted from Shelley Winters）。

69. Hansberry, letter to Nemiroff, ca. 1956, Box 1, LH Papers, Schomburg. This was a pet peeve of Hansberry's.这是汉斯伯里作品老生常谈的话题。在其评论《名士风流》时，汉斯伯里曾讽刺不食人间烟火的知识分子"仰坐在椅子里，高谈阔论……'啊，这就是体制问题！'"

70. Hansberry, *"A Raisin in the Sun" and "The Sign in Sidney Brustein's Window,"* 330–31.

71. 出处同上，第267页；另见 Carter, *Hansberry's Drama*, 85。

72. Nemiroff, quoted in *"A Raisin in the Sun" and "The Sign in Sidney Brustein's Window,"* 170.

73. "A Note to Readers: Toussaint," December 1958, "final WNET

typescript for WNET," Box 42, LH Papers, Schomburg; 斜体强调为笔者所加。《杜桑》最初计划在纽约的WNET-TV电台上映。

74. Hansberry, quoted in Ruth Feldstein, *How It Feels to Be Free*, 94; 另见 in Nina Simone, *I Put a Spell on You: The Autobiography of Nina Simone* (New York: Pantheon, 1991), 86–87.

75. Lorraine Hansberry, *The Movement: Documents of a Struggle for Equality* (New York: Simon & Schuster, 1964), 52.

结语

1. Norman Mailer, "Superman Comes to the Supermarket," quoted in *Mind of an Outlaw: Selected Essays*, ed. Phillip Sipiora (New York: Random House, 2013), 109, 113, 121–28, 131, 143; Michael Sheridan, *Sinatra and the Jack Pack: The Extraordinary Friendship between Frank Sinatra and John F. Kennedy* (New York: Skyhorse, 2016), 171–79.

2. Mailer, "Superman Comes to the Supermarket," 113, 121.

3. 出处同上，第113, 121–22, 131页。

4. 出处同上，第131页。

5. Michael Lydon, *Rock Folk: Portraits from the Rock 'n' Roll Pantheon* (New York: Doubleday, 1971), 15.

6. Juliette Gréco, quoted in Roy Carr, Brian Case, and Fred Dellar, *The Hip: Hipsters, Jazz, and the Beat Generation* (London: Faber and Faber, 1986), 110.

7. Elizabeth Wilson, *Adorned in Dreams: Fashion and Modernity* (Berkeley: University of California Press, 1987), 187–88; Marshall McLuhan, *Understanding Media: The Extensions of Man* (New York: McGraw-Hill, 1965), 22–32.

8. McLuhan, *Understanding Media*, v.

9. Tom Wolfe, *The Electric Kool-Aid Acid Test* (1968; repr., New York: Bantam, 1999),

10. 例如，梅勒曾在20世纪60年代，特别是在《月亮之火》（*Of a Fire on the Moon*）(Boston: Little, Brown 1970)一书中，一改往日的做法，将酷同美国白人中的模范人物（如作家和宇航员）联系在一起。该作品认为作家同样具有宇航员的英勇气概，并且开始重申审视海明威的自杀行为。需要注意的是，1975年的梅勒称自己为"嬉皮士"时，使用的仍然是肯定的口吻，而非轻蔑的语气。*Conversations with Norman Mailer*, ed. J. Michael Lennon (Jackson: University Press of Mississippi, 1988), 215.

11. William H. Pipes, *Death of an Uncle Tom* (New York: Carlton, 1967), 5–6.

12. Bernard Wolfe, "Uncle Remus and the Malevolent Rabbit," in *Mother Wit from the Laughing Barrel*, ed. Alan Dundes (Englewood Cliffs, NJ: Prentice-Hall, 1973), 538 (quote), 524–40; Simone de Beauvoir, *America Day by Day* (1948; repr., Berkeley: University of California Press, 1999), 208, 242. Wolfe 和Beauvoir均认为，他们的言论一定程度上受到麦茨罗的*Really the Blues* （1946; New York: Citadel Press, 1990）的影响——该书由麦茨罗与沃尔夫共同创作完成，是第一部通过白人乐手的视角深入分析非裔美国文化的作品，对凯鲁亚克和金斯堡也产生了影响。

13. Stephanie Zacharek, "Nothing but a Man: Roemer Directs Abbey Lincoln in Malcolm X's Favorite Movie," *Village Voice*, October 8, 2014, http://www.villagevoice.com/film/nothing-but-a-man-roemer-directs-abbey-lincoln in-malcolm-xs-favorite-movie-6442997.

14. Haruki Murakami, "Jazz Messenger," *New York Times*, July 8, 2007, http://www.nytimes.com/2007/07/08/books/review/Murakami-t.html?_r=0

15. 艾灵顿在其1931年发表的文章中将节奏的重要性抽象为理论，

"The Duke Steps Out," in *The Duke Ellington Reader*, ed. Mark Tucker (New York: Oxford University Press, 1995), 47–48; Murakami, "Jazz Messenger."

16. Charlie Musselwhite, liner notes, *Blues Masters: The Very Best of Lightnin' Hopkins* (Rhino CD, 2000); Dave Alvin quoted in Timothy J. O'Brien and David Ensminger, *Mojo Hand: The Life and Music of Lightnin' Hopkins* (Austin: University of Texas Press, 2013), 124–25.白人蓝调吉他手Mike Bloomfield也参加了Musselwhite观看的这场演唱会（举办时间：1965年4月，地点：印第安纳州加里市），同样见证了霍普金斯如何抢过J. B. Lenoir乐队的风头。2个月后，他在新港民谣音乐节上这样介绍霍普金斯："我刚结识一位著名的歌手……他最能代表蓝调音乐……堪称蓝调之王……他就是'闪电霍普金斯'"，quoted in O'Brien and Ensminger, *Mojo Hand*, 156–57 and 167.

17. David Ritz, quoted in liner notes, *Blues Masters: The Very Best of Lightnin' Hopkins*; and see also O'Brien and Ensminger, *Mojo Hand*, 157–58.

18. Richard Wright, *Uncle Tom's Children* (1938; repr., New York: HarperPerennial, 1991), frontispiece; J. C. Furnas, *Goodbye to Uncle Tom* (New York: Sloane and Associates, 1956), 8, 10.

19. Miles Davis, quoted in "*Playboy* Interview with Alex Haley," in *Miles Davis and American Culture*, ed. Gerald Early (St Louis: University of Missouri Press, 1999), 207.

20. "I Just Adored That Man," interview with Quincy Jones, in *Miles Davis and American Culture*, ed. Early, 42; 关于评价迈尔斯·戴维斯躯壳的歌手，参见John Szwed, *So What: The Life of Miles Davis* (New York: Simon & Schuster, 2004), 332–35, 347–49 (e.g.).

21. Ta-Nehisi Coates, *The Beautiful Struggle* (New York: Spiegel & Grau, 2008), 36. Ta-Nehisi Coates对都市黑人男性故作勇敢行为的内在逻辑进行了分析，与Richard Majors在20世纪80年代提出的"酷姿态"理论有

异曲同工之妙，二者均认为这种姿态是在虚张声势，继而反映出战后年代的爵士音乐向后民权时代的嘻哈音乐转型期间，酷内涵的变化；Ben Ratliff, "Far from Cuba, but Not from His Roots: Listening with Bebo Valdes," *New York Times*, October 13, 2006, http://www.nytimes.com/2006/10/13/arts/music/13vald.html.

22. David Brooks, "Sam Spade at Starbuck's," *New York Times*, April 13, 2012, A31.

23. "Cool Cops", special issue of *TV Guide*, March 2-8, 1996. (欲浏览此封面，可访问 http://coverarchive.tvguidemagazine.com/archive/suboffer/1990s/1996/19960302_c1.jpg.html) Mark Schwed, "Homicide: There's New Life on This Street", quoted in "Cool Cops", pecial issue of *TV Guide*, March 2-8, 1996. http://members.tripod.com/waterfront_bar/cool_cops.htm.

24. Uri Klein, "Legendary Actor Paul Newman Dies after Struggle with Cancer," *Haartez*, September 27, 2008, http://www.haaretz.com/jewish/2.209/legendary-actorpaul-newman-dies-after-struggle-with-cancer-1.254680.

25. 我曾于2008年9月30日和10月1日阅读过这些文章。其中部分文章现已从这类报纸的网站上撤下。Steven Winn, "Paul Newman, an Icon of Cool Masculinity," *San Francisco Chronicle*, September 28, 2008, http://www.sfgate.com/news/article/Paul-Newman-an-icon-of-coolmasculinity-3267704.php; Bush, quoted in Maureen Dowd, "Cool Hand Paul," *New York Times*, September 30, 2008, A29; Mark Juddery, "Cinema's Cool Hand," *Australian*, September 28, 2008 (no longer online); "World Mourns 'King of Cool' Paul Newman," Reuters, September 28, 2008, http://www.stuff.co.nz/entertainment/649924/World-mourns-king-of-cool-PaulNewman; "Schwarzenegger Remembers Newman as 'Ultimate Cool,'" *San Diego Union Tribune*, September 28, 2008 (no longer online).

26. Winn, "Paul Newman, an Icon of Cool Masculinity."

27. Richard Pells, *Modernist America: Art, Music, Movies, and the Globalization of American Culture* (New Haven, CT: Yale University Press, 2012), 271–73; "The Ultimate Mr. Cool—Paul Newman, 1925–2008," *The Times* (London), September 27, 2008, http://www.thetimes.co.uk/tto/opinion/obituaries/article2083111.ece.

28. Bruce Newman, "Paul Newman, Coolest Hand in Hollywood, Dead at 83," *Mercury News*, September 27, 2008, http://www.mercurynews.com/news/ci_10576934.

29. 我在2012年4月1日重新访问该网站主页时，发现该网站已经修改了先前的说辞，并对詹姆斯·迪恩的核心成就讳莫如深。该网站现仅提供James墓地的一张照片，并且不再呼吁来访者成为印第安纳式的反叛者(http://www.showmegrantcounty.com/grant-county-attractions/james-dean/jamesdean-gallery-and-james-dean-museum-exhibits/)。

30. Mojo Nixon的"Elvis Is Everywhere"出自专辑*Bo-Day-Shus!!!*(1987; 2004年再版，名为Mojo Nixon，该歌曲的表演视频可在线观看(YouTube视频，时长3:48，上传者为William Forsche，上传时间为：2012年1月8日，网址：www.youtube.com/watch?v=mpb4ZAAP6Z4)。

31. Linton Weeks, "7 Lost American Slang Words," NPR Arts and Culture, April 23, 2015, http://www.mprnews.org/story/2015/04/23/npr-slang-words.